대행스님 법어집

허공을 걷는 길

표지 題字 : 대행 스님
게송 서체 : 한마음체 (대행 스님 친필)

내가 죽은
이름없는 이름이여

나와 남이 두루 같이 죽은
이름없는 이름이여

나와 남이 두루 나투는
이름없는 이름이여

해산봉은 화산 터져
두루 불이 진동하여
이름없는 이름이 그대로 여여하더라

1987년 1월 18일 정기법회에서 읊으심

허공을 걷는 길

대행스님 법어집

허공을 걷는 길

정기법회 2

엮은이 / (재) 한마음선원 출판부
펴낸이 / (재) 한마음선원
펴낸데 / (재) 한마음선원 출판부

1판 1쇄 1999년 10월 30일
2쇄 2017년 11월 30일

출판등록 1998. 8. 17. 제 98-9호
13908 경기도 안양시 만안구 경수대로 1282
전화 (031)470-3100 팩스 (031)470-3116
http://www.hanmaum.org/

값 30,000원

ISBN 89-950859-2-4 04220
ISBN 89-950859-0-8 (세트)

대행스님 법어집

허공을 걷는 길

정기법회 2

대한불교조계종
한마음선원

차 례

정기법회 ❶②③④

방하착 / 생활에서 한생각을 잘 돌려라 / 학과 사미승 / 좋은 인(因)도 짓지 마라 / 내 한몸이 바로 법당이요 / 이 공부를 하지 않으면 / 금강자석의 능력 / 감로수를 양식으로 삼아 / 무전자와 유전자 / 삼세가 둘 아닌 도리 / 태양의 원리 / 한마음의 위력 / 한 점의 불씨는 우주를 싸안고도 남음이 있다 / 참마음의 전달 / 단계 없는 세 단계의 공부 방법 / 항상 같이 하는 마음 / 세상을 이끌 수 있는 내 마음의 주장자 / 문도 없고 벽도 없다 / 자기를 알자 / 알면 행하라 / 12인연을 넘어선 단계 / 자가발전소를 계발하여 쓰자 / 새 삶을 창조하자 / 심성지리학(心性地理學) / 나라 사랑과 마음의 도리 / 생명들이 모여 하나의 별성을 이루고 / 어떻게 살아야 되는가? / 꺼지지 않는 불기둥 / 지은 대로 받는다 / 들이고 내는 일체 만법의 생산처 / 한생각 잘해서 놓아라 / 나는 어디로부터 와서 어디로 가는가? / 물러서지 않는 믿음 / 업보를 녹이는 방법

정기법회 ①②❸④

무심의 중용 / 진정한 놓음 / 함이 없는 도리 / 일체 만법이 내 마음 속에서 들고 난다 / 진실하게 믿고 진실하게 놓아라 / 한 찰나도 떠나지 않는 도리 / 간절한 구도심 / 정심(定心)의 향기 / 칠석(七夕)과 백종(百種) / 자동적인 내 마음의 콤퓨터 / 내가 있는 자리가 그대로 법당 / 한생각이 법임을 알라 / 참 믿음의 힘 / 자생중생 제도와 성불(成佛) / 구정물을 새물로 바꿔 써라 / 더불어 둘이 아닌 공양(供養) / 다섯 가지 마음의 향 / 이제는 달라져야 한다 / 평등공법(平等空法) / 마음의 단식 / 울력 / 게으르지 않는 도리 / 고통의 근본

일러두기

1. 대행스님 법어집 발간 계획

한마음선원 출판부에서는 20여 년에 걸쳐 설하신 대행스님의 방대한 육성 법문을 문자화하여 보존하고, 앞으로 대행스님의 가르침을 여러 형태의 책으로 발간함에 있어 그 바탕으로 삼고자 본 법어집을 발간하게 되었다. 전집의 형태로 엮은 본 법어집은 법회별로 묶어 전 26권으로 발간할 예정이다. 완간 후의 법문이나 추후에 정리될 법문은 이어서 발행할 계획이다.

법어집의 발간 순서와 법회별 법문의 분량은 다음과 같다.

1)정기법회 4권 / 2)법형제법회 2권 / 3)국내지원법회 3권 / 4)국외지원법회 2권 / 5)일반법회 5권 / 6)특별법회 5권 / 7)담선법회 5권

97년 11월까지의 법문을 정리한 것이며, 권수나 발행 순서는 사정에 따라 바뀔 수 있다.

2. 편집 원칙

본 법어집은, 읽는 이로 하여금 마치 법회 현장에 있는 듯한 느낌이 들도록, 육성 법문 그대로를 문자화하는 것을 편집 원칙으로 삼았다. 이러한 원칙에 따라, 스님께서 말씀하신 단어가 사전적인 의미와 달리 사용되었거나, 비유와 예화가 법문에 따라 조금씩 다른 경우도 그대로 두었다. 이에 대해 독자들은, 사실에 대한 시비곡직보다는 큰스님께서 전하려 하신 참뜻을 마음으로 새기는 데 힘쓰기 바란다. 그러나 독자의 이해를 돕기 위해 법문의 본뜻에서 벗어나지 않는 최소한의 경우에 한하여 표준어법으로 바꾸는 작업을 하였다. 이는 문자가 지닌 표현의 한계에 따른 고육지책이었음을 미리 밝힌다.

또한 세간의 말로는 드러낼 수 없는 법의 세계를 표현하심에 있어 스님 특유의 조어(造語)를 사용하시는 경우도 있다. 이에 대해서는 차후에 만들어질 용어 해설이나 색인 작업을 통해 그 뜻을 보다 명확히 할 것이다.

3. 법문 분류

법회의 형식, 시기, 대상, 목적 등에 따라 크게 일곱 가지로 분류하였다.

1) 정기법회: 86년 8월 24일 이후부터 매월 셋째 주 일요일, 한마음선원 본원 법당에서 일반 신도들을 대상으로 한 정기적인 법회에서 설하신 법문.

2) 법형제법회: 90년 8월 5일 이후부터 매월 첫째 주 일요일, 한마음선원 본원 법당에서 법형제회의 거사들을 주대상으로 한 정기적인 법회에서 설하신 법문.

3) 국내지원법회: 87년 6월 9일 이후부터 국내 지원이 주최하여 열린 공식적인 법회에서 설하신 법문. (법당 준공 및 이운식과 관련된 법회 포함)

4) 국외지원법회: 89년 6월 17일 이후부터 국외 지원이 주최하여 열린 공식적인 법회에서 설하신 법문.

5) 일반법회: 82년 10월 17일 이후부터 정기법회나 법형제법회가 정례화되기 이전에 가졌던 법회로, 형식이 그에 준하는 법회에서 설하신 법문. (신행회 창립법회, 신행회 초청법회, 금요친견법회 포함)

6) 특별법회: 82년 10월 17일 이후부터 열린 행사법회, 초청법회, 특별법회 또는 대담 형식의 법회에서 설하신 법문.

7) 담선법회: 82년 10월 17일 이후부터 열린 소집단과의 비교적 자유로운 토론과 질문 형식으로 이루어진 법회에서 설하신 법문.

4. 법어집의 활용

본 법어집 26권은 대행스님 법문의 원전 역할을 하게 되며, 이후에 발간되는 스님 법문과 관련된 모든 서적과 외국어 번역본 그리고 법문의 데이터베이스화와 Internet상에서 대행스님 법문을 활용할 때 그 근거가 된다. 이러한 이유로 각각의 법문을 그 형식과 시기에 따라 구분하고, 내용에 따라 단락을 나누어 어떠한 형태로 활용하더라도 그 내용의 근거를 쉽게 확인할 수 있도록 하였다.

정기법회 2

나를 발견하고 나서 수련하는 방법

88년 11월 20일

이날까지 여러분 앞에 두서없으나마 한 마디 한 마디 이렇게 해 나왔습니다. 하지만 그것을 종합해서 여러분이 잘 생각해 보신다면 일체 생활에 하나도 빠짐없이 여러분이 그렇게 하고 계신 겁니다. 항상 제가 "놔라, 놔라! 놓으시오, 놓으시오, 놓으십시오! 모든 건 주인공(主人空)에다 일임해서 놓으시고 무조건 그렇게 하십시오. 왜 못 믿습니까? 자기를 수억겁 전부터 이끌어서 몸을 바꿔가면서, 모습을 바꿔가면서 이렇게 이끌어온 그 주인공, 근본자리를 왜 못 믿습니까?" 하고 여러분 앞에 항상 말씀드렸습니다.

지금부터라도 자신으로부터 이 세상이 생겼고, 자신이 태초며 화두라는 것을 여러분은 잘 생각하셔야 될 겁니다. 타의에서 구하거나, 타의를 믿거나 그렇게 해서는 우리가 인간으로 태어났어도 인간다웁게 살 수가 없습니다. 또 한 가지는 인간다웁게 살 수도 없거니와 그 모든 몸의 업식으로 뭉쳐진 걸 해결할 수가 없습니다. 그래서 오늘 말씀 드리려고 하는 것은 아직 나를 발견하지 못한 사람의 일차적인 문제, 그 다음에 나를 발견하고 나서 수련을 하는 방법, 그것을 말씀 드리려고 합니다.

전에도 말씀 드렸죠? 여러분 앞에 병을 가져오거나 가난을 가져오거나 또는 어떠한 우환을 가져오거나 괴로움을 가져오거나, 천차만별로 가져오는 그것은 딴 데서 오는 게 아니고 그 자리에서 온 거니까 그 자리에서 일임하고 놓을 수 있다면 바로 즉시 그것은 해결이 된다고요. 그건 왜 그런가? 항상 말씀 드렸듯이 엎어진 사람이 일어나기도 합니다. 거기서 병난 거는 거기서 해결을 할 수 있는 겁니다.

의학적으로도 60%, 70%가 부족되는 것을 어디서 충당할 수 있겠느냐는 얘깁니다. 그러면은 그것을 충당해 100%로 하려면은 바로 이 열치열이라는 말이 있듯이 업식으로 뭉쳐진 그 속에서 모든 게 해결이 나야 하는 것입니다. 그럴 뿐만 아니라, 자기를 발견할 수 있는 그런 계기도 되고, 또 여러분 앞에 내가 기도를 드려준다거니 기도를 하라거니 이렇게 해야 된다거니 저렇게 해야 된다거니 이런다면, 여러분은 자신을 발견할 수 없는 것입니다. 그러기에 여기서는 그대로 병을 가져와도 자기 자신에서 낫게 할 수 있는 그런 계기를 만들어 줍니다. 자기 주인공에서밖에는 낫게 할 수 없다는 그런 결정적인 확신을 자기한테 안겨줍니다. 그러기 때문에 여러분은 벌써 여러분의 마음이 가라앉고 또 편안해지고, 가정이 편안해짐으로써 모든 하나하나, 한 걸음 한 걸음 나가면서 자신이 체험을 하면서 자기 자신을 확고하게 발견할 수 있고 감응할 수 있는 것입니다. 모든 가정을 의합하게 화목하게 이끌어 갈 수 있는, 가환과 우환 · 가난 · 병고 · 유전 이러한 인과로써 오는 그 업보, 그런 것을 다 면하고 갈 수 있는 그러한 자신의 능력을 스스로 생기게 하는 그러한 여건입니다.

이렇게 항상 하던 말을 하는 것은 이왕 말을 하려면 이 말을 안 해서는 안 되겠기에 하는 겁니다. 첫번째 단계는, 모든 것은 일체 자기한테서 나온 거니까 자기한테 놓고 간다. 물론 주인공만이 해결할 수 있고, 주인공만이 이 세상에 자기를 형성시켰고, 수억겁 전서부터 진화를 시켜서 사람까지 이끌어온 장본인의 근본이니깐요. 그러기 때문에 일차적으로 나를 발견 못한 사람은 모든 것을 놓고 간다. 놓고 가는 데에는 물론 아까 말씀드린 거와 마찬가지로 모든 게 편해지고 모든 것이 심성과학적으로, 생활이 심성과학적으로 돼 나가는 거죠.

그런다면 이차적으로, 이차적이라는 말도 없는 겁니다, 사실은. 그런데 얘기를 하려니까 어떡합니까? 이차적으로 나를 발견했을 때 그때서부터 공부입니다. 그건 왜냐하면은 우리가 처음에 놓을 때, 전자의 업식으로 뭉쳐져서 용도껏 자기가 살아나온 대로에 콤퓨타에 수록이 된 거나 마찬가집니다. 그런 걸 없애는 작업을 한 겁니다. 첫대 그걸 없애게 되면 나 자신을 발견하게 됩니다. 나 자신을 발견하게 되면 이차적으로 발견하게 돼가지고 뭐를 하는가? 이 몸에 들은 내 중생들하고 둘로 보지 않는 거, 부처와 나와도 둘로 보지 않는 거, 일체 중생과 나와도 둘로 보지 않는 그걸 습득한다. 둘로 보지 않게끔 되어 있습니다. 부(父)와 자(子)가, 자기와 자기가 둘로 보지 않는 반면에 스스로서 움죽거렸다 하면 자가 되고 가만 있으면 부가 되니까 둘로 보지 않으나 마나 둘이 아닙니다. 그 뜻을 잘 생각하십시오.

마음이라는 것은 온 도량 한울에서, 즉 하나로서의 이 마음을 내게 하는 겁니다. 움죽거리지 않으면서도 마음을 내게끔 할 수 있는 그러한 능력을 가지고 있는 것이 우리의 주인공, 그 근본이라고 볼 수 있습니다. 마음을 내게 하는 자는 바로 불성의 능력이라고 하고, 마음으로써의 육체를 움죽거리는 것은 마음입니다. 그러니 절대로 둘로 보지 않을 것. 다음에는 모든 걸 둘로 보지 않는 까닭에 이 모두가 수록된 게 하나하나 풀려서 나올 때에, 제자리에 다시 놓으면서 처음에 하던 거와 마찬가지로 다시 놓으면서 실험을 하면서 체험한다면 이 중생들을 제도하는 과정이 되는 겁니다. 즉 하나 하나 업보로써 맺어진 인연들이 화해서 보살로 이어진다. 그게 없어지는 게 아니라 보살로 화한다는 얘깁니다. 사람이 사는 데에 음과 양을 통해서 사람이 되고, 음과 양을 통해서 돼지 소굴로 들어가면 돼지가 되는 겁니다. 이런 까닭에 그 업식으로 말미암아 모든 인과에 의해서 뭉쳐진 그 자체가 아주 정밀하게 파헤치고 나오는 겁니다. 현실에, 나에게, 모두 각자.

그러니 나를 발견해서부터 그때서부터 '공부'라고 이름하죠, 그것도. 공부를 하는 수행의 여건을 아주 치밀하고 무겁게 하면서, 가볍게 바깥에는 끄달리지 않는다. 그렇게 모든 것을 하나하나 생활 속에서 나오는 대로, 바깥에서 오는 대로, 안에서 일어나는 대로, 마음이 있는 거든지 마음이 없는 거든지, 무(無)의 귀신이든지 어떠한 것을 막론하고 환상에 끄달리지 않는다. 환상에 끄달리지 않는 반면에 모든 것은 이 중생들이 전부 화(化)해서 너 나가 없이 그렇게 스스로서 돌아간다.

그러면 이것은 내가 이 말을 꼭 해야만 되는 것은 나를 발견해가지고서도 공부가 상당히 어려운 시기입니다. 우리 학생들이 자라가지고 한창 예민해졌을 그 무렵이나 똑같습니다. 그러니까 그때에는 좋은 게 보이면은 '아이구, 부처님이 보였다.' 하고 우쭐하기도 하고, '마구니가 나타났다.' 하고 버리는 마음이 생긴다면 그때 또 어렵고. 하다못해 풀 한 포기도 버리지 않는, 그냥 모든 것을 집어삼키는 지극한 믿음과 물러서지 않는 패기가 필요하죠. 그리고 그때는 당차져야죠.

예를 들어서 내가 나를 발견하지 못했을 때는 의정을 할 필요가 없습니다. 무조건 믿고 들어가야 하는 거죠. 그런데 나를 발견 해가지고는, 이런 예가 있었죠. 제가 어느 길을 가는데 아주 그윽한 산이 닥쳤습니다. 그때가 몹시 늦은 가을이라 추웠습니다. 밤은 깊어가는데 길이 있으면, 그건 길이 아니라는 겁니다. 산 그 깊은 골짜기가 길이라는 겁니다, 내 스승이 말입니다. 그때에 의정을 내는 겁니다. '왜? 길을 두고 길이 아닌 길을 길이라고 하나?' 하고 의정을 내는 거지 덮어놓고 알지도 못하고 의정을 내는 거는 무모합니다. 알고 의정을 내도 아니 되고, 모르고 의정을 내도 아니 되고! 그건 왜냐? 나를 이끌어주는 스승이 있어서 '이것이 도대체 뭔가?' 하고 의정을 낼 때 크게 의정을 내게 되는 거지 여러분이 나를 발견치도 못하면서 번연히 이 몸이 불성이 있는 줄 알면서도 '이놈이 뭐꼬?' 하고 있다면 빈 맷돌이 그냥 덮어놓고 돌아가는 거와 같은 겁니다.

그러니까 어떠한 일을 하더라도 목적을 딱 세워놓고 일을 하지 목적 없이 일을 하는 거 보셨습니까? 계획도 없이 일하시게 돼 있습니까? 시장에를 가도 무슨 계획이 있이 돈을 가지고 나가서 장을 봐오죠? 계획 없이 가시지 않지 않습니까? 그러니까 계획도 없이 무조건 떠돌아다닌다는 건 말도 안 되죠. 그와 같이 우리가 의정을 내도 크게 내는 것은, 바로 나를 발견한 뒤로부터 의정이 크게 나온다 이 소립니다. 의정이 나도 그것을 해결 못 하면 이슬을 맞아가면서도 며칠을 그 자리에 앉아서 꼼짝 못 하고 일어나지 못했던 경우도 한두 번이 아닙니다.

그것은 그때의 상황이고, 내가 지내보니깐 여러분 생활하면서 또 생활 안 하면서도, 사찰의 운영도 살림입니다. 우리 몸뚱이 끌고다니는 것도 살림이고요. 몸뚱이 속에 수많은 중생들이 있으니 그것도 살림입니다. 그러니 나를 발견해가지고 둘로 보지 않는다. 일체 환상의 꿈이 든지, 생시든지, 환상에 부처가 나오든지 귀신이 나오든지 어떠한 것에 속지 않는다. 그것이 항복을 받는 시기입니다. 모든 것은 둘로 보지 않는다. 모든 환상에 끄달리지 않는다. 모든 것을 수련을 하면서 다 체험을 한다. 물러서지 않는다. 수없이 나오는 대로, 콤퓨타에 수록이 된 것을 다 무심(無心)으로 돌려서 이것이 화해지면은 모든 중생들이 천백억화신으로 화한다. 내 몸부터 내 마음부터 알아야 하고, 내 몸에 있는, 내 집에 있는 중생들부터 제도한다. 내 집에 있는 중생들을 제도한다면 바로 그때서는 삼십이상(三十二相)의 그 몸이 금강신(金剛身)으로서 구족해진다. 이것도 이름입니다.

요 말하기 전에 한마디 할까요? 여러분 이름이 다 있는데 이름이 여러분입니까? 아니죠? 이름은 여러분이 아닙니다. 여러분이 계시기 때문에 이름을 만들어놓은 겁니다. 그래서 부처님께서 '아뇩다라삼먁삼보리' 라고 한 그것도 이름이요, 아라한이니 아나함이니 하는 것도 이름입니다. 구족하다 하는 것도 이름이요, 삼십이상(三十二相)도 이름이요, 그런 진리에 속한 그 광대무변한 법이 있기 때문에 이름을 지어놓은 겁니다, 그냥.

그래서 그때를 넘어서서 자기가 완성됐을 때, 자기 몸의 모든 중생들을 제도해서 완성이 됐을 때에 바깥의 경계와 내 경계를 또 체험을 하고 돌아가는 수련을 쌓아야 하지 않나 이렇게 봅니다. 그런다면 그때는, 즉 나투는 방법이라고 보죠. 네가 못 하는 일을 내가 너한테 가서 할 수 있는 일, 또 네가 정히 한다면은 그것을 빼서 나한테다가 요리를 한다든가, 내가 너에게 주장자를 줘서 요리를 한다든가, 체험한다. 이러한 진리에 속한 문제는 자기가 실험을 해보지 않고 자기가 이 세상의 진리를 알지 못하고는 이런 말을 못 한다, 이렇게도 됩니다. 그러면 어떻게 해서 네가 내가 되고, 내가 네가 될 수가 있느냐? 이런 건 여러분이 깨우쳐보면은 알 수 있는 겁니다. 그건 스스로 알게 돼 있습니다. 그 뒤에 너와 내가 할 수 있는 일을, 내 주장자를 너를 줄 수 있고 네 주장자를 내가 뺏을 수 있는 그런 계기가 될 수 있다면, 뺏는 게 아니라 그것은 둘이 아닌 까닭에 그럴 수가 있다는 얘깁니다. 그렇게 하다 보면은 그때는….

천백억화신이라는 얘기는 어디에서 나온 건가? 마음은 체가 없는 겁니다. 불성은 움죽거리지 않으면서도 만법을 들이고 내면서 천백억으로 화한다는 거는, 원하는 대로, 용도대로 이 모습도 바꾸어질 수 있고, 일하는 것도 바꾸어질 수 있고 그래서 이름을 지어놓기를, 좋은 데로 못 가면은 지장을 찾고, 가난하면은 관세음보살을 찾고, 지신(地神)이니 용신(龍神)이니 조왕(竈王)이니 산신(山神)이니 신장(神將)이니 약사보살이니 하고 천차만별로 이름을 지어놓고 찾는 것입니다. 우리 살아나가는 데도 천차만별로 돼 있고요. 털구멍을 통해서 콧구멍을 통해서 눈구멍을 통해서 용도대로 응해주시니 삼십이응신(三十二應身)으로서 나투신다, 이렇게 말을 하는 겁니다.

그리고 나투는 데도 고정되지 않다고 말씀 드리죠? 이 세상에 여러분이 고정되게 살지 않으니 공(空)한 것이다, 그 나툼도 고정된 게 없어서 내일은 어떻고 모레는 어떻고 후년엔 어떻다는 예언이 하나도 없고, 즉석에서 여러분이 어떠한 괴로움이 있든 괴로움이 없든 선이든 악이든, 그때그때 그대로 화해 나툰다 이겁니다. 돼지를 건지려면 돼지가 되어야 합니다. 보살이 말입니다. 가만히 있으면 부처고 생각을 냈다 하면 보살이거든. 생각을 내지 않은 생각을 내기 때문에 보살이지 내가 생각을 내서 이렇게 했다라는 생각이 있다면 그건 보살이 아닙니다. 잘 아시겠습니까? 함이 없이 한다, 일체 만법을 들이고 내는 것을 함이 없이 들이고 낸다면, 들이고 낸다라는 그 이름조차도 걸리지 말아야 하겠죠?

그렇게 용도대로 고정됨이 없이 나투게 될 때에 바로 무삼(無三), 유삼(有三), 이견(二見) 이렇게 나옵니다. 무삼, 유삼 이렇게 나오는데 무삼, 유삼, 이렇게 돌아가는 걸 십이라 그랬어. 육십(六十) 그랬거든. 육십! 십이라는 것은 그냥 돌아가는 뜻을 말하는 겁니다.(교리적 해석이 아님) 그러니까 무(無)의 세계 · 유(有)의 세계가 같이 돌아가는 거를 무삼, 유삼, 십, 이견 이렇게 했거든. 그래서 그거를 한데 붙여서 육십이견 이렇게 해도 되죠. 이견이라는 건 우리가 같이 머무르고 같이 움죽거리고 같이 행한다는 뜻에 속합니다. 무겁게 말입니다.

여러분은 물질적인 것만 보고 거기에 집착하고, 말로는 욕심이 없다고 그러면서도 벌써 하려는 욕심, 가지려는 욕심이 많아요. 또 보는 것도 좋은 걸로 보이고 언짢은 걸로 보이고, 나쁜 놈으로 보이고 좋은 놈으로 보이고 이러죠. 그러나 나쁜 놈도 항상 나쁜 놈으로 있는 것도 아니고, 좋은 놈도 항상 좋은 놈으로 있는 것도 아니고, 지위가 높으면 지위가 높은 대로만 있는 것도 아니고, 낮으면 낮은 대로만 있는 것이 아닙니다. 이 세상 물정이 끼리끼리 돌아가면서, 위도 아니고 아래도 아니고 항상 한 찰나의 살림살이야, 그래서. 올라갔다 내려갔다, 올라갔다 내려갔다 하면서 말입니다. 이런 끝없는 생활 속에서 우리는 이걸 파악해야 합니다.

우리는 정신이라고 그러지만 부처님이 가르쳐주신 마음의 뜻을 깨달은 분, 근본을 깨달은 분과 머리로 깨달은 분하고는 다릅니다. 이 도리는 철학도 갖다 댈 수 없고 언어도 붙질 않는 자립니다. 내가 항상 말하죠. 비행기 프로펠라가 막 돌아가는데 거기 먼지 앉을 자리가 어디 있으며, 이름 붙일 자리가 어디 있으며 거기 악과 선이 붙을 자리가 어디 있겠느냐고 말이에요.

그래서 우리가 만약에 육십이견에 도달한다면 어떠한 계급도 없는, 그러니깐 보이지 않는 중생들 보이는 중생들, 생각이 없는 중생들 생각이 있는 중생들 일체 무(無)유(有)를 한데 합쳐서 마음대로 용도에 따라서 만법(萬法)에 나투시는 그런 분들을 이름해서 보살이라고 일컫고 '아뇩다라삼먁삼보리'라고 일컫는다. 고정되지 않기 때문입니다. 고정되게 있다면 그 이름이 붙질 않습니다. 부처가 없기 때문에 부처가 있는 거지 부처가 막상 있다면, 보살이 있다면 보살도 아니요 부처도 아닙니다.

이러한 말씀을 드리는데 잘못됐다면 하시라도 나한테 질문하세요. 만약에 그렇게 지혜를 넓혀서 스스로서 지견이 넓어지고 한눈으로 보게 됐다면 말입니다. 내가 항상 지금 용어로 말씀드리죠. 한눈, 심안의 눈으로서 볼 때나 육안으로 볼 때나 둘이 아니다. 여러분은 물건을 살 때라도 거죽만 보시지 속의 모든 것을 보지 못하니까 그건 육안이죠. 동시에 본다면 아마도 그건 한 마디로 말해서 심안이라고 해야죠. 그런데 심안과 육안이 둘이 아닌 까닭에 심안이라고 그냥 이름했을 뿐이다, 이름입니다 그것도.

그러면 천체무전통신기는 어디에서 무엇을 듣는가? 듣고 보아야 무엇을 하지, 보지도 못하고 듣지도 못하는데 뭐를 어떻게 합니까? 안 그렇습니까? 그래서 내 주처에 안테나를 세우지 않는다면 처음부터 공부하기 힘든 일이죠. 그래서 '주인공'이라는 이름을, 여러분한텐 주인공이라는 이름이 똑 적합합니다. 왜? 삼위일체가 공전을 하고 있으니까, 고정됨이 없이 공(空)했으니까. 왜 별다르게 이런 이름을 지어놨느냐 하지만 지어놓은 것도 없어, 여러분이 그냥 공해서 돌아가니까 주인공이라고 그랬을 뿐이지.

그러면 바깥의 부처님들은 어떡하느냐 그러겠지만, 항상 말씀드리듯이 법당에 오면 부처님은 거기 계시고, 법신(法身)도 화신(化身)도 보신(報身)도 거기 다 계시다. 법당에 와서 있으면 그 부처님하고 둘이 아니요. 그러니 항상 편안한 마음, 끄달리지 않는 마음, 무거운 마음, 믿음직한 마음이 그대로 여여하게 있는 거죠. 변소에 가도 여러분이 거기 계시기 때문에 변소에 계시죠. 똥누는 곳이라고 하는 거는 우리가 생각할 따름이지 진리로 봐서는 변소나, 안방이나, 주방이나 마찬가지입니다.

그래서 그것이 완성된다면 아예 대천(大千)으로 즉 우주, 무정물이나 유정물이나 식물이나 모든 일체 생물을 다 포함해서 어떠한 물질이든지 우주개공을 홈빡 다 싸고 집어삼키는 그러한 도리의 여건을, 그때는 지견을 넓힌다고 합니다. 그것이 바로 부처님이 말씀해 놓으신 팔십종호(八十種好)입니다. 그거는 어떠한 부처님의 몸에 대한 이름이 아닙니다. 사무(四無)·사유(四有)를 한데 합쳐서 팔(八)이라고 했다면, 십(十)은 그대로 돌아가는 겁니다. 그러니까 '무(無)!' 했을 수도 있죠. 종(種)으로 비유를 했지만 그것마저도 호(好)니라 이거야. 그래 종호(種好)! 그러니깐 말입니다. 이름을 붙이자면 헤아릴 수가 없으니 어떠한 걸로 종이라고 할까요?

이런 얘기가 있습니다. 내 스승께서 하는 말이 "너는 대나무 귀신 방귀씨라면 어떠한 것을 귀신 방귀씨라고 생각하냐?" 도대체 번연히 그걸 납득을 할 만도 한데 말입니다. 야! 그것 참, 귀신 방귀씨가

도대체 어떻게 돼서 귀신 방귀씨냐 이거야. 그것 때문에 이틀 사흘을 어떻게 혼구멍이 났는지 모릅니다. 그러나 귀신 방귀씨가 어디에 딴 데 있는 게 아니라 여러분 가운데에 귀신 방귀씨는 있는 겁니다. 귀신 방귀씨를 얻었으면은 아까 내가 얘기한 거와 마찬가지로 또 그것은 귀신 방귀씨기 때문에, 하하하, 귀신 방귀씨기 때문에 귀신 방귀를 먹이지를 않으면 자라지를 않아.

이 체가 없는 도리를 우리가 습득하고 알려면, 평상시에 몸을 조아리고 앉아서 좌선(坐禪)을 해라 참선을 해라 이러는 게 아니에요, 여기서 가르치는 것은. 앉으나 서나 자나, 졸리면 자고, 자는 것도 참선이니까. 그러고 이태 삼년을 끊어져서 못했다 하더라도 작년에 선(禪)에 대해서 생각을 했는데, 주인공 생각을 했는데 삼년 후에야 또 생각이 났다 하더라도 그건 공간이 없어, 한 찰나야. 그러니 아침에 나갈 때 생각하고 저녁에 하루 종일 끊어뜨리고 저녁에 생각났다 하더라도 그건 공간이 없다 이거지. 그냥 그대로 한 찰나야. 그러기 때문에 거기에 걸리지 말라 이거지. 몇 시간 후에 생각이 나든, 한 시간 후에 생각이 나든, 곧바로 생각이 나든 걸리지 말라 이거야. 그래서 내 마음이 좌정되고 편안해지고 슬기롭게 발을 떼어놓을 수 있을 때 비로소 그게 좌선이라. 일을 하면서도, 똥을 누면서도 좌선이야. 밥을 먹으면서도 좌선이고 테레비를 보면서도 좌선이야. 모든 게 좌선 아닌 게 없고 참선 아닌 게 없어.

그러니 아까 얘기한 대로 그것도 이름이기 때문에 불가부득이 이름이 없어서는 안 되죠. 이름해서 '아뇩다라삼막삼보리'라고 했다. 그런데 부처님은 그것을 증득(證得)해 가지고 그렇게 됐느냐? '증득했다는 그 말 자체도 붙지 않는 자리이기 때문에 그것도 이름이니라. 내가 만약에 증득했다고 생각한다면 증득한 게 하나도 없느니라.' 이렇게 말씀하셨으리라고 믿습니다.

여러분과 내가 있을 때, 여러분 그릇이 작으면은 나도 작고, 여러분이 크면 나도 크고 그것은 어떠한 원리인가? 마음이라는 건 마음대로 크기도 하고 작기도 하니깐요. 과학이 따로, 물질과학이 따로 있는 게 아니라 물질과학이 있기 때문에 심성과학이 있다는 겁니다. 심성으로써 무심과학(無心科學)이라는 것은 유심과학(有心科學)으로 나올 수 있는 그런 계기가 우리 생활 속에 그대로 있습니다. 어떤 때는, "부처님의 경(經)을 보고 부처님이 말씀하신 대로 하질 않으시고 달리 왜 하십니까?" 이러거든. 다르긴 뭣이 다르냔 말이야. 그 시절의 이름과 또 방편이 다르다 할지라도 이 시절에는 이 시절대로 가야지. 똑같잖아? 뭐이 달러? 그리고 나는 아는 말을 이날까지 해본 예가 없어. 못났고 잘나고 이런 것도 없이 그냥 무조건하고 애들이 천방지축 그냥 가듯이 그냥 가고 있는 것뿐이지. 단 하나 있다면 떳떳한 거.

여러분한테 가끔 얘기해 드리죠? 이 몸뚱이가 가을 이파리 단풍져서 떨어지는 거와 같은 거라고요. 그렇다고 해서 나무가 죽는 법은 없다구요. 새삼스럽게 얘기하는 건 아닙니다마는 팔만대장경이 따로 있는 게 아니예요. 요새 가을이죠. 저 길에 다니면서 지나가다 좀 보세요, 얼마나 잘 가르치고 있나. 바람은 솔솔 부는데 가랑잎은 뚝뚝 떨어지고 나무는 앙당하게 섰고, 어떻습니까? 여러분도 가을이 되니까 찬물이 줄줄 흘러내려가는 것도 보시죠? 그리고 모든 사람이 오고 가도 저 높은 산은 그냥 묵묵히 내려다보고만 있고요! 그리고 어떤 나무 이파리는 흔들리면서도 그대로 있고 또 낙엽 져서 떨어지는 놈이 있는가 하면, 푸르르고 무성하게 겨울이고 사철이 없이 푸르러서 바람이 불면 바람이 부는 대로 그대로 응(應)해 주는 소나무도 있어요. 마다하지도 않고 말입니다.

보세요! 나무들은 지수화풍의 그 모든 것이 한데 귀합 돼서 돌아가니까 공기를 여축했다가 사람들에게 줍니다. 그럼 사람들에게만 주느냐? 사생(四生)에게 다 줍니다. 사생에 주는 건 뭐가 먹고 사느냐? 무정물들이 먹고 살지. 그러니 공생(共生)·공용(共用)·공체(共體)·

공식화(共食化)하고 있는 우리 이 생활이 심성과학이 아닙니까? 그러면서도 부처님 법은, 부처님이 말씀하시기를 공(空)에 떨어져도 안 되고 사(事)에 떨어져도 아니 되느니라. 이 모두가 네 마음먹고 네가 하기에 달렸느니라, 네가 너를 잘 알라. 그러면 남도 알게 되고 모든 걸 알게 되느니라 한 거죠.

여러분이 아시는 바와 같이 내가 전에 우리 육의 부모 속을 많이 썩였습니다. 이루 말로 할 수 없으리만큼 말입니다. 참으로 속을 썩인 정도가 아니라, 어디 나가서 죽었는지 살았는지 고생을 하고 그렇게 매대길 치니 그 부모의 심정은 피가 나올 지경이 아니었겠습니까? 그러나 그 후에 생각한 겁니다. 그때는 생각도 못 했습니다. 그렇게 했으니 여러분도 생각을 해보십시오. 그렇게 뱃속에 넣고 그 아픔을 참아가면서 낳아서, 또 아픔을 참아가면서 길렀으니 육의 부모, 돌아가신 조상이 따로 있는 게 아닙니다. 부처 중생이 따로 있는 게 아니고, 중생 자리와 부처 자리가 따로 있는 게 아닙니다. 풀 한 포기 하나 따로 있는 게 아닙니다.

그러니 묵은 빚도 갚을 겸, 햇빛도 줄 겸 여러분은 이 몸뚱이가 있을 때, 어떠한 것이 부닥친다 하더라도 그것에 속아서는 아니 됩니다. 그것은 자기 주인공의 작용입니다. 업식으로 뭉쳐진 그 속에서의 작용입니다. 그러니 속지 마시고 모든 것을 '네놈이 한 거니까 네놈이 다 해결을 해라.' 하고 아예 그냥 놔버리는 그러한 패기를, 그리고 물러서지 말아야 합니다. 그래야만이 여러분이 그 업식으로 만난 인연들도 다 보살로 화하게 하고 자기를 길러주신 부모님들도 자식들도 모두가 인연 따라서 화하게 되는 거죠. 보십시오. 끼리끼리들 모여서 있지 않습니까? 사람도 끼리끼리 살고, 과일도 끼리끼리 놓이고, 정치도 끼리끼리들 하고, 과학자는 과학자들끼리, 상업하는 사람 상업하는 사람끼리, 끼리끼리들 있습니다. 그러니 한 가정에서 만나는 것도 끼리끼리 만나는 겁니다. 그 우연히가 아닙니다. "왜? 자식이 이렇게 고생을 시키고…", "부모가 나를 이럭하고….", "아이구, 부모가 낳지나 않았더라면…" 이러면 "난 낳고 싶어서 낳았어?" 이래요, 모두가. 자기네들 탓인 줄 몰라.

그래서 뜻으로 무의 법, 유의 법을 한데 합쳐서 본다면 늙음도 젊음도 애도 없다 이거야. 전부 늙었어. 예전에 그런 얘기 했죠. "공동묘지에 가보니까 애, 어른, 남녀노소를 막론하고 전부 늙었으니 이것이 무슨 연고인가?" 했다는 소리 가끔 했죠. 그리고 모든 게 나 아님이 없으니 어딘들 넘어갈 건 뭐 있고 넘어올 것은 뭐이 있던가? 내가 넘어가고 싶으면 넘어가고, 말고 싶으면 말고 그러지 말이야. 그래서 지난번에 "죽은 세상 산 세상을 넘나들면서 찰나의 살림살이 떳떳하구나!" 이렇게 말했던 겁니다. 뭐이 두렵고 뭐이 걱정이 됩니까?

부처님이 있다고 바깥으로 끄달리고 그런다면은 자기는 부처님의 그 뜻을 조금도 알아채지 못 합니다. 여러분 앞에, 여러분이 이 세상에 태어나서 공(空)해서 돌아가는 그 속에 부처님과 중생이 다 한꺼번에 한자리 하고 있으니 염려 마시고, 의정하지 말고, 모든 것에 속지 말고 놔버리는 그런 첫째 단계를 잘 넘기시면, 두번째 단계에서 나를 발견해가지고 수련하는 것도 잘 넘기실 겁니다. 그러면 아마 그때는 대도를 이루실 겁니다. 물론 그것도 이름이지만요. 허허허. 그렇다고 해서 '나는 이렇게 대도를 이루었으니까 내가 이만하면 됐지.' 이런 생각일랑 아예 하지 마세요. 왜냐? 때에 따라서는 돼지가 돼야 하고, 때에 따라서는 벌레가 돼야 하고, 미생물이 돼야 하고, 무정물이 돼야 하고, 부처가 돼야 하고, 산신(山神)이 돼야 하고, 신장(神將)이 돼야 하고 찰나찰나 그렇게 바뀌지는데 어떤 거 될 때 나라고 할 수 있겠습니까?

그러니 아예 없다! 그 이름조차도 없다. 반면에 떳떳하다. 아주 떳떳하구나! 가랑잎 하나 떨어지는 걸 봐도 싱긋이 웃음이 나고, 물 한 방울 떨어지는 걸 봐도 바다와 같고, 바다를 봐도 물 한 방울과 같고, 우주 전체를 생각해 봐도 하나도 없고, 하나도 없는가 하면 모래알같이 많기도 하고 그러니 여러분이 이러한 뜻을 잘 파악해서 생활 속에서 참 삶의 보람을 가지고 하나하나 해나갈 수 있는 살림살이! 자비와 더불어, 화목과 더불어, 조화와 더불어, 내 몸의 조화 화목 또는 가정의 화목 조화 또는 사회, 국가, 세계, 우주 대천세계(大千世界)가 화목해서 돌아가는 그 뜻을 안다면 빛보다도 더 빠른 내 이 마음이 우주 전체를 탐험할 수 있을 겁니다.

여러분이 못 본 것은 어떠한 사람이 얘기를 한다 하더라도 그것은 받아들일 수가 없습니다. 받아들일 수 없는 얘기는 하나마나죠. 알지 못하는 애들한테 너 잘못했다고 때려도 안 되고, 어린애한테, "우주가 이렇게 이렇게 생겼고, 이렇게 이렇게 해야 된다." 하고 애한테 말을 아무리 해봤던들 소용이 없어. 요만한 통에다 에너지를 갖다가 수십 톤을 들이부어도 그건 바깥으로 철철 넘어서 흘러버릴 뿐 아무 소용이 없어.

여러분과 더불어 같이 한자리, 한자리가 따로 없는 자리를 하면서 우리가 역력하게 알 수 있는 것은 지금 현실에서, 이 도리를 모르신다면 죽어서도 열반이 아닙니다. 살아 있으면서 이 도리를 아는 것이 열반이에요. 열반이라는 것도 이름해서 열반입니다. 열반이란 말을 안 해놓을 수가 없으니 이름을 지어놓은 거죠. 여러분이 한 사람 태어나면 이름을 짓듯이 말입니다. 그러니 이것을 공부하는 데는 학술적으로 경(經)을 갖다 놓고, 이리 꿰고 저리 꿴다 할지라도 하나도 여기서는 (가슴을 짚어 보이시고) 꿰지를 못 해. 평생을 두고 해도 이건 못 합니다. 그러니 이 도리를 공부하실 때는 경을 좀 삼가는 게 좋고, 보더라도 바로 그놈이 보는 거니까 거기 놓을 수 있다면 보시고, 놓을 수 없다면 좀 삼가했다가 내가 완전히 잡혔을 때, 그때 보시면은 아주 좋겠습니다.

여러분과 이렇게 항상 한자리 하면서 참, 외로우나 가난하나, 질병이 있으나 어떠한 악화적인 문제가 닥쳐온다 하더라도 두려워 안 하고 공부하시려고 애를 쓰시는 여러분에게 몇 번이나 감사함을 느꼈는지 모릅니다. 왜냐하면은 다른 사람들은 부적을 써다 붙이고 조상님을 벽에다 붙여놓고 온통 빌고 있고, 벌써 하는 거 보면 알아. 말하는 거 봐도 알고 행하는 거 봐도 알어. 저 사람이 얼마만큼 익었는지 그걸 알 수 있다 이겁니다. 사방이 다 터졌는데 뭣 때문에 두려워하며, 둘이 아닌데 무엇이 두려우며, '조상이 잘못해서 우리가 이렇고.' 그런 것도 두려워할 필요가 없거든, 모두가.

그러니 부적 해다놓고 빌지 말고, 제사 때도 돈이 없으면 빚내지 말고, 빚낼 필요는 없거든. 내가 먹는 밥에 (합장하시며) 정성스럽게 이 속에 맺힌 그 마음, 어머니라면 어머니, 아버지라면 아버지, "어머니, (합장하시며) 이 소생은 태어나서 어머니 앞에 이렇게 마음으로나 행으로나 조금도 어머니께 못 해드렸고 이 마음뿐입니다. 어머니, 어머니의 마음을 내가 알고 내 마음을 어머니가 아는 이상엔… 어머니!" 하고선 먹는 밥 한 그릇 먼저 떠놓고 해도 되고, 향 한 개비에 불 하나 켜놓고 물 한 그릇 떠놓고 하면은 우주 전체가 그것을 받고 남아, 밥 한 그릇 가지고도.

그런데 여러분은 자꾸 끄달리죠. 이젠 앞으로 그러지 마세요. 점점점 더 우리가 만 가지, 한 군데서 뿌리를 내린 그 나무에서 만 가지 꽃이 피고 만 가지 열매가 열리고 만 가지 맛이 나고, 만 가지 맛이 나면 만사람들한테 그 맛을 알려줄 수 있는 그런 여러분이 됐으면 아주 좋겠어요. 난 항상 여러분 앞에 그러한 기대라기보다, 기대를 하면 또 욕심이죠. 기대 안 하고 하고 그거를 놓고 최선을 다하는, 끊임없이 여러분과 같이 말입니다. 죽으나 사나. 이몸 떨어진 건 죽는 게 아니야. 그래서 본래 온 것도 없거니와 갈 것도 없고, 본래 살아서 나왔질 않기 때문에 죽어갈 것도 없죠.

비유를 하자면, 물과 얼음을 가만히 보십시오. 얼음이 얼었을 때를 송장이라고 비유해본다면 봄이 와서 그게 녹았을 땐 물이 되고, 겨울에 얼음이 됐을 땐 송장이다 뭐 죽었다 살았다 하겠죠? 그러나 생사가 둘입니까, 어디? 여러분이 낳을 자손들이 바로 자기라는 걸 아셔야 합니다. 자손들을 낳아놓곤 남인양 생각하지 마시고, 즉 자기라. 그렇게 자기는 점점점점 낙엽이 져서 간다. 이 세상에 태어났으면 벌써 죽으러 가는 거예요. 낙엽 져서 떨어지는 거예요. 그리고 낙엽 지면은 벌써 다시 피어날 것을 기대하고 있죠. 그러니까 이 몸뚱이를 나라고 하지 마시고, 그 몸뚱이 속의 중생들과 같이 한마음이 된 근본 선장이 바로 나라는 거. 나라는 것도 공(空)해서 돌아가기 때문에 나라는 것도 없는 나!

예전에 한 번 들은 얘기라서 똑같이는 못하지만 육조 스님이 말씀하시길, "내가 나 있는 줄 어떻게 알았으며, 둘이 아님을 어떻게 알았으며, 둘이 아니게 일체 나툼을 어떻게 알았으며, 나는 움죽거리지 않으면서도 일체 만법을 들이고 내는 걸 어떻게 알았으며…." 이 모두가 여러분이 각자 자기를 좀더 발견하게끔 해드리는 길. 아주 쉽게, 여러분이 생활하면서 그냥 참선으로 돌리고, 변소에 가서 하든지 노래를 하든지 테레비를 보든지 모든 게 참선이라는 걸 아셔야 됩니다. 여러분이 그렇게 믿는다면 테레비를 본다 하더라도 벌써 자기가 할 일이 있으면 나가서 일을 하는 거죠. 육신은 테레비를 보고 있으면서. 멋진 생활입니다. 인간으로서는 부처될 최고의 자격이 있는 거죠.

그리고 이 도리를 알게 되면 천상 인간도 벗어나야 한다는 도리가 있습니다. 우리가 벗어난다면 둘이 아닌 까닭에 내가 태어날 것도 없고 안 태어날 것도 없는 거죠.

질문하실 거 있으면 질문하시구요. 질문하실 거 없습니까? 귀신 방귀씨 아시죠? 하하하. 귀신 방귀씨 짝- (오른손 손날을 세워 보이시고) 믿으세요, 싹이 나오게끔. 그럼 여기서 오늘은 이만 마치겠습니다.

팔랑개비대

88년 12월 18일

오늘 여러분과 같이 또 한자리를 하게 됐군요. 여러분이 마음먹는 대로 같이 있다면 같이 있는 거고, 혼자 있다면 혼자 있는 겁니다. 그 뜻이 그렇게 광대무변하고 그렇게 묘법이랍니다. 내가 여러분한테 지난번에도 얘기했지만 '삼천대천세계(三千大千世界) 연화장불(蓮華藏佛)' 이러면은 아주 최고의 한울을 꿰들어서 돌고 있다는 뜻입니다. 그것이 주인이라는 뜻도 되죠.

그것은 왜냐하면 우리 은하계만 있는 게 아니라 이 은하계에 또 더 큰 은하계도 있고 또 더 큰 은하계도 있다고 봅니다. 그렇다면 그 밑에 소속된 은하계는 얼마나 많겠습니까마는 은하계 속에 있는 우리 생명력들은 사분파로 나눌 수가 있습니다. 그것은 뭐냐하면은 질척한 데서 사는 거나 물에서 사는 거나 한 부분으로 친다면, 또 나무들 풀들을 한 부분으로 치고, 날아다니는 거 또 땅을 딛고 다니는 거, 이렇게 네 분류로 치는 이 속에서 알로 낳는 거, 태로 낳는 거, 질척한 데서 낳는 거, 화(化)해서 낳는 네 가지가 소속돼 있습니다.

그 소속되어 있는 생명이 한데 합쳐진 마음, 즉 공존하는 그 주장자는 무엇일까? 그것이 바로 이름해서 사왕천(四王天)이라고 합니다.

우리가 그걸 이름을 지어서 이름이지, 총 합해서 지도를 하는 자가 사왕천이라고 이름해서 붙인 겁니다. 이름해서 붙였다고 그것이 없는 게 아닙니다. 우리들의 마음이 오갈 수 있고 광력이나, 전력, 자력, 여러 가지 힘이 서로 서로 공존하고 있기 때문입니다.

그래서 우리 마음이 사왕천에서도 벗어난다면 원심력을 얻는다, 지난번에도 이런 얘길 했을 겁니다. 원심력을 얻는다면 그 원심력은 어떡해서 원심력이 될까? 그리고 사무사유(四無四有)라는 그 뜻은 뭐냐? 죽은 사람들의 마음, 산 사람들의 마음이 둘이 아닌 그런 뜻을 가지고 사무사유 한데 합쳐서, 즉 말하자면은 우리가 한마음의 지도자가 된다는 얘기죠.

그렇다면 우리가 무(無)의 세계의 그 모든 것들을 살펴보면, 천차만별로 돼 있는 영령들, 그 처절한 영령의 참혹한 일들, 이름해서 부를 수 없는 일들, 또 산 사람들에게도 말할 수 없는 참혹하고 처절한 영령들, 즉 산사람한테 침입해서 악이면 악, 선이면 선 그렇게 침입을 해서 인연이 돼 있다는 얘깁니다. 우리가 그래서 독 안에 들어도 면치 못한다는 뜻이 거기에 있고, 팔자 운명이라는 것도 거기에서 이름이 속해 나온 것입니다. 그러면 우리는 그 팔자 속 운명 속 업보 속에서 어떻게 벗어나야만이 사왕천에서도 벗어날 수 있을까? 이런 겁니다.

우리가 사왕천에서 벗어날 수 있는 여건을 얻는 것은 악이나 선이나 다 놓는 것뿐인데 여러분은 "나는 놓을 수 없다."고, "어렵다."고 그럽니다. 그러면 "왜 어려우냐?"고 나는 그러죠. 그게 아주 아리송하게 돼 있기 때문에 여러분은 어렵다고들 그러지만 나는 하나도 어려운 게 없다고 생각합니다. 왜냐하면은 여러분은 자유스럽습니다. 지금도 자유스럽게 살고 있습니다. 누구한테 제재를 받는 게 아닙니다. 용도에 따라서 자기가 스스로 가고 오고, 스스로 말하고, 스스로 만나고, 스스로 교차하고, 하고 싶으면 하고 안 하고 싶으면 안 하고, 먹고 싶으면 먹고 안 먹고 싶으면 안 먹고. 여러분 자유자재하지 않습니까?

그것에 끄달리지 말고 모든 것이 바로 내 근본에서 나온다고 생각한다면 전부 여러분의 한마음이 근본으로 돌아가면서 그것이 즉 말하자면 오고 감이 없는 빛보다 더 빠른 누진통(漏盡通)으로 하여금 천체무전통신기처럼 광력이나 전력에 종합된 그 에너지는 바로 저 은하계로 통하게 됩니다. 은하계의 별들이 우리의 생명입니다. 우리의 생명의 근본이 바로 연결돼 있습니다. 직속으로 그러기 때문에 한마음의 뜻을, 무(無)의 세계의 한마음의 뜻을 알려면 내 안테나를 세우지 않고는 상봉할 수가 없는 거죠. 나의 안테나는 근본의 전체 통신을 할 수 있고 천체망원경을 가지고 있는 거와 같죠. 즉 말하자면 심안이 밝아진다라는 뜻이죠. 그렇게 함으로써 오고 감도 없는 육신통, 이것이 천백(千百)으로 화(化)합니다.

그럼 어떻게 해야 그렇게 되느냐? 여러분이 의심치를 말아야 된다 이겁니다. 자기를 자기가 의심하면 안 됩니다. 그리고 물러서지 말아야 한다는 얘깁니다. 어떤 분들은 "아이구, 내가 절에 다니면서 부처님 믿는 사람이 이거를 해서 안 되는데…." 꼭 후회가 들어가고 반성이 들어간단 말입니다. 불법을 배우는 데는 정말 나를 깨닫는 그 길을 택하려면은 후회도 반성도 없는 겁니다. 그래서 부처님도 없는 거다 하고 들어가는 게 뭐냐 하면은 내 마음 근본 주인공 속에 다 같이 있기 때문에 너무 가깝기 때문입니다. 즉 직속으로 같이 상응하기 때문이죠. 그런데 모두 각각 논다면은 이거는 정말이지 여러분은 자기 몸 하나 추스릴 수가 없는 겁니다. 그러니 어떤 거를 했던지 뒤돌아보지 마세요. 잘못 됐어도 그것은 잘못 되게 한 장본인이 자기에게 있습니다. 딴 데 있는 게 아닙니다. 거기에다 되놓는다면 다시 돌아가서 그것이 정돈되는 거죠. 그러니까 빨리빨리 파악을 해야 된다는 얘기죠. 그렇게 생활하는 모든 것이 그냥 참 행이요, 그것이 참선이요, 행선(行禪)입니다.

우리가 이 마음을 왜 잘 써야 하느냐? 여러분이 한 번 잘못 쓰면 이 몸뚱이 속에 업식으로 뭉쳐집니다. 저지른 대로 업식이 돼서 내 몸뚱이에 뭉쳐 있으니 거기에 속지 말고, 잘못되는 것도 업식으로 뭉쳐져 있는 인과로 인해서 나오는 거니까 모든 걸 놔라, 맡겨놔라. 보이지 않는 데서 오는 것은 보이지 않는 데서 녹일 수밖엔 없다. 거기서 해결할 수밖에는 없거든. 어떤 때 보면은 여러분이 재밌게 밥도 먹고 과일도 먹고 있는데 시커먼 게 거기 죽 들 앉았어도 여러분은 눈이 멀어서 못 봐. 잠시 잠깐 웃고 즐길 거라면 차라리 그게 뭡니까? 그게 사는 겁니까? 그러니까 보이지 않는 데에 그 업식으로 인해서, 업식을 가지고서 여러분한테 바깥에서 오는 거, 안에서 일어나는 거 그것이 악이든 선이든 찰나찰나 닥치는 겁니다.

그리고 또 한 가지 얘기할 것은 우리가 '구정토(九淨土)'라고 말을 합니다. 삼천대천세계(三千大千世界)에 소속되어 있는 구정토다 이 말이죠. 지금 은하계가 있으면 은하계의 별들을 보호하고 있는 태양계가 있습니다. 다 같이 그 태양계의 보호를 받고 있는 것은 우리 사생(四生)입니다. 태양이 아니라면 우리는 이렇게 자랄 수도 없고 살 수도 없습니다. 하나도 빠지면 안 되니까 말입니다. 그래서 태양이 없어도 안 되고 바람이 없어도 안 됩니다. 바람이 눈에 보이지 않는다고 해서 생명이 없는 게 아닙니다. 물도 생명이 있고 흙도 생명이 있습니다. 물이 없어도 안 되고 흙이 없어도 안 되는 이치가 있는데 그 이유는 흙과 물은 어머니와 같은 역할을 하기 때문입니다. 반면에 태양과 바람은 아버지의 역할을 하죠. 태양이 위로는 근본 별성을 보호하고 아래로는 모든 중생들을 자라게끔 돌보고 있습니다. 그래서 아버지라고 비유할 수 있는 겁니다.

그렇다면은 우리가 구정토는 어떻게 해서 구정토라고 그러냐 하면 은하계에 있는 혹성들만 해도 이거는 삼심(三心)에, 삼심! 이렇게 하는 건 개별적인 것이 되지마는, '삼세심(三世心)' 하는 것은 구정토가 다 들어갑니다. 혹성이 다 포함돼죠. 혹성 외에 있는 것은 구정토에 소속되어 있는 거고, 그 구정토가 소속돼 있는 건 은하계에 소속돼 있는 거죠. 그건 왜냐? 힘은 각자 강하지마는 우리 생명체들은 전부 별성에 있으니깐 말입니다. 그래서 별이 떨어진다, 별이 떨어지면은 이승에서 사람이 죽는다 이런 말이 있습니다.

만약에 어떠한 잘못된 마음들이 한데 모인다면, 지금도 한데 모여서 이렇게 덩어리가 져서 돌아다니는 그러한 별성도 있다고 봅니다. 그것은 뭐냐? 우리가 여기 세상에서 살면서 깡패나 강도나 도둑, 마적 이런 거나 똑같은 얘깁니다. 또 이걸 비교해서 한번 말하죠. 여간 무서운 얘기가 아닙니다. 어떠한 공직에 있어서 사람을 너무 못 살게 자꾸 일을 저지르니까 추방을 시켜서 내쫓았단 말이야. 그랬더니 그 사람이 앙심을 먹고서는 나쁜 놈들을 전부 모으는 거야. 오년이 되든 십년이 되든 모아가지고서는 단결이 돼가지고는 사람을 해치는 거야.

그와 같이 보이지 않는 세계의 그 마음들도 악이 있고 선이 있다면 악이 그렇게 선을 해치기도 해. 악과 선을 다 놓은 상태에는 하나의 주장자가 (손가락을 하나 세워 보이시고) 있는데, 그 주장자 밑에서 악과 선을 다루고 일하는 그 주모자를 해치게 되면은 혼란이 오거든. 그래서 보이지 않는 세계에서 영령들의 싸움이 일어나죠. 그러면 소소한 우리 백성들이 손해를 보는가 하면, 정말 이 별성에서 싸움박질들이 난다면 이거는 무슨 조그마한 하나만 잘못 돌아가는 게 아니라 너무 많은 피해가 있단 말이야. 마음세계에서 싸움이 나면 어떤 때는 파산이 되기도 하고 어떤 때는 말라죽기도 하고, 굶어죽기도 하고, 화산이 일어나서 죽기도 하고, 물로 인해서 죽기도 하는 변화가 생기는 것은 보이지 않는 세계에서 일어나는 마음 때문입니다.

그러니 혼란을 정돈하고 잘 이끌어 나가려면 우리 한국에서도 대인이 있어야 되지 않나? 그래도 이런 마음을 가지고 있는 사람들이 많음으로써 경제난을 비롯한 모든 어려움을 극복할 수 있습니다. 그리고 이것은 우리 이 혹성 하나에 소관된 문제입니다. 세계를 세계라고 하지만 구정토에서 요거 하나 소속되어 있는 거나 똑같은 얘기입니다.

구정토에 소속돼 있는 거나 똑같고 구정토는 또 은하계에 소속돼 있는 거나 똑같습니다. 그런데 우리의 마음은, 마음은 직접 통합니다, 이 불성 자체가.

옛날 얘기 한마디 하죠. 옛날뿐만 아니라 옛날이라고 생각하지도 마시고 지금이라고 생각하지도 마시고 잘 파악해서 들으세요. 한 사람이 훈련대장으로서 권위가 당당하고 무관으로서는 조금도 손색이 없어 왕의 신임을 두텁게 받고 있는 어떤 사람이 있었답니다. 그런데 그 사람은 권력은 있으나 마음이 지혜롭지 못하고 너무 경솔하고 그래서 사람을 많이 죽였어. 삼족을 멸하기도 하고. 그렇게 많은 사람들을 죽이기도 하고, 재산을 뺏기도 하고 부모에게도 효도가 없어, 또 형제에게도 아름다운 마음이 없고 지혜롭게 이끌어나가지를 못했어. 그랬기 때문에 그 사람이 남한테 손가락질을 많이 받았어.

어느 날은 말을 타고 사냥을 하러 나갔는데 스님 한 분이 절 지을 돈, 시주돈을 짊어지고는 끙끙하고 올라가는데 도둑들이 들이덤벼서는 스님을 죽이고 돈을 뺏으려고 하니까, 그걸 물리치고 스님도 살리고 돈도 빼앗아서 그 스님에게 다시 주었단 말이야. 그리고는 후미진데 혼자 다니시지 말라며 잘 보좌해서 올려보내곤 말을 타고 다시 내려왔단 말이야. 그래 그 스님은 무사히 절에 도착해서는 시주돈으로 절을 잘 지었지. 자기 생전에는 그거 한 가지밖엔 잘한 게 없어, 자기가 나중에 늙어가면서 생각을 하니까. 그리고 모든 게 자기한테 조건이 불리해. 그런 걸 알면서도 어쩔 수 없이 살다가 이 어른이 죽었단 말이야.

죽었는데, 독사지옥으로 떨어졌어. 독사지옥으로 떨어졌어도 그냥이나 놔뒀으면 좋겠는데 그때 억울하게 죽은 자들이 원수를 갚기 위해서 산돼지들이 됐단 말이야. 그러니 내가 하는 소리, 이 소릴 잘 들어요. 만약에 그 사람이 죽였다고 해서 원망을 안 했다면, 자기가 이 세상에 났으니 그렇고, 자기가 지은 인연이라 그렇고, 모든 걸 자기 탓으로 돌렸으면 산돼지로도 되지 않았을 텐데, 이건 앙심을 먹곤 잔뜩 이를 가니까 산돼지밖에 될 수가 없거든.

한쪽은 산돼지가 됐고 한쪽은 독사지옥으로 떨어졌는데 아, 독사지옥으로 떨어져서 오백년을 지내도 독사지옥에서 벗어날 길이 없거든. 그냥 그 소굴 속으로 들어가면 그거 다 업식으로 되어 있는 거니까, 촉각이나 시각으로나 볼 수가 없단 말이야. 심안의 눈이 있어야 보지. 그러니 이게 독사뱀이 둘이 사랑을 하는지 사람이 사랑을 하는지 몰라. 자기 모습이 흉악한지 자기한테 독이 있는지 그것도 몰라. 그리고선 그 속에서 또 낳게 되고, 죽으면 또 뱀이 되고, 잡혀먹히고, 또 쫓기고 밟혀 죽고 찢겨죽고 이렇게 고난을 받고, 자식이 찢겨죽게 되면 또 에미나 애비가 그냥 독을 품고선 쫓아다니고 그러다 보면 자식은 죽고 이렇게 애를 말리면서 살기를 오백년을 살았다 이거야.

오백년을 살다보니까 하루는 어느 결에 새끼들을 오물조물 낳아 놓고는 다복하게 음식을 먹는데 웬걸, 산돼지들이 약초 뿌리를 패먹느라고 그 땅을 막 파헤치는 동안에 뱀 소굴이 모두 벌겨졌단 말이야. 그게 원수로다가 그렇게 됐으니까 이를 갈면서 너 잘 만났다 이럭하고선 전부 죽였단 말이야. 전부 죽고 나서 독사, 즉 남편이 말이야. 자식, 부인 다 죽이고 자기도 죽어서 애처롭게 떠억 보니까 기가 막히거든. 기가 막혀! 영이 돼서 보니까 말야.

살 길이 없나 하고 휘적휘적 보다가 이제는 살모사 굴로 들어갔다고. 그게 또 우연히가 아니야. 자기가 한 것대로 길을 받는 거지. 왜냐하면은 그것이 안에서 다 업식으로 만나서 업보로 인과로 됐으니까 자기를 끌고간다는 게 나쁜 데로만 끌고가는 거지. 그래 거기에서 살모사로 태어나서 자라가지고 장가를 들었단 말이야. 장가를 들었는데, 살모사는 새끼를 낳으면은 애비는 능구렁이가 되고, 살모사 새끼들은 에미를 잡아먹어야 구렁이로서의 모습을 바꾼다 이런 소리가 있어요. 그런데 그것이 정말인지 거짓말인지, 여러분이 내 말을 믿든 안 믿든 그건 상관이 없어. 그러니까 고것만 잘 들어요, 인과에 대해서.

그래서 살모사 속에 들어가서는 떠억 장가를 들어서 자식들을 낳아놓고 보니 아주 재롱도 잘 부리고 귀엽고 좋거든. 그런데 어느 날 오몰쪼몰한 자기 새끼들이 제 어미를 잡아먹는단 말야. 먹고 자라. 이 노릇을 어떡합니까? 자기는 그런 걸 생각해 보지도 못했다는 거야. 그래 가만히 보니 그 에미가 이 목줄기의 독을 팍 없애면서, 요즘으로 치면 그게 마취나 한가지지. 그 독을 딱 빼버리고 쫙 드러누워 있으니까 아 그냥 새끼들이 그저 너도나도 뜯어먹고는 또 자라요. 그렇게 뜯어먹는 그 광경이라니! 뼈다귀만 남겨놓고 다 뜯어먹고는 뼈다귀는 뼈다귀대로 개미떼들이 또 와서 뜯어먹고 가져가는 그 광경! 그거를 다 보고 난 뒤에야 이제 그게 능구렁이가 된대요.

그걸 다 보고 난 남편은 너무 허무해. 너무 기가 막혀. 그래서 슬슬 나왔어요. 나와서 어느 풀섶에 처억 기대서 강을 내려다보면서 너무 기가 막혀서 엉엉 울고 있었어요. 울고 있는데 울고 있는 소리를 그 스님이 들었어요. 오백년이 지나고 벌써 십만년이 지났다는 얘기야. 십만년이 지나도록 그렇게 뱀 생활을 한 거야. 그러니깐 그 소굴에서 빠져나올 수가 없지. 이거 거짓말로 알아들어서는 안 돼요. 진짜 지금도 그래요. 뱀뿐이 아니에요. 어떤 것이 쥐새끼로 들어갔다면 쥐새끼에서 벗어날 수가 없는 거예요. 지금 마음 같아서는 여러분은 아주 쉬울 것 같지만 쥐새끼의 마음은 그렇지 않으니까 그걸 아셔야 돼요.

그래서 스님이 도솔천(兜率天)에서 열반을 하시고 도를 통하시고서 저 도솔천의 연화장불(蓮華藏佛)이 돼 가지곤 터억 보니까 아, 그 뱀에 연관이 돼 있거든. 우는 소리가 들린단 말이야. 왜냐하면은 그때 살려준 그 고마움 때문에 소리가 들리는 거야. 그래 보니깐 아하! 이거 그때에 인연이 이제서야 참회를 하고 허무감을 느끼고 생에 대해서 후회를 하니 참…. 그러니까 그 소리가 이제 들린 거지. 그전에 그런 생각을 했다면 얼른 들렸을 텐데 그전엔 아주 좋기만 하고 그게 사는 걸로만 알았으니까 뉘우치지 않는데 스님한테 들릴 리가 있나요. 그래서 그 소릴 듣고 옥황상제한테 한 찰나에 연락을 해서 참, 그 인연을 제도하러 내려갔단 말이야.

그건 그렇고, 이 구렁이가 앉아서 울고 있는데 말이야. 훈련대장으로 있을 때에 그 밑에서 사람을 끌어오고 죽이고 재산 뺏고 그러던 그것이 두꺼비가 돼가지고선 눈물을 흘리면서 자꾸 뱀 앞에 와서 약을 올리는 거야. 그런데 이 뱀은 그 사연을 몰라. 두꺼비가 계속 뱀을 놀리고 있는데 어느 스님이 터덜터덜 오시거든. 오시니까 거기서 터억 소리가 나는 거라, 이 뱀이 그 소리를 들어, 인제. 두꺼비도 듣고 뱀도 들어.

"너희 둘 잘 만났다. 이것이 우연이 아니라 이렇게 만난 것도 과거로부터의 인연이니라. 너희들은 악행을 너무 저질러서 만남도 이러한 것이니라. 저 두꺼비도 본심은 착한데 너의 말을 듣고 일을 저질렀고 위에서 시키는 대로 한 거니까 네놈이 더 잘못했어. 너는 나를 한 번 살려준 것밖에는 선행한 게 없어. 그러니 그렇게 해서 이 두꺼비…" 그래 그런 설법을 쭈욱 했어. 그러니까 그만 뱀이 우는 거라. 울면서 두꺼비한테 하는 소리야. "만약에 내가 너를 잡아먹으면은 내 몸은 그냥 버리고 나는 빠져나갈 수 있지만, 너는 내 몸에 의해서 몸이 두꺼비로 다 화(化)하게 되니 너는 두꺼비를 또 벗어날 수가 없는 일이다." 그러면서 "나한테 이러지 말라." 하니까, 그 스님이 하는 소리가 이렇게 말을 했지, 뱀더러.

"네가 저지른 거니까 빨리 두꺼비를 삼켜라. 그러면 내가 인도를 할 테니 요 들판만 내려가면 암자가 있는데 거기 큰 솥 걸어놓은 데 그 아궁이에 오늘 밤에 들어가 있으면 내일 아침에는 거기다가 불을 지필 테니 절대로 뜨겁단 말 하지 말고 아예 그냥 몽땅 타 없애라. 던져라. 네 몸뚱이를 하나 던지면 두꺼비도 살고 너도 사느니라. 그래서 인도 환생을 하되 그때는 인간으로 태어나 나쁘게 살았으니까 지금부터라도 잘 살아라. 십만년 만에 인간으로 도로 갖다놨으니 이제부터는 네가 하기 달렸다. 나는 그 은혜로 인해서 절을 짓고 내 목숨이 살고, 내 목숨이 살았기에 도를 이루었고, 도를 이루었기에 네 울음 소리를 들었느니라. 그러니 그렇게 알고 몸을 던지는 것이 네가 빠져나갈 길이니라." 그러거든.

그래서 뱀은 두꺼비를 냉큼 집어 삼키고서는 스님을 따라가는 거야. 따라가서는 다른 사람 몰래 아궁이 속으로 들어갔지. 아궁이 속으로 들어가서 눈을 꿈벅꿈벅하고는 가만히 있으니까 몸이 갈갈이 찢기는 것 같단 말이야. 두꺼비는 독이 있어서 먹으면 그냥 죽어서 그게 뼈 마디마디마다, 즉 말하자면 썩는 대로 두꺼비가 돼요. 그 독이 퍼지니깐 얼마나 아픈지 비꼬곤 그냥 있어도 소리도 내지 못하고 그러고 있는데 다음날 아침 어떤 스님이 와서 불을 지피거든. 불을 지피니 얼마나 죽겠느냔 말이야. 그러나 이 고비를 넘기지 못하면 인도환생을 못 한다는 말에 그냥 꾹 참고 그 고비를 넘겨서 인도환생을 했대요. 응? 그 뒤는 뭐 또 자기 할 탓이지만 말이야, 도로 갖다 놨으니.

그래서 우리의 이 몸속이라는 자체가, '천상 인간도 벗어나야 된다.' 하는 소리는 뭐냐 하면은 사왕천(四王天)의 천상 인간이 된다 하더라도 이것도 벗어나야 된다. 왜냐하면 선이라고 해서 선은 짓되 악은 놔라 이러는 게 아닙니다. 선으로서 선을 짓게 되면은 선으로 가다가 악을 또 지을 수가 있어. 그러기 때문에 미(迷)해질 수가 있고 길지가 못해. 또 한 점은 선과 악은 다를 수가 없어. 또 한 점은 영령들과 인간 산 사람들과는 또 다를 수가 없어.

그러니 모두 놔라 이거예요. 모두 모두 맡겨놔라 이거야. 놓으라니까 무슨 놓을 게 있어서 놓으라는 게 아니라 그대로 믿고 거기에서밖에는 해결 못 하고, 거기에서밖에는 감사함을 주지 못하고, 거기에서밖에는 나를 끌고다니지 못하고, 거기에서밖에는 지혜로운 마음이 생겨서 모두 품안으로 안을 수도 없고 지혜롭게 해나갈 수 없다, 거기밖에는. 그렇게 할 수가 있는 것은 거기밖에 없다 하고 믿고 나가라 이거지, 그것이 놓는 거라고.

그것이 놓는 거기 때문에 한 번 놓고 두 번 놓고 자꾸자꾸 놓아 들어가면은 업보로 뭉쳐진 이 중생들이 다 그냥 보살로 화해 버려. 그러니 얼마나 편안하니 좋습니까. 거기에서 호법신(護法神)도 생기고, 수호신(守護神)도 생기고, 화신(化身)도 생기고, 법신(法身)도 생기고 모두가 수효가 없이 생기니 얼마나 마음이 편안하고 좋으냐고요. 가정이 화목해지고 하는 일마다 귀인이 생기고 발이 넓어지고 속의 모든 두려움이 없어져 떳떳해지고 이렇게 된단 말이에요. 그러니 이 공부는 필수적으로 해야 된다는 문제죠.

그냥 묵묵히 일체를 나와 같이 보는 마음으로만 할 수 있다면, 그건 바로 실천이 되는 거죠. 우리가 공부, 공부하지만 사실 공부라는 이름도 붙이지 말고, 지금 바깥에서 벌어지는 참혹한 일들, 그건 불쌍한 게 아니라 애처롭습니다. 여러분은 산 사람, 산 물질만 봐도 애처로운 일이 많은데, 죽은 영령들이 부모 자식을 위해서 자기를 던지는 마음, 애처롭게 끌고다니는 그 마음, 세상에 그렇게 애처로울 수가 없습니다. 인연이 뭐고 사랑이 뭐길래, 자식이 뭐고 부모가 뭐길래, 남편이 뭐고 아내가 뭐길래 그렇게들 인연줄이 질기고 질겨서 그걸 놓지 못해 붙들고, 애처롭게 피를 흘리는 그런 일들이 한두 건이 아닙니다.

그러니 사람 사람이 누구나가 몰라서 그렇지 여기서도 살고 있고 저 별성에도 살고 있다. 여기 모습대로 거기도 그 모습을 가지고 사는데 그건 화신(化身)입니다. 여기는 이것이 육신이지만, 그 모습들은 화신으로서 모두 보현보살(普賢菩薩)로 화해서 영계들이나 산 사람들이나 다 보호하고 있어요. 그래서 여기에서 화(化)해서 직속 왕래를 해보세요. 얼마나 떳떳한가? 그런 일이 어디 있을까? 이러죠. 그런 일이 왜 없습니까! 빛보다 더 빨리 왕래를 하는데. 그러니 여러분은 기복으로만 만날 빌고 "아이구, 나 좀 어떻게 해주십시오." 제발 좀 이러지 말고, 죽으면 죽고 살면 살지 어차피 한 번 죽을 거 뭐 또 죽을까봐 그렇게 살려달라고 애를 씁니까?

나는 이날까지 나 살려달라고 빌어본 예가 없어. 항상 그전에는 아무 생각도 없이 오직 팔랑개비대만 쥐고 다녔다고. 그게 돌아가든 안 돌아가든 나하고는 상관이 없어. 그 대만 쥐고 다녔으니까. 그러니까 우선에 내가 대를 쥐면은 나한테도 바람도 있지. 지수화풍이 다 내 안에 있지 않습니까! 그러니 그건 저절로 돌아갈 거라고. 나는 그 대만 붙들고 다녔기 때문에 내 육신이 고통을 받든지 안 받든지, 죽든지 살든지 상관을 안 했으니까 고통이 없었다 이 소리예요.

우리도 악과 선을 다 놓을 수 있다면 또는 집안에서 병 문제가 생겼어도 스스로 해결할 수 있죠. 어떤 사람이 엊그저께 이렇게 말하더군요. "스님, 지금 간암으로 도저히 살아날 수가 없다는데 이걸 어떻게 했으면 좋겠습니까?" 여러분 같으면 어떻게 대답을 해야 되겠어요? 그래서 여기가 병원이냐고, 의사가 있느냐고 그러니까, "지난번 여섯달 전에도 우린 그렇게 해서 스님한테 말씀을 했더니 스님이…". 난 모르는 일인데 하니까, 스님이 '아휴, 나아야지. 자식들이 어린데 나아야지.' 했대요 글쎄. 그랬더니 나았대요.

그러니까 지금도 그게 문제라고요. 나한테 물어서 되는 줄 아니 이걸 어떡하면 좋아요? 물론 '나무때기 시집을 보내느니 내가 가지' 할 때가 없는 건 아니에요. 그러나 내가 수 해를 그렇게 원주에서 겪어봤기 때문에 병만 고쳐주는 게 여러분을 살리는 길이 아니야. 그건 잠시 잠깐 병이 나았으니까 잘 살겠지만 영원토록 끊임없는 이 진리 속에서 여러분은 그 업보를 스스로 녹이지 않는다면은 항시 그런 게 닥쳐오니까 말이에요. 잠시 잠깐 그렇게 해줬다고 나한테 고맙다고 그런 소리도 듣기 싫다고. 응! 여러분을 이끌어서 여러분이 진짜로 어딜 가나 하다못해 돼지 새끼, 벌레 새끼 하나라도 건질 수 있는 능력을 기르라는 거지, 누가 나를 믿으랬습니까? 나는 한 번도 그런 말 한 예가 없어요. 자기 주인공, 즉 자기를 믿으라고 했지. 그저 생각이 없는 짐승이나 생각이 있는 짐승이나, 생각이 없는 영계나 생각이 있는 영계나 그 참혹하고 애처로운 영령들, 그 애처롭고 참혹한 우리 산 넋들, 이것을 어떻게….

우리가 또 영령이라고 하는 것은 도심이 아닙니다. 그건 아셔야 됩니다. 영, 혼, 넋 이렇게 부르죠. 이런 거는 업식으로서 많이 살던 습이 한데 뭉쳐진 그 덩어리라, 어떠한 업식이야, 그 업식이 영령들이야, 그게 다. 그러니 중생이라 이 소리지. 그 참혹한 꼴을 보세요. 내용적인 것은 다 말을 못 하지만 그거 한 가지만 보더라도 사생(四生)의 종류, 또 용도대로 그러한 문제가 덩달아 일어나고 있으니 사람만 그런 건 아니지 않습니까? 그래도 사람은 갖추어가지고 있기 때문에 이게 잘못된 건가, 저게 잘못된 건가, 이렇게 보기라도 하고 생각을 하고 있지만은 만약에 여러분이 업식만 가지고 있는 그런 중생이라면 이다음에 죽어서 사람으로만 태어나라는 보장을 누가 하며, 또는 사람 속에서도 업식이 뭉쳐진 것이 사람인데, 사람 이 자체가 바로 중생들의 소굴이거든. 여기에서도 벗어나지 않으면 안 될 참인데 사람도 못 된다면 부처 될 일은 까마득하지 않느냐 이거야. 부처의 뜻을 알려면은. 그러니 누가 보장을 못 합니다.

그러니 여러분도 우선 병만 낫는 게 문제가 아니라 여러분 스스로가 공부를 해야 돼요. 죽든 살든 여러분이 '주인공' 하면 벌써 스님과 첨보한다는 걸 아셔야 돼요. 스님하고만 첨보하는 게 아닙니다. 저 은하계의 별성들이 다 첨보되어 있다는 얘깁니다, 그래서 한마음이라. 응. 한마음이라는 걸 소홀히 생각하고 조그맣게 쓰지 말고 좀더 지혜로운 지각을 가지고서 좀 널리 쓸 수 있는 그런 아량, 지혜, 자비를 가지고 넓게 포용하라는 얘깁니다.

이러한 문제들을 가지고 우리가 항상 한 말 되하고 한 말 되하고 그러지만 여러분이 그렇게만 할 수 있다면 얼마나 좋겠습니까. 경에도 있지만, 몇백 년 전에, 아니 삼천년 전이라고 합시다. 부처님께서 그때 방편으로 하셨으니까. 계율을 지키고 안 지키고 그것을 다 놔야 된다 하는 경도 있을 거고, 또는 계율을 아주 돈독하게 지켜라 하는 경도 있습니다. 그러나 우리가 이 도리를 다 알고 나면은 계율을 지키라고 말을 안 해도 범하지 않으니까 지킨다 안 지킨다 이런 게 없어요. 그러기 때문에 모두 지키는 게 돼요. 하나에서부터 열까지 범하지 않기 때문이죠.

그러나 계율을 지킨다고 하는 사람들은 오히려 오계(五戒)도 못 지켜요. 계율이라는 거에 걸려서 말이죠. 나는 오계(五戒)를 설할 때도 그렇게 말하죠. 때에 따라서 부득이 살생을 하지 않으면 안 될 때가 있는데 그거는 살생이 아니다. 부모를 위해서 하다못해 물고기 한 마리를 죽였다 할 때에 그것은 내 살, 내 생명, 내 마음이기 때문이다. 이 도리를 알라 이랬죠. 그렇다고 해서 무조건 가서 괜히 남을 죽이는 게 아니거든. 죽여서만 죽이는 게 아닌 일이 또 있죠. 남의 식구들을 몽땅 짓밟아 버리는 거, 하나 죽이면 식구가 전부 못 살고 죽는 수도 있어요.

그러니까 화엄경이나 법화경이나, 금강경이나 그런 경들은 전부 무의 법을 말했어요. 무의 법에서 말하고 유의 법에서 말하고 한데 합쳐서 현실로 내놓은 것이 법화경이에요. 또 금강경이나 화엄경을 종합해서 만들어진 것이 바로 이 반야심경입니다. 글자 수는 적지만 편집할 때 딱 간추려서 해놓은 거죠, 중요한 것만. 그러니까 반야심경을 읽을 때에도 뜻을 잘 알고 보면 거기에는 금강경도 들어 있고, 법화경도 들어 있고, 화엄경도 들어 있고 다 들어 있어요. 또 아까 천수경 뜻으로 우리말로 풀어놓은 거를 읽었죠? 그것이 전부 설법입니다.

그러니 '나를 깨닫게 해주소서.' 하는 것도 바깥으로 하지 마세요. 바깥에 누가 있습니까? 그 자리는 천(天)·지(地)·인(人)하고 연결돼 있으니깐요. 천·지·인이 따로 있다고 보지 마세요. 전부 한데 있죠. 그것에서 알게 되면은 대천세계(大千世界)를 알게 됩니다. 삼천대천세계(三千大千世界) 대천 연화장불(大千蓮華藏佛)과 연결돼요. 그래서 우리가 이것을 다 벗어나게 되면은 여러분이 이리 굴리고 저리 굴리고, 과거로 돌아가서 일을 해도 되고, 미래로 돌아가서 일을 해도 되고 이렇게 삼세(三世)를 굴릴 수 있다 이런 겁니다. 여러분 그걸 거짓말로 알지 마세요.

만약에 여러분이 "아휴! 스님, 이런 게 이렇게 이렇게 돼 있습니다." 이런 얘기를 하면은 어떤 때는 과거로 돌아가야 되거든요. 삼년 과거로 돌아가는 수도 있고, 삼십, 삼백년 과거로 돌아가는 수도 있어요. 그런데 과거는 수명이 길고 현실은 수명이 짧습니다. 과거는 오백년이라고 해도 되고 십만년이라고 해도 되지만, 오백년이다 하면 여기는 한 달도 될 수 있고 일년도 될 수 있어요. 보통 수명이 일년이다 하면은 그것은 과거는 오백년이라고 해도 돼. 또 거기서 일년이다 하면은 여기는 하루밖에 안돼. 또 하루라 하면 여긴 한 찰나밖에 안 되는 거지. 그러니까 한 찰나도 한 찰나가 없으니까 한 찰나라는 건 아예 그냥 없는 거를 말하고, 없기 때문에 한 찰나다 이겁니다. 지금 여러분이 살림하는 데 걸음 떼어놓으시는데 한 찰나에 떼어놓으시죠?

그래서 과거도 떼어놓은 발자취는 이미 지나갔으니 없고, 미래도 아직 오지 않았으니 없다고 하는 겁니다. 공부 시작하는 분들한테 그렇게 말을 해드립니다. 이것도 없고 저것도 없고 현실도 없다 하는 것은, 이 공부는 과거고 현실이고 미래고 마음대로 운행을 하기 때문입니다. 둘이 아니기 때문에 없다고 그랬습니다. 삼세심(三世心)이 일심(一心)이요, 일심이 삼세심이니라. 그래서 사천세계(四千世界)가 바로 원심(圓心)이야, 원심! (주먹을 쥐어 보이시고) 그래 그것을 다 포용하면은 원심력을 얻어서 전체 구정토를 왕래하고 그 별성과 더불어 같이 운행하고 같이 공존할 수 있는 그러한 위치가 되면은 바로 그것을 불(佛)이라고 해도 좋고 자유인이라고 해도 좋아요.

어떠한 악의 덩어리가, 마음들이 모여서 한 덩어리가 돼 가지고선 보이지 않는 데 다니면서 사람을 해칠 수 있다고 그랬습니다. 그러한 무리들이 있을 때 둘로 보지 않았기 때문에 그 악이 바로 내가 된단 말입니다. 업식으로 몸뚱이가 뭉쳐졌다고 그랬죠? 즉 말하자면 이 마음이라는 건 보이지 않는 겁니다. 스무 개, 백 개, 천 개, 백억으로 돼 가지고선 누구를 살리려면 그 사람 속으로 들어가야 살린단 말입니다. 그러니 나 하나 가지곤 안 되죠. 그러니까 여러분과 나와 둘이 아니다는 얘깁니다.

이걸 참 어떻게 되짚어서 얘길 해드려야 좋을지 모르지만 이거는 우리 생활이 그대로 천체심성과학이라고 해도 과언이 아닙니다. 박사님들이 천체물리학을 연구하고 그러지마는 이것은 물질로써 연구하는 것이지, 연구하는 사람들이 옆에 누가 와 앉았어도 못 보는 걸 어떡합니까? 전자의 선배들이 지금 후배가 연구하는 데 와 앉았어도 몰라. 주욱들 앉았어도 몰라. 그럼 그 노릇은 어떡합니까? 둘이 아닌 까닭에 알기 때문에, 알기 때문에 그것이 인연줄이라는 얘깁니다. 아는 마음을 가지고 죽었기 때문에. 선배가 후배를 참, 뒷받침을 해줬으면 하는 안타까운 마음을 가졌기 때문에 그런 수가 있죠.

옛날에도 그런 예가 있었죠. 어느 의학 박사가 말입니다. 죽었는데, 참 그 후배들을 가르치고 싶어서 무척 애썼는데 후배들은 도대체 그런 데는 관심이 없거든요. 그런데 영국의 어떤 남자가 그런데 관심이 있어서 항상 공부하니까 그냥 그 박사가 그 사람이 돼버렸어요. 그 남자는 그 박사가 전자에 자기가 죽어서 자기가 바로 태어난 줄 알고 아예 그렇게 했거든요. 그랬기 때문에 타의에서 들어와도 자의를 만들 수 있다는 겁니다. 아시겠어요? 타의의 선배가 죽어서 영령으로서 나한테 침입을 했어도 선의적으로 침입을 했기 때문에 오히려 좋게 만들었죠. 그러나 진짜 공부는 악의적으로 했든 선의적으로 했든 그것을 받아들여서 모든 걸 내 걸로 삼아야 된다는 얘깁니다. '주인공이다.' 라는 걸 아주 거기에다가 딱 놓고 '이게 주인공에서 나오는 거지.' 한다면 그게 자의가 되거든요.

이것을 체험을 안 해본 분들은 모를 겁니다. 그것이 수많은 악마라도 다 나를 만들 수가 있는 겁니다. 그러기 때문에 이런 공부를 한 사람들이 많다면 천지가 편안해. 천지가 다 편안하면 백성이 편안해. 모든 사생(四生)이 다 편안하고, 사람될 율이 100% 더 많게 되고, 그 몹쓸 인연들이 다 없어지고 그렇게 됨으로써 불국토를 맞이할 수 있지 않겠는가? 불국토(佛國土)가 다른 게 불국토입니까? 여러분이 참, 꿰뚫어서 자기를 자기가 먼저 알고 또는 남을 알고 상대를 알고 함으로써 둘이 아니게 공존하는 줄 알고 화합이 돼서 돌아가는 거야. 그래서 만 가지 향이 나고, 만 가지 꽃이 피게 되고, 만 가지 열매가 맺고, 만 가지 맛을 아니 이것이 불국토다 이거야.

여러분의 주인공을 의심치 마시고 계발하셔야 됩니다. 여러분의 주인공을 의심치 마세요. 여러분의 주인공은 광대무변한 뜻을 그대로 발현할 수 있는 능력을 가진 겁니다. 수억겁을 거쳐 나왔기 때문에 경험을 살려서 바로 여러분을 이끌어갈 수 있는 능력도 거기에 있는 거고, 여러분을 이끌어서 누진(漏盡)으로부터 오신통을 그대로 하는 것만이, 우리 지금도 오신통을 하고 가지만요, 그 오신통도 떠나서 모든 걸 자유스럽게 자유인이 되게끔 이끌어갈 수도 있는 것이 바로 주인공밖엔 없으니까요.

나를 믿는다고요? 나는 길잡이일 뿐이에요. 여러분이 진짜로 자기를 믿는다면은 나도 거기 첨보되어 있고, 저 부처님 형상도 여러분의 형상이에요. 그리고 여러분이 만들어놓은 거예요. 또는 여러분이 만들어놓고 여러분이 또 거기에 숭배를 하고 있는 거죠. 그러기 때문에 중생은 부처가 스승이고, 부처는 중생들이 스승이에요. 그래서 평등진리죠. 따지고 본다면은 어떠한 회사에 사장이라 하더라도 직원들이 일 안 해주면 사장이 어딨습니까? 사장이 없으면 직원들도 없고요. 이것은 모두가 같이 먹고 같이 사는 겁니다. 그러니까 모두 하나서부터 열까지 귀중합니다. 그것을 깨달아서 우리 앞으로 어떠한 일이라도 눈 하나 깜짝 안 하고 건질 수 있는 그런 마음을 가지신다면 여러분의 능력은 발전할 겁니다. 지금 시체말로 이러는 거지, '깨달을 겁니다' 이래야 되는데 '발전할 겁니다' 한 것은, 우리가 생각을 내고 실생활에서 활용을 하니 이게 발전이 아니겠습니까?

그러니 여러분이 다 여기 와서 나를 꼭 만나야만 하는 줄 아시지만 여기 스님네들한테 "이러이러해서 급합니다. 이렇게 이렇게 해서 좀 더 한마음 내 주십시오." 하고만 가도 됩니다. 또는 내가 만약에 여러분하고서 꼭 봐야 하고 여러분한테 꼭 목탁을 쳐서 해줘야만 하는 그러한 사람이라면 나는 여러분하고 이렇게 앉았지도 않아요. 나는 결심했거든요. 여러분한테 내가 얻어먹는 그러한 사람이 된다면, 피해나 끼치는 사람이라면 차라리 내려가지도 않고 혓바닥을 깨물고 죽겠다고. 그리고 죽어서 천당엘 가려고 내가 이런다면 아예 살지를 않겠다고요. 그랬더니 살지를 않아도 고만, 살아도 고만입디다, 나중에 보니까. 그래서, 하하하, 야- 왜 그런가 했더니 이렇게 연결이 되어 있어요.

여러분도 그렇게 같이 연결되어 있다는 것만 얘기해드리죠. 여러분이 죽으면 별이 떨어지고 별이 떨어지면 여러분이 죽는 겁니다. 그러니 이런 소리를 하고 또 천백억화신으로서 나툰다 하는 것은, 별의별게 다 돼서 별의별 이름을 다 가지고 서로 상응하기 때문입니다. 서로 공존하고 말입니다. 여러분 열심히 하시고 공부하다가 궁금한 게 있으면 언제라도 여기 스님네들한테 연락하시면 하시라도 빛보다 더 빠르게 심부름꾼이 되겠습니다. 천리라도 좋고 만리라도 좋고 강이 끼어도 좋고 산이 높아도 좋습니다. 산이 높아서 못 갈 일도 없고, 물이 깊어서 못 갈 일도 없고, 불구덩이라서 못 갈 일 없고, 죽은 세상이 돼서 못 갈 일 없고, 누가 못 가게 한다고 못 갈 일 없으니까 걱정 마시고 그렇게 하세요. 감사합니다.

질문자1(男) 한 가지 여쭙겠습니다. 득도한 사람이 죽어서 동물의 몸을 받고 태어날 때 그 사람의 의식 수준이 득도했을 때의 높은 의식 수준으로 태어나는 것인지 아니면은 그냥 동물의 의식 수준으로 태어나는 것인지 거기에 대해서 알고 싶습니다.

큰스님 득도한 사람이 왜 동물이 돼요, 또? 득도한 사람은 두 가지 여건이 있어요. 만약에 그 업식으로 잘못 저질러서 동물이 되는 것이 있는가 하면, 득도를 했으면은 벌레까지 된단 말입니다.

질문자1(男) 벌레가 됐을 때의 의식 수준은 어떻습니까?

큰스님 이거 보세요. 만약에 이 방에 이렇게 여러분이 앉았는 거와 같이 여러분 속에 들어가보면은 한 세상이 오대양 육대주처럼 그렇게 장광하게 벌어져 있습니다. 그러면은 거기에서 실오라기 머리카락 같은 그런 거, 의학적으로도 할 수 없는 그런 것을 다 집어내서 이어놓습니다. 그러니까 모든 것을 건질 수 있는 그 마음을 자꾸 지혜롭게 만들어주거든요. 왜냐하면 같이 해주니까. 그래서 벌레도 건질 수 있는 거죠.

부처는 천백억화신으로서 때에 따라서는 소를 건지려면 소가 되고, 돼지를 건지려면 돼지가 되고, 벌레를 건지려면 벌레가 되고, 불쌍한 거지를 도우려면 거지가 되고 이렇게 장광하게 그 아니 되는 게 없습니다. 잘못해서 벌레가 되는 것과 자기 위해서 벌레가 되는 건 또 다르죠? 그러니 그 마음이 어떠냐고 묻는다면 깨달아봐야 그 마음을 알지 어떻게 압니까? 그거는 말로는 내가 할 수 없어, 왜냐? 내가 아무리 말을 해줘도 여러분은 뜨거운지 찬지를 몰라요. 이 물컵을 내가 줘도 찹니까, 뜨겁습니까? 하고 물어보는 말은 소용이 없어. 직접 자기가 먹어봐야 이게 뜨거운지 찬지 그거를 감을 잡을 수가 있는 거죠.

질문자1(男) 질문 한 가지 더 하겠습니다. 사람이 죽어서 다시 몸을 받아서 태어날 때까지에 그 의식 변천 과정이 어떠한 것인지요?

큰스님 이런 얘길 한번 하죠. 그것도 맛에 불과한 거지만 그 느낌을 제삼자가 얘길 해주려면 말을 해야 되겠어요. 또 부처님이 그런 말을 할 수도 없고, 부처님이라 할지라도. 원주에서 있었던 일입니다. 어떤 사람이 남편도 일찌감치 잃고 외딸을 혼자 키웠어요. 아주 애지중지 길러서 대학원까지 졸업을 시켰죠. 이건 현실에 있었던 얘깁니다. 그런데 이게 그만 사고가 나서 죽었단 말입니다. 죽었으니 어떡합니까? 사십구재(四十九齊) 때도 그냥 몸부림을 치고 울고 그래요.

그런데 그때만 하더라도 "스님, 스님께서 우리 딸을 천도 좀 시켜주세요. 죽었어도 어디로 갔는지, 저를 좀 알게…" 이렇게 몸부림을 쳤습니다. 그것도 한번만 그런 게 아닙니다. 여러 날을 두고 그냥 성가시게 구는데 못 살겠어요, 정말. 그래서 할 수 없이 그분을 살리기 위해서 당신 딸이 아무개네 집에 태어날 테니까 이다음에 그 어린애를 낳걸랑은 수양 손주로 삼든지, 그렇게 해가지고 재산 있는 것을 그쪽으로 넘겨주십시오. 그렇게 애지중지하신다면, 그랬어요.

그러니까 아까까지는 죽는다고 하더니 그 말 한마디에 그만 죽질 않고, 이제 재산이 있건만도 뭐 팔러다니는 척하고 그 집을 자꾸 드나들었던 모양이죠. 그 집을 다니다 보니까 아들을 낳았는데 자기 딸 얼굴하고 똑같애, 똑같애 아주. 점 하나 요기 (목 부근을 짚어 보이시고) 있는 거까지 똑같애. 그래 어머니가 너무 못잊어 하니깐 그렇게 태어났던 모양입니다. 또 그렇게 인도를 했고요. 길잡이는 그런 거 하는 사람이지 뭐 귀중한 사람 아니에요. (대중 웃음) 밑도 씻겨줘야 되거든요. 그러니까 똥친 막대기라는 소리도 들을 만하죠. 부처님이 그랬을 거예요. 그래서 부처님의 능력으로서의 참 그 딸이 그렇게 돼 가지고서는 그 집의 아들로 태어났는데 수양 손주로 삼아가지고 그 수양 손주한테 재산을 다 그냥 준 거예요. 만날 업고 다니고 그랬다고요. 그런데 이젠 돌아가시고 없겠죠.

질문자1(男) 그러니깐 자기가 체득을 하지 못하면은 전혀 짐작을 못 하게 되는 겁니까 어떻게 되는 겁니까?

큰스님 그거는 열심히 공부해서요, 그걸 알려면요, 그거 한 가지만 알아서도 아니 되니까 여러 가지 다 알려면은 벌써 나부터 알아야 돼요. 당신이 당신부터 알아야 앞으로의 전체를 알 수 있으니깐요.

질문자1(男) 저를 아는 게 중요한데요, 아는 과정을 좀더 앞당기고 싶어가지고……. (대중 웃음)

큰스님 앞당기려고 한다면 절대 그것은 알 수가 없어요. 죽은 세상에, 내가 과거로 돌아가는데 지금 내가 현실에서 과거로 돌아가려고 할 때 나를 죽이지 않으면, 그 마음을 전체 놓지 않으면 안 돼요.

질문자1(男) 마지막으로 딱 한 가지만 더 말씀드리겠습니다. 우리 마음하고 두뇌하고의 그 포함 관계는 어떻게 되는 겁니까?

큰스님 마음이라는 건 통신이에요, 통신! 마음내는 거는 통신이요, 통신을 할 수 있는 것이고, 마음이라는 것은 내 움죽거리지 않는 것을 말해요. 그래서 마음내기 이전 마음, 그것은 한마음의 근본이죠. 영원한 생명이라고 그래도 돼요. 그러니까 생각을 냈다 하면 벌써 여기요. 어디 갈 때 (오른쪽 무릎을 만지시면서) 돌에다 부딪쳤어요. "아이구, 다리 아파!" 이럴 때 벌써 통신이 돼요, 머리로. 내가 이거 "아이구! 아이구! 다리야." 이러고 할 때 벌써 이 머리로 통신이 돼가지고 머리에서 벌써 발끝 손끝까지 다 통신이 돼요. 그러니까 그건 통신망이 그렇게 세포를 통해서 다 통신망이죠. 이게 혹성이라면 세포 전부가 통신망입니다.

사회자 다음은 합창단 보살님들의 선법가 공양이 있겠습니다.

큰스님 (합장하시며) 얼마 안 된 거 같은데 벌써 한 시간이 지났나봐요. 여러분이 이 뜻을 잘 파악해서 진실하게만 나갈 수 있다면 여러분은 아주 대성공입니다. 인간으로서는 대성공의 자유인이 될 겁니다, 아마.

마음의 계발

89년 1월 15일

역대의 부처님들이 누누이 설하셨고 그 결과 진리가 몇천 년 전부터 지금까지 여러분 앞에 역력히 맛을 볼 수 있게 되었습니다. 그런데 불교가 목탁이나 치고 염불이나 하고 또 복이나 빌고 그러는 걸로 잘못 알고 그렇게 기복으로만 가는 분들이 너무나 많고 그게 지금 거의 상식으로 돼 있다고 봅니다. 그러나 그게 아닙니다.

불교라고 하는 그 뜻은 일체 생물이 다 불교입니다. '불(佛)'이라는 것은 자기의, 즉 시체말로 한다면 원자가 있다면 입자가 있고 입자가 있다면 전자가 있고 그 속에 핵이 있다는 거, 사실 그것만으로도 우리가 불교를 상세히 알 수 있다는 겁니다. '불'이라는 것은 그 핵이 없다면 모든 것이 이루어지지 않는다는 말입니다. 갖추어서 재료가 같이 수반돼 있기 때문에 바로 불교라고 하는 겁니다. 불법! '교(敎)' 이것은 여러분이 그 핵에 의해서, 즉 말하자면은 마음을 낼 수도 있고 또 활용도 할 수 있고 말도 할 수 있다는 의미입니다. 그러기 때문에 불교라고 하는 것은, 인간으로서 그래도 이름해서 만물의 영장이라고 했기 때문에, 나쁘고 좋고 잘 되고 못 되고를 다 알아서 자녀들한테 좋은 말도 하고 또 모르는 사람에게 튕겨주기도 하고, 그런 것들을 여러분 가슴 속에 상세히 지니고 있기 때문에 바로 불교라고 하는 겁니다. 그래서 어느 종교의 이름을 가지고 탓하고 그 테두리에서 벗어나지 못해 이름에 끄달린다면, 그렇게 좁은 소견으로 지혜롭지 못하다면 그런 분들은 아마도 보이지 않는 창살을 면할 수가 없을 겁니다.

지난번에도 얘기했듯이 불교는 어디까지나 우리가 수억겁 광년을 거쳐오면서 지금 현실에 내가 갖춰가지고 있는 것을 계발해서 승화시키라는 거지, 그래서 보람 있게 살라고 하고 떳떳하게 살라는 거지, 이론적으로만 또는 공(空)해서 없다고 하는 게 불교가 아닙니다.

비유한다면 우리의 이 몸 자체는 오븐과 같은 거라고 볼 수 있겠습니다. 그러면 거기에는 불도 있어야 하고, 전기 말입니다. 화기도 있어야 되는 거고 재료도 있어야 되죠. 바깥으로 본다면은 음식을 하는 데는 물과 밀가루도 들어가야 하고 재료가 다 들어가야 되죠? 그것이 한데 합쳐져야 되죠? 그렇게 재료가 다 들어가서 음식을 해내면은 모든 사람에게 줍니다. 같이 먹습니다.

그런데 먹는 것이 고정돼 있질 않고 그 오븐에서는 여러분이 해보던 거 안 해보던 거 다 거기에서 나올 수가 있는 겁니다. 해본 거 그것만 알지 마시고 안 해본 것도 재료를 넣어서 해보신다면 그게 익숙해집니다. 그러듯이 계발을 하는 겁니다. 우리가 먹는 것도 그렇습니다. 우리 인간의 몸이 오븐이라면 모든 재료를 갖추어 가지고 있기 때문에, 물론 재료가 들어오면 음식을 해낼 수 있는 능력도 가지고 있다 이 소립니다. 그래서 음식을 넣으면 모두 연쇄적으로 위공장 대장공장 등에서 공장장이 그것을 즙을 내서 보낼 데로 다 보냅니다. 그리고 찌꺼기로 내보낼 거는 다 내보내고요. 그렇게 작업을 자동적으로 합니다.

그러면 그 자동적으로 하게 된 동기가 어디에 있나? 바로 핵을 보강하고 있는 전자로서, 그 전자는 바로 입자와 원자를 끼고 있기 때문입니다. 우리가 지수화풍 자체를 가지고 있기 때문에 모든 재료가 들어오면은 요리를 해서 음식을 보낼 데에 다 보내듯이, 안에서는 안에 대로 보내고 바깥에서는 바깥대로 남도 주고 나도 먹으면서 보급도 하고 그게 다시 재료가 되어 돌아갑니다.

그러기 때문에 우리가 계발하는 거지, 불교가 죽은 게 불교가 아니고 이론이 불교가 아니죠. 우리가 활용으로 나오는 것이 핵의 근본이라고 볼 수 있죠. 그 근본을 어디서 찾아볼 수 있나? 우리가 지금 말하고 행동하고 일체 만법을 활용하는 것이 바로 지금 현실에 나오는 것입니다. 재료가 들어가면 요리가 돼서 이리로 주고 저리로 주고 보내고 하기 때문에 정맥 동맥이 돌아가면서 모든 구조가 활달하게 돌아가고, 그럼으로써 공존하는 그 자체로서 나오는 게 활용이거든. 그러니 이것이 심성과학이 아니라고, 전체가 아니라고 할 수 있겠습니까? 그러니 여러분이 불교가 음식이나 해놓고 비는 것이라고 한다면 그건 참 오산입니다.

그래서 우리가 마음을 계발하기 위해서, 지난번에도 얘기했죠. 사람이, 내가 처음에 배울 때는 내 주장자의 안테나를 세워야 된다, 믿어야 된다, 물러서지 말아야 된다. 그건 왜냐? 자기가 없으면 모두가 없으니까 말입니다. 그 주장자의 안테나는, 삼위일체(三位一體)가 공존하는 그 자체를 모두 합쳐서 주인공이라고 불렀는데 그것을 세우지 않고는, 재차 말씀드리지마는 세우지 않고는 나를 발견할 수도 없거니와 나를 발견해서 계발할 수도 없습니다. 그러기 때문에 나를 진실로 믿고 물러서지 않고 '거기에서 일체 만법이 들이고 난다.' 이렇게 믿고 들어갈 때 생활에서 오는 일체 만법의 타개를, 다 헤쳐나갈 수 있다 이런 거죠. 그러다가 나를 발견하면 그때는 둘이 아닌 줄 차차 차차 알게 되고, 알게 되는 그 자체는 바로 처음에 내가 이걸 (가슴을 짚으시며) 붙들어야만이…. 지난번에 얘기했죠.

청각이나 촉각이나 후각 또는 시각이나 감각, 그것이 발현이 되어야 한다고. 우리가 땅 속에 있으면 영 빛을 못 봐. 그러니까 바깥으로 나오는 작업이라 그게. 그것이 발현이 되면은 바로 나를 발견하게 돼. 그렇게 함으로써 핵이나 전자 또는 그 모든 입자의 마음들이 같이 체 없는 체로서의 능력을 수반하게 되는 거죠. 즉 전파가 돼서 전체 통신이 되는 거죠. 이렇게 해서 발로가 되면 나를 발견하게 되고 나를 발견하게 되면 그때서는 전자(前者)와 현자(現者)가 즉 말하자면 전자, 후자(後者), 양자(兩者), 중성(中性)이 현자에게 발현이 되는 겁니다.

그래서 우리가 비교해서 얘기하자면 지금 물질 과학이 발전이 됐다고 하지마는, 콤퓨타를 놓고 본다 하더라도 한국말로 입력이 되면은 한국말로밖엔 안 나오고 영어로 하면 영어로밖에는 안 나오죠. 그렇죠? 그런데 우리가 계발할 것이 그것뿐만은 아니겠지마는 여러분이 계발해서 참 살기 좋은 나라로 만든다, 불국토로 만든다 하는 것은 여러분의 능력입니다. 여러분이 능력이 없으면 계발할 수도 없고 또 계발할 수 없다면 나라가 곤궁해지고 나라가 곤궁해지면 전체 어떠한 능력도, 허공에서도 끌어들이질 못해요. 그걸 아셔야 돼요. 그러고 우리 인간이, 생물이 여기만 산다고 생각해서는 오산이에요. 우리보다도 더 먼저 계발이 돼서 첨단을 넘어서는 그런 진화력을 가진 생물이 있다는 것을 입증하고 있어요.

우리가 콤퓨타를 연구한다 했을 때는, 콤퓨타에 어떻게, 무엇이 들어가서 어떻게 계발이 되며, 계발이 됐으면 어떻게 나오는가를 알고 이 마음의 눈, 심안이 열렸다면 우리가 여기 있으면서도 우리가 생각하는 것을 콤퓨타가 스스로 알 수 있게끔 할 수 있는 능력을 갖게 되는 거죠. 양력도 보강이 되고. 그것은 즉 말하자면 콤퓨타에 한 계단 두 계단 세 계단, 얇은 은과 같은 백지가 들어가는데 중석으로 앞을 둥그렇게, 가운데가 뚫린 것을 넣는다면 콤퓨타도 우리가 말하는 걸 알아듣고 입력해서 그대로 내 놓을 수 있는 거죠.

그 앞을 둥그렇게 한 그것, 즉 말하자면 금강석 같은 것은 불에 들어가도 타지 않고 물이 묻어도 녹슬지 않고 깨지지 않는 부분인데 우리가 말을 할 때에 콤퓨타는 그걸 알고 입력을 해서 말로 나오게 할 수 있다 이말입니다. 예를 들어 영(靈)의 의식, 영의 의식 자체, 비교하자면 일본 사람은 여기에 세운다, 체 없는 체입니다. 또 영문을 잘 아는 의식 자체를 놓고서 한마디 한다 할 때 콤퓨타는 그걸 알아채서 그것을 입력한다, 그래서 일본 말로, 영어로 나오게 된다 이겁니다. 또 이런 것도 될 수 있죠. 콤퓨타를 다섯 개 놓고서 한 마디를 하면 오개국 말이 다 나갈 수 있어요. 여러분이 이 도리를 배워서 계발한다면 그렇게 할 수 있는 거죠. 그러니까 사람이, 이 보이는 사람이 하는 데는 음파를 통해서 통신이 나가는 데 보이지 않는 데서 입력이 된다, 이런 것도 인간으로서 그 마음을 계발했기 때문에 될 수 있고 무(無)와 유(有)를 한데 합쳐서 중성(中性)으로서의, 중도(中道)로서의 중용을 할 수 있다면 그렇게 입력을 할 수가 있는 겁니다.

그러니 불교가 어디 무슨, 복이나 빌러 다니고, 늙어 허망해서 가는 데가 아니다 이거야. 아주 생동력 있고 계발적이고 예술적이고 문화적이고 참 활달한, 이러한 우리 인간이 살아나가는 진리라고 볼 수 있겠습니다.

우리가 계발을 해서 첨단을 넘지 않는다면, 기름도 자꾸 쓰면 기름이 땅 속에서 줄어들 듯이 곶감 꼬치 빼먹듯 그것만 빼먹고선 나중엔 어떻게 하렵니까? 그러니까 때에 따라서 모자라면 모자라는 대로 흔들리고, 힘이 부족하면 다른 뭐, 예전에 그런 예도 있죠. 핼리혜성이 나타났다고요. 그것이 지구나 어떠한 혹성을 치면은 그 영향이 얼마나 크겠느냐고 하는 이런 말을 들었습니다. 그러나 그 핼리혜성도 역시 우리 마음이 이탈돼 가지고 뭉친 거거든요. 그러나 그것이 아무리 악이다 할지라도 내가 만약에 핼리 혜성이 된다면 그건 무난하지 않을까요? 이게 바로 계발을 해서 만법을 사용하는 중용입니다. 그래서 겁이 안 나고 모든 게 싱긋이 웃어지고 모든 게, 누가 누구를 망하게 합니까?

우리가 물질적으로 만드는 것은 한계가 있고 고정됩니다. 콤퓨타를 하나 만들어놓는대도 그건 고정됩니다. 유동성이 없어. 하나 만들어놓으면 고대로 쓸 수 있는 거지, 거기에서 다시 변경을 해서 수시로 변경을 해서 용도에 따라서 쓸 수는 없는 거 아니겠어요? 인간처럼 마음이 유동성이 없는 거죠. 자동적이고 유동성이 없는 거죠. 그래서 사람이 계발이 된다면 그것 또한 계발을 해서 우리가 쓸 수 있다 이겁니다. 인간의 마음은 첨단을 넘어서서 우리가 갖추어 가지고 있기 때문에, 그리고 마음은 체가 없기 때문에 용도에 따라서 유동성 있게 자동적으로 자유자재할 수 있다 이 소립니다. 영의 의식을 쓰려면 쓰고 어떠한 문제도 타개해 나갈 수 있는, 바로 내가 될 수 있고 그렇게, 즉 말하자면 담기면 담기는 대로 좇아주기도 하지마는, 내 능력이 부실하면 거기에 말리지만 내 능력이 부실치 않다면 끌어들일 수도 있는 거거든.

그래서 비행기가 날아다니지마는, 비행기의 목적이나 어떠한 로켓트의 목적 그런 것도 사람의 마음에 모든 게 달려 있다 이겁니다. 그건 왜? 물질적으로는 구비구비 그 거미줄같이 만들어서 콤퓨타를 끼워서 다 놓지만 인간의 마음은 유동성이 있거든. 용도에 따라서 화(化)하게 만들어서 자꾸 이렇게도 쓰고 저렇게도 쓸 수 있는 마음이 갖추어 가지고 있기 때문에 그 기계화로 돼 있는 거, 고정되게 해놓은 것은 그냥 파괴시키려면 파괴시킬 수 있어. 허나 우리가 파괴하려고 인간으로 태어난 건 아니거든. 계발하고 우리가 편안하게 살고, 삶의 보람을 느끼고, 떳떳하게 살기 위해서 배움을 갖고, 계발을 하고 그러는데 그걸 파괴시킬 리는 없지. 그러나 우리가 다 만들어 놨어도 실험하기 위해서는 당분간 쉬게 할 수도 있는 거고. 스위치를 한 번 눌러보는 거지.

난 그런 작업을 한 십여년을 넘게 했으니까. 그렇다고 또 잘못 듣지 마세요. 그런 재주가 있는 건 아닙니다. 허나, 뒤로 물러서지는 않습니다. 그리고 체험을 해보지 않은 거를 장담하고 이렇게 말할 수는 없는 거죠. 사람이 자기가 체험해 보지 않고 이론으로만 듣고 자기는 모르면서 말을 함부로 하면, 그 말 한마디가 한데 떨어진다면, 사람 가치도 없죠. 안 그럴까요? 부처님께서 가르치실 때 말 한마디 한데 떨어뜨린다면…, 그게 무슨 소리냐 하면 나는 그렇게 생각해요. 내가 한데 떨어뜨리게 하면 나는 어떻게 되든지 좋은데, 여러분이 그 말 한 마디를 듣고 잘못 가게 된다면 세세생생에 얼마나 고통을 받게 되며 나는 또 뭐가 좋겠습니까? 같이 구덩이에 빠지는 격이죠. 그러니 말 한 마디가 얼마나 조심스러운가를 여러분은 아셔야 할 겁니다. 함부로 말을 해서 여러분 가정에 잘못돼 돌아간다면 그건 큰 화를 입으니까.

그래서 될 수 있으면 생각을 잘 하시라, 생각을 좋게 하시라, 꿈을 나쁘게 꿨어도 좋게 생각을 하시라, 또 남들이 나를 구박을 하고 또 모략을 하더라도 좋게 생각을 해서 딱 거기다 맡겨놓으시라, 미움이 있더라도 거기다 맡겨놓으시라. 그것은 거기서 자동적으로 알게끔 참회를 하게 만드는 작업을 거기서 하는 거지, 내가 사량적으로 하는 게 아니니까. 사량은 어디까지나 사량이니까. 그 사람의 마음을 조절해서 변화가 오도록 만드는 작업을 하는 근본이 여기 있는데 왜 내가 사량으로 바깥에서 괜히 이러고저러고 해.

그러니까 여러분은 계발을 하는 그만큼 앞으로 불국토가 다가온다는 거. 지금 목전에 도달해 있는 것은, 정신계의 목전에 도달해 있다 이거야, 지금. 정신계가 아니라면 지금 손도 대볼 수 없으리만큼 앞으로 다가와, 목전에 있다고. 그러니 인간으로 돼서 얼마나 급한 일입니까? 여러분이 여러분부터 알고 계발하기에 얼마나 급급하냐 이 소립니다. 지금 시대에는 말, 육체 이걸로써 해나가는 시대가 아닙니다. 몸은 가만히 두고 정신력으로서 마음을 조절하고 들이고 낼 수 있어야만이 스스로서 움죽거리게 만드는 작업입니다, 그게. 대충 그것은 그렇게 얘기해두고요.

예전에 미국 동남부의 해협, 그 삼각 해역에서 일어났던 일들 여러분 잘 아시죠? 비행기 사건. 그게 언젠가? 1945년이었던지 언젠지 한번 그런 일이 있었다고 들었습니다. 그런데 그것도 그렇습니다. 우리가 심성이 계발이 됐다면 그렇게 말려들어갈 리가 없거든. 물이나 흙이나 지수화풍에 다 생명이 있고 핵이 있고 그렇거든요. 그럼 우리 인간이 전자(前者)에 전자가 그 핵을 보강하고 있는 그것을 알고 현자(現者)가 바로 그것을, 후자와 더불어 전자(前者)·후자(後者), 양자(兩者), 중성으로서 내가 그 핵의 능력을 발휘해서 가지고 있다면 상대에서 끌어 잡아당겨도 내가 그리로 쏠려들어가질 않아.

한 가지 더 보강해서 말할 것은 내가 이것을 (가슴을 짚으시며) 발견해서 이것을 찾고 들어간다면, 즉 말하자면 시오 리, 백오십 리, 백오십 리 안팎으로 첫째 알 수 있고, 팔십 리 알 수 있고, 백 리를 알 수 있어. 그러기 때문에 저기서 어떠한 뭐가 들어온다 하더라도 여기에서는 스스로 자동적으로 알게 돼 있고 자동적으로 알면 자동적으로 그것은 대기 상태가 돼. 그리고 스스로서 재료가 보강돼 있기 때문에 레이다망도 그대로 보강돼 있어, 다. 그런 데다 그 능력이 부실하지 않다면 그것을 오히려 빨아들일 수도 있는 문제가 생기고 내 능력이 100% 보강이 되죠. 그런데 내가 빨려들어 간다면은 내 힘이 다 그리로 빠져버리는 거죠.

그 말 하기 전에 내가 마음이 밝아지고 계발이 되면 십이존불(十二尊佛)이, 즉 말하자면 '즉여별성'이라고 그럴까? 뚜렷한, 그 최고의 밝은 별들을 말하는 거야. 그걸 십이존불이라고 해도 좋아요. 그것이 전파가 돼서 바로 나한테 그게 보강이 되거든. 그럼으로써 그것을 끄는 힘과 그 끌리지 않는 힘과 주는 힘, 끄는 힘 이것을 다 보강을 해가지고 있게 된단 얘기죠. 그러나 그뿐이 아니지. 왜 비행기가 그렇게 말렸는가? 십여 명을 태운 그 아주 일등난 기사들이라는데. 십여 명씩이나 기사들이 탔는데 왜 그게 없어졌느냐 이거야. 그것은 서로 전자(前者)·후자(後者)·현자(現者)가 전부 보강돼서 전부 빨아들이기 때문이거든, 삼각이니까. 삼삼(三三)은 구(九)거든, 벌써. 숫자적으로 따진다면. 거기서 또 쪼개고 또 쪼갠다면은 수없이 그냥 많아지지.

그러나 우리 자체가 한번 이렇게 생각을 해보세요. 색경을 여러

개를 놓고 한번 보고 오세요. 앞뒤로 놓고 옆으로도 놓고 그러면 내가 몇 개가 되나? 그 핵의 힘이 그렇게 펴지는 겁니다. 그렇다면 거기에서 이 삼각이라는 것은, 그것도 모두가 자기의 그 보강된 원자·핵·전자 이런 것이 자력, 끌어당기는 힘을 즉 말하자면 이름해서 그것도 붙인 거겠죠. 모두가 이렇게 돼 있기 때문에 이 지구도 이렇게 붙어있겠지만은 우리 힘이 그렇게 강하다면은 그 거대한 게 다섯 대고 몇 대고 송두리째 없어지진 않았을 거야. 당기는 힘이 강하니까. 우리가 지금 공중에 비행기를 타고 가든지 이래 보세요. 만약에 그 바깥에다가 물건 하나를 내던져 보세요. 그 물건이 어떻게 돌아가나. 나침판이 없이 그냥 막 돌아가죠. 그렇게 힘이 세단 말입니다, 빨아당기는 힘이.

그러나 이 안쪽으로 빨아들이는 힘이 만약에 백오십 리나 이렇게 안팎에, 그것은 산에 다니면서도 체험을 해봤지만 그 모두 그렇게 용도에 따라서 쓸 수 있는 거, 내가 물질이 참 징그럽고 무섭다 하면은 그 영(靈) 의식만 가지고 만나거든요, 물질 몸뚱이는 안 만나도. 그래 그게 싫으면 좀, 백 리 안팎, 십 리 안팎만이라도 '아이, 우리 모습으론 보지 말자.' 하고 하면은…, 얼마나 그 재미있는지, 그건 인간들이 사는 거나 벌레가 사는 거나 새들이 사는 거나 물에서 사는 거나 짐승들이나 다 똑같애요.

우리 사람의 의식으로는 아이구, 구더기 속에 어떻게, 구더기가 돼가지고 더러워서 어떻게 사나 그러죠? 안 그래요? 그러나 구더기 속에 들어가본다면 구더기는 구더기 나름대로 살 만해요. 우리가 금 보듯이 똥도 그렇게 좋거든요. 그러니까 그 나름대로에, 살림살이하는 그 나름대로에 용도대로 주어진 그 삶이, 그렇게 그냥 사는 멋이 있다는 거죠. 그러니까 우리 인간으로서는 거기를 다 거쳐왔기 때문에 만약에 계발이 된다면, 능숙하고 지혜롭고 첨단을 넘어가리만큼 그렇게 무(無)의 세계, 유(有)의 세계를 왕래할 수 있고 자유자재권을 갖는다 이런 겁니다.

그렇다면은 우리가 입증되는 무슨 문제가 있느냐? 지금. 옛날에 6. 25 사변 났을 때도 접시비행기가 많이 나타났죠. 난 그걸 봤어요. 제가 그때 스물세 살인가 그렇게 됐을 무렵이거든요. 그런데 반짝 반짝 반짝하면서 말입니다, 그냥 이렇게 낮게, 낮게 이렇게 딱 스쳐가는데 뭐가 파괴가 된 줄 아십니까? 물질이 그냥, 그냥 거기서, 거기가 어딥니까? 파괴가 되는 겁니다. 아마도 그릇 굽는 가마에 들어가서 숨어있다가 창문으로 내다본 것이 그거거든. 많은 공부가 됐어요. 그래서 난 이렇게 생각해요. 모든 것이 부처의 스승 아닌 게 없고 또는 모든 것의 부처가 스승 아닌 게 없다고요. 항상 이런 말을 하지만 풀 한 포기도 벌레 한 마리도 그냥 볼 수가 없어요. 모두가 배움에 의해서 그것이 확립되고 조화가 되고 조절이 되고 지혜가 늘어나고 이러니까 그것이 스승 아니고 뭐겠습니까?

그러니 그 모두가 생명들이 있어서 힘들이 강하면 그 힘들이 있다는 거를 입증하는 것은 뭐냐 하면, 그 삼각 해역에서 비행기가 없어졌다는 것도 입증입니다. 벌써 우리보다 앞서 진화된 생물이 있다는 겁니다. 접시비행기가 떠서 그렇게 다니고, 백 마일쯤이든 뭐 고걸 정해서 보진 않았지마는 그만큼 파괴가 된다는 것만 해도 벌써 그것은 입증이 되는 겁니다. 우리보다 더 계발이 된 생물이 있구나 하는 걸 말입니다. 이 마음의 도리를 공부하면 꼭 그걸 봐야만 되는 건 아닙니다마는 그러면 바깥에서 들어오는 것도 연구가 되고 안에서 일어나는 것도 연구가 되는 거거든, 양면을 다. 한쪽으로만 기울어져서 아니 되니까, 현실도 무시해서는 아니 되거든. 하나 버릴 게 없거든. 결국은 현실로 나오지 않는다면 무의미한 거지 뭐.

그래서 여러분 육체도 당신 게 아니니깐 간수 잘 해라 이거야. 자식들은 자기 것이 아니라 부모 거야, 육신이. 자기 육신을 간수를 잘못 하면 그 부모가 아주 고통을 받고 그렇게 애를 쓰거든. 몸을 간수 잘 하는 것도 효도다 이거야. 자기 몸뚱이라고 함부로 굴려서 부러지거나 뭐 다치거나 또는 병들거나 이런다면 그게 불효라.

두서없는 말이지만 잘 이해해서 들으시리라고 믿으면서 이런 말을 합니다. 나는 여러분과 같이 배우지 못하고 즉 말하자면 학식을 배우지 못해서 미련한 점이 많거든요. 그러니깐 내가 아는 대로 뜻으로서 그냥 이렇게 얼버무려 놓는 겁니다마는 배운 여러분은 그것을 잘 이해해서 잘 계발하시도록 하세요. 그러면 현실로써의 그것이 조금도 손색이 없을 뿐만 아니라, 그런 용어 붙이는 거는 여러분이 얼마나 잘 붙이겠습니까? 스님네들 이름이라든가 또는 스님네들이 이름 지어놓은 어떠한 것, 글자로써 동네 이름을 지어놓았다든가 이런 것도 다 이름이지, 그 사람이 어떻게 어떻게 했기 때문에 그 사람 이름을 따서 그 동네 이름도 붙일 수 있고, 그 동네 이름을 따서 사람의 이름을 붙일 수도 있고. 또 물건의 이름을 붙이는 것도 이거 개발한 것이 이러이러하니깐 이렇게 이름을 붙이자 해서 붙인 거지 뭐 하늘에서 떨어진 게 아니지 않습니까? 그러니 이왕 남이 붙여놓은 거 그대로 붙이는 것이 현명하고 또 여러분도 알기 쉽고 그렇기 때문에 그렇게 했으면 좋겠는데아, 내가 배우질 못했으니 어떡합니까? 그러니 그 뜻으로만이 지금 얘기하는 겁니다. 그래서 백 리, 팔십 리, 백오십 리 이런 거, 그 어떠한 막이 없이 벌써 이게 계발이 되면은 그런 것을 다 아는 동시에 거기에서, 모든 해결이 거기에서 나옵니다, 스스로.

그러니 이쪽에서 먹어치우느냐, 저쪽으로 먹히느냐 이거야. 먹히는 것만 불법이 아니거든. 때에 따라서 먹히는 거는 내가, 그가 내가 되기 위해서 먹히는 거고 또 그거를 내 걸 만들기 위해서 먹는 거지, 대의를 위해서 그러는 거지 그것을 나쁘게 하려고 먹는 것도 아니고 나쁘게 하려고 주는 것도 아니거든. 그러기 때문에 대인이다라는 얘기지. 그러나 그게 아니거든. 그냥 삭쳐 먹어치우는 것은 그냥 삭쳐 먹어치우는 거라. 그리고 연구 재료도 되거든, 어떻게 친다면은. 여러 가지로 우리가 생각해 본다면은 무시무시하기도 하고, 알고 보면 무시무시

한 것도 아무것도 없지 않냐 말야.

그래서 이렇게 살면서 물질적으로다 살아나가는 사람들이 어떤 땐 애석할 때가 많거든. 직선으로 가면 될 거를 왜 저렇게 도나? 왜 저렇게 어렵다고 하나? 왜 자기가 자기를 못 믿고 그렇게 어렵다고 하나? 왜 놓는 게 어렵다고 하나? 놓는 것이, 놓는 건 이름이고 그냥 놓고 가지 않나? 고정됨이 없이 그냥 막 돌아가고 있지 않나? 그래서 이름해서 주인공이라 그랬는데 왜 그렇게 어지럽게만 생각을 하고 그렇게 자기 마음을 자기가 옹쳐매놓고 애를 쓰고 궁색하게 사나? 그사람네들 가만히 보면요, 그사람 그럭하게 돼 있어. 그렇게 살게 돼 있어. 그렇게 하니까.

예전에 이런 예가 있었거든요. 그때 원주에서 있었던 얘기인데, 아주 그냥 뭐 울고불고 애 다섯을 낳았는데 자기 남편이 날 버리고선 그저 먹을 거나 갖다주고선 그냥 영 안 들어온다는 거야, 배신했다는 거지. 막 울고 그런단 말이야. 그러니 얼마나 동정심이 갔겠습니까? 세상에 남의 일 같질 않아, 모든 게 다 그렇지만. 불쌍하고 가엾고 말이야. 그래서 그 사람을 동정하면서 매번 이렇게 만났거든요, 자꾸 찾아오니까. 가만히 보니까 그 남편을 한 번 보고, 남편을 직접 본 거는 아니지만 남편을 한 번 보고 그 아내를 보고 이렇게 보니까, '아이구, 참! 나라도, 나라도 어쩔 수가 없겠구나.' 하는 생각이 문득문득 드는 겁니다. 말을 요거를 한마디 해주면 요걸로써 조금도 융통성이 없는 거야. 이러니 그놈의 거, 그거 나부터라도 그것 어떡하겠느냐 이거야, 응?

그러니 책임이 어디에 있느냐 하면 그 여자에게 있더라고. 이거 남녀 여러분을 앉혀놓고 이렇게 말하는 거 안됐지만, 이건 여자 편 들 수도 없고 남자 편 들 수도 없고, 여자나 남자나 융통성이 없다면은 그것은 아주 그렇게, 자기가 해놓고 그렇게 하는 거지 어쩔 수가 없어. 그게 천성이라고 하는데, 그 천성은 어디서 나왔느냐? 그게 업으로 따라 나오거든, 업식으로 인해서. 이게 아둔하고 돌아가질 않는 거야. 그래서 계발하라고 하는 겁니다. 그러면 너그러워지고 넓어지겠죠.

그래서 내가 아무 소리 안 하면서 여러분더러 이렇게 말하죠. 자식이 굶주리는 것도 밥을 못 먹여서 굶주리는 게 아니에요. 부모에게 그리움을 가지고 있다든가 이럴 때도 한 마디 대화에 고만 그것이 다 누그러지죠. 또 대화를 하는 데도 그것도 한계가 있는 거죠. 남편도 그렇고 아내도 그렇고. 예를 들어서 말을 하면 벌써 하루 무슨 일이 있어서 급해서 못 들어왔어도 그냥그냥 웅크려 죽이는 거야. 그러니 사람이 살 수가 있어야지.

사람이 자유스럽게 살자고 이 세상에 나서 사는데, 그렇게 자유스러운 것도 한계가 있어야 되는 거지만, 본래는 아무 저것도 없이 급해서 그렇게 했던 건데 바가지를 자꾸 긁으니까 나중에는 더 빗나가버려. 이런 환경이 종종 생깁니다, 역부족이지 그러니까. 난 그런 생각도 못 했는데 자꾸 가르쳐주는 거야. 또 아내가 그렇게 하는 것이 때에 따라서는 동생이 돼야 하고, 때에 따라서는 딸이 될 수 있고, 때에 따라서는 어머니가 되고, 때에 따라서는 아내가 되고, 때에 따라선 할머니도 될 수 있어야 돼. 이것이 여자의 지혜력이야. 또 아버지가 되고, 오빠가 되고, 친구가 되고, 아들이 돼줄 수 있는 그런 영향력을 가져야 같이 맞아 들어간다 이말입니다.

우리 생활하는 데도 그렇죠. 내가 그전에도 얘기했지만, 자식을 만날 때는 금방 아버지가 돼서 말이 나가고 생각도 그렇고, 금방 자동적이죠? 그런데 금방 자식을 만났다가 아내를 만나면 금방 점잖아지고 남편이 됐거든. 금방 그렇게 되는 거예요, 금방 금방. 이게 한 찰나 살림살이라고. 한 찰나의 살림살이를 잘 해야지 그거 못 하면 어떻게 되누, 그게? 그러하니 자식이 어떠한 나쁜 짓을 하더라도 들어오면 다독거려주고, 말로는 다독거려줘. 그게 사랑이야, 겉으로 사랑. 안으로 자비를 베풀어 모든 건 '주인공 너…', 내가 여기에다 (가슴을 짚으시며) 스위치를 누르면 거기까지 불이 들어온다는 걸 아시고 믿고, 모든 건 거기에다가 '아이, 주인공밖에는 저 애를 바로 인도해줄 수 없지.' 하는 거를 믿고 거기 놓고선 말은 좋게 해주는 거야. 언제나 어른이고 애고 따뜻한 데로 꾀지 추운 데로 꾀질 않아. 그건 심리학적으로 생각해 본대도 그래요. 남편도 그렇고, 부모도 그렇고, 자식도 그래, 다. 그럼 서로가 서로를 그렇게 해야 되지.

그래서 뿌리를 길러줌으로써 그 생기가 바로 가지나 이파리로 퍼져서 사대(四大)로 퍼져서 지혜로운 마음이 생기면서 '아하! 내가 왜 이렇게 했지?' 하고선 다시 돌아가거든. 그것이 뿌리를 길러주는 일이라. 그러고 그걸 알면은 어떤 한 회사를 경영한다 하더라도 그 직원들의 마음을 사로잡고 다 편안하게 해나갈 수가 있거든. 주인공이 다 하는 거니까, 자동적으로니까. 아까 얘기했죠? 한생각에 전파가 나가면은 수천 수만의 사람들 마음으로 투하가 된다고요. 투하가 됨으로써 통신이 되죠. 그게 전파력이며 통신력이며 바로 투하력이에요. 그러면 그걸 또 안다고 한다면요, 손자병법이 필요 없지. 왜냐? 군사를 쓰는 데도 그렇죠. 어떠한 한생각 그 마음이 수없는 사람한테 전파가 되고 투하가 되거든. 한계가 없는 거라, 이거는. 무한대라. 이 마음이라는 게 무한이라.

그러니 우리 요, (장삼자락을 집어 보이시고) 이 콩나물 대가리 하나 있듯이 이렇게 끼어서 있지만은 이 하나가, 콩나물 하나가 얼마나 소중한가를 여러분은 아셔야 돼요. 얼마나 수억겁을 거치면서 쫓기고 쫓으면서 피를 흘리면서 이날까지 인간으로서 진화됐는지, 아마 그것을 아신다면은 땅을 치고 울어도, 하루 종일 울어도 시원치 않을 겁니다, 자기가 자기 불쌍한 생각을 하면.

그러고 자기가 자기뿐입니까? 한 철 한 철 나면서, 인생은 한 철입니다. 또 인생은 한 철이면서 생활은 찰나입니다. 그러면 인생이 한 철 나면서 고정돼 있지 않으니 한 철은 이 집에 모여서 한식구라 그러고 한 철 나고 또 껍데기 벗으면 저 집 가서 또 한 철 나고 수억겁을 거쳐나왔으니, 네 부모 내 부모가 따로 있겠습니까? 네 형제 내 형제가 따로 있겠습니까? 모두가 내 형제고, 나 아님이 없고 내 아픔 아님이 없는 거라. 그런데 어찌, 어찌 한마음으로 돌아가는 게 어떤 거냐고 묻겠습니까? 내 마음이 계발된다면 미국인들 또는 저승인들 물 속이든 불 속이든 어디고 못 가겠습니까?

나는 그 전에 달도 없는 그믐밤에, 그렇게 내 스승이 나를 오밤중에도 끌고다녀. 산골 개천 그냥 이런 데, 물이든 골짜구니든 산이든 그냥 이게 길이라는 거야. 아이- 참 내, 기가 막혀서. 길이라고 끌고다니는데, 그때도 내 생각에 '이게 어디로 가면 어떠냐?' 이거야, 아예 버렸으니까. 어디로 가든 상관이 없지. 지가 저 끌고다니는데 누가 뭐래? 하하하. 그러는데 나는 그 양자 가운데서, 끌고다니는 놈과 끌려다니는 놈 가운데서 나는 자꾸자꾸 체험을 하는 거야. '아하! 그렇구나. 이 끌고다니는 놈과 끌려다니는 놈, 그 양자 그 중성은 바로 이렇게 그냥 알아채지게 되는구나!' 하는 걸 아주 실감했거든. '그렇지, 길이 따로 없구나.' 그러니 산인들 못 다니랴 물인들 못 들어가랴 불 속인들 가면 타죽으랴.

그러니 이 양면에, 영계 또는 사람들 사는 이 세상 모두가 연결돼 있는 이 사태를 그대로 이 환상에서 벗어나서 환상천을 벗어난다면 정말이지 이것이 낙원이요, 이것이 바로 인간의 그 떳떳함이요, 세상에 이렇게 좋을 수가 어딨나? 그런데 남이 볼 때는 끌려다니는 놈과 끌고다니는 놈도 이게 다, 즉 말하자면 음식 해내는 오븐과 같은 거야. 그런데 또 그게 없어도 아니 되거든. 사람은 어디까지나 이 몸을 부딪칠 때 아픔을 느끼거든요. 아픔을 느끼는 것은 뭐냐? 이 세포 세포 하나마다 중생들이 있기 때문이거든. 그러니 그것을 몽땅 버렸을 때에 바로 전자의 업식으로 만난 인연들이 다 해소가 되는 거라. 자꾸 자꾸 그 중성은 깨달으니까, 체험을 하니까, 양자 속에서 자꾸 깨달으니까, 이것이 진화가 돼서 그 중생들은 한마음 한뜻으로 돌려주고 아주 단단하게 그냥 금으로다 뭉쳐지고 빛이 나죠.

그러니 우리가 불교 공부하고 절에 오고 이런 일은 젊은이는 필요 없고 또 남자도 이거 쑥스럽고, 뭐 그런 데나 가서 복이나 빌러 다니는데, 이렇게 생각하면 아예 틀린 생각입니다. 호랑이 굴에 들어가야 호랑일 잡을 수 있거든요. 나는 거기 무서워서 못 들어가고 더러워서 못 들어가고…. 그래서 그전에도요, 비오는데 그냥 애들이 옥수수 먹고 똥눠 놓은 데 그냥 마당마다 이렇게 발을 디더놓을 수가 없는 데가 많죠. 산골 이런 데 다니려면요. 날이 캄캄해지면 일부러 나를 끌고 내가 일부러 그리로 들어가는 거예요. 더럽다고 생각이 되나, 그렇지 않으면 뭐 어떻게 피하나 그걸 보기 위해서 끌고 들어가는 거죠. 끌고 들어가 보면 여지없이 이 육안으로 볼 때는 더러운 거예요. '응, 그렇지. 사람이니까 뭐 그렇게 더러운 거 볼 수밖에 없는 거지.' 그러나 만약에 마음이 똥 속에 들어간다면 마음은 체가 없어 똥 속에 들어가도 연꽃과 같이 더러운 물이 묻질 않아. 그래서 아무리 질척한 진흙에서 연꽃이 나도 그 진흙물이, 방울이 튀지 않고 묻지 않는다는 격이 바로 그겁니다. 마음이라는 건 체가 없어서 묻을래야 묻을 게 없다 이겁니다.

그래서 마음을 잘 쓴다면 거칠 게 없고, 묻을 게 없고, 걸릴 게 없고, 그러니 어렵다고 생각하지 마시고 오늘서부터라도 어렵다고 생각하시는 분들이 있으면 어렵게 생각하지 마시고, 걸리지 마시고, 잘못됐다 하더라도 "그놈이 잘못한 거니까…" 이렇게 놓으라 합니다. 잘못됐다 해도 그것이 얼마나 잘못돼 돌아가겠습니까? 고정되질 않으니까 금방 찰나찰나 자꾸 마음이 변하는 걸요. 그런데 왜 걱정을 하느냐 이거야. 안 됐으면 잘 되게 돌아갈 수도 있는데 아, 제놈이 할 거 아닙니까? 여러분의 마음을, 여러분이 모르는 마음이 어딨습니까? 여러분이 하고 있는 거, 여러분이 생각하고 있는 거, 여러분이 알고 있는 거지 딴사람이 알고 있는 게 아닙니다. 알고 있기 때문에 찰나찰나 살림살이를 잘 할 수 있는 겁니다. 그게 바로 묘한 도리죠.

내가 아무리 부족하다 할지라도 부족하게 생각하지 마시고, 나는 풀 한 포기도 부족하게 생각 안 합니다. 내가 지금 배움의 길에 들어가는데 부족한 게 어딨고 안 부족한 게 어딨냐? 그냥 밀고 나가는 거지. 그런 거 사량으로 생각한다면 전쟁 나갈 때에 이리 가도 걸리고 저리 가도 걸리고 이러는 거 다 탓하다가는 전쟁 못 해요. 그러고 어느 분은 또 "어이휴! 이렇게 잘 되다가 영 안 되고 그냥 아예 아무것도 몰라집니다." 이러거든. 그래 전쟁이 났을 때나 칼을 뽑지 전쟁 안 났을 때 왜 칼을 뽑겠소? 자연적 아니야, 그게. 괜히 왜 생각이 납니까? 생각 안 나는 것도 거기요, 생각 나는 것도 거기요. 급하면 저절로 생각이 나오는데 왜 그걸 성화를 하느냐 이거죠. 급하지도 않고 그냥 편리하고 편안한데 괜히 왜 생각이 안 날까, 뭐 어쩔까 이럽니까? 안 그래요?

그러니 모든 문제들은 여러분의 마음에서 나오는 거니까 그 마음을 잘 다스릴 수 있는 중성, 그 자체의 여러분이 돼 주신다면 앞날에 있어서 우리 나라도 그렇지만 세계적으로도 자동적으로 만반의 준비가 돼서 과학도 더 발전이 될 거고 살기 좋은 나라가 될 것입니다. 특히 우리 한국 생활에, 경제에, 모든 공업에 또 과학에, 문화 문명에 아주 최소로 이렇게 일본을 능가할 수 있을 겁니다. 지금도 그렇지만 말입니다. 난 접때도 그런 생각을 했죠. 일본에서 그 죽으면서까지도 미안한 생각을 안 했다고 그런 말을 하더군요, TV에서. 그래서 '그래? 그럼 후지산 그 꼭대기가…, 너희는 한국에….' 그 왜 이런 거 있죠? 우리 한국에 의인이 날까봐 그냥 쇠를 다 박아놨거든요, 혈맥을 끊어서. 그래 나는 일본에 갔다올 때, 이거 또 이건 안 되는데, 허허허, 그랬어요. 그렇게 생각하고 그렇게 의리가 없고, 수없이 흘러내려간 전자, 지나간 일인데도 불구해놓고 그 말 한마디에 천냥 빚을 갚을 걸 고렇게 옹졸하게 그렇게 할 수 있겠나?

여러분 지금 젊은 사람들은 그 과정을 겪어보지 않았으니깐 그렇지만 나는 똑똑히 보고 똑똑히 겪었으니까 말입니다. 희생된 한국 사람들이 얼마나 많았는지 모릅니다. 그 젊은 나이 어린 색시들은 군인들에게 몸을 바쳤고, 수없는 사람들을 바쳤고 그렇게 해가지고도 그것도 모자라서 몸뚱이를 갖다가 어떤 병이 있으면 병균을 투입을 해서 실험대로 썼고, 탄광으로 불러다가 그냥 고기떼처럼 잡아다가 몰아넣고서는 채찍질을 해서 다 그냥 병들어서, 병들면 죽이고, 쓸모 없으면 죽이고, 그냥 얼마나들 했습니까?

그러나 그뿐입니까? 먹을 게 없어서 토마토, 시골에서 팔러 요만한 딩구레에 가지고 나오면 순경들이 다 발길로 차서 없애고, 먹을 게 없어서 그 '신랑방아 불켜라, 색시방아 불켜라' 그런 거, 그런 거나 뜯어다가 어떻게 연명을 하고 그런 예가 많았단 말입니다. 사람이 살 수 있을 일입니까, 그게? 그렇게 압박을 했으면은 미안한 감이라도, 사람이라는 게 살다보면은 싸움을 해서 서로 뺏기도 하고 또 뺏기기도 하겠지만 그래도 흘러간 옛 얘기니 아, 그때 생각을 하니까 참 우리가 살다보니깐 그런 수도 있겠지만 참 미안했노라고 하면 그 말 한마디에 천냥 빚을 갚지 않겠습니까? 후세들에게. 그땐 어쩔 수가 없었노라고, 그런데 그게 아니거든.

그런 거 어떻게 해야 되죠? 어떻게 돼요? 그런 것도 날더러 이럭하겠죠, 여러분은. '허, 저이가 이제 못 하는 말 없네.' (대중 웃음) 하하하. '저이가 아니, 둘이 아니라고 그러면서도 저런 말을 해?' (대중 웃음) 이러겠죠? 그런데 말입니다. 내가 만약에, 여러분의 가족이 한 철나는 가족이 있다고 합시다. 그럼 손이 들이굽지 내굽지 않거든. 왜냐? 내가 이 집 가정에 태어났으니까 어쩝니까? 한 철! 하하하, 그래요. 나이 집 가정에 태어났어. 한국이라는 이 집 가정에 태어났기 때문에 한 철은 나야 되거든. 하하하. 그러니 우리 이 가정에 태어난 한 철, 우리 삶의 보람, 떳떳함 이런 것을 알기 위해서도 우린 계발해야 되겠습니다. 그러니 오늘은 이것으로써 마치겠습니다.

다섯 가지 보물

89년 2월 19일

한 달을 쉬었다가 오늘 이렇게 여러분과 또 한자리 하게 됐습니다. 그러나 우리가 공부하는 도리로 본다면 한 달을 떨어졌다 하더라도 한 찰나에 지나지 않는 것입니다. 생각에 따라서 멀고 생각에 따라서 가까운 겁니다. 마음은 체가 없고 시공이 없기 때문이죠. 지금 여러분과 같이 길을 걷고 있습니다. 여러분은 지금 앞 뒤도 없는 발걸음을 그대로 여여하게 아무 생각 없이 총총걸음으로 걸어가고 있습니다. 그 걸음을 걸으실 때 '발자취가 잘못 떼어지면 어쩌나?' '잘 떼어지면 좋겠지.' 이런 생각을 하고 걸어가시지는 않겠죠? 안 그렇습니까?

그런데 내가 생각할 때는 요즘 사람들이 스님네든 스님네가 아니든, 공부하는 방식이 좀 시대에 뒤떨어진 것 같습니다. 시대를 좇아서 우리는 빠른 발걸음으로 전진해야 한다는 걸 망각하고 있는 것 같습니다. 왜냐하면은, 만약에 참선방에서 참선을 한다 할지라도 몸을 동여매고 떠나지 말라 하는 것은 아닙니다. 물론 생각을 하고 또 생각을 하라고 그런 것이지만 몸과 더불어 일체 생활을 하면서 몸을 움죽거리면서 참선을 한다면 그대로 몸도 건강하고 몸이 고장도 나지 않을 것입니다. 그런데도 불구하고 꼭 앉아서만 해야 한다는 고집을 부리기 때문에 하는 말입니다.

좌선(坐禪)이라는 건 지난번에도 얘기했지만 전체를 놓고 마음이 편안해야만이 좌선인 것입니다. 일을 할 때나 앉았을 때나 섰을 때나 자연적으로 내가 앉고 싶어서 앉아야 하고, 서고 싶어서 서야 하고, 의정을 낸다 하더라도 그대로 자기 마음에서 스스로 의정이 나야 되는 거지 강요를 해서는 절대 아니 되는 것입니다. 그럼 부작용이 일어납니다. 그리고 타력신앙은 절대 안 되고 자력신앙이라야만이 되는 것입니다. 여러분이 타력신앙으로 가다 보면 "내가 이렇게 자력신앙을 하지." 하면서도 잘못 되게 되면은 바깥으로 끄달려서 미신에 얽매이게 됩니다 그것이 바로 자기 마음입니다. 마음으로 지어놓고 마음으로 옹쳐매고 감옥을 만들어놓고 나가지 못하는 현상이 벌어지는 거죠.

그래서 어떤 경우에는 몸이 망가지고, 수없이 관절에 병이 생기고 그런 문제가 일어나는데 그것은 왜 그렇습니까? 단전호흡을 시키고 요가를 시키고 이러는데, 그것은 마음공부하는 데는 상당히 방해가 된다고 봅니다. 왜냐하면은 몸 떨어지면 입도 떨어지고, 입 떨어지면 말도 떨어지고 이론도 떨어진단 얘깁니다. 여러분이 아시다시피, 요가는 몸을 건강하게 만들기 위한 방법이며 단전호흡이라는 건 피를 잘 통하게 하는 방법입니다.

그런데 내가 말하는 것은 여러분이 없다면 이 세상이 없고 상대가 없는 것을 말합니다. 여러분이 이 세상에 나온 것이 태초며, 여러분이 나온 것이 화두라는 이름 없는 화두입니다. 내가 여기 있다는 이 사실을 증명하는 것이 화두입니다. 그런데 여러분을 누가 형성시켰을 것 같습니까? 정자와 난자가 있다 하더라도 내 영원한 생명이 없다면 그것이 삼합이 이루어지지 않습니다. 거기서 하나만 빠져도 안 되죠. 어머니가 없어도 안 되고, 아버지가 없어도 안되고, 내 영원한 생명이 없어도 안 되는 거죠.

그런데 우리가 살림을 하면서 중요한 게 뭔가? 일체는 나로부터 생긴 거다. 그러니까 이 삼합이 공존하기 때문에 주인공이라고 했는데, 넓게 보면 전체가 돌아가니까 공식(共食)하고 있고, 공용(共用)하고 있고, 공체(共體)로서 모두가 같이 돌아가니까 이것을 보고 공(空)했다 했고 주인공이라고 이름 붙인 겁니다.

잘못한 것도 잘한 것도 모두 자기가 한 겁니다. 그러니 공한 내가 거기에서 일어나는 모든 것을 거기에다 맡겨놔라 하는 겁니다. 왜 내가 이런 말을 되풀이하느냐 하면은 요즘 병 또는 여러 가지 문제 때문에 오시는 분들이 많은데 어떤 때는 내가 '아이구, 내가 의사 같구나!' 하는 생각이 들 때가 있습니다. 나는 병을 고치고자 해서 여러분을 맞는 게 아니라, 여러분이 병뿐만 아니라 일체 만법을 그대로, 천차만별로 다가오는 거를 해결할 수 있는 그 해결사가 스스로 되게끔 마음공부를 가르치고 있는 것 뿐입니다. 그러니 자동적으로 여러분을 움죽거리게 하는 그 장본인에게 모든 것을 맡겨놔라 이런 겁니다.

옛날에도 정치하시는 분들 즉 말하자면은 임금은 신하들이 권해도 듣지 않고 권도법(權道法)으로 나간 적이 있죠. 부처님께서 가르친 것은 우리가 발자취를 떼어놓을 때 그대로 떼어놓고 그것이 여여하다고 한 그 자체가 권도입니다. 우리는 누가 뭐래도 흔들리지 않고, 좋은 것이 와도 흔들리지 않고, 석존이 여기 와도 흔들리지 않는 그런 사람이라야 권도를 쓸 수가 있다는 얘깁니다. 그게 바로 자유자재권(自由自在權)!

그러니 지금 내가 말 한 마디 잘못 해서 여러분이 그렇게 인식을 하고 가신다면, 내 말 한 마디가 한데 떨어져서 나는 장님이 되고 여러분도 장님이 돼서 끌고가다가 같이 빠져죽기 딱 알맞습니다. 여러분이 이 세상에 나서 지금 현재 이렇게 고통을 받는 것도 기가 막힌데 세세생생에 구르면서 윤회에 말려서 허덕거려야 옳겠습니까? 이 몸을 벗기 전에 바로 벗어나야죠. 여러분의 한생각이 모든 백지를 뚫을 수 있고, 한생각에 은산철벽을 뚫을 수 있으며 전체 우주를 꿰어들 수 있다는 그 사실을 여러분은 아셔야 될 겁니다.

여러분은 여러분을 무시해서는 안됩니다. 또 내가 나라고 세우지도 마십시오. 여러분은 아파서 병원에 가면 '짠 거 먹지 말고 싱거운 거 먹어라.' 또 때에 따라서는 '이게 좋다 저게 좋다, 이럭해야 좋지 저럭해야 좋지.' 하고 천차만별로 많은 거를 그저 닥치는 대로 다 받아들이니 여러분의 삶은 어디서 찾겠습니까? 여기에 (몸을 가리키시며) 모여서 뭉쳐진 이 생명들은 가뜩이나 업식으로 만났기 때문에 때에 따라서는 좋은 환경의 마음을 내게 해주고, 어떤 때는 고통스럽게 해주고, 어떤 때는 몸을 아프게 만들죠. 그 중생들이 아프니까 이 부처도 아픈 겁니다. 아시겠습니까? 그래서 유마힐거사는 "중생들이 다 나아야 내가 병이 낫느니라." 라고 하셨죠? 내 몸속에 들은 생명들이 아픈 것이 바로 내가 아픈 증거입니다. 그러니 중생들을 안 아프게 해주려면 여기에서 중생들이 달라는 대로 주세요.

여러분은 지금 너무나 묘법(妙法)의 생활을 해나가고 계시지 않습니까? 배가 부르면 배가 부른 것도 알고, 어디가 아프면 아픈 것도 알고, 잘못된 거는 잘못된 것대로 알고 여러분이 다 잘 아시죠? 얼마나 신비합니까? 그게 신호입니다, 바로. 그래서 이 몸안의 모든 것이 그렇게 달라는 대로 주면서, 짠 것을 달라면 짠 것을 주고, 때에 따라서는 기름진 거 달라면 기름진 걸 주고, 자기가 달라는 대로 주세요. 자기가 먹는 게 아니기 때문이에요. 자기가 먹는다고 생각하면 오산이에요. 자기가 먹는다고 생각하고, 자기가 산다고 생각하고, 자기가 자기라고 생각한다면 아주 어리석습니다. 이 중생들이 달라는 대로 다 줘서 건강하게 만듦으로써 바로 내가 말하듯이 이렇게 묘법의 삶을 살 수 있는 겁니다.

오신통은 어떤 게 오신통이냐? 지난번에도 얘기했지만 과학적으로 다 이렇게 만들어놓은 물질로서의 콤퓨타가 여러분 앞에는 자동적으로 갖추어져서 있다는 사실을 아셔야 됩니다. 천체망원경이나, 콤퓨타나, 탐지기나 또는 무전통신기나 그 입력을 하는데, 모든 것이 가고 옴이 없는 그 도리를 신족통이라고 하죠. 그 다섯 가지가 같이 포괄된 어떠한 자동적인 기계라고 봅시다. 그러면 여기에서 자동적으로, 보는 것 듣는 것이 자동적으로 동시에 판단이 내려집니다.

여러분 안 그렇습니까? 소리가 나면 듣는 것만 듣는 게 아니라 고개가 이렇게 돌아갑니다. 다섯 가지가 동시에 움죽거립니다. 그럴 때 다섯 가지가 다 동시에 움죽거려가지고 판단은 거기서 해버립니다. 얼마나 묘합니까? 이것이 자동적인 자기의 원자나 전자나 입자나, 핵 자체가 혼합이 돼서 전자는 원자 바깥으로 나왔다 들어갔다 하는 활력성을 가지고 있습니다. 그것을 모두 여러분이 다 가지고 있는 것입니다.

그러니 지난번에도 얘기했듯이 탐지기에도 콤퓨타에도 입력을 할 수 있는 그런 자력을 여러분이 가지고 있다는 얘깁니다. 가고 오는 사이도 없이 가고 오는 그 자체가, 여러분 마음은 체가 없으니까 마음으로 저 달나라엘 갔다가 전체를 보고도 올 수 있는 그런 권력을 가졌고 능력을 가졌다는 거죠. 그렇게 내 마음대로 가서 보고, 아니 몸으로 가서 보는 게 아닙니다. 몸은 여기 있으면서 가고 오는 사이가 없이, 시공이 없이 가서 마음으로 보는 거죠. 내가 아까 얘기했죠. 한 달을 우리 보지 못했는데 한 달이라고 생각하는 건 여러분의 생각일 뿐이지 한 달이라는 게 없습니다. 그러니 한 찰나죠. 여기서 생각해서 망원경처럼 그냥 보는 거예요. 그만큼 여러분은 인간이다 하면은 정말 만물의 영장이라고 하리만큼 영향력을 갖추어 가지고 있다는 얘기죠.

그런데 먹고 싶은데도 사람들이 짠 거를 먹지 말란다고 안 먹습니다, 살 양으로. 하하하. 그러나 내 몸속의 생명들이 살 양으로 달라 그러는데도 이 물질의 나가 난 줄 알고, 안에서는 살려고 애를 쓰는데도 안 줍니다. 이거 되겠습니까? 그러니 이 그릇은 오븐과 같은 겁니다. 음식 만들어내는 오븐과 같은 거예요. 여러분, 안에서 달라는 대로 줘서 언짢은 게 없어요. 달라는 대로 줘서 몇 젓가락 먹다가 싫으면

'아, 싫다는 거로구나.' 하고는 안 먹는 거죠. 하하하. 여러분이 그 생명을 위해서 주는 것도 주는 거지만 그 생명들은 여러분을 살리느라고 그저 한시도 놀지 않고 뚝딱거리지 않습니까? 오르고 내리고 말입니다. 그래, 시공이 없다는 소식은 여기 이렇게 달랑 달랑 달랑 맥박이 뛰는 거 있죠? 요것이 바로 시공이 없는 도리를 알 수 있는 겁니다. 오신통 자체가 바로 우리가 지금 뚜렷하게 볼 수 있는, 과학적으로 나와 있는 그런 물질적인 것들에서 이루어져 있습니다.

그러면은 우리가 어떻게 하면 그 권도(權道)법을, 자유법을 그대로 쓸 수 있느냐? 만약에 탐지기를 예로 든다면 애매하게 사람을 잘못 처리할 수도 있고 콤퓨타가 아무리 잘 한다 하더라도 사람이 이렇게 입력을 해야 이렇게 나오고, 저렇게 입력을 해야 저렇게 나오는 식으로 고정돼 있지, 항상 사람처럼 찰나찰나 바뀌면서 잘 할 수는 없는 겁니다. 그러나 사람의 마음이라는 건 자동적으로 그냥 천차만별로 돌아가면서 아주 다양하게 하고 있습니다.

예전에 이런 얘기가 있었죠? 여기 한 3, 4년을 다녔던 신도가 있었습니다. 그랬는데 친구가 모함에 빠져서 어려운 형편에 처한 걸 도와줬답니다. 그런데 이 사람이 그만 잡히게 돼서 어떻게 잠깐 피한다는 것이 어느 상점엘 들어갔다가 붙잡히게 돼서 경찰서를 갔는데 거짓말 탐지기를 들이대더랍니다. 그러니까 그 사람이 속으로 '난 무효!' 그랬더랍니다. "난 잘못한 것이 하나도 없으니까 무(無)!" 했단 얘기예요. 그런데 그 탐지기가 고장이 났는지 영 작동이 되지를 않더랍니다. 그러니까 고치려고 고치려고 해도 안 되고 애를 먹고 하다가 고쳐가지고 또 해도 또 역시 그러니까 "나가!" 그러더랍니다. 이것이 어떻게 해서 이렇게 된 겁니까? 사람이 그렇게 묘한 법을 자기 안에다 갖추어 가지고 있다는 사실을 말하는 겁니다.

내가 다른 말 안 해도 여러분이 무슨 말인지 다 잘 아시겠죠. 내가 이런 말을 한다고 해서 어떤 사람은 잘못됐다고 욕할는지도 모르죠.

'그것이 그렇다면은 그럼 잘못하는 사람들은 어쩌나?' 아니, 잘못하는 사람은 잘못하는 대로, 그런 도리를 모르는 사람은 모르는 대로 또 잡히겠죠. 그러나 이런 도리를 아는 사람은 계율(戒律)을 잘못 범하질 않아요. 잘못 범하질 않는 동시에 남을 위해서 그것을 마음대로 그렇게 할 수 있는 능력을 가지고 있다는 얘기죠, 영력과 능력과 통신력을.

그러니 이 다섯 가지가 한데 합쳐진 보물단지를 여러분이 가지고 있으면서도 '이놈이 뭐꼬?' 한다면 시대에 어긋납니다. 얼마나 시대에 어긋나는지 몰라요. 여러분이 그만큼 배우고, 그만큼 머리가 깨이고, 지금 이렇게 과학이 발전이 된 시대에도 '이놈이 뭐꼬?' 이렇게 하고 있어야 옳겠습니까? 이놈이 뭐긴 뭡니까? 사람이지. 사람이 움죽거리고 있죠. 그러니 움죽거리고 있는 게 찰나의 살림살이다, 우리 인간이 살아나가는 것이 한 철이구나! 한 철 나를 형성시켜 가지고 또 한 찰나의 살림살이를 이렇게 시키고 가는 길잡이가 바로 나한테 있구나! 하는 걸 아셔야 합니다. 그렇다면 그놈이 잘못되는 것을 옹쳐매 놓은 것도 아니고 잘 되는 것을 옹쳐매 놓은 것도 아니니 잘했으면 감사하게 맡겨놓고, 잘못했으면 '잘못한 것도 잘 해결될 수 있도록 다시 돌릴 수 있는 건 너밖에 없다.' 하고 놓고 가야 카세트에 자꾸 다른 것 녹음하면 앞서 녹음된 것이 없어지듯이 그렇게 그 그릇이 비게 됩니다.

그렇게 그 그릇을 비우면은 거기에서 자기라는 싹이 보이고 봄이 오고 얼음이 얼은 것이 다 녹아내리게 돼서 눈에서 정말 눈물이 나고 이렇게 해서 몰락 다 녹게 됩니다. 그렇게 자기가 발로가 되면은 그때서야 진짜 의정이 나는 거예요. 그전에 내가 얘기했죠. "야, 애비와 자식이 둘이 아닌데 둘이 아닌 그 까닭이 무엇인고?" "애비가 자식한테로 가면 자식으로 하나가 되고, 자식이 애비한테로 오면 애비로 하나가 되니 그것은 무슨 연고인고?" 이런 얘기도 했고. 그런 얘길 하면은 각중에 그런 말을 들을 때는 자기가 의정이 안 날 수가 없거든. 자기 스승이 자기를 가르치는 거지. 그래서 거기에서 진짜 의정을 내고 그러는 거지, 강제적으로 자기가 의정을 내겠다고 해서 의정이 나는 게 아니에요. 진짜 의정이라는 게 그게 실감이 나는 거예요.

옛날에도 그런 적이 있죠. 내가 어느 산모퉁이를 돌아섰는데 큰 구렁이가 똥그랗게 틀고 있더니 내가 가니깐 별안간에 고개를 반짝 들거든. 반짝 들더니 얼마 있다가 길게 펴지는 거야. 그래서 그걸 보면서, 무엇을 생각했느냐? '오! 똥그랗게 있었던 건 원이고, 머리를 들었던 건 백(白)이구나. 허허. 그러니 한 일(一)자로 기다랗게 있으면서 하나로 뭉쳐졌던 것은 이건 일심(一心)에서 모든 게 나가고 들어온다는 거구나! 모든 게….' 그렇게 생각을 하고선 떡 돌아서니깐 맑은 물이 있는데 먹고 싶단 말이야. 먹으려고 딱 가니까 똥이 마려워! 거기다 똥을 누라는 거야, 그 맑은 데다가 글쎄. 오고 가는 사람들이 먹는 물에다가….

여러분은 만약에 내 속의 은사가, 내 스승이, 마음에서 '저기다 똥을 눠라.' 이랬다면은 노예처럼 거기다 똥을 누겠습니까? 단지 똥을 누라는 겁니까, 그게? 여러분은 공부하면서 내면의 스승이 '똥을 누라.' 이러면 똥을 누라는 줄로만 알아요. 그 뜻을 새겨봐라 이겁니다. 그 뒷면을 봐라 이겁니다. 응? 만약에 뜻을 모른 채 그 말 그대로만 알고서 행한다면 그냥 노예가 돼버리는 거죠. 달리 귀신인가? 그래서 귀신이지. 내가 귀신 짓을 안 하면 귀신이 어딨어? 그래서 생각을 할 때 그게 도대체 이해가 안 가는 거지. 남이 오다 가다 떠 먹는 물, 깨끗한 물에 똥을 누라니 글쎄, 나 참! 기가 막혀서….

그래서 너무 어처구니가 없으니까, 똥끝도 딱 들어갔어, 인제는. 하하하. 똥끝도 딱 들어가고 참 어처구니가 없어서 이러고 있다가 생각을 하니 그게 내 뜻을 보느라고 그랬다는 생각이 났어. 거기다 정말 시키는 대로 똥을 누는지, 네 권도(權道)로서 네가 해결을 하느냐 이거야, 바로. 그래서 유(有)·무(無)를 갖추어야 된다는 거죠. 현실 세상을 무시해도 안 되고 무의 세상을 무시해도 안 돼. 내 마음을 무시해도 안 되고, 내 생명을 무시해도 안 되고, 내 몸뚱이를 무시해도 안 돼. 그러기 때문에 껄껄 웃고서 똥끝도 들어갔겠다, 물 한 모금 마시고 "물맛 참 좋구나." 이럭하고선 갔다니까.

여러분은 바깥에서 오는 것도 끄달리지 말고 안에서 오는 것도 끄달리지 말고, 오직 믿고 '아하! 나를 가르치느라고 시공이 없는 법, 권도법에 의해서, 자유인을 만들기 위해 성장시키는 과정이구나.' 하는 걸 믿고 감사하게 생각하고 놓고 이래야지, 이거는 여기서 시키는 대로 저기서 호박 따오너라 하면 호박 따오고, 저기서 참외 따오너라 그러면 참외 따오고, 콩서리 해라 하면 콩서리 하고, 그러는 것이 귀신짓이다 이거야. 자기가 발로가 되어서도 어려워. 그게 어려워. 그러기에 길잡이가 있어야 된다는 얘기지. 먼저 길을 걸어갔다 온 사람한테 길을 인도를 받아야 된다 이 소리지.

우리 모두가 이러한 도리를 스스로 갖추어 가지고 있으면서도 그 묘법을 그대로 응용하지 못하고 만날 남의 탓이나 하는 것은 떡 못난 사람이나 하는 짓이란 얘기지. 그러니까 어떤 때는 "아이구, 나는 주인공에다 이렇게 믿고 놓는데도 안 됩니다. 나는 이런 게 이럭하니 이걸 어떡합니까?" 이러거든. 내 그렇게 답답할 수가 없어. 왜냐? 진짜로 믿었다면 그렇게 방황하지 않죠. 하늘이 무너지고 땅이 솟아도 진짜 믿는다면 그렇게 될 수가 없어. 내가 거짓말을 한다면 내가 이 자리에서 가루가 돼서 뿌려진다 하더라도 좋아. 난 아주 애당초에 각오한 거니까. 하하하. 이것이 틀리다고 한다면 존챙이로 만들어 놓든지 버러지로 만들어 놓든지 누가 만들어 놓을 사람 있으면 만들어 봐라 이거야, 응. 그대로 살 테니까. 살림살이에서도 마찬가지야. 구더기는 똥을 보면 금과 같이 여기는데 왜 못 살어? 나한텐 아무렇게 해놓든지 상관이 없는 거야.

그러니 여러분이 그 묘한 도리를, 자연의 법칙으로서 보물, 활용할 수 있는 보물을, 활용이 아니라 중용을 할 수 있는 보물을 가지고 있으면서도 응용을 못 한다면 이 시대를 어떻게 살아나가겠습니까? 세세생생 여러분의 몸뚱이를 어떻게 끌고다니며, 여러분의 가정은 어떻게 끌고가겠습니까? 옛날에 "옛산은 있으되 옛물은 없노라."고 말했듯이 우리가 물과 같이 지금 한 발짝 한 발짝 총총 걸음을 걸어가고 있는데 어떻게 하란 말입니까? 여러분이 역사적으로도 많이 배워 나보다도 더 잘 아시리라고 믿지만, 앞으로도 그렇게 가리라고 믿고 있고, 지금 현재에도 여러분의 생각 하나가 전체 우주의 동반자가 돼서 세계적으로나 우주적으로나 그러한 것을 타개해 나갈 수 있는 그 능력, 영력에 의해서 우리는 남을 살릴 수도 있고 우리가 살 수 있게도 되죠. 우리 인간만 생명이 있는 게 아니라 사생(四生)이 전부 천차만별로 돼 있습니다. 무정물까지 포함해서 모두가 말입니다.

그러고 지난번에도 언젠가 얘기했지만, 지구가 버스라고 봅시다. 버스 안에 타서 바깥을 내다볼 수 없다면 여러분은 이 지구가 지금 어디까지 돌아가고 있어도 여러분은 지금 고 자리에 있다고만 생각하시겠죠? 버스입니다, 버스! 바깥을 내다봐도 허공만 보이는 버스 말입니다. 지구가 이렇게 돌아가고 있는데도 말입니다. 만날 제자리 걸음하는 것 같이 보이시죠. 하지만 그렇게 돌아가지만 그 안에 접착체처럼 생긴 그 도리가 또 이렇게 (양 손을 안쪽 방향으로 굴려 보이시고) 돌아가고 있어요. 이렇게 움죽거리고 있다 이거야. 그럼 동서남북이 어디 있느냐? 동서남북이 사실은 없습니다.

그러나 우리가 볼 때에 여기가 동이라면 저기가 서다. 서 밑으로는 또 동이야. 응? 동 밑에 또 서야. 그리고 동 밑이 서면 또 이리로 올라오면 동이야. 이쪽이 북이라면은, 이 밑은 남이야. 이 밑이 남이라면 밑은 또 북이야. 그래서 사무사유(四無四有)! 수레바퀴처럼 생긴 거거든. 수레바퀴, 즉 법륜을 말하는 거죠.

그러면 우리가 지금 동서남북을 보는데 반만 보는 거지, 반은 못 보는 겁니다. 진짜 동서남북이 법륜 마크처럼 있는 그 수레바퀴 그 자체를 모른다 이거야. 그럼 지구 안에서도 지금 어디에 우리 같은 사람이 또 사는지 그것도 모르잖아요? 겉으로 보기에는 둥그런 거 그냥 모두가 돌아가면서 나타나고 있지만, 그게 아니에요. 그러니까 인간은 누구나가 다 자기가 자기를 무시하지도 말고, 올려 치켜세우지도 말고, 중도에 항상 놓으면서 중간에 놓으면서, 어지러운 걸 봐도 내 모습으로 보고, 아주 모르는 사람을 보더라도 '저것이 모를 때 내 모습이로구나.' 이렇게 본다면 원망도 안 하고 무시하지도 않게 돼요.

왜 집안에서도 화목하지 않은 줄 아십니까? 여러분은 자식이나 남편이나 아내나 형제나 잘못하면 잘못하는 대로 '아이구, 저렇게….' 그냥 그러니까 미운 생각이 들고 말이 좋게 나가질 않고 얼굴부터 찌푸려지고 이러죠? 얼마나 총총 걸음을 걷는다고, 가을에 낙엽 떨어질 때가 얼마나 멀다고 그렇게들 야단들을 하고 싸우고 옹옹거리고 얼굴을 찌푸리고 그러는지 모르겠습니다.

내 마음 거기다가 모든 게 나로 인해서 생긴 거니까 나로 인해서 부인이 있고, 부인은 나로 인해서 있는 거고, 나로 인해서 형제가 있고 자식이 있는 거 아닙니까? 그런데도 불구하고 거기다 모든 것을 맡겨 놓고 거기서만이 우릴 화목하게 돌아가게 할 수 있다, 우리 가정을 좋게 할 수 있는 거는 거기밖에 없다 하고 놓고 "여보! 이제 들어왔소." 하고 밝게 대하고, 만약 집에 있는 부인이 상을 찌푸리고 신경질을 내더라도 "여보! 어디서 뭐 속상한 일이 있었소?" 하고 이렇게 웃으면서 말을 해주면 얼마나 마음이 아늑하냐 이거야. 신경질을 내다가도 안 낼 거야, 아마.

그런데 신경질을 내는 걸 보면 벌써 "으이그!" 이렇게 시작하면 "아유, 괜히 신경질이야." 이러면서 그때서부터 나오는 거지. 그러니 어떻게 이 세상을 화목하게 살아가며 어떻게 자식들에게도, 좋게 할 수 있겠습니까. 이것이 겉모습만 그런 게 아니에요. 사람은 마음먹는 대로 그 마음의 초점이 이끌어지거든. 그러니까 내가 말을 안 해도 좋게 말을 하게 되고 여기다가 맡겨놓으면 금방 돌아서서 마음이 착해지면서 "여보 이러고 저러고, 이러고 저러고 했어." 하고서 그냥 이렇게 돌아가거든. 그런데 육체, 말 그것이 자기인 줄 알아. 그게 아니고 자기의 마음은 여기에 (가슴을 짚으시며) 있어, 진짜. 응?

그러니까 말로 남을 헐뜯을 일이 있더라도, 설사 사람을 죽이고 들어왔더라도 부부니까, 부부 아니더라도 그래요. "여보, 어쩌다가 그랬소? 여보! 그래도 너무 상심 말아요. 아이, 죽으면 죽지 뭐, 같이 죽읍시다." 이렇게 하면서 웃으면서 해나가고 여기다 (가슴을 짚으시며) 다 놓는다면 그 사람이 그냥 잘 이끌어지고 잘 돼요. 자식도 그래요. 나가서 나쁜 짓을 하든, 나가서 노름을 하든, 나가서 어떠한 일을 하더라도 그건 내버려두고 들어오면 따뜻하게 대해주는 거야, 그게 최선의 방법이야. 잘못 말하거나 말로 그렇게 해서는 안 돼, 그게 상전이라고. 부처님을 잘 모시려면 효도하고, 충성하고, 자식을 잘 이끌고, 부부지간에 화목하게 이끌고, 형제지간에 잘 이끌고 이렇게 지혜가 넓어야 이것이 바로 불법을 잘 이끌어가는 거기 때문에 불법을 빨리 승화를 시킬 수 있다 이거지.

그러니 불법이라는 것이 얼마나 명확한지, 만약에 내가 이론적으로만 여러분한테 말한다면은 여러분한테 이익이 하나도 없어. 그러나 여러분 마음과 내 마음이 둘이 아닌 까닭에 말을 하면서도 말이 그대로 법이 되는 법이지. 그것이 정확하게 떨어지니까. 난 애당초부터 이론으로 말하지 않겠다고 다짐을 했으니까 내가 말하는 것이 거짓이거나 이론으로 이렇게 말만 한다면, 여러분께 그전에도 얘기했죠? 벌이 어쩌다가 방에 들었는데 창이 문인 줄 알고 쪼다 보니까 몸이 떨어지고 몸 떨어지니까 입도 떨어지더라고 말이야. 입 떨어지니까 말도 떨어지더라 하고 제자가 은사스님을 빗대서 노래를 부르니까, 은사가 미워하고 그러다가 나중에는 제자를 자기 자리에 앉혀놓고 절을 했단 얘기가 있죠.

그러니 잘 생각해 보세요. 이 지구 자체도 그렇게 묘하게 돌아가고 있는데, 이렇게 움죽거리고 있는데 사무사유(四無四有)가 동서남북이 둘이 아닌 까닭에 수레바퀴와 같구나. 비행기 뜨면은 프로펠러 돌아가듯이 수레바퀴같이 돌아갈 때에 거기 먼지 낄 게 뭐 있겠나? 우리가 종종 걸음을 걷고 가는데 앞뒤 군더더기 붙일 게 뭐 있나. 앞도 없고 뒤도 없는데 언제나 군더더기를 붙이거든. 뒤는 걸어왔으니까 없고 또 앞은 걸어가지 않았으니까 없고 그런데 군더더기를 붙인다 이거야. 현실에 우리가 종종 걸음을 걷고 있는 그것이 바로 고정됨이 없는 거다 이거야. 너무 쉴 사이 없이 떼어놓으니까 없는 거지, 어떤 발자국 떼어놓을 때 내가 뗐다고 할 수 있나?

어떤 스님네들이 셋이 가다가 지네가 이만한 게 (양 팔을 벌려 보이시며) 가더라는 거예요. 지네 발이 오죽이나 많습니까? 그런데 지네더러 이랬대는 거예요. "아이구! 저 지네 좀 봐. 저렇게 다리가 많은데도 걸리지 않고 가는 것 좀 봐." 하니까 지네가 딱 서가지곤 가질 못하더래는 거예요. 그 말에 걸려서 가질 못하니까 거기에서 고만 세 스님네들이 깨우쳤다는 겁니다.

여러분! 잘 생각하세요. 우리가 잘 걸어가다가도 말을 하면 거기에 걸려가지고 아주 옴폐부득을 못 해요. 여러분 어디 가서 무엇을 보더라도 걸리지 마시란 얘기예요. 잘못 됐더라도 걸리지 말고, 잘 됐더라도 걸리지 마십시오. 잘못 됐더라도 그게 고정되게 있는 게 아니니까요. 순간 돌아가니까 겁내지 말고 그냥 놔버려요. 자기가 가지고 있는 힘있는 보물 거기다 그냥 놔버려요.

내가 만약에 오신통이라는, 보물이 여기 있는데 이 보물이 자동적으로 돌아가게끔 돼 있는데도 불구하고 여기다가 다 맡기지 않고선, 그 보물이 알아서 할 거를 내가 가지고 할 양으로 모두 간섭을 하면 뒤죽박죽이 되는 겁니다. 콤퓨타고 탐지기고 뒤죽박죽이 되는 거죠. 만약에 내가 총무스님한테 소임을 다 맡겼는데 총무스님 일할 것까지 내가 나서서 그냥 다 해보세요. 이 절이 그냥 뒤죽박죽되는 거예요, 질서가 문란해지고. 그러니 여러분은 거기서 다한다는 것을 믿지 못하니깐, 거기다가 뒤죽박죽을 만들어놓는 겁니다. 이거 아시겠습니까? 이렇게 길을 인도해도 모르고서 자꾸 그러신다면 여러분이 뼈아프게 울고 가슴 아파하면 나도 함께 아픈데 왜 자꾸 내가 아파야 되겠습니까?

우리가 한 달에 한 번씩 만나는데 여러분에게 말만 자주 해준다고 해서 되는 게 아닙니다. 우리는 생각하면서 뛰고 뛰면서 생각하고, 몸을 해치지 마시고, 한 시간씩이나 두 시간씩이나 쪼그리고 앉았지 말고 언제든지 앉고 싶으면 변소에 앉았어도 생각할 수 있습니다. 더러우니까 생각하지 말라는 법은 없어요. 거기에 자기가 있으니까 거기 부처가 있는 겁니다. 그러니 그것도 참선이요, 저것도 참선이요, 누워서 생각하는 것은 와선(臥禪)이니 모두가 참선 아닌 게 없어. 그러니 얼마나 자유스럽고 얼마나 좋습니까? 일하면서도 생각하고, 생각나면 하고 안 나면 고만이고, 강제로 그냥 짜내서 하려고 애를 쓰지 말고 편하게 하세요, 아주.

이 세상의 진리는 아주 편리한 거고, 불법이라는 건 아주 편리한 겁니다. 그래서 콤퓨타도 그렇고 우리가 입력을 할 수 있는 능력을 완벽하게 자기가 가지고 있다는 거, 또는 통신력도 가지고 있다는 거, 타심력도 가지고 있다는 거, 남의 마음을 들여다볼 수 있는 능력도 가지고 있다는 거, 남의 과거를 들여다볼 수 있는 능력도 가지고 있다는 거, 오고 가는 것도 심안으로 볼 수 있다는 것을 믿어야 합니다. 모든 걸 볼 수 있어도 환상에 속지 마라 하는 것은 그걸 보기 위해섭니다. 환상을 보고 자꾸 끄달리면은 밝은 내 심안의 이 명경이 가려서 캄캄한 채 그냥 있게 됩니다.

그러니 오신통이 따로 있는 게 아니라 여러분 마음 하나에 오신통은 다 있고, 그 오신통이 만약에 동시에 움죽거릴 수 있다면 그것을 누진(漏盡)이라고 하니 대뇌로 먼저 신호가 가서 사대로 통신이 되어 몸속의 중생들이 다 알게끔 돼 있습니다. 그러니 한마음 한뜻으로서 움죽거리게 되고, 한마음 한뜻으로 움죽거리게 되면 진화가 됩니다. 이 업식이 진화가 되고 그 마음이 진화가 돼서 다시금 보살로 화(化)해서 들고 나면서 남도 이익하게 하고 나도 이익하게 하고 가정을 포용해 나가면서 이 나라도 구할 수 있고…, 오죽이나 좋은 법입니까, 이게?

붓 하나를 쥐고 "이것이 내가 쓰는 거냐, 네가 쓰는 거냐?" 하고 붓 하나를 쥐고서 있을 때에 이 손이 쓰는 게 아니고, 내가 쓰는 게 아니고 참나가 쓰는 겁니다. 그냥 둬도 붓이 저절로 돌아갑니다. 그러니 내 마음 안에서 일체 만법을 다 할 수 있다는 사실, 여러분이 잘 아셔야 될 겁니다.

서천(西天)에서 동천(東天)으로
하얀 눈 덮인 산 언덕 봉 밑에
선맥(禪脈)이 뿌리 깊게 내리는데
두루 선화(禪花)는 꽃이 만발했네
열매 맺어 무르익으니
천차만별의 맛이 나는구나

오늘 이 도리를 여러분은 그냥 듣고 귀로 흘려버리지 마세요. 몰라도 언젠가는 앞에 어려운 문제가 닥쳤을 때 내가 말하는 이 뜻이 그때 문득 생각이 나게 되면 그때 밀치고 나갈 수 있는 겁니다. 그러니 우리가 가정을 잘 이끌어나가면서 더불어 삶의 보람이 있도록 같이 노력하십시다. 그럼, 이걸로써 끝마치겠습니다.

주장자

89년 3월 19일

저는 여러분이 아시다시피 설법을 하겠다고 마음 속으로 정해놓고 설법하는 건 아닙니다. 여러분이 자신을 먼저 알아야겠다는 그 마음이, 강렬한 그 마음이 참으로 갸륵하게 있으니까 내 말도 순수하게 나가는 것 같고 그래서 어떤 때는 감격스럽습니다. 여기 처음 오신 분들도 계실 것 같아서 한 말씀만 드리고 넘어가야 되겠다는 생각이 듭니다. 모든 게 나로부터 시작하는 것이 순서이니까요.

여러분은 놓는 것이 어렵다고 하시는데 여러분이 계시기 때문에 상대가 있는 것입니다. 예전에도 성인들이 "우주의 근본과 태양의 근본, 천지의 근본도 내 마음에 있느니라." 하는 말씀을 하셨습니다. 그것이 알고 보니 너무나 절감이 되는 말입니다. 그래서 놓고 가기 어렵다는 거, 놓는다는 그 자체가 지금 말로 하자면은 보임(保任)을 하고 한데 뭉친다는 뜻입니다. 뭉쳐놓는다. 한군데로 나고, 한군데로 든다는 그것이 바로 놓는 공부며, 모든 업을 무너뜨리는 공부며, 항복을 받는 공부며, 나를 깨닫는 공부입니다. 그러기 때문에 나로부터 믿고, 나로부터 나오는 거를, 나로부터 들고 나는 거를 누구의 원망도 하지 말고 내 탓으로 돌리고 남한테 따귀를 맞더라도 바로 내 주인공(主人空)에 의해서 그쪽을 움죽거리게 해서 나의 따귀를 때리려니 생각을 하고 오히려 스승으로 아는 것이 나를 발견할 수 있는 참다운 공부입니다.

그런데 요거는 말을 해놓고 넘어가야겠길래 말을 합니다. 여러분과 더불어 전체는 지수화풍이 근본이 되어 이루어져 있습니다. 우리가 생명을 유지하는 것도, 서로 주고 받고 공식하는 것도, 또는 질량이 나와서 우리가 이렇게 먹고 살 수 있고 과학을 발전시킬 수 있는 것도 그 원천지는 바로 지수화풍에 의해 이루어졌습니다. 전체 우주가 우리의 지수화풍으로 된 집이라고 해도 되고, 혹성을 집이라고 해도 되고, 우리 몸뚱이를 집이라고 해도 됩니다. 적으면 적은 대로, 크면 큰 대로 집입니다. 그 집이 아니라면 우리는 생명을 유지할 수가 없고 우리는 움죽거릴 수가 없는 것입니다.

이것을 지금 시체말로 하자면 원자와 전자 양 개체가, 양자가 한데 합쳐져서 중성자가 됩니다. 그 중성자는 바로 우리가 법왕이라고도 할 수 있는 겁니다. 법왕・자유인・권도(權道) 이런 걸 말합니다. 그러면 그것은 우리 인간만 있는 게 아닙니다. 그래서 여러분이 그 권도법(權道法)을, 중용으로써 용도에 따라 자유자재할 수 있다는 그런 것을 가르쳐 드리기 위해서 저는 십년이고 이십년이고 삼십년이고 마다 하지 않았습니다. 지금 말씀드린 것을 잘 아신다면 양자가 한데 합쳐지면 중성자가 된다. 그래서 양면을 다 놔라고 했습니다. 모든 걸 맡겨놔라. 아무리 넣어도 두드러지는 법도 없고, 아무리 내놔도 줄어드는 법이 없다. 그런데 묘한 것은 우리의 마음이 양자가 다 중성자가 된다 하는 것은 우리 인간뿐만 아니라 모두 전체가, 태양계도 그렇고 달세계도 그렇고, 혹성이든지 은하계든지 다 그렇습니다. 나로부터 상세히 알아라 이겁니다. 허튼 소리 하지 말고…, 알지 못하는 것을 그저 남의 소리나 듣고서 한마디 내놓는다면 그것은 한데 떨어지기가 쉽다 이겁니다.

부처님이 사십구년을 설하여 주신 그 뜻을 우리가 올바로 거름으로 삼아서 그 속을 빼볼 수 있고, 내 속과 그 속이 둘이 아님을 알 수 있을 때까지는 우리는 모든 것을 자기 주인공에 놓아야 합니다. 해결이 안 되는 것은 '거기서만이 해결할 수 있다, 내 주인공밖에 없다.' 라고 돌려 놓고 또 좋은 것은 '주인공, 감사하구나.' 라고 놓아야 됩니다. 남한테 일러줄 때 그 말만 일러주면 되는 거지 더 이상도 이하도 없는 겁니다.

만약에 이 몸을 혹성이라고 한다면, 또 집이라면, 언젠가도 얘기했지만 집 안에 중생들이 선업이든지 악업이든지 천차만별로 자기가 한 것만치 인연이 돼서 한데 뭉쳐져 있습니다. 그래서 고(苦) 하나만 없애면 전체가 없어진다는 겁니다. 고집멸도(苦集滅道)의 사제법(四諦法)에 고 하나만 없앤다면, 그것을 녹일 수만 있다면, 그것을 놓고 돌아간다면 다 없어지는 거죠. 집도, 멸도, 도도 말입니다, 다.

왜 이런 말을 하게 됐느냐 하면은 여러분이 나오실 때 물주머니에서부터 나왔습니다. 그것은 과거 수십 억년 전에 우리가 어디서부터 나왔다는 것을 말없이 알리기 위한 선언입니다. 물에도 지수화풍이라는 근원에 의해 바로 생명들이 살고 있고 지수화풍이라는 그것도 생명이 있는 거고 흙이나 산도 그렇고 모두가, 안개도 이 물에서 올라가서 전부 우주간 법계(宇宙間法界)로 통신을 합니다. 그러나 그뿐입니까? 물이 올라가게 되면 다른 것들도 전부 올라갑니다. 흙과 물과 같이 올라갑니다. 자동적으로 그렇게, 일 년에 세 번씩 사람들의 눈에 보이지 않게 물이 세 번씩이나 갈라졌다 오무라졌다 하는 그런 이치가 있습니다. 그래서 오르면 오르는 대로 그것이 화(化)해서 안개가 되고 구름이 되고, 구름이 되면은 안개는 우주간 법계의 통신망이 되는가 하면 우리 생명들에게도 전부, 즉 말하자면 시각적으로나 청각적으로나 감각적으로나 후각적으로 모든 것을 충만히 차원대로 연락이 통하게끔 하고 있는 것입니다.

그것도 지수화풍이 모였기 때문에 그러한 역할을 합니다. 전력, 광력, 자력이 충분히 거기에 포함이 되기 때문입니다. 그러면 그 구름은 구름대로 이 세상에 냉기가 돌게도 할 수 있는 그런 원력으로 화(化)하게 되고, 뜨겁게 할 수 있는 원력으로도 화하게 되고, 또는 멸할 수도 있고 승화시킬 수도 있고, 죽일 수도 있고 살릴 수도 있고, 적게 할 수도 있고 크게 할 수도 있고, 이러한 능력들을 그 큰 구름덩어리는 가지고 있는 겁니다. 큰 구름덩어리뿐만 아니라 조그만 것도 크게 만들 수 있는 것은 바로 지수화풍이 근원이기 때문입니다. 우리가 물질이 허무하다고 그러지만 그 물질이 아니라면 그러한 진화력과 그런 통신력과 그 자활을 할 수 있는 능력이 나오지 않습니다. 하나도 버릴 수가 없죠. 그래서 너무도 많아서 하나도 가질 게 없어야 하나도 버릴 게 없고, 버릴 게 없어야 하나도 가질 게 없는 거죠. 그것이 바로 나부터 이루어지는 겁니다. 그래서 이런 것이 있습니다. 부처님께서는 "평발이다. 아니 딛는 데가 없노라."라고 하셨습니다. 발이 정말 평평하게 생겨서가 아니라, 아니 딛는 데가 없고 손이 아니 닿는 데가 없기 때문입니다.

또 "내 아님이 없느니라!" 요 말을 잘 들으세요. 그런데 그 말씀이 어디에 해당이 되느냐 하면, 태양에도 해당이 되고 은하계의 별성에도 해당이 되고 달세계도 해당이 되고 온갖 혹성에도 다 해당이 되면서, 우리 인간에게도 해당이 되고 벌레에도 해당이 되고 물에도 해당이 되고 어디고 이 삼라만상 대천세계에 아니 닿는 데가 없이 다 해당이 되는 말입니다.

그런데 우리 인간만 중성자로 인해서 비서가 조절을 할 수 있는 그러한 능력, 즉 말하자면은 원자와 전자가 한데 합쳐서 중성자가 되면 중성자라는 그 비서는 항상 조절을 하고 능력을 발휘할 수 있는 그 자유권을 가졌다는 겁니다. 여러분도 운전수가 몸뚱이를 끌고다닌다면 그 기름은 자동적으로, 아무 고정 관념이 없이 술술술술, 24시간 살아나가는 데도 자꾸자꾸 화(化)해서 찰나찰나 이렇게 살죠? 내가 항상 말씀드려서 아시겠죠, 그거는.

물론 은하계에 속해 있는 태양도 있는가 하면 태양의 도움을 받고 있는 지구도 있고 여러 가지 문제가 있다고 봅니다. 그런다면은 여러분이 나보다 더 잘 아시는데 아는 것을 왜 얘기하나 그러겠지만 그 모든 것이 인간의 마음으로 귀결이 되기 때문입니다. 일체가 인간의 마음으로 귀결이 되기 때문입니다, 이 도리를 알면.

또 그보다 더 묘하고 큰 문제가 있다는 것은 뭐냐? 모든 생명들의 이 껍데기는, 집은 망가질 수 있는 그런 일들이 많습니다. 이 껍데긴 짧거나 길거나 수명이 있다는 겁니다. 우리 인간이 살아나가는 데도 먹고 먹히고, 쫓고 쫓기고 이렇습니다. 그러나 인간세계만 그런 게 아니라 저런 우주세계에도 별성과 별성이 서로 쫓고 쫓기고, 먹고 먹히고 또 혹성들도 큰 것은 큰 것대로 작으면 작은 것대로 차원에 따라서 먹히고 또는 먹고 한다는 겁니다.

그런데 이 중성자의 문제는 여러분이 알지 못하는 거고, 이 우주의 근본의 원리도 다 여러분은 잘 알지 못합니다. 중성자는 아무리 보려고 해도, 알려고 해도 알 수가 없는 겁니다. 그러고 빛을 내서 여러분이나 과학자들한테 알게 할 수도 없는 겁니다. 보여야 책정을 해서 연구를 할 텐데 보이지 않습니다, 중성자라는 것은. 그러니까 어느 때에 조그마한 것들이 잡혀먹힐는지, 어느 때에 폭발이 될지, 우리 사는 데에도 그렇듯이 그런 문제들이 요소요소에 있습니다. 우리 우주가 돌아가는 이치가, 진리가 그러하기 때문에 여러분은 그 공부를 아니 하면은 아니 된다는 것을 꼭 말씀드리고 싶습니다.

그러면 부처님이 평발이요, 평손이요, 둘이 아니라고 하는 그 뜻을 우리가 상세히 생각해 본다면, 지금 은하계에서도 물론 별이 크고 작은 것이 있습니다. 빛깔도 엷고 붉고 이렇게 서로 다른 문제들이 있는 것은 우리 인간이 살아나가는 데에도 차원이 있듯이 그것도 차원에 따라서 강렬하게 빛을 내는 것이 있고 희미하게 빛을 내는 것도 있습니다. 바로 별이 차원입니다. 큰 것도 있고 작은 것도 있는 것은 힘입니다. 그러고 사람이 빛이 없어지면, 늙은 것이 돼서 껍데기를 세 껍데기만 벗으면은 다시 별성이 강렬해지고 다시금 태어나는 것입니다. 별성 하나가 여섯 개를 만들 수도 있고, 아홉 개를 만들 수도 있고, 하나가 될 수도 있고, 하나가 바로 구십 개를 만들 수도 있고, 별성은 이렇게 많은 것을 만들 수가 있는 겁니다. 은하계의 별성만이 그런 게 아니라 태양도 강렬하게 크게 만들 수도 있고 적게 축소가 될 수 있다는 사실입니다.

우리의 마음도 크게 승화를 시킬 수 있는가 하면 미신으로 빠지게 할 수도 있는 것이 '자기'입니다. 지금 상반되는 걸 비교해서 얘기하는 겁니다. 그러면 태양계에서도 그렇게, 즉 말하자면 한 원자가 즉 중성자에 관한 건이 있으면 이 원점이 그걸 조절을 해서 비서 노릇을 잘 합니다. 이건 인간과 같습니다. 모두가 같지 않은 게 없습니다. 그래서 하나를 깨달으면 전체를 안다는 문제가 나옵니다.

그런다면 또 구름은 어떻게 역할을 할 수 있겠느냐? 구름, 가스 이런 것들은 거기에서 수만 가지 지금 과학적으로 이름을 따지고 본다면 수소니 탄소니 이산화탄소니 하는 여러 가지 이름이 많이 있지 않습니까? 그것이 동일하게 돌아가는 겁니다. 이름이 다르더라도. 우리 얼굴을 한번 보십시오. 눈, 귀, 코 이름이 다릅니다. 입도 또 다릅니다. 그렇지만 다섯 가지가 다 포함돼서 돌아간다 이겁니다. 조금씩은 다르지요. 듣는 거 다르고, 보는 거 다르고, 냄새 맡는 거 다르고, 말하고 맛을 아는 거 다르지만 그러나 한군데서 나오는 것입니다.

그래서 우리가 공부를 해서 마음을 조절한다면 그거는 바로 둘이 아닌 까닭에 역할이 그렇게 되는 거죠. 그렇다면은 그 도리를 몰라서 조절을 못 한다면 수십억년 후에는 어떨지 앞으로 인간이 어떻게 나갈지 이런 문제들이 빨리 닥칠지 늦게 닥칠지는 아무도 책정할 수가 없습니다. 우리 인간이 언제 죽느냐? 나이가 들어서 죽느냐, 젊어서 죽느냐 책정할 수 없듯이. 또 그것도 그거지마는 크게 팽창을 하느냐 적게 축소가 되느냐는 것도 그 가스의 탓이요, 중성자의 탓이란 얘깁니다.

그러면 모든 것, 즉 구름, 가스가 천체의 활력이 크다는 거, 안개와 구름이 활력이 크다는 거. 즉 말하자면 은하계에서도 지금 시체말로 지수화풍이 한데 합쳐진 물과 같은 안개라고 그전에도 그랬습니다마는 그걸 수소라고 이름해도 됩니다.

그러면은 그 가스가 한 가지 두 가지만 아니라 다섯 가지, 여섯 가지, 일곱 가지, 아홉 가지까지 화(化)해서 진화가 됩니다. 우리가 지금 이렇게 사는 것도 그 태양의 뜨거운 걸 조절을 해줬기 때문에 우리 생명체가 땅으로 나올 수 있었던 것입니다. 지수화풍 속에서 우리 인간의 생명이 나왔고, 지수화풍이 길러주기도 하고…, 생명을 낳게 해가지고 길러주기도 하고 이끌어주기도 하는 건 전체 지수화풍의 역할입니다.

여러분도 지수화풍이요, 우리가 지금 가지고 사는 것도 지수화풍입니다. 바람과 더불어 전체가 화해서 공기가 되는데 만약에 공기가 없으면 생명을 유지할 수 없고, 각각 따져놓고 본다면 물이 없어도 우린 살 수가 없고 불이 없어도 살 수가 없어. 그러기 때문에 지수화풍이 안에도 있지만 바깥에도 있어. 지금 안에도 공장장이 많고 공장이 많어. 위 공장이니 장 공장이니 방광 공장이니 췌장 공장이니, 이자 공장이니 하는 그 공장을 어떻게 말로 다 하리까. 그런데 그것을 이끌어가지고 나가는 회장이, 선장이 바로 운전수나 마찬가집니다. 우리 몸을 자동차로 비유한다면 자동차를 이끌어가는 운전수 말입니다.

지금 구름이나 가스나 물이나 올려주면 내려오고 내려주면 올라가면서 그렇게 묘법이 수없이 천만 가지로 나고, 내려올 때에 천만 가지로 그렇게 통신이 되고, 사람들을 길러주고 생명을 낳게 합니다. 그 차원대로 말입니다. 그렇게 묘한 법을 우리가 공부하지 않는다면은 조절을 할 수 없습니다. 부처님이 말씀해 놓으신 것이 아까 얘기한 대로 '어느 고장마다 닿지 않는 데가 없고, 딛지 않는 데가 없고, 내 몸 아닌 데가 없다.'라는 뜻입니다. 이것은 내가 체험을 해보니까 부처님 말씀의 뜻이 내가 태양이 될 수가 있고, 내가 여기서 저기를 육안으로 봐서 보는 게 아니라 태양이 곧 나이기 때문에 만약에 멸하거나 터지지 않게 심안으로 조절을 할 수가 있고, 비유하자면 아주 큰 하마 같은 입이 조그마한 혹성과 별들을 집어먹지 못하게 하기 위해서 조절을 하는 거, 이런 것도 모두가 태양이 내가 될 수 있기 때문입니다. 태양이 내가 될 수 있고, 내가 태양이 될 수 있고, 내가 다른 은하계가 될 수 있고 그 천체 한마음이 내 마음의 근본이 될 수가 있고, 내 근본이 바로 저 은하계가 될 수 있기 때문입니다.

그래서 나 아님이 없는 것이요, 내 자리 아님이 없는 것이다 라고 하는 겁니다. 내 몸 아닌 것이 없고 모두가 둘이 아니니라. 그래서 색(色)이 공(空)이요, 공이 색이니라. 양자가 합쳐진다면 바로 그게 주장자가 될 뿐만 아니라 그것이 바로 나의 불성이라는 문제입니다. 불성은 기다랗게 작대기도 됐다가, 뚱그렇게도 됐다가, 아주 유연하게, 대가리만 탁 들었다가, 이렇게 할 수 있는 자재권. 자재권을 가졌기 때문에 삼천대천세계의 어느 거든지 내가 아니 되는 게 없다 이겁니다. 꽃 한 송이, 저런 나무 한 그루, 어떠한 식물이나 동물이나, 여러 가지로 말해서 일체 생물이 다 될 수 있는 거. 그러니 살아 있는 것만이 아니라 죽은 세상에도 내 자리 아님이 없는 것이 유(有)·무(無)를 한데 합쳐서 한자리라 이거야, 한자리. 그래서 바리때의 공양을 한 그릇을 잡숫고, 앉으셨다 이거지.

그러니 여러분이 만약에 이 도리를 공부를 안 하신다면 지금 여러분 앞에 닥쳐 있는 것들에서 벗어날 수가 없습니다. 그러나 아까도 얘기했듯이 고(苦) 하나만 없애면 된다 이런 것은 고 하나만 없애면 전체가 없어진다는 겁니다. 즉 말하자면 천상 인간에도 머무르지 말라고 그랬거늘 선(善)으로 나간다, 악으로 나간다 이건 잘못된 거고 저건 잘된 거다 하는 것을 배운다면 여러분은 이 공부 못 합니다. 누구든지 이것은 옳은 일이고, 이것은 그른 일이다 이렇게 배우신다면 이 공부는 영 못합니다. 자유권을 얻지 못해요. 그래서 그른 것으로만 끝이 나는 것도 아니고 또는 잘 되는 걸로만 끝이 나는 것도 아니라, 잘 되는 걸 취하다 보면은 어딘가가 잘못 되는 수가 있고, 잘못 되는 걸로 취하다 보면 잘 되는 수도 있어. 양면을 다 놔야만이, 양 개체를 다 놔야만이 참나를 발견한다는 얘기죠.

지금 내가 간절하게 말하고 있는 것은 다른 게 아니라, 지난번에도 얘기했죠. 여러분은 업식으로써 뭉쳐진 인연 때문에 눈이 안 보여. 이 의식만 가지고서 죽어서 돌아다니다가 새 둥우리로 안 들어가나, 개구리 둥우리로 안 들어가나, 뱀 소굴로 안 들어가나, 소로 안 들어가나. 보질 못하니깐 짝짓기를 하는데 사람이 그러는지 새가 그러는지 몰라. 뱀이 그러는지 짐승이 그러는지 그걸 분간을 못하니까 그냥 그리로 들어가는 거야. 들어가는 것도 좋은데, 한 철만 나고 달리 화(化)한다면 좋은데 거기에 물이 들어서 의식이 물질로만 보고 물질로 사는 법만 알아서 내가 먹고 살아야 하고, 쫓아야 하고, 먹어야 하는 것만 배웠기 때문에 그 모습에서 세세생생에 벗어날 수가 없는 거라. 그러니 그 새끼로 태어나서 에미가 되고 에미로 태어나서 또 그 새끼가 되고, 벗어날 수가 없으니 인간으로 태어나기도 어렵다 이겁니다.

우리가 살아서 그 도리를 모르면 죽어도 모르는 겁니다. 여러분은 지금 인간으로 이렇게 앉아계시지만 무엇이 인간으로 그 애를 쓰고 나왔는지, 어디서 왔는지, 여러분이 또 앞으로 어디로 갈지 모른다면 그건 헛겁니다, 헛거! 만물의 영장이라고 이름을 갖고 나온 인간이, 수십억년을 거쳐서 모습을 바꿔가면서 그렇게 어려운 진화를 해서 인간까지 올라왔는데 그냥 갈 순 없지 않습니까? 응? 세상에 어찌 그냥 갈 수 있겠습니까? 그 도리를 알고서야 어찌 그냥 갈 수 있겠습니까?

내가 태양계도 그렇게 커질 수 있고 별성도 커질 수 있다고 그랬죠? 그런데 악으로 커지면 큰일이고 선으로 커진다면 그것은 좀 낫지. 응? 그런데 우리 인간의 몸뚱이 속에도 수십억 마리의 생명이 들어 있습니다. 마치 별성처럼 돌아가고 있는데 내 선장 한마음에 의해 그 수십억 마리가 보살로 화한다는 사실을 아셔야 됩니다. 천백억보살이 화해서 전자로서 원자를 끼고, 원체를 끼고 바깥으로 들락날락하면서 용도에 따라서, 누가 이 보살을 청하면 이 보살로 화하고, 저 보살을 청하면 저 보살로 화하고, 지장(地藏)을 찾는다면 지장으로 화하고…. 그러니 지장이 따로 있고, 관세음(觀世音)이 따로 있고, 신장(神將)이 따로 있고, 독성(獨聖)이 따로 있고, 용왕(龍王)이 따로 있고, 지신(地神)이 따로 있고, 조왕(竈王)이 따로 있는 게 아니라 한마음에서 바로 모두가 화해서, 그 별성이 전부 보살로 화해가지고 들고 나면서 멀다 하지 않고 작용하고 있습니다.

요즈음 뉴욕이나, L.A.에서나 어디고 전화가 급하게 오면 "예, 알았습니다." 하고 곰살궂게 대답합니다, 그것도. 그쪽에서 그렇게 급해서 전화하는 사람도 나요, 대답하는 놈도 나야. 만약에 나를 믿지 않았으면은 내가 그런 대답도 안 할 것이요, 또 내가 그쪽에서 그렇게 믿는다는 걸 알고 있기 때문에 강을 건너야 한다는, 멀다는 생각은 할 필요가 없지. 응? 인간들은 모두 비자를 받아야 나가지만 우리 마음은 비자 안 가져도 다닐 수 있는 거지. 멀다고 가지 못하고, 물이 깊다고 건너가지 못하고, 저승이라고 갈 수 없는 게 아냐. 한 찰나야.

그래서 맡겨놔라 하는 거는 지금 여러분 공부를 시키느라고 하는 거지 나를 발견한다면 맡기고 자시고 할 것도 없어. 그대로 체험을 하고 공부를 하고 가는 거지. 말을 하려니까 그렇게 말을 하는 거지 어떻게 말을 해, 그럼! 그래서 급하다고 전화를 하면은 아무 생각 없이 있다가 전화를 탁 받는 순간 얘길 하니깐 듣는 거지. 내가 들었으면 그 놈이 알고 있지 않아? 내가 들었으니까 내가 알고 있는 거야. 알고 있으니깐 자동적으로 나고 드는 거야, 자동적으로. 알고 있잖아?

여러분이 잘 생각해서 잘 들어요. 의학적으로 본다 하더라도, 말하자면 어느 공장에서 병이 났어. 병이 났으면 나한테 신호가 와. 아프다는 게 신호야. 알았죠? 아프다는 게 신호인데, "아이구, 여기가 아프니까 병원에 가야지. 여기가 아프니깐 약을 먹어야지." 이렇게 바깥으로 도는 거야, 신호가 왔는데도. 신호가 왔으면은 바로 공장장한테 거기니 여기니 할 것 없이 다 맡겨야 될 거 아니야? 그래야 여기서 대뇌로 인해서 사지로 신호가 가면은 어디가 고장이 났으니까 그 공장에서 전체를 조사해 봐라 이렇게 된다 이거야. 그러면은 직원들이 다 나서서 그것을 다 고친다 이거야. 자기네들이 이 몸을 형성시킨 거니깐 오죽이나 잘 알겠느냐 이거야. 남이 더 잘 알겠어, 형성시킨 자기가 더 잘 알겠어!

그러니까 고장이 난 곳을 고치는데 신호가 오면 벌써 딴 데로 나가, 다. 형성시킨 주인공한테다가 '주인공밖에는 이거 고칠 수 없다.' 하고 거기다가 맡겨야 될 텐데 일하는 자가 있는데도 불구하고, 자기가 다 갖춰가지고 있는데도 불구하고, 딴 데 막 매대길 쳐. 그러니 딴 데로 매대기치는 동안에 벌써 신호를 보냈는데도 아무 소식이 없으니까, 일하라고 시키질 않으니까 신호를 했는데도 소식이 안 오니깐 뭐 아무것도 못하고 있을 판국이지, 어떻게 해!

군대에서도 그렇고, 회사에서도 그렇고 "이게 이렇고 이렇습니다." 하고 기안을 올렸는데 위에서 아무 소식이 없으면은 그 직원이 무슨 일을 해. 응? 사장한테 올렸는데, 공장장이 올렸는데 아무 소식이 없으면은, 하라 말아라 할 것도 없고 그냥 아무 소리 없으면 어떻게 일을 하느냐 이거야, 자기 맘대로. 그러기 때문에 신호가 오걸랑 빨리 조취를 취해서 '내 주인공밖에는 해결을 할 수 없다.' 는 결론을 내릴 때에 거기에서, 말하자면 두뇌의 총지배자죠, 그게 누진(漏盡)이라고 그래요. 누진에 올리면은 모든 게 전체 통신이 돼가지고선 어디가 어떻고 조사를 하게 돼 있어. 그래서 모든 것을 소상히 알게 돼 있다 이겁니다.

그러니 여러분을 형성시킨 장본인이 바로 여러분한테 있으며, 여러분 안에 오신통을 스스로 갖추어가지고 있으며, 그 오신통으로 인해서 천차만별로 나가는 질량을 전체 여러분이 소유하고 있어요. 그런데도 불구하고 여러분은 자신들이 아무것도 아닌 중생이라고만 하고 부처님 법은 높은 데 있다고 하면서 "아이구, 부처님 나를 살려주시오. 우리 아들을 잘 되게 해주시오. 낫게 해주시오. 뭐 이끌어주시오." 뭐가 어떻고 어떻고, 속만 상하면 "아이휴, 관세음보살!" 관세음보살이 됐어? 관세음보살 이게. 관세음보살이 됐다면 관세음보살이라는 말 안 해. 관세음보살이라는 건 세상을 이름해서 말한 거지, 여러분과 더불어 같이 이름해서 세상의 이름으로 지어놓은 거지 여러분이 부르기만 하는 이름이 아니야. 그냥 부르기 이전에 지금 살고 있어. 말하고, 보고, 관(觀)하고 살고 있지 않남? 그게 그냥 이름이야. 뭐 다른 게 아니야. 그래서 이 도리를 모두 알면은 즉 이름 없는 관세음보살이야. 한마음으로서의 자유인이 되니까.

나는 아주 나이가 어렸을 때 이런 발견을 했습니다마는 발견을 한 그때서부터 공부를 했다고 할 수 있어요. 또 하나 알아야 돼요. 여러분이 생각을 했다 하면은 자(子)가 돼요. 그 자로 인해서 움죽거렸다 하면 화신(化身)이 돼버리는 거거든. 그러니까 그것을 달리 생각하지 말고 화신이 아들이라 하면은 아버지는 가만히, 무심(無心)으로 가만히 있을 때에는 부처야. 따로따로 있는 게 아니라, 아버질 쳐다보면 모두가 아버지로 돌아가, 하나로. 가만히 있으면 부처요, 생각을 하고 움죽거렸다 하면 바로 아들이다 이거야.

내가 그전에도 말했듯이 내가 공부할 당시에 어느 산중에 가니까 묘지가 두 개가 있는데, 날더러 묻기를 '이거는 아버지의 묘지인데 아들한테로 가면 아들로 하나가 되고, 아들이 아버지한테로 오면은 아버지로 하나가 되니 그것은 무슨 연고냐.' 하고 묻더라고 말이에요. 그러니까 여러분도 그렇다 이겁니다. 무심으로 가만히 있으면 애비요, 애비로 하나가 되는 거야. 자식이고 애비고 따로 있는 게 아니라. 생각을 하고 24시간 일을 했다 하면은 자가 되는 거야. 따로 애비가 있는 게 아니라 그냥 자로 한데 합쳐버려. 그러니 걱정할 일이 하나도 없는 거야, 음.

그러고 우리는 이 세상 일을 과학자처럼 시간적으로나, 공간적으로나 이렇게 따지고 공부하는 게 아니에요. 그것은 이름일 뿐이고 그것은 유의 법에서의 50% 즉 우리가 지금 상상할 수 있고 연구할 수 있는 그런 보이는 공부죠. 그러나 빛보다 더 빠른 한 찰나라는 걸 공부하는 사람들이 그렇게 자로 재고 있겠소? 응? 빛보다 더 빠른데. 미국을 가는데도 요기서 요 한 발짝 쳐다보는 거나 미국에 가는 거나 저 달에 가는 거나, 은하계에 가는 거나 똑같애. 그런데 어떻게 자로 재겠느냐 이거야. 잴 수가 없죠. 그래서 구지(俱指)스님은 손가락 하나 가지고 일생을 가르쳤어, 손가락 하나 가지고. 그 손가락이 보통 손가락이 아니거든, 뜻으로 본다면.

만약에 여러분이 이 도리를 공부하면서 주장자가 없다면 빈집이 돼서 그 빈집 속에서 업식으로 만난 인연들이 나고 들면서 세균도 끌어들이고, 병들도 끌어들이고, 영계들도 끌어들이고, 인연 닿는 대로 그저 그냥 왔다 갔다 하며 장구 치고 북 치고 하면은 여러분이 살겠어요? 바깥으로 나오는 집안 일들이나, 병이 드는 일들이나, 식구들에게 모두, 참 굉장치도 않은 문제들이 발생할 때 여러분은 그 고(苦)를 어떻게 밀고 나가겠느냐 이거야. 그러나 그뿐이 아니예요. 임제(臨濟)스님은 이렇게 말씀하셨어. "네게 주장자가 있다면 내가 주장자를 줄 것이로되, 네게 주장자가 없다면 주장자를 내가 뺏을 것이니라." 그게 무슨 소리냐?

집이 비었다면은 주장자가 그쪽으로 들어가서 그냥 온통 야단을 쳐도 모르고 코를 통하고, 눈을 통하고, 털구멍을 통해서 들락날락 들락날락 해도 본인은 모르는 거야. 자기 집을 그렇게 드나드는지도 모르면서 단전을 해가지고 머리가 이상해지고 하는 것들, 그런 건 몸에 관한 건이지, 피를 통하게 하고 내 몸을 건강하게 만들기 위한 일이지 내 마음공부가 아니야. 왜 아니냐! 그것도 마음공부 아닌 게 없지마는 내가 이 안에서 발견하지 않고는 그거는 그냥 몸을 튼튼하게 한다는 생각뿐일 거야. 몸이 튼튼해야 공부한다는 것만 알았지, 내가 모든 걸 귀결해서 놓으면은 몸 튼튼해지는 건 물론 모든 부분이 좋아져서 공부를 잘 한다는 건 몰라. 하나만 알지 둘도 몰라.

그래서 바깥에서 타력신앙으로 믿는 사람들은 병자가 많아. 한철 가서 참선방에 가서 있다 오면은 병 집이 돼버리는 사람들도 있어. 한철 나고 해제를 하면은 약탕관 떠날 사이가 없다가 또 결제가 되면은 약탕관을 놓고 그냥 들어가는 거야. 그것은 참선방에 다녀도 혼란이야, 혼란. 이 전체 삼라만상 도량이 그냥 참선방이야. 변소에 가도 참선이요, 드러누워도 참선이요 그러니까 앉아도 참선이요, 마음이 편안하게 가라앉고 모든 것을 맡겨놓고 살면은 모든 게 스스로서 따뜻하게 내 집안이 아늑해져. 그러고 조화를 이루어 화목해지고, 우환이 없어지고 어떤 급한 일이 생겨도 주인공에 맡기고 스위치만 누르면 그게 돌아가서 어떡하든지 와서 닿아. 그것이 바로 끊어짐이 없는 참선인 것이죠.

아마 체험을 한 분들도 많이 있을 거라고 봅니다. 내가 그렇게 체험함으로써 내가 나의 주인공을 신임을 하게 돼. 신임을 하게 되면 그때서는 '아- 주인공이 이렇게 나를 이끌어주는구나.' 하는 게 믿어지니까 그때서부터는 딱 쥐고 가는 거야. 그건 뭐 24시간 생각을 안 하고 있어도 그건 한 발짝 한 발짝 걸어다니는 것조차도 주인공이 다 내 모든 것을 끌고다니는구나! 그 언덕이 없었더라면 소가 와서 비빌 수가 있겠나! 아, 모든 걸 이렇게 생각을 하고 나가니까 진짜 공부가 되는 거야.

타력신앙은 이익이 하나도 없고 공덕이 하나도 없어. 수천억 만 원을 갖다가 준대도 그것은 공덕이 될 수가 없단 말입니다. 그래서 여러분은 가난해서 돈이 없어도 공부를 열심히 하고 가는 사람은 마음이 항상 같이 해.

그러고 이 세상의 사생(四生) 전체가 다 둘이 아닌 도리인데도 불구하고 비구 비구니를 따진단 말이야. 이거는 벌레도 둘이 아닌 까닭인데 아니 여자, 남자 따진다면은 그건 공부 다 했지. 호랑일 잡으려면 호랑이 소굴에 들어가야 호랑이를 잡지. 또 그 하치못한 개구리를 알려 해도 개구리 속에 들어가봐야 알어.

옛날에 원주에서 어떤 사람이 소를 기르는데 소가 병이 나니깐 그 집은 다 망하게 생겼단 말이야. 젖소를 열다섯 마리 기르는데 열다섯 마리 중에 하나 남곤 다 병이 났다는 거야. 그러면 그 집 망하는 거지, 아주. 세상에 광주리에다가 쌀하고, 돈하고, 초하고 사들고는 그 산중에를 왔어. 그런데 그 사람은 나를 직접 만나도 그 사람은 난 줄을 몰라. "내가 그럼 그렇게 여쭤드리지요." 이렇게 했지. 내 얼굴을 모르니까. 허허. 나는 바깥에 버섯을 따러 나갔었는데 아, 그걸 광주리에다 이고 그냥 쩔쩔매고 오더라고. 그래도 그거 받지 않았어. 그거 받으면 못써. 아무개 스님을 찾으러 간다고 그래서 "그 스님 지금 안 계신데요." 그러니까 "이러구 저러구 해서 지금 소가 전부 병이 들어서 집안이 다 망하게 됐고 벌써 한 마린 쓰러졌고 죽게 됐습니다. 이거를 살려주셔야지 그렇지 않으면 우린 다 죽습니다." 하고 엉엉 우는 거라.

그래서 그랬지. "그분은 지금 출타하시고 안 계시지만 내가 꼭 얘기를 해드릴 테니까 내려가 보세요. 아마 그분은 벌써 아실 거예요. 그분은 천리 가 있어도 아시니까 내가 그렇게 얘기했다고만 해도 아실 거예요. 지금 보살님이 그렇게 얘기하셨으니까 그분은 알아듣고 벌써 그것을 다 죽지 않게 망하지 않게 하실 거예요, 아마." 그래놓고는 내려보냈겠다. 그러고 또 나만 그런 게 아니라 거기 회장도 그렇게 내가 없어도 "안 계시지만 그분은 벌써 알고 계실 테니 내가 말씀은 해 드리죠." 이렇게만 해도 그게 마음이 둘이 아닌 까닭에 알게 되는 거죠.

아까 얘기했죠? 모두가 지수화풍으로 인해서 통신도 되고 전력·광력·자력이 충분히 거기에서 나오고 천체 통신, 타심(他心)·숙명(宿命)·천이(天耳)·천안(天眼)·누진(漏盡)이 다 풍부하게 동시에 돌아간다고요. 그러고나서 그 뒤에 그 사람이 와서 뭐라고 하느냐 하면은 "어휴- 우리 소가 다 나아서 이제는 살았습니다." 하고 왔을 때에 그렇게 기쁜 것은 없어. 또 누가 아무리 나를 속이고 그랬다 하더라도 그건 속인 게 아니야. 이익하게 속이는 거는 속인 게 아니야. 나는 그렇게 생각을 했지. 만약에 내 식구가 먹질 못해서 부황이 나가지고 먹을 거를 도둑질 했다 합시다, 그럼 그건 도둑질이 아니다 라는 생각이 돼요. 그러니까 물질세계에서는 몸을 붙들어 가지만 이 마음세계에서는 될 수 있으면 그거는 착한 효자라고 보고 바로, 부모니깐 자식을 굶기지 않기 위해서 그랬다고 한다면 눈물이 날 지경이죠, 죄로 몰기 이전에.

전에도 이런 말을 종종 했는진 모르겠습니다마는 전에 소금을 요만큼 싸가지고 다녔죠. 그렇게 남한테 뭣을 달라기가 싫었습니다, 저는. 소금만 싸가지고 다니고 야채를 먹으면은 날콩만 한 웅큼 가지면 됐고, 구태여 먹을 거를 싸들고 다니지는 않았습니다. 우리가 설법을 하는 것도 그렇습니다. 또 여러분도 공부하면서 알 양으로, 미리 좀 다 알았으면 하는 욕심이 있으시겠죠. 세상이 찰나찰나 돌아가는데 지금 이렇게 화해서 돌아가는데, 내가 하려고 하는 그 마음따라 나한테 닥치는 대로 자꾸 돌아가는데 무슨 욕심을 내고 있습니까? 그거를 체험을 하면 되지, 체험을 하고 자꾸자꾸 돌아가면 되지 그건 미리 할 수가 없어요.

미리 알고 있으면 벌써 그거는 과거로 돌아가기 때문에 알려고 애를 쓰지도 말고 그냥 그렇게 하면서 체험을 하는 겁니다. 그래서 무슨 대기설법(對機說法)으로서 그냥 책을 놓고 내용을 뽑아가지고 하려면은 그게, 여러분 앞에 가고 옴이 없이 그것이 갑니까? 불이 켜집니까? 여러분과 나와 마음이 있고 역대 제불의 마음이 있다면 이것은 한자리요, 한통속이다 이거야. 그러니 그 한통속에서도 벗어나야 된다 이거야, 한통속에서도. 그래야 통을 굴리지. 원심력이 있다면 원통력을 발휘해서 통을 빠져나와서 그 통을 굴려라 이거야. 이것이 바로 오신통을 굴리는 방법이죠. 여러분이 어느 거든지 다 갖추어가지고 있습니다.

그러니까 내가 두서없이 말씀을 드리는 까닭도, 두서없이 진리가 화해서 그저 두서없이 용도에 따라서 쓰이니까요. 여러분은 내가 옳다, 제가끔들 내가 하는 거 이것이 그냥 옳다 하면서 가거든요. 그러니 제가끔 그냥 두서없이 돌아가는 거죠. 그러면서도 정연한 겁니다, 질서가. 사과는 사과대로 놓고, 배는 배대로 놨다 이겁니다. 여러분이 여기서 오계(五戒)를 받았지만, 오계라는 이름 없는 이 도리를 공부한다면 천차만별로 돼 있는 것을 범하지 않으니 오계가 무슨 소용이 있겠습니까? 응? 전체를 범하지 않는데 오계가 무슨 소용이 있으며, 이백팔십계가 무슨 소용이 있으며, 삼백오십계가 무슨 소용이 있겠습니까? 숫자로 하는 거는 그거는 지키는 것도 아니야. 그것도 다 못 지키는 건 물론 이름조차도 모르고.

그러니 우리가 지금 국내를 본다 하더라도 그렇고, 세계적으로 이렇게 돌아가는 모든 것이나 또 우주적으로 돌아가는 것도 그렇고, 모든 우주적으로 돌아가는 것도 우리와 더불어 쫓기고 쫓는다는 그것이 사실입니다. 그러나 누가 불성을 눈으로 볼 수 없다는 것처럼 아무리 과학자들이 그걸 보려고 그래도 그거는 못 봐. 어떠한 형체라면 모든 것을 파악할 수 있어도 그것은 어떻게 해볼 수가 없어. 그거 천차만별로 찰나찰나 돌아가는 걸 어떻게 책정을 한단 말이요. 시간적으로나 공간적으로나 이것이 그냥 자유인데.

그래서 전에 탄허스님이 없고 없고 또 없다는 뜻으로 '무무역무(無無亦無)'라고 썼듯이…. 없고 없고 또 없구나! 나는 이 말을 어떻게 했느냐 하면은 뒷발자국도 없고, 앞의 발자국도 없고, 현재 떼어놓는 발자국조차도 없다라고 했죠. 그게 그 소리야. 찰나찰나 고정 관념도 없고 고정 행도 없으니까. 이거 할 때 나라고 할 수 있나, 저거 할 때 나라고 할 수 있나. 이렇게 찰나찰나 바뀌어가는 거를 어떻게 내가 미리 좀 많이 알았으면 하고 그렇게 욕심을 두느냐 이거야. 하나하나 닥치는 대로, 내가 24시간 살아나가는 대로 24시간조차도 없는 거라. 밤낮도 없어요. 지난번에도 얘기했듯이 동쪽이 서쪽이 되고, 서쪽이 동쪽이 되고 이렇게 뒤집혀서 돌아가는데 어떻게 그것을 이렇다 저렇다, 동쪽이다 서쪽이다 하겠어.

그러니 유식한 사람이라 할지라도 나중에 이 도리를 공부해가지고 유식한 거를 거기에 포함해서 쓰세요. 그러면 좋지만, 우리 이 마음의 공부라는 거는 유식하고 학식이 높고 이름이 높고 그렇다고 해도 이 공부하는 데는 그게 아무 이익한 게 없어요. 모든 거 아는 것도 다 거기다가, 아는 것도 그놈이 하는 거, 모르는 것도 그놈이 하는 거, 잘 되는 것도 그놈이 하는 거, 또 안 되는 것도 그놈이 안 되는 것. 그러니 안 되는 것도 그놈이 해결할 거, 잘 되는 거는 그놈에 감사하고, 그놈 그놈, 그놈 아니면 안 되죠.

여러분이 다른 걸 믿는다고 하나 허공을 믿겠습니까, 내 이름을 믿겠습니까, 역대 보살들의 이름을 믿겠습니까? 여러분이 아니라면 아무것도 없는데, 근본부터 아셔야 됩니다. 여러분부터 믿어야 됩니다. 여러분이 바로 운전수이니까 잘 끌고다녀야 합니다.

그저 오늘 이렇게 두서없이 말하는 것을 이해하시고, 나는 체계적으로는 할 수 없어요. 왜? 여러분 보는 대로 여러분이 알면 나도 알게 되고, 여러분이 모르면 나도 모르게 되는데 어떡합니까? 그냥 찰나생활로 사는 사람이에요, 나는. 그러니 이해하시고 여러분이 잘, 조절해서 체계 있게 잘 생각을 하세요. 감사합니다. (음성 공양이 끝난 후) 모두 한 부처이며 각각 자기 부처님 설법을 자기가 듣고 감사히 생각하면서 잊지 맙시다. 감사합니다.

생활 자체가 그대로 종교

89년 4월 16일

여러분과 더불어 또 이렇게 한자릴 하게 됐습니다. 법당 안에 들어와 있는 분들 하고만 같이 하는 게 아니라 우주 만물과 더불어 같이 한자릴 하고 있는 것입니다.

여러분은 종교라는 이름을 가지고 이 종교 저 종교 따지지 마십시오. 우리는 전체가 같이 이렇게 한자리를 하고 있는 공식(共食)이며, 공체(共體)며, 공생(共生)이며, 공용(共用)이라는 것을 아셔야 합니다. 독불장군은 없죠. 종교라는 자체가 바로 생활인 것입니다. 종교가 생활에 연결이 되지 않는다면 그건 종교가 아니고 부처님이 가르쳐주신 뜻이 아닙니다. 여러분이 없으면 부처라는 이름도 없을 것이고, 부처라는 이름이 없으면 부처라는 그 길을 따라서 인간의 도리를 배울 수도 없을 것입니다. 그러기 때문에 찾아오시는 분들은 아마 헤아릴 수 없이 참자기를 만났다고 봅니다.

그런데 죽은 영령(英靈)들이나 산 사람들, 유체, 무체 이 모두가 차원이 높고 낮은 이런 문제들에 얽혀서 돌아가고 있습니다. 어디서 온 줄도 모르고 그냥 묵묵히 당해야만 하는 그러한 그 고(苦)에서 헤어나지 못하는 여러분한테, 보지도 못하고 또는 알지도 못하고 어디서 이렇게 고통이 왔는지도 모르는 여러분한테 길을 인도하는 나 자신도 어떤 땐 참 답답한 생각이 들기도 합니다마는, 그걸 답답하게 생각을 해서도 아니 되겠죠. 왜냐하면은 몰랐을 때의 내 모습들이니깐요. 내가 언제적부터 알았겠습니까마는 지금에 당해서는 여러분이 모르니까 답답해지죠. 죽은 사람 산 사람들이 그렇게 결부돼 있고, 태로 낳는 거나 알로 낳는 거나 또는 화(化)해서 낳는 거나 습한 데서 낳는 거나 모든 것을 한데 합쳐서 덩어리가 돼가지곤 항상 돌아가니까 여러분은 그 고통을 면할 길이 없습니다. 항상 되풀이하는 말 같지만 열 마디를 백 마디를 되풀이하더라도 여러분이 침착하게 잘 들으셔서 그것을 응용하실 수 있다면 처음에는 그 고통이 삼분의 일로 줄어들고 나중에는 그 삼분의 일마저도 없어지지 않나 이렇게 봅니다.

여러분이 보지도 못하고 알지도 못하고 온 줄도 모르고 어디로 가는 줄도 모르고 있는 이 자체가 어디에서 나오는 거냐? 지난번에도 얘기했지만, 되풀이합니다. 여러분의 그 고(苦)덩어리, 여러분은 지금 그것을 이렇게 생각하십시오. 지난번에 금왕지원에서도 얘기했습니다마는 여러분은 어머니 아버지한테서 살과 뼈를 빌어서 집을 짓고 나왔습니다. 그런데 묘한 것은 여러분은 이 세상에 나오기 이전에 자기가 했던 것만치 기록된 문서를 짊어지고 있습니다. 이 세상에 나올 때는 부모에게서 몸만, 집만 받아가지고 나온 셈이니 그 의식 자체의 덩어리, 고덩어리는 자기가 한 것대로 고스란히 짊어지고 나온 것입니다. 짊어지고 나온 것이 고정되지 않았다면 또 별 문제인데, 자기가 수억겁을 거쳐오면서 짊어진 그 종 문서를 태워버리지 못하니 독 안에 들어도 못 면한다 이겁니다. 예전에 종 문서가 있다면 그 집의 하인 노릇을 자식 대대로 내려가면서 꼭 해야 되는 그런 문제가 있었죠.

그런데 지금은 그 제도가 다 폐지되고 없다 하더라도 여러분은 여러분 차원 그대로 종 문서를 면치 못한 채 지금 살고 계십니다. 그 문서를 짊어지고 나온 데서 옴쭉을 못 하니 그거는 종 문서나 한가지라 이 소립니다. 스스로 그 고덩어리 속에서 의식 자체가, 즉 말하자면 수십억 개가 차례차례로 들락거리면서 나고 들면서 자기를 괴롭히는데 그 고는 말로는 형용할 수 없으리만큼 괴롭습니다. 자기를 괴롭히기 위해서 식구들을 괴롭히고 식구들을 괴롭히기 위해서 자기를 괴롭히고, 이 자체가 수없이 보이지 않는 데와 보이는 데가 연결이 돼서 돌아가니 너무도 기가 막힌 일입니다.

그러니 뼈를 빌고 살을 빌어서 집을 짓고 나왔으나 그 집 속에는 자기가 나오기 이전의 업식을 받아가지고, 종 문서, 즉 기록문서를 받아 짊어지고 나왔으니 옴짝달싹할 수 없단 말입니다. 그러니 거기서 들락날락하면서 들이고 내면서 바깥에서는 악의 세균을 끌어들이고 안에서는 안에대로 반란을 일으키고 또 바깥에나 안에나 그러한 파워를 일으키는 문제들이 병고를 일으키고, 가난을 일으키고, 괴로움을 일으키고, 외로움을 일으키고, 허무감을 일으키면서 수없는 그 나날을 하루도 편안할 날이 없이 즐거운 거는 잠시 잠깐이고 그저 걱정, 근심 이런 것만이 주어지게 합니다. 젊었으면 젊은 대로 늙었으면 늙은 대로, 여자는 여자대로 남자는 남자대로, 애는 애대로 말입니다.

그러니 여러분한테 일러드리는 것은 생활에 직결이 돼 있기 때문에 이런 소리를 반복하지 않을 수가 없는 것입니다. 반복을 했지만 여러분은 열 마디를 들어도 그것이 가슴에 와서 닿지 않는 그런 사람들이 많아서 "나는 믿는데도 그것이 안 됩니다." 그럽니다. 전자에 역대 조사들이나 부처님이…, 내가 거짓말하는 건 아닙니다. 절대로 거짓이 아닙니다. 부처님께서 안 하면 안 하고 하면 하고 그렇게 됐던 것은 부처님께서는 몸을 갈아서 재를 만들어서 뿌렸어도 그 재도 남지 않았습니다. 그랬기 때문에 지금까지도 여러분과 더불어 같이 살아계십니다. 또, 내가 여러분한테 길잡이 노릇을 한다 하더라도 여러분이 그것을 무조건 믿어주셔야 한다 하는 것은 뭐냐? 현실의 생활에 직결돼 있고 생활에서 그건 부정할 수 없는 일이기 때문입니다. '살면 죽고 죽으면 살고' 이랬는데, 예전에도 얘기했죠. '본래 살아있기 때문에 본래 죽어갈 것이 없다.' 이런 말을 했죠. 여러분은 영원한 것입니다.

몸뚱이는 집과 같아서, 우리 밥 해먹는 솥과 같아서, 음식을 만들어 내놓는 오븐과 같아서 그런 것이 부서지면 새 걸로 갈 뿐입니다. 여러분이 물건을 사다가 간수를 잘 해서 잘 쓰면은 조금 오래 쓸 거고, 간수를 못 하면은 얼른 망가지고 얼른 갈아야 하는 것입니다. 여러분은 자기 몸뚱이를 부모한테서 받았건만도 자기 거라고 해서 마음대로 굴립니다. 그리고 부모가 뭐라하면 "그런 건 왜 참견을 합니까?" 이러거든요. 상관하지 말라는 거죠. 그 물건을 받은 것도 잘 보존을 함으로써 부모에게 효도도 할 수 있으며, 충성하고도 우리 부처님 법도 따를 수 있는 그런 지혜로운 착한 마음이 나오게 됩니다.

우리가 지금 항상 결부되고 있는 시급한 문제는 자식은 부모가 빨리 죽으면 안 된다, 또 부모는 자식이 나를 두고 빨리 죽으면 안 된다, 죽는다면 또 얼른 죽었으면 좋겠는데 질질질질 끌고, 그냥 재산을 다 없애고 자식들은 자식들대로 놔두고 이렇게 해서 풍비박산을 만드는 이런 병고에 휘달리고 가난에 휘달리고 이래서 식구가 다 병이 들듯이 '이렇게 된다면은 아니 된다.' 는 철저한 그런 생각에서 고통을 받죠.

언젠가 한번은 어느 분이 내게 이렇게 말을 해왔습니다. 지금도 그럭하고 있죠. "스님, 병명이 영 나오질 않고 모른다고 그래가지고는 몇 달을 기다려보라고 해서 기다려봤더니 폐암이라고 그럽니다. 이것을 어떻게 했으면 되겠습니까? 살려주십시오. 우린 육남매나 됩니다. 그런데 출가는 하나도 시키지 않았습니다. 나는 두 살 때 어머니를 잃고 아버지가 새장가를 들어서 사셨는데 처음 들어온 새어머니가 너무해서 외할머니 손에 자라서 이렇게 여지껏 살고 있었습니다마는 살다가 이십 안쪽에 또 할머니가 돌아가셔서 외숙모 손에 자라다 보니까 무지한 고통과 아픔을 겪으면서 죽으려고도 수차례 했지만 죽지 못했습니다. 그렇게 살다 살다가 고생을 하다가 겨우 인제 집이라도 한 칸 지니고 살 만하니까…, 웬 자식들은 또 제가 모자라서 그랬던지 육남매나 되고, 이렇게 고생을 하다가 그 자식들도 기르질 못하고 아내도 고생만 시키다가 이제는 어떻게 해야만 옳을지 모르겠습니다." 하는 말을 하면서 눈시울도 찌푸리지 않으면서 눈물을 줄줄 흘렸습니다. 전자에 내가 그 사람의 부모가 돼가지고 일찍 그 자식들을 두고 죽은 것 모양 얼마나 딱하고 불쌍했던지 모릅니다.

그랬는데 그 순간에 불쌍해서 그 집에 가서 보니까 그 할아버지, 할머니, 삼촌, 고모, 이런 사람들이 전부 윗대에서 6·25 때 방안에다 잔뜩 가둬놓고 불을 질러서 전부 태워버린 거야. 응? 그런데 그 영령들은 비슬비슬하면서 그 의식을 그냥 가지고 있기 때문에 타버리는 흉내를 내면서 그 집의 방에 잔뜩 와 앉았더라 이거야. 이런 건 끔찍한 일이지마는 그것을 보지 못하는 여러분은 얼마나 괴로움을 당해야만 합니까! 물론 선조대로 그것을 잘못하려고 하는 게 아니라 얼마나 그들도 죽겠으면 그 집의 방에 죽들 와서 앉았겠습니까? '날 좀 아픈 것 좀 낫게 해줄 수 없느냐?' 해서 어디로 갈 데는 없고 인연이 그렇게 돼 있으니까 자식이라는, 손주라는 인연이 의식이 그렇게 돼 있으니까 그렇게 와 있을 수밖에는 없죠.

그런데 아버지는 그 아들을 위해서 아무리 애를 쓰려고 그래도 아버지가 해놓은 게 없고, 아버지가 지금 시체말로 하면 기술도 없고 배운 것도 없고, 그래서 도저히 그 아들을 살릴 도리가 없어. 그래서 만약에 그분네들이 열 분이라 할지라도 백 분이라 할지라도 한 분이라 할지라도, 여러분한테 항상 가르치죠. 주인공에 모든 것을 '주인공만이 해결할 수 있다.'는 그 믿음을 가지고 거기다 맡겨라. 이렇게 되면 이 물그릇에다가 물 열 방울을 갖다가 넣으니까 이게 (법상 위의 물컵을 들어 보이시면서) 두드러집디까? 그냥 한 컵의 물입디까? 이걸 대답해 보십시오. 한 컵의 물이죠. 그래서 방 안에 있던 그 조상님들을 내 물

한 컵에다가 다 넣으니까 한 컵의 물이 되더라 이겁니다. 이해가 갑니까? 한 컵의 물이 되니까 그 방 안은 깨끗해지고 그 불쌍한 그분은 용기를 얻게 됐습니다. 그래서 아직까지도 강원도 어디에서 살고 있죠.

허나, 사람이 살고 죽고 그걸 떠나서 인간으로서 은혜를 알고 진정한 사랑을 안다면, 조상과 부처와 둘이 아니라는 그 뜻을 알게 됩니다. 부처도 조상이요, 조상도 부처다 이런 소리가 있죠. 그건 뭐냐 하면은 부처님의 뜻은 모두가 자식이요, 모두가 자기요, 모두가 자기 부모니깐 자기 물 한 컵에다가 다 집어넣어도 두드러지지 않고 이 물을 다 준다 하더라도 줄지 않는 그러한 묘법의 법왕입니다. 그러기 때문에 부처님의 속을 뚫어지게 알 수 있고 그런 것을 체험을 하고 알 수 있어야지, 자기가 체험을 안 하고 자기가 깨닫지 못하고 자기가 승화시키지 못하고 자기가 나투지 못하고 둘 아님을 모르고 이러한 문제를 경험해 보지 못한다면 이러한 이치는 까맣게 모릅니다.

우리 신도 한 사람도 허리가 아프고 삐뚤어져 가지고 궁둥이가 그냥 이렇게 일그러져 가지고는 아프다고 별짓 다 했죠. 그래서 누가 병원에 가서 엑스레이를 찍어 보라고 그러길래 그랬대요. 간다고요, 간다고 그러더라고요. 내가 그랬습니다. "네가 어려서부터 참, 입산을 해서 행자 노릇을 하고 중 노릇을 하다 군대를 갔다가 그만 속퇴를 했다 하더라도 네가 그냥 갈 수는 없지 않느냐? 너는 지금 병이 아니야. 너를 테스트하는 그 기간이야. 그런데도 불구하고 바깥으로 그렇게 떠돌면은 언제 너를 발견하겠느냐!" 그러곤 했더니만 "그래도 좀 갔다 와야겠습니다, 주위의 사람들을 위해서라도." 그러고 갔죠. "깨끗하고 하나도 이상이 없답니다." 이러거든. 그런데 그게 병입니까?

그래서 부처님의 법은 그렇게 묘하고 광대무변해! 여러분은 아프다고 그것이 병이라고 생각하지 말고 내 공부하는 과정의 테스트하는 기간이라고 생각한다면 그건 겁도 나지 않아. 하나도 겁나는 게 없어. 지금 죽는다 하더라도 그렇게 철저하게 믿기 때문에 그까짓 것 겁날 것도 없고 또 진짜 죽는다 하더라도 겁날 게 없어, 진짜 죽는다 하더라도. 오븐이 망그러져서 오븐을 다시 새 걸로 바꿔다 놓는 거밖에 안 되니까. 그런데 거기에서 뭐가 걱정이 되느냐 이거야. 여기 어떠한 병이 있다 할지라도 그것은 지금부터라도, 아까까지는 생각을 그렇게 했었어도 한생각이 중요해, 한생각.

한생각이, 그렇게 중요한 생각이 자기를 구덩이에서 벗어나게 할 수 있는 그런 묘법이 스스로 돼 있다 이거야. 여러분이 여러분을 창살 없는 감옥에다가 옹쳐 매놓고 있고, 병자로 옹쳐매 놓고 있는 거지 누가 병을 갖다준 겁니까, 뺏아갑니까? 여러분의 생각에 달린 거라. 과거 자기가 한 대로 문서를 가지고 나와서 그렇게 가난과 병고와 그 모진 고통을 받는다 하더라도 한생각에 그 고통과 그 문서를, 종문서를 한꺼번에 태워버릴 수 있어.

과거도 없고, 미래도 없고, 현실도 없다 이랬죠? 왜 그런가? 왜 그런가? 한 찰나의 살림살이기 때문이다. 여러분한테 항상 말하죠. 우리의 살림살이는 한 찰나요, 한 인생 살아나가는 것은 한 철이라고. 여러분이 한 찰나의 살림살이를 지금 하고 가는 겁니다. 요리 변덕, 조리 변덕, 변덕쟁이거든. 변덕쟁이, 도깨비 장난, 귀신 장난감 이렇다고. 그러니까 그걸 말로 하려니까 그렇지 여러분은 변동이 무쌍해. 그러기 때문에 아무 생각 없이 공(空)에 들어서 가만히 있다면 그건 목석인 거야. 또 너무 말을 하고 너무 아는 척을 해서 한데 떨어뜨린다면 그건 귀신이야.

그러니까 모든 것은 정상적으로 그냥 화가 나면 화가 나는 대로 내는 거야, 그냥. 거기도 걸리지 말어. 생각이 자꾸 나걸랑은 그대로 그냥 주인공에서 나오는 거니까 버려두라고. 버려두는 거지. 왜? 자기가 이렇다, 저렇다 할 자리가 아니야. 아무것도 붙지 않는 자리라고. 그런데 여기서, 괜히 고(苦)덩어리 속에서 그 의식이 들고 나면서 괴로움을 주고 또 즐거움을 주고 이러니까 즐거웁더라도 빙긋이 웃고 말고, 괴로웁더라도 빙긋이 웃고 말고, 거기서밖에 해결 못 하니까. 이열치열, '네 속에서 나온 거는 네 속에서 해결해야지 딴 속에서 해결 못 한다. 나는 거기에 속을 필요가 없어. 네가 무체(無體)로서 즉 말하자면 큰 부처로 보이더라도 난 거기에 속지 않아.' 이렇게 속지 않으셔야 돼요.

여러분은 그 전자의 종문서에 의해서 자기가 한 것대로 짊어지고 나온 데서 들고 나는 것에 속지 마시라 이겁니다. 아무리 좋은 것이 있다, 좋은 소리가 들린다 하더라도 거기에 속지 말고, 말하자면 세 가지를 똑바로 보시라는 겁니다. 하나는, 나도 마찬가집니다. 말·뜻·행이 세 가지가 동일하게 진실한지를 알게 되면은 그냥 따르라고 그랬지, 믿으라고 그런 게 아니야. 따르라 이거야. 왜 따르라고 그랬느냐, 그건 당신네들 주인공 안에 나와 더불어 같이 모두 일체 만물만생이 다 같이 한자리를 하고 있기 때문이지.

어느 사람이 이런 예가 있죠. 3대 위의 할아버지께서 부모 존전에 아주 진실하게 청정하게 공양을 잘 올리면서 타력신앙으로 한 게 아니라 자력신앙으로서 진실하게 했어요. 그래서 자기 2대의 손자를 왕으로다가 하게끔 되었죠. 그리고 그 3대 위 할아버지가 이 3대 아래 손주로 태어났단 말이야.

그런데 아무리 그것을 잘 한다 하더라도 자기 중심이 흔들리면 남의 소리를 듣게 돼 있어. 또 욕심이 많아지면 눈에 보이는 게 없어. 허허. 귀에 들리지도 않아. 충신의 말도 들리지도 않고, 아무것도 들리지 않아. 그러니까 모두 자기가 한 것대로 고(苦) 덩어리에서 그때는 반란이 일어나기 시작을 하죠. 욕심으로 가득 차다보니까 '야, 내가 이렇게 앞으로도 서너 번 왕을 하려고 해도 그렇고 지금 왕으로 될래도 이건 없애야겠다.' 해서 모의를 해가지고 그만 왕을 죽였단 말이야. 어디 그런 소리가 샐까봐 단 둘이서만 딴 방향으로 모든 일처리를 해가지고선 딱 죽였는데 그게 죽어서 그냥 없어졌으면 좋겠는데, 싹둑 없어졌으면 좋겠는데 아, 그게 아니란 말이야. '어, 요놈 내 자식과 내 가정을 파괴를 시키고 이렇게 하고서도 네가 잘 살 수 있겠느냐' 해서 그 마음이 그 집 울 안에 항상 맴돌고 있단 말이야, 그 의식이. 그러니깐 그 왕은 죽지 않고도 죽었단 말이야. 죽은 거보다도 죽지 않고 죽은 것이 더 괴롭지. 그냥 시들면서 시들면서 길을 걷는 거나 마찬가지니. 지금만 그런 게 아니라 오백년 역사에도 그러한 일들이 허다했어….

지금 여러분이 살림살이 하는 그 도리도 바로 마음을 잘 쓰라는 것이지. 마음을 잘 쓰면 스스로서 우주간 법계에서 돌보게 돼 있어. 아까 병에 대해서도, 가난에 대해서도, 우환에 대해서도, 괴로움에 대해서도, 허무감에 대해서도 얘기했죠? 그것이 내가 그러는 게 아니라 내 속에 들은 고(苦) 덩어리에서 나오는 거니까 거기에 속지 말고, 모든 것은 나를 테스트하는 거니까 거기에서 나오는 거 거기에다가 놓고, 병이라고 생각하지 마라. '이렇게 공부할 수 있는 계기로 인도해주는 내 주인공이 감사하구나' 생각을 해라 이거야.

여러분이 한생각을 그렇게 한다면은 이 오장육부 모든 세포에서 한마음 한뜻으로 바로 진화가 돼가지고서는 오히려 보살로 화(化)해서 수호신이 돼가지고 나를 보살피고, 보신(報身)이 돼가지고 보살피고, 응! 보현보살(普賢菩薩)이 돼가지고 보살피고, 약사보살(藥師菩薩)이 돼가지고 보살피고 아, 이러니 내 몸은 어느 새 낫는 줄 모르게 다리도 낫고 어느 새 눈이 밝아져서 이거 이런 줄도 모르게 이렇게 됐어? 하게 되죠. 이렇게 하게끔 된다면 여러분은 스스로 자비의 칼로써 즉, 자루 없는 칼이 우주 법계를 꿰뚫어서 죽은 세상 산 세상을 넘나들면서 나와 같이 괴롭고 외롭고 고독하고 가난하고 아프고, 그런 사람을 위해서 서로가 내가 돼 준다면, 그거는 전부 건질 수 있는 그런 여건이 여러분 앞에 주어진다는 얘깁니다. 우리가 옛날 얘기하는 게 아닙니다. 지금 현실에 그렇게 연결이 돼서 돌아가고 있다는 얘기예요.

또 한 가지는 전에 어느 분이 날더러 이런 얘기를 했어요. "스님, 스님이 그렇게 잘 아신다면 왜 지금 노사분규나 또 학생들이 이렇게 벌낫 휘두르듯 하고 미친 듯이 이렇게 날뛰게끔 하고 나라가 위태하게 합니까?" 이러거든. 모르는 그 사람한테 내가 무슨 말을 해야 되겠습니까? 내가 부처님 법은 이러이러하니까 이렇다 이럴 수도 없고, 그래서 이런 말을 했죠. 나쁜 거 좋은 거 이런 거를 모조리 체로 쳐서 골라내려면 모든 국민들이 나쁜 거 좋은 거를 다 알아야 그때는 스스로 체에 쳐져. 그러니 자기가 나쁘면은 국민들을 우롱하게 되고 국민들에게 나쁘게 된다면은 스스로 체에 쳐져서 그냥 밀려서 저 땅으로 내버려지게 돼 있고, 알쭌하게 알맹이, 요 가루는 다 이렇게 체로 쳐지고 아, 그 무거리는 다시 찧어서 먹게끔 또 된다 이거야.

이것이 바로, 한 솥에 죽을 쑤어서 죽이 펄펄 끓을 때에, 부글 부글 부글 끓어오를 때에 그 방울방울이 나오지 않습니까? 그렇게 나오는 것처럼 모두 이 세상 돌아가는 게 그러한 거라. 이 나라에선 이렇게 나오고, 저 나라에서 저렇게 나오고 한 나라에서도 내가 잘나고 내가 못나고 이렇게 모두 팥죽 솥에서 팥죽 끓어 오르듯이 오르는 겁니다. 그럴 때에 만약에 팥죽 쑤는 사람, 주걱을 든 사람이 있다면 그저 그냥 불룩하게 올라오는 건 치고, 안 올라오는 건 올리고 흥, 그거 주걱이 다 하는 거죠, 뭐. 그래서 그 주걱은 오르는 건 때리고, 안 올라오는 건 오르게 그저 평등하게 하면서, 체로 거르듯이 그냥 주걱으로 휘- 휘- 저어서 맛있게 끓여서 다 먹을 수 있게끔 해놓을 때까지는, 바람이 어디로 불든지 그것이 상관이 없다 이 소립니다. 그거는 오히려 바람을 불게 해야 체로 거를 수 있지 않나 이렇게 봅니다.

정말이지 이 권도법(權道法)이란, 대권도법(大權道法)이란 우리가 무시할 수 없는 참, 광대무변하고 묘하고 그렇게 귀중하고, 보배인 것입니다. 누구는 부처님이 왜 자기가 태어난 데를 그렇게 망가뜨려 놓고 그랬을까? 예전에도 그런 소리를 들었습니다마는 그거는 망하게 만든 게 아닙니다. 그 나라가 만약에 밥 짓는 솥이라면 그 밥을 짓는 사람들이 솥을 망가뜨린 거지, 부처님이 그 솥을 망가뜨린 게 아닙니다. 그래서 그 솥을 망가뜨려 봐야 '밥 지을 때 참 필요한 게 솥이구나.' 하는 걸 알게 만들기 위한 그것도 길잡이의 한 방편이라고 볼 수 있겠습니다.

그러니 우리 나라의 문제도 여러분이 이 주관만 튼튼히 세워서 진실히 맡겨나간다면 다 해결이 되어진다고 봅니다. 주인공이라 하는 것은 찰나찰나 돌아가기 때문에 전체 돌아가는 거를 주인공이라고 하는 겁니다. 당신이 없으면 뭐가 있겠습니까? 근본이 당신이지. 응? 이 세상에 아무리 위대하다, 우주의 어떠한 것이 위대하다고 할지라도 아주 조그맣고 하치못한 여러분의 마음의 근본이 제일 귀중하고, 보배인 것이고 높습니다. 그 조그마한 보이지도 않는 그것이 바로 우주를 삼킬 수도 있으니까 말입니다.

지난번에 말씀드렸죠? 달세계나, 은하계나, 어떠한 태양계도 바로 둘이 아닌 까닭에 지금 현재에 양 개체가 합류화된다면 전자와 원자, 양자가 같이 혼합이 돼서 중성자가 된다면, 그 위력이 우주를 집어삼키고도 남음이 있는 위력이 생긴다 이겁니다. 그러기 때문에 인간이 자기를 발견하고, 자기를 승화시키고, 체험하고 이래서 둘이 아님을 깨닫고, 둘이 아니게 나툼을 깨닫고 그렇게 된다면, 둘이 아니게 나툼을 깨닫는다면 부처님이 말씀하시기를 육십이견(六十二見)도 그렇지만 삼십이응신(三十二應身)이 충만하다 하는 것도, 그건 숫자가 아니라 과거심(過去心), 현재심(現在心), 미래심(未來心), 삼세심(三世心)을, 삼세 대천세계(大千世界)를 넘나들면서 자유권을 갖는 것을 뜻합니다.

그런다면은 지금 태양계나 어떠한 은하계도 그 중성자의 뜻이라면은 은하계의 법왕이 내가 될 수 있고 태양계의 법왕이 내가 될 수 있어. 그래서 그 자료를 마음대로 가지고 응용할 수 있기 때문에 모든 구름과 안개도 전부 내 통신기가 되고, 바로 내 신장이 되고, 내 제자가 되고, 내가 되고 이렇게 해서 모든 우주 법계의 모든 것을 평등하게 해나갈 수 있는가 하면, 평등하게 하려니깐 아까도 주걱이 하듯 그 주걱으로써 모든 일들을 해나갈 수 있게끔 하기 위해서 바람도 일으키고,

바람을 일으켜야만이 체로 쳐지니까 말입니다. 이렇게 해서 그 국난을 면하게 하고 안타까운 걸 면하게 하고 또는 우리 국내의 재정이나 또는 국내에 어떠한 문제가 닥쳐오는 것도 미연에 방지할 수 있는, 그러한 여건이 된다고 봅니다.

지금 현실의 얘기도 다 못 하는데 옛날 얘기나 하고 있겠습니까, 응? 그러니 여러분이 우선적으로 내 몸과 내 가정, 내 사회에 나가서 일하는 거부터 자유자재할 수 있게끔 한다면 그것은 우주 법계를 탐험도 할 수 있고, 탐험이라는 것은 가고 오고 하면서 되는 게 아니라 내 마음의 거울로 비추어 본다면은 전체를 볼 수 있고 그래서 심안의 눈으로써 본다 하는 뜻입니다. 그러니깐 가고 옴이 없이 내가 될 수 있고, 가고 옴이 없이 오고 갈 수 있고 그러기 때문에 모든 문제를 해결하는 주걱이 된다 이 소립니다.

그것은 주장자라고도 하지만, 옛날에는 주먹을 내밀고 주장자를 들고 이렇게 말을 하고 가르치기 위해서 방편을 썼지만, 옛날하고 지금은 다릅니다. 옛날에는 설법을 하고도 시조처럼 끄트머리에 읊고 그렇게 했지만 지금 시대에는 그렇게 해서는 될 수가 없다는 얘깁니다. 지금 우리 생활 속에서 실천을 하고 실천을 하면서 생각하고, 생각하면서 뛰지 않으면 안 되는 시대로 이렇게 변천해 있습니다. 그런데도 불구하고 옛날에 무명 입었다고 무명옷 입는 타령들만 한다면은 앞으로는 어떻게 될까, 그것으로는 미비합니다. 그전에도 얘기했듯이 옛날에는 명주로 바지 저고릴 해 입었는데 지금 실크로 아주 날씬하게 해 입고들 다닙니다. 그런데 그걸 부정하겠습니까?

사람들이 알아듣지도 못하는 말을 이렇게 하는 것은 그저 오븐이라면 음식을 해서 여러 가지, 오늘은 이 음식을 해먹고 내일은 이 음식을 해먹고 여러 가지로 다양하게 재료가 갖추어가지고 있으니까 그저 다양하게 해먹을 수 있는데도 불구하고 그 오븐 바깥에서 빙빙빙빙 그 음식 맛도 못 보고 음식도 해먹을 수도 없고, 그 오븐 바깥에서 빙빙빙빙 이게 음식 해먹는 오븐이라더라 하고선 빙빙 돌아봤자, 십년을 돌아봐도 이십년을 돌아봐도 마찬가지기 때문입니다.

그러니 여러분은 여러분의 그 톡톡한 자기의 보배를 가지고 있고 갖추어가지고 있는 질량을 마음대로 사용해서 음식을 해먹을 수 있는 것이니까 닥치는 대로, 자기 소용 닿는 대로, 용도대로 전기도 많이 쓰려면 많이 쓰고 적게 쓰려면 적게 쓰는 용도가 여러분 앞에 닥쳐와 있지 않습니까? 그러니까 용도대로 쓰시란 말입니다. 여러분이 만약에 전력을 보지 못하고 전깃줄만 보고 전기 들어오는 것만 본다면 그렇게 해도 좋습니다. 그러나 전력이 있다는 건 믿으셔야죠. 안 그렇습니까? 전력이 있기 때문에 여기 불이 들어오고 전깃줄이 가설이 돼 있다는 걸 아셔야죠. 가설이 된 거, '아이- 저거 뭐 줄만 있고 뭐 전기, 저렇게 하는데 전력이 있긴 뭐가 있어.' 이렇게 믿지 않으신다면 안 됩니다.

우리는 생활에서 연결이 되고, 생활에서 아주 맞돌아가고 있습니다. 죽느냐 사느냐도 맞돌아가고 있고 생사가 맞돌아가고 있고, 천당 지옥이 맞돌아가고 있고, 살고 죽고가 맞돌아가고 있단 말입니다. 맞돌아가는데, 맞돌아가기 때문에 귀신이고 선신이 따로 없고, 중생 부처가 따로 없고, 천당 지옥이 따로 없고, 여자 남자가 따로 없고, 동서남북이 따로 없고 모두가 그러한 도리를 우리는 깨닫고 알아야, 앞으로 우리들이 겪어온 그 하찮은 오백년 역사를 또다시 겪지 않고도 우리는 좀더 생동감 있고 좀더 위력 있고, 좀더 승화시켜서 앞으로의 역사를 가져오게끔 할 수 있는 여러분이 됐으면 합니다. 오늘은 이걸로써 마치겠습니다.

길 없는 길

89년 5월 21일

항상 공(空)해서 돌아가는 한마음의 도리지만, 차원에 따라서 또는 자기의 가락에 따라서 각기 천차만별로 살림살이가 나누어져서 돌아가고 있습니다. 하지만 이렇게 또 여러분과 더불어 한 달에 한 번씩 만나는 것도 역시 기쁜 일이라고 생각합니다. 전자에 부처님께서 진리가 아닌 것을 지어내서 사십구년 동안 설하신 것이 아니고, 또 없는 걸 지어서 말씀하시거나 행을 하신 것도 아닙니다. 그와 더불어 나도 역시 마찬가지로 그대로 진리가 있는 것을 발견했기에 여러분하고 이렇게 서로서로가 길 없는 길을 걸으려 합니다. 손 없는 손, 발 없는 발 또는 행 없는 행을 그대로 여여하게 걸림 없이 같이 가려고 하는 것입니다.

여러분, 부처님께서 "모든 일체 삼라대천세계(森羅大千世界)가 다 공(空)했느니라." 하셨습니다. 그 '공했느니라' 하는 것을 인정하십니까? 인정들 하십니까? 왜 대답이 없습니까? 인정하시죠?

대중 예.

큰스님 또 '색(色)이 즉 공(空)이고, 공이 즉 색이니라.' 하는 것도 인정하시죠?

대중 예.

큰스님 우리가 지금 한 찰나의 살림살이라는 둥 가락에 맞춰서 여러분이 차원에 따라서 살고 있다는 그 도리도 알고 계시겠죠? 왜 이런 말씀을 드리느냐 하면은, 우리 인간이 힘이 없다든가 힘이 있다든가 하는 이러한 논쟁, 이러한 모든 것을 놔야 되지 않나, 버려야 되지 않나 이렇게 봅니다. 왜냐하면은 부처님께서 '평발이요, 내가 아니 딛는 데가 없고, 내 자리 아님이 없고, 내 손 아니 닿는 데가 없고, 내 몸 아닌 것이 없고, 내 아픔 아닌 것이 없고.' 요렇게 말씀을 하셨습니다. 그냥 간략하게 얘기합시다. 그런 것은 무슨 뜻인지 잘 생각해 보십시오.

또 한 가지는, 어느 조사께서 이렇게 말씀하셨죠. 부처님도 그렇게 말씀하셨지만, "네가 주장자가 있다면 내 주장자를 너를 줄 것이로되, 네 주장자가 없다면 내가 네 주장자를 뺏을 것이니라." 하셨다 이겁니다. 그건 무슨 의미를 가지고 있느냐? 거기 전체가 포함돼 돌아가고 있습니다. 지금 '아니 닿는 데가 없다.' 하는 그 뜻, 우리가 찰나에 돌아가면서 내 아님이 없고, 내 아픔 아님이 없이 돌아가는 그 행과 뜻, 또는 말씀 이것이 동일하게 돌아가고 있고 그대로 여여하다는 뜻이죠. 그렇다면 주장자 얘기는 무엇인가? 우리가 용도에 따라서 찰나찰나 나투면서 내가 네가 될 수도 있고, 네가 내가 될 수도 있는 뜻을 말한 것입니다.

그리고 또 한 가지는 악업이나 선업이 다 붙어서 돌아가는 한마음의 구성체, 이 여러분 몸속에 다 구성체가 있듯이 그 구성체가 한마음의 지배인에 의해서 응(應)하고 돌아간다는 거, 그런데 부처님께서 그것을 고(苦) 덩어리라고 했고 '고(苦) 하나만 녹인다면은 집(集)도 없고 멸(滅)도 없고 도(道)도 없느니라.' 한 말씀도 거기 포함돼 있다고 봅니다. 그런다면 우리가 무슨 인정을 하느냐? 내가 어떻게 말을 해야 그것이 이해가 가실지 모르겠습니다마는, 이해가 안 가시는 분은 생각을 잘 해 보시리라고 믿습니다.

아까 주장자 얘기했듯 이 마음의 도리는, 우리가 조그마한 데서

만 같이 돌아가는 게 아니라 저 삼천대천세계(三千大千世界)의 어떠한 물건이든지, 어떠한 혹성이든지 별이든지, 무엇이든 막론해놓고 같이 돌아가는 겁니다. 같이, 마음의 도리가 같이 돌아가기 때문에 그 마음의 씀씀이도 같이 돌아갑니다. 씀씀이는 우리가 깨달아야만이 같이 찰나찰나 돌아가면서 쓸 수 있는데, 우리가 깨닫지 못하면은 그것을 방치하는 게 되죠. 그러니 여러분이 이 공부를, 공부라고 하기 이전에 사람이 돼서 부처를 이룬다는 것은 부처가 이루어지면 관세음보살이 나이고 부처가 나이고 모두 나라고 했지만, 행과 말과 뜻이 동일하게 돌아갈 수 있느냐? 하는 문제입니다. 스스로 말입니다. 그런데 이런 얘기하면 허공 잡는 얘기 한다고 그러기 때문에 지금 뒷받침을 이렇게 몇 마디 해놓고 하는 겁니다. 부처님이 예전에 말씀해 놓으셨노라고 말입니다.

우리는 지금 몸뚱이라는 집을 짓고 살고 있습니다. 그러나 그 몸뚱이가 살고 있는 집은 지구입니다. 지구인데 우리 몸뚱이가 수명이 있듯이 지구도 수명이 있다고 봅니다, 물질이기 때문에. 그러면 우리 인간만 생명이 아니라 모든 것이 전체 생명이라고 볼 때 그래도 고등동물이라고 한다면 인간을 최고로 치죠. 인간이 돼야만이 부처를 이룰 수 있고, 한마음으로 전체가 돌아갈 수 있는 그런 영향력을 가질 수 있고, 지혜를 가질 수 있고 그 능력을 가질 수 있다는 얘기죠. 그런데 우리가 이 공부를 해서 그렇게 깨달아서 포용력 있게 지혜롭게, 참 걸림 없이 갈 수 있다면, 아까 주장자 얘기했듯 저런 달세계나 저런 모든 혹성들에게도 내가 네가 되고, 네가 내가 될 수 있는 그런 영향력을 여러분이 다 가지고 있다는 겁니다. 그건 어떻게 해서 가지고 있느냐?

여러분은 지수화풍에서 소생돼가지고 지수화풍을 지금 쓰면서 살고 있고 지수화풍에서 나왔습니다. 그러고 또 지수화풍을 가지고 있기 때문에 지수화풍에서 지수화풍을 먹고 삽니다. 그 속에서, 복합적인 재료가 다 거기서 나오는 거니깐요. 그 질량은 수만 개의 이름을 가졌다 하더라도 거기서 다 나오는 겁니다. 그래서 계발이 되는 것도 그렇고, 참 과학이 발전되는 것도 그렇고, 모든 것은 다 거기에서 나오는 거고 그렇죠. 그러기 때문에 지금 계발이 되고 또 인간이 많이 늘어나고, 그것이 증강된다고 할까요? 우리가 먹고 사는 것도 또 생각을 안 해볼 수 없는 거고, 그러니깐 그건 식량이라고도 할 수 있죠. 또 우리가 자원이나 식량을 더 만들지 않고 곶감 꼬치 빼먹듯 빼먹으면은 그것은 마치 은행에 예금해 놓은 것을 꼬박꼬박 빼다 쓰기만 하고, 벌지 않아서 나중에는 통장이 비는 것처럼 살림을 유지할 수가 없습니다. 그러니 우리가 이 마음공부를 해서 모두가 한마음으로 돌아갈 수만 있다면 내가 없을 때는 가져올 수도 있고 있을 때는 남에게 줄 수도 있는, 그런 영향력과 지혜로운 마음이 생길 수 있죠. 즉 이 육체에서 마음이 벗어나면은 이 몸뚱이라는 물질도 굴릴 수 있다는 얘기죠.

그래서 '벗어나지 못하면은 굴릴 수 없다.' 하는 것은 여러분이 독 안에 들어 있다면 독을 굴릴 수가 없고, 독 안에서 벗어난다면 독을 굴릴 수가 있다는 것입니다. 그럼 독이 혹성이라고 한다면 우리가 그 혹성 안에 있는 재료를 마음대로 용도에 따라서, 크나 작으나 앞에 다가오는 문제들을 해결할 수 있는 그런 능력이 우리에게 주어져 있다는 얘기죠. 그러면 재료라든가 이런 거는 어디에서 어떻게, 그렇게 멀고 먼데 어떻게 조달이 되느냐, 구름 잡는 얘기라고 들으실지 모르겠지만, 그것은 분명 우리의 능력에 따라 이루어질 수 있고 지금도 진행되고 있는 진리이고 길입니다. 또 그 길을 부처님께서 가르치셨고요. 또 나 역시 없는 거를 이렇게 말하는 것도 아니고요.

이 한생각은 체가 없어서 요기 요거 (법상을 가리키시며) 생각하는 거나, 저 달세계 생각하는 거나 둘이 아니라 이 소립니다. 그런 까닭에 그것도 서로 오고 감이 없이 오고 간다 하더라도 도가 아니다 한 것은, 오고 가기만 하면 뭘 합니까? 교류가 돼서 우리가 맛을 봐야 하는 것이 원칙 아닙니까? 여러분이 장사를 해도 이익을 봐야 되고, 회향이 돼야 되는 거죠.

그와 같이 예를 들어서 본다 듣는다 또는 가고 올 수 있다, 그 마음을 서로가 교환하고 알 수 있다 또는 그것이 어디서 나온 건지 알고 있다 이럴 때는 지난번에도 얘기했지만 거기에 통신력과 광력 · 전력 · 자력이 충만히, 우리가 지수화풍을 가지고 있기 때문에 충만히 교류가 된다는 얘깁니다. 그래서 모든 재료나 우리 살아나가는 계발의 문제라든가, 또는 식량 문제라든가 이런 것도 한계가 있다는 것을 알고 우리는 살아야 하는 건데 '깨달으면 한계가 없는 것도 알 수 있다'라는 얘깁니다. 한계가 있는 것만 알지 마시고 한계가 없는 것도 좀 아셨으면 하는 겁니다. 무한량, 한계가 없이 영원하다는 그 문제도 좀 생각해 보실 수 있는 그런 영향력과 지혜를 가지시라 이거죠.

그러면 만약에 그런 멀리 있는 것과 우리가 교류가 되지 않는다면, 벽이 쌓아진다면 우리는 어디로 피난을 가겠습니까? 내 집이 망가진다면 어디로 가겠습니까? 또 한 가지, 우리가 식량이 부족하면 어디로 가서 얻어먹겠습니까? 또 재료가 없다면 어디서 나서 쓰겠습니까? 이런 거 세 가지만 말해도 우리는 이 마음 자체가 그렇게 충만하고 교류가 될 수 있고 벽이 없고 그렇다는 부처님 말씀을 생각해 보지 않을 수 없습니다. 몸으로는 한계가 있어서 제대로 지탱할 수 없는 것이 우리 몸인데, 그럼 몸하고 지구하고 우리가 비교해서 볼 때 '몸을 이끌어 나가는 데도 한계가 있습니다.' 하는 거를 말씀드리고 싶습니다.

그러나 내 몸이 주인이 없으면 얼른 망가질 거고, 내가 깨달아서 주인이 있다면 내 몸도 고쳐서 쓸 것입니다. 그러면 가고 싶으면 가고 그냥 벗고 싶으면 벗고 말고 싶으면 말겠죠. 그것이 자유입니다, 이 옷을 벗는 것도. 그런데 그렇게 한계가 있듯이 그럼 지구도 한계가 있지 않느냐? 그렇습니다, 한계가 있겠죠. 그러나 이게 겉껍데기가 있고 속껍데기가 있고, 그 안에 셋째번에 아주 그 얇은 껍데기가 우리 뱃가죽에도 있듯이 또 있습니다. 별성도 껍데기를 벗으면 새 빛이 나면서 다시 살듯이, 인간도 이 껍데기를 벗고서 다시 또 몸을 바꿔가지고 다시 나오는 이치에 의해서 우린 살고 있는 거죠.

그러니까 우리는 그렇게 몸이 없어졌다가 다시 나고, 났다가 다시 꺼지고 이러는데, 이러한 혹성이나 저러한 별성 같은 거는 이것이 꺼멓게, 예를 들어서 그 껍데기를 벗으면서 그대로 속에서 새 빛이 다시 날 수 있는 것이 그게 한계가 없다는 문제입니다. 그렇다면 우리가 마음공부를 해서 같이 교류를 할 수 있는 그런 영향력이 있다면 그렇게도 할 수 있는 문제가 되지 않을까 이렇게 생각하는 겁니다. 그런데 이러한 말씀 드리는 것이 그러면은 지금 당장 급하냐? 그렇진 않습니다. 우리가 오억년이 가든지, 십억년이 가든지, 일억년이 가든지 그건 한계에 따라서 어느 때 이렇게 되고 어느 때에 요렇게 된다고 얘기하는 건 예언이 되니까 그거는 여러분이 공부하기에 달렸습니다.

그럼 그게 못 미더우면 예전에 이런 말이 있죠. 정감록(鄭鑑錄)에 말입니다. "물에서만 배가 다니는 게 아니라 땅으로도 배가 다니고, 땅 위에는 거미줄이 얽히고, 그 거미줄을 따라서 배가 둥둥 떠다니고 공중으로도 나중에는 배가 떠다니느니라." 이렇게 말을 했단 말입니다. 그런데 그때는 미친 놈, 미친 소리, 허공 잡는 소리라고 했습니다. 그리고 그걸 믿어주지 않았습니다. 그래서 기록을 했던 겁니다. 그런데 기록을 해놨어도 반이 다 타버리고 말았죠. 누설이 된다고 해서 그랬답니다. 그런데 또 박사들은, 몇백 년 전 박사들이 "지구가 돈다."고 하니 미친 놈이라고 했대죠. 여러분은 더 잘 아시리라고 믿습니다. 그러면 지금 미쳤던가요? 너부터 알라고, 마음을 너부터 알라고, 너부터 믿고 너부터 알라고 한 소크라테스도 미쳤나요?

그렇다면은 그렇게 미쳤다고 하는 그러한 사람들이 말한 대로 지금은 그 배를 타고 다니지 않습니까? 우리 지금 비행기를 타고 왔다 갔다 하는 그런 것이 다 우리가 발전이 되고 능력이 생겨서 그렇다면 부처님께서 "너와 나와 둘이 아니니라." 한 뜻이 무엇인가도 우리가 이 공부를 안 했든 했든 스스로서 알게 되고, 스스로서 계발하게 되고, 스스로서 그런 심성과학이 발전이 되고, 천체물리학이 발전이 되고, 천문학이 발전이 되고 이래서 만약에 그렇게 될 수 있다면 어떻게 하겠습니까? "둘이 아니다. 네가 내가 되고, 내가 네가 될 수 있는 모든 여건을 갖추어서 가지고 있느니라." 했다면 그건 인정하셔야죠. 그래서 우리가 자기를 언제나 얕보고 또 어떤 사람은 높이 보고 이럽니다.

오늘도 염불하셨죠? 염불하시는데 내 마음이, 한마음이 즉 관세음(觀世音)이고 지장(地藏)이고, 독성(獨聖)이고 산신(山神)이고, 용왕(龍王)이고 이렇게 일체가 내 한마음에 들었다고 돼 있죠. 그 한마음에서 그 이름이 나가는 거고 한마음에서 쓸쓸이가 다 가락대로 차원대로 나가죠. 그런데 왜 내가 이런 소릴 하냐 하면, 여러분은 말로만 '내가 관세음이고, 내가 부처고, 내가 지장이고, 이 마음에 그 한마음에 다 들었다는데 뭐.' 이렇게 꼿꼿이 세우는 마음이 있단 말입니다. '내가, 내가 부처니까 인간은 다 부처가 될 수 있고, 다 부처다.' 하는 그 마음만 알고 이론만 알고 있지 진짜 행은 그렇게 못 하고 있습니다.

여러분이 '내가 이 공부를 빨리 해야지.' 하는 급한 마음을 가지시기 이전에 여러분은 자기의 아집이라든가 아상을 놔버려야 하고, 자기 분수를 지켜야 하고, 또는 시간도 지켜야 하고, 의리도 지켜야 하고, 도의도 지켜야 하고, 사랑도 지켜야 하고 그러니까 자만이나 아만을 부리지 말고, 착을 놔야 하고, 욕심을 놔야 하고, 투기를 하지 말아야 합니다. 또 모든 악한 것은 내 마음으로 안아서, 예를 들어 이 물 한 컵에 있는 (법상 위의 물컵을 들어 보이시며) 물방울이 아주 악인이라고 합시다. 악인이라 하더라도 그걸 내 물그릇에 넣어서 같은 한그릇으로 만들어주는 것이 관세음보살의 행입니다.

그러면 관세음보살이 여러분의 이름에 속한다고 볼진댄 그렇게 넣어서 안아서 녹여주고, 병자가 있으면 병자가 있는 대로 여기 넣어서 안아주고, 또 가난이 있으면은 내 가난과 같이 생각해줄 수 있는, 이익을 줄 수 있는 마음이라야 되고, 그래서 내 몸과 같이 생각하고 내 아픔같이 생각하고, 또 죽는 사람이 있어도 내 마음으로, 한마음으로 안아서 나를 만들어서 다시 내놓는다면 그것이 바로 천도입니다. 이 마음과 마음이 서로가 서로를 안을 때, 참 그것은 즐겁고 여간 좋은 일이 아닙니다. 그런데 그 마음이 그렇게 될 때에는 밉고 곱고, 너는 잘못하고 잘하고 이것을 따진다면 소용이 없습니다. 그래서 항상 보살들이 될 수 있는 100%를 가지고 있고 99%를 가지고 있다 하더라도, 또는 부처가 될 수 있는 가능성이 99%다 할지라도, 관세음보살 지장보살이 다 될 수 있어도 이 행을, 그대로 선행을 하지 않는다면 그것은 아닙니다. 그건 중생을 벗어나지 못하는 일에 속합니다.

그래서 물건도 '내가 물건을 다 잃었다.'고 울지 마시고 내가 그 사람 물건을 써서 내가 그 물건으로, 물질로 그 사람한테 갚았다고 생각한다면 억울할 게 하나도 없죠. 받지도 못하고 그럴 거를, 울고불고 해서 몸까지 집까지 망가뜨리고, 살림까지 망가뜨리고, 식구까지 다 파산을 시키고, 그런 행은 있을 수가 없는 거죠, 이 공부하는 사람들은. 그러니까 모든 행에 따라서 계율(戒律)에 따라서 여러분이, 지난번에도 얘기했지만 계율을 지키려는 생각을 억지로 낸다면 계율 하나도 안 지켜집니다. 지킨다, 안 지킨다를 떠나서 그렇게 행을 해가지고 나가신다면 그대로 천 가지 만 가지 이 세상의 계율과 질서를 다 지키면서 모순된 일을 하나도 하지 않고 그렇게 삶의 보람을 느끼면서 여여하게 자유인으로서 살아나갈 수 있는 그러한 아마 이름 없는 부처겠죠. 그러니 그 행이 중요하다는 얘기죠. 여러분이 아무리 부처가 되려고 애를 써도 그 행이 그럴 때는 안됩니다.

왜 이 바다의 물을 마셨다 내놨다 할 수 있는 부처님이 계셨느냐? 모든 일체 중생들을 다 넣어도 두드러지지 않고, 일체 중생들을 다 내놓고 자기도 일체 중생들과 같이 해도 줄지 않았다 이겁니다. 그래서 물방울로 비유를 했는데, 얼마나 천차만별로 그 생명체들이 많으며 모습들이 가지각색으로 많습니까? 새로 온 분들도 있지만 오래 다니시는 분들도 한 번 더 들어둬도 손색이 없다고 보기에 이렇게 또 말씀 드리는 겁니다.

지금 여러분한테 길을 인도하고 있는 것은, 우리가 벌써 내 마음 속에, 한마음 주처의 주인공에다 '내 주인공밖에는 나를 이끌어갈 수 없다. 내 주인공밖에는 나를 형성시킬 수 없다.' 고 하는 겁니다. 부모에게는 뼈와 살을 받아서 이 집만 받아가지고 나온 거지, 악업과 선업의 그 업식을 통채로 지니고 나온 건 나다. 내가 나를 형성시켜서 나를 이렇게 지니고 나왔다. 전생이 지금 현생이다. 현생에, 전생과 더불어 현생이 지금 같이 살고 있다. 그러니 과거의 내 이전을 멀리 가서 찾지 말고, 나 (가슴을 짚어 보이시며) 있는 데서 찾아라.

그렇게 주인공에다 놓고 갈 때는, 지난번에도 얘기했죠? 아주 빡빡하고 마르고 척박한 땅에 물을 주고 모든 걸 그렇게 하니까 노골노골해지듯이, 돌도 골라내고 다 이렇게 행으로 하니까 말입니다. 그러듯이 그렇게 하면서 우리가 주인공에다 모든 것을 맡겨놓을 수 있고 '아, 이 병도 주인공밖에는 해결할 수 없다.' 이렇게 믿고 들어갈 때에…, 거기에서 또 짚고 넘어가야 하는 게 있습니다. 여러분이 엎드러지면 여러분에게 일어날 힘도 있죠? 그러니까 거기 놓을 때에 안 되는 것도 거기고 되는 것도 거긴데, 되는 것도 고정되지 않고 안 되는 것도 고정되지 않으니 그 굴리는 것은 운전수에 달려 있다. 이리로 가는 것도 저리로 가는 것도 운전수에 달려 있으니 안 되는 거 되는 것을 다 거기에, 거기에서 나오는 거니까 거기에다 다 놓고, 되게 하는 것도 너고 또 몰라서 못 쓰는 것도 너니까 그것을 지혜롭게 운전해 간다면, 그것을 그렇게 놓고 간다면 벌써 시각이나 청각이나, 후각이나 감각이나 지각이 발효가 된다 이거야, 발효가. 그거 발효가 되면 벌써 오신통(五神通)이라고 하는 그 이름이 아닌 내 마음이 아주 밝게 맑아지고, 지혜로운 마음이 생기고, 그때는 자꾸자꾸 지혜가 생겨, 두뇌로.

그러면서 내가 보는 눈도 달라지고 듣는 것도 달라져, 내가 하는 것도 달라지고 생각하는 게 모두가 달라져, 전부 바꿔졌어. 이상하게 바꿔져. 그게 성숙해 가는 거죠, 익어가는 게. 그렇게 함으로써 나는 편리하고 편안해져. 그러면 옆의 사람도 그 불을 밝게 해줄 수 있기 때문에 그걸 광력이라고 해도 돼요. 우린 보이지 않지만 광력이라고 해도 된다. 광선을 쏘여서 암을 낫게 하기보다도 내 광선이 항상 밝아서 있으니 그 광선으로 하면은 몸뚱이를 자르고 온통 그런 짓 안 하고도 할 수 있지 않느냐? 이건 생활에 직결되어 있는 문제입니다, 모두가 일체 만법이. 그럼 광선도 있고 전력도 있고 자력도 있으니 얼마나 충만하냐? 통신력도 있고 입력도 있다. 또 입력이 있기 때문에 콤퓨타에 한 번 이렇게 넣어서…, 저 테레비에 나가면 정치하는 사람들 외국 같은 데서 자기 말로 한마디 한다면 여러 나라 말로 세 가지, 네 가지로도 나갈 수 있듯이 말입니다. 그거 없다고 하면은 또 할 수 없고요, 나는 있는 걸로 아는데. 거짓말이라고 해도 할 수 없는 거죠. 우리가 충만하게 일체를 다 가지고 있기 때문에 할 수 있다는 거죠.

그런데 여러분은 모르니까 한 가지 요렇게 얘기하면 한 가지만 쓸 줄 알고 두 가지 얘길 하면 두 가지만 안다 이겁니다. 그래서 누진(漏盡)으로 (머리를 만지시며) 오신통의 그 능력을 우리들이 다 가지고 있는데도 불구하고 오신통을 쓸 수 없는 여건이 됐을 때 그거는 그냥 방치가 돼버리고 말죠. 그러니까 오신통을 쓰려면 오신통 밖으로 벗어나야 한다 이겁니다. 오신통은 이름이요, 통입니다. 오신통은 이름입니다! 그래서 진짜 그 오신통도 놔서 그 오신통을 벗어났을 때, 누진으로써 그 오신통이라는 통을 굴릴 수 있다. 몸을 마음대로 굴릴 수 있어야 저런 혹성도 같이 나와 더불어 크게 뜨거워지는 것도 확산되는 것도, 또 아주 줄어서 타는 것도 방지할 수 있는데 그렇게 하는 것이 우리에게 달려 있다 이겁니다, 이 모든 게. 우리가 음식 재료를 쓸 때도 재료는 똑같이 가지고 있는데 어떤 사람은 그걸 할 줄 몰라서 태워버리기도 하고, 어떤 사람은 맛이 없게도 하고, 어떤 사람은 또 그냥 보통 할 수도 있고, 어떤 사람은 아주 맛있게 음식을 해낼 수도 있거든요. 이것이 여러분의 차원을 증명할 수 있는 거죠.

그러니 이렇게 체계 없는 얘기를 했다고 해서 그냥 나처럼 체계 없이 살지 마시고, 나는 체계 없이 말씀을 해드렸어도 여러분은 체계 있게 운전을 잘 하세요. 우리가 모든 것을 처음에 일차적으로는 그렇게 놓지 않으면 그릇이 비워지지 않는다, 이런 문제가 있죠. 그러기 때문에 그릇이 비워지지 않는 거를 그냥 비워지지 않았다고만 하지 마시고 한번 뒤집어보세요. 뒤집어보면은 '야, 우리가 밥을 먹는 데도 그대로 있지 않더라, 똥을 싸더라, 먹으면 싸고 먹으면 싸고 그러더라. 그러니 항상 찰나 생활이지 우리가 고정되게 가지고 있는 게 뭣이 있나?' 이걸 좀 이렇게 생각해보셨으면 좋겠는데 아예 놓을 수가 없다는 거거든요. 놓고 가면서도 놓을 수가 없대요. 그 어떻게 된 일인지 말입니다.

여러분은 그냥 그저 찰나찰나 살면서 응얼거리면서, 노래를 하면서, 아주 설거지를 하면서 탁탁 치워서 놓고 이렇게 돌아가면서도 '난 놓을 수 없습니다.' 이거야. 하하. 다 놓으면 어떻게 삽니까 이거야, 놓고 가면서도. 돈을 한 묶음을 쥐고 가더라도 그건 놓고 가는 겁니다. 금방 쥐고 있다고 해서 고정되게 그냥 그것만 쥐고 있는 게 아니지 않습니까? 갖다가 놓습니다. 장 속에 넣든지 은행에 갖다 넣든지 증권에 갖다 넣든지 어디다 갖다 놓든지 하여튼 갖다 놓을 거 아닙니까? 쥐고 있는 거 아니지 않습니까? 그런다면은 그것은 놓고 가는 겁니다. 응? 관리만 했다 뿐이지 놓고 가는 겁니다. 내 몸도 놓고 가고, 다 놓고 가는 겁니다. 그런데도 놓고 갈 수 없다는 겁니다. 다 놓으면 어떡하느냐? 그러는 거예요. 하하!

그러면 한 번 바꿔서 생각을 할 때 내가 음식을 먹고, 먹고 싶은 대로 이거 먹고 저거 먹고 이러면서 이것도 소화가 되고 저것도 소화가 돼야 좋지, 놓을 수가 없다니, 그러면 그것이 잔뜩 고여 있으면 좋겠습니까? 소화가 되는 게 좋겠죠?

그러니까 우리가 그렇게 소화를 시켜서 스스로 소화가 된다는 거, 먹고 싶어서 우리가 먹으면 스스로 소화가 된다는 걸 아셔야 하고, 또 소화를 시키는 것이 바로 여기 공장에서 모두, 이건 우스갯소립니다마는, 위장이니, 간장이니, 직장이니 소장·대장·방광·이자 이런 모두가, 심장이니 하는 모두가 공장에서 회전을 해주기 때문에 우리가 건강하게 소화를 하고 살 수가 있다는 겁니다.

그러기 때문에 아까 얘기했듯이, 모든 것은 한마음 주인공에 놔라! 그러면 거기다 딱 일임을 하면, 지난번에도 얘기했지만 어디 신호가 왔다 아프다 그런다면은 이거를 거기다 딱 맡겨놓아야 됩니다. 그 자리에서 아팠거든, 이 몸에서. 그 자리에서 아픈 거 아닙니까? 그러니 신호가 온 겁니다. "지배인, 이렇게 여기서 파업이 일어났습니다." 하하하. 그러니까 이 지배인이, "아! 그럼 그 안에서 해결을 해야 하지, 공장장이고 뭐고 다 이거는 서로 한마음으로 돌아가면서 파업을 막아라." 하고서는 거기 주인공에다 탁 놨단 말이야. 주인공이라는 건 한마음을 말합니다.

그래서 파업이 일어나도 그 안에서 대처를 해야 금방 건강이 되찾아지죠. 이거를 들고선 여기가 아픈데 (가슴을 짚으시며) 여기 이 형성시킨, 또 여기서 회전하고 있는 공장에다 맡기질 않곤 딴 공장으로 가요. 딴 공장으로 가서, 이 마음의 도리를 서로 벽이 없이 같이 할 수 있는 사람도 아닌데 갖다가 맡기니까 이것은 어디서 나온 줄도 모르는 병세가 많고 유전성이라든가 업보로 나오든가 영계로 인해서, 인과로 인해서 나오든가 또는 몸에서 솟든가 이러한 것도 누구나가 다 이것을 알아낼 수는 없는 겁니다.

그러기 때문에 70%가 모자란다고 봐야죠. 70%는 여러분이, 이 공부를 하는 여러분이 충당을 해야 되겠다 이겁니다. 그래서 70%만 갖는 게 아니라 100% 다 가졌지만, 우리가 외관상 부러지거나 어디 잘못 되거나 이러면 딴 기술자를 들여야 하지 않습니까? 그러니까 우리가 70%를 다 가지고 쓰되 100%를 다 가져라. 왜? 의사의 손이 가더라도 그거는 남의 손이 아니다 이겁니다, 이 도리를 알면.

옛날에 선혜보살(善慧菩薩)이라고 하는 분이 계셨습니다. 그런데 그 보살이 너무도 착하고 어질고, 행을 너무도 참 정확하게 밝게 지혜롭게 하셨습니다. 그분은 항상, 아까도 얘기했듯이 아주 불쌍한 사람을 보면 불쌍한 대로 이익을 주고, 아픈 사람을 보면 간호를 해주면서 항상 마음을 위로해주고 내 아픔같이 생각해줘서 건져주시고, 또 어떠한 악한 자를 보면은 악한 자도 항상 이 물컵에 물 한 방울 넣듯이 내 마음으로 안아서 항상 착한 사람되게 이롭게 해주고, 착한 사람으로 만들어주고, 착한 사람도 고정되지 않고 또 악한 사람도 고정됨이 없거든. 그거 아시죠?

그러니까 악하다고 해서, 모른다고 해서, 또 바보라고 해서, 거지라고 해서 병신이라고 해서 업신여기지 말라 이겁니다. 한 찰나야! 그것도 돌아가는 게. 그러니 잘나고 도도하고 위대하고 그렇다 하더라도 그것도 한 찰나야. 그러기 때문에 그 선혜보살은 아주 모든 것을, 인간에게 어떤 꽃 한 송이도 돌 하나도 그냥 이렇게 버려두지 않으셨거든. 그래서 그분의 마음의 스승이 연등(燃燈)으로 화(化)하시고, 연등으로 화하셔서 나중에는 그 연등부처님으로 하여금 석가세존(釋迦世尊)이라는 석가모니(釋迦牟尼)를 증명해 주셨고, 오늘날까지도 그 석가모니는 살아계시다는 것을, 여러분이 살아 있는 한 계시다는 것을 아셔야 합니다. 그리고 그 이름 없는 이름은 아마도 이 삼천대천세계(三千大千世界)의 모든 밝음이 아닌가 이렇게 봅니다.

그럼 여러분도 그 행을, 지금 우리 여기 다니시면서 "아이구, 누구는 어떻고 누구는 어떻고, 누구는 어떤데…." 이렇게 말씀하지 마시고 그러한 말이 들리걸랑은 그저 거기 (가슴을 짚어 보이시며) 맡기시고 '그거는 그런 게 아니고 우리 공부하는 사람은 이렇게 이렇게 해도 그것이 또 오래 갈 것도 아니니 달라질 수도 있고, 좋아질 수도 있고, 나빠질 수도 있으니 그런 걸 개의치 않는 것이 좋지 않은가.' 하는 그런 마음씨를 가지고 우리가 행을 할 수 있다면 앞으로 정말 여러분은 진짜 부처님이 되시고 관세음이 되실 겁니다.

그러니 여러분이 의심나는 게 있으면은 저한테 질문도 좀 하시구요. 질문하시겠습니까? 못 믿겠으면 질문하세요. 제가 못 믿을 얘길 한 건 아닙니다. 우리는 과거에도 살았고, 현재에도 살고 있고, 미래에도 우리가 있을 겁니다. 그대로 살 겁니다. 그러니 죽고 없어진단 생각은 아예 하지 마시고 그대로 보실 겁니다, 그대로 아실 겁니다, 그대로 하실 겁니다, 이러는 겁니다.

그래서 시급한 것이 한 가지 있다면 여러분이 여기 다니시면서 여러분만 다니지 마시고 국민학교에서부터 유치원에서부터라도 중·고등학교, 대학, 대학원 또 회사에 나가는 젊은 딸 자식 아들 자식도 다 이런 도리를 서로가 알게 하는 일입니다. 그렇게 알아서 서로 협력하고 한마음으로 돌아간다면 정말 이 지구의 무대가 아니 세계의 무대가 참 아주 좋게 짜여질 겁니다. 또 그러한 것을 마음대로, 우리가 마음의 도리로서 이렇게 할 수 있다면 지금 세계를 우리 자유껏 할 수도 있는 그런 문제가 되지 않겠는가? 육신으로 말로 그냥, 손으로 이러고 (손을 올렸다 내렸다 하시며) 온통 뛰어다녀 봤자 그건 한계가 있는 거고, 이 마음이라는 거는 영원하면서도 정의 정당하고 아주 참 뚜렷하고 항상 밝습니다.

그러기 때문에 엊그저께 어디를 갔는데 누구가 이렇게 말씀하십디다. "어린애가 밤이면 울어서 병원에 가서 낫게 하려고 애를 써도 아니 돼서 미국에까지 데리고 갔다." 하는 그런 얘기를 들었어요. 그 순간 나는 그런 생각이 들었어요. 아무 생각도 없이 "아이, 안 울면 되지." 하는 거죠. 하하하 (대중 웃음) 안 울면 되지! 그것밖에는 없었어요. 그러는 순간 '안 울면 되지 뭐. 어린애가 어른이고 어른이 어린애지 뭐, 어린애가 따로 있나. 그 어린애 속에도 어른 생각이 있으니 안 울면 되지 뭐, 귀찮게….' 그래서 그럴 때 참 이 법이, 부처님이 발견해서 이렇게 가르쳐주신 그 뜻이 얼마나 고마운가? 이렇게 좋은 법이 있는데 왜들 그렇게 자유스럽게 못 살고 얽매이나 하는 생각에서 슬그머니 싱긋이 그냥 그 소리 듣고 웃으면서 '안 울면 되지.' 이렇게 하고 웃었습니다.

우리가 오고 가면서 삿갓 쓰고 주장자 들고 바리때 하나 들었으면은, 나물 먹고 물 마시면 족하지 대장부 살림살이 아, 얼마나 좋습니까? 오고 가면서도 그 선혜보살(善慧菩薩)처럼, 그렇게 석가모니가 되시기 이전에 그렇게 하신 그 노력으로, 그것만 노력하신 게 아닙니다. 부처님께 바친 그 뜻을 볼 때 머리를 풀어서 땅이 질다고 깔아드리질 않았나, 옷을 벗어서 질다고 깔아드리질 않았나, 그것도 모자라서 몸뚱이까지 거기에 엎드려서 그걸 딛고 가시게 한 그 뜻을 생각해 보십시오. 얼마나 정성이 지극했나. 그 행도, 마음의 그 도리도, 그 뜻도, 그래 여북하면 이름을 선혜라고 했겠습니까? 응?

그러니 여러분도 그렇게 행과 뜻과 그 말씀과, 모두 말씀이 됐으면 좋겠습니다, 말이 되지 않고. 그렇게 해서 우리가 진행해 나갈 수 있는 그런 여건이 돼 주셨으면 좋겠습니다. 그리고 우리는 오다가다 말이다, 소다, 개다 이런 짐승들을 보더라도 하다못해 벌레가 지나가는 한이 있더라도 어떠한 문제점이 있다면 사람이 고통을 받는 거나 그것이 고통을 받는 거나 똑같습니다. 그 세계에선 우리와 똑같으니깐요. 막 달아나가다 허리가 부러져가지고 비딱해가지고 뛰어가거든요. 그런 거나 우리 인간이 그런 거나 뭐 다르겠습니까? 그럴 때는 그런 마음과 마음이 아주 필요로 할 때가 많습니다.

그러니 그 소도 도살장에 끌려가면서 눈을 꿈벅꿈벅하고 벌써 죽으러 가는 줄 알고 울고 가요. 난 여러 번 봤습니다. 그런데 울고 가는 걸 볼 때 그 눈이 얼마나 귀하고 어질던지, "에유, 내 눈보다 네 눈이 더 어질구나! 그런데 부처가 될 수 없다니…. 부처가 될 수 있겠지.” 그 한순간에 내 마음에다가 한 방울의 그 마음을 넣어준다면 그 몸은 가서 벗는다 하더라도 아픔을 느끼지 않고 벗을 겁니다. 또 일차적으로 그것도 좋은 일이지마는, 그 마음을 넣어줘서 벌써 사람으로 인도 환생이 됐다면 얼마나 좋겠습니까? 내 안으로 안아준 순간 벌써 사람이 된 겁니다. 거기에서 다시 진출해서 사람으로 나간다면 부처가 될 수 있는 90%가 되지 않겠습니까? 그러니 언젠가는 부처가 될 수 있지 않겠습니까? 그러니 우리가 하나도 겉볼 게 없다는 것을 여러분은 잘 인식하시고 참 열심히 공부해서 항상 부처님 자리와 우리들 자리가 한자리 되게 하십시오. 두 자리가 되게끔 하지 마십시오. 꼭 부탁입니다. 감사합니다.

죽어야 나를 보리라

89년 7월 16일

여러분과 또 이렇게 한자리를 하게 돼서 감사합니다. 여러분과 항상 같이 돌아가지만 분명히 너 나는 있는 것입니다. 우선, 여러분은 같이 앉아서 이렇게 서로 진리의 길을 탐구하고 함께 가는 도반들입니다. 물론 이렇게 같이 한자리를 하고 앉았을 때는 여러분과 저와 모든 일체가 다 도반인 것입니다. 부처님께서 '천상천하(天上天下) 유아독존(唯我獨尊)' 이라고 하신 그 뜻을, 또 사방을 둘러보시고 일곱 걸음을 뗀 그 뜻을 우리가 새겨본다면, 그때서부터 불교가 이루어졌고, 마음을 발견하기 위해서 길을 인도 받고 공부하기 시작했음을 알 수 있죠.

제가 여러분한테 항상 말씀드리죠. 삼라대천세계(森羅大千世界)가 아니, 지금 말로 우주 천지가 여러분의 마음에 직결이 돼 있다는 거요. 우주 천지의 근본은 여러분의 마음의 근본에 직결돼 있고, 세상의 살림살이의 근본은 여러분의 마음의 근본과 직결돼 있다. 그러면 '천상천하에 유아독존'이라고 한 그 뜻을 우리가 새겨본다면, 그렇다고 해서 내가 학식과 지식이 풍부하다든가 그런 것을 읽어봤다든가 하는 예도 없습니다마는 내가 생각할 때는 그렇게 생각이 됩니다.

첫째, 부처님이 이 세상에 나오시기 이전부터 직결돼 있는 그 자체의 근본, 즉 우주 천지의 근본이 내 마음의 근본이요, 세상의 근본이 내 마음의 근본이니 그 근본을 깨우쳤을 때는, 내 육체 속에 들은 중생들을 다 제도해서 마쳤다면 그것과 직결돼 있는 외부의 모든 중생들도 더불어 같이 마치지 않았나 이렇게 생각이 됩니다. 여러분, 제가 여러분한테 말씀드리는 것에 이의가 있으면 이따가 질문하십시오.

또 두번째, 부처님께서 사방을 둘러보신 뜻은 '무공무색(無空無色)'이니 모두가 같이 돌아가는 뜻을 비유해서 사방을 둘러보신 거라고 생각합니다. 일곱 발자국을 떼었을 때는 "네가 있고 내가 있느니라. 바로 찰나의 생활이 여여하고 그대로 진리의 길이니라." 하는 그 뜻을 제시해 주셨고, 그것은 말없이 말씀을 하신 겁니다. 나는 이렇게 생각합니다. 물론 꼭 말을 해야만 아는 것은 아닙니다. 허나, 우리가 이 공부를 해나갈 때 학식이나 지식이나 권세나 어떠한 이름으로써 이론으로써 공부하는 것은 절대 아닙니다. 이것은 오로지 역대에서부터, 즉 말하자면은 '인간이 어디서부터 이렇게 왔고, 어디를 향해 지금 그대로 여여하게 걷고 있나?' 이런 것을 우리는 지혜롭게 탐구하고 있는 겁니다.

그런데 지수화풍 이 자체 내에서 우리가 지수화풍을 먹고 산다는 그 사실을 외면하거나 고맙게 생각하지 않아서는 아니 됩니다. 일체 생명이 다 지수화풍에서 생겼고, 그 생명으로 인해 진화가 돼서 이렇게 무정물이나 또, 일체 생물이라고 하면은 좋겠습니다. 모두가 거기서 나와서 거기서 사라지고 거기서 사라졌다가 다시 뜨고 하는 이 진리, 허공에 뜬 꽃잎 한 잎이 바람이 너무 세면 이지러지고, 또 어떠한 개체가 바람을 막아주면은 이지러지지 않고 이러다가 떨어지곤 하죠.

이 모두가 뜬구름 같은 이 환상천을 넘어서지 않으면 안되겠기에 여러분과 더불어 이렇게 항상 한자리를 하고 있습니다. 여러분 마음 속에 항상 풀포기 하나 버리지 않고 같이 하고 있다는 것, 곤충 하나 버리지 않고 또는 축생 하나 버리지 않고 무정물이나 식물 하나 버리지 않고, 우리 인간의 그 내면세계의 한마음 속에 같이 항상 일 분 일 초도 쉬지 않고 함께 운행을 하고 있다는 것을 아셔야 합니다. 그러나 그렇게 같이 운행을 하고 있으나, 아까 처음에 말했던 거와 마찬가지로 너 나는 분명히 있습니다. 너 나가 있긴 있는데 있는 그 자체가 바로 공(空)해서, 그 가운데 무엇이 특출나게 꼭 한 가지가 있으니 그것을 여러분이 발견을 하기 위해서 같이같이 서로서로 이렇게 가고 있습니다.

그런데 내가 왜 이 말을 이렇게 또 해야 하느냐? 처음 오신 분들도 계실 테니까 한마디는 언급해야 되는 문제인데, 말을 하게 되면 상당히 길어지니, 앞으로는 간단하게 질문하실 거는 질문하시게끔 하도록 하겠습니다.

우리가 '첫째도 죽어야 하고' 했습니다. 일체를 놔라! 맡겨놔라! 어디다 놓느냐? 내가 있으니깐 바로 상대가 있는 것처럼 내가 있으니깐 일체가 있고 천지와도 직결돼 있으니 여러분의 마음 속에는 자가발전소가 있는 거와 같은 겁니다, 밝은 자가발전소! 그래서 여러분의 자가발전소는 이쪽에서 전력을 끌어오면은 발전소에서는 줄어들거나 늘어나거나 하지도 않고 이쪽에서 끌어오는 대로 자동적으로 전력이 옵니다. 오지만 그 전력은 보이지 않는 겁니다.

그러기 때문에 항상 여러분한테 일체의 생활이 참선이며 좌선이라고 합니다. 몸을 꿇어앉아서 좌선이 아니라 마음이 편안하고 다 놓게 되면은 그것이 좌선이며, 그것이 바로 참선이다. 톡톡한 주관적인 내 중심이 없이 그대로 공(空)에 빠지라는 건 아닙니다. 중심이 있기 때문에 참선이라고 하고 편안한 마음도 편안치 않은 마음도 생기는 겁니다. 그런 마음이 생기지 않는다면 부처를 이루지 못하고, 마음을 깨우치지 못하고, 지혜를 구하지 못하는 것입니다.

그러니 첫째도 맡겨놔라, 일체를. 일체 하면 여러분 아시겠죠? 고독과 가난과 외로움, 또는 우환과 병고 같은 모든 일체 말입니다. 일체 생활을 닥치는 대로 거기 맡겨놓고 가시라. 이것이 바로 방하착이며 이것이 죽는 길입니다. 그러면서 처음에 죽어야 한다 하는 것은 바로 무조건 이유를 붙이지 말고, 아는 것도 모르는 것도 다 놓고, 내 마음에 이루어져서 참 좋다 할 때는 감사하게 놓고, 이루어지지 않았다 할 때는 그것도 고정됨이 없으니 '그것도 거기서 하고 거기서밖에는 길을 인도할 수가 없으니까' 하고 놓고, 이렇게 해나가시라고 한 것입니다.

그래서 첫번에도 죽어야 한다 하는 이유는 무조건 첫번에 죽어야 나를 본다 이 소립니다. 두번째는 여러분이 여기서 공부하시면서 나를 발견하는 분들이 많다고 봅니다. 그러나 발견을 해가지고 내가 '나'라는 거, 이것을 버리지 못하고 습을 버리지 못해서, 아직까지도 꿈에 부처님이 보이면 좋고 머리를 풀어 산발을 한 귀신을 보면 나쁘다고 생각을 하고 있습니다. 또 어떠한 것이 바깥으로 신호가 오면 신호가 온다는 발설을 하질 않나, 보면 보는 것대로 들으면 듣는 것대로 그것들이 변해서 돌아가서 환상으로 보이는데 그렇게 바깥으로 보이고 들리는 그런 것을 가지고 집착을 하고 논의들 하고 계십니다. 그렇기 때문에 '두번째도 죽어야 하고' 한 것입니다.

그래서 '첫번째도 죽어야 하며 비밀로 놓고 두번째도 죽어야 하며 비밀을 지켜야 하고' 이 뜻을 아시겠습니까? 그것은 뭐냐? 비밀을 비밀로 둬야 하고 비밀을 지켜야 한다 하는 것은 나를 발견했을 때에, 내가 어떠한 것이 보이든 들리든, 내가 오신통을 한다 하더라도 도가 아니라고 그랬습니다. 누누이 그렇게 말씀드렸을 겁니다, 아마. 오신통에서도 벗어나야 우리는 그것을 굴릴 수 있다 했는데 그런데도 불구하고 들리고 보이고 안다고 말을 하게 되면 첫째, 불법에 누(累)가 되게 하고, 둘째 선원에 누가 되게 하고, 스님네들한테 누가 되게 하고, 셋째 자기한테 누가 되게 하는 것입니다. 두번째 나를 발견했을 때는 그게 실험하는 단계입니다. 꿈에 가르치는 것도 생시에 가르치는 것도 둘이 아니게 항상 자기가 비밀로 두고 지키면서, 봐도 본 사이가 없이 지키면서, 들어도 들은 사이가 없이 지키면서, 알아도 안 사이가 없이 지키면서, 실험을 통해서 체험을 하고 체험을 하면서 행을 해보는 그러한 막강한 공부입니다. 그래서 두번째도 죽어야 하며 비밀을 지켜야 한다고 했습니다.

그렇게 비밀을 지키면서 타심통이나 숙명통, 천이통, 신족통, 천안통, 이 오신통에서 딱 벗어나면은, 바깥의 이 다섯 가지 통에서 벗어나면은 바로 이 통을 굴릴 수가 있는 겁니다. 여러분이 내 몸 안에서 벗어나지 못한다면 내 몸을 코치를 못 해요. 내 몸 안에서도 벗어나지 못하면서 어떻게 나를 마음대로 자유자재하게 건강하게 이끌어갈 수가 있겠습니까?

그러듯이 그 오신통이라는 다섯 가지 속에서도 벗어나지 못한다면 안 되겠기에 보이더라도 놔라, 들리더라도 놔라, 남의 마음을 알더라도 놔라, 과거를 알더라도 놔라, 내 몸이 시공을 초월해서 오고 감이 없이 오고 간다 하더라도 놔라. 그것은 비밀을 지키는 거다. 그것이 바로 물리가 터져서 지혜를 구해서 내가 바로 그것을 실험하고 체험하여 자기의 것을 만드는 그러한 비밀의 문서다. 비밀문이 나한테 있다. 오관을 통해서 들이고 내는 비밀문이 나한테 있으니 내 문을, 없는 문 있는 문 다 놓고 그 문에서 발견하는 것입니다.

세번째도 죽어야 하며 또 그렇게 비밀을 지키고 오신통에서도 벗어난다면 그때는 너 나가 없이, 너 나는 틀림없이 있으면서도 네가 내가 되고 내가 네가 될 수 있는 그러한 나툼에 의해서 응신(應身)으로서도 막강하며 나툼의 화(化)함도 막강하게 되는 것입니다. 화하는 거는 무엇이냐? 이 마음이라는 자체는 체가 없어서 수만 명의 모습이 달리 나올 수가 있는 것입니다. 천백억화신이라고 하는 것입니다. 왜 천백억화신이라고 그랬을까? 여러분이 응(應)하는 대로 응해주시기 때문에, 모습도 다르게, 산신을 원했으면 산신으로 보여주고, 관세음보살을 청했으면 관세음보살로 모습을 보여주고, 그러나 보여준 것만이 아닙니다. 모습도 응해주셨지마는 마음의 그 자비도 응해주셨습니다.

그러니 그 나툼은 하다못해 곤충에서부터 일체 모든 생명들에게 나투며 화하면서 응해주시는 부처님의 한 발 내려딛은 보살행이니 보현등의 행적이라고도 할 수 있고, 연화불(蓮華佛)이라고도 할 수 있고 여래불(如來佛)이라고도 할 수 있는 겁니다. 그러니 부처님이라는 그 말은 하다못해 곤충에 이르기까지 응해주시기 때문에, 목신에도 응해주시고, 지신(地神)에도 응해주시고, 남녀를 막론해 놓고 거지든 거지가 아니든, 권세가 있든 권세가 없든, 여자든 남자든, 애든 어른이든, 지식이 있든 없든, 학식이 투철하든 말든, 박사든 박사가 아니든, 어떠한 문제를 막론해놓고 평등하게 응해주시기 때문에 이 도리를 바로 부처님이라고 하는 겁니다.

만약에 이것을 어떠한 한 인간의 완성이라고 한다면, 개별적인 완성이 아니라 아까 얘기했듯이 전체가 한데 합쳐진 완성이며, 같이 돌아가는 완성이며, 너는 너대로 있고 나는 나대로 흐르고, 이렇게 흘러가는 데서 응(應)해주시며 모두가 내가 될 수 있고, 내 자리가 될 수 있고, 내 손이 될 수 있고, 내 아픔이 될 수 있는, 바로 이것이 천백억화신(千百億化身)으로서 응해주시는 부처님의 자비입니다. 그러니 부처님이라고 하는 말 자체가 '벌레가 될 때에 부처라고 할 수도 없고, 관세음보살로서 여러분 앞에 응해주실 때에 부처라고 할 수도 없고, 축생으로 응해주실 때에 부처라고 할 수도 없으며, 개 뱃속에 들어갔을 때에 부처라고 할 수도 없으니 이것이 바로 길이며 진리다. 한 가지 얻은 것은 진리를 얻었노라. 그 진리는 '아뇩다라삼먁삼보리' 라는 이름을 가진, 이름이 없는 이름이 바로 길이며 진리니라' 하신 그 뜻입니다.

우리가 부처님의 그 길을 따른다면 올바르게 자력신앙으로서 우리 갈 길을 똑똑하게 갈 수 있다. 그러면 어떤 게 똑똑한 건가? 모든 것을 놓고 참자기의 중심에 의해 이리로도 흔들리지 않고 저리로도 흔들리지 않는 것입니다. 백장선사(百丈禪師)가 "너희들이 땅을 파도 아니 되고, 땅을 아니 파도 아니 되니 그것은 무슨 연고인고?" 하고 말씀하셨듯이 그 도리를 앎으로써 농사를 지어서 일체 중생들에게 한 그릇을 가지고도 다 먹일 수 있고 그 한 그릇이 되남을 수가 있느니라, 하신 것은 그분만 그런 것이 아니라 수없는 선지식들이 그렇게 말씀하셨고, 부처님께서도 그 말씀을 하셨고 그 길을 인도하셨습니다. 그렇게 말없이 나오셔서 여러분한테 보여주셨다 이겁니다. 그러나 그뿐입니다.

그 많은 대중 앞에서 꽃 한 송이를 들자, 가섭존자(迦葉尊者)는 얼굴의 미소로써 마음이 계합이 됐어. "나는 이 깨우치지 않은 깨우침, 이 법을 너한테 전달하노라." 쉽게 말한다면 말입니다. 이렇게 한 것은 우리가 꼭 말을 해서만이 아는 게 아니라, 한 말을 했을 때 봇장이 울릴 수 있는 그러한 여건을 가질 수 있어야 된다 이겁니다. 여러분이 '전기' 하면은 저 전구만을 보지 마시고, 그 전력을 보신다면 아마 밝음을 만들어놓은 저 전구와 갓을 똑바로 보실 수 있을 거라고 믿습니다. 여러분은 항상 저 전구라는 물질만 보시고, 스위치를 누르면 그저 밝게 불이 들어온다는 것만 아시지, 전력이 오고 가는 것은 모르기 때문에 여러분이 어디서 왔는지 어디로 가는지 그걸 모르는 것입니다. 전력은 여러분 눈에 보이지 않습니다. 허나 여러분한테 전력이나 광력이나 또는 자력이나 통신력이 다 충만히 갖추어져 있다는 겁니다.

제일 중요한 것은 첫째도 놔서 죽어야 하며 비밀을 지켜야 하고 둘째도 죽어야 하며 일체를 놓고 비밀을 지켜야 하며, 셋째도 죽어야 하며 그 비밀로서 나투는, 응신(應身)으로서 나투는 법을 증득(證得)하고 지혜를 구하기 위해서는 그렇게 하지 않으면 물리가 터지질 않는다는 것입니다.

그러니 우리가 학식으로만 배운다면, 유치원에서부터 주욱 배워 나가면서 박사 학위를 따서 거기서부터 또 자기의 소임을 맡아서 해나가는 데에 얼마나 고통이 많겠습니까? 지금 학술적으로 지식적으로 사회적으로 이론적으로 배우는 것도 여러분이 얼마나 노고가 많습니까? 그러나 그뿐입니까? 여러분은 남의 지식과 남의 학식과 남이 만든 모든 방편을 머리에 넣고 쓰지 않습니까? 그러나 그것이 전부가 아닙니다. 그것은 바로 우리가 마음을 증득한 뒤에 재료로 쓰는 겁니다. 그러기 때문에 둘이 아니라는 뜻입니다, 모든 게.

그렇다면 어떠한 것이 먼저냐? 여러분 마음이, 마음내기 이전이 마음이죠? 그것을 불성이라고도 하고 여러 가지의 이름으로 돼 있습니다마는 여러분한테 내가 항상 말씀드리죠? 여러분 육체 안에, 오장육부 안에 악업 선업이 뭉쳐서 중생들이 돼서 여러분을 고통스럽게 만드니 거기에 속지 말라고요. 여러분의 그 참나라는 중심의 참자기는 더하고 덜함도 없으며 당당하며 꿋꿋한 것입니다. 밝은 것입니다. 그런데 그 악업 선업이 자꾸 농락을 해서 그것을 뒤집어쓰고 맞고 해서 여러분이 고통스러운 겁니다.

그런데도 그저 꿈을 조금만 잘못 꿔도 '아이구, 오늘 뭐가 잘못되려나 보다. 조금만 이상한 생각이 들어가도 '아이구!' 하고서는 나쁜 쪽으로 생각을 합니다. 이거는 생각 자체의 운전을 잘못하는 겁니다. 나쁜 생각이 들고 우울한 생각이 들고 말하기도 싫고 그렇다면은 아, 그걸 조금만 돌리면 '그런 마음이 드는 것도 여기니까 그런 마음이 들지 않게 하는 것도 여기지.' 아, 이러면 금방 돌아갈 거를, 그거를 노상 붙들고 있어요. 그러면서 뭐라 그러는지 아세요? 날더러 "이렇게 마음이 우울하고 말하기도 싫고 이러한 병과가 있습니다." 그러거든. 왜 그걸 내게 말을 합니까, 예? 일체의 운전수는 당신이라고 그랬는데도 불구하고, 용도에 따라서 당신 앞에 닥치는 대로 운전을 잘 하고 가라고 이랬는데도 불구하고 왜 나한테 묻습니까, 이겁니다.

또 한 가지는, "그러면 스님께서 다 놓으라고 그랬으면서 무슨 질문을 하랩니까?" 이러신다면 내 한마디 해드리죠. 도반들끼리 모이면은 신랄하게, 문짝이 들어왔다 나갔다 하리만큼 신랄하게, 법을 구하는 데는 서로 문답을 청하고 또는 토론을 하고 이래야만 합니다. 왜냐하면은 이 사람이 이렇게 말하고 저 사람이 저렇게 말하고 하는 데서, 이렇게 행하고 저렇게 행하는 데서 바로 체로 걸러서 내가 내 거를 만드는 수가 많거든요. 그리고 물리가 터지는 수가 많고 지혜가 생기는 수가 많습니다. '저런 건 저렇게 안 했으면….' 하는 생각도 들고, '저거는 저렇게 해야 되겠다.' 하는 생각도 드는 겁니다. 그런데 "그럼, 스님은 다 놓으라고 그러시면서 무슨 이유가 그렇게 많아서 토론을 하고 질문을 하랩니까?" 이런다면은 한 가지 말씀을 드리죠.

여러분이 나한테 질문을 했을 때, 질문을 했을 때의 그 음파를 나는 집어먹었습니다. 그럼 여러분이 한 말이 있습니까, 없습니까? 또 여러분한테 내가 말씀을 드렸는데 여러분은 내 말의 음파를 듣고 먹어버렸습니다. 그렇다면 내가 한 말이 있습니까, 없습니까? 그렇게 마음은 체가 없기 때문에 서로가 자력과 전력과 광력과 통신력이 충만하게 있습니다. 그래서 서로가 이쪽에서 말을 했으면 그쪽에서 먹고, 그쪽에서 말을 했으면 이쪽에서 먹는 것입니다. 이것은 전력과 같아서 오고 가는 것도 없이 통신이 됩니다. 무전통신이 왔다 갔다 하죠? 물이 없으면 전력이 없죠? 이 모두가 묘법입니다. 이 묘법이 어디에 있습니까? 우리들이 살아나가는 가운데 있지 않습니까? 그러니 여러분이 내가 말하는 거를 먹어버리고 내가 여러분이 말하는 거를 먹어버렸다면 그냥 무(無)죠? 한 사이가 없죠? 그런데 그렇게 끄달릴 수가 없는 겁니다. '스님이 말을 하지 말랬는데, 그냥 놓으라고 그랬는데….' 아, 이렇게 옹졸할 수가 있습니까?

내가 아까도 말했듯이 부처님께서 세 가지의 여건에 의해서 우리들한테 일러주신 거와 같이 찰나의 생활이 길이며, 너 나가 있는 생활이 바로 이 진리니라. 그러면서도 너 나가 한 사이 없고, 뜬구름과 같고, 뜬구름과 같으면서도 그 속에는 분명 네가 있고 내가 있습니다. 금방 말했으면서도 금방 먹어치워 없애버리고, 물질은 변질돼 가도 뿌리는 영원하듯이. 우리는 이 뿌리의 영원함을 발견하고 자유스럽게 살기 위해 공부해 가고 있습니다. 저 우주의 근본도 인간의 마음의 근본과 직결돼 있다는 요거 한 마디라면 모두가 될 수 있다는 거, 들을 수 있다는 거, 볼 수 있다는 거, 판단할 수 있다는 거 모두가 거기에 종합되는 겁니다. 일일이 이렇게 한마디 한마디 해야 아시겠습니까?

내가 만약에 어떠한 부분을 말하면 뜬구름 잡는 소리라고 할 겁니다. 그러나 '우주의 근본이 인간의 마음의 근본에 직결돼 있다.' 이런 것도 뜬구름 잡는 얘기일까요? '세상에 모든 살아나가는 생활의 근본이 인간의 마음의 근본에 직결이 돼 있으니.' 하는 것도 또 뜬구름 잡는 얘기일까요? 여러분이 세상을 보시듯이, 다 지켜보십시오. 이 세상 돌아가는 것이 끼리끼리 장단 맞춰서 끼리끼리 놀고 있습니다. 흥겨웁게 말입니다. 그러나 흥겨웁지만은 않습니다. 이 도리를 모르는 이상 끼리끼리 싸우고 뜯고, 쫓고 쫓기고, 이건 전쟁 아닌 전쟁을 하고 있는 거나 마찬가지입니다.

지난번에도 미국에 갔을 때 기독교인과 카톨릭교인이 초청을 해서 갔습니다. 하지만 손색이 없었습니다. 왜냐하면 불교라는 거는 어떤 종교의 이름도 포함되는 것이 불교입니다. 영원한 생명의 근본, 전체 직결돼 있는 그 자체가 불(佛)이거든요. 생명의 근원이 불이거든요. 그것은 여러분이 진화돼서 인간까지 올라왔으니 모두가 부처님이 되실 수 있는, 그런 성인(聖人)이 될 수 있다는 거나 마찬가집니다. 여러분이 자녀들한테 좋은 말씀을 하시죠? 그게 말씀이 즉 교(敎)입니다. 그래서 불교라고 하는 거지 어디 한군데 국한돼 있는 종교가 아닙니다. 기독교니 카톨릭교니 알라신교니 뭐 여러 가지 종교도 이름을 헤아릴 수가 없이 많아요.

그러나 그것은 전부 타력신앙으로 믿고 있어요, 지금! 여기 가봐도 그렇고 저기 가봐도 그렇고 전부 맹종하고 있어요! 그림에 맹종하고 있고, 이름에 맹종하고 있고, 사람에 맹종하고 있고. 부처님은 그렇게 가르치시지 않으셨습니다. 없는 거를 가르친 게 아니라 진리의 길이 그렇지 않기 때문에 "각자 여러분이, 여러분의 그 마음을 발견해서 그 재료를 마음대로 들이고 내면서 삶의 보람을 누리고 살라. 영원히 윤회에 끄달리지 말고, 이 우주의 진리를 시공을 초월해서 보라." 이렇게 가르치신 겁니다.

저도 좀 부족하지만 여러분한테 심부름을 올바로 하는 건지, '대행'이라는 이 자체가 이름이면서도 대행을 온전히, 올바로 길을 인도하고 지금 가고 있느냐는 것을 나는 항상 길을 걸으면서도 생각하고 또는 앉았으면서도, 항상 생각합니다. 너는 지금 올바로 대행이라는 이름을 가지고 너는 대행을 하고 있느냐 하고, 어떤 때는 몽둥이로 때리기도 하고, 어떤 때는 착하다고 하기도 하고, 어떤 때는 참 너는 밝은 보배와 같다고도 하고, 너는 벌레와 같다고도 하고 뭐 여러 가지죠. 저는 어떠한 나무의 뿌리에 매달려 있는 가지 이런 걸로도 한번 돼 보기도 하고, 여러 가지로 묵묵히 걸어가면서 그런 생각을 해보고, 어떤 때는 빙긋이 웃으면서 가고, 어떤 때는 나도 모르게 눈물이 주르르르 흐르는 때가 있습니다.

그래서 예전에 선지식이나 그런 분들은 풀섶을 지날 때는 짚신에다가 방울을 달고서 뇌성벽력이 치고 비바람이 쳐도 그냥 드문드문 팔자 걸음을 걸었습니다. 그건 왜? 생명을 죽이지 않기 위해서죠. 걸음을 드문드문 걸었던 까닭은 바로 이 마음을 항상 무겁게 생각을 할 수 있는 그러한 마음, 항상 움죽거리지 않는 마음을 무겁게 두고 걸었던 것입니다. 여러분도 지내보면 아시겠지만 풍청풍청 그저 아무 생각 없이 펄떡펄떡 뛰면은 어떻게 하루를 지냈는지도 모르게 그렇게 되겠죠. 그러나 일하면서도 깊이 생각하면서 또는 길을 걸으면서도 깊이 생각하고 또는 차를 타고 가면서도 깊이 생각하고 이렇게 하는 것이 바로 나를 내가 자재하면서, 질서를 지키면서 문란하게 하지 않으면서 2세, 3세의 나를 길을 인도하는, 또 뿌리에 물을 주는 그러한 행이기도 합니다.

오늘은 아까 얘기했듯이 질문을 받겠습니다. 여러분이 질문을 하셔도 함이 없이 하셔야 하고, 어떠한 데 무슨 고난이 있을 때도 한 번 굴려서 대답을 해주고, 한 번 굴려서 말을 하고 이러면은 모든 불안이 없어지고 침착해지고 경솔하지 않게 된다 이 소립니다. 그러니 여러분이 질문을 하실 때 아무 질문이라도 좋습니다. 이 세상의 어느 거 하나 빼놓을 게 없는 것입니다. 여러분이 말을 꼭 만들어서 계획적으로 하지 마시고 그냥 하고 싶은 얘기, 나처럼 있는 그대로 못났으면 못난 대로 말이 잘못됐으면 잘못된 대로 후회하지 말고 그냥 하세요. 그걸 전 좋아합니다. 그러니까 질문을 하셔서 서로가 공부할 수 있도록, 이건 함이 없는 것이니까 거기도 끄달리지 마시고 질문하십시오. 한 분 한 분 여기 나오셔서 질문하신다면 아마 그것이 여러분한테 양식이 되고 가는 길에 올바른 길잡이가 되지 않나 이렇게 봅니다.

질문자1(여) 사실 아무것도 모르는데 제가 절에 다니면서 일체 중생을 위해서 기도한다고 하지마는 과연 제가 그렇게 행을 했나 하는 생각이 듭니다. 그리고 또 기도할 때, 지장보살만 찾으면 어떻게 그리 마음에서 아프고 눈물이 나오는지. 스님께서는 다 몰락 놔라 하시지만 지장보살만 찾으면 제가 그렇게 눈물이 나오고 마음이 아픕니다. 그래서 어떤 때는 '내가 지장보살이 될 수 없는가? 아냐, 내가 무슨 그런 지장보살이 될 수 있을까?' 그런 생각이 많이 듭니다.

큰스님 예, 지금 보살님이 말씀하신 거를 들으면은 지장보살을 찾는다고 하는데, 사실은 지장보살 뿐만 아니라 어떠한 이름이라도, 이 컵이라는 이름을 가지고도 부처님을 발견할 수가 있는 겁니다. 이름입니다, 그건 모두가. 불성이라는 것도 이름이요, 지장보살도 이름이요, 주인공도 이름이요, 모든 게 이름입니다. 그러니 보살님이 지장보살이라고 만약에 위대하게 생각해서 위에다 놓고 바깥으로 찾는다면 그거는 망상입니다. 헛된 것입니다. 만약의 경우에 머리가 잘못된다든지 크게 잘못되는 수도 있죠. 지장보살이라는 것은 내 마음 속의 무명에 묻혀 있는 보배를 말하는 것입니다. 그 지장보살은 내 무명에 묻혀 있는 바로 그 보배의 불성인 것입니다. 그러니깐 바깥으로 생각을 아예 하지 마세요. 이 불성은 지장보살이라는 이름만 가진 게 아니라 일체 부처님, 일체의 모든 이름을 가진 분입니다. 그러니 지장보살이라고만 부를 수는 없겠죠. 그래서 불성이라고 하고 부처님이라고 했던 겁니다.

그러니 주인공이라고 한 것은 모든 것이 계합이 돼서 돌아가니까, 모든 게 종합해서 쉴 사이 없이 돌아가니까 이것을 주인공이라고 한 것입니다. '내면의 나의 주인공' 이렇게 한 것입니다. 그러니 그 주인공 안에는 아까도 얘기했듯이 풀포기 하나, 곤충 하나 버리지 않고 지수화풍이라는 집 속에 그 주인들이 아주 한마음으로 지금 회전을 하고 있는 것입니다. 그 중심으로 인해서, 그 보배로 인해서 의식 자체가 돌아가고 악업 선업이 거기 한데 뭉쳐서 회전을 하고 돌아가는 이치입니다. 그러니 보살님은 그것을 지장보살이라고만 하지 말고, 내 마음 속의 주인공 안에 같이 있는 지장보살이라고 생각하십시오. 그것이 곧 불성입니다. 그러니 바깥으로는 절대 끄달리지 마시라는 얘깁니다. 그러면은 당신을 발견할 수도 없거니와 당신도 언짢고 당신 가정도 못 지킵니다.

지난번에 뉴욕에 가서 질문을 받아보니깐 너무도 신랄하게 잘들 하시더군요, 뭐 거침없이. 날더러 하는 소리가 "죽기 위해서 먹습니까? 살기 위해서 먹습니까? 먹기 위해서 삽니까?" 허허, 살기 위해서 먹습니까, 먹기 위해서 사느냐 이겁니다. 참, 옆에서는 질문도 질문같지 않다고 그래요. 그러나 내가 그렇지 않다고 그랬죠. 그래서 내 이 컵의 물을 예로 들었어요. 여러분이 목마를 때 더웁다 하고선 들어가면은 냉장고 문 열고 찬물을 따라서 먼저 마시고 난 뒤에 '이거 먹기 위해서 사나, 살기 위해서 먹나?' 이런 생각을 이차적으로 하지, 목말라서 죽겠는데, 더워서 죽겠는데 물부터 마시지 그 생각부터 하는 게 아닙니다, 그랬어요. 바로 이건 목마르면 마시는 겁니다. 그러니까 이것도 저것도 없는 겁니다, 그랬어요. 바로 이게 그거거든. 내가 목마르면 그냥 먹고 보는 거죠.

여러분이 화날 때는 이러죠. "에이, 그냥 사는 거고, 살고 보는 거야, 그냥…." (대중 웃음) 이런 말을 하죠? 그러듯이 그것이 아무 말이라도 질문을 했을 때는 어떠한 말도 틀린 말이 하나도 없습니다. 그러니 여러분이 좀더 의정나는 게 있다면 질문하시고 또 한번 질문해 보면 다른 사람들도 그 영향을 받아서 좋은 계기가 될 수 있을지도 모르니까요. 그러나 아시면서도 한번 질문해 보실 수도 있고, 몰라서 할 수도 있죠. 그래서 아까 전력은 보이지 않는다 그랬는데, 책을 읽어도 여러분은 그 백지 생각은 하나도 안 해줘요, 백지를. 그 종이는 생각 안 하고 글자만 들여다보고 따지죠. 허! 그러니까 그것을 알기 위해서 우리는 서로 질문을 하는 게 좋겠다고 생각을 합니다.

질문자2(여) 저는 충남 당진에서 왔습니다. 제가 불교를 한 12년 믿었거든요. 그런데 스님을 뵈니 정말 고맙습니다. 제가 질문이 있어요. 뭐냐 하면요, 사바세계가 어떻게 생겼길래 사바세계라고 하나, 사바세계를 한번 알아 보고 싶습니다.

큰스님 사바세계요? 여러분이 지금 살고 계신 데가 사바세계입니다. 하하하. 지금 앉았는 자리가 사바세계죠. 사바세계란 지금 보살님이 알기 쉽게 말하자면 동서남북이 사바세계입니다. 우리 인간들이 살고 있는 이 세계가를 인간, 이 세상 세(世)자를 이렇게 기준해서 사바세계, 이렇게 말을 하죠. 그리고 천지를 '천지' 이렇게 해놓고 '인간' 이렇게 해서 또 사바세계가 되죠. 그러니까 여러 뜻으로다가 표현이 되는 것입니다. 우리 사는 데에 전체가 다 있는 거지 딴 데 있는 것은 아닙니다. 그러니까 보살님이 지금 살고 계신 데가 사바세계이니, 그 사바세계에서 어떻게 우리가 부처님의 가르침을 받고 자력신앙으로 똑바로 가서 내 가정과 내 몸과 내 2세들과 영원히 우리가 윤회에 끄달리지 않으면서 자유스럽게 살 수 있을까 하는 생각을 깊이 하시고 나가십시오.

질문자3(남) 저는 스님을 뵈옵기 전까지만 해도 부산에 있는 대순진리회 종단에서 여러 가지 교리와 주문 수행을 했습니다. 거기서는 교리가 이렇습니다. 상생과 해원이라는 그런 교리가 있습니다. 상생이라는 건 나를 살리고 남을 살린다는 것, 그러니까 불교에서 말하는 어떤 미물까지도 살리면서 나도 산다 하는 그런 거고, 그리고 해원이라는 것은 이 인류의 역사가 시작된 이래로 인간의 한이 구천에 사무쳐 있는데 그것까지도 풀어준다는 겁니다. 그러니까 지금 살아 있는 모든 생명뿐만 아니라 우리 눈에 보이지 않는 어떤 세계의 원까지도 풀어준다는 그런 건데요.

그리고 거기서 주문 수행을 하면서 들은 얘기인데 하늘이 구천으로 이루어졌는데 불보살들은 칠천에 살고 있다고 합니다. 그리고 강증산이란 분이 1883년도에 전라도에서 태어나셔서 약 40년 간을 도를 펴시다가, 불교식으로 말하면 열반을 하셨습니다. 그리고 그분은 지금 최고 높은 하늘의 꼭대기 구천에 있다고 합니다. 그리고 지금 제가 생각하기로는 말입니다. 물은 100℃에서 끓기 시작하는데 99℃까지는 아무 변화가 없지만 99℃에서 100℃로 넘어가는 그 1℃의 한순간에 굉장히 많은 변화가 일어납니다. 그렇다면 우리가 지금 살고 있는 이 세계도 불타께서 옛날에 말씀하시길 내 법이 약 2,300년 후가 되면 나를 믿고 따르는 자나 나를 믿지 않고 따르는 자나 모두가 나를 배신하는 자일지니라 그런 식으로 말을….

큰스님 이거 봐요. 질문을 하는 거는 그렇게 길게 해서 안 돼. (대중 웃음) 설법을 하는 건지 질문을 하는 건지 나 지금 무슨 말인지 모르는데 한마디로 요약해서, 그분이 천상에 있다 하더라도 있다 하면 벌써 없는 거야. 천상이 천상이 아니고 천지가 천지가 아니야. 땅이 따로 있고 하늘이 따로 있는 게 아니야. 우리 마음에 달려 있어. 그리고 그렇게 구한다는 사람은 구하지 못해. 그건 이차야. 구한다 하는 말은 벌써 이차야. 자식이 물에 빠지면은 그거는 아무 말도 없이 "아이구, 아무개!" 하고선 그냥 탁 뛰어들어서 건지는 거야. 그것이 바로 말이 없는 거야. 그러니 그 말을 수차에 해봤자 그건 이론에 불과해.

그러니 그렇게 타력으로 하는 거보다도 당신부터, 당신이 알아야 돼. 지금 석존(釋尊)이 계신다 할지라도 그 몸뚱이를 믿지 말라 이거야. 당신의 마음을 믿어서 그것을 바로 발견해서, 자기가 물리가 터져서 지혜를 구하고, 자기 몸뚱이 속에 있는 중생부터 제도해야 외부의 딴 중생들도 제도하지, 그지?

질문자3(남) 네.

큰스님 그거야, 나부터야. 그럼 학생이 없다면은 상대가 어디 있고 대순진리가 어디 있어? 천상에 있다고 말하는 이론은 또 어디 있어? 나는 그것은 부당하다고 생각해. 왜? 천상에 있다 할지라도 그렇고 없다 할지라도 그렇고, 부정은 안 하겠어. 남이 자기 소견으로 있다 없다 하는데 내가 왜 거기 끼어들어, 응? (대중 웃음) 있다면 있고 없다면 없는 거지. 난 거기에 끼어들고 싶진 않아. 단 하나 말하고 싶은 건, 학생부터 알아야 그 대순진리의 이치도 알거니와 그분이 천상에 있는지 없는지도 알 거 아냐? 내가 알지 못하고 체험해보지 못하고 어떻게 그렇다고 말을 할 수 있어? 그러기 때문에 나는 그렇다고 말을 못 해. '내가 천상에 있느니라. 내가 중생을 제도를 하니 날 믿어라.' 이렇게 못 해. 난 그저 여러분의 심부름이나 하면서 '올바로, 어떡하면 올바로 심부름을 할 수 있나?' 위로는 어떻게 누가 되지 않게 할 수 있나 이것뿐이야. 그러니까 먼저 학생부터 알라고.

질문자3(남) 저부터 알겠습니다.

큰스님 응. 그렇게 말해서 미안하지만…. (대중 웃음) 허허허.

질문자4(남) 오늘 처음 뵙는데 영광으로 생각합니다. 마음에 간직하고 있던 의문을 하나 풀어주십사 하고 나왔습니다. 모든 번뇌의 근원이 무명이라 그러셨는데, 이 무명이라는 게 뭔지 도무지 알쏭달쏭해서 모르겠습니다. 한 말씀 주시면 감사하겠습니다.

큰스님 예. 무명이라고 그러는 것은, 제가 항상 얘기하는 겁니다만 이해가 가게 해드리기 위해서 지금 현 시대의 얘기로 그냥 하겠습니다. 우리가 지금 의학적으로 볼 때, 임신이 될 때에는, 정자와 난자가 한데 모입니다. 그렇게 모일 때는 그게 수십억 마리가 모입니다. 거기에 의식 자체가 들어간다면 바로 이게 삼합이 한데 어우러지는 거죠. 그래서 아버지의 뼈를 빌고 어머니의 살을 빌어서 몸 하나를 얻어가지고 나왔다 하는 게 무명입니다. 그게 무명의 시초입니다.

그러면 그 무명 속에는 자기가 태어나기 이전에 살던 그 업식, 즉 악업이든 선업이든 한데 합친 걸 업식이라고 하는데 지금 몸 안에 업식이 뭉쳐져 있습니다. 그러니 무명이란 건 업식이 뭉쳐진 그 이전을 말하는 겁니다. 땅 속의 나무뿌리가 뭉쳐 있는 거를, 싹은 자기 뿌리를 못 봅니다, 한데 합쳐져 있는데도 흙이 가려서. 그러듯이 무명이 바로 그런 거죠. 우리가 참나를 발견하지 못하는 건 무명에 가려서 나를 못 보는 것이니 그걸 중생이다 이렇게 말씀드리고 싶습니다. 또 제가 모자라서 제대로 말씀을 못 해드렸는지 모르지만 잘 생각해 보셔서 나는 '바담 풍' 하더라도 선생님은 '바람 풍' 하십시오. (대중 웃음) 그러면 됩니다. (잠시 말씀을 멈추시고) 이런 때 얼마나 좋은 거냐?

질문자5(남) 저는 불교에 입문한 지가 오래됐는데 같이 열심히 다니던 한 도반이 선교 쪽으로 갔습니다. 저하고 만나서 이따금 술을 한 잔 먹게 되면 다투기도 많이 합니다. 저는 큰스님의 법문을 듣고 그 친구가 이리로 오게 되면 많은 중생 제도를 할 수 있는 능력도 갖추고 있는 사람이고 해서 자꾸 이리 가자고 해서 많이, 좋은 의미에서 다투는 겁니다. 아침마다 혹은 저녁에 잘 때마다 사실 제가 기도를 합니다. '대자대비하시고 거룩하신 부처님! 그리고 생불이신 우리 큰스님께 한 마음으로 발원하여 간절히 간절히 기도하며 감사하고 감사합니다. 오늘 하룻동안도 부처님의 가피에 힘입어 감사하는 마음, 보은하는 마음, 그리고 조화를 이루는 생활을 함으로써 참나, 우리 큰스님께서 항상 말씀하시는 참주인공을 내가 체득할 수 있도록, 자각할 수 있도록 그래서 저희 가정은 물론 저희가 접촉하는 모든 중생을 제도할 수 있는 힘이 되게 해주소서.' 하고서 기도를 하고 하루 생활도 하고 일일 삼송하는 식으로 이렇게 해서 되도록이면 제 한마음, 부처님이 늘 지적하여 주시는 참주인공을 발견하려고 애를 씁니다. 그런데 도저히 그게 되지 않아요. (대중 웃음) 그래, 그 친구한테 그 얘기를 했어요.

큰스님 하하하.

질문자5(남) 그렇게 하려고 하면 주마등처럼 어렸을 때 생각, 뭐 이런 생각 저런 생각, 나쁘게 한 생각 좋게 한 생각…. 제 깐에는 좋은 생각, 좋은 생활을 하려고 그렇게 일일 삼송까지 해가면서 이렇게 하는데 '이게 안 된다.' 이런 얘길 그 친구한테 했더니, 그 자체를 꾸중을 해요. "왜, 너 큰스님이나 부처님한테 어디다 대고 너 절을 하고 쓸데없는 짓거리를 하느냐? 바로 그것이 우상 아니냐? 자네는 남보고 그걸 우상이라더니…." 이 살아 있는, 대행 큰스님은 살아계신데 왜 우상이냐? 살아계신 스님을 상대해서 절을 하는 건데, 물론 보이지는 않고 우리 집에서 하고 걸어다니면서 하지마는 (대중 웃음) 그래도 산 부처님이시다 말이야. 우상이 아니다, 이러고 싸우기까지 합니다.

그런데 그 친구가 하는 얘기가, "그게 잘못이야, 자네 그거 우상이니까, 한번 큰스님을 만나뵙거든 한번 불문곡직하고, 여태까지 불교에 입문해서 귀동냥 눈동냥 입동냥 많이 했다. 아는 건 알 만큼 안다. 그런데 아직도 이게 아무것도 모릅니다. 그러니 좀 가르쳐주십시오. 이렇게 하고 가 엎드려 절을 하고서 한 번 여쭤봐라." 이렇게 얘기를 한 지가 며칠 안 됐어요. (대중 웃음)

큰스님 예, 예.

질문자5(남) 며칠 안 됐습니다. 그래서 오늘도 와서 이렇게 스님께 법문을 들으면서 제가 여기 앉아 있습니다만 언제든지 저는 가깝게 앉아서 큰스님을 뵙고 법문을 듣는데, 오늘 말씀하시는 것이 제가 그 친구한테 그런 주문을 받고 와서 '너 그런 질문을 한 번 해봐라.' 그래서 망설였습니다. 왜 질문이라는 건 부처님 말씀에도 있듯이 물으면 괴리가 생긴단 말이에요. 오히려 안 묻는 게 낫지. 그래서 그러다가 제가 하도 '이것이 하나의 인연이 아닌가?' 하는 생각이 들고 그 친구와 마침 또 그렇게 해서 싸웠고 "큰스님한테 한번 불문곡직 그렇게 질문을 드리면 자네에게 진짜로다가 뭘 가르쳐주실 거다." 이렇게 말을 해서 제가 여러 모로 생각을 하다가 아직도 모릅니다마는 제가 말씀을 드립니다. 죄송합니다.

큰스님 예, 오늘 참 이 질문을 하기로 한 것이 참 잘됐다고 생각을 합니다. 이제 요다음서부터는 문답으로 항상 이렇게 진행합시다. 오늘 그렇게 말씀하신 것은 그 친구분이 옳다고 생각합니다. 그것은 왜냐하면은, 항상 제가 말씀드리죠? 어떤 것에도 굴하지 말고, 맹신하지 말고, 노예가 되지 말라고요. 나한테도 절하지 말고, 여러분이 절하는 게 나한테 하는 게 아닙니다. 부처님한테 저기 절하죠? (부처님을 가리키신 후) 여러분한테 여러분이 절하는 겁니다. 항상 말씀드리죠? 저 형상이 내 형상이요, 저 마음이 내 마음이요, 저 생명이 내 생명이라. 그렇게 생각하고 일배(一拜)를 올릴 때, 삼정례(三頂禮)가 일배로 될 때 그 일배는 만배도 되고 천배도 되고 또 일배도 될 수 있고 칠정례(七頂禮)도 될 수 있고 이런 것이다.

그러니까 자유스럽다. 이게 각자 마음에 정해진 문제죠. 그러면은 나한테 기도를 할 게 아니라, 기도를 한다면 벌써 둘이 되죠? 나 주인공을, 참나 주인공을 믿고 그 사람이 그렇게 안 오는 것도 거기 맡겨놓고, 오든지 안 오든지 거기 맡겨놓으세요. 그거는 선생님이 좋은 것이지 그 사람이 좋아하는 게 아닙니다. 안 그렇습니까? 그러니 모두가 자기가 좋은 대로 지금 길을 걸으면서 가는 겁니다. 그러니 차원이, 이 지금 요 그릇은 (법상 위의 물컵을 들어 보이시며) 요 컵의 물밖에는 못 담습니다. 큰 드럼통은 드럼통의 물밖에는 못 담습니다. 그러나 바다는 바다만큼의 물이 들어가도 다 받아들일 수 있는 것이 바다입니다. 그러니 어느 거 하나 버릴 것은 없으나 모두가 그릇대로 사는 거죠. 그래서 상점에 가니까 컵은 컵대로 놓여 있고, 사발은 사발대로 놓여 있고 접시는 접시대로 놓여 있던 걸요. 우리 사람도 그렇게 돼가면서 살고 있습니다.

그런데 기도를 한다면 아니 되고, 싱긋이 웃으면서 '야, 내 주인공, 내 주인공만이 모든 것을 알고 있겠지. 저 친구도 내 주인공만이 이끌어갈 수 있다. 내 주인공이 저 주인공이고, 저 주인공이 내 주인공이니까, 둘이 아니니까 다 통하겠지.' 이렇게 그냥 놓으세요, 편안하게. 어디다가 대고 절을 하거나 이러지도 마시고, 집에 부처님을 모셔놓고 또 하시지도 마시고, 물을 떠놓고 빌지도 마시고, 향·초를 켜놓고 빌지도 마시고. 그렇게 귀신 짓을 한다면, 여러분이 지금 현재에 그 귀신 짓 하는 습이 있으면 그 의식이 이 다음에 죽어서도 귀신 짓을 해요. 그러기 때문에 자식들한테 손해가 가게 하거든.

그러니 여러분이 그것을 아주 싹 놔버리시면서 자기와 자기를 둘로 보지 마세요. 믿음으로써 거기 맡겨놓는 그 행을 항상 하세요. 그러면 슬며시 그냥 돌아와요. "아무개, 자네 나하고 한번 안 가보려나?" "나도 한번 가보고 싶네." 아, 이렇게 스스로 되는 것이지 강요해서 되는 게 아닙니다. 우리 여기 조직이 자유스러운 조직이지 강제적인 조직이 아닙니다. 여러분이 오시고 싶어서 오신 거지 내가 오라고 해서 온 것도 아닙니다. 예전에 사람이 죽을 때 돈을 가지고 가려고 하니까 돈이 하는 소리가, "아! 네가 나를 좋아서 쫓아다녔지, 내가 너를 좋아서 쫓아다닌 게 아니니까 너를 쫓아갈 수 없다." 그러더라는 거예요. (대중 웃음) 그러듯이 이건 강요해서 쫓아가는 게 아닙니다.

그러니 우리가 스스로 자기 운전수를 믿고, 운전수가 바로 마음이라면 마음이 있기 이전 바로 그 기름, 누구나 줄 수 있고 누구에게나 쳐줄 수 있는 부처님의 기름을, 항상 서로 주면서 자기 속에서 내면의 자기 주인공만을 믿고 거기 놓으십시오. 편안하게 놓으세요. 그러면 아주 공부길이 탁 트일 겁니다, 아마.

아, 이런 때가 얼마나 좋은 때인가? (대중 웃음) 세상에 사람이 살면서 만날 곤궁하게 사는데 오늘 이렇게 앉아서 서로 이렇게 참 토론을 하면서 질문하면서 좀 좋아요?

질문자6(남) 저는 스님이 쓰신 설법책 『무(無)』라는 책과 『영원의 오늘』을 읽고 스님을 직접 뵙는 것은 처음이지만 책을 통해서 스님과 대화를 많이 했습니다. 스님께서 그걸 전부 놓으라고 하셨는데, 제가 그 책을 읽으면서 그 순간부터 계속 놓아갔습니다. 놨는데, 놓다 보니까 결국 근본적으로 놔야 될 거는 어떤 개개인의 사건이 아니고 나 자신을 놔야 된다는 걸 느꼈는데, 그걸 놓으려니까 자꾸 놓는다는 걸 생각을 하니까 오히려 더 들고 있는 이런…. (대중 웃음)

큰스님 하하하.

질문자6(남) 스님께서 쓰신 책을 처음 한 번 두 번 세 번 읽을 때마다 느낌이 다르게 오더군요. 그래서 '이 책을 계속 읽으면은 스님께 일부러 여쭙지 않아도 내 스스로 주인공을 터득할 수 있지 않겠는가.' 하는 이런 생각이 있었지만 오늘 스님을 처음 뵈니까 뭔가 질문을 해 보고 싶어서 나왔습니다. 제가 그게 왜 안 되는가는 알고 있습니다. 제 스스로 믿음이라든지 그게 약하기 때문에 그런데, 그럼 그걸 강하게 하는 그런 길을 좀 알려주시면 고맙겠습니다.

큰스님 지금 선생님이 말씀을 잘 해주셨습니다. 여러분을 위해서 아마 그것이 좋은 계기가 될 것 같습니다. 그런데 어떤 사람은 "스님! 다 놔버리면 어떻게 삽니까?" 이런 사람이 있는가 하면 또 선생님은 "놓으면 놓을수록 쥐고 있게 된다." 이러시는데, 우리가 지금 이렇게 살고 계신데, 조금 아까 저한테 질문하신 그 말씀을 내놓으라면 내놓으실 수 있으시겠습니까? 없죠? 그겁니다, 바로! 우리는 그대로 놓고 가는 겁니다. 그런데 뭘 들고 있고 놓고 가고 이런 게 없는 거죠, 사실.

그래서 여북하면 "그분이 천상천하(天上天下) 유아독존(唯我獨尊)이라고 안 그랬다면, 둘로 봤다면, 일곱 발자국을 떼지 않았다면 이런 풍파를 일으키지 않았을 것을…. 내가 있었더라면 죽여서 개나 줘버렸을 것을…." 하는 그런 말도 돌았죠. 그러니까 우리가 지금 찰나의 생활이라고 하는 것이, 지금 그대로 내놓을 수 없는 그 길이 바로 놓고 가는 겁니다. 여러분이 금방 자식을 만나고 돌아섰어도 가버린 겁니다. 놔버린 겁니다, 그게. 아니, 놔버렸다고 하는 것은 이름이지, 말이지, 이론입니다. 그냥 놓고 갔습니다. 그냥 그대로 스쳐갔습니다. 그런데 또 만났습니다. 또 스쳐갔습니다. 또 무슨 일을 했습니다. 또 스쳐갔습니다. 그럼 그거 하신 거 내놓을 수 있으시겠습니까, 이런 말입니다.

그러니 붙들고 있을 것도 없고 안 붙들고 있을 것도 없고, 그대로. 그래서 아까도 얘기했죠? '파도 아니 되고, 아니 파도 아니 되느니라. 너는 인사를 해도 아니 되고, 아니 해도 아니 되느니라. 그러면 거기에 톡톡한 무엇인가 있을 터인데, 그 도리가 무엇인고?' 이랬을 때 또 '들어가도 삼십 방망이 나가도 삼십 방망이, 거기에는 들어와도 삼십 방망이를 때리고 나가도 삼십 방망이를 때리는 그 톡톡한 무엇인가 있을 텐데.' 했는데…. 어떤 사람은 또 이렇게 했죠. "부처님이 어딨습니까?" 하고 물으니까, "아, 이리 오너라." 이렇게 불러서 척 내려가시더니 하는 소리가 멱살을 탁 잡고 "요놈아!" 그러면서 주장자로 어떻게나 몹시 갈겨댔는지 "아이구! 아이구! 아이구!" 하니까 "요놈, 아이구! 아이구! 하는 놈은 누구냐? 요놈!" 아, 이러거든요.

그거를 가만히 생각해보신다면 우리가 열심히 지극하게 믿는 거! 첫째 놓고, 둘째 아주 믿는 거! 그 믿기 때문에 놓는 거거든요. 첫째 믿지 못하면 놓질 못합니다. 왜 자기를 믿지 못해, 글쎄? 아니, 남의 이름은 믿으라면 잘 믿으면서 왜 자기는 못 믿어? 못났든 잘났든 자기밖에 더 있나? 누가 대신 죽어주나, 대신 아파주나, 응? 대신 누가 자주나, 먹어주나, 똥 싸주나? 아, 이거 큰일이란 말입니다. 자기를 믿어요. 못났든 잘났든 자기밖에 자기를 끌고다니는 건 없거든. 그러니 믿고 그저 놔요. 거기서밖엔 끌고다닐 수 없다라는 걸.

생활 속에서 어떠한 괴로운 게 닥치겠죠. '아이, 이것도 거기서밖엔 해결 못 하겠지.' 탁 놔! 그저 놓는 일밖에는 없어요. 그러고 돌아오는 일을 지켜봐라 이거야. 돌아오는 일을 지켜보면은 거기서 체험도 얻을 수 있고, 실험도 할 수 있고 그런 거죠. 그래서 자기를 발견하는 겁니다. 그럼으로써 물리가 터지고 지혜를 얻는 거지, 그 어떡합니까? 그거. 둘로 보면 안 돼요. 기도라고 하는 말은 '기도' 하면 벌써 상대를 두고 기도를 하게 되거든요. '부처님' 하면 벌써 상대를 두고 하기 때문에 내가 그 소리를 아예 안 하지 않습니까?

내가 부처님을 안 믿어서, 아주 나만 생각하고 부처님은 안 믿어서 그러는 게 아니에요. 여러분은 전자에부터 그게 누적이 돼 내려왔고, 습이 돼서 내려왔기 때문에 그 이름을 벌써 불렀다, 하면 '지장보살!' 그러면 벌써 이렇게 올려놓고 부르고, '관세음보살!' 하면 이렇게 벌써 둘로 놓고 보고 아, 이러니 그놈의 걸 누가 그 노릇을 합니까? 그저 얼른 길을 같이 가고 싶어서, 여러분을 위해서 그러는 거죠. "아이구, 부처님!" 하면은 그냥 둘이 돼. 그러니까 "네 주인공을 믿어!" 이렇게 한 겁니다. 그 주인공 속에는 역대 일체의 부처님이 다 들어 계시고 중생들이 다 같이 들어 있는 겁니다. 그러니 여러분이 그걸 생각하시고 진짜 믿고 놓으십시오. 네. 그냥 놓고 가는 거니깐요, 이왕지사. 하하하.

(법문을 마치시길 권하는 스님에게)

큰스님 가만 있어. 오늘같이 좋은 날에 뭘 그래. 뭐 새털 같은 날에 뭐…. (대중 웃음)

질문자7(남) 저는 젊은 불자로서 저희 젊은 사람들이 많이 가지고 있는 고민들과 그리고 이 사회의 많은 문제들 속에서 저희들이 올바른 방향으로 걸어가야 된다는 이러한 관념들을 가지고 있습니다. 이러한 속에서 스님께서 말씀하시듯이 무조건 놓아라 이런 식으로 말씀을 하신다면은 사회는 어떻게 될 것이며 저같으면은 …. (대중 웃음)

큰스님 하하하. 그래, 그래. 말해요.

질문자7(남) 저는요, 일체를 놔버린다면은 매일 잠만 잘 것 같은 그런 생각이 듭니다. (대중 웃음)

큰스님 하하하. 참, 청년 재미있는 질문 했는데, 부처님께서 가르치는 길은 그런 길이 아니야. 그거는 공(空)에 빠지는 길이지. 응? 무(無)의 세계 50% 유(有)의 세계 50%를 합쳐서 삶의 그 진의를 당당하게 알고 삶의 보람을 느끼고 당당하게 살라는 뜻이야. 그런데 왜 잠만 자? (대중 웃음) 응? 사람이 말이야, 놓으라는 것은 지금 회사에 나가서 일을 24시간 동안 했다. 다 해도 지금 놓고 간 거야. 여지껏 걸어온 발자취를 나한테 줄 수 있어? 여지껏 움죽거리고 걸어왔지?

질문자7(남) 그것은 제 기억 속에 남아 있기 때문에 스님께 보여줄 순 없겠지만, 제 마음 속에 항상 떠오르지 않습니까?

큰스님 아이구! 그러니까 일체 만법이 그 마음 속에 있다 이 소리지. 그러니깐 누가 뛰질 말래나, 돈을 갖질 말래나, 아니 사회의 일을 하지 말래나, 사랑을 하지 말래나, 아 누가 하지 말랬나? 그 하는 게 찰나찰나에 그냥 놓고 가는 거다 이거야. 알아듣겠나? 고정된 게 하나도 없지? 친구 만나는 것도 고정되게 한 사람만 만나? 응?

질문자7(남) 아닙니다.

큰스님 그렇지? 듣는 거는 한 사람한테서만 듣나? 아니지?

질문자7(남) 마음 속으로라든지 아니면은 책 속에서 볼 때는 분명히 사회라든지 이 우주가 그런 식으로 이루어져 있는데요.

큰스님 이거 봐, 이유는 불문에 붙여. 이 길을, 진리를 탐구하는 자

에게는 이론은 필요 없어. 그러니까,

질문자7(남) 스님께서는 무조건 맹신은 오히려 위험하다고 말씀하셨는데요, 저같은 사람들에게 있어서는 모든 의심을 타파하지 않고서 어떻게 무조건 믿고 나갈 수 있겠습니까?

큰스님 자기가 왜 자기를 못 믿어? 왜 자기가 자기를 못 믿어? 자기가 지금 걸어왔지?

질문자7(남) 예.

큰스님 걸어왔는데 걸어왔다는 그 자체를 못 믿겠어? 응?

질문자7(남) 걸어온 건 사실입니다마는.

큰스님 아, 그러게 일체 지금 살아나가는 것도 그냥 사실이지?

질문자7(남) 예.

큰스님 그래서 마음 속으로 그 사실이라는 걸 알고 있는 그 마음은 체가 없기 때문에 그걸 내놓을 수는 없지만 마음으로는 알고 있잖아?

질문자7(남) 네.

큰스님 그러니까 그 마음 낼 수 있는 그 자체가 있기 이전을 발견해라 이 소리야. 그러기 위해서는 내 내면의 자기 주인공을 믿고 거기 모든 것을 놓고 가게 되면 스스로 보이지 않는 50%가 보이는 50%로 나온다 이거야. 내가 밥을 먹었다 뭐, 똥을 눈다 그런 생각도 없이 내 배고프니까 밥을 먹었다 이거야. 그랬는데, 아 조금 있으니까 똥이 마려워. 똥이 마려워서 변소에 가니까 똥이 나왔다 이거야. 이것은 어디까지나 진리이면서도 과학이 아닐까? 자연적인.

질문자7(남) 그럼, 본능적으로만 생활해야 된다는 말씀이십니까?

큰스님 이 이유를 따지게 되면은 공부하기는 틀렸어. 그러니까 무조건 묻지 말고 자기 모든 생명, 마음, 육체 이것이 공존하고 있고, 그 뱃속에서도 지금 생명체들이 수십억 마리가 공장에서 지금 일을 하고 있어. 그러니까 한마음이야! 그게 주인공이야. 그러니까 거기에 모든 것을 맡겨놔. 그래야 몸도 건강하게 끌고나갈 테니까.

질문자7(남) 무조건 그,

큰스님 무조건이지, 그럼.

질문자7(남) 나라 생각이라든지, 아니면 가정 생각 아니면 자기 주위에 있는 모든 것들을 일체 걱정을….

큰스님 거기 보이지 않는 자기 주인공에 모든 걸 믿고 놓게 되면은 스스로… 왜, 무전통신이 되지? 광력이 있고 전력이 있고 그렇지? 그렇지?

질문자7(남) 네.

큰스님 그러니깐 그 마음은 일체와 직결돼 있어. 그러기 때문에 그 마음을 그렇게 먹고 거기에 놓으면 보이지 않는 데 무전통신하듯이 전부 통신이 되고, 몸에서는 대뇌를 거쳐서 소뇌로 이렇게 해서 척수로 중추로 모두 사대(四大)로 전부 통신이 돼서 모두 이끌고가는 거야. 이것도 혹성이야. 이거 하나만 알면, 자기 하나만 알면 전체를 알게 돼! 그러니 이유를 붙이지 말고 좀 해! 응? 허허허.

그러면 또 질문할 사람 아니 계십니까? 질문할 사람 아니 계신 게 아니라 오늘은 좀 오래 됐으니 그냥 끝내자는 말입니다, 지금. (대중 웃음) 다리도 아프시고 그런데 오늘은 그냥 끝을 마치고요, 내 이런 말 한마디 하고 싶습니다. 아, 그 모든 것을 버려라, 놓아라, 얻을 바가 하나도 없다. 그런데 그 나중에 한마디는 '버릴 바가 하나도 없구나!' 양면의 이 말 자체, 그 속에는 무언가 있을 게다 이겁니다. 그것이 바로 어떤 사람은 주장자로 탁 치고, 어떤 사람은 손가락을 들고, 어떤 사람은 주먹을 불쑥 내밀고, 어떤 사람은 "엇!" 하고 이렇게 하는데, 그 소식이 거기에 있다 이런 뜻이죠. 예? 우리 오늘은 이걸로써 마치고 요 다음에 다시 질문하면서, 우리 이 자리를 다시 즐거웁게 메꿉시다. 그럼, 감사합니다.

좌측 뇌와 우측 뇌

89년 8월 20일

여러분과 또 이렇게 만났군요. 우리 이 머리가 하나의 해골로 구성이 됐지만 너 나가 있듯이 대뇌 속에 반쪽씩 나뉘어져서 들어 있다고 봅니다. 우측은 잠재의식 자체로서 아주 광대무변한 법을 판단할 수 있는 능력을 가진 그런 대뇌의 우측이라고 봅니다. 또 좌측에는 현재 50% 현상 생활에서 판단할 수 있는 그러한 능력을 소유하고 있다고 봅니다.

그런데 옛날에도 내가 말씀드렸듯이 '애비 묘지와 자식 묘지가 있는데 양면이 구멍이 뚫렸느니라. 그런데 자식이 애비한테 가면 애비로 하나가 되고, 애비가 자식한테로 오면 자식으로 하나가 되니 그 연고는 무슨 연고냐.' 하고 묻더라고 그렇게 말씀드렸죠. 이건 제가 젊었을 때에 그저 무조건 길을 걸을 때에 있었던 얘깁니다. 그런 거와 같이 여러분도 인간으로 태어났다면 다 부처 될 수 있는 가망성이 99% 있다고 항상 말씀드렸죠.

왜냐하면 그대로 여여하다고 그러는 거는 예를 들어서 표현을 하자면 대뇌의 안에 있는 우측 좌측이 한데 계합이 돼야만이 여여함을 느낍니다. 이것이 계합이 되지 않는다면은 여여함을 느끼지 못합니다.

그러기 때문에 여러분한테 말씀드리는 것은 오관을 통해서 마음으로 드는 것은 바로 좌측으로 들어서, 우측으로 생각할 수 있는 그런 영향력을 가진 사람이니 그것이 거기 통과됩니다. 그러나 그건 무시하고 여러분이 이 대뇌에서 지금 사용하는 50%만 가지고 항상 들이고 내고 하니까 아주 보이지 않는 세계의 문제는 해결을 할 수가 없는 겁니다. 거기까지 미처 능력이 가질 않습니다.

그러기 때문에 예를 들어서 회사를 경영하려고 기계 하나를 사서 들여놓는다면 그 속이 어떻게 조립이 됐고 어떻게 구성이 됐는가를 알아야, 겉은 아무렇게나 생겼어도 '아, 이건 겉만 손을 본다면은 능히 쓰고도 남고 이 기계는 참 좋구나!' 하고 싼값에도 살 수가 있는 겁니다. 그러나 거죽을 말끔히 해놓고 속은 망가진 거를 고쳐서 갖다 놓고 팔려고 그런다면 거죽만 보고 속은 못 보니까 그건 여러분이 손해인 것입니다. 그래서 여러분의 마음이 여러분과 더불어 같이 이익을 볼 수 있는 그러한 공부입니다.

그러기 때문에 아까도 말씀드렸듯이 우리가 흡수해서 들이는 것이 이 대뇌의 우측에 잠재해 있는 그 모든 광대무변한 뜻과 법이 거기에서 송두리째 계합이 되면은 나온다는 얘깁니다. 지금 그러면 안 나오느냐? 그게 아닙니다. 시계추와 같이 항상 왔다 갔다, 왔다 갔다 하지마는 여러분이 그것을 감지할 수가 없고, 생각하지도 못하기 때문에 그러한 중용의 능력은 발휘할 수가 없는 겁니다. 그러면 대뇌에 똑같이 이렇게 있는데 '이게 먼저냐, (오른쪽 머리와 왼쪽 머리를 차례로 짚어 보이시며) 이게 먼저냐?' 해도, 이건 먼저 될 게 없습니다. 어떤 거든지 다 똑같습니다. 똑같이 순환되고, 똑같이 대뇌에서부터 소뇌로 이렇게 해서 사대(四大)로 다 통신이 된다고 봅니다.

그런데 한 가지 여러분이 생각을 안 하면 그것조차도 알 수가 없습니다. 항상 여러분한테 말씀드렸죠? 이 세상에서 음식 먹어보지 못한 건 생각조차도 못 하고 먹고 싶은 마음도 없다고요. 그러니까 이렇게 여러분한테 제가 말 한마디 한마디 이렇게 띵겨가면은, 여러분은 그때서 생각을 할 수 있는 능력을 얻을 수가 있는 거죠. 말만 듣고 하는 게 아닙니다.

대뇌의 좌측에서는 오관을 통해서 들이는 거를 우측에 항상 맡겨놓는다, 내는 것도 맡긴다. 그럼 대뇌의 반쪽씩 있는 데다가 다 맡긴다면은 자(子)가, 즉 말하자면 아들이 아버지를 믿고 모든 걸 달랠 때도 '아버지!' 또 들일 때도 '아버지!' 하고서 말을 하고 말을 할 때도 '아버지!' 다 자라기 이전에는 아들은 아버지한테 반드시 기댑니다. 아버지한테 기대지, 부모한테 기대지 않으면 어디다 기댑니까? 자기가 장성할 때까지는 학교를 졸업하고 또, 취직을 해서 나가고, 장가들 때까지는 시집갈 때까지는 부모를 믿고 따라야죠. 자기가 혼자 하는 것도 있겠죠, 이게 옳다고 생각했을 때에는. 그러나 이것이 생각해 봐서 잘 안 될 때는 아버지한테 상의를 해야죠? 그런 일이 여러분 가정에도 허다하지 않습니까?

그러기 때문에 우리가 평상시에 어떠한 것은 '이것이 남과 내가 다 뭐 그렇게 구차하게 악하게 되는 일이 아니니까.' 하고 그냥 합니다. 그러나 정히 안될 때는 고심을 하면서 부모하고 이렇게 상의를 하죠. 이러한 거와 같이 이 대뇌에서 좌측 뇌는 우측 뇌로 다 맡깁니다.

그러면 어디에서 마음이 나와서 그러느냐? 마음은 마음대로 나와서, 나오게 되면 벌써 뇌로 가죠? 뇌로 가서 이쪽으로 다 맡겨놓으면, 맡겨놓으면 거기서 돌아서 다시 좌측으로 돌아나옵니다. 그래서 불리한 거를 맡겼는데 불리하지 않게끔 바깥으로 나왔다 이겁니다. 그것은 뭐냐 하면은 지난번에도 용광로 얘기를 했지만, 우리가 한 번 굴려서, 속이 상하더라도 한 번 거기 맡겨서 굴려서 내놓으면은 좋은 말로 나갈 수가 있다. 그냥 곧이 곧대로 속상한 대로 여기 대뇌에 들어갈 사이도 없이 여기서 곧바로 그냥 쏴대면, 그건 거기까지 지혜로운 그 능력이 거기까지 밝게 못 비쳐준다는 얘기죠.

그러니 여러분을 이끌어 이렇게 같이 항상 도반으로서 가다 보니까 여러분이 고맙게 생각 못 하고 있는 일이 한두 건이 아니에요. 우리는 꼭 돈을 받고 사는 거라야만 하고, 사는 거를 주면 참 고맙다고 그럽니다. 만약에 물건을, 먹을 거를 줬다면은 고맙다고 하고 또 거기 더 좀 붙여 돈을 얼마를 보너스라도 줬다 하면 참 고마워합니다. 그러나 내 생명을 연장할 수 있게끔 이끌어가는 공기나 물이나 불이나 흙이나 이런 거 보고는, 바람 같은 거 보고는 고맙다는 말 한마디도 안 합니다. 생각조차도 안 합니다.

여러분이 만약에 살기 위해서 돈을 주고 공기를 사서 먹는다고 한다면 얼마나 비싸겠습니까? 병원도 어디 고장만 나면은 가서 집을 팔아다가라도 갖다가 디밀곤 수술을 하고 야단들이죠? 그런데 우리는 무주상 보시(無住相布施)로 여러분은 그대로 지금 공기를 마시고 살고 있습니다. 그럼 감사하는 거는 어디다 감사해야 하느냐? 내 주인공입니다. 나도 지수화풍이 근본입니다. 일체 만물이 다 지수화풍이 근본 아닌 게 없습니다.

그러니 여러분은 지수화풍 아니면 지금 어떻게 사시렵니까? 지금 지수화풍을 고맙게 생각하는 거보다도 여러분이 지수화풍이기 때문에 여러분이 자칫 잘못하면 자기가 자기를 고마워해야 하는 거를 모르고 저 사람한테 절을 하고 저 사람한테 고맙다고 하고 이렇게만 생각할 수 있는 그런 마음이 들겠지만, 여러분이 나한테 절을 한다고는 생각지 마세요. 여러분하고 나하고 시계 추와 같은 겁니다. 아시겠어요? 이리로 가도 아니고, 저리로 가도 아닙니다. 이리로 갔는가 하면 저리로 가고, 저리로 갔는가 하면 벌써 이리로 갔고, 어떻게 그것을 너 나라고 하겠습니까? 그러나 모습이 각각이니까 너도 있고 나도 있고, 둘이 아니게 돌아가지마는 네가 있고 내가 있다. 네가 있고 내가 있지만 둘 아니게, 돌아가는 그 소식을 안다면 여러분은 작아도 받아들일 수 있고, 커도 받아들일 수 있고, 벌레도 받아들일 수 있고, 전체를 받아들일 수 있는 영향력이 생기기 때문에 그때는 벽도 터지고 봇장도 터지고 사방이 다 터집니다. 우리 태극기에도 있습니다. 천지가 있는가 하면 천・지・인이 있어요. 그래서 삼, 사, 오, 육까지 이렇게 점을 찍어놨죠. 이게 세상을 말한 겁니다.

심장이 뛰지 않는다면은 사람이 살 수가 없죠. 그런데 병원에서 '심장만 뛰지 목석처럼 이 정신이 깨어나질 않고 있습니다.' 이런 소리를 가끔 듣습니다. 그런다면 어떻게 되시겠습니까? 인간이라 할지라도 인간 노릇을 못 하고 산다면 차라리 없는 것만 못 하죠. 주변에 여러 사람들도 괴롭고 말입니다.

여러분이 다시 또 한 번 생각해 볼까요? 우리 심장이 뛰는 것도 광력이나 전력이나 자력이 충만히 돌아가기 때문에 삼계(三界)를 돌고 있습니다. 심장으로부터, 뇌로부터, 저 발끝으로. 지금 여러분이 딛고 다니는 것도 이 모든 것에 의해서 이루어집니다. 땅 이 자체도 세포가 있는가 하면 자력도 있고 전력도 있죠. 광력도 있고 통신력도 있습니다. 다 있기 때문에, 우리가 한 발 디디는 것도 자력이 있기 때문에 끕니다. 땅도 자기네 힘대로 끕니다. 그러기 때문에 우리가 땅을 디딜 수가 있다는 얘깁니다. 그래서 우리가 땅을 딛고 다니는 그 문제 하나를 보더라도 우리가 모든 거, 모든 일체 천문학이나 지리학이나 또 천체물리학이나 의학이나 다 우리 한마음 안에 다 들어 있다는 겁니다.

옛날에 이런 점이 있죠. 어떤 스님에게 아버지가 돌아가셨다고 통지가 왔더랍니다. 그래서 승려 노릇을 하면서도 집에 갔습니다. 가니까 벌써 관에다 넣어서 다 해놨더랍니다. 그래서 이제 들고 나가서 예전에는 산소를 썼는데…. 한 걸음 한 걸음 발자국을 딛고 가는데 벌써 요 한 마디, 발가락 요 첫 마디에서 벌써 지하로 통신이 되는 겁니다.

그래서 '통신이 되는 것만 도가 아니라 통신이 됐으면 볼 줄 알고…,' 하는 것이 이게 심안의 눈이에요. 이 속에 있다고 해서 여기 있는 줄 아시지 말고, 시계추가 여기 갔다고 해서 여기 간 줄 아지 마시고, 저기 갔다고 해서 저긴 간 줄 아시지 말라 이거예요. 온 누리에 눈이니까. 여기인들 눈이 없겠습니까마는 이 구조가 그렇게 됐다는 얘깁니다. 그래서 여기서 벌써 통신이 가면 통신이 오기 때문에 심안의 눈으로 보게 되고, 또는 우측 대뇌에서는 모든 거를 합리적으로 꾸려나가면서 대의적으로 광대한 법을 탁 가르쳐 주죠. 말을 해서가 아닙니다. 여기 딱 섰으면 여기가 그대로 그 자리라는 겁니다. 사람의 혈액이나 산 혈맥이나 마찬가지예요. 그러니 아무리 좋은 데를 찾아서 한다고 해도 그것하고는 다릅니다.

그래서 가다가 여기서 통신이 돼서 딱 서면 그 자리가 그냥 법이야. 그 자리가 좋은 자리야. 나쁜 데도 좋은 데라고 딱 지적하면 좋아지고, 자리가 좋은 데도 사람이 아주 괘씸스러워서 수십만 명의 생명들을 해하는 사람이라면, 남의 산소 좋다면은 자기가 그걸 뺏고, 자기 산소로 묻고 이렇게 하는 사람이라면, 저건 참 안 되겠다 한다면은 그거는 아무리 좋은 데다 썼어도 그 집안은 아주 안 됩니다.

그러니 그 한생각의 도리가 얼마나 깊고 깊고 또 깊어서 그렇게 광대무변하고 말로는 행할 수 없는 그러한 법 도리입니까? 그러기 때문에 그걸 법 도리라고 하기 이전에 우리가 그냥 부처님 법이라고 이렇게 말은 하지만 그 말조차도 붙일 수 없는 자립니다, 사실은. 그러니까 여러분이 생각을 하되 함이 없다 하는 거, 지난번에도 얘기해 드렸죠? 여러분한테 내가 말을 하면 여러분이 집어먹어서 그만 없다고. 그리고 여러분이 말씀을 하면은 내가 집어먹어서 또 없다구요. 그러니 누가 말을 했으며, 누가 들었느냐고 말할 수밖에요. 그거 이해하십니까?

그러니 우리가 행하는 모든 것도 찰나니까, 이렇게 항상 하나에 머물러져 있는 게 아니기 때문에, 일체가 머물러져 있는 게 아니기 때문에 찰나 생활이면서 공(空)했다. 그러니 여러분이 걱정할 게 하나도 없는 게 뭐냐 하면, 나쁜 꿈을 꿨다 하더라도 '나쁜 꿈을 꾸게 한 것도 거기서 한 거니까, 좋은 꿈을 꾸고 살게 할 수 있는 것도 거기지.' 한다면 그게 그대로 빨리 돌아가기 때문에, 머물러져 있지 않기 때문에 빨리 돌아오죠? 그게 운전과 같은 것도 되죠. 그러면은 또 이렇게 이루어져서 좋다고 생각을 했을 때 '좋게 한 것도 거기지. 감사하구나.' 이렇게 일임해 놓을 수 있는 그런 살림살이라면 여러분이 살림살이하는 그대로가 참선이요 행선이요 길입니다.

그렇게만 지낼 수 있다면 여여함입니다. 아무리 하늘이 무너지고 땅이 솟아오르고, 내 집안이 다 망한다 뭐, 송두리째 바가지 들고 얻어먹으러 나간다 하더라도 눈 하나 깜짝 안 하는 그런 마음의 태도가 바로 원력입니다. 그게 능력입니다. 그렇게 되는 능력은 뭐냐? 허! 그것도 코웃음 나는 거죠. 왜냐? 그렇게 없는 걸로 사는 것이 능력이 아니라, 그렇게 된다면 보이지 않는 신장, 호법신, 수호신 뭐 모두 보이지 않는 데서부터 보이는 데로 나와가지고 다 살게끔 되는 겁니다. 그러니깐 뭐 먹고 살기 위해서 애쓸 필요는 없죠, 나같이. 여러분이 안 주면 안 먹을 각오가 되어 있으니까! (대중 웃음) 또 안 오시면 안 오시는 대로 그냥 다 같이 하고 있으니까. 그런 경우가 많이 있습니다.

예전에도 내가 얘기했듯이 "부처님, 부처님!" 하고 하도 밖으로 형상만 찾길래 그냥 내다가 도끼로 부숴버리고 나니까 죄들 안 온대요. "안 오면 그만둬라. 내가 아니, 그렇게 하기 위해서 부처님 뼈다귀 끓여먹고, 또 부처님 이름 팔아서 내가 여러분한테 거짓말해서 먹고 산다면 혓바닥을 깨물고 죽어버리지." 하고선 그냥 말았습니다. 그랬더니 그 다음에 보니까 그냥 그냥 나오셨대요. "왜 나왔느냐?" 고 그랬죠. 그랬듯이 내가 '신도들이 많이 와야겠다, 또 많이 걷어야겠다.' 그런 걸, 부처님을 팔아서 그런 걸 많이 해서 뭘 합니까? 따지고 보면 죽을 때가 되면 여러분이 그렇게 아끼고 아끼던 부모자식도 다 버리고 가고, 그렇게 아끼고 소중하게 생각하던 돈도 가져가지 못하고, 허허! 집도 가져가지 못하고 내 몸도 가져가지 못하는데 그게 뭐이 그렇게, 그렇게 근중합니까?

그런데 우리가 이 몸을 가지고 있을 때에 남도 소중하게 생각하고, 나도 소중하게 생각해서 더불어 같이 돌아갈 수 있는, 또 더불어 같이 돌아가면서 너 나를 해롭게 하지 않을 수 있는 마음 자세가 필요합니다. 그러기 때문에 지난번에도 거짓말 하지 마라, 시간 약속 지켜라 또는 의리를 지켜라, 도의 또 질서도 지켜라. 우리가 인간된 도리를 다 지킨다면, 그것도 거기에 모든 걸 맡겨놓고 지킨다면 팔정도니 육바라밀이니 뭐 이런 거, 사제법이니 십이인연법(十二因然法)이니 이런 거 따지지 않아도 계율(戒律)을 다 지킬 수 있고, 또는 우리가 더불어 같이 이익하게 살 수 있는 그런 계기가 되면서 원심력이 충만하면 원통력을 굴릴 수가 있다는 얘기죠. 이걸 일일이 따지자면은, "올바르게 보아야 한다, 올바르게 들어야 한다, 올바르게 정진해야 한다." 이 소리를 다 하려면, 이 소리를 다 듣고 복잡하게 하려면 언제 공부해 나가십니까? 자기를 자기가 어떻게 알겠습니까?

지난번에도 얘기했지만 오신통(五神通)의 재료가 충만히 여러분에게 있으니 우리가 그거를 쓸 때는 감각이나 청각이나 시각이나 지각이나 이런 모든 것이 다 포함돼서 주어져 있습니다. 우리가 마음대로 쓸 수 있는 거죠. 그러니 이 공부가 여간 대단한 공부가 아닙니다. 참 광대무변한 법이죠. 그러니 어떠한 문제로 우리가 이익하지 못하게 된다거나 수만 명에 피해가 생긴다면, 내가 여러분을 이익하게 하고 해롭게 안 하려는 마음으로 끌고 가면 그게 딴 데로 갈 거 아닙니까? 그러니 여러분이 다 할 일이란 말입니다.

누가 갖다줍니까? 누가 뺏아갑니까? 그러니 여러분은 뺏아가거나 뺏기지 않고 또 갖다주는 게 없으니 자작! 이리로 가도 이리로 간 것이고, 저리로 가도 저리로 간 것입니다, 이 머리의 두뇌가. 그러니 이것을 (머리를 만지시며) 통털어 여기다가 놓다 보면은 이것도 저것도 다 그냥 놓게 됩니다. 지난번에 얘기했죠. 다 놓게 됨으로써 스스로 무심(無心), 그대로 무심도(無心道)가 돼서 그대로 그 한소식을 알고 있느냐 해서 '할!' 이러기도 하고, 주장자를 들어서 치기도 하고, 주먹으로 치기도 하고, 주먹을 내밀기도 하고, 벽력같이 소리를 지르기도 했더란 얘깁니다.

옛날에 서산대사(西山大師)가 공부하실 당시의 얘기입니다. 서산대사님이 공부하러 가실 때에 쌀을 한 짐 마차에 싣고 가다가 보니깐아, 소가 꼬꾸라지더랍니다. 가는 도중에. 그래서 다시 한 번 생각해 봤답니다. '내가 지고 가서 사시마지 때에 공양을 올리려고 했던 쌀인데 어째서 내가 지고 가지 않고 소에게다가 밀어던졌던가?' 하는 생각이 들어서 그 쌀을 짊어지고 다시 20리 밖을 나와서 20리를 다시 쌀을 지고 갔다는 얘기가 있습니다. 그것도 마음입니다. 생각할 수 있는 얘기죠. 남한테다 떠넘기지 않으려고 말입니다.

그랬는데 공양을 천 일을 올리다가 보니까 천일째 공양을 다 올리고 마지막에 관(觀)하고 있는데 별안간, 일곱 사람이 총을 겨누면서 그냥 쏘더랍니다. 쏘는 그것을 이렇게 돌아다 보니깐, 너무 우스워서 그냥 하늘을 쳐다보고 얼마나 크게 웃었던지 말입니다. 중국 대륙에 전부 들렸답니다, 그 소리가. 허허허. 그래서 임금이 말입니다. 국사를 두고 쓰는데 "저 소린 무슨 소리인가?" 하니까 "조선의 스님이 깨우치는 순간입니다." 그러더라는 거야. 응? 그랬다는 얘기도 있어요.

그랬는데 그 서산대사가 그렇게 깨우쳐서, 돌아다보니 아무 간 곳이 없더라는 거야. 그 생각 한생각을 어떻게 했길래 그렇게 깨우쳤고, 어떻게 했길래 일곱 명이 총을 쏘고선 그냥 없어졌는지. 그 일곱 명은 누굴까요? (잠시 말씀을 멈추시고) 또 각각 보시겠지. 허허허. 저 칠성(七星) 별도 각각 보시겠죠? 그렇게 각각 보니까, 그것도 각각 보시겠죠. 우리 마음 속에서 태양도 나왔다는 걸 아셔야 돼요. 서산대사께서는 그렇게 공부를 잘 하셔서 아무리 그 어떠한 게 와도 눈도 깜짝 안 했답니다. 그건 왜냐? 나 하나를 버렸기 때문입니다. 여러분도 나 하나 버린다면 구태여 그거 뭘 그렇게 두려워할 게 있겠습니까?

언젠가 이 집 새로 짓고선 도둑이 들었죠. 그래 저녁에 그랬습니다. "얘야!" 그때 요만한 처녀 아이가 밥을 했었어요. 여기 집도 하나도 없고요. 그래서 "도선생님이 오늘은 오실 것 같다. 그러니 문을 꼭꼭 잘 잠궈라." 그러니까 "아니, 어떤 선생님이 오십니까?" 그래. (대중 웃음) 그래서 그랬죠. "도선생님 말이야." 그러니까, "도선생님이 누구세요?" 그래. 그래서 "아, 와서 가져가면 도선생이지." 그러니까 그때서야 깔깔대고 웃어요.

그래서 그날 딱 잠그고 있었는데 그러다가 내가 말해놓고 내가 문을 열어놨어요. 왜냐하면은 그때는 지하실에 보일러를 땔 때에 내가 땠으니까, 내가 보일라쟁이니까 새벽에 추우니깐 내려가서 그 보일라를 올리고선 그러고는 변소에 갔다가 그 변소문을 잠그지 않고는 그냥 나왔단 말이야. 그러니까 자기 꾀임에 자기가 빠지는 거지. 그러게 문을 아무리 막아놔도 안 돼요. 아주 차라리 열어놓는 게 낫지. 그래 인제 열어놨더니 단지 문만 떼어 내놓고 그냥 들어오신 거지. 그런데 내가 보일러에 불을 넣고선 떡- 방에 들어와서 팔장을 끼고 이러고 앉았었어요. 그랬더니 문을 사르르르 열고 들어와요, (대중 웃음) 4시쯤 됐는데. 들어오는데 보니깐 아주 계란색 잠바에다 계란색 내리다지로 해 입었어요. (대중 웃음) 그리곤 발소리도 안 나요, 농구화인데. 착착 딛는데 소리가 나질 않아요. 그래 들어오길래 "어서 오세요." 그러니까, 허허허. (대중 웃음) 그러니까 의아해 하더라고. 너무 난감해, 아주!

그런데 그때 내 시계를 옆에다 풀어놓고 있었던 그것밖에는 없는 거야 인제. 뭐 가져갈 게 있어야지, 그때만 하더라도. 그래서 그 시계를 얼른 집어주면서 하는 소리가 "에이, 사람 놀라게 뭐 하러 이렇게 드릴 것도 없는데 오셨습니까? 드릴 게 있을 때에, 오시라고 할 때에 오세요." 내 말이. 그러면서 그 시계를 집어줬겠다. 그랬더니 그 시계를 얼른 받아가지고 하는 소리가 "나도 어쩔 수 없어서 이거 가지고 갑니다." 그러면서 싱긋이 웃는단 말이야. (대중 웃음) 그래서 나도 웃었지 뭐. (대중 웃음) 그랬더니 영 그런 일이 없었어요. 문을 열어놔두요.

그랬듯이, 사람이 사람이니만큼 마음이라고 마음! 벌써 문에 들어올 때에 내가 마음이 그렇지 않으니깐, 나를 버리면 아무것도 두려운 게 없어! 내가 살려고 그러고, 내가 있다고 생각하기 때문에 두려움이 생기고, 두려움이 생기기 때문에 사고가 생기는 거야. 아무것도 줄 게 없고 가져갈 게 없어도, 악이나 쓰고 뭐 어쩌고저쩌고 하면은 그거 좋을 게 뭐야? 그 사람도 사람이고, 그 사람도 어떤 어머니가 아들 낳았다고 좋아했을 테고 또 나도 인간이고 그런데. 생각하면은 가엾고 안됐지. 응! 그러니까 동생으로 생각을 해도 되고 또는 그때 생각을 안 해봤지마는 지금 얘기하자면 동생이라도 몇 째뻘 동생이더라고.

그래서 '에이휴, 만약에 내 동생이 저런다면 얼마나 속이 썩을까!' 하는 생각도 해봤고 그랬어. 그러니까 그게 아깝지도 않고 아무것도 아니야. 내가 그 손에 죽는다 하더라도 아무 그것도 없어. 왜? '내가 하고 갈 게 있다, 내가 뭘 해야 할 텐데, 내가 꼭 있어야만 해!' 이런 건 다 부질없는 얘깁니다. 아, 죽을 때 되면 그냥 죽으면 고만이고, 살 때 되면 사는 거고 그냥 그저 길을 걸어갈 뿐이죠. 구태여 뭐 내가 이렇게 살아야만이 너희들이 잘산다 이럴 것도 없어요. 또 내가 없으면 못산다 이럴 것도 없고요.

이 세상에 나왔으면 다 자기네 나오기 이전, 전생에서 짓고 나온 대로 악업이 많으면 더 많이 고(苦)를 당하고, 선업이 많으면 고를 덜 당하죠. 아, 국회의원도 표가 많으니까 국회의원 됩니다. 그런 거와 같은 겁니다, 우리의 악업 선업을 짓는 것도. 그러니까 걱정할 게 하나도 없이 내 한생각을 잘 돌려서 나라고 하는 거를 다 버린다면 이 속에 들은 악업, 선업도 다 그냥 송두리째 버려지는 겁니다. 그러기 때문에 고(苦) 덩어리 하나 착을 두지 않는다면 멸(滅)하게 되고, 도(道)가 돼죠.

그런 거와 같이, 서산대사께서도 눈 하나 깜짝 안 하고 그 길을 걸었답니다. 그 길을 걸었는데 그때 시대에는 칼이나 활을 썼죠. 창이나 그런 걸 썼죠. 비행기도 없었고 총도 없었고 그랬기 때문에 그때는 그 환경대로 육신통을 안 하면은 아주 어려웠을 때고, 또 중생들을 제도하는 데도 필요했고 어떠한 난리가 나도 그러한 술수가 참 필요했다는 얘기죠. 그래서 그때 당시에는 그 육신통의 술수를 하지 않으면 안 됐죠. 그래서 그것을 잘 이끌어나가고 참, 고도로 발전을 시켜서 대도를 이루신 분이 서산대사죠.

그랬는데 어느 날 사명대사(四溟大師)가 말입니다. 새를 한 마리 잡아가지고선 덜렁덜렁 왔단 말입니다. 방에 들어와서 하는 소리가, 빼먹고 하더라도 이해해 주세요. 그건 안 해도 되니까. 우리가 공부할 수 있는 얘기만 합시다. 그래 와서 하는 소리가 새를 손에 쥐고 "이 새를 날려 보내겠습니까, 죽이겠습니까?" 하거든. 응? 그러니깐 서산대산 아무 소리 없이, 같잖다는 것도 되지만 아무 소리 없이 일어나서 문지방을 걸터짚고 서서, "내가 나가겠느냐, 들어오겠느냐?" 이러더라는 겁니다. 그러니까 사명대사가 고만 허무하게 뚝 떨어진 거죠.

그래서 절을 한 번 하고 제자가 되겠다고 해놓곤 '그래도 못 믿어! 저놈의 술수는 나도 할 수 있는 건데…, 응? 그거 그거 뭐 육신통했다고 정말 대도가 이루어졌는지 안 이루어졌는지 내가 알 바가 뭐야?' 이러면서 또 한 가지 계책을 쓴 것은 계란 쌓기를 했습니다. 그래서 계란을 아래서부터 탁 쌓아서 지붕까지 붙였는데 서산대사가 쓰윽 그걸 보더니 하는 소리가 "그 장난 참 심하구먼." 하고선 "그럼 나도 장난 좀 한번 해볼까?" 하곤 지붕에서부터 내려꽂거든요. 허허허. 아, 그러니 아래까지 턱 내려놓고 하는 소리가 "그래 이것이 옳은가, 그것이 옳은가?" 이러고 묻더라는 겁니다, 사명대사한테. 그러니까 사명대사가 거기서 또 그냥 "아휴, 잘못했습니다." 하고는 인사를 하고는 "스승으로 모시겠습니다." 하고 그냥 "잘못했습니다." 하고 백배사죄를 했죠.

그래서 이럭저럭 지내다가 어느 날 어디 길을 걷게 됐습니다. 사명대사는 스님을 좇아가는데 또 속으로 '키는 조그맣고 몸뚱이는 가냘

프고 조그만 저것이 대도를 이루었을까?' 또 의심이 난 겁니다, 인제. 허허허. (대중 웃음) 못생기기도 했지마는 '저거 아유!' 그 사명대사 자기는 출중하고 아주 훤출했단 말입니다. 그러니까 자기를 보고선 스님을 보면 아주 천지차이란 말이야. 그러니까 속으로 중얼중얼하면서 인제 가는 거죠. '저거 정말 대도를 이루었을까, 과연! 내가 정말 스승으로서 모실 수 있는 그런 자격이 있을까?' 생각을 하고서 뒤에 슬슬 좇아가니깐 그냥 착 돌아다보면서 벼락같이 소리를 지르거든요. "이놈아! 그렇게 못 믿고 그렇게 보잘것 없는 걸로 보이걸랑은 지금 빨리 가라!"고 말이야. 그냥 벽력같이 소리를 질렀거든요. 그러니깐 거기서 자지러졌단 말이야, 그냥. 자지러졌어요. '야! 속까지 들여다보니 이럴 수도 없고 저럴 수도 없고, 이걸 어쩌나.' 하고선 속으로 생각을 하다가 생각을 굳혔습니다. 뭘 굳혔느냐 하면은, 팥으로 메주를 쑨대도 인제는 믿겠다는 각오가 섰습니다. 그래서 그 스님이 거꾸로 간대도 "네. 옳습니다." 했고, 바로 간대도 "옳습니다." 했습니다.

그렇게 믿고 지냈는데 어느 날 두 분이 길을 가다가 갑자기 큰 구렁이를 만났단 말입니다. 그 순간에 서산대사께서 사명대사를 천야만야한 절벽으로 탁 밀어 던졌죠. 그러니 천야만야한 데로 떨어질 수밖에. 떨어지다보니깐 자기 가는 지금 그 절의 부목이 나뭇짐 해다 놓은 큰 더미 위에 뚝 떨어져서 자기 몸뚱이가 출렁대더랍니다. 그래서 떠다밀어도 요런 데다 떠다밀었으니 "참, 스님 고맙습니다." 하고는 올라가서 백배사죄를 했죠. 그러니까 스님이 하신 말씀이 "떨어진 것이 화가 나느냐?" 그러니까 "아닙니다" "떨어진 것이 옳은 일이냐?" "아닙니다." "그러면 떠다밀지 않은 것이 옳은 일이냐?" "아닙니다." 그러거든. "그만하면은 됐구나."

그러고는 이튿날서부터는 또 뭘 해줬느냐 하면은 날콩물 있죠? 날콩물에다가 솔 이파리를 찧어서 그 시퍼런 물에다가 날콩가루를 타서는 한 그릇씩 먹는 겁니다. 그걸 먹고 나니깐 설사가 어떻게 나오는지 앉았다 섰다 할 수가 없이 그냥 앉았으면 서야 하고 섰으면 앉아야 하고. 이렇게 그냥 뭐 하루 종일 그냥 드나드니까, 똥이 나와서 그냥 죽겠어서 벌떡 일어나니까, 큰 작대기로다가 그냥 후려치며 "나는 먹고 된똥을 누는데 너는 어째서 먹고 설사만 하느냐." 이거야. 물지똥만을 누느냐 이거야. 응? 그렇게 해가지고 지금 일본군이 쳐들어와서 난리를 쳐도 "이놈아, 설사하느라고 볼 일을 못 보니, 된똥을 못 누니 어찌 네가 막대기 하나, 손가락 하나 쳐들 수가 있겠느냐?" 하곤 "술수만 배워가지고는 절대 안 되느니라." 하곤 "그건 급할 때 쓸 수 있는 거지, 진짜 우리가 도를 이루려면 그게 아니니라." 하고선 그냥 어떻게 작대기로 때리는지 설사 똥끝이 쏙 들어가버렸어요, 그냥. 그래서 그날부터 된똥을 누기 시작했다는 얘깁니다. 허허. (대중 웃음)

사명대사가 그만큼 했으니 지금까지도 일본은 사명대사에 대한 엄청난 두려움 때문에 하다못해 우동 가게 앞에까지도 그 개집처럼 해놓고 있죠. 얼마나 놀랐으면…. 허허허. 그래서 지금 '하오리'를 입은 것도 조선의 도포를 보고 그렇게 했고 참, 공기밥 먹는 것도 우리 발우공양 하는 걸 보고, 또는 각반을 친 것도 우리 행전을 보고 그렇게 했고, 또 오조가사를 보고서는 총받이를 만들었죠, 여러 가지로 잘 생각해 보세요. 2차 대전 때 그 폭탄 하나로 인해서 일본이 사경을 헤맸던 그 이치를 생각해 볼 때에 꼭 주면 받고, 받으면 줘야 하는 그런 이치가 있다는 거를 일본이 그렇게 혼나고 난 뒤에야 깨달았죠. 그러고 그 전에도 참 미국 사람한테 너무 까불다가 한 번 혼났고, 또 너무 까불다가 사명대사한테 혼났고, 그래가지고 아주 자지러져서 이제는 저 국수가게까지도 갖다 놨습디다.

그러니 모든 게 자기가 행한 대로 받는 겁니다. 좋은 일을 했으면 좋은 결과가 오고, 언짢은 일을 했으면 언짢은 결과가 오는 거는 당연하겠죠. 그러니 우리가 이 공부하면서 사명대사도 서산대사도 이 조국을 위해 애쓰신 걸 잘 생각해봐야죠. 그분들은 일본 군사가 붙들러

오면 이쪽으로 가면서도 짚세기를 거꾸로 신고 갔단 말이야, 짚세기를. 거꾸로 신고 담을 뛰어넘어가니까, 담을 뛰어넘어온 게 되지 않습니까? 그래서 붙잡히질 않고 그렇게 우리 국민을 위해서 많은 애를 쓰시고 그랬지만, 우리가 한 가지 생각할 점이 있는 것이 있어요.

내가 서른 안짝으로 나이가 적었을 때 애깁니다. 가만히 생각을 하니까, 산으로 다니면서 이럭저럭 지내다가 뭘 생각을 했느냐 하면, 그전에도 얘기했지만 여자들은 한 달에 한 번씩 사정이 있는 이치가 있어서 참 어려웠습니다. 그래서 그냥 그걸 맹물에다 빨아서, 물이나 뭐 맹물이나 어디 그렇게 있습니까? 산에. 그런 것도 없는 데다 빨아서 입었으니깐 너무 추웠습니다. 내가 이런 소릴 지금 세번째 하나 그렇습니다.

그런데 먼발치에서 불이 깜박거렸습니다. 그래서 '서산대사처럼 축지법을 했으면은 내가 이런 추위를 모면하지 않을까.' 이런 생각을 했습니다. 하다가 문득 무슨 생각을 했습니다. '아하! 그때는 시대가 시대니만큼 활이나 칼이나 창을 쓸 시절이고, 지금은 몸뚱이로다가 만약에 그렇게 해서 국민들을 혼란시키고 이러는 것도 그건 몹쓸 일이라고 부처님께서 말씀하셨는데 어찌 내가 그런 생각을 할 수 있으랴! 몸뚱이가 가지 않고 내 이, 춥다는 의식 자체를 빼서 좀 뜨듯하게 만들면 되겠지.' 이렇게 생각을 했습니다.

그러면 지금 시대가 시대니만큼 태양이 크게 확산이 돼서 만약에 우리 국민을 아니, 국민보다도 이 지구의 주인들을 그냥 삽시간에 다 삼켜버린다면 어떻게 하렵니까? 그러기 때문에 모든 것은 우리의 생각에 의해서, 지구도 그렇지마는 저 태양도 우리 손아귀에 들어 있다고 생각을 하셔야 됩니다. 우리가 마음대로 할 수 있는, 뭐든지 마음대로 네가 내가 되고 내가 네가 될 수 있는 그런 나툼. 그래서 내가 그런 말을 했죠? 세번째도 죽어야 한다. 일체 나와 더불어 네가 내가 되고 내가 네가 되는 나툼을 알아야 하겠기에 또 죽어야 한다, 이런 말을 했죠.

그러니까 우리는 열심히 서로 문답식으로 차차 해나가려고 합니다. 그러니까 지금 내가 요 말을 왜 하느냐 하면은 지금은 내 영력으로써 이 몸속에 들은 모든 생명들이 들고 나면서, 수십억 마리가 다 모습을 바꿔가면서 급하면 급한 대로 쓸 수 있어야 하기 때문입니다, 한생각에. 그러면 멀고 가까움도 없는 겁니다. 한 찰나입니다! 저런 혹성세계에도 말입니다. 그러니까 어떠한 문제가 있으면 벌써 은하계하고 그 별성과 더불어 나와 둘이 아니라는 걸 아셔야 돼요. 그렇게 해서 모든 게 천지가 다 통신이 되고 천지를 다 볼 수 있고 그렇게 되는 거죠.

그러니까 지금 시대에는 보이는 몸뚱이가 이리 가고 저리 가고 감추고 이래서 되는 게 아니고, 이 마음이 한생각을 해서 내가 이거는 이렇게 해야겠다 하는 마음이 있다면은 그게 내가 돼서 바로 나는 여기 가만히 앉았으면서도 내가 천백억도 될 수 있고, 그- 말로 어떻게 합니까? 그 수효를. 그렇게 일체가 다 내가 될 수 있는 겁니다. 그러니까 그런 걸로 인해서 요 말씀을 드린 겁니다. 그리고 두뇌의 얘기도 해드리고 그랬으니까, 이것이 우리가 다 갖추어가지고 있다는 걸 아시면서 우리 오늘 질문으로 들어갑시다. 어때요? 질문하실 분, 어떠한 문제라도 질문하시는 게 좋을 것 같습니다. 아시더라도 또 때에 따라서는 모르는 분도 있고 그러기 때문에….

질문자1(남) 모든 남자분들은 저처럼 한 번씩 다 겪었으리라 생각을 하면서 제가 좀 여쭈렵니다. 지금 우리 공부하는 과정에서 참 어려운 것도 많고, 중도도 어떤 게 중도인지 참 몰랐습니다. 그래서 예를 들어서 만약에, 술을 먹으면 나쁘다는 생각은 분명히 드는데요. 분명히 술을 먹으면은 나쁘다는 거를 알면서도 내가 술을 만약에 마시게 된다 하면 '내가 술을 마시니까 이건 분명히 안 된다. 그건 나쁜 마음이다.' 그런 마음을 가지고 술을 안 마셔야 그게 옳은 일인지, 아니면 제가 그것을 내 마음에 일임해 놓고 술은 마시되, 내가 마시고 싶으니까 술은 마시되, 내 마음에 일임시키면서 술을 마셔야 되는지, 그 예를 든 겁니다. 제가 공부하면서 특히 좀 생각이 모자라는 것 같아가지고 좀 여쭈어 보는 겁니다.

큰스님 그런데 술을 먹고 싶다 하는 것도 조금 먹으면 약주라고 옛날부터 얘기했습니다. 그런데 많이 먹으면 망주라고 했죠. 그러면 지금 여러분이 생각할 때에 술을 먹고 싶다 해서 그냥 덮어놓고 많이 먹는 게 아닙니다. 안 먹는다, 먹는다 이거를 다 떠나서 정히 먹게 되었을 때에는 먹어야 되겠죠.

그러나 너무 넘치게, 아무리 좋은 약이라도 넘치게 먹으면 부작용이 나듯이 술도 그렇습니다. 그러니까 조금 먹으면 아주 피가 잘 돌아가고 약이 되는 것이죠. 그러니까 조금만 자기 몸 분량에 맞추어서 먹게 되면은, 먹더라도 먹지 않은 것처럼 되는데 그렇다고 일부러 쫓아다니며 먹을 필요는 없고요. 그러니깐 그것은 이런 공부해 나가는 사람들이 과도하지 않게 꼭 먹게끔 됐을 때 조금 인사로 마시는 거는 되죠. 또 꼭 먹게 되었을 때에도 내가 조금 불편하고 그럴 때는 한 잔 같은 거야 그건 약이 될 수 있죠.

질문자2(여) 스님, 저에게는요. 가정이 있고 또 자식들도 있고 이렇게 살림을 살고 하니까 이 공부하는 데 참 스님께서는 첫째도 죽어야 되고 둘째도 죽어야 되고, 셋째도 죽어야 한다 이 말씀을 하시는데요. 죽어야 된다, 죽어야 된다 하면서도 참 그게 죽어지지 않을 때 어떻게 했으면 좋겠습니까?

큰스님 여러분이 죽는 것이 두렵습니까? 이게 말입니다. 난 죽고 싶다, 죽고 싶다고 그러는 분이 더 죽고 싶지 않아 합니다. 그런데 죽는다는 것은 다른 이치가 아니라, 고정되게 머물러져 있지 않으니깐 공(空)했다 이 소립니다. 그러니 모든 것을, 나라는 조건을 다 딱 놓는다면 그대로 사시면서도, 그대로 사랑하면서도, 그대로 발전해 나가면서도, 그대로 그게 놓고 가는 겁니다. 그래, 그것을 나와 내가 완전히 계합될 때까지는 믿고 놔야 한다는 것을 말하는 겁니다.

질문자3(남) 스님께서는 말씀하시기를 육신의 내가 내가 아니고 주인공이 진실한 나이며, 너와 나는 둘이 아니고 하나라고 하셨습니다. 그렇다면은 그 하나라는 부분에서 의심이 가는 거는 나의 주인공, 너의 주인공이 따로따로 있으며 그것을 관장하는 또 하나의 주인공이 있어서 너와 내가 둘이 아니고 하나이냐? 아니면 본래부터가 너와 내가 없이 태양같이 하나가 있어가지고 그거를 전체를 관장하는 주인공이 구분이 없이 하나이냐? 거기에 대해서 말씀해 주십시오.

큰스님 그러면 이거 한마디 묻겠소. 당신이 마음과 지금 말하는 그 이치가 있는 것도 당신이 하나가 있기 때문에 있죠? 그러면 지금 말씀하신 거 내놓을 수 있으시겠습니까?

질문자3(남) 다시 말씀해 주십시오.

큰스님 지금 말씀하시고 그런 것을 내놓으실 수 있느냐고요.

질문자3(남) 내놓을 수가 없습니다.

큰스님 그러니까 둘이면서도 둘이 아니죠?

질문자3(남) 네.

큰스님 네. 일체가 다 한마음에 벌어진 일이죠.

질문자3 네.

큰스님 그런데 그 마음조차 없어요, 원칙으로는. 마음조차 없다는 것은, 아까 얘기했지. 만약에 시계추가 있는데, 시계가 있고 시계추가 있죠? 왔다 갔다 하니까 이쪽으로 갔다고 말할 수도 없고, 저쪽으로 갔다고 말할 수도 없죠. 고정되게 묶여 있지 않으니까. 그것이 당신이라면 어떻게 내놓으실 수 있겠습니까? 그래서 깨달아야 안다는 얘깁니다. 그래서 비밀이라는 얘깁니다. 그래 죽어야 자기를 알죠. 자기를 버려야 자기를 얻죠. 자기를 버리지 않으면 자기를 얻지 못해요.

사회자 말씀하실 분 없으시면 이것으로 끝내겠습니다.

큰스님 가정에서 살아나가는데 이런 예가 있어요. 나를 발견했는데 그것을 어디 절에 가서 큰스님한테 여쭤보니까 "너는 잘못 귀신이 들렸으니까 시식을 해라." 했다고 합디다. 그래도 낫지 않아서 왔다고 하는데, 그걸 나는 아무리 영계가 들렸다 하더라도 내가 그 사람을 받아들일 땐 그렇게 해줘선 안 되죠. 아무리 영계가 들었다 하더라도 그건 '너 자신의 주인공이다.' 이렇게 말을 해줘야 되겠죠. 왜냐? 마음은 체가 없으니까 영계가 들어왔다 하더라도 들어온 사이가 없는 거니깐요.

그래서 이거를 어떻게 거기에 대치를 해주느냐면 그게 주인공에서 나오는 거니까, 어떠한 문제가 보인다 들린다 하더라도 전부 거기서 나오는 거니까, 거기서 나온 거니까 거기서 안 나오게 할 수도 있다는 그런 믿음을 가져라 하고 거기 맡겨놓으라고 합니다. 그러면 그것이 점점점, 더딘 사람도 있고 빠른 사람도 있고 그렇게 해서 정신을 가다듬고 나가는 사람도 있고, 어떤 사람은 또 뭐를 했다? 무슨 호흡인가 뭐를 하다가 열이 머리로 올라와가지곤 선생님인데 학교에 나갈 수도 없다고 그러더군요.

그랬는데 그것을 가만히 생각해볼 때에 모든 걸 놓지 않고 하기 때문이죠. 그리고 자기라는 걸 놓지 않고 항상 그 머리에 열을 올려가지고 이거다 저거다 하고 그렇게 하니까, 이 몸뚱이는 호흡법을 해도 피를 모아서 사대(四大)를 탁 펼치는 반면에 그 몸의 피로한 거를 풀기 위해선데, 그 몸을 풀기 위해서라면 주인공에 맡겨놓으면 다 여기 생명들이 운반해줘서 건강해질 텐데, 구태여 그걸 꿇어 앉아서 말이야, 그 피를 모아서 하다가 잘못 되면 머리로 올라가면 그건 고칠 수 없는 거거든. 그러니까 그렇게 위험한 짓은 하지 말아야지. 그래서 나는 여러분이 위험치 않게, 여러분이 위험하면 내가 위험해. 왜? 나니까. 하하.

그러니까 여러분이 아파 우는 걸 보면은 내가 아파. 그러기 때문에 내가 아픈 짓은 안 하죠. 그러니 여러분이 사고나지 않도록 시키기 위해서 주인공을 믿고 '당신이 오다가 엎드러졌으면 당신이 일어나야지 누가 일으켜주는 게 아니다. 전생에 내가 살면서 악업 선업을 졌다면 그 속에서 다 악업 선업이 나오는 건데 나오게 되면 한 번 거기다 다시 넣어라. 거기서 악업 선업도 진 거니까 그 악업 선업을 무너뜨리는 것도 거기다.' 하곤 탁 놓는다. 또 안되는 것도 거기서 되게 할 수도 있는 거니까 거기다가, 잘된다 하면 또 '잘됐으니까 감사하다, 우리가 지수화풍으로서 지수화풍을 먹고 사는데 이렇게 감사할 수가 있나?' 하고 항상 감사하게 생각을 하면서 공부를 하게 하면 얼마나 좋습니까? 질문하실 분 없습니까, 또?

그래서 오늘 마지막으로 우리가 한 번 죽고, 두 번 죽고, 세 번 죽어야 한다는 요 말 한 마디를 이렇게 해보죠. "나를 버려서 나를 얻는 소식이다." 하고 '탕!' (주먹으로 법상을 치시며) 이렇게 칠 수 있는 이런 겁니다. 또 "나와 더불어 일체를 버려서 일체를 얻는 소식이다", '탕!' 이렇게 치고. 이 소식이 이게 광대무변해서 말로는 할 수 없어서 이렇게 하는 거죠, 옛날 분들도. 그러면 또 "나와 더불어 나를 버려서 일체 나툼의 소식이니라." 하는 것을 그 말로는 할 수 없으니까, 이게 '탕!' 이렇게.

여러분이 이 세 가지의 소식을 아신다면 나와 같이 동등하고 또는 일체와 같이 동등하고, 일체 우주 천하가 도량이고 일체 천하가 다 나 아님이 없고, 또 내 몸 아님이 없고, 참 내 아픔 아님이 없어서 정말 옛날에는 창, 칼, 활로 전쟁이 나도 그렇게 쓰던 건데, 우리가 이 도리를 알면은 그냥 보이지 않는 데에 까마귀 떼 가듯 해서 그 참, 의식 속에 들어가서 서로 해치지 않도록 돌볼 수 있는 그런 능력을 중용할 수 있는 거죠.

그러니 여러분이 이 공부를 잘 해서 전체의 모든 남과 나를, 나도 남도 다 둘이 아니에요. 그러니 일체를 구하려고 든다면은, 만날 싸움질들을 하니까 싸움하게 놔두었다가, 재미로 보는 것도 한계가 있는 거죠. 좀 재미로 봤다가 나중에 이게 큰 어른 싸움이 나겠구나 이러면 말려야죠. 그 말릴 때에 창이나 칼이나 활이나 이런 걸 가지고는 지금 세상에는 할 수가 없습니다. 그러기 때문에 몸으로 육신통을 해서 술수를 안다 하더라도 그거는 소용이 없는 겁니다, 지금 세상에는 시대적으로 볼 때.

그러니까 이 마음으로써 뭐든지 내가 될 수 있고, 나툴 수 있고, 또 내가 볼 수 있고, 들을 수 있고, 과거를 알 수가 있고, 현실의 그 마음을 알 수가 있어서 내가 바로 결단적으로 누진(漏盡)을 통해서 대뇌를 통해서 내가 어떠한 거를 결정을 짓는다, 이럴 때 바로 우측, 그 바른쪽으로 나오게 되는 거죠. 그래서 결단을 하는 거는 우측에서 하고, 나와서 일을 하는 거는 바로 좌측에서 하는 거죠.

그래서 우리는 현실적으로 남을 해치려드는 한 사람이 열 사람을 죽이려고 한다면 그 한 사람을 죽여도 살인이 되지 않는 거죠. 살생이 되지 않는다 이 소리예요. 이것도 자비니까. 그렇게 쓸 수 있는, 싸움을 막을 수 있는 그런 계기가 바로 여러분이 원심력에서 원통력을 굴릴 수 있는 데 있다라는 얘기죠.

그러면 여러분이 가정에서도, 내 몸 이 혹성 안에서도, 내 이 혹성 안에 들은 이 생명들도 마음대로 운전할 수가 있는 거죠. 그러니 뭐 걱정입니까? 야, 여기서 신호가 오면은 '내가 죽겠다.'고 그러걸랑은 '그럼, 그거 얼른 공장장한테 얘기해서 고쳐!' 그러면 되지 않습니까. 응? 그걸 그냥 애를 쓰고 그러는 건 여러분이 여러분을 믿지 못하기 때문입니다. 여러분이 지금 살고 계신 것도 그 속에 악업 선업의 그 생명들이 돌아가면서, 육체로는 돌아가면서 그 악과 선을 자꾸 풍긴단 말입니다. 그래가지고 보이지 않는 데서 풍기니까 보이는 데로 나올 수밖에. 그러니 여러분이 고(苦)덩어리죠. 그래서 고덩어리를 면하려면, 그 고덩어리가 나온 데다가 고덩어리를 그냥 되놔라 이거야. 오늘은 이것으로써 마치고요, 요 다음 법회 때는 질문을 하실 거를 간단하게 써가지고 나오셔서 질문하세요. 아셨죠?

일체를 용광로에 넣어라

89년 9월 17일

오늘도 여러분과 눈을 마주하면서 서로 토론하게 되었습니다. 내가 말을 하면 여러분이 먹을 것이요, 여러분이 질문을 해도 내가 먹고 없는 것입니다. 함이 없이 하는 도리가 바로 이 도린가 싶습니다.

여러분 중에도 지금 이러한 도리를 공부하는 데 대해서 갈등이 있거나 방황하는 분들도 많을 거라고 생각이 됩니다. 그러고도 또 이건 대승(大乘)이니 소승(小乘)이니 하면서, 여기는 체계가 잡혔느니 잡히지 않았느니 하고 생각들을 하고 갈등을 가지고 있는 분들이 많으리라고도 생각합니다. 아주 없다고는 생각 안 합니다. 허나 우리가 지금 여기서 배우는 것은 생활이 참선이요, 생활이 바로 진리요, 자기 마음을 탐구하는 데 대해서는 앉았는 것도 섰는 것도, 눕는 것도 모두가 참선이 되고 좌선(坐禪)·와선(臥禪)·입선(立禪)이 따로 없다고 생각하는 이러한 도리를 지금 배우는 겁니다. 그러기 때문에 체계가 잡히지 않은 듯하지만 일체 만법의 체계가 잡혀 있는 것이 뭐냐 하면 바로 여러분이 지금 행하고 나가는 거, 질서를 지키고 도의를 알고 의리를 알고 사랑을 알고, 이러한 전체 모든 것을 아는 것이 바로 참선이며, 진리를 그대로 탐구하고 나가는 길이라는 것입니다.

그러니 대승이니 소승이니 하고 잘못 됐느니 잘 됐느니 체계가 섰느니 안 섰느니 하고 그거 논의하다가는 여러분이 죽으러 가는데 지금 관에 들어가야 할 텐데 어떻게 이것이 체계가 잡혔느니 안 잡혔느니, 대승이니 소승이니 하고 그런 거 생각하겠습니까? 지금 죽은 세상 50%를 탐구해야 사는 세상 50%를 같이 귀합을 시켜서 내가 자유롭게 살 수 있고 세세생생에 끄달림이 없이 윤회에 끄달리지 않게 될 텐데 말입니다. 그러니 인간의 참된 모습을 탐구하는 데에 지침이 될 거를 생각하면서, 지혜를 얻을 것을 약속하면서 이렇게 나가는 사람들이, 이것 저것 따지다 보면은 어떻게 죽은 세상에 가겠습니까? 자기 마음이 죽지 않은 이상에는 죽은 세상에 갈 수가 없는 것입니다.

그러므로 우리가 '주인공(主人空)' 하는 것을 예전에 육조(六祖) 스님은 이렇게 말씀을 하셨죠. "성품이 스스로 청정함을 내 어찌 알았으리까?" 그 마음을 말하는 거죠. "마음이 스스로 갖추어가지고 있음을 어찌 알았으리까?" "스스로 물러나지 않는 마음을 어찌 알았으리까?" 즉 물러서지 않는다 하는 것은 구족함을 말하는 거죠. "스스로 내 마음이 내고 들이는 것을" 일체 만법을 말입니다. "내고 들임을 어찌 알았으리까?" 하는 겁니다. 이것은 우주 천지가 인간의 마음에 직결돼 있어서 돌아가는 뜻을, 대천세계 · 중천세계 · 소천세계가 한꺼번에 돌아가는 이치를 다 종합한 뜻이라고 봅니다.

왜냐하면은 마음이 스스로서 직결된 거를 알고, 직결된 거를 알았으면 스스로서 자유롭게 굴릴 수 있다는 얘기죠. 지난번에도 얘기했지만 팔 법륜 마크가 그렇게 생겼지 않습니까? 사유사무(四有四無), 사무사유라고 해도 되고 말입니다. 바로 일체가 인간의 마음에 직결되어 있기 때문에 그걸 깨달으면 스스로서 그렇게 청정함을 알고, 스스로서 갖추어 있는 거를 알고, 스스로서 그렇게 구족함을 알고, 스스로서 참, 일체 만법을 들이고 내는 그 자유자재함을 자기가 알고, 스스로서 그렇게 하는 거지 누가 그것을 갖다주고 뺏아가고 이러는 것도 아니거든요.

그런 공부하는 데 대해서 그것이 다 포함된 것을 주인공이라고 한단 말입니다. 한마음이라는 이 부처, 부처가 없는 게 부처다 했죠. 한마음이라는 뜻은, 이것은 어떠한 대(對)가 없는 게 한마음이야. 어떠한 그 뭐가 붙지 않는 것을 한마음이라고 그러거든. 그러니 그 한마음의 도리는 돌아(원을 그려 보이시며). 한마음으로 돌아가니까 육체도 모두가 같이 돌아가는 거야, 상대로 인해서. 내가 아니라면 상대가 살 수 없고 상대가 아니라면 내가 살 수 없듯이, 모두가 이렇게 해서 한꺼번에 돌아가니까 그 돌아가는 찰나 생활이 한꺼번에 계합이 된 그 뜻을 주인공이라고 한 거라. 그러니 그 주인공은, 즉 말하자면 전체가 한데 합쳐진, 어떻게 말로 다 할 수 없으니까 전체가 합쳐진 그것을 용광로라고도 하고 자가발전소라고도 하고 여러 가지로 표현을 했습니다.

그래서 잘 되고 못 되는 거, 나중에 잘 된다 못 된다 이거는 개의치 말고 용광로에 넣기만 하는 작업을 해라 하는 것입니다. 용광로에 넣기만 하는 작업을 한다면 재생돼서 나오는 쇠는 자동적으로 스스로 나오니까. 내가 이렇게 놓는다고 해서 잘 될까, 못 될까 이런 건 걱정하지 말아야 이게 진짜 정통으로 놔지는 거죠. 내가 이렇게 주인공에게 모든 것을 다 일임해서 놓고 난 뒤에 재차 '아이구, 이렇게 놓는다고 저 일이 저게 될까?' 이러한 생각을 한다면 그건 용광로에 정통으로 들어간 게 아닙니다. 그래서 나중에 재생돼서 나오는 거는 생각지 말고 여기 (가슴을 짚어 보이시며) 넣는 작업만 하는 겁니다.

여러분이 넣는 작업만 한다면 바로 부설거사(浮雪居士)가 자기 앞의 일을 용도에 따라서 한 거나 같겠죠. 한 여자가 말을 못 하고 있다가 19세가 된 후 부설거사를 만나보고 입이 떨어졌다죠. "나는 입이 떨어졌으니까 당신을 놓고는 못 살아. 당신이 나하고 결혼을 안 한다면은 나는 당신이 돌아서자마자 죽어버리겠다." 하니까 부설거사는 어떻게 생각을 했느냐 하면은 '내 앞의 일을, 사람 죽는 걸 건지지 못하고 처리를 못 한다면 부처님께 누(累)가 될 뿐만 아니라, 부처님이 가르치는 그 뜻을 어기는 일이니까 그것을 살리고 보자. 앞의 일 치우지 못하고 저 먼데 치우려고 한다고 해서 치워지는 건 아니지 않나!' 그래서 자기 소견대로 그대로 결혼을 했던 것입니다. 그 마음씨, 지혜!

그 다음에 두 스님이 찾아와서 그렇게 깔보고, 아래로 내려다 보고, 아집을 가지고 그렇게 막 말을 해도 태연하고 인의롭게 마음 상치 않게 대접을 해주고 한 그 뜻, 지혜, 자비! 그 다음 셋째, 그 자비로써 그냥 둬서는 안 되겠다 하는 생각에서 병에다가 물을 담아서 주욱 달아놓고서 "하나하나 깨트려 보게!" 했던 거. 깨트려 보니까 두 스님은 물과 병이 전부 다 그냥 떨어져서 깨졌고, 부설거사가 친 거는 병만 깨져서 떨어지고 물은 응고돼서 그냥 대롱대롱 매달려 있더라는 얘기죠. 그러니 그것을 보고 잘못 됐다고 할 때에 그 두 스님은 참 "오만과 자만, 아집을 버리지 못하고 이론에만 끄달려서, 큰스님한테 돌아다니면서 공부했다는 그 아집만 가졌으니 용서하십시오." 하고서 다시 일어나서 몸을 조아리고 절을 했으니, 보잘것 없는 나무꾼같이 생긴 그 부설거사한테 말입니다. 그런데 그분은 이렇게 말씀하셨죠. "우리가 이 몸뚱이는 저 병 껍데기와 같고 그 대롱대롱 매달린 응고된 물은 바로 우리의 성품과 같다."고 그랬습니다. 그러니 그 성품은 변하지 않고 끄달림이 없고 여여하다고 했죠.

그래서 그 두 분 스님은 부설거사의 제자가 되기로 작정을 하고 제자가 됐듯이, 그 마음 가짐가짐이 어느 누구든지 깔보지 않고, 하다못해 생각이 없든지 있든지, 목석이든지 목석이 아니든지, 돌이든 꽃나무든 죽어가는 나무든, 병신이든 병신이 아니든, 똑똑하든 똑똑하지 않든 누구를 막론해 놓고 웃으면서 대해줄 수 있는 그 아량과 지혜가 스스로 마음에서 우러나와 '내가 못 배웠을 때 내 모습이요, 내가 수억겁 광년을 거쳐올 때 저런 모습을 하고 거쳐왔지 않나, 바로 나인 것이다.' 이렇게 사랑하고 자비로운 마음을 가졌을 때 바로 그 모든 것에서 몰락 벗어날 수 있다 이겁니다.

그래서 이렇게도 표현을 했습니다. 그 아주 높은 산꼭대기, 제일 높은 데를 올라가는데 무엇을 자꾸 짊어지고 갈 바가 뭐 있습니까? 자꾸 놓고 가야지 사람 하나 몸뚱이 올라가는 것도 무거운데 어떻게 자꾸 생기는 대로 짊어지고 가겠습니까? 그러니 올라갈 때는 다 놓고 올라가십시오, 이겁니다. 조금만 뭐이 보이는 게 있고 들리는 게 있고 이러면은 그냥 자만하고, 또 나쁜 게 보이고 좋은 게 보이고, 미운 게 보이고 또 이쁜 게 보이고 이걸 일일이 욕심내고, 그 아집을 가지고 나라는 조건에서 영 한 발짝도 떼놓지 못한다면 거기 자기가 갈 수 있는 목적지에 도달하지 못합니다. 그래서 모든 것을, 내 짐도 무거우니까, 이것도 (몸을 가리키시며) 공(空)해서 이것도 놓고 지금 터벅터벅 가는 바 없이 가고 있는데 자꾸 짊어질 게 뭐 있느냐는 얘깁니다.

다 놓고 가다 보면은 맨 상봉 꼭대기에 올라갔을 때 비로소 둘러보니까 모두 그 위에서 내려다 보이더라 이거야. 전체를 볼 때 하고 조그만 개별적인 거 볼 때 하고는 전혀 다르게 보이더라 이거야. 전체가 보이는 걸 보니까 '아이구, 저기서 일어나는 것이 여기로 인해서 일어나고 저기로 인해서 여기서 일어나고 이렇게 되니깐, 이쪽을 누르면 저쪽이 눌러지고 이쪽이 이렇게 자꾸 일어나니까 어떤 거를 손을 댈 게 없더라.' 이렇게 되죠. 그래서 잘못하고 잘하고 그것이 없더라는 얘기죠. 그리고 남녀노소가 따로 없고. 무(無)의 세계, 유(有)의 세계를 다 합쳐서 보니까 그렇더라는 얘기죠. 또 동 서가 둘이 아니고 남자 여자가 둘이 아니고, 대승 소승이 둘이 아니요, 어려운 사람 부자 사람 이것이 둘이 아니요, 권세 없는 사람과 권세 있는 사람과 둘이 아니요, 항상 뒤바뀌지더라 이거야. 돌아가더라 이거야. 그래서 거기서 내려올 때는, 내려올 때는 다 줏어모아서 담아도 담긴 사이가 없더라. 담긴 사이가 없으니 내려와서는 내놔도 내놓은 사이가 없이 내놔지더라.

그래서 무조건 여러분이 이 도리를 배우는 데는 천금 만금을 주고도 배우기 어려우니 지금 인연에 따라서 이렇게 배우는 것을 고맙게 생각하고 열심히 스스로 익히고, 자기 것을 만들어서 스스로서 자기가 응용할 수 있는 그러한 방법과 그러한 지혜와 그러한 자비를 가지고 해나갈 수 있는 능력을 얻으시라는 얘기죠.

우리가 아무리 남의 책을 보고 남의 말을 듣고 지식적으로 머리에 넣어서 그거를 때에 따라선 얘길 하고 쓴다 해도 그거는 헛거야. 그래서 우리가 경(經)을 본다 하더라도 백지를 볼 줄 알아야 글을 볼 수가 있고 글을 볼 수 있어야 만법의 근원이 지혜롭게 그 한 글자에서도 나올 수 있다 이런 말이죠. 그래 여북하면 '백'은 전체를 말하고 '지'는 지혜를 말한다고 하겠습니까. 글은 우리가 지금 용을 하고 있지 않습니까? 우리가 이렇다 좋다 하는 거를 모른다면 어떻게 부처를 이루겠습니까?

하여튼 망상이라는 것도 놓고, 우정 내가 공부를 열심히 하겠다고 하는 마음도 놓고 꾸준히 물러서지 않는 믿음을 가져야 합니다. 그대로 여여하게 갖추어가지고 있으니까, 그대로 믿으면 되는데 사생결단을 하고 '이놈의 게 왜 안 되나?' 모질음을 쓰고, '이게 이렇게 놓으면 된다는데 왜 안 되나?' 이러면은 이거는 지난번에도 얘기했지만 지네가 가다가 "아이고, 다리가 저렇게 많은데 어떻게 저렇게 가나?" 하니까, 딱 서서 못 가는 거와 마찬가지로 그렇게 못 갑니다. 그러니 누구한테 탈을 합니까? 그렇게 성실하게 일러드려도 놓지 못하고 놨다 하더라도 또 재 미처 생각을 할 때는 '아이고, 이거 또….' 하고 방방방방 뛰고, 그렇게 뛸 때 또 놓으라고 하니까 '아이구, 이렇게 놓고, 이렇게 놨는데도 안 된다.' 이거지. 안 된다는 생각까지도 놔야 될 텐데 그걸 놓지 못한다는 얘기죠.

그래 여러분 중에서 어떤 사람은 "아이, 그거 뭐 한 번 죽지 두 번 죽습니까. 하늘이 무너져서 짜부러져 죽는다 하더라도 그냥 아이, 뭐 없으면 없는 대로 그냥 죽으면 죽는 대로 살죠." 이러는데 그 사람은 아주 살게 돼서 괜찮고 아, 이건 살려고 바둥바둥하고 '왜 놓는데도 그렇게 맡기는데도 안 되느냐. 주인공 살려주시오.' 이러면 오히려 안된단 말이야. 그거는 어리석은 행이 아니냐 이거죠. 해달라면 벌써 둘이 되는 거야. 해달라긴 누구더러 해달랍니까? 내 마음이 안 되고 있는 걸 알고 있는데 누구더러 해달라 하는 겁니까? 그래 아까 얘기하듯 내 마음이 스스로 청정한 줄 어찌 알았으리까? 내 마음이 스스로 그렇게 갖추어가지고, 일체 만법을 갖추어가지고 있다는 걸 어찌 알았으리까? 내가 있기 때문에 구족한 걸 어찌 알았으리까? 내가 있기 때문에 일체 만법을 들이고 냄을 어찌 알았으리까? 능히 말입니다. 이것이 스스로서 자기 것이 돼서 스스로 당당하고 여여하게 이렇게 펴내서 쓸 수 있어야 되는데….

그러면 부처님이 가르치시기를 말입니다. 이렇게 목마른데 어느 누구가 물을 '먹지 마라.' 하는 사람 있습디까? 내가 목마르면 먹을 수 있게끔 하고 마음을 내서 육체를 움죽거리게 하고, 발을 떼어놓게 하고…, 그렇게 갖추어 가지고 있지 않습니까? 그 갖추어져 있는데, 깨우쳤다 깨우치지 못했다 하기 이전에. 목말라서 물 마시는데 누구가, 마시지 못하게 하는 사람이 어디 있겠습니까? 그러니 얼마나 구족합니까, 이게. 여여하고 말입니다. 갖추어 가지고 있고. 일체 만법을 들이고 내는 것을 스스로서 그렇게 할 수 있는 여러분이 왜, 어려워서 나는 못한다 이런 말을 합니까? 해보지도 않고 느껴보지도 않고. 그러고 욕심이 앞서서, 나라는 조건이 앞서서, 애착이 앞서서 말입니다.

요새는 값싼 사랑들을 하기 때문에 울고 짜고 모두 그러는데 값싼 사랑을 해서 값싼 눈물을 흘리지 말라 이겁니다. 한 눈물을 흘릴 때도 한 방울의 눈물이 온 바다를 이룰 수 있고, 온 바다를 한 눈물 방울로 채울 수 있는 그런 지혜를 얻어서 여러분이 살 수 있게끔 한다면 자유자재권을 얻을 수 있을 뿐만 아니라 바로 이 우주 천지에서 여러분한테 열쇠를 맡길 것입니다. 그건 누가 주는 거냐? 그런 게 있죠. 그거에 대해서 이따 얘기하고, 여러분이 질문을 해보십시오. 오늘은 질문을 좀 받기로 했습니다.

질문자1(남) 스님 법력에 진심으로 항복드립니다. 사실 제가 여러 해 동안 이 불법이라고 공부를 좀 해봤는데 교학(教學)도 좀 해보고, 또 요즈음은 선학(禪學)도 좀 이렇게 공부랍시고 하고 있습니다.

이제 적어도 문자로는 어떤 것이 부처가 되는 길인가, 뭐 대충 줏어담았습니다. 그런데 여태 실지로 그 나머지 식들을 제 걸로 소화한 건 하나도 없다고 봐야 되겠어요. 물론 이 문제의 해답은 뭐 남이 대신 해줄 문제는 아니라고 생각합니다. 그리고 왜 안 되는지도 자세히 잘 알고 있습니다. 많은 이유 중의 하나를 제가 우선 말씀을 좀 드려야 되겠는데 제가 불법을 접하기 이전부터 어린 시절부터 가지고 오던, 키워오던 생각이 있었어요. 제가 한국인으로 태어났고 또 한 사람의 대장부로 태어났고 이제 성인이 돼서 지금까지 이렇게 걸어온 길을 돌이켜보니까 그 어린 시절부터 지녀오던 꿈 또는 포부, 장부로서의 어떤 그 기대감 이런 것들이 불법을 접하면서 전부 좀 우습게 여겨지게 됐다고 그럴까요. 물질계에 대해 소홀하게 생각이 됐어요. 그래서 그 동안 고뇌를 좀 했는데 이 두 가지를 다 한꺼번에 얻을 수 있는 방법은 없는지, 또 버린다면은 이런 그 물질 취득에 관한 집착념….

큰스님 그 말씀 들으니깐 알겠습니다. 아까 제가 말씀드렸듯이 우리가 참된 일상 생활이 바로 참선이자 길입니다. 모든 것은 지금 이 병 껍데기와 같이 깨져버리고마는 그러한 물질입니다. 그러기 때문에 이건 바로 그 물 담는 그릇과 같은 거죠, 이 몸뚱이가. 그러니 그 모두를, 일체 만법을 거기에 맡겨라 아까 얘기했죠. 내 내면세계가 용광로라면 거기에 맡겨놓는 작업만 한다면 스스로서 생산돼서 나오는 거는 뭐가 나올지 걱정하지 말라고요. 알고 모르는 건 스스로서 자기가 알아질 때까지 그렇게 해야만 되는데 그 알 양으로 너무 노력을 하고 놓지 못한다면 그건 안 됩니다.

질문자1(남) 물질에 대한 욕심이나 탐욕심 이런 것들이 제 자신을 위한 게 아니고, 가령 불법이 이렇게 중생 구제를 위해서 하는 것과 마찬가지로 많은 어려운 사람들을 위해서 해보고자 하는 욕심이었다면 그것도 버려야 됩니까?

큰스님 여러분한테 이렇게 말했습니다. 먹는 거는 물을 먹으면서도 함이 없이 먹었습니다. 먹은 사이가 없이 먹었고 말을 했어도 하는 사이가 없이 말을 했습니다. 그런 거와 같이 남에게 이런 물건을 (손수건을 들어 보이시며) 하나 줬더라도 내가 줬다는 생각 없이 그냥, 그냥 주고 갈 뿐이고 걸어갈 뿐입니다. 살 뿐입니다. 그렇게요. 그냥 주면 줬지 자기가 줬다는 생각은 없어야 하겠죠? 왜냐? 자기도 공(空)했으니까.

내가 어저께도 이런 말을 했습니다. 아내를 만나서 뽀뽀를 하고 있는데 아들이 탁 들어오더니 "아빠!" 그러거든. 그러니깐 아내를 비켜 놓곤 어린애를 번쩍 안아서 "그래, 아빠다." 하고선 "어디가서 놀다 왔니?" 하고선 말을 하는데 저 안에서 말입니다. "아범아!" 그러고 또 부르거든요. 어린애를 탁 내려놓고 또 어머니한테로 갔단 말입니다. 그래서 세 사람을 만났었는데 그때마다 똑같진 않았죠? 하나는 남편이 됐었고, 하나는 아버지가 됐었고, 하나는 아들이 됐었습니다. 그런데 어떤 거 될 때에 나라고 하겠습니까?

그러기 때문에 나라는 존재는 공(空)했다는 얘깁니다. 모두 일체 사는 게 공했어요. 찰나 생활이에요. 그러기 때문에 공한 그릇이에요, 공한 그릇. 그러니 여러분이 일체 만법을 들이고 내는 것을 다 당신 내면의 주인공에 일임하라. 그 주인공이라 하는 것은 어떠한 개별적인 자기를 내세우는 게 아닌 한마음의 도리로서 그냥 돌아가는 겁니다. 그러니 내가 했다 네가 했다 하지 마시고 그대로 여여하게 하시면서 놓아라 안 놓아라 하는 이런 것도 놓으십시오. 그 생각을 전체 놓으시고 그대로 하세요. 자주자주 나오시면서 여기 여러분이 하는 이야기도 거름

삼아 들으시고요.

질문자2(남) 9월 5일 낮 12시경에 스님 친견하고 지금 다시 친견을 하게 되었는데 그 사이에 제게 참 큰 사건이 있었습니다. 9월 8일 오후 8시 32분 아버님이 돌아가셨습니다. 그리고 장례를 치르고 다시 스님 앞에 왔습니다. 저는 아직까지 불교 신자라고 자부할 수도 없고, 불교에 대한 아무런 예절도 모르고 어떻게 하는 방법인지 아무것도 모르고 있습니다. 단지 하나의 마음으로 스님 앞에 다가왔습니다. 제가 지금까지 제 나름대로는 거의 대부분의 동 서양의 철학 서적을 거의 다 간파했다고 자부하고 왔지마는 스님의 한 말씀은 모든 개념을 통달했습니다. 그리고 스님에게 여쭤보고 싶은 게 있습니다.

제가 아버님의 상을 치르고 산소에 뫼시고 와서 느낀 것인데 그 중에서 스님의 말씀이 생각났습니다. 스님이 수행 중에 무덤을 우주의 근본이라 하셨습니다. 그리고 그 무덤을 우주의 근본이기 때문에 자주 가셨다고 말씀을 하셨습니다. 첫번째 질문은, 무덤을 우주의 근본이라고 하신 그 이유가 무엇인지 알고 싶습니다.

그리고 방금도 설법을 하시는 중에 "우리가 사후의 세계를 50%를 알 때에 보다 높은 산의 위치에 올라가서 뭔가를 알 수 있을 것이 아닌가." 하는 말씀을 하셨습니다. 그래서 그 귀신이라는, 사후의 세계가 귀신을 의미한다면은 저희들이 사후의 세계를, 무덤의 세계를 보지 못하는 저희 중생들에게 귀신의 정체가 무엇인지 대답을 좀 해주시면 좋겠습니다.

그리고 세번째는, 또 대부분의 자손들이 부모를 산소에 뫼실 때 아버님을 좀더 좋은 자리에 모시고 싶어하는 자식들의 헛된 소망이 있는데 산소를 잘못 건드렸을 때 그 자손에게 어떤 해가 미친다는, 세상에 떠도는 말들이 있는데 거기에 대해 사실 여부를 말씀해 주시면 고맙겠습니다.

큰스님 지금 말씀하신 거는, 묘지는 그 산의 산수라고도 하고 묘지라고도 합니다. 그런데 둥글게 묘지를 댔죠? 그래서 거기다가 부모를 모시고 본 사람은 누구며 보여준 것은 뭐냐 이겁니다.

그런데 돌아가시기 이전 이후를 다 합쳐서 본 사람은 지금 산 사람이고, 보여준 거는 죽은 사람입니다. 그렇죠? 그리고 또 둥그렇게 이렇게 만들어 놓았습니다. 세번째 가서 둥그렇게 돼 있는 것은 전후가 한데 합쳐진 바로 원 도리라고 볼 수밖에 없죠. 천상천하가 다 한데 합쳐서 뭉쳐진 도리라고 생각하면 됩니다. 그러기 때문에 이게 (물컵을 들으시고) 산소라면 여기도 우주개공이 담겨 있다, 이런 거죠. 이거나 이거나, 둘이 아닌 까닭에 바로 본 놈도 둘이 아니죠.

우리는 그래서 묘산이라고 할 수밖에 없는, 이것을 여러분이 잘 생각을 하고 둘로 보지 않는다면 그것이 원심력을 얻고 지혜를 얻는 것이구요. 생각하기에 달린 것입니다.

죽은 사람, 산 사람도 둘이 아닙니다. 껍데기 병만 깨졌을 뿐이지 그 근본은 그대로 있는 것입니다. 움죽거리지 않습니다. 죽고 사는 게 없습니다. 물이 얼음이 됐다가 얼음이 녹으면 물이 됐다가 이럴 뿐이지, 얼음이라고 이름만 불렀을 뿐이죠. 그래서 그것도 죽었으니 송장이라고 할 뿐이지 그것이 둘이 아닌 것입니다, 물과 얼음이 둘이 아니듯. 그래서 그것을 어떻게 생각하면 천지가 한데 계합이 된, 본 사람이 있고 그것을 뭉쳐놓은 게 있고 하니 그게 둘이 아닌 까닭에, 삼심(三心)이 둘이 아닌 까닭에 전체가 한데 (원을 그려 보이시고) 합쳐진….

우리가 이 도리를 어떤 때는 부처님의 도량이라고도 하고 그러는데 도량은 어디고 다 도량이죠. 그래서 '부처님 법이 어디 있습니까?' 하니까 아무 소리 않고 뚱그렇게 그냥 그려놓고는 말았더라. 어떤 사람은 뚱그렇게 그려놓고는 침 한 번 뱉는데 떨어질랑말랑 할 때 점 하나 찍어놓더라는 얘기도 있고요. 그것도 저것도 묵묵히 있었던 분도 있었죠. 어떤 분은 송장을 타고 빙글빙글 서너 바퀴를 돌다가 그냥 훌쩍 나갔고요. 그러니 그것을 말로 형용할 수는 없으니 그대로 그런 것이구요.

아까 끄트머리에 그랬죠. 우리가 그 마음이 채워지면은 스스로 알 것이니까 본 사람은 거기 누워 있는 사람, 묘지가 한데 합쳐진 것도 사람이 이렇게 모아놨고요. 마음이 한데, 이전 이후가 다 한데 모아진 셈이나 똑같은 거죠. 그거를 아시면은 원심력을 얻을 수 있겠습니다. 그러니 그걸 잘 탐구해 보세요. 그래서 자기 주인공에 놓고요. 아까 끄트머리로 말씀하신 것은 아까, 뭐라 그랬죠. 응?

질문자2(남) 산소를 잘못 건드렸을 때 자손에게 화가 미친다는 얘기가 있는데요.

큰스님 응-. 그거는요, 여기서는 그런 것을 개의치 않습니다. 소승이다, 대승이다 하는 교리를 다 놓고 돌아가는 이 진리를 탐구하는데 무슨 그것이 잘못되고 잘되고가 있습니까? 일체 만법에, 뭐 마음은 체가 없는 겁니다. 그렇죠? 영(靈), 의식은 수만 개가 들어와도 들어온 사이가 없고 내놔도 내놓은 사이가 없고, 또 내가 가다가 '아, 여기가 좋겠구나!' 하는 생각이 있으면 거기 그냥 묻으면 좋은 겁니다. 그래서 이 공부는 지리학이라든가 천문학이라든가 또는 의학이라든가 천체물리학이라든가 이런 것이 포함돼서 돌아가는 공부입니다. 자기 마음대로 하는 공부를 지금 하는 겁니다. 그러기 때문에 거기에 걸리지 마시라는 얘깁니다.

여러분이 체험을 해봐서 알지마는 아, 그런 데서 부적을 붙이고 온통 야단을 하면서 그렇게 걸리다가는 못 하나 박아도 탈이 나. 그런데 나중에는 그거고 뭐고 다 버리니까 탈도 안 나고 외이레 더 잘 되더라는 얘깁니다. 지금 사람이 먹고 살고 이렇게 살기도 귀찮아 죽겠는데 어떻게 와서 어떻게 사는지, 어떻게 가는지도 모르고 지금 이렇게 살고 있는데 아니, 그런 걱정 저런 걱정하다가 세월 보내면 얼마나 억울합니까? 다 놓으세요. 아무 걱정, 걸리지 마세요. 그러면 돼요.

질문자3(남) 저는 나름대로 불교 공부를 조금 했습니다마는 의문되는 것이 몇 가지 있었는데 어디 물어볼 데도 없고 그래서 오늘 처음으로 이 한마음선원에 와서 큰스님께서 질문을 하라고 하니까 제 마음에 있던 의문을 질문하겠습니다.

지금 세상이 갈수록 혼탁해져가고 있습니다. 악이 범람하고 있습니다. 그런데 또 비례해서 인구는 자꾸 늘어나고 있습니다. 그런데 불교에서는 사람 몸 받기가 그렇게 어렵다고 그랬습니다. 그러면 이것이 사람 몸 받기는 어려운 것과 인간이 늘어가는 것 이것은 어떤 관계인지 알고 싶고요.

그 다음 두번째는, 기독교에서는 이 세상은 하나님이 창조했다고 합니다. 그런데 불교에서는 이 세상은 어떻게 전개되었는가? 뭐 보통 제가 책자나 이렇게 보면은 마음이 세계를 만들었다 이렇게 얘기를 하는데, 태초에 그러면 무엇이 어떻게 움직여서 이것이 전개되었는가? 불교에서는 일체 중생에 다 불성이 있고, 인간의 본성은 다 청정무구하다고 합니다. 그런 청정무구한 마음에 어떻게, 이것이 처음에 어떻게 무엇이 움직여서 이 삼라만상이 전개되었는지 우선 요 두 가지를 알고 싶습니다.

큰스님 댁의 몸뚱이도 지수화풍(地水火風)으로 뭉쳐져 있습니다. 또 몸뚱이 속에 들은 생명들도 지수화풍으로 뭉쳐진 겁니다. 그런데 바깥에, 외부에 있는 지수화풍을 먹고 삽니다. 안 그렇습니까? 그렇죠? 그래서 원 고향은 어딘가? 자기 몸뚱이가 그냥 고향입니다. 왜냐? 여러분은 지수화풍 속에서 나왔으니까 말입니다. 이것도 (물컵을 가리키시며) 지수화풍이 계합이 됐기 때문에 하나 나왔습니다. 모든 것이 지수화풍이 아닌 물질이 없습니다. 그러면 지수화풍끼리 전부 헤어져서 살다가 야, 이렇게 따로따로 이러다 보니깐, 우리가 우리를 탄생시키지 못한다 이겁니다. 그래서 자기네들끼리 모아서 자기네들끼리 한 물건을 내놨을 때에 그때에 즉 말하자면 미생물의 존재라고나 할까요. 그렇게 해서부터 생겨나기 시작이 된 거라고 하죠.

그러면은 우리가 수억겁 광년을 거쳐오면서 나쁜 일도 하고 좋은 일도 하고 또, 어리석은 일도 하고 어리석지 않은 일도 하고 이러다 보니까 한생각의 진화력을 갖게 됐고 바로 그것이 우리를 인간까지 이끌고나온 게 아닌가 이렇게 봅니다. 그러면 그 경험을 쌓은 우리 인간은 고등동물이라고 하죠. 그렇다면 여러분은 한생각으로서, 내가 그전에 그랬죠? 토끼가 다리가 다 똑같았는데 내리막을 뛰다 보니깐 앞다리가 똑같으니깐 뛰어지질 않아, 잡혀 먹히기 똑 참하거든. 그래서 고 다음서부터 '나는 앞다리가 조금 짧게 나와야겠다, 짧게 했음 좋겠다.' 하니까 그 다음에 나올 때 짧게 돼가지고 나왔더래요.

고개를 꺄우뚱하시는데…, 이해가 안 가신다면 또 하나, 태교를 예로 듭니다. 어느 부부가 쌍꺼풀도 하고 얼굴도 아주 미인으로 만들고, 미남으로 만들었습니다. 그런데 어린애를 낳아 놨는데 아주 보기 싫었습니다, 자기 본 얼굴이기 때문에. 그래, 남들이 볼 때에 저 부부는 저렇게 잘생기고 미인인데 어째서 애는 이렇게 메주덩이같이 낳았느냐, 이렇게 질문이 들어왔습니다. 그러니까 자기 양심들은 있죠. 그랬는데 그 후에 두번째 애를 가졌을 때 누가 이렇게 일러줬습니다. 당신은 당신 얼굴 그림 그려가지고 나온 것을 생각지 말고 당신 할아버지가 참 잘생겼으니 할아버지 그 얼굴대로 그대로, 몸집 그대로 모든 것을 태교하면서 생각해라, 그렇게 그림을 그려라. 그래서 딴은 그렇게 그림을 그리니깐 아주 잘생긴 그 할아버지를 닮아서 나왔더랍니다.

이것은 즉 마음입니다. 마음은, 손도 없고 발도 없고 내 몸뚱이도 없건만 그렇게 잘 그려가지고 나올 수 있는 것이 바로 태교입니다. 그래서 태 안에 있는 어린애, 그 자라는 어린애의 마음, 그것은 바로 그 어린애의 마음이나 우리 산 사람들 마음이나 모든 게 같이 늙어서 둘이 아닌 것입니다. 그러기 때문에 태교가 가능한 것입니다. 이것도 여러분 젊은 분들도 노인네들도 우리가 지금만 살고, 요다음에 그냥 잎이 떨어졌다고 그 이듬해 봄에 잎이 안 피는 게 아닙니다. 그러니 여러분이 잘 그려가지고 나오시길 바랍니다.

나라의 모든 것들도 이 마음에 달려 있죠. 그런데 투표를 해도 많은 쪽으로, 국회의원이든 대통령이든 뽑힙니다. 그와 마찬가지로 지금 우리의 마음들이 악으로 많이 기울어지면은 그 악의 무리들로 인해서 천지가 산란해지고 지금 세상이 모두 산란하게 됩니다. 그러니 마음에 달렸다고 하지 않겠습니까? 전체 말입니다. 우리의 마음을 잘 쓰고 돌아간다면 무(無)의 세계의 내 마음이 바로 잘 알 거고, 무의 세계의 내 마음이 유(有)의 행으로 나오니 그것이 잘 될 텐데….

때마다, 천년만큼씩도 되고 오백년만큼씩도 되고 십만년만큼씩마다 그런 문제가 생긴다고 봅니다. 우리가 참 경제적으로나 모든 면에서 발전이 많이 됐다고 하지만 그거를 수용할 수 있는 그릇이 채 못 되기 때문에, 넘쳐흐르기 때문에 부작용이 일어나는 거죠. 발전은 성급하게 되면서 그릇은 작으니 그게 넘쳐흐르게끔 돼 있는 것에서 이러한 발단이 생기는 거죠. 그래서 우리는 그릇부터 크게 만들어야 되는 거지 그릇이 요만하다면 요만한 거밖에 담기지 못하는데, 요만한 그릇에다가 그냥 빨리 성장하라고 막 그 에너지를 들이부으니까 이게 넘쳐흐르는 거죠.

요다음에 또 질문하시도록 하고 무조건, 질문하시되 그것도 함이 없이 하시고, 그저 거름이 되시게끔 하십시오. 여기에 책도 있고 카세트도 있습니다. 그러니까 여러분이 대승이다 소승이다, 잘 된다 못 된다, 아주 내가 최고지 이런 것도 다 놔야 될 거 같습니다.

질문자4(남) 저는 『한마음』이라는 책을 읽어보고 큰스님의 그 높으신 법문을 듣기 위해서 오늘 이 자리에 처음 왔습니다. 다름이 아니고 제가 지난 5월 14일날 아들을 낳았습니다. 낳았을 때는 굉장히 즐거웠습니다. 한 달이 지난 뒤 애가 굉장히 놀라고 많이 심기가 불편해 가지고 사경을 헤매는 정도였습니다. 병원이라는 병원은 다 다녀봤습니다. 병명이 뇌성마비입니다. 그런데 뇌성마비도 좋습니다. 제 인(因)으로 인해서 자식이 받은 죄를 어떻게 갚아야 할지 저의 마음이 항상 혼란스럽습니다. 그래서 오늘 찾아뵙게 되었습니다.

큰스님 내가 항상 이런 말을 하죠. 금은 금대로 놓고, 또 쇠는 쇠대로 놓고, 은은 은대로 놓는다고요. 사과는 사과대로 놓고 이렇게 끼리끼리들 모두 모아놓죠. 그렇죠? 그러기 때문에 과거의 인(因)으로 인해서 현재의 과(果)로 엮어진 겁니다. 보는 사람도 그런 죄, 또는 그렇게 당하는 사람도 죄인 것입니다. 그것은 보는 사람하고 그 당하는 사람하고 둘이 아닌 까닭입니다. 부딪치는 거는 깡통이기 때문에 부딪칩니다, 둘이 아니게. 끼리끼리 그렇게 은연 중에 인과로 인해서 모이는 거죠. 그러니 여러분이 그런 인과응보를 어떻게 해결을 할 수 있겠느냐?

일체의 모든 것을 거기다 맡겨놔라, 이 우주 천하에 직결돼 있는 근본이 모두 사람의 마음에 직결돼 있는 것을 알고 그 직결돼 있는 주인공을 믿고 거기다가 모든 것을 맡겨놔라. 이 병이 거기서 나온 거니까, 인과응보로 나온 거니까, 인과응보로 나온 데다가 다시 놓아라. 바로 네게서 그렇게 나온 거니까, 너한테서 나온 거니까 네가 고쳐라 하는 것을 믿고 거기에 놔라 이겁니다. 너만이 고칠 수가 있다. 주인공에서 나온 거니까 주인공에서 고쳐라, 이거죠. 이열치열이라는 말이 있듯이. 자기가 오다가 엎어졌으면 자기가 일어나서 오겠지. 안 그렇습니까? 예. 그러니까, 누가 주고 뺏아가는 게 아닙니다. 당신네들이 지어놓은 거니까 당신네들이 풀어야 할 일입니다. 그러기 때문에 그렇게 가르쳐주는 겁니다. 거기서 나온 거니까 거기다 되놓는다면 바로 화(化)합니다. 응? 물도 가스가 되듯이 화해버려. 그러면은 그 마음, 인과응보를 졌던 그 업이 그냥 송두리째 무너져버려.

그래 다시 보살로서 재생이 되니까 그때야, 억울하고 누명 쓰고 또 업보가 많고 자기가 저지른 많은 일들의 인과응보가 다 스러지게 되고 그러면 이 몸뚱이 속에, 대뇌 속에, 이런 모든 생명들이 그때서야 활개를 펴고 왔다 갔다 하기 때문에 잘 공급을 해주고 잘 회전을 하기 때문에 병 증세가 낫는다 이런 겁니다. 이건 이론이 아닙니다. 실천입니다. 실천궁행(實踐躬行)하는 데 우리가 참, 노력을 해서 체험하고, 체험하면서 우리는 믿게 되고 진실하게 되고 '아, 이런 거로구나'. 그럼 일체 만법, 적으나 크든지 용도에 따라서 내가 다 이렇게 여기서 나오는 거로구나. 내가 있기 때문에 태초요, 내가 나왔기 때문에 태초야. 내가 있기 때문에 그게 바로 화두예요. 여러분이 다, 여러분이 있기 때문에 화두지 여러분이 없다면 아무것도 없어.

그래서 어떤 사람은 여기에는 뭐 체계도 없고 아무것도 없고 이거 소승불교 아니야? 이런단 말입니다. 대승불교면 어떻고 소승불교면 어떠냐? 또 어떤 사람은 그냥 스님네들을 욕을 합니다. 여러분 생각해 보십시오. 깨우치지 못해서 혼란을 일으키고 싸우고 주먹질을 하고 잘 못한다 하더라도, 부모형제를 다 버렸고 처자를 가지지 않고 홀로이 가는 길에 회색옷을 입었습니다. 남이 머리 기르고 모양을 내는데 머릴 깎아버렸다. 이렇게 마음을 써서 내가 입산한 것만으로도 90%는 됐습니다. 그런데 만날 스님네들 흉만 보고 말입니다, 잘 하네 못 하네.

아무리 스님네들이 잘못한다 하더라도 배우는 사람들은 그렇게 해서는 안됩니다. 머리 안 깎고 깨우친 부설거사(浮雪居士) 같은 분들, 유마힐거사(維摩詰居士) 같은 분들은 한마디라도 못 한다 잘 한다 하지 않고 만나면 그저 깨우치게끔 일러만 줬지, 흉을 본 예가 없어. 욕한 예가 없고. 그런 분들은 그렇게 하는데 아, 머리 안 깎은 부설거사 봐라, 뭐 유마힐거사 봐라, 뭐 스님네들 하나도 쓸모가 없다 이러고 욕들을 하고 그러는데 그러한 모순된 마음은 다 버리고 이 의복만 봐도 그저, 마음을 겸손하게 가지고 숭배하는 마음을 가져라 이겁니다. 벌써 처자식 안 가진 것만 해도 그것만 봐도 머리가 숙여지지 않느냐 이거야. 응?

왜 불쌍한 줄을 몰라. 자기네들은 남녀가 만나서 서로 굶으면 먹어라, 입어라. 추우면 또 뜨뜻하게 잠자라 하고 물도 떠다 주고 그렇게 모두 도와주는데 이건 혈혈단신이야. 누구 하나 먹어라 써라 하는 것도 없어. 음. 그런 걸 보더라도 왜 자기 불쌍한 생각을 한다면, 자기가 인생살이 하는데 그렇게 고초가 많다고 생각을 했을 때 그 스님네들은 어쩔까? 하는 그 불쌍한 마음이 안 드느냐 이거야. 그 불쌍한 마음을 갖는다면, 위대하게 보기 이전에 불쌍한 생각을 갖는다면 위대하게도 보인다 이겁니다. 아무리 스님네들이 깨우치지 못하고, 아무리 스님네들이 말세가 돼서 허우적거린다 하더라도, 싸움을 하고 죽이고 살린다 하더라도 우리가 좀더 생각을 해준다면 바로 그것이 내 마음, 내 형제가 아니겠느냐는 얘기죠.

그럼으로써 내 형제가 머릴 깎고 저렇게 입산을 해서 저렇게 고생을 하니 그것만 보더라도 벌써 감사하지 않느냐? 이렇게 내 마음, 내 몸, 내 아픔 바로 그걸로 생각을 하신다면 절대 욕 못 합니다. 그러니 욕하지 마시고 뼈저리게 생각하신다면은 그 스님네들도 내 아들, 내 딸, 바로 내 어머니가 될 수도 있고, 내 아버지도 될 수 있고, 내 형제도 될 수 있고, 내 누이도 될 수 있고, 내 오빠도 될 수 있고, 내 동생도 될 수 있고 모두가 그런 것입니다. 나는 이 회색옷만 봐도 좋습디다. 못났느니 잘났느니, 잘 하느니 못 하느니 해도 이 옷만 봐도 고마워. 이게 검고 희고 그런 게 없는 것이거든.

그래서 우리 국기에도 그렇게 하늘과 땅을 그려놨죠. 둘이 아님을 알라고 둥그렇게 그려가지고는 그 안에다가만 그렇게 하늘과 땅을 그려놨죠? 가장자리에다가 그렇게 해놨는데 그것이 삼(三)·사(四)·오(五)·육(六)으로 이렇게 점을 찍어놨죠. 그것이 무엇입니까? 천지의 근본은 인간의 근본이요, 인간의 근본은 천지의 근본이다. 이렇게 써놓은 것입니다, 한마디로 말해서.

그러니 여러분은 이런 공부하는데 어떠한 아쉬움이 있고 어떠한 못난 사람이 있다 하더라도 나 못났을 때, 나 못 배웠을 때, 나 가난했을 때, 나 병신이었을 때, 내가 미생물이었을 때 바로 내 모습으로 보시라 이겁니다. 그런다면은 그 병 증세가 다 없어지고도 남음이 있어. 모든 거를 주인공이, 모두 결집된 주인공만이 바로 내 자식을 고칠 수 있다.

저 뉴욕의 어딘가 그 이름도 잊어버렸습니다마는 산호세 갔을 때도 그렇고, 댁에처럼 뇌성마비로다가 그런 건이 생겨가지고 수술을 한다고 야단이 났었다고. 그런데 애가 뭐 정신도 없고 아무것도 할 수 없는 상태예요. 그런 문제가 있었어요. 그런데 그 엄마 아빠가 너무나 정성이 지극하고, 외삼촌도 또 거기서 사는데 그렇게 정성이 지극했어요. 지난번에 데리고 왔는데 보니까 지금은 아주 출중한 어린애가 돼버렸어. 그건 누가 그렇게 했느냐? 그런 마음을 내주는 것도 스님이지마는 그 마음이 서로 계합이 됐기 때문이지.

그러니 우리 이 방통 안에서도 내 한마음이 밝으면 여러 사람들이 다 밝게 앉았어. 밝게 살 수 있어요. 우리 한 가정이, 한 사람만 이런 도리를 깨우치고 나간다면은 그 가정을 다 이끌어가지고 갈 수 있어, 지혜가 있다면. 다 밝게 살 수 있는 거예요. 불 하나만 켜면 항상 밝으니까 남도 밝게 살 수 있지 않아? 그래서 화목하고 마음이 편안하고 잘 이끌어진다는 얘기죠. 우리는 이론만으로 끝내서는 안 된다는 거죠. 실천궁행해라 이겁니다.

질문할 분 없습니까? 그러면 아까 얘기하던 거 마저 얘기를 좀 하고 넘어가야 되겠습니다. 우리가 지금 이렇게 50%가 결집돼서 그 현상세계에서 사는데 모든 게 악화되고 병고액난이나 가난이나 그것이 성하기도 없어지기도 하는 이유는 어디 있느냐? 우리가 우주의 법계와 더불어 같이 이렇게 상응하고 있다는 얘깁니다.

옛날에 어느 두 남매가 연년생인데 아주 어려웁게 탄생을 해서 세 살이 되고, 하나는 두 살이 되었는데 부모가 그만 다 죽어버렸어요. 일년 내에 그냥 두 분이 다 돌아가시고 보니깐 두 어린애는 고아가 돼서 이리저리 떠돌게 돼서 어느 스님네가 데려다가 키우게 됐죠. 하나는 비구 처소로 가고 하나는 비구니 처소로 가게 됐죠. 옛날 얘깁니다. 그러나 옛날 얘기로만 듣지도 마시고 옛날 얘기로 안 듣지도 마십시오. 그래서 그렇게 기르다보니까 하나는 열일곱 여덟이 돼오고 하나는 열아홉 스물이 됐답니다.

어느 날 밤에 자는데 난데없이 그냥 자기 모습하고 똑같은 사람이 탁 나타나서 뭐라고 그러느냐 하면은 "자세히 들어라." 하면서 이런 말을 하더랍니다. "십만년 전에 우리 옥황국(玉皇國)이, 천지옥황국이 악한 무리들로 인해서 혼란이 오게 됐다. 그 혼란이 오게 되면은 벌써 세상이 풍비박산이 되고 큰 병폐가 생기고 멸망할 수 있는 이치가 있어 우리가 보연지불을 생산해서", 큰 별을 생산했다는 얘기죠. "생산을 해서 그 병폐를 다 막고 있었느니라. 그러나 그 보연지불은 지금, 그 큰 별은 너희가 공부를 열심히 해서 오백년 후에 그것이 재림되지 않는다면 앞으로 오백년 후에 올 수 있는 그런 재난을 어찌 막을 수 있겠느냐?

그러니 너희가 열심히 하다가 만약에 어떠한, 즉 말하자면 장마가 들어서 흙이 보이지 않는다거나 또는 바람이 요동치듯 불고, 안개가 끼고, 구름이 끼어서 밝은 해도 비치지 않고, 달도 비치지 않고 그럴 때, 백성이 임금을 잃게 되고 그냥 헤매고 있을 그때, 또는 임금이 그렇게 없어지지 않는다 하더라도 백성이 임금을 무시하고 또 임금은 임금대로 그렇게 무시하니까 해나갈 수 없고, 서로가 똑같이 이런 문제가 일어나는 그런 혼란이 오면은 사람의 마음이, 모두 사생(四生)들 마음이 흩어져서 온통 부모가 자식을, 자식이 부모를 섬길 수 없고 병고액난들이 생기고 산란이 오게 될 테니 그게 바로 문제가 되느니라.

그러니 그러한 문제가 오걸랑은 올라가 도를 닦아서 빨리 재림을 하게끔, 네 마음이 지금 그 별, 즉 말하자면 보연지불로 같이 계합이 된다면 큰 별이 다시 재림이 되느니라. 재림이 돼서 이 세상을 다 보살필 수 있는 그러한 광명이 있느니라. 그렇게 아니 한다면 세상은 앞으로 전부 망가질 수 있는 문제가 생길 테니 그렇게 하라." 하는 그런 말이 있었답니다.

그러니 오백년 후다 그래서 이 세상은 오백년 전이 되고 바로 저 세상은 오백년 후가 된다면 한 찰나에, 우리가 공부를 한다면 한 찰나지마는 공부를 못 한 사람에게는 오백년이 오백년이지 뭐. 그래서 그런 시기가 온다면 바로 재림되게 해서 광명을 되찾아서 그 옥황국(玉皇國)을 살림으로써 이 세상이 평화를 되찾을 수 있다. 그리고 융성해질 수 있고, 재난이 점점 줄어들고, 경제가 융성해지고, 모든 것이 다 평화롭게 되느니라. 이러면서 그 아이는 또 한 가지를 뭐라고 물었느냐 하면은 "재림이 돼가지고, 어떻게 해야만 그 악인을 다 없앨 수 있겠습니까?" 하니까 "없애는 게 아니니라. 대마(大魔)는, 모습 없는 악의 모습을 태어나게 해서 부하로 삼아 우리 선국(善國)을 아주 짓밟고 그러느니라. 그러기 때문에 세상이, 여기 옥황국의 천지에 혼란이 오면은 이 세상에 혼란이 오고, 거기가 편안하면은 여기도 편안하니라." 이거거든요.

또 말씀을 하시길 "그러한 무리들이 많이 생겨서 마음으로 새끼가 새끼를 치고, 새끼가 새끼를 치고 이래서 많아졌느니라. 그러나 그거를 밝은 빛으로써, 예를 들어서 광명으로써 안아준다면, 비춰준다면 그 무리는 다 스러지고 말아버리느니라. 실존하는 존재가 아니기 때문에 다 스러지느니라." 실존하는 게 아니기 때문이죠. 그림자다 이거야. 모습 없는 모습, 그림자. 그러니까 "그건 실존하지 않느니라. 그러나 그 큰 별이 재림이 된다면, 그 광명으로써 광력으로써 모든 것을 비추어주면은 그것이 스러져서 녹아버리니 그것이 바로 자비니라. 그 악한 마음들을 다 선하게끔 해서 하나로 만드느니라." 그러거든요.

그러면서 하는 소리가 “이것이 천년이 되고 또 십억년을 되돌아서 다시 또 되면은, 사람의 마음이 산란해지고 모두가 다시 악의 마음이 일어나면은 다시 이런 문제가 또 생기고 이러느니라. 그래서 세상은 패망을 할 수도 있고, 세상은 패망 후에 올라설 수도 있고, 또는 전체가 타죽을 수도 있고, 전체가 물에 소멸될 수도 있고 그러느니라. 그러니 이런 것을 다 해결할 수 있는 도리는 마음이니라.” 마음의 그 모든 도리를 알아서 네 마음과 내 마음이 계합이 되고, 또 지혜를 얻어서 공부를 하면은 저 우주 옥황국에서 그 큰 별들하고도 같이 계합이 돼서 우주 천국을 전부 편안하게 만들어 놓으면은 여기도 편안하고, 거기가 혼란스러우면 우리 지붕 위에서 막 혼란이 오는 거나 마찬가지죠. 그러면은 우리 여기 아래서는 지금 거기 쳐다보고 모두 그냥 뭐, 바람이 불고 흙이 떨어지고 돌이 떨어지고 돌이 구르고 물이 치닫고 그냥 이렇게 되면 혼란이 오는 거죠. 그랬는데 그런 것만 그런 게 아니라, 사람의 마음이 혼란이 오면은 그냥 안절부절 못하고 세상에 혼란이 오는 거죠. 이게 말세라고 하는 거나 마찬가지죠.

그러니 우리 마음들이, 우리 여기에 다니는 분들이 소승이다 대승이다, 체계가 없느니 있느니 이러한 혼란에 빠져서 자꾸 놓지 못하고 그렇게 망상에 끄달리지 마시고 전부 이 마음 주인공에 모든 것을, 그러니까 용광로에 넣는 작업만 하신다면, 또 작업을 하시되 안 되는 것도 한 찰나고 되는 것도 한 찰나입니다. 그러니까 되는 것은 감사하게 맡겨놓고, 안 되는 것은 ‘안 되는 것도 찰나인데 되게끔 하는 것도 거기밖에 더 있나?’ 하고, 병을 앓더라도 ‘거기서밖에는 병을 낫게 할 수 없다.’ 이렇게 놓을 수 있고, 가난이 와도 ‘거기서밖에는 부유하게 할 수 없다.’ 그렇게 해나갈 수만 있다면 앞으로 우리가 참, 웃으면서 얘기할 수 있는 그런 지혜로운 자유권을 가지고 여러분은 자유자재할 수 있으며, 우리는 부처 중생이 따로 없이 중생을, 자기 몸 안에 있는 중생들부터 다 진화시킬 수 있는 그런 문제가 다 생기죠.

그러니 우리 한마음 도리 이것이, 물러터지고 아무 특별한 것도 없다 하지만은 남이 이러든 저러든 내버려둡시다. 그저, 알고도 놓고 모르고도 놓고, 이렇게 사십시오. 한 찰나의 뜬구름처럼, 우리는 한 조각의 구름과 같은 겁니다. 아까 얘기했듯이 병이 깨지면은 그 응고된 물은 항상 흐르고 녹았다, 흘렀다 하고 그렇게 여여한 것입니다. 그렇게 안하면 여러분이 또 살 수가 없지 않습니까? 그러니 여러분은 항상 지수화풍에 고맙다고 생각을 하십시오. 우리는 고맙지 않은 게 하나도 없습니다. 또 내 스승 아님이 하나도 없습니다.

오늘은 질문할 분이 안 계신다면 요다음에 하도록 하고요. 알든 모르든 그걸 제껴놓고, 모든 것을 놓으라고 그러시는데 내가 질문할 게 뭐 있나 이런 것이 아니라, 알면 아는 것도 떡그릇인 줄 번연히 알면서 떡그릇에 엎드러진다. 돌다리도 한 번 두드려봐가면서 간다. 남들 위해서 내가 그렇게 해본다, 이런 것도 있죠. 그러니 함이 없이 우리는 말을 하는 겁니다. 전력이 오고 감이 없이 와서 불을 켜고 있습니다. 여러분이 가설된 줄이나 저런 거는 다 볼 수 있을지언정 전력이 오고 가는 거는 못 봅니다. 그와 마찬가지로 인간의 마음이 오고 가는 건 못 볼 것입니다. 그러니 여러분이 확실히 알아서 지혜롭게 참, 마음의 자비를 그대로 중용하셔서 실천으로 궁행하시도록 하십시오. 오늘은 이 걸로써 끝마치겠습니다.

무심법행(無心法行)

89년 10월 15일

여러분과 한 달에 한 번씩 같은 자리에서 이렇게 도반으로서 함께 토론을 하고 있습니다. 그런데 여러분이 질문을 해도 질문을 한 사이가 없고 내가 대답을 해도 대답한 사이가 없이 그렇게 하고 있죠. 그 도리를 지난번에 말은 귀신 방귀와 같다고 얘기해 드렸죠. 그래서 방귀를 뀌긴 뀌었으나 온데간데가 없다고요. 예를 들어서 여러분한테 살구 하나씩을 드렸다면 먹어버리고 없고, 또 여러분이 나를 하나 줬다면 먹어버리니까 없듯이, 여러분은 질문을 해도 질문한 사이가 없으니 거기에 끄달리지 마시고 질문을 하도록 하십시오.

또 한 가지는 여러분은 분별을 망상이라고 생각하시는데 그 분별이 없다면 부처를 이룰 수가 없다는 사실을 깨달아야 할 것입니다. 분별은 바로 우리가 성장하는 데에 거름이 되기도 하고 진화를 시키는 데에 있어서는 마음에 지혜를 줄 수도 있는 것입니다. 여러분은 일단 생각나는 건 모두 망상이라고 생각을 하시니까 그 생각대로 망상에서 벗어날 수가 없는 것입니다. 여러분이 생각에 의해서 여러분을 건지면 여러분 몸속에 있는 중생들도 다 건져질 수 있고, 여러분의 마음이 건져지지 않는다면 여러분의 몸에 있는 중생들의 마음도 벗어질 수가 없어서 건져질 수가 없습니다. 그러니까 모든 행이 그대로 보살행으로 여여하게 돼야 할 텐데도 불구하고 미신의 짓을 하면서 행을 똑바로 못하기 때문에 중생이란 말을 듣습니다.

그런데 마음공부를 하게 되면은 질서도 정연하고, 계율도 일체 다 지킬 수 있고, 시간도 지킬 수 있고, 말도 법으로서 실천을 할 수가 있고 또 도의와 의리, 사랑을 할 수 있는 그러한 실천행이 되기 때문에 여러분은 자유권을 얻어서 자유스럽게 살 수 있는 것입니다.

그런데도 불구하고 분별을 망상이라고 생각하시는데 저 바다를 가보십시오. 바람이 불고 파도가 일고 물이 있기 때문에 젖는 것이 있죠? 그 물은 얼음도 될 수 있고 다시 물도 될 수 있고 파도를 일으킬 수도 있고 잔잔할 수도 있는 것입니다. 그것이 우리의 생활이자 진리이자 도라면 어떻게 생각하십니까?

여러분은 파도가 잔잔하게 가라앉으면은 망상이 가라앉았다고 생각하시고, 파도가 일면 아휴, 또 망상이 떠오른다고 생각하십니다. 그런다면은 일상생활 속에서 어떻게 참선이 되시겠습니까? 망상이 일어나든 안 일어나든 모든 것을 놓는 데서 나도 없고 분별도 없어지는 것입니다.

여러분이 그 분별을 놓지 못하신다면 아마도 여러분을 놓지 못하고, 여러분 각자를 놓지 못한다면 일체 끄달리게 되는 것입니다. 보는 대로 망상이고, 보는 대로 망상이 쉰다고 합니다. 쉬는 것도 없고 망상이 일어나는 것도 없는 걸 알아야 합니다. 망상이 일어나는 건 뭐며 망상이 가라앉는 건 뭡니까? 그것이 다 어디에서 나오는 겁니까?

항상 말씀드렸듯이 여러분 각자가 이 세상에 나지 않았더라면 고(苦)도 없고 멸(滅)도 없고 세상도 없고, 아무것도 없는 겁니다. 여러분이 이 세상에 났기 때문에 모든 게 있는 건데 과거도 생각지 말고 미래도 생각지 마시고, 남의 소리 듣고 이리로 치우치고 저리로 치우치지도 마십시오. 왜냐하면 내가 난 게 태초요, 내 몸뚱이가 난 것이 바로 화두요, 그리고 내 몸뚱이가 난 것이 진리요, 상대와 모든 일체가 다 같이 공존하는 것을 한마음이라고 합니다. 한마음은 어떠한 개별적인 마음이 따로 있는 것이 아니라 일체가 한데 합쳐진 것이 한마음입니다. 그래서 손가락을 하나 들어도 같이 들리는 거, 그거를 실천궁행이라고 합니다.

여러분이 이렇게 분별하고 고집하고, 저렇게 분별하고 고집한다면 언제 인간 세상을 벗어나겠습니까. 바로 보고 바로 생각하고, 그 생각하는 것이 바로 무심법행(無心法行)이라고 알고 불심(佛心)을 바로 무심종(無心種)으로 삼아야 하지 않나 이렇게 생각합니다. 무심법행을 그대로 여여하게 하는 것이 그대로 열반인 것입니다. 그럼에도 불구하고 여러분이 따로따로 분별하기 때문에 가정에서 고생을 하시고 병고에 휘달리고 부적을 벼개 안에다 넣고 온통 붙이고 자시고 하는 것입니다. 여러분이 미신짓을 안 한다면 미신은 없는 것입니다.

옛날 얘기 하나 할까요? 옛날에 김진사 댁이라고 있었습니다. 광해군 당시일 겁니다. 나도 어느 스님한테 들은 얘깁니다. 그런데 그 집이 삼대째 내내 아들 하나밖에는 두지 못했습니다. 그러다가 그 독자도 그냥 끊어졌습니다, 나이 오십이 가까왔는데 말입니다. 그런데 부인은 항상 불공을 들이러 부처님 앞에 안 다닌 데가 없습니다. 불공을 들이러 다니다 다니다 어느 절엘 가니까 그 절의 스님께서 하시는 말씀이 "여지껏 다녀도 다닌 사이가 없고, 여지껏 불공을 들여도 불공 들인 사이가 없어. 그러하니 오늘부터 진짜 불공을 들여라." 바로 지금으로 치면 자력신앙을 믿어라 이거죠. "일체가 거기에서 나오는 거니까 일체 거기다 놓고, 생남을 못 하는 것도 손이 끊긴 것도 다 거기에서 나오는 거니까 거기에다 맡겨놓아라. 이렇게 믿음을 갖는다면 너한테 이익이 있고 생남을 할 수 있느니라." 아, 그러시거든요.

그리고 "먼 데로 찾아다니지 말고 가까운 데서, 항상 너희 안방도 법당인 줄 알라." 하시더랍니다. "하물며 너희 안방뿐이겠느냐? 변소까지도 법당이니라. 네가 거기 변소 안에 있으면 그게 법당이니라." 그러시더랍니다. 아, 그런데 아무리 곰곰이 생각해도 이해가 안 가더랍니다. 하지만 그래도 큰스님께서 그렇게 말씀해주신 거라 노력을 하고 노력을 하던 끝에 임신이 됐습니다. 지금 여기에도 그런 사람들이 더러 있죠.

그래서 임신이 돼서 어린애를 낳았는데, 보니까 아들이라 이겁니다. 그러니 얼마나 좋았겠습니까? 두 부부가 하나는 50이 넘고 하나는 50이 가까왔으니 얼마나 좋았겠습니까? 이거는 쥐면 꺼질까, 불면 날아갈까 이렇게 귀하게 열서너 살까지 길렀단 말입니다. 그랬는데 병이 들기 시작을 하니까 옴쭉을 안 하고 먹지도 않고 다 죽게 생겼습니다. 이제 숨이 넘어가려 넘어가려 하니 그냥 울고 법석들을 하고 있는데 바깥에서 목탁을 치는 스님이 계셨습니다.

그래서 "집안에서 지금 도련님이 다 죽게 돼서 난가가 됐는데 바깥에서 목탁을 치는 중놈이 어떤 놈이냐?" 그러곤 머슴이 달려나오니까, 그 스님은 머슴한테 말입니다, 아주 각별히 "안녕하십니까?" 하며 아주 코가 땅에 가 닿도록 절을 하더랍니다. 그러니깐 "어떤 놈이냐?" 고 하던 그 머슴놈이 가만 생각을 하니까 여지껏 평생을 살아도 그렇게 존대받아 본 예가 없어요. 그러니 그게 너무 고마워 거기서 그냥 털석 주저앉아서 엎드렸습니다. "세상에 스님 같은 분이 세상 천지에 어디 계십니까? 나는 이날까지 이렇게 늙도록 한 번도, 하다못해 애들한테까지도 존대를 못 받아봤습니다." 이거야. 그러니까 거기서 감화를 받았던 거죠.

그래서 극진히 모시고는 안에 대감마님한테 가서 고했습니다. "여기 달같이 밝고 지혜 있는 그런 큰스님께서 오셨습니다. 그러니 저 스님이라면 도련님을 낫게 하실 수도 있지 않겠습니까?" 하고 가서 고했습니다. 그러니깐 맨발로 뛰어나왔습니다, 급하니까 말입니다. 급하면 다 그러시죠. 평소에는 가만히 웃고 즐기다가도 그리고 고통스러운 것도 고할 줄도 모르다가도 아, 그냥 급하게 되면 그때 가서야 급하다고 그러니 그때는 이미 차는 지나갔죠. 요런 말을 꼭 하고 넘어가야 속이 시원하거든요. 허허허. (대중 웃음)

그 스님께서 그렇게 말씀했습니다. "이 애가 낫는다면 나를 주겠느냐?"고. "이 애는 부처님께서 나라를 구하기 위해서 당신한테 줬어. 그러니 병이 낫게 되면 나를 주겠느냐?"고 말을 했습니다. 그랬더니 부인이 있다 하는 소리가 "내가 임신하기 전에 태몽을 꿨을 때 어느 스님이 면경 조그마한 걸 하나 갖다가 깨끗이 닦아서 소중하게 간직하라고 갖다주더라. 그러니 부처님이 갖다주신 애는 틀림없다."고 자기 영감한테 얘기를 급하게 하면서 "아들이 죽는 거보다는 낫지 않겠느냐. 빨리 대답하시라."고 독촉이 심하거든요. 아, 그러니까는 아버지도 "사실 부인 말 들어보니까 죽는 거보다는 낫지." 하며 쾌히 응락을 했습니다. 그렇게 응락을 하고 보니까 얼마 안 있더니 숨을 돌리면서 애가 깨어나기 시작을 했습니다. 그래 이틀 사흘 만에 툭툭 털고 일어났습니다. 그 중병이 들었던 아들이 말입니다.

그래서 병이 나으면 닷새 후에 올 테니 아들을 달라고 그러고는 갔는데, 꼭 닷새 후에 스님이 오셨더랍니다. 그래서 데리고 갔죠. 데리고 가서 기르는데 무럭무럭 잘 자라서 공부도 하고 나무도 하고 시키는 대로 그저 빨래도 했습니다. 그 도령의 법명은 '각성'이라고 하고 법호를 '벽암'이라고 했답니다. 그랬는데 그 벽암 행자(行者)가 말입니다. 처음에 행자로 들어가서 조그만 게 나무도 하고 빨래도 하고 그렇게 일은 시키면서 글공부는 하나도 안 가르쳐 주거든요. 그러니 얼마나 속이 상했겠습니까? 그러다가 나이 20살이 되어서야 겨우 이제 앉아서 뭐 말씀도 해주시고 이렇게 됐습니다.

그렇게 절 생활을 한 지 근 10년이 됐을 때 스님이 사흘 저녁을 내리 말씀을 해주시면서 경(經)을 내놨습니다. 무슨 경을 내놨느냐? 금강경, 화엄경, 법화경을 내놓으시고 그것을 설했습니다. 그랬는데 그것이 가슴에 탁 이렇게 닿질 않고 자꾸 튕기더랍니다. 그러니깐 스님을 붙잡고 늘어졌습니다. 이게 자꾸 튕기니까 말입니다. 스님을 붙잡고 또 사흘 밤낮을 내리 금강경 한 권을 읽고, 화엄경 한 권을 읽고, 또 법화경 한 권을 읽었습니다. 그래서 자기 깐에는 그걸 다 읽고 나서는 그 이치는 알겠고 하니까 이제 떳떳하게 되더랍니다.

그런데 그렇게 한 지 사흘 후 그 스님은 그냥 열반을 하셨어요. 그랬으니 그분이 어떻게 됐겠습니까? 엉엉 우니깐 어느 노스님 한 분이 오시더니 "오랑캐가 쳐들어와서 백성이 풍비박산이 되고 나라가 위태하게 될 테니 내려가보거라. 무술도 배우고 활도 쏘는 걸 배우고 다 배웠으니 나가서 나라를 건지는 데에 다 바치도록 해라." 이렇게 하시더랍니다.

그래서 참 한양엘 가서 돌아보니까, 그때 마침 무술 대회가 있다고 하더랍니다. 무술 대회에 가서 무술을 하는데 어떠한 아주 힘이 세고 그런 사람이 걸렸습니다. 그런데 그 사람은 바로 오랑캐의 장군으로 신분을 숨기고 나온 것입니다. 그래서 시합을 하는데 오랑캐의 그 장군이 이 사람을 죽이려고 나무칼로 하다가 나중엔 진짜 칼을 달라더라는 겁니다. 진짜 칼로 둘이 싸우다가 이 벽암스님이 그냥 노리니까 아, 칼도 떨어뜨리곤 그냥 도망을 쳤습니다. 그런데 그 사람은 그 스님을 죽이기 위해서 속이고 와서 무술 시합을 한 겁니다. 그리고는 도망을 가서 감쪽같이 없어졌습니다.

그래서 그 무술 시합에 이겨서 장원을 했습니다. 장원을 해가지고서 그 뭡니까? 또 잊어버렸죠. 광해군! 그분한테 가서 얘기를 했습니다. "오랑캐가 앞으로 느닷없이 쳐들어 올 테니 성도 쌓아야 하고 군사들에게 무술도 가르쳐야 하니 이 모든 것을 허락해주시오." 하니까 "이렇게 평화스러운데 무슨 오랑캐가 쳐들어오고, 무슨 성을 쌓고, 무술을 가르치고 그러느냐." 하고 아예 절레절레 흔들더랍니다. 그래서 그만 먼 데로 도로 떠났습니다. 그것도 저것도 다 버리고 말입니다.

떠나서 얼마 있다 보니까 어느 스님이 오시더니 하시는 말씀이 "네가 불심으로 무심종(無心宗)을 삼지 못했고, 무심법행(無心法行)으로서의 행을 하지 않았으며 그러고 분별을 끊지 못하고 너를 버리지 못했기 때문에 일을 해내지 못했다. 그러니 지금이라도 빨리 나라를 구하러 내려가거라." 이러시더라는 겁니다. 그래 내려갔죠. 간단히 얘길 해야지 이거 길어서 안 되겠군요. 그래서 내려가니까 그때는 인조대왕이 광해군을 내쫓고 턱 왕좌에 앉았더랍니다. 그래서 그분하고 상의를 하니까 옛날 그 직을 그냥 주면서 "그럼 빨리 도처에 성을 쌓고 무술을 가르치고 하라." 이렇게 해서 무술을 가르치기 시작했고 성을 쌓기 시작한 것이 지금 저 남한산성을 제일 먼저 쌓기 시작했답니다.

그런데 그것이 끝나기도 전에 오랑캐가 쳐들어왔습니다. 오랑캐가 쳐들어와서 인조대왕은 그리로 피난을 시켰지만 중전이나 다른 그 일가족은 다 딴 데에 있어서 피난을 못 시켰죠. 그러다가 오랑캐가 다 쳐들어와서는 거기 성도 그냥 에워싸고 쳐들어오는데 군사들이 모두 파김치가 돼가지고 있더랍니다. 그래서 벽암스님은 이렇게 생각을 한 겁니다. 내가 먼저 말을 타고 나가면 사기가 돋궈지지 않을까 해서 말을 타고 그냥 쏜살같이 나갔습니다. 나갔는데 만난 사람이 무술 대회할 때에 만난 그 사람이더랍니다. 그 사람이 창이나 칼로 어떻게 해야 할 텐데, 딱 서서는 "스님!" 하더랍니다. 그래서 쳐다보니까 그 사람이 하는 소리가 "나는 스님한테 내 목숨을 건졌어요. 내 생명의 은인이니 내가 군사들을 다 몰고 떠나겠습니다. 그러니 스님은 돌아가시오." 이러더란 말입니다. 그래서 이제 모두 군사들을 철퇴시키고 그냥 떠났어요.

떠나고 난 뒤에 들으니까 지금으로 치면 왕은 피난을 시켰지만 왕의 일가족이 다 붙들렸다는 겁니다. 거기에서 고만 탁 생각을 한 겁니다. '아하 그 스님께서 불심으로 무심종을 삼으라고 그러셨는데, 내가 그걸 미처 생각을 못했구나.' 그때는 그렇게 말씀을 해도 여기에 (가슴을 짚어 보이시며) 닿질 않은 겁니다. 무심종을 삼으랬고 또, "무심법행으로 그냥 밀고 나가면은 너의 모든 백성을 건지고 나라를 건지고 또 중생들한테 전부 불씨를 심어줄 수 있느니라." "마무리가 잘될 것이니라. 만약에 그렇지 않다면 회향이 깨끗지 못하느니라." 이렇게 말씀하신 거를 그걸 미처 생각을 못 했단 말입니다. "아하! 여기에 있는 걸 그랬구나!" 하고 종적을 그냥 감추어버렸어요.

그래 이 말씀을 해주신 스님이 이 얘기를 마치시면서 끄트머리에 하시는 소리가, "얘야! 그 불심을 무심종으로 삼을 때에 전 우주가 들리느니라. 또 무심법행을 할 때 전 우주가 세상 일체 만물만생이 전부 같이 돌아가고 그 돌아가는 자체가 바로 용도에 따라서 닥치는 대로 그것이 법으로서 그대로 진행이 되니까 실천궁행이 되느니라." 이렇게 말씀하시더군요. 그러시면서 하는 소리가 "문이 많아서 문이 없고, 문이 없어서 문 찾기가 어려우니라. 그러니 문이 많아서 찾기 어렵고 문이 없어서 찾기 어렵고, 이건 무슨 연고냐?" 이거야. 그것도 관문일 수도 있고 바로 공안일 수도 있고 화두일 수도 있다 이겁니다. 그건 그쯤 해두고요.

그러면 그 스님께서 말씀하신 대로 문이 없어서 문 찾기 어렵고, 문이 많아서 문 찾기 어려운 그 도리를 아시는 분은 손 들고 말씀하세요. 그게 무슨 연고로 그렇게 되는지? (대중 …) 그럼, 여러분은 모두 도인이니까 그대로 아시고요. 그런데 그게 아주 도인일 수도 있고요, 이게 말을 잘못하면 어쩌나 해서 못 하는 수도 있고요, 허허. '분별을 놓으랬는데 말이야.' 하고선 못 하는 수도 있죠. 참 이 선도리(禪道理), 이것은 우물쭈물해서 되는 것도 아니고 어디다가 들이대도 다 해당되는 것입니다, 선법이란 말입니다. 그러기 때문에 그것은 내 안이 서야 당당하고 떳떳하게 깊은 주먹을 내밀 수 있는 그러한 이치가 되겠죠. 그럼 그건 그대로 두고 넘어갑니다.

우리가 또 한 가지, 예전에 백장선사(百丈禪師)가 이렇게 모아놓고 설법을 하고 마치셨는데 노인 한 분만 안 가셔요. 이거는 여러분이 지금 스님네들 아니시더라도 다 아시는 겁니다. 아시는 건데 그 뜻은 또 진짜 알기가 어렵죠. 그런데 노인네가 안 가요. 노장이 안 가고 있으니까 "저 노장은 왜 안 가고 있느냐?"고 누구냐고 물었어요. 그러니까 그 노장이 하는 소리가 "나는 과거에 이 절의 주지로 있던 사람입니다. 그런데 어느 학인이 와서 이렇게 물었습니다. 이 불법 공부를 많이 한 사람은 인과에 떨어집니까, 안 떨어집니까?" 하고 물었다는 거예요. 그런데 그분은 이렇게 대답을 해줬다는 거죠. 그 노장 스님이 주지로 있을 때에 얘기예요. "인과에 안 떨어진다."고 그랬어요. 그 말대답 하나가, 불락(不落)이라고 한 대답 하나가 잘못 되어서 아, 이거는 오백생을 글쎄 여우 몸을 받아가지곤 살았다는 겁니다.

"그러니 스님, 날 좀 살려주십시오." 하거든요. "그래 어떻게 해서 살리느냐." 하니까 "내가 그대로 스님한테 여쭐 테니 스님이 대답해주십시오." 이거거든요. 그래서 고대로 묻더랍니다. 그럼 아시겠죠? 그대로 물었으니까요. 그런데 그 "인과에 매(昧)하지 않는다, 매이지 않는다." 이러고 대답을 하셨거든요. 어둡지 않다, 매이지 않는다. 그러니까 지금 내가 '끄달리지 마시라.' 이런 거 얘기했죠. 즉 여여하다는 얘기죠. 그러니까 그 소릴 듣고 노장이 있다 하는 소리가 "나는 벌써 그 말씀 듣고 여우의 몸을 벗었습니다." 그러니 여우, 그 자기 껍데기를, 쉽게 말해서 절에서 승려들이 죽으면 왜 천도식 하지 않소? 그 의식을 그대로 해달라는 겁니다. 그것도 모든 학인들을 깨우쳐주기 위해서 방편이겠죠.

그러니깐 이 스님이 고개를 끄떡거리면서 아, 대중을 모아놓고는 뒷산에 상 차리라고 하거든요. 그래서 상을 차리고 스님이 올라가서 바위 틈에서 여우 껍데기를 끄집어 내가지고 그걸 놓고 식을 올린 겁니다. 식을 올리고 난 뒤에 모든 스님네들 권속을 다 모아놓고는 그 사실 그대로 얘길 한 겁니다. 그런데 그 이름은 잊어버렸습니다만 그 권속 중에 한 분이 턱 일어나더니 말입니다. "그렇게 해서 그 말을 일초도,

일견도 틀리지 않고 대답을 하셨다면 그건 뭐가 됐겠습니까?" 하고 질문을 했어요. "그 사람은 틀렸기 때문에 여우 몸을 받았는데, 틀리지 않게 대답을 했다면 무엇이 됐겠습니까?" 하고 물었어요. 그러니까 이 백장스님이 있다 하시는 소리가 "이리 오너라, 가르쳐줄께." 그러고 불렀어요. 부르니깐 이 사람이 가르쳐주기도 전에 선수를 쳤어요. 그 스님이 백장스님 따귀를 한 대 옥동같이 붙였단 말이야. 그게 옥동같이 또 붙였다고 그걸 장땡으로 생각하고 그저 모순되게 자기 은사도 모르고 막 치고, 법상도 막 둘러메치고 이러는 게 잘하는 게 아니에요! 그런 거 아니더라도 얼마든지 그것은 답변할 수 있고 질문할 수 있는 거니깐요.

그래서 아, 옥동같이 붙이니깐 모두 주위에 앉았던 사람이 놀랐단 말입니다. '세상에 은사를 저렇게 따귀를 그냥 붙일 수가 있나? 넌 이제 죽었다.' 이제 속으로 말입니다. 허허허. 아, 그러고 있는데 웬걸요. 이 스님이 손바닥을 치면서 상쾌하게 웃거든요. 웃으면서 뭐라고 하시느냐 하면 "중국에 붉은 꽃이 있다더니 그 붉은 꽃이 피었구나." 알아듣기 쉽게 말을 하자면, 이렇게 말씀하시고 아주 즐거워 하면서 웃었답니다.

그렇다면 지금 불락(不落)이냐 불매(不昧)냐? 즉 말하자면 인과에 떨어지느냐, 인과에 끄달리지 않느냐? 이 두 가지를 놓고 우리가 생각할 때 이것도 관문일 수가 있는 것입니다. 그것도 관문이 될 수 있고 공안이 될 수 있고, 모두가 공안 아님이 없고 관문 아님이 없어. 문이 없는 까닭에 전체가 문이지.

그럼 그건 그렇게 제껴놓읍시다. 부처님들 죄 앉으셨는데 내가 뭐라고 할 말이 있습니까? 그러면 부처님께서 영산회상(靈山會上)에서 꽃 한 송이를 들었다. 가섭존자가 웃었다. 이런 것도 관문이 되고, 그것도 화두가 될 수 있고, 그것도 공안이 될 수가 있는 거죠. 만약에 가섭도 없고 꽃도 없고, 그 든 분도 없다면 뭐라고 어떻게 하실 겁니까? 이것도 바로 두번째 관문이 될 수 있는 것입니다.

여러분이 날더러 어렵게만 한다고 그러지 마세요. 여러분이 이런 법문을 하게끔 만들어주신 것만 해도 감사하게 생각합니다. 그리고 지금 무조건 무심으로써 행을 하시고 계시는 분들도 여러 분 계시다고 생각합니다. 여러분이 그릇이 작으면 나도 작고, 여러분이 크면 나도 크고, 여러분이 바다일 것 같으면 나도 깊은 바다가 될 수 있는 겁니다. 또 그거는 우리가 그렇게 잘 생각해볼 수 있는 그러한 관문이라고 생각하고요. 이렇게 여러 가지 말을 한 거는 여러분이 여러 가지를 다 알고 계시기 때문입니다. 만약에 그걸 이론으로만 알고 그 도리를 모른다면은, 아무리 옆으로 꿰고 위로 꿰고 바로 꿰고 이래도 그건 학설이요, 이론이요, 부처님 제자 될 자격이 없는 겁니다. 부처님 제자 될 자격이 없는데 어떻게 보살행을 하며 어떻게 실천궁행의 법을 그대로 준수할 수 있겠습니까? 안 그렇습니까? 아주 부처들이 되셨군요, 대답도 없으신 거 보니까.

그런데 가섭존자가 그 책을 편집하는 데에 아난을 들어서지도 못하게 했습니다. "너는, 거기에는 자격이 없다. 너는 물질세계의 모든 거, 보고 듣고 하는 거는 총명하게 이 두뇌에 넣고 잊어버리지도 않고 잘 하지만, 경전을 편집하는 데에는 해당되지 않는다." 이분은 무의 법과 유의 법을 같이 설하신 거기 때문에 자기가 깨우치지 않았으면 거기에 해당되지 않는다는 얘깁니다. 글자 하나를 쓰되 잘못 돌아가니까요. 이게 50%·50% 맞먹어서 같이 들어가면서 들려야 하는데 50%만 가지고 결정을 하려니까 넌 여기에 해당되지 않는다 이겁니다.

그래 깨우치지 못한 시기니까 그저 스님한테, "부처님한테서 무엇을 받았습니까? 금란가사를 받고도 또 무엇을 받았습니까?" 이게 궁금한 거죠. 그러니까 그게 분별이라는 얘기지요. 분별을 놓게 되면 그게 아무것도 아니라는 걸 알 텐데 그걸 모르는 거예요. 그래가지고 아주 시샘만 내고. 그러니 오지 못하게 하는 것도 밉고, 그거를 그 사람 준 것만 해도 미운 생각이 들고 반발이 생기고 원망이 생기고 이런 거죠. 분통이 이만큼 (오른손 주먹을 턱 밑까지 올려 보이시고) 차오르는 거예요. 그때부터 그냥 아예 전폐하고 들어간 거죠. 즉 말하자면 바깥으로 끄달리지 않고 안으로만 무조건 그냥 죽든 살든 다 놓고선 자력으로만 오직 들어간 겁니다. 지금 여러분한테 제가 말씀드리듯이 주인공에만이 '거기서 나오는 거니 거기서 해결을 해라. 난 지금 죽든지 살든지 모르겠다.' 이러고는 그냥 다 놓은 겁니다.

그래서 어느 날 밤에 터억 밝아졌습니다. 너무도 좋아서 가섭 형님을 찾아서 그 방엘 당도했는데 아, 문을 탁 잠그고 자거든요. "형님! 형님! 나 했어요. 했어." 허허허. 얼마나 좋았으면 "했어요, 했어." 했겠습니까? 나 했다고 소리를 지르고 그냥 눈물 섞인 음성으로다가 그냥 그러니까, 안에서도 "야, 참 잘했다, 잘했다." "밤도 이슥하고 그러니 너는 들어오려면은 열쇠구멍으로 들어오너라." 이랬거든요. 그래 열쇠구멍으로 들어가서 서로 끌어안고 울면서 참 잘했다고 어깨를 쓰다듬었다 이겁니다.

그렇게 적혀 있어요. 그런데 그 적혀 있는 대로만 여러분은 꼭 생각을 하거든요. 거기 조금도 에누리가 없어요. 그리고서는 무조건 자기의 습도 떼지 않고, 모두 걸리지 않는 법을 배우지도 않고 '그게 뭘까?' 하고선 천년 만년 있어 보래죠. 자기를 모르고서야 어떻게 남의 뱃장 속을 알 수 있어요. 자기 속을 알아야 그것이 서로 이렇게 통신이 된단 말입니다. 무전통신! 또 무전통신뿐인가? 심안으로 천체를 보게 되고 듣게 되고, 무전통신으로 천체를 듣게 되지, 또 가섭의 속을 파볼 수 있지, 가섭이 어디서 나온 줄 알지, 자기가 그렇게 알고 있으니까 다 알지. 가고 옴이 없이 그렇게 열쇠구멍으로도 들락날락할 수도 있다 이겁니다. 그걸 왜 열쇠구멍이라고 했느냐는 얘기예요! 내가 생각할 때는 문이 많아서 전체가 문이라면, 열쇠구멍이 무슨 필요 있느냐 이겁니다. 응? 또 전체가 문이 없어요. 그런데 열쇠구멍이 문에 해당하냐 이

거죠. 또 그렇다면 그것도 역시 관문이요, 화두요, 공안이다 이겁니다. 공안 아닌 것이 없어요.

사람이 문을 찾아서 들어오려고 애를 쓰는 사람과 문을 찾아서 나가려고 애를 쓰는 사람은 불자 될 자격이 없어요. 이 육신이 문을 찾아 나가려고 하고 문을 찾아 들려고 하니까 찾을 수가 없는 거죠. 물질이 있는 거나 그렇지 물질이 아닌 이상에는 문을 찾을 게 어딨으며 문을 찾아 나올 게 어딨느냐 이겁니다. 그것은 학설이요, 또 아까도 얘기했지만 이론이요, 그걸 그런 걸로만 아는 사람은 보살 될 자격도 없거니와 불자 될 자격도 없다 이거예요. 어떻게 그걸 모르고서야 문 찾아 들고 문 찾아 나가려고 하는 사람이 부처님 뱃장 속을 알 수 있겠느냐 이겁니다. 일체 만중생의 속을 어떻게 알며, 일체제불의 마음을 어떻게 알겠느냐 이거예요. 부처님이 말씀해놓으신 그 이론만 딱 알고, 풀이만 하고, 들고 나는 게 고정되게 요건 요게 옳고, 조건 조게 옳고, 대승 소승 가리고, 요것이 옳다 그르다 이렇게 하는 그 분별심도 놔야 그 도리를 안다 이거지요.

그러니까 문이 없어서 열쇠구멍도 없고, 또 일체가 문이 돼서 열쇠구멍이 무슨 아랑곳 있느냐. 그렇다면 가섭도 없고 아난도 없고 열쇠구멍도 없다 이겁니다. 그러니 거기서 한마디 해야죠.

노송 번개치니
온 누리에 비가 내리네.
깊은 바다를 메우니
크고 작은 고기들은 노래하고 춤을 추네.

이것으로써 끝마치겠습니다.

불가사의한 법

89년 11월 19일

항상 여러분과 같이 하면서도 여러분 모습이 다르고 내 모습이 다르고 처소가 다르고 그런 까닭에 항상 말씀드리는 거와 같이, 우리는 지금 어떠한 작업을 처음에 해야만이 되는가? 이 공부하는 사람들은 각오가 단단히 선, 견고한 마음으로써 모든 거를 용광로에 넣는 작업이 첫째 아주 중요합니다. 제일 중요한 것은 바로 불이 벌겋게 타오르는 용광로와 같은, 물러서지 않는 믿음을 가진 마음입니다. 그래서 항시 여러분한테 그게 제일 중요하다고 하는 겁니다.

첫째 우리가 집을 지으려면 기초가 튼튼해야 하듯이, 우리는 일체 모든 생활에서 그 일체를, 자기 몸까지도, 생과 사도 거기에 놓는 작업을 한다. 안 되는 것도 거기고 되는 것도 거기고, 외로운 것도 괴로운 것도, 하늘이 무너지는 일이 생겨도 거기입니다. 그것은 왜냐하면은, 여러분이 살림을 하시는 분들이니까. 잘 되는 것도 안 되는 것도 그렇게 찰나찰나 돌아갑니다, 빨리. 그렇게 빨리 돌아가는 것을 육안으론 볼 수가 없는 겁니다. 그러니 안 되는 것도 길게 생각을 하지 마시고 거기서 나온 거니까 되는 것도 거기서 빨리 나오게 할 수 있다, 이겁니다. 엎드러진 놈이 있으면 "아이구!" 하고 빨리 일어나는 놈도 바로 그놈이다 이 소립니다.

그러니까 잘 된다 못 된다를 다 놓는 그 작업에 세 가지 여건이 있습니다. 첫째는 거기다 놓고 들어가실 때는 모든 일체 오간지옥이 무너지는 겁니다. 그러고 인연에 따라서 온 습이 모두 끊어지는 겁니다. 나중에는 그릇이 꽉 찼던 것이 비고, 빈 것도 없고 담긴 것도 없는 그러한 위치가 될 때에, 바로 '나'가 발견이 되는 겁니다. 내가 발견이 되면 그때서부터 기초가 튼튼하게 된다는 뜻입니다.

기초가 튼튼하게 됐으면은 그때 가서는 기둥을 세우게 돼 있죠, 집을 짓는데. 기둥을 세우는 데는 물론 여러분이 생각할 때는 이론적으로 요거는 기둥이고 요거는 서까래고, 요거는 기왓장이고 요거는 벽돌이고, 흙이고 흙손이고 재료의 이름은 다 아신다 하더라도 집을 지을 줄 모른다면은 아무 소용이 없습니다. 그와 같이 우리가 집을 짓는 데는 견고하게 어떠한 재료든지 이름을 찾지 말고 그냥 갖다가 벽돌이 있으면 '이거 벽돌이다.' 하고 있는 게 아니라 '벽돌을 집어오너라.' 하든지 집어다간 그냥 쌓는 겁니다. 안 그럽니까? 여러분이 이름이 있으면 이름을 불러가면서 무슨 일을 합니까? 남들을 불러서 가르치려면 "저 서까래를 가져오너라." 이러지마는 자기가 쓸 때는 그냥 서까래를 집어다가 그냥 쓰는 겁니다. 일꾼들이 아무 소리 없이 "서까래를 올린다." 하면 벌써 일꾼들이 다 갖다놓습니다. 그럼 그냥 그냥 들어가는 겁니다. 그래서 집을 짓는 겁니다. 대들보가 올라가죠. 대들보에 간접적으로 붙어 돌아가는 재료가 얼마나 많습니까? 그렇듯이 우리 인간의 몸뚱이 하나로 인해서 그렇게 간접적으로 재료가 많이 붙어 돌아간단 말입니다.

지난번에도 얘기했듯이 오신통이 오신통이 아니라 바로 여러분 각자의 재료라고 볼 수 있겠습니다, 재료! 집을 지으려면 대들보가 올라가듯이, 탑을 세우면은 위 봉우리가 올라가듯이, 우린 그 재료로 인해서 망상이나 모든 악행, 거기에 쓸모가 있다 하는 것은 그것이 있기 때문에 바로 선자(善者)가 되고, 선자가 있기 때문에 바로 봉우리가 올라가고 대들보가 올라가는 격이다, 이 소립니다. 그 모두가 없다면 해탈이라는 거는 없습니다. 그러기 때문에 집을 짓는 거와 같고, 우리가 벌써 집을 지으려면, 내가 그런 말을 하죠. 항상 기초를 튼튼하게 해야 집을 짓는다 이런 말을 하는데, 그래서 세 가지가 벌써 무너지는 겁니다. 그리고 두 가지가 무너지면 세 가지째는 벌써 나를 발견한 거, 이것이 중요하다는 얘깁니다.

어떤 분들은 지금 애가 학교에 가야 하니까, 가난하니까, 일이 안 되니까, 모두 정신이 다 거기 가 있습니다. 진짜 해결사한테 마음을 둬야만이 그것이 해결될 텐데, 해결사는 벌써 자기가 생각하고 있는 걸 다 알고 있지 않습니까? 그러니 해결사를 붙들고 늘어져야 할 텐데, 그 일하는 걸 붙들고 늘어지고 있는 거예요. 네? 이름을 붙들고 늘어지고 있는 거예요, 이 해결사를 붙들고 있는 게 아니라. 여러분이 항상 "나는 주인공을 진실히 믿는데도 그렇습니다." 이러거든. 진실히 믿기는커녕 해결사를 붙들어야 할 텐데 딴 데를 붙들고 있습니다, 지금. 그런 분들이 많습니다. 그럴 때마다 저는 슬픈 생각이 들곤 합니다. 저를 슬프게 만들지 마십시오. 여러분이 울면 저도 울어지고 여러분이 웃어지면 저도 웃어집니다. 둘이 아닌 까닭입니다. 여러분은 둘이 아닌 까닭을 모르시죠. 왜 둘이 아니라고 하나?

그러니까 육근(六根) · 육진(六塵) · 육식(六識), 이것을 이름 따라서 꼭 외우고 있단 말입니다. 이거를 외우다 보면은 재료의 이름을 외우는 셈이나 똑같습니다. 집을 짓는 거를 배우지 않고, 그 재료 이름만 배우는 사람들이죠. 그러기 때문에 육근을 말하자면 내 몸뚱이에 있는 여섯 가지의 기능이 동시에 나가는 겁니다. 눈이 가는 데에 귀가 가고 귀가 가는 데에 눈이 갑니다. 그럼 이게 따로따로 있는 게 아닙니다.

그럼 만약에 예를 들어서 손가락이 다섯 손가락인데 한 손가락 가지고 일하는 사람 봤습니까? 무슨 일을, 뭘 집으려 해도 다섯 손가락이 다 이렇게 가서 집지, 한 손가락만 가서 하는 게 아닙니다. 그럼으로써 이거는 육근을 여섯 가지로 보지 말고 그건 일심에 통하는 겁니다. 그래서 일심에서 바깥으로 나가는 경계가 여섯 가지라면 여섯 가지가 아니라 일체입니다, 전부입니다. 바깥으로 봐서 들이는 게 또 여섯 가지라면 일체입니다. 그러고 받아들여 놓는 거 의식적으로 생각하고 받아들이는 의식 자체가 육식입니다. 그래 이것이 한데 합치면 십팔(十八)이 되죠. 십(十) 이러면은 그냥 만(卍)으로 돌아가는 그게, 팔(八)하면 사유사무(四有四無) 이것을 한데 합치는 겁니다. 그래서 십팔 심(心), 그 인연에 의해 연(緣)에 따라서 뭉쳐진 거죠. 식(識)입니다. 의식으로 한데 뭉쳐서 들이고 낸다 이겁니다.

그러니 분잡하게 고달프게 이름을 배우려고 하지 말고, 한 일심에서 내 본래자성불(本來自性佛)에서, 자성불이 있기 때문에 행동이 있고 생각이 있고 그런 거 아닙니까? 그러니까 생각해서 모든 것을 일거일동, 물질로다가 이름을 세우려 하지 말고, 학술로다 이름을 세우려고 하지 말고, 지식으로다가 알 양으로 하지 말고, 아는 거를 쓰려고 하지도 말고. 그러니까 모든 것을 거기에서, 그것이 둘이 아니요 셋이 아니요 넷이 아니요. 또 하나만 있는 것이 아닙니다. 사람의 마음과 행, 보는 것 듣는 것, 모든 게 고정되지 않습니다 했죠. 그것을 옛날의 선지식들은 멈추지 않는다 이런 말씀으로 하셨습니다. 멈추지 않는다는 말과 매이지 않는다는 말과 끄달리지 않는다는 말과 또는 여여하다는 말과 그것이 모두가 한 뜻입니다, 다. 걸리지 마라 하는 것도 걸리지 않는다 하는 것도 거기에 모두 포함됩니다.

그러기 때문에 그 걸리지 않는다 하는 거, 멈추지 않는다 하는 것은 둘로 보지 않는다는 것도 되는 것입니다. 둘로 보지 않기 때문에 걸림이 없지, 둘로 본다면 걸림이 벌써 있죠. 그래서 풀 한 포기도 둘로 보지 말라는 거고 버러지 하나도 둘로 보지 말라는 거죠. 둘로 보지 않고 한데 뭉쳐서 씀씀이를 하는 도리가 바로 한마음에서 나가고 한마음으로 듣고, 의식적으로 받아들이고 이렇게 하는 겁니다. 그래야만이 이 현재의식쪽, 잠재의식쪽이 동시에 써집니다.

여러분이 물질적인 이 몸뚱이를 가지고 있으면서도 몸뚱이 속에 들은 나 자신의 그 모두를 100% 쓸 수가 없습니다. 기능을 제대로 발휘하지 못하는 거죠. 그러니 여러분이 그 도리를 모른다면 몸뚱이로는 부지런하나, 머리로는 게으르다 이겁니다. 머리로는 따라갈 수가 없어서 저 서천국이나 딴 나라는 몸뚱이는 게을러도 머리는 빨라서 선진국이 되고 역사를 좋게 가져올 수 있는데, 몸뚱이는 부지런하면서도 한국 사람은 머리가 둔해요! 게을러!

그러니 무엇을 어떻게 해야 하느냐? 우린 역사도 그렇게 가져왔고 지금도 그렇게 하고 있는 겁니다. 그건 왜냐? 이거를 감당할 수가 없으니까요. 발전이 돼도 감당할 수가 없고 경제가 넓혀져도 감당할 수가 없는 겁니다. 한계에 딱 닿는 겁니다. 그러니까 지금 세계로 본다 하면은 우리가 뒤지고 있는 겁니다. 왜 뒤지고 있느냐? 전자에서부터 역사를 보십시오. 얼마나 뒤졌나! 남의 것 받아들이지 않으려 하고, 남의 것 배우려고 하지도 않고, 또 내것 주려고 하지도 않으니 지금 이북에서 하듯이 그렇게 하니까 선진국도 되기 이전에 그 난리를 만나고 집도 뺏기고 온통 난리가 나지 않았습니까?

얘길 하다 보니깐 딴 데로 샜습니다. 그래서 모두가 한데 뭉쳐서 그렇게 하는데, 또 팔정도도 그렇습니다. 여러분이 여덟 가지 마음이 있어서 마음을 냅니까? 한마음 속에서 그것이 옳게 생각하고 옳게 행하고, 옳게 정진하고, 이런 말이 나오죠. 그런데 그것이 바로 둘이 아닙니다. 한마음 속에서 여덟 가지가 나오는 것은 바로 마음을 들어서 무심 유심이 같이 합해서 이게 팔정도라면은 사무사유(四無四有)도 바로 없는 겁니다. 그냥 수레바퀴가 굴러갈 뿐입니다. 우리가 팔정도를 팔정도대로 본다면 '이거는 여덟 가지다.' 이렇게 말을 하겠지만요, 여덟 가지가 바로 한 가지도 없습니다. 왜? 시공이 없이 돌아가기 때문입니다.

그래서 그것을 만약에 똑바로만 안다면 나의 자성불(自性佛), 불바퀴라고 할 수 있는 겁니다. 무(無)의 세계 · 유(有)의 세계를 같이 해서 굴린다는 뜻입니다. 이걸 바깥으로만 찾고 이론적으로만 배우지 마시고, 그 뜻을 알면은 안으로 잡고 해서 바로 바깥으로 나간다면 이거는 심성과학입니다. 이 도리는 생활이자 참선이고, 참선이자 생활입니다. 그래서 심성(心性)을 빼놓고는 과학을 이룰 수가 없고, 그때는 학(學)도 같이 쓸 수 있는 거죠. 전부 버릴 게 없으니까.

그러나 모든 것을 비울 때에, 없을 때에 한 가지도 버릴 게 없다는 문제가 나오는 거지 이건 소승이니까 버리고 이건 대승이니까 갖고, 이런다면은 그렇게 이루어질 수가 없는 겁니다. 그릇이 빌래야 빌 수가 없죠. 그릇 자체도 공(空)했는데 말입니다. 공 자체도 공했는데. 응? 무엇을 어디서 어떻게 하려고 그럽니까? 그래서 내가 아까 그러는 겁니다. "벽돌을 쌓으려면 벽돌을 그냥 집어다가 쌓지, 벽돌 벽돌 하고 쌓는 게 아닙니다." 이러는 겁니다. 쌓고 싶으면 그냥 갖다가 집어다 쌓는 겁니다. 물 먹고 싶으면 그냥 물 마시는 겁니다. 그게 즉석에서 요리하는 방법이고 즉석에서 먹는 방법입니다. 우물쭈물하는 방법이 아닙니다.

그래서 '육바라밀' 이러는 거는 우리 인간이 깨달은, 즉 말하자면 그 본각심(本覺心)에서, '본각심' 이러면은 모든 것이 다 한데 합쳐진 아까 얘기했던 불바퀴다 이겁니다. 그 불바퀴같이 굴리는 마음으로써 음으로나 양으로나 마음 한생각을 내주는 것이, 또 물질을 하나 줘도 이게 모두 같이 주기 때문에 보시가 되지만, 물질 하나 주는 것보다 마음으로 한생각 해주는 보시가 그렇게 크단 얘기죠. 그래서 여섯 가지가, 여섯 가지가 아니라 바로 본각심에서 모든 그 여섯 가지가 다 나오는 거죠. 여섯 가지가 아닙니다, 그게. 일체 하늘 땅 인간 전체를 한데 합친 그런 본각심이다 이겁니다.

그러니 거기서는 무궁무진하게 모든 거에 얽매이지 않고 그냥 슬슬, 멈추지 않는다는 소리가 얽매이지 않는다는 소리거든요. 그냥 슬슬 여여하게 돌아가니까 취할 것도 없고 안 취할 것도 없고, 닥치면 닥치는 대로 먹어치우는 이런 거나 마찬가지죠. 그리고 또 닥치면 닥치는 대로 응(應)해주고 이렇게 해주는 것이 바로 보살의 육바라밀의 행이죠. 그러니깐 여러분이 그거를 낱낱이 하나하나 보시·지계·인욕·정진·선정·반야 이 여섯 가지를 다 뜯어서 요걸 하나하나 배우려면 어느 천년에 여러분이 자신을 알겠습니까? 그래서 이름을 배우려고 하지 말고 그 육바라밀의 행을 할 수 있는 그런 능력을 세우기 위해서 당당할 수 있는, 떳떳할 수 있는 참다운 자유인이 되라 이 소립니다.

어느 승려들이 쭈욱 앉아서 공부를 하고, 모두 돌아앉아서 참선을, 좌선을 하는데 말입니다. 어느 스님이 쓰윽 돌아보더니 "그 얼굴은 참 잘 생겼구먼, 모두 돌아앉아서 벽을 보고 앉았는데 벽에 얼굴이, 사진이 딱딱 박혀 있구먼." 아, 그러더라는 거예요. "사진은 거기 있는데 어디서 사진을 또 찾노?" 아, 이러더라는 겁니다. 글쎄 자기 사진은 자기가 가지고 있으면서 벽에 무슨 사진이 붙어 있다고 벽을 쳐다보고 있느냐 이 소리겠죠. 그러니까 서슴없이 자기네들은 자기네들대로 얘기하는 겁니다. 선(禪)에는 어느 거든지 거기 붙어돌아가지 않는 게 없으니까. 그랬는데 한 철 나자고 하더랍니다, 그 스님께서. 그래서 거기에서 한 철을 같이 나고 있는데, 그 스님이 참, 말이 무겁고 그 한 마디 한 마디 하시는 게 참 따갑게 찔러주시는지, 모두 숭배를 하고 거기 주지스님으로 올려앉혔답니다. 그랬는데 아예 '주지도 없고 나도 없다.' 이런 말씀을 하시더라는 겁니다. '주지도 없고 나도 없다. 그런데 무슨 주지가 있느냐?' 이 소립니다.

그래도 그냥 그렇게 모두 좋아하고 모시고 있는데, 하루는 "메밀씨를 갖다가 심어라." 하니까 모두 메밀씨를 갖다가 심었답니다. 그리고는 그 스님한테 여쭤보기를, "이제는 메밀 국수나 메밀떡이나 메밀장국은 틀림없이 먹었죠?" 하니까 "두고 봐야 알지." 하더랍니다. 그래서는 또 메밀싹이 나서 커다랗게 꽃이 피니까 이제는 "메밀떡을 꼭 먹었죠?" 하니까 "그것도 먹어봐야 알지." 아, 또 이제 메밀꽃이 시들고 거기에 열매가 맺으니까 틀림없이 다 익었으니까, "먹었죠?" 하고 또 물으니까 "그것도 또 먹어봐야 알지." 다 앗아서 가루를 만들어놓곤 "스님! 스님! 이 가루를 이렇게 앗아서 다 해놨습니다. 이제도 못 먹습니까?" 하니까 "그래도 먹어봐야지." 그러더랍니다.

나중에는 메밀을 개서 장떡국을 했단 말입니다. 동글동글하게 해서는 그냥 다 장떡국을 해서 처음 그릇에다 갖다 놓고는 "이제도 못 먹습니까?" 하니까, 하하하. "먹어봐야 안다." 그래서 이제 발우공양을 하는데 전부 한 그릇씩 떠서 전부 놨단 말입니다. 떠억 입에다 넣자마자 "삼키지도 말고 뱉지도 말라." 하곤 그냥 호령이 났거든.

그래 어떻게 해야 옳겠습니까, 글쎄? 여러분이라면 어떻게 해야 그 메밀 장떡국을 잘 먹겠습니까? 예? 삼키지도 말고 뱉지도 말라 했는데 말입니다. 어떻게 해야 되겠습니까?

신도1(남) 그냥 먹죠. (대중 웃음)

큰스님 허허허. 그럼 그 스님이 말씀하신 대로 그냥, 그 스님이 말씀한 거는 무효가 되잖아요?

신도1(남) 생각 없이 먹는다는 말씀입니다. 일초 전도 일초 후도 생각 없이 순간에, 일초 전도 일초 후도 없이 그러니까 생각 없이 행한다 이겁니다.

큰스님 우리 처사님, 말만 많이 하면 안 돼요. 그걸 안으로 자꾸 공부하셔야 돼요. 그 말도 맞습니다. 맞는데, 맞는 말을 자꾸 바깥으로 하면 안 됩니다. 그러나 함이 없이 지금 했다고 봅니다, 함이 없이. 그 정도라면 그래도 처사님 정말 자랑스럽습니다.

또 그랬는데, 아 이걸 입에다 넣고선 삼키지도 못하고 뱉지도 못하고는 그 뜨끈뜨끈한 거를 말입니다. 허허허. 그러니 그것을 막돼먹은 분이 그렇게 한다면 별거 아니지마는, 참 그 엄중한 분이 그러시니 도무지 이거는 뱉지도 못하고 그랬는데, 속에서 슬금슬금 그냥 그냥 녹아서 넘어갔거든. 허허허. 나중에 "그 떡이 그대로 있느냐?" 하니까 "조금 남았습니다." 하는 사람도 있고, "아유! 어떡하다 보니깐 그냥 넘어갔습니다." 그러거든. "그것을 어찌 생각하느냐?" "그냥 삼킨다는 생각도 없이 그냥 넘어갔습니다." "그거다. 그 도리를 알겠느냐?" 그때서야 그냥 고만 앉았던 제자들이 딱 깨우친 거예요. 그때에 모든 것을, '아하! 이것이 생떡국이 생떡국이 아니고, 넘어가는 게 넘어가는 게 아니고, 뱉는 게 뱉는 게 아니로구나.' 이거는 그대로 아까 저 처사님이 하신 말씀과 같이 '그대로, 그대로구나.' 하고선 깨우쳐가지고 참 열 명이 다 성불을 했답니다.

그런 거와 마찬가지로 우리는 넘길 수도 없고 뱉을 수도 없는 것이 이 공부입니다. 그건 왜냐? 넉넉한 생각이라면 지혜도 걸리지 말아야 한다. 지혜를 얻어야 한다, 이런 것에도 걸리지 말아야 된다. 지혜도 공(空)한 것도, 그 공한 것도 또 공했으니, 거기에 제하거나 또는 거기에 또 걸리거나 이래서는 안 되겠다. 그것도 공했으니까. 자기가 생각하는 부처라고 하는 그 마음 자체도 바로 걸린 거니까 그것도 없으니까요. 그러니 걸렸다 안 걸렸다도 없이 여여하게 우리가 생떡국을 그냥 먹을 수 있다면 그냥 슬그머니 녹아서 넘길 수 있다면 얼마나 좋겠습니까, 응? 생떡국 하나가 우주천하를 다 싼 그겁니다. 즉 말하자면 요 그릇 안에다가 (물컵을 가리키시며) 삼천대천세계의 우주 천체를 갖다 넣어도 그릇이 작지 않습니다. 이 뜻을 아셔야 됩니다.

모두가 공했다면 여러분 마음은 체가 없습니다. 그런데 부처님께서는 뭐라고 말씀하셨느냐면은 "마음은, 모양이 없느니라." 그런데 난 애들도 알아듣기 좀 쉽게 하느라고 체가 없다고 그랬습니다. 체가 없기 때문에 모든 게 걸림이 없습니다. 그 마음이 말입니다. 그러기 때문에 무의 법의 모든 것을 다 결정 지을 수 있는 마음이요, 또 유의 쪽으로는 몸이 행하면서 안에서부터 바깥으로, 바깥에서부터 안으로 이렇게 둘 아니게 굴릴 수 있다는 뜻이죠.

어떤 스님이 또 있었더랍니다. 어떤 스님이 가르치느라고 지금도 낚싯대를, 낚싯밥을 주욱 걸어놓고는 '요기에 모두 걸리지 않나, 걸리나?' 하고 그렇게 선조들께서 해놓으셨죠. 천칠백 공안이니 뭐 여러 가지로 해놓고 천칠백 공안밖엔 안 됩니까? 이 세상에 어느 거 공안 아닌 게 없죠. 해탈 아닌 것도 없고 도량 아닌 데도 없고, 나 아님도 없고 모두가 그런 도리죠. 그런데 주욱 앉혀놓고 하는 소리가 "너, 쌀 아닌 쌀을 아느냐?" 이러니깐 대답을 뭐라고 하느냐 하면은 "쌀 까지 않은 게 쌀 아닌 쌀이죠." 했단 말입니다. 허허허. 그것도 맞죠, 맞기야. 응. 하지만 그거하곤 정반대죠. 그래 또 한 사람한테 묻기를 "너는 그 쌀을 씻어서 밥을 할 때에 밥을 하지 않고 밥을 할 줄 아느냐?" 아, 그러고 물으니 "모르겠습니다." "그 뜻이 무엇인지 모르겠습니다."

또 한 사람한테 묻기를 "너는 밥 아닌 밥을 아느냐?" 그러니까, 그저 "밥 아닌 밥은 전 아직은 모르겠지만 그저 잡수면은 되지 않습니까?" 이렇게 지금 저 처사 말하듯이 "그냥 잡수면 되지 않습니까?" 이러더라는 거지. "음, 너는 그래도 좀 뼈다귀라도 얻은 듯하구나." 이러더라는 거죠. 저것들은 모습, 가죽도 얻지 못했어, 그러고. 그랬는데 또 한 사람한테 묻기를 "먹는 사이 없이 먹을 줄 아느냐?" 하고 묻더라는 겁니다. 그러니깐 그 스님은 아무 소리 없이 나가더니 수박 한 통을 턱 쪼개가지고는 터억 갖다 놓고는 삼배를 올리고 가만히 앉았더라는 겁니다. 그러니까 시체말로 대뇌의 (머리의 왼쪽과 오른쪽을 차례로 짚으시며) 잠재의식쪽, 현재의식쪽이 다 계합이 됐구나 하더랍니다. 얼른 쉽게 말해서 말입니다. "계합이 됐구나!" 이러고선 "너는 참 골수를 얻었구나!" 하는 그런 말씀을 하시면서 그때에 껄껄 웃으시더라는 겁니다. 그러니 얼마만큼 차이가 납니까? 이게.

우리가 이런 말을 하는 것이 아무 걸 떠다대도 되겠죠. 그리고 이 도리를 공부하면 책을 보게 되면은 벌써 심심하고요, 그 몇 구절 이럭하면 '아, 그것이 이런 뜻이구나.' 하고 뜻으로 나오지 말로, 이론으로 나오질 않습니다. 이론으로 배우려고도 하지 않구요. 거기 그 뜻에 다 있는 걸요. 그러니 앞으로 이 공부하는 분들은 좀더 살림에 끄달리지 마시고, 항상 그렇게 말씀드리죠. 우리 인생은 넓게 보면 나그네요, 좁게 보면 한철, 찰나, 하루살이란 말입니다. 우리가 '하루살이다.' 이런 뜻을 아십니까? 어떠한 뜻입니까? '하루살이다.' 하는 거는요. 지금 여러분이 하루살이로 지내고 있습니다, 나나 모두.

시공이 돌아가는데 '시공이 없이 돌아간다.' 이 소리는 '여러분이 초월해서 돌아가라. 거길 따라서 돌아가라. 여기에 (가슴을 짚어 보이시고) 걸리지 마라.' 그래서 우리가 하루살이라 해도 그건 말이 안 되죠. 하루도 안 들어가니까. 찰나다 이겁니다. 찰나! 여러분이 찰나찰나 사십디다. 가만히 보니까 금방 드러누웠다 금방 일어났다, 뭐 금방 전등 켰다가 금방 또 딴사람 만났다가, 금방 딴사람 만나고 이렇게 찰나 생활을 하시면서도, 하루라는 게 거기 왜 들어갑니까, 응? 그래서 옛날에 그랬다지 않습니까? 하루살이가 모기더러 말입니다. "술 한잔 먹자." 하니까 모기가 "내일 술 한잔 먹자."고 그러니까 하루살이가 "내일도 있냐?" 그러더라는 거지. (대중 웃음) 허허허.

여러분에게 또 한 가지 말씀 드릴 것은 "진정코 믿는데도 참 그게 일이 영 안 풀리고 죽겠습니다." 이러거든요. 그건 모두 당신네들 탓이다 이거야. 왜? 그만큼, 가만히 시험을 해보니까 여러분의 마음이 진짜로 자기 주인공을 못 믿기 때문입니다. 한생각에 자기를 올려놓을 수 있고 한생각에 자기를 구덩이에다 넣을 수도 있어요. 그래 어떤 사람은 야! 정성을 지극히 드리고 갔는데 고만 자기가 아프거나, 고만 일이 안 됐거나 이랬다는 겁니다. 그러면 긁어서 부스럼 만든 겁니다, 그게. 왜? 자기가 생각을 잘못 했기 때문입니다. 왜 잘못 했느냐? '에이, 그것 아리송하고 그거 뭐야? 체계도 없고 말이야.' 이러고 그냥 불신하고 생각을 할 때 잘못 하니까, 그건 자기가 똑바로 가르치려고 자기가 자기를 지금 지도해나가는 거죠. 그런 걸 모르는 겁니다, 진짜로. 그러니까 여러분이 그런 일이 없도록 삐뚜로 나가지 않도록, 오직 자기가 이 세상에 나왔기 때문에 자기 주인공부터 믿어야 됩니다.

내 항상 그러죠, 자기가 나오기 이전의 영혼은 바로 엄마 아버지의 정자 난자에 배합이 돼서 삼합이 합해져서 탄생을 하는 거다. 임신이 되는 거다. 자기 영혼이 있기 때문에 엄마 아빠의 정자 난자가 한데 합쳐져서 임신이 되는 거지, 만약에 엄마 아빠의 정자 난자가 합해져도 영혼이 들지 않으면 안 됩니다. 그래서 옛날에 여러분이 삼신이라고 했고, 삼신이 받아들여야 삼신이 합해져야 임신을 한다고, 그래서 삼신에게 빌고 그랬습니다. 그러니 삼신도 여러분한테 있는 거고 그런 거지 딴 데 있는 게 아닙니다.

여러분 한생각에서 여러 가지 찰나찰나 하시듯이 그렇게 보살의 이름도 많고 부처님의 이름도 많지만, 부처님은 한 부처님이시고 보살의 그 많은 이름도 바로 부처님의 화신(化身)인 이름일 뿐입니다, 다. 그냥, 전체가. 그러니 화신 보살한테 부처님께서는 핵이 돼서 말입니다. 핵이 돼서 위도 아래도 없는 중도(中道)의 밥그릇에다가 밥을 한 그릇을 준 것은, 즉 말하자면 보살한테는 칠보가 가득 차 있다 이거죠. 그러니 여러분한테 주고도 줄지 않고, 넣어도 두드러지지 않게끔 항상 내고 들이고 해도 항상 되남더라 이런 게 보살의 뜻입니다. 이게 부처님의 화신입니다. 모두 따로 있는 게 아닙니다. '보살 따로 있고 부처님 따로 있는 게 아니라, 부처님의 화신들이다.' 라는 얘기죠. 부처님은 부처님이 아닌 게 부처님이니까. 진리입니다. 하도 이름이 많고 나 아님이 없으니까 뭘로 부처를 세울 게 있어야지. 그래서 부처님이라고 그랬습니다.

여러분이 한 가정의 남편이고 아버지이고 이렇게 살면서 여러 식구가 그저 찰나찰나 그렇게 돌아가니까, 어떤 거 할 때 아버지라고 할 수가 없죠. 친구를 만났을 때 아버지라고 할까요, 자식을 만났을 때 아버지라고 할까요, 부인을 만났을 때 아버지라고 할까요. 모두가 그렇게 되는 거죠. 그러니 한마음의 본래자성불은 한마음이 붙어서 서로 돌아가니까 여러분이 아주 견고한 마음으로써 항상 진짜로 믿고 행하신다면 바로 여러분이 아니 될 게 없습니다.

여러분이 이 세상에 나와서 고라는 걸, 자기 몸에서 고라는 거를 벗어났을 때 얼마나 자유스럽습니까? 어디 가서 털퍼덕 앉아도 하나도 걱정이 없고, 먼지 앉을까봐 걱정 없고, 먼지가 묻을까봐 걱정도 없고, 기생이 와서 안겨도 걱정이 없고 내 마음은 물들지 않아. 취하지도 않고 물들지도 않고 걸리지도 않아. 그런데 여러분은 그저 사랑한다고 한 번만 안기면 그냥 붙들고는 죽자 사자 하고 그러니 사고가 안 나, 응? 벌써 낌새를 채지. 이러니 모두, 허허. 에휴, 에휴, 참! (대중 웃음) 여러분이 바보예요, 모두! 사람 사는 게 그렇게 편리하고 남을 이익하게 할 수 있는데 말이에요.

어떤 사람이 이랬더래요. 어떤 한 가련한 어머니, 늙은 어머니를 모시고서 딸이 사는데, 그 딸이 시집도 못 가고 어머니를 공경하기 위해서 너무 착하게 하니까, 어느 스님이 가다가 참, 불쌍하고 안 됐거든요. 마음으로나 뜻으로나 그냥 보시를 듬뿍한 겁니다. 듬뿍하고 떠났어요. 그랬는데 시집가고 거기서 아들 하나를 낳아가지고, 그 아들이 장원급제를 했어요. 장원을 해가지고 살림을 다 해나가는데 그렇게 편안하게 잘 살더라는 얘깁니다. 그러니 그거는 진짜 행(行)보시며 바로 마음의 보시가 그렇게 컸던 거죠. 여러분이 보시를 할 때 이쪽은 이쪽대로 병들게 하고 저쪽은 저쪽대로 병들게 하는 그런 마구니가 되지 마세요! 응? 이런다면은 정말 이거는 여러 사람 죽이는 겁니다, 모두! 이래서야 되겠습니까? 진짜 보시는 그게 아닙니다. 모두 내가 이런 게 (합장하시며) 다 보시지 보시 좋아하시지 마세요. (대중 웃음)

그러니까 지난번에도 얘기했지만, 원효대사가 파계했다고 그러지만 그것이 보시인 것입니다. 원효대사가 처음에, 예전에는 장질부사를 많이 앓아서 죽으면은 송장을 원두막에다 갖다가 그냥 넣습니다. 넣고는 먹을 거 갖다가 넣고는 돌보지 않습니다, 갖다 버렸지. 그런데 하필이면 거기 들어갔거든요. 컴컴한 데 거기 들어가서 터억 드러누워서 그냥 곯아떨어졌는데, 아주 목이 말라서 배는 고프고 그랬으니까 얼마나 죽겠습니까? 여러분도 아주 무척 잘 아시는 얘기죠. 그러니까 얘기하는 거죠.

그런데 다른 것은 뭐냐? 거기에 장구벌레가 잔뜩 들고, 물이 그냥 하나 고인 데다가 지붕은 새고 그러니깐 그냥 전부 고였거든요, 썩어서. 그런 거를 맛있게 먹고는 터억 자고 아침에 일어나보니까 장구벌레가 우글우글 하더라는 겁니다. 그럼 그 장구벌레를 물하고 다 먹었다는 얘기죠. 그러니 구역질이 안 나겠습니까? 그러자 구역질을 하면서 생각을 한 겁니다. '아하! 그때는 생각을 안 하고 몰랐고, 보지도 않았고 생각도 없었고, 내가 지금은 보고 생각을 했다. 이 생각이 탈이로구나' 그러니까 '이 생각이 탈이로구나.' 이렇게 생각을 하곤 아예 이 해골 바가지로 인해서 도를 깨쳤으니까 의상조사는 의상조사대로 가라고 그러고 자기는 당나라에 공부하러 안 갔던 거죠.

그러면 그 생각은, 생각을 안 낸 것도 아니고 생각을 낸 것도 아닌데 어떤 생각이 바른 생각이냐는 얘깁니다. 이것도 관문이 될 수 있고 이것도 화두가 될 수 있는 겁니다. 그래서 나는 화두를, 이거 배우기 전에 화두를 갖고 하지 말고, 내 몸뚱이를 화두로 알아라 하는 겁니다.

또 한 번은 대안대사(大安大師)가, 즉 말하자면은 늑대새끼가 죽어서 아, 좋은 데로 가라고 염불을 하려고 그러니까 갖다가 턱 놓더니 젖을 먹이더라 이거야. 그 죽은 데다 먹인 게 아니라 산 새끼한테다 먹이면서 이게 바로 천도다 이거야. 거기에서 또 그것도 화두가 될 수 있고 관문이 될 수가 있죠. 그래서 항상 내가 얘기해드리죠. 만약에 젖을 먹이는 거는 방편이고, 내가 그 의식을 갖다가 나한테다가 넣었다고 본다면, 둘이 아니라면 그 무명만 죽였지 바로 내가 된 겁니다. 내 속에 넣었으니 내가 된 겁니다. '넣어도 두드러지지 않는다.' 항상 그러죠. 좋은 데로 가게 하려면은 내 주인공에 넣으면은 그대로다. 그대로 요리가 돼서, 벌써 거기서 한 바퀴 굴려서 굴려가지고선 천도가 돼서 나가는 겁니다. 나가도 또 줄지 않죠. 넣어도 그건 체가 없는 거니까. 이렇게 자세히 떠 먹여도 모르신다면 난 어떡합니까? 그러니 넣어도 두드러지지 않고 꺼내도 줄지 않는다. 이 마음은 체가 없다. 의식 자체가 체가 없는 거다. 그렇다면 바로 그러한 도리를 스스로 증득하기 위해서는 그것도 관문이 될 수 있죠. 화두가 될 수 있고요.

또 한 가지는 무애가도 불렀는데 "도끼 없는 도끼를 어느 누구가 자루를 맞춰주랴? 그 자루를 맞춰준다면 기둥 없는 기둥을 깎아서 하늘을 받치련만…." 하고 노래를 했습니다. 그것도 관문이 되고 화두가 될 수 있는 겁니다. 그거는 어떻게 생각하죠? 야, 도끼 없는 도끼의 자루를 맞춰준다면 기둥 없는 기둥을 깎아 하늘을 받치련만 했습니다. 그랬는데 정말 자루를 맞춰줬더군요. 아, 그리고선 하늘을 받쳤더군요. 그래서 신라가 그렇게 됐더군요. 그래서 눈물을 줄줄 흘리고 울고 있으니까 "원효대사도 원효대사답지 않게 눈물을 흘리십니까?" 하니까 "그 눈물 흘리는 거하고 나하고 무슨 상관이 있겠소?" 했어요.

여러분이 그 뜻을 잘 아신다면 앞으로 아주 재빠르게, 생각하면서 뛰고 뛰면서 생각하지 않으면 우린 역사를 좋게 가져올 수가 없어요. 지금 영국이나 서독이나 내가 알기로는 서독이나 또 미국 사람들도 많이 마음을 갈구하고 있어요. 아주 갈구하고 있어요. 그런데 한국은 절마다 기복이고, 절마다 죄를 씌워주고 있어요. 한민족이면서도 한불자면서도 카톨릭교, 기독교, 불교 이게 전부 불자지, 불자 아닌 사람이 없습니다. 불(佛)은 영원한 생명의 근본이 불입니다. 좋은 말 해주는 거를 교(敎)라고 하니 그러니 바로 벌레 하나도 불교 아닌 게 어딨겠습니까?

그런데 발로 몇백 번을 뛰어봤자야 그 자리가 그 자리야, 지금 세대에. 이 마음이 한번 뛸 때는 저런 타의 국(國)에도, 국이라는 건 지금 시체말로는 혹성을 말하는 겁니다, 타국(他國)을. 부처님께서는 그때 모두 모르니까 타국이라고 그랬죠. 서천국이니 타국이니 이렇게 말했죠. 그러니 우리가 공부를 하게 되면 타국에서도, 타국 보살들 일체가 다 여기에 (가슴을 짚어 보이시며) 찰나찰나 들고 납니다, 우리의 한생각이면 말입니다.

그러니까 바로 그렇게 상구보리 하화중생을 뛰면서 생각하고, 생각하고 뛰면서 상구보리 하화중생이 된다면, 이끌어갈 수 있다면, 그것이 바로 진짜 보살이며 진짜 부처가 될 수 있는 거죠. 부처가 될 수가 있는 게 아니라 한 부처가 되기 때문에, 모두가 부처는 한 부처다 이런 말이에요. 여러분이 다 깨우쳐도 부처님은 한 부처님입니다. 모두가 한 자리니까요. 그거를 표현해서 항상 부처님께서는 가르치셨죠. 다보탑(多子塔 다자탑)에 같이 이렇게 앉은 그런 이치가 있죠. 아마 경을 본 분들은 다 아실 거예요. 난 그런 걸 보지를 못했어요. 얘기만 들었죠. 다보탑에 이렇게 한 자리를 했죠. 반 자리를 내놓고, 반 자리를 내놔 준 뜻이 무엇이냐? 그게 바로 이 세상에 모든 자리가 두 자리 아니라는 뜻입니다. 깨우치면 두 자리 아니고, 깨우치지 못하면 중생들이며, 이건 천차만별로 벌어진 그 자리가 그렇게 고역인데다 끄달리고 그렇게 많은 고에서 벗어나지 못한다는 뜻이죠.

여러분의 마음이 이 도리를 아신다면 아까 이 기초적인 문제에서 제일 그게 중요하다고 한 그 뜻을 잘 아신다면 말입니다. 어느 스님이 말한대도 뒤집어쓸 필요도 없고, 뒤집어 씌여서 받을 필요도 없다 이 소립니다. 그리고 견고하게 그렇게 해나갈 수 있다면 안 되는 일도 없습니다, 어떠한 일이라도. 지옥에 들은 일도 그건 풀려납니다. 이건 거짓말이 아닙니다. 지옥고가 무너지는데요. 사람은 보이지 않는

데서부터 마음으로 육체가 움죽거리게 돼 있지, 육체로부터 마음이 움죽거리는 게 아닙니다. 사실 따지고 보면 육체로부터 마음이 움죽거리고 마음으로부터 육체가 움죽거리고, 그렇게 둘이 아니죠. 그렇게 돼야 됩니다.

그러니 여러분, 항상 이렇게 한 달에 한 번씩뿐만 아니라 어떠한 일이 있어도 겁내지 마시고 두려워하지 마시고, 물러서지 마시고 당당한 마음, 내가 제일이라는 당당한 마음이 아니라, 아주 올리지도 말고 내리지도 말고 항상 중심에다가 두십시오. 중심은 여러분이 깨우치지 못했으면 중심이고 깨우쳤다면 중도입니다. 또 깨우쳤다면 중용이고 깨우치지 못했다면은 활용입니다.

그러니 여러분과 저와 모두 한도량에 한도반으로서 공부하시자는 거지 내가 더 잘났다고 말하는 게 아닙니다. 우리 같이 앉았을 때는 더 잘났다고 할 것도 없습니다. 왜? 일체가 둘이 아닌 까닭에요.

그리고 끝으로 한마디 할 것은, 여러분이 와서 용건을 얘기하고 그냥 대답 들으려고 하지도 말고 그냥 가세요. 왜냐? 그것은 비밀이니까 말로는 못 합니다. 여러분이 이 도리를 다 공부하신다면 내 속을 다 알아서 같이 아마 등장할지도 모르죠. 여기서 몸뚱이는 항상 말을 하고 보고 이러면서도 삼매에 드는 도리를 아셔야 됩니다. 가만히 눈 감고 앉아서 드는 것이 삼매가 아닙니다. 눈 뜨고, 그냥 치켜뜨지도 말고 내려뜨지도 않는 도리가 바로 그게 삼매입니다. 그 도리를 말한 거지 진짜 눈을 그렇게 뜨라는 게 아닙니다. 마음을 그렇게, 스스로 그렇게 가지라는 얘기죠.

그러니까 항상 우리는 일상 생활에서 참선이요, 일상 생활에서 화두요, 일상 생활에서 바로 중용이 나오고 그대로, 나 자신의 생활이 그대로 바로 삼매가 될 수 있는 그런 여러분이 돼야 되는 거죠. 그래야 테레비를 보면서도 여기서는 나가서 일을 하고, 또 나가도 하나로 고정되게 있는 게 아니라 수없이 나투는 거, 수없이 화(化)하는 거. 천백억화신이 다 사람들이 산신을 원하면 산신의 모습으로 화해서 응해주시고, 또 칠성을 원하면은 칠성으로 모습을 나투어서 또 응해주시고, 또는 독성을 그렇게 원하신다면 응해주시고, 자꾸 몸을 화해서 보이는 그 모습 없는 모습이 자꾸 이렇게 화해가면서 여러분을 응해주신다. 그래서 삼십이응신(三十二應身)이 응해주신다 이런데, 삼십(三十)이라는 거는 숫자로 말할 게 아닙니다.

그렇게 불가사의한 법 그거는 저런 혹성도 바로, 내가 그가 되고 그가 내가 되는 이치도 있지마는 만약에 내가 한생각을 하면은 타국에 있는 보살들도 또 어떠한 부처님들도 다 한자리를 하기 때문에 여기에서의 한생각에, 한 찰나에 드셨다가 한 찰나에 나시고 합니다. 이 불가사의한 도리와 법을 여러분이 그냥 지나가신다면 인간된 도리에 정말이지 그거는 있을 수 없는 일입니다. 인간이 됐다면 그쯤은 알고 가야 되지 않느냐는 얘기죠. 그래서 죽은 사람이나 산 사람이나, 죽은 생각이나 산 생각이나, 모습 없는 사람이나 모습 있는 사람이나 다 응해서 우리가 건질 수가 있는 일입니다. 건지는데 건지는 것도 공해서 내가 한 일이 없노라. 내가 한 일도 아니요, 내가 안 한 일도 아닙니다.

그러니 부처는 이름도 없다고 하죠. 그래서 팔십종호(八十種好)라고 했죠. 응? '종'도 '호'니라 이거야. '종'이라는 그 말 자체도 '호'다 이거야. 단군 할아버지는 또 일상 생활에서의 사람 됨됨을 가르치셨고 또 남긴 거는 팔십일자를 남겼습니다. 처음하고 끄트머리만 얘기해도 그거는 전부 알 바가 있는 겁니다. 팔십종호라고 말씀하신 분이나 팔십일자를 남기신 그분이나 똑같다 이겁니다. 일시무시(一始無始), 일종무종(一終無終)! 얼마나 그게 다양합니까? 뭐가 다릅니까? 일시(一始)가 무시(無始)고 허허, 일종(一終)이 무종(無終)이다 이거야. 그랬으니 뭐가 다릅니까?

그러니 그분들 석가세존이나 단군 할아버지나, 우리네 육의 어머니, 아버지, 조상들이 전부 한 분이지 두 분이 아니에요. 내가 있음으로써, 마음을 가지고 있음으로써 그 조상은 둘이 아니다 이거예요. 내 조상까지도 둘이 아니다 이거야. 내 조상이 본래자성불(本來自性佛)이거든요. 그러니 본래자성불 아버지하고 지금 현재 자기 자식하고 상봉을 하십시오. 모두 상봉을 해야 합니다. 남북이 터져서 상봉을 해야 되듯이 말입니다. 우리도 그 한몸 안에 부(父)와 자(子)가 있으면은 한몸 안에서 따로따로 살아야 되겠습니까? 그러니 부와 자가 상봉하시기를 바라면서 이것으로 끝마치겠습니다.

무종의 뜻

90년 1월 21일

전 여러분과 더불어 항상 같이 했으나 지난번에 바다 건너를 갔다 온 이래로 처음 만나는 분들도 계시고 그 안에 뵌 분들도 있으실 겁니다. 그러나 바다 건너든 바다 이쪽이든 멀고 가까움은 없겠지만 모두들 좀 한국보다는 달리, 뛰면서 생각하고 생각하면서 뛰는 그 생활이 벌어지고 있더군요.

우리는 좀더 그래도 여유가 있는 편이죠. 그곳에서는 아내가 아침 새벽에 나가면 남편은 새벽에 들어오고 이런 가정이 많습디다. 그러니까 지금 경서(經書)를 가지고 풀이를 해서 강의를 해준다거나, 또는 길게 백팔배를 한다든가, 오백배를 한다든가, 주문을 외운다든가 이런 것 가지고는 참, 어렵다는 걸 느꼈고 또 봤습니다. 우리 한국도 앞으로 2, 3년만 넘어가면은 젊은이들이 더 바쁘게 뛰어야 하는 시대가 돌아오지 않을까 이렇게 봅니다. 또 젊은 사람들뿐만 아니라 노인네들도 그렇고 중년 되신 분들도 그렇고, 애들까지도 아마 지금보다는 더 뛰어야 하지 않나 하는 생각도 해보고요.

남을 좇아가기보다는 앞서서 갈 줄 아는 그런 여러분이 돼야 하겠습니다. 또 지금 절에 다닌다고 해서 안이하게 그냥 계시면 안 됩니다. 항상 말씀드렸듯이 우리가 생각하면서 뛰고, 뛰면서 생각하는 이 생활이 그대로, 참선이자 바로 행선(行禪)입니다. 그런고로 항상 여러분한테 말씀을 드리지마는 '둘이 아닌 마음'을 내는 그 마음이 필요합니다. 또 참으로 자기 주인공을 믿는 마음은 올바르게 말하는 마음이며 올바르게 생각하는 마음이며 항상 나라는 조건을 녹여버리는 마음, 즉 말하자면 아집을 가진 마음을 놓으란 말이죠. 마음으로써 행이 나올 때는 항상 평등 행을 할 수 있는 마음을 가지시고요.

왜 이렇게 말씀드리느냐 하면은 여러분과 저와 이렇게 같이 앉았을 때는 전부 도반이고 같이 하는 것이기 때문입니다. 우리가 이 도리를 다 알면은 좋지만 알지 못해서, 때에 따라서는 저는 이렇게 생각합니다. '너무 어마어마한 진리로구나, 어마어마한 공부로구나.' 너무나 엄청나서 말도 할 수가 없으리만큼, 입이 딱 막히리만큼 그렇게 엄청난데도 불구하고 여러분은 그냥 절에 다니면서 '이만하면은 공부하는 거로구나.' 이렇게만 생각하시지요. 지수화풍이 그렇게 바탕으로 돼 있기 때문에 공부할 수 있는 광력이나 전력·자력·통신력이 충만한 겁니다. 그 때문에 우리는 천체물리학을 할 수 있고 과학을 연구할 수 있고, 또 물건을 바깥으로 내놓을 수 있고 공학적 연구를 할 수 있고, 그런 장본인이 될 수 있는 겁니다.

그러면 지금 어떠한 물질이 나왔습니까? 우린 자비의 칼을 가지고 선의를 베풀어서 그 악의 조건, 선의 조건을 다 우리 마음으로써 잘 보고 올릴 건 올리고 내릴 건 내릴 수 있는 그런 여건을 손아귀에 다 쥐어야 한다고 봅니다. 두서없는 말이지마는 잘 챙겨 들으시리라 믿고 이런 말씀 드립니다.

지금 같이 밝고 밝은 세대에 연구를 해낸 물건들이 모두 서로 전쟁하는 데 쓰이고, 모두 죽이고 내가 차지하겠다는 마음, 다 죽어도 나는 살아야 하겠다는 마음이 굴뚝같기 때문에 세계적으로 일어나는 문제들, 그런 연구들을 하고 있습니다. 그러니 우리 한생각에 의해서 그런 연구를 제재할 수 있는, 타개할 수 있는, 또는 조절할 수 있는 마음이 필요한 것입니다. 그러기 때문에 그러한 재료가 여러분 앞에 있다는 사실을 밝혀드리는 겁니다. 여러분이 보지 못하고, 또 해보지도 못하고 실험도 못 해보고 맛도 모르고 이런다면은 그 하나마저도 어찌하지 못합니다. 타개 못 하고 조절 못 합니다.

그러니 이거는 한 걸음 더 나가서 내 몸을 내가 벗어나서 내가 바른 데로 이끌 수 있는 능력을 얻어야 가정을 이끌어나갈 수도 있거니와 사회도 이끌어나갈 수 있고 내 국가도 지킬 수 있고, 내 집을 지킬 수도 있는 겁니다. 또 세계를 조절할 줄 알아야 내 집을 지킬 수 있는 겁니다. 내 집만 지키고 있다고 해서 되는 게 아닙니다. 그전에도 얘기했지만 우리의 역사를 어떻게 가져왔습니까? 내 집만 지키고 편안하다고 되는 게 아니라, 부지런히 연구하고 부지런히 실험하고 체험해서 스스로 단단히 지키고 해나가고 그렇게 해서 행복을 가져오고 또 역사를 가져오고 그러는 거지, 그렇게 안이하게, 편안하게 그냥 왔다갔다하다가 가을에 낙엽 떨어지듯이 떨어지면 그뿐이다 허무하다. 이렇게 생각하시면 진짜 공(空)이 색(色)이요 색이 공인 그 뜻을 모른다 이겁니다. 그대로 여러분의 마음이 실상이 될 수 있는 그런 여건을 세울 수가 없다는 얘기죠.

그러니까 요거는 말로는 어떻게 할 수 없는 건데 여러분한테 운이라도 띄워드리려고 하는 것은 그렇게 돼 있기 때문입니다. 지금 강대국에서는 연구들을 아주 열심히 해서 어떡하면 빛처럼 빨리 갈 수 있을까? 어떡하면 빛처럼 빨리 가서 큰 잠수함이나 비행기나 모든 것을 파괴시킬 수 있을까? 어떡하면 사람이 타지 않고 조그맣게 새조떡 두어 개 한데 뭉친 것처럼 그렇게 작게 해가지고도 그 크나큰 거를 다 흡수할 수 있을까, 또 요만한 (주먹을 쥐어 보이시고) 덩어리를 아주 작게 해서 큰 덩어리를 반 쪼개낼 수 있을까? 어떡하면은 음과 양을 한데 합친 탐지기나 망원경까지도 조절하고, 모든 것을 콤퓨타까지도 조절해서, 어떻게 하면은 빨리 가서 모든 거를 다 알고 보고 행해서 미리 보고를 할 수가 있고 또 그것을 타개할 수 있나, 이런 연구들을 서로 할 양으로 노력들을 하고 있단 말입니다.

소련에서, 그런 문제들을 더 재빨리 할 양으로 노력들을 하고 있다는 사실을 몰라서는 안됩니다. 우리가 이 공부를 좀더 해서 모든 것을 조절하고, 연구를 빨리 해서 우리는 살고 상대는 죽이고 하는 그런 문제라든가, 그런 생각들을 좀 조절해서 안유하게 만들어 주는 이러한 마음가짐이 아주 필요합니다. 현재는 모든 것이, 쌍방이 똑같이 너무 빠르기 때문에 똑같이 할 수가 없습니다, 양쪽이 다 죽으니까요. 양쪽이 다 죽지 않고 한쪽만 죽이기 위해서 지금 눈을 까뒤집고 연구를 하고 있거든요!

그러니 여러분이 이 공부를 해서 그것을 모두 보고 듣고, 과거를 알고 현재를 알고, 가고 옴이 없이 가고 올 줄 알고 이런 재료가 여러분한테 다 있다는 사실을 안다면은, 보는 거 듣는 거를 우리는 조절을 할 수 있는 거죠.

우리가 이 공부를 하는 것은 한마디로 말해서 자석이 끌어오는 힘, 그러니까 과학적으로는 세 가지나, 네 가지나 첨보해서 끌어당길 수 있는 그런 능력을 연구하지만, 마음이라는 것은 광력 · 전력 · 자력 · 통신력을 충만히 갖추어 가지고 있기 때문에 보이지 않는 데서도 보이는 거를 끌어 당길 수 있는 그런 힘이 있다는 얘기죠. 믿어지지 않죠? 물질로 볼 땐 '자석' 하지마는 우리들 마음공부에서는 '자력' 합니다. 안 그럴까요? 내가 표현이 틀렸을까요? 난 여러분처럼, 용어를 잘 알고 그러진 못합니다. 그러기 때문에 표현을 잘 못할는지는 모르지만 여러분이 어떡하면 알아들을 수 있을까 하는 생각에서 진실하게는 할 수 있는 겁니다. 진실한 마음은 여러분이 읽을 수 있으리라고 믿습니다.

그렇다면은 그만큼 보이지 않는 데서 이끌 수 있는 힘이 여러분한테도 주어져 있다는 얘깁니다. 그러고도 또 줄 수도 있다는 겁니다.

그래서 부처님의 말씀은 무한의 모든 것을 다 내도 줄지 않고, 모든 것을 다 넣어도 두드러지지 않느니라. 삼천대천세계 우주 모두를, 아니 그것뿐만 아니라 사생(四生)의 그 천차만별로 돼 있는 것을 좁쌀 한 알갱이에 다 운집할 수 있다는 사실, 그래도 그릇이 작지 않다는 뜻입니다. 여러분은 그렇게 할 수 있고도 남음이 있는 거죠.

그러니까 이것이 생각하면 어마어마한 공부란 얘깁니다. 이건 절에나 다니고 뭐, 음식이나 놓고 빌고 이러는 게 문제가 아닙니다. 이 세상에 났으면 그런 것을 끌고가는 것도 한번 생각해 볼 수 있는 거죠. 이거 보세요. 만약에 자석이라고 합시다. 자석이 이만한 덩어리라면 요만한 덩어리로는 끌 수 없습니다. 거기 붙어서 떨어지질 않아요. 오히려. 큰 바위에 계란 갖다가 붙이는 셈이죠. 그러니까 자석이 크다면, 이 세상을 다 덮고도 남음이 있는 자석이라면 모두 거기 가서 붙어서 떨어지지 않을 겁니다.

그러한 요소가 있기 때문에 태양에도, 달세계에도 모든 것이 그 분야에서 떠나지 않는 겁니다. 그 덩어리 바깥에서 떠날 수가 없습니다, 끌어들이는 힘이 있기 때문에. 물방울 같은 그런 아주 좁쌀 같은 거, 또 하다못해 콩 같은 고런 거, 그냥 물질이 아닌 물질, 물방울 같은 게 그 덩어리를 돌면서 모든 것을 지원합니다. 만약에 그게 지원을 안 한다면 터져버릴는지도 모르죠. 안에서는 안에 대로 조절을 해서, 내면 내는 대로 복사체제로서 벌어지는 그 문제들이 들이고 내는 것을 완화되게 조절을 하죠. 통신도 하고요.

그런데 우리들의 마음은 어땠던가요. 우리네 마음은 수시로 이게 찰나찰나 바뀌면서 자동적으로 돌아가죠. 자동기입니다. 지금 어디 뭉쳐서 매어져 있는 게 아니라 자동기입니다. 여러분은 자유자재할 수 있는 여건을 가진 자동기입니다. 그런데 여러분은 마음을 자동기처럼 쓸 수가 없습니다. 그 마음이 여여한 자동기인데도, 자동적으로 마음내는 대로 살게끔 고등동물로, 즉 인간이라는 만물의 영장으로 나왔는데도 불구하고 여러분은 과거의 습 때문에 그냥 거기에다 마음이 자기를 옹쳐매 놓고 있습니다. 자연스럽게 갈 건데도. 속담에 이런 말이 있죠. 대장부의 걸음걸이는 한 걸음을 뛰어도 천리를 뛰는데, 졸장부의 걸음걸이는 백리를 뛰어도 한 걸음 뛴 것만 못하니라.

여러분은 육신으로써 벌어먹으려고 돈을 좇아서 그냥 막 뛰는데, 느긋하게 앉아서 끌어도 다 붙어서 오게끔 만들어야 돼요. 그래야 그게 한 걸음을 뛰어도 뛰는 거지, 몸뚱이로 그걸 좇아서, 요만한 걸 보고 좇아서 그냥 뛰면 몸뚱이 고달프죠, 병 생기죠, 집안 가족 잘 못 지키죠? 신경질이 나니깐 또 화목하지 못하죠? 일일이 손해야, 일일이 손해! 어쩌면 좋습니까? 여러분을 볼 때마다 답답한 게 있죠. 그래 어떤 때는 웃기도 하고 어떤 때는 울기도 하고 그럽니다. 그것도 여러분을 위해서가 아닙니다, 날 위해서지. 왜 줄 아세요? 여러분이 나하고 둘이 아닌 까닭에 그렇습니다. 또 둘이 아닌 까닭이 있기 때문에 나 하나도 없다는 결론이 나옵니다.

지금 이 세상에 내 형제 아님이 어딨고 내 부모 아님이 어디 있으며 내 자식 아님이 어딨습니까? 몸뚱이가 이 집 가서 한 철, 저 집 가서 한 철, 저기 가서 한 철. 자식이 됐다가 부모가 됐다가 형제가 됐다가 이렇게 돌아가는데 어떤 게 내 부모라고 할까요? 어떤 게 또 내 자식이라고 할까요? 부모는 그렇게 누구나가 자식을 생각하는 마음이 똑같은데 어떤 게 내 부모라고 하고 어떤 게 내 자식이라고 할까요? 그래서 부처님 조상과 그 육을 주신, 부모님의 은혜를 어찌 갚을까? 그러게 '부모은중경(父母恩重經)'에서도 그랬죠. 이 몸을, 응신(應身)할 수 있는 이 몸을 만들어주시고 키워주시고, 뱃속에서부터 자기가 죽을 때까지, 몸을 벗을 때까지 생각할 수 있는 부모의 그 마음의 은혜! 모든 것을 한데 합치면은 어떤 부모가 내 부모라고 할 수 없는 그 넓은 마음! 그래서 시어머니도 남의 부모라고 생각할 것도 없고, 친어머니도 내 부모라고 생각할 것도 없어요. 똑같이 생각하라고요. 내 부모 아님이 없고. 내 자식 아님이 없으니까요.

어떤 때는 학생들이 와서 그렇게 곤란해서 눈물을 흘릴 때는 내 가슴이 찢어지는 것처럼 아파! 내 마음은 내가 더 잘 아니깐요. 사람은 거짓된 마음이 없어야 하고 나라는 마음이 없어야 하고, 아까도 얘기했지만 시간을 지킬 줄 아는 마음, 의리와 도의를 지키는 마음! 이 마음, 마음, 마음, 마음, 모두가 천차만별로 돼 있는 이 마음을 떠나면 아무것도 없어요.

그러니까 이 공부라는 것은 지금, 새로이 지금 부처님이 써놓으신 경서를 뒤집어보면은, 현재 과학이 발달되고 모든 게 과학적으로 가고, 지금 자동기로서 물질이 돼 있듯이 여러분도 자동적으로 돼 있고, 자동적으로 돌아가고 자동적으로 혹성이 돌아가고, 별성도 자동적으로 돌아가는 것을 파악하는 공부인데 여러분이 그걸 잘 모르는 거예요.

지금 여러분처럼 먹고 사는 생명들이 있는가 하면, 영령들, 그저 냄새나 맡고 사는 생명들이 있는가 하면 마음으로 사는 생명들이 있다 이겁니다. 마음으로 사는 세계, 냄새 맡고 사는 세계, 먹고 사는 세계 이 세 가지로 분류한다면 깨달은 사람은 마음으로 살 수 있지만 깨닫지 못한 사람은 냄새를 맡고 산다, 죽은 영령들도 냄새를 맡고 살기 때문에 시식을 지내준다는 둥 천도를 해준다는 둥 온통 이 야단이 나는 거지. 현실에서 자유자재하고 살면서 그 의식을 다 떠났을 때는 그건 죽어도 마음대로 자유자재야. 그러기 때문에 마음으로 살지, 냄새나 맡고 돌아다니면서 지지하게 살지 않는단 말이지. 이렇게 곧바로 얘기해주는 것은, 알아듣기 쉽게 하느라고 내가 지금 이래요. 그러니까 마음으로 살면은 보고 듣고 다 할 줄 알고, 나 아님이 없고 그러니까 어디 가나 통과야. 통과, 통과, 통과야. 응. 그러니깐 표현하자면 주장자 하나 딱 들면, 똥그란 것이 하나 거기 얹혀있는 셈이나 한가지니 이거를 들면은 그대로, 그대로 통과야, 다. 그냥. 아무 데고 다 통과라.

그런 데다 또 한 가지 묘한 것은 옛날에 어느 사람이 참 부유하게 살았는데 어떻게나 욕심이 많은지 남의 것을 그냥 뺏아 먹으려고만 해요. 지금도 그런 사람이 있지. 아휴, 내가 지금 보고 있어요, 아주. 저기 어떤 사람 있어요. (대중 웃음) 남의 것도요, 돈을 꿔줄 때에 삼십억짜리면은 한 삼천만 원 꿔주고서요, 몇 해를 끌다가 나중엔 결국 제 걸로 만들어요. 그래가지고 그냥 어떡하든지 소송을 걸어서까지도 그걸 자기 걸로 만들려고 애쓰죠. 그렇게 남의 걸 뺏아서 재산을 많이 모으는데 어떻게 보면 아주 악종이라고 볼 수 있죠.

그러니까 악종이냐 선종이냐, 이런 걸 놓고 볼 때 선(禪)에는 악종도 없고 선종도 없다 이러지마는 우리가 먹고 사는 이 세계는 악종도 있고 선종도 있는데, 악종은 선종을 집어먹어요. 그러니까 선종이 도리를 모르면은 무의식중에 그냥 끌려가요. 끌려가서 악종에게 먹혀요. 입을 딱 벌리고 있으면 가만히 있어도 그냥 끌려서 그 입 속으로 다 들어가요. 그래서 부처님의 뜻은 선종의 입을 벌리면 모든 악의 조건과 악종이 전부 선종의 입 속으로 들어가서 한번 그 불바퀴에 굴려서 나오게 되면은 그냥 천도가 되는 거죠. 그냥 마음이 그렇게 안이하게 되고 악 종류였었는데 그 불씨로서 자비한 마음을 닮아서 체인지가 되어가지곤 나오죠. 그러기 때문에 건질 수 있는 거죠.

그래 그렇게 악종으로 하다가 죽었어요. 그런데 그게 아주 악두목이 돼버렸어요, 죽어서도요. 그래서 어떻게 됐느냐 하면은 모든 한생각이 악이니까, 악씨가 그냥 수만 개 헤아릴 수도 없이 나와서 어느 동네, 어느 나라를 덮쳤단 말입니다. 덮쳐가지고는 그냥 막, 말하자면은 그 영력의 피를 그냥 빠는 겁니다. 그러면 그냥 쓰러져요. 모두 병들어서 쓰러지는 것처럼 타서 쓰러지고, 어디 가서 어떻게 죽는지도 모르게 그냥 막 쓰러지거든요.

그래서 그 이웃 나라, 그럼 중국이라고 합시다. 그래 이웃 나라 중국에서 가만히 보니까 보이지 않는 데서 그냥 막 그렇게 악종이 일어나거든. 그런데 이 사람들은 그 종류를 보지를 못해. 왜, 반짝반짝하면서 돌아다니는 벌레 있죠? 그게 뭐라고 그러죠? 반딧불이, 반딧불이처럼 보이면서 사람 속에만 들어갔다 하면 그게 그렇게 되더라 이거죠. 이것이 과학적으로도 있는 거지 없는 거 아닙니다. 아니, 지금 과학적이 지금 이 현상세계고 바로 우리 사는 이치니깐요. 그래서 그분이 정말이지 이건 안 되겠다 해서 큰 돌 속에다가 자그마한 돌을 넣어서 벌려가지고 그 자력으로써 다 끌어들인 거죠. 안 그럴까요? 그건 물질이 아닙니다. 그런데 돌 속에다가 다 가둬놨단 말입니다. 가둬서는 깊은 물 속에다 탁 쳐넣어 버렸어. 그러니깐 왜, 꽃이 시들었다 물을 주면은 피어나듯이 그렇게 선종이 피어난 겁니다.

내가 예전에 그랬죠. 노스트라다무스도 그러한 능력을 가졌기 때문에 어느 동네가 괴질로 인해서 다 타서 죽고 병들어 죽고 이러는 동네에 들어갔는데도 수십만 명을 다 건졌다고요. 그래서 그거를 탁 닫아서는 천길 만길 물속에다가 가둬넣어 놓으니까, 그거는 그러면 어떤 물질이 아닌 반딧불 같은 거라고 표현을 하죠. 그것이 악의 씨죠. 그것을 전부 가두어놓으니까는 그 화초에 물을 줘서 살아나듯이 그 사람네들이 모두 생기를 되찾고 살아나거든요. 그러고는 그냥 타서 흠집이 났던 것도 자동적으로 꾸덕꾸덕해지고 낫고 말이야. 그분이 또 겉으로는 전부 약을 발라주고 다니면서 다 건졌단 말입니다.

그런데 '병 고치는 건 도가 아닙니다.' 이런 말들을 가끔 하십니다. 나도 그건 압니다. 그러나 도가 있기 이전에, 도를 찾으려고 하기 이전에 내 아픔같이 생각하고 내 앞에 있는 걸 해결을 하고 넘어가라 이거야. 앞에 닥치는 거를 마다 하고 큰 거를 잡으려고 뛰다가는 구덩이에 빠지고 말죠, 도를 얻기 보다도. 그래서 도를 찾는다, 도를 이룬다 이러기 이전에 사람 노릇을 한다면, 내 아픔같이 생각하고 내 몸같이 생각하고 내 부모같이 생각하고 내 형제같이 생각하고, 길에 지나가다가 죽으러 가는 소 한 마리를 본다 하더라도, 그 소 하나도 '너의 육신이 소니까, 사람한테 그 고기를 먹히고 너는 인간으로 환토를 해야지.'

하고서 그 소 마음을 내 마음 속에 탁- 넣으면은 소가 내 마음을, 인간의 마음을 전부 알아버려요. 그러니깐 소가 이건 금방 사람이 돼버려요. 금방 사람이 된 거예요. 한 찰나에 사람이 됐어. 육신만 없다 뿐이지. 육신은 가, 지금. 의식을 빼놓으면은 소는 아프지도 않아. 큰 돌 같은 망치로 때려도 아프지도 않아. 그건 고깃덩어리이기 때문이야. 의식을 빼니까, 마취한 거와 같아서.

그러니까 그렇게 아프지 않게 하면서 내 몸같이 생각한다면 모습만 각각이지 그 마음이야, 슬픈 마음이야 어찌 둘이겠느냐 이거지. 여러분이 만약에 사형선고를 받고 끌려갈 때에 그 마음이나 소가 죽으러 가는 그 마음이나 뭐가 다릅니까? 아마 똑같을 겁니다. 그 소의 마음을 내 마음에 한데 넣었을 때 두드러지지도 않을 뿐만 아니라, 아예 그 의식이 내가 알고 있는 의식을 다 알아버리니까 그냥 내가 된 거죠. 내가 돼서 내가 또 좋은 데로 천도해서 인간으로서 이 세상에서 일깨나 하게끔 딱 천도를 해서 내놓으면 어디 가서 금방 태어나게 되죠. 임신이 되는 거죠. 그렇게 해서 이 세상에 태어나면은 그 큰 눈으로다가 눈물을 뚝뚝 흘리면서, 그렇게 감사하게 둘이 아니게 느낄 수가 있는 겁니다.

여러분! 여러분이 아프면 나도 아픕니다. 그런 걸 아십니까? 아니, 나뿐이 아니죠. 만약에 여러분의 자식이 그렇게 곤궁에 빠졌다고 했을 때, 여러분 자식이 만약에 차 사고를 당했다고 했을 때 순간의 놀란 그 마음을 조금 진정을 하고 보면은 눈에서 뼈저린 눈물이 흐르죠. 어떻습니까? 딴 거는 안 그럴까요? 그 마음이나 똑같은 마음입니다.

여러분은 이 공부하러 다니는 것을 그냥 괜히 하러 다니는 걸로 생각지 마세요. 아까도 얘기했고 예전에도 얘기했죠. 그런 것은 여러분이 다 알고 있는 사실입니다마는 '왜 그렇게 됐을까?' 하고 궁금하죠. 궁금했던 이유는 바로 그런 데서 생기는 겁니다. 큰 비행기도 공중에서 감쪽같이 없어지고, 큰 바다에서도 감쪽같이 없어지는 이유가 어딨을까요? 그것을 작게 표현을 한다면은 그건 자석이 아니라 자력에 끌려서 들어갈 수도 있는 겁니다. 이 모두가 여러분도 할 수 있는 그런 겁니다. 만물의 영장으로서 하늘 사람까지도 벗어나서 이 세상을 전체 손아귀에 쥐고서 말입니다. 여러분은 안 계신 데가 없고, 손이 안 가는 데가 없고, 내 자리 아님이 없이 그렇게, 모습 아닌 그 속에 바로 불종(佛種) 그 자체로서, 바로 불종이라는 이름조차 없는 불종으로 그냥 어디든지, 어디든지 있죠. 그래서 이 공부는 어마어마한 공부면서도 생각하는 사람에게는 그게 어마어마하게 돌아갈 수도 있고, 생각하지 않는 사람에게는 '그저 그렇겠지. 그냥, 어- 그렇구나.' 이렇게 되죠.

여러분이 단전을 한다 뭐, 호흡을 한다 하는 문제도 만약에 입으로 먹고 똥으로 안 누면은 막히죠. 그와 같이 단전호흡을 해서 바깥으로 나쁜 그 기를 모아서 빼지 않는다면은 그거는 병이 되고 마는 겁니다. 그런데 병이 되고 마는 그 몸뚱이조차도 몸 떨어지면 입도 떨어지고 입 떨어지면 생각도 떨어지는데, 뭘 어떡할까요? 이걸 기르기 위해서 공부하는 게 아닙니다. 마음을 기르기 위해서 지금 공부하는 겁니다.

우린 영원하기 위해서, 또 영원하게 내가 살 양으로 내 욕심을 채워서 이 공부 하는 게 아닙니다. 천차만별로 돼 있는 어떠한 목신이든 지신이든, 흙에서 나는 거든 나무에서 나는 거든, 공중에서 나는 거든 또는 태에서 낳는 거든 알에서 낳는 거든, 습한 데서 낳는 거든 화(化)해서 낳는 거든 이런 것 전체를 다 둘 아니게 한 낚시에 탁 걸어서 건질 수 있는 그런 능력을 키우는 겁니다.

그런데 낚시도 낚시 없는 낚시지 낚시라 하면은 그거는 아무것도 못 하는 거죠. 또 손 아닌 손이라고 했죠. 생각 없는 그 한생각이 전체를 담아서 건질 수 있는, 자동적으로 건질 수 있는 그런 문제가 있기도 하고요. 현실로 연구하는 것도 어떠한 연구를 하든지 그건 자유스럽게 할 수 있어요. 연구를 너무 딴 데보다 엄청나게 위로 올라가게 하지 않고, 탁 쳐버리는 거. 예를 들어서 말하자면 미국이 소련보다 높아서도 안 되고 또 소련이 미국보다 높아서도 안 되지 않습니까? 그렇죠? 만약에 그렇게 되면은 그냥, 그런 문제들이 생기니깐요.

그 연구들을 하는 마음도 마음입니다. 사람의 마음으로써, 머리로써 연구하는 겁니다. 머리를 쓰는 거를 정신이라고 하죠. 그런데 정신으로 돌아서 가지 말고 마음으로부터 들어가는 거는 잠재의식과 현재의식이 계합이 돼서 돌아가지만, 마음으로 들어가지 않고 현재 보고 듣고 들이고 내고 하는 그 감각으로서 머리를 쓰는 현재의식 자체가 결정짓는 마음은, 그거는 한마디로 말해서 모자라는 50%가 돼서 모자라는 물질세계 50%에서 그냥 사는 여러분이 돼버리고 말죠. 그 생각은 바로 한데 계합된 정신이라야만이 연구를 할 수 있는 겁니다, 모든 것에서요.

그런데 그렇게까지 계합된 그런 연구인이 있다면 만약에 글을 연구할 때에 그 모든 자료를 같이 넣어서, 예를 들자면 탐지기는 탐지기대로 어떠한 분별만 하게끔 하고, 또 어떤 거를 어디 있나 그것만 봤는데 지금은 어떠한 걸로 썼는가, 어떠한 걸로 만들었는가, 얼마나 속도가 빠른가 이것까지도 다 콤퓨타로 나오게끔 만드는 연구를 하고 있단 말입니다. 그러니깐 이것은 지금 문제가 아니죠. 앞으로 더 가면 그것보다도 더 나은 최대의 물건을 만들어낼 수 있죠. 인간이 다 재료를 가지고 있으니깐요. 그러니까 지금 공부하는 것은 최대의 물건을 만드는 데 있어서 그 이전에 바로 우리가 있다는 걸 알고, 그것을 마음대로 할 수 있는 능력을 기르고 공부하는 겁니다. 그런 거를 마음대로 할 수 있는 그 능력을 기르는 겁니다, 자동적으로 말입니다.

그런데 부처님의 뜻을 그저 아무렇게나 그냥, 팔만대장경에 모두 해놓은 걸 요 사는 데다 꼬작꼬작 붙여 놓으니 이걸 어쩝니까? 저 우주 삼천대천세계 전체를 갖다 넣고 그냥 슬슬 굴리게끔 해놓질 않고, 슬슬 굴리게 해놓은 그 경서를 조그마한 데다가 딱 붙여서, 우리 사는 데다가 붙여서 항상 빌게 만들어놨어요, 항상. 응? 항상 빌면서 깡통을 들고서 그 깡통에 달라고 빌어요. "반찬이 없습니다, 관세음보살!", "아휴, 밥이 없습니다, 관세음보살!", "아휴, 우리 아들이 이렇게 됐는데 먹질 못합니다, 관세음보살!" 또 "취직을 못 했는데, 관세음보살!" 이렇게 만날 얻으러만 다니는 겁니다. 얻으러 다니게 만들어 놔요! 그래, 내가 농사짓고 부지런히 뛰어서 내가 내 밥 먹는 거지, 누가 나를 먹여 주고 누가 행복을 갖다 주고 누가 하나요? 그거를 뒤집어 본다면 너무나 당연하고 너무나 좋은 말씀인데도 불구하고 그렇게 해놨단 말입니다.

예수를 믿는 사람들도 그래요. 참 내 기가 막혀서! "아버지! 저 사람은 몰라서 저렇게 그러는 거니 용서를 해주옵소서." 하고 했잖습니까? 예? 그게 무슨 소린 줄 아십니까? 내가 하는 소립니다. "에이구, 죄가 있다면 모르는 게 죄지 무슨 죄가 있겠나." 이렇게 여러분을 보고 내가 생각하는 그 마음이나 뭐이 다릅니까? 예? 또 한 가지는, "얘들아, 모두 나를 믿어라." 이랬단 말입니다. 그런데 거기에 '각자' 소리를 안 넣었기 때문에 "모두 나를 믿어라."고 하니까, 이거는 자기 이 예수 고깃덩어리를 믿으라는 줄 알고 온통 그 이름을 가지고 상표를 붙여놓고는 전부 비는 거야, 또. 아니, 이름들은 모두 상표입니다, 이게. 물건의 상표예요.

그런데 그 상표에 묶여가지고는 그냥 옴폐부득 못 하고 꽁꽁 묶여서 창살 없는 감옥이지, 그게 결국은. 그래가지고 빠지지도 못하고 이러는 거야. 아니, '물이 깊고 산이 높고 불덩어리가 온통 죄 탄다.' 하고 그냥 마귀들이 북적거린다 하더라도 체가 없는 내가 마음이 넓으면, 그냥 다 긁어모아서 여기다가 (가슴을 짚어 보이시며) 넣어서 그 아팠던 의식과 모자랐던 의식이 다 없어지고, 그 충만한 의식을 가지고선 이 세상에 모든 자기와 같았던 사람들을 돌보기 위해서 그 얼마나 한 생각을 내겠습니까, 응?

그런데 그렇게 기복으로만 자꾸 돌아가서, 이 기복이라는 것도 좋은 말로 들리겠지만 그 말보다도요, 행이 모두 자기가 자기를 죽이는 법이란 말입니다, 또 얻어먹게도 하고요. 나중에는 얻어먹다 얻어먹다 강도질까지 하게 만드는 이런 거란 말입니다. 그러다가 죽어서 몸뚱이가 없어지고 의식만 간다면 어떻게 될까요, 그게? 끼리끼리 모이죠. 사과는 사과대로 놓고, 배는 배대로 놓고, 금은 금대로 놓고. 아니, 사람들도 전부, 공업을 하는 사람은 공업, 정치를 하는 사람은 정치 이렇게 끼리끼리들 뭐, 누가 오너라 가거라 할 거 없이 공부한 과목대로 그냥 풀려서 나가는 거죠.

그런데 그렇게 하던 그 마음이 죽어도 역시, 항상 해꼬지를 해. 그저 살아 있는 거기 가서 "왜 내가 너를 이렇게 때리는데도 말도 안 하고, 내가 너희 집에 와서 이렇게 같이 앉았는데도 왜 아는 척도 안 하니 하는 겁니다." 그걸 모르니까! 그 상대방이 모르는 줄 모르니까. 보이지 않는 줄 모르니까. 그렇게 몰라. 그리곤 자기 욕심만 채우려고 하니까 가정에서 불화가 일어나고. 솔직한 얘기지만, 내가 여러분한텐 그런 얘기 저런 얘기 안 합니다. 너는 과거에 어땠고 과거의 부모네가 어땠고 뭐, 자식이 어쨌고 뭐 이렇게…. 그거 다 얘기한다면 복잡하고, 공부할 수도 없고, 그걸 밀칠 수도 없어요. 그러니까 글쎄 어떡해요.

어떤 땐 정 이게 이러면은 여러분이 정성을 들이러 다만 얼마를 봉투에 해가지고 올 때 말없이 거기다가 메모를 해놓습니다. 왜냐? 전자에 살던 조상분들이 너무나 몰라서 자식이라는 것도 모르고 자기가 그 의식으로 살았던 거기에 치우쳐가지고는 그냥 "내가 왜, 이렇게 했는데 너는 왜 이렇게 나를 모르느냐, 나를 못 해주느냐?" 이러고 전자부터 나오던 게 자꾸자꾸 얽매여서 돌아가, 그냥. 얽히고설킨 게 다 붙어 돌아가니까 그거 사람이 살 수가 있어야죠. 이게 몸뚱이 갈 때 혼자 홀가분하게 가고, 마음도 홀가분해야 걸음도 잘 떼고 좋은데, 한 짐 잔뜩 만약에 요 귀까지 요렇게 어깨에 올려놓고 있으면 팔도 움죽거릴 수가 없는 거예요.

예전에 그 어느 사장이 골수염으로 모두 죽는다고 그러고 고생을 할 때, 내가 그랬거든요. "지금 부산을 가시려고 애를 쓰는데 차를 타고 가십니다. 그런데 차 꼭대기에 귀까지, 이렇게 그냥 물건을 실어 놨으니까 이 팔도 움죽거릴 수 없고 귀도 잘 들리지가 않고 그러니 어떻게 부산을 가십니까? 물건 좀 내려놓으시고 가십시오." 그랬어. 그랬는데 못 알아들어. 백지야. 요 어깨에 있는 것만 내려놔도 이게 갈 텐데 못 가는 거야. 못 알아들어. 못 알아듣고는 "그게 무슨 소립니까?" 이러면서 그냥 홱 가버리는 거야.

아, 못 알아들었더라도 한 번 오고 두 번 오고 그러면은 그 뜻을 알 텐데 그냥 가는 거지. 허허허. (대중 웃음) '뭐, 네까짓 중 따위, 잘 생기지도 못한 중 따위 (대중 웃음) 또 비구도 아니고 비구니, 모자라는 거. 그랬겠죠? 그리곤 가길래 속으로 빙긋이 웃으면서 '아, 부처님께서도 인연 없는 중생은 어떡할 수 없다 그러더니 할 수 없구나. 저이는 돈만 보이니까, 자기가 그렇게 무겁게 짊어졌다는 걸 모르는구나.' 이렇게 생각하고선 그냥 '할 수 없지 뭐, 어떻게 할 수 있나.' 그러곤 말았죠. 그랬더니 그 식구들도 다 그렇게 됐고, 그 재산도 회사도 그만 그렇게 됐고…, 모두가 그렇게 된다는 그런 걸 모르는 겁니다.

모두가 살아나가는 데 급급해서 그냥 애를 쓰고, 이름을 배우려고 애를 쓰고, 이론을 배우려고 애를 쓰고, 지식으로 사는 거 이런 거. 남의 거를 갖다가 빼서 어떡하든지 내 걸 만들어서 그저 좋게 얘기해 주면 될 줄 알고요, 그렇게 하는 마음이 아니라 진실한 마음이어야 합니다! 내가 엊그저께도 그랬습니다. 정락스님더러. "이런 분 이런 분이 선객인데, 선객으로 가시는 큰 스님네들이 이런 말씀을 하고 이렇게 행을 하시는데 이것이 어떻습니까?" 하고 물었어요. 그러니까 "아유, 그거 동감입니다. 스님 생각이 꼭 옳습니다." 이러시더군요. 내 그런 얘기는 안 하지만 말입니다.

사람이 진실하고 그 진실한 도리를 앎으로써 진실하게 행하고, 진실하게 말하고, 진실하게 뜻을 지니고, 진실한 그 뜻을 지녔기 때문에 자기가 익게 되고, 익게 되면 고개가 숙어지고, 고개가 숙어지면 언제나 나 아님이 없고 전부 둘이 아니게 되고, 저절로 그렇게 되는 그런 도리를 우리는 모른다는 얘기죠.

그러니 부처님이 가르쳐주신 그 뜻을 모두 자기네들 마음대로 결집을 해서 그저 비는 걸로만 만들지 마세요. 법성게(法性偈)도 얼마나 좋은 말입니까? 응? 종성(鐘聲)도 그렇게 좋은 말이고 그런데도 어떻게 보면 어떤 거는 그냥 아주 비는 걸로만 해놓고, 그나마 그냥 원문으로 둔 것은 또 괜찮고요.

하여튼 바깥으로 끄달리지만 않으신다면 빌지 않을 겁니다. 또 안으로도 빌지 않을 겁니다. 왜? 안으로 둘로 본다면 기도를 해야 하지만, 둘로 보지 않는다면 '관(觀)하라.' 이런 소립니다. '내 주인공만이 색(色)과 공(空)이 둘이 아닌 까닭에' '마음과 내 몸이 둘이 아닌 까닭에' 이 소립니다. 응? 마음과 이 몸이 둘이 아닌 까닭에 이것도 아니고 몸도 아니고 마음도 아니다 이런다면 그 무엇이 있었던가? 그냥 주먹으로 이걸 하나를 집어서 한 번 친다면은 쩡 울리는 그 뜻! 두 손으로 그냥 두 개를 집어서 팍! 친다면 번쩍 불이 일어나는 찰나 이겁니다. 모두가. 응? 이 공부가 참 재미있고, 생활 속에서 자동적으로 돌아가는 찰나의 생활을 그냥 여여하게 사시라고 그렇게 가르쳐 드렸는데도 불구하고 항상 빌어 먹으려고만 하고 빌고 있으니 (대중 웃음) 이걸 어떡합니까, 글쎄.

영원토록 우리는 그냥 쉴 사이 없이 돌아갑니다. 우리는 죽고 사는 게 없습니다. 그냥 금방 그렇게 났다가 금방 이렇게 늙든지 젊든지 죽는다, 그런다면 의식이 떨어지기 전에 벌써 그 의식을 자기가 알면은 그냥 곧바로 갈 것이고, 죽기 전에 벌써 대치를 다 해놓고 있습니다. 사흘 전에는요. 그리고는 집을 다 마련해놓고 가고, 또 그 도리를 모른다면 집도 안 해놓고 그냥 갑니다. 그리고 거기서 집을 또 만들고 또 그것도 모른다면 집을 만들려고 거기 갈 줄도 몰라요. 그래서 아무 데나 들어가는 거죠, 아무 데나. 돼지 소굴이든 뭔 소굴이든, 그저 돼지 우리든 소가 있는 데든 새가 있는 데든 뱀이 있는 데든 그걸 모르니까. 까치 둥우리인 줄도 모르고 가다가 그냥 들어가요. 그러니 그게 한 번 잘못에 그 소굴로 들어가 그 모습을 가지면, 그 모습이 살고 있는 거기의 의식이 배어가지고는 사람으로 돌아오기가 참으로 어렵다는 얘기죠.

그래서 이게 어마어마한 진리요, 어마어마한 공부요. 또 세계적으로도 우리 손 안에 넣고 마음대로 조절할 수 있는 그런 것도 여러 가지 있는데, 이렇게 그냥 왔다 그냥 슬며시 스러져서 되겠느냐 이겁니다. 이 인생을 살아나가면서 요거 한 철을 잘 공부한다면 세세생생에 우리는 끄달리지 않을 거고 얽매이지 않을 거고, 나와 둘이 아닐 거고 둘이 아닌 까닭에 나툴 거고, 나투는 까닭에 건질 거고 건지는 까닭에 부처와 부처가 둘이 아닐 거고.

아무리 부처가 수만 명이 됐다 할지라도 부처의 마음은 둘이 아니게 하나가 돼버려. 부처님의 제자가 깨달았으면, 그 깨달은 마음과 그 깨달은 마음이 둘이 아니어서 이것도 부처 이것도 부처, 모습은 다르지만 다 부처라. 하나야. 부처는 둘이 될 수가 없어. 그런데 그 하나도 없느니라 이거야. 하나도 없느니라. 왜? 제자가 만 명인데 아, 글쎄 제자가 자기와 같이 다 깨달았단 말이야. 그러니 깨닫지 못했든 깨달았든, 하여튼 그 만 명이 다 자기 마음하고 똑같이 그냥 합쳐져서 계합이 돼버렸단 말입니다.

그러니 부처가 하나다 할 수도 없고, 부처가 많다 할 수도 없고, 부처가 없다 할 수도 없고 그래서 엉거주춤 말하기를 '무(無)!' 했단 말입니다. 이게 모두가 하나로 돌아가고 그 하나마저도 없으니 하나도 아니라는 말입니다. 그냥 만 개가 하나로 돌아가고 또 만 개가 됐다가, 만 개가 하나로 돌아가고 또 만 개가 제가끔 됐다가, 그 만 개가 또 수만 개가 될 수도 있고 수십억만 개도 될 수 있으니 어쩌느냐 이거죠.

그러니 부처라는 이름도 없느니라. 그게 바로 부처니라. 그래서 우리가 모두 이 좌석에서 깨닫는다 하더라도 다 부처님 마음 안에서 그냥 하나의 부처다 이거예요. 그래서 여러분도 부처가 될 수 있고, 부처님이 될 수 있는 사람으로 태어났다 이 소립니다.

그래서 한마디 더 붙이는 것은 지금 시급한 것이 그전에 내가 광명선원(光明禪院)에서 설법할 때 이랬죠. 그때 뭐, 요것만 생각나요. '구이팔이….' 라고 그랬던가? 그러면서 무슨 시를 읊은 게 있어요. 또 예전에 그 십년 전인지 뭐, 아마 십년 전일 거예요. 그때 또 왜 '팔팔공치기는….' 이런 시 읊은 게 있어요. 그것은 무슨 뜻이냐? 그건 가당치도 않은 말이니까 생각도 하지 말아야지 이러지 마시고, 내가 할 수 있는 이 지혜가 있으니까 그 생각을 그대로 해서 던져놓는 거죠. 그대로 생각해서 놓으면은 그대로 실행이 나와요. 이것이 과학이 아니고 뭐겠습니까? 이게 자동과학이야. 자동심 과학. 부처님의 말씀이 그대로야. 그러니까 '부처님의 말씀이 그대로야.' 하는 것이 바로 여러분의 마음 그대로입니다. 그러니까 우리 한국에서 올림픽 잘 치뤘죠? '십중팔구 좋을씨고.' 했으니 말이에요. 어때요, 멋지죠? 우리가 삿갓 쓰고 주장자 짚고 신발을 거꾸로 머리에다 쓰고, 거꾸로 다닐 줄 안다면 그렇게 좋은 거예요. '좋을씨고' 예요. 대장부 살림살이 이만하면 족하지 무엇을 더 바라겠나 이런 셈이죠.

그러니까 여자 남자가 따로 이렇게 모습은 있지만 따로 없듯이, 부처 중생이 따로 없듯이 그 뜻을 앞으로 열심히 배워야 합니다. 또 배우는 것만 아니라 증득하고 열심히 하기 위해서 자기 주인공만이 자기를 이끌어갈 수 있다, 자기 주인공만이 병을 고칠 수 있다, 자기 주인공만이 자기 가정을 해결할 수 있다. 일체를 다 자기 주인공 한군데다 묶어놓고, 맡기고 사는 그런 사람이 돼야만이 세 가지를 타개할 수 있습니다. 첫째 한 가지는, 인과에 의한 모든 걸 녹이는 법이요. 둘째는 습을 떼는 법이요. 셋째는 나를 발견하는 법이다 이겁니다. 그리고 그

외에는 전부 가정도 편안하고 내 맘도 편안하고, 전부 부지깽이 하나라도 늘면 늘었지 줄지는 않아요. 그건 여러분이 나보다 더 잘 아실 거예요, 아마. 오늘은 이걸로써 마치겠습니다.

모두 놓고 관(觀)하라

90년 2월 18일

사회자 오늘은 여러분이 그동안 공부하시면서 의문났던 점이나 또 평상시 스님께 여쭤보고 싶었던 점을 질문해주시기 바랍니다. 저희가 하는 공부는 말하되 말하지 않고 듣되 듣지 않는 그런 공부입니다. 망설이시거나 주저하지 마시고 허심탄회하게 질문해주시면 감사하겠습니다. 다만 여쭙고자 하는 요점만 간략히 말씀해주시면 감사하겠습니다. 앞에 질문자 좌복이 준비되어 있으니 질문하실 분은 앞에 오셔서 질문해 주십시오.

질문자1(남) 본래 청정하다 했는데, 마음이 본래 청정하다 했는데 어째서 부처와 중생이 벌어졌는가 그 점에 대해서 알고 싶습니다.

큰스님 육조스님이 말씀하신 청정이란 말이 있죠. 그러나 육조스님이 아니시더라도 역대 조사들이 '청정하다'는 말씀을 하셨죠. 청정하다는 것은 그냥 깨끗해서만이 청정한 게 아니라, 일체 중생들의 눈물이 강으로 모이듯 구정물과 핏물, 고름물, 깨끗한 물, 모든 것이 한데 합쳐서 돌아가는 것을 청정하다고 하는 겁니다. 그래서 육조스님이 말씀하셨듯이 "내 어찌 청정함을 알았으리까?" 하는 얘깁니다. 그 청정한 걸 알게 하기 위해서 여러분한테 '모든 것은 내 주인공에 맡겨놔라.' 이렇게 말을 했습니다.

그건 왜? 기초적으로 만약에 그것을 그렇게 맡겨놓지 않는다면 한군데서 들고 나는 그 청정함을 모르기 때문입니다. 그리고 자기를 발견하지 못하면 청정함도 모르니까요. 그래서 청정함이라는 것은 모든 공생(共生)·공용(共用)·공체(共體)·공식(共食)할 수 있는 그런, 시간과 공간을 초월해서 돌아가는 그것을 알아챈 그 지혜가 바로 '청정'입니다. 그럼 됐습니까? 그래도 이해가 안 갑니까?

질문자1(남) 다시 말씀드리면 그러면 '청정하다'는 뜻은 물들지 않는다는 뜻인가요?

큰스님 예, 예. 물들지 않고 그대로 같이 돌아가는 뜻을 말합니다.

질문자1(남) 스스로, 자연 그대로, 본성 그대로 된다는 이야기신가요?

큰스님 예. 자연 그대로.

질문자1(남) 그럼 한 가지 더 말씀드려도 되겠습니까?

큰스님 예.

질문자1(남) 법성삼보(法性三寶), 자성삼보(自性三寶)에 '심청정시불(心淸淨是佛) 심광명시법(心光明是法) 심무애시승(心無碍是僧)'이라 했는데요, 그 의미를 말씀해주셨으면 합니다.

큰스님 불법승 삼보가 있듯이, 내가 이 말을 안 하려고 그랬는데 이 불법승 삼보를 한번 시로 읊어볼까요? 이렇게 하죠.

백화꽃은 두루 만발하여
깊은 뿌리, 뿌리 이어가고
푸른 물은 흘러흘러
깊은 속에 용이 들고 나니
유구한 새 물결은 돌고 돌아
그윽하게 법이 되니

일체 마음, 꽃이 피어 붉게 익었으니
산천초목 푸르름은 같이 화합해서
생동력에 춤을 추고 노래하니
역사가 달라질까 하노라.

이것이 불법승 삼보입니다. 누구나가 다 이렇게 모든 것이 같이 돌아갈 수 있고 같이 할 수 있고, 같이 행동할 수 있고, 같이 말할 수 있는 건 이 불법승의 선맥을 이어서 우리가 있듯이, 나무도 뿌리가 있으면 나무둥치가 있고 가지가 있고 이파리가 있듯이, '법'이라는 것은 우리가 생각을 내는 건가 하면, 바로 '승'이라는 것은 우리가 행동하는 것입니다. 그러기 때문에 이 문맥을 모른다면 부처님의 뜻을 한 치도 알 수가 없는 것입니다. 그러기 때문에 불법승 삼보라고 그렇게 이름해서 두었던 것입니다. 이 세상도 과거니 현재니 미래니 하고 있지만 그 삼보의 뜻이 따로따로 있는 게 아니라 같은 문맥에 같은 뿌리에 같이 행동할 수 있는 그런 공생·공용·공체·공식화 하고 돌아가고 있는 이 자체에 있습니다. 쉴새없이 돌아가고 있는 이 자체는 시간과 공간이 없습니다. 우리는 지금 초월해서 그대로 돌아가고 있습니다. 그래서 내가 말하는 것은, 또 길게 말을 하게 되네, 이거. 질문하실 분들 또 있을텐데…. 요거 한마디만 하고요, 그럼.

그래서 전자부터 가만히 지켜보니까 여러 선지식들이 나셨는데도 그 밑의 제자들이 대의를, 그 선맥을 잇지 못해서 그냥 뭉그러지는 일들이 많죠. 새 물은 항상 들어와야 하고 헌 물은 항상 나가고 이렇게, 들어오면서 나가면서 이렇게 해야만이 되는 건데 말이죠. 새 물이 들어오면서 헌 물은 배출되면서 그 밝음의 인등을 켜가지고 앞장선다면 뒤에 따르는 모든 사람들이 밝게 살 수 있지 않나 이런 생각을 합니다. 그러기 때문에 이 공부라는 것은, 우리가 철저하게 깊은 생각을 하지 않고, 연구를 하지 않고, 믿지 않는다면 절대적으로 못하는 공부입니다.

또 한마디 간략하게 말씀드리건대, 지금 우리 나라는 우리의 몸과 같은 겁니다. 이 나라에 났으니 이 나라가 집이자 바로 우리 국가자, 내 몸뚱이나 같은 겁니다. 그러면 내 몸뚱이 속의 국토를 잘 지키면서, 삼보의 뜻을 생각해서 잘 지키면서 같이 화합하여 돌아가고 화합하다가 보면 나중에는 바로 내 몸뚱이 속에 있는 중생들이 보살로 화한다 이 소리죠. 내 몸뚱이에 있는 중생들을 제도 못 한다면 어떻게 외부의, 타의의 중생들을 제도할 수 있겠느냐는 얘기죠. 그러기 때문에 '나부터 알라' '나부터 믿으라' 그렇다면, 나한테 오는 모든 것들을 '나한테 맡겨놔라' 이것은 한군데서 나오는 것이니깐 한군데에 넣어야 된다, 맡겨놔야 된다. 과거로부터 수억겁을 거쳐나오면서 그 습이, 항상 무명에 가로막혀서 빛을 못 봐. 그러기 때문에 그 모든 것을 놓는다면, 그것은 한생각에도 놓을 수 있고, 또 놓을 수 있다면 거기서 벗어날 수도 있는 것이 바로 이 공부입니다.

그러기 때문에 여러분한테 이런 말을 하죠. 만약에 이 세상 돌아가는 것이 과실이라면, 과실이 큰 거든 작은 거든 맛이 없는 거든 있는 거든 다 닥쳐오는 대로, 이것이 겉은 파랗고 속은 벌겋고 씨가 들고, 이러한 이론을 켜지 말고 직접 아무 말 없이 쪼개서 맛을 봐라. 먹어라. 그냥 먹어치워라. 어떤 과실이 오든지 먹어치워라. 그러면 하나 맛을 보고 "아, 이런 것이구나!" 또 하나 맛을 보고 "아, 이건 이런 맛이나." 하나 맛을 보고 또 "이건 이런 맛이 나!" 이것이 실험하고 체험하는 공부입니다.

다가오는 대로 크든 작든, 여러분이 모든 맛을 보게 되면은 그때는 한마음 속에 무르익은 그 열매 속에서 만 가지 맛을 내도 손색이 없다. 만 가지 맛을 낼 줄 안다면, 즉 말하자면 둘이 아닌 까닭에 너는 네가 있고 나는 내가 있다. 산이 물이고 물이 산이로되 산은 산대로 있고 물은 물대로 있노라 하는 거나 마찬가지죠. 그 가운데 뭐가 있느냐?

아까 내가 얘기하듯 한 가지 마음 속에 무르익은 그 맛은 만 가지 맛을 내니, 접시에 담을 것은 접시에 담아주고 컵에 담을 것은 컵에 담아줄 수 있는 그러한 중용이 바로 그대로 말 한마디를 해도 법이 되고, 생각 한 번을 해도 법으로서 모든 중생들을 이끌어갈 수 있는, 앞장설 수 있는 인등으로 밝히고 나갈 수 있다 이런 말이죠. 그럼 요걸로써 끝내고 질문을 할 분 또 있으면….

질문자1(남) 좋은 말씀 해주셔서 대단히 감사합니다.

질문자2 관(觀)에 대해서 여쭤보겠습니다. '일체를 관해야 한다.' 라고 하는데 일체가 무엇이며, 무엇을 관해야 되는지에 대해서 말씀해 주십시오.

큰스님 요새 모두 화두를, 일체를 놔두고도 또 화두를 잡고 끊어질까봐 애를 쓰는데, 일체라는 것은 자기가 이 세상에 나와서 지금 찰나찰나 화(化)해가면서 돌아가고 있으니 일체지. 자기가 있기 때문에 상대가 있고, 상대가 있기 때문에 우주가 있듯이 말이야. 모든 것은 일체 같이 돌아가고 있기 때문에 둘이 아닌 것이죠. 그러기 때문에 일체, 일체 하죠. 그러니 지금 '일체, 모두 놓고 관(觀)하라.' 이런 것이지.

내가 날더러 해달라고 하는 것이 아니라, 난 네가 형성시켰고 수억겁 광년을 거쳐오면서 네가 나를 운전해왔어, 진화시켰어. 형성시켰어. 그러니 나를 이끌어가지고 가는 것도 너고, 말 한 마디 생각 하나 행동 하나 하게 하는 것도 너니까, 그 속에서 나오는 거 그 속에 닥쳐오는 대로 놓는 것이 관하는 거죠. 그래서 맡겨놓는다면, 앉으나 서나 바로 도량은 딴 데 있는 게 아니라 자기 앉은 자리에 자부처는 있는 것이죠. 자부처부터 알아야 바로 우리 마음 속의 그 모든 의식 자체 생명들이 같이 화합을 해주게 됩니다. 내 국토부터 다룰 줄 알아야, 바로 보살로 화해서 남의 국토도 내 국토와 둘이 아님을 알 수 있다 이 소리죠. 그래서 관하라 하는 겁니다.

그래서 요 말 한마디 하고 넘어갈 것은, 내가 이 세상에 나온 것이 태초요 내가 이 세상에 나온 것이 화두야. 그런데 그 화두마저도 공했다 했거늘, 색이 공이요 공이 색이라 했거늘 거기에다가 또 남의 화두까지 받아가지고 '이게 뭐꼬?' 하고 먹지 못한다면 그것은 십년, 백년을 가도 지금 시대에는 아니 된다 이거죠. 왜냐? 전자에는 그게 씨가 먹었지만 지금은 모두 머리로 알고 있는 게 너무 많아. 천체물리학이니 과학이니, 또 지리학이니 의학이니, 천문학이니 이런 것이 전체, 머리에 알음알이로 알고 있기 때문에 그것이 씨가 먹질 않아. 밥 한 그릇 남이 준 거를 들고 '이뭣고?' 하고선 이것을 가지고 있다면, 자기도 공했고 그것도 공했거늘 어찌 그거를 들고 끊어질까봐 애를 쓰느냐 이거야.

또 좌선을 할 때는 내 안으로 관한다면 그게 같이 들리지마는 바깥으로 끄달리면서 좌선을 한다면 그것은 바로 안 하느니만 못하다. 왜냐? 지금 시간과 공간이 초월돼서 모든 소용돌이가 찰나에 이렇게 돌아가는데, 지구가 돌아가고 혹성이 돌아가고 우주가 돌아가고 사람도 돌아가고 사람의 마음도 돌아가고 고정됨이 없는데, 좌선을 하고 앉았으면서 하루 8시간을 앉았다 하더라도 단 5분 한 것만 못하다 하는 것은 사람들이 좌선을 할 때에 관하라니까 화두를 들고 그것이 끊어질까봐 애를 쓰고 '이게 뭐꼬?' 하는 게 관하는 건 줄 안다 이 소리지. 새 물이 들어오면서 헌 물은 배출되고 이렇게 돌아가는 시대에, 만약에 그 물을 그냥 두고 있다면 그 썩은 물을 그냥 우리가 쓰는 거와 같은 거죠.

그러기 때문에 예전에도 그랬죠. 선지식들이 '위로 눈을 뜨지도 말고 아래로 내려보지도 말고 코끝을 내려다보고 아주 정연하게 관하라.' 이런 말을 했거늘 그것은 무슨 소리냐? 눈을 크게 뜨고 세상을 내다봐라. 그리고 올려다보고 내려다보고, 바로 중도에서 중용에서, 중심을 잡고 모든 것을 똑바로 중도에서 보라 이런 소리죠. 그런데 그것을 그렇게 안 해요. 요새 너무 아는 게 많아서 그런지 혼란을 일으키고 말이야, 남의 소리나 듣고. 부처님이, 석가세존이 이 자리에 있다 하더라도 석가세존의 몸뚱이를 믿으라고 한 게 아니야. 그 말씀을 믿고 따르고, 진짜 믿는 것은 그 부처님의 마음이 내 마음 속에 항상 서리고 있기 때문에 내 마음 속에 있다는 겁니다. 그러니 물질을 보고 끄달리지 말고 그 마음을 뚫어보기 위해서 내 마음부터 뚫어봐라, 이 소리죠.

그렇게 하기 위해서는 첫째도 나를, 나라는 존재를 버려라. 버리는 게 아니라 맡겨놔라, 아집을 버리고 말이야. 그것은 왜냐? 여러분이 여지껏 살면서도 고정되게 보신 게 있습니까? 들으신 게 있습니까? 또 말하는 게 있습니까? 가고 오는 게 있습니까? 먹는 것이 고정됩니까? 하나도 고정된 게 없어. 그런데 자동적으로 이 사람 만나면 이 사람 만나는 대로 뜻과 행과 말이 나가고, 저 사람 만날 땐 저 사람 만나는 대로 뜻과 행과 말이 나가니 그건 무슨 연고냐 이거야. 그러니 나라는 게 어딨는가? 누구 만날 때 내가 만났다고 할 수 있겠는가? 그래서 부처는 없는 게 부처다, 이런 소리죠. 그래서 관하라 하는 겁니다.

사람들의 마음이 어떤 게 관하는 건지 그것조차도 모른다면 나를 어떻게 발견을 하며 내 습을 어떻게 녹일 수 있으며, 내가 생동력있게 모든 생물들과 즉 사생(四生)과 더불어, 우주와 더불어 대천세계를 막론해놓고, 내 몸뚱이 집과 대천세계의 집과 도량이 둘이 아닌 걸 어떻게 알 겁니까? 그래서 알게 되는 도리를 이끌어주기 위해서 자기부터 알라고 하는 거죠. 그래서 자기를 진짜로 일차적으론 믿어야 한다, 자기를 끌고다니는 자기를. 둘째는 모든 일체를 거기서 해나가니까 거기에 믿고 맡겨놔라. 셋째, 거기서밖엔 일체를 할 수 없으니까 다가오는 대로, 아프면은 의사가 돼주실 거고 즉 약사가 된다 이거지. 가난하면 관세음이 돼줄 거고. 그래서 간략하게 말한다면 부처님의 마음, 한마음 안에서 그 모든 내 몸뚱이에 있는 중생들이 화해서 보살이 천백억화신으로 나투니, 털구멍을 통해서 바깥으로 나고 들면서 모든 중생들을 건진다 이거야, 생사에 뛰어들어서. 그래서 중생과 부처는 둘이 아니니라. 아버지가 자식을 위해서 생사에 뛰어들듯이.

또 '몸은 내가 마음을 낼 때에 무명으로부터 애착이 생겨서 내가 병이 나는 거지. 내가 병이 나니까 일체 중생도 병들었어. 그 일체 중생이 병이 낫는다면 아마 나도 나을 거야.' 하는 말은 누가 한 말이냐. 유마힐거사와 문수보살이 대담하는 데서 나온 소리지. 그러면 우리부터 발견해서 놓고, 발견해서 관하고, 관하고 발견해서 실험하고 체험하고, 당당한 그 주장자가 섰을 때 비로소 내 몸뚱이 속에 있는 중생들이 전부 화한다 이거야. 그러니 마음 하나에서 그렇게 헤아릴 수 없는 보살들이 나투게 되니 그 얼마나 무량수(無量壽)와 같은 것이냐 이런 거죠.

그럼으로써 보살로 화해서 바깥으로 모든 중생들의 생사에 뛰어들었으니 어찌 병이 없으랴. 보살도 어찌 아프질 않으랴. 중생들의 그 병이 없어진다면 보살 또한 병이 없어질 것이로되…. 그러니 거기에 좀 음미해 볼 필요가 있는 것은 이건 문수보살이 "무슨 인연으로써 병이 생겼으며 어떻게 해야 낫겠습니까?" 하는 질문을 했을 때 그렇게 대답을 했다 이 소리죠.

그러면 우리가 문자를 쓰기 이전에 가만히 생각해보자 이거야. 문수보살이 그렇게 말을 하는데 대답한 것은 뭐냐? "무명으로부터 애착이 생겨서 내 병이 났소. 또 일체 중생이 병이 들었으니 일체 중생이 병이 낫는다면 내 병도 낫겠소." 그 대답이 그렇게 나왔다면 그 밑에 깔린 뜻이 무엇인가? 그걸 알아야 됩니다. 문수보살이 물었던 그 말도 밑에 깔려 있고, 유마힐거사의 그 대답도 바로 그 백지에 깔려 있어. 그래서 백지를 볼 수 있다면 바로 무심과 유심이 둘이 아니게, 유구하게 무구하게 둘이 아닌 도리를 그대로 중용을 할 수 있고 중생들을 이끌어나갈 수 있는, 한마음에서 세세생생에 보살이 배출된다는 얘기죠.

그렇게 정각(正覺)을 이루어서 부처님이 수많아진다 하더라도 불(佛)은 하나야. 그러나 양쪽 손에 돌을 들고 탁 쳤을 때 불이 일어났다가 그냥 없어지긴 했으나 그게 한데 합쳐서 하나라는 뜻이지. 만 명이다 할지라도 하나요, 억만 명이라 할지라도 하나요, 그 하나도 이름해서 하나니 하나도 없는 것이 바로 그 하나다 이거야. 그래서 관하라고 하는 겁니다. 관하라고 하는 건 물론, 뜻을 이루어서 배운 사람의 소견이 다 다르듯이, 소견이라고 하는 거보다도 그것을 이루지 못한 사람들은 소견이라고 하고, 아마 우리가 그 뜻을 이룬 사람은 소견도 없고 대견도 없어. 허허허. 그대로지.

그러니까 우리가 '관하라'고 하는 것은 '모든 것을 믿고 맡겨놔라.' '한군데서 들고 나는 거다.' 역대를 한군데서 들고 나면서 이렇게 해왔는데 바깥으로 방황하기 때문에, 그 한군데로 들고 나는 걸 모르기 때문에 돌아가지를 않는 겁니다. 그것을 비유하기를 요새 이렇게 하죠. 용광로에 모든 것을 넣는다면 자동적으로 새 쇠로 생산이 돼서 나오는데, 생산될 걱정까지 하면서 거기 놓지 못하는 것은 자기를 자기가 믿지 못하는 탓이다 이런 겁니다. 우리는 그렇게 빠르고 빠른 세상에 앞장설 수 있는 인등이며, 마음의 향기로운 향이며, 밥 한 그릇을 놓고 바로 다 먹이고도 한 그릇이 되남을 수 있는 그런 중용을, 바로 무의 세계 유의 세계를 같이 계합해서 부처님의 마음과 중생의 마음이 따로 없이 계합해서 중용을 하는 것이 그대로 법이다 이 소리죠. 그러니 관하라.

내가 지나올 때, 이런 말이 있더군요. 나는 하루 종일 일을 했다 이거야. 그런데 모두 달라. 참선하고 좌선하는 사람들이 모두 마음들이 달라요. 이거는 저녁에 단 한 시간이나 30분 앉았는데 말이야, 하루 종일 있다가 저녁에 하는 소리를 들으면 전부 끊어졌다는 소리만 들립니다. "아이고, 오늘도 끊어뜨리고 이렇게 잊어버리고 있다, 이러니 언제 공부는 하느냐."고 한탄들을 하거든요. 그래 나는 그때 빙긋이 웃었죠. 왜? 시간과 공간이 초월됐는데, 즉 말하자면 둥근 톱니가 아래 윗 게 마주쳐서 같이 돌아가는데 무엇이 거기 끊어진 게 붙을 자리가 어딨고, 이어지는 게 끊어질 자리가 어딨느냐 이거죠. 그대로 돌아간 건데. 그대로 돌아갔고, 그 생각이 24시간 끊어졌다는 생각하기 이전에, 그냥 그 생각이 순간 날 때에 톱니는 24시간이라는 게 없이 그대로 돌아갔다 이겁니다. 그러니 걱정할 필요가 없지.

또 하루 종일 일한 것이 누가 일을 하게 만들었던가? 내가 있기 때문에 일을 하는 걸 만들었지 누가 딴사람이 시킨 게 아니야, 내가 있기 때문에. 소가 언덕이 있으니까 비비듯, 내가 있기 때문에 상대가 있고 부처가 있고 모두 있는 거지 내가 없는데 뭐가 있을까? 내가 나를 시자 부리듯이 그렇게 부렸지 누가 부렸을까? 그놈이 시킨 거지. 그놈이 시킨 거니까, 그놈이 하는 거니까, 그놈의 집이니까, 그놈의 시자니까 어쩔 수가 없는 거지. 그냥 순응해서 따라갈 뿐이야.

그래서 옛날부터 이런 말이 있지. '모든 진리에 순응하라. 그리고 뛰면서 생각하고 생각하면서 뛰어라! 바쁘게 맥박 뛰듯 지금 시간과 공간을 초월해서 돌아가는데 거기에 순응 안 하고 항상 '이게 뭐꼬?' 생각을 하고 이게 잘못 됐느니 저게 잘못 됐느니, 이게 옳으니 저게 옳으니 하다가는 몸뚱이 떨어지면 그 또한 떨어지느니라. 지금 의식 가지고 몸뚱이가 떨어져서 간다면 눈도 멀고 귀도 멀어서 아무 데나 들어서 아무 모습을 가지고 이 세상에 나온다면 그 모습 벗기가 상당히 어려우니라.' 이랬거든.

내가 말하고 싶은 것이 또 한 가지 있죠. 부처님 당시에 석존과 유마힐거사가 나란히 어깨를 하고 그렇게 했던 것은 우리가 입산한 스님이나 스님이 아니든, 마음이 있는 모든 것은 불성이 다 있고 이 공부를 할 수 있느니라 하는 것을 표현한 거고, 둘째는 그 마음이 둘이 아니어서 항상 같이 하고 있으니 유마힐과 부처는 둘이 아닌 것이고, 둘이 아니기에 모습은 유마힐거사라는 방편, 부처님이라는 방편을 썼지만 그것을 지금 영화의 배우들이라고 본다면 부처님의 역을 맡아가지고 나온 것도 자기의 그 근본의 종지가 바로 개선되었기 때문에, 깨달았기 때문에, 통달했기 때문에 그 배역을 가지고 나온 거죠. 유마힐은 유마힐대로 그 배역을 가지고 나온 거고요. 여러분을 위해서 말입니다.

그러나 우리가 머리를 두고 이 공부를 똑같이 했어도 뿌리는 같으나 모습이 각각이기 때문에 모르는 사람들이 인정을 하지 않아서 보이지 않는 중생들은 말없이 거둘지언정 아무리 해도 보이는 데서는 이끌어갈 수 없다는 거죠. 그러기 때문에 방편으로 머리를 깎고 스님이 되는 거죠. 안팎을 다 이끌어가려고 말입니다.

예전에 이런 말이 있죠. 하늘 선녀가 내려와서 말을 했더니, 뭐 여러분 다 아시겠지만 '하늘에서 꽃잎을 떨어트린다.' 한 것은 우리 생활 속에서 모든 게 와서 붙는다는 뜻입니다. 모든 게 와서 걸리는 거야. 그저 이게 오면 이게 옳다, 저게 오면 저게 옳다 그저 자꾸 붙어돌아가니까 그것이 바로 무명에 덮여 있고, 안이하게 둘이 아닌 도리만 알았지 너 나가 따로 있는 반면에 배출하는 도리를 몰랐다 이거야, 지금. 화(化)하는 도리를 몰랐으며 배출하는 도리를 몰랐으며, 중용을 할 줄 몰랐으며 자기라는 아집을 두었으며, 그랬기 때문에 모든 게 붙어돌아가는 거죠. 붙어돌아가는 동시에 그걸 자꾸 떼려고 해도 떼어지지 않는 것은 칼로 물 베기라 끊어지나 그게?

그 진리에 순응하면서 틈을 주지 않아야 되는 것은 우리가 폭포수 물이 흘러서 바다를 메우고 흘러흘러 돌아가는데 거기에 순응을 해야만이 그 물이 틈이 없듯이 우리의 마음도 틈이 없다 이거야. 틈을 내서는 안 된다. 그래서 틈내지 마라 하는 거를 '게을리하지 말라.' 관하는 데 게을리 하지 말라 이러는 거죠. 틈이 있어서는 바로 시간과 공간이 초월돼서 돌아가는 이 자연의 진리에서 자꾸 끊어지니까 그걸 끊어뜨리지 말라고 한 거지, 남이 준 화두를 가지고 끊어뜨리지 말라고 하는 것은 아니거든. 사람은 좀더 크게 눈을 뜨고 넓혀서 보고 위로 꼭대기로 마음이 훌쩍 올라가서 내려다 볼 줄 알아야 하고, 옆으로 봐도 안 되고 위에서 내려다 봐서 다 볼 줄 알아야 되느니라.

엊그저께 '우리 산, 이것을 어떻게 했으면 좋겠습니까? 8대조 할아버지가 유능하셨는데 이 묘지를 다 이장을 해야 할 텐데 어떻게 했으면 좋겠습니까?' 물론 우리가 좋다면 좋다는 대로 그 자리가 좋은 자리죠. 그러나 그 사람네들은 그걸 아예 몰라. 그 8대조 할아버지는 예전에 참 유능하셨던 분이라 참 위대한 생각이 들고 그러기 때문에 그 사람의 마음을 따라서, 내가 아는 소리를 할래서 하는 게 아니라 그것도 방편으로써 "산이 이렇게 됐으면 당신 사놓은 자리는 이건데 이 자리는 아니니 이렇게 해서는 안 되고, 당신이 흥정을 해서 이 산을 마저 산다면 여기다가 세 분 묘지를 모시고 그 나머지는 당신 마음대로 하시요." 이렇게 한 예가 있죠.

보는 것도 도가 아니라고 한 것은 오신통이 재료로 돼 있는 거를 내가 마음대로 그것을 벗어나서 굴릴 수 없다면 마음으로부터 누진(漏盡)으로 굴릴 수가 없거든. 그러기 때문에 '보는 것도 도가 아니니라, 가고 오는 것도 도가 아니니라, 심안으로 본다 하더라도 각종의 소리를 듣는다 하더라도 도가 아니니라. 남의 속을 전부 들여다 본다 하더라도 도가 아니니라. 남의 과거를 전부 안다고 해도 도가 아니니라.' 그렇게 한 것은 거기에서마저도 벗어나야 네가 그 다섯 가지의 재료를 마음대로 굴리면서 바로 중생들을 안아줘도 그 바퀴만 굴러나간다면은 그냥 건져지느니라. 그래서 모든 걸 안아도 두드러지지 않고, 모든 걸 내놔도 줄지 않는 반면에 모든 중생들의 마음을 아시고 그릇대로, 용도대로에 다 아시고 응해주시고, 안아주시니…. 그래서 천백억화신이 응해주시고, 털구멍을 통해서 들고 나면서 줄 거는 주고 빼앗을 것은 빼앗고, 이런 것은 뭐냐? 빼앗아도 자비고 줘도 자비다 이거야.

지난번에도 얘기했지만 정신병을 앓는 사람은 주장자를 빼앗아야 하고, 그래야 잠이 들고 또, 불종은 심어서, 씨를 심어서 이게 날 듯 말 듯 하는데 만약에 길러주지 못한다면 안 되니까 그것을 길러주기 위해서 내가 주장자를 줘야 하고. 그래서 임제스님은 "네가 주장자가 있다면 내가 주장자를 너를 줄 것이로되." 그 참, 뜻이 깊죠. 주장자는 있으나 배출을 못 하고 용도에 따라서 굴릴 줄 모르는 사람 앞에 스님께서 주장자를 준다면 그것이 활연히 개오가 되니까 말입니다. 그래서 "네가 주장자가 있다면 내가 주장자를 너를 줄 것이로되." 즉 말하자면 '네 물이 얕아 조그만 고기밖엔 놀 수가 없으니, 깊은 물에 큰 배를 띄울 수 있고 그 큰 고기가 놀 수 있는 그런 능력을 내가 너한테 배출시켜 주마.' 하는 소리나 똑같은 얘기죠. 그러니 그런 뜻이 서려 있는 거는 모르고, 그 말만 가지고 물고 늘어지는 그런 습관은 좀 버려야 하지 않나.

아까 얘기한 거, 꽃잎 얘기한 것도 붙으면 붙은 대로 떼어지질 않는데 그걸 놔버린다면은 그대로 붙지 않고 그냥 떨어지지 않느냐. 그 소리 들을 때 무슨 생각을 했느냐? 성문연각(聲聞緣覺)들은, 즉 말하자면 지금 말로 자기 불종을 계발해서 배출시킬 줄 모르고 자기만 편안하게 아방궁처럼 들어앉아서는 그냥 키우지 않는 형국이니, 불종자를 아주 삶아 먹는 거나 똑같다 이런 소리지. 우리가 그 말씀 한 마디 한 마디를 본다면 그 밑바닥에는 그런 뜻이, 아주 무궁무진한 뜻이 서려 있다는 것을 알아야 되겠죠.

그리고 아까 문수보살이 물었던 거, 유마힐거사가 대답했던 거는 나부터 (가슴을 짚어 보이시며) 믿어서 나부터 거기 놓고 모든 걸 한 마음의 의식이 돼서, 바로 진화가 돼서 보살로 되어야만이 생사에 뛰어들어서 그 중생들을 건질 수 있다 이런 소리나 똑같은 얘기죠. 그래서 그 다음에는 무슨 말을 거푸했느냐 하면 "보살은 중생들을 위해서 생사에 뛰어드니 어찌 병이 없으리. 중생들의 병이 나아진다면은 보살 또한 병이 나아질 수 있노라."고 거기에 붙여서 말씀하셨다 이거야. 그것은 나부터 알고 나부터 진화시켜서, 나부터 보살로 화(化)하게 만들고 난 뒤에는 그대로 보살로 화해서 털구멍을 들고 나면서 온통 건진다 이런 소리죠. 그래서 아까 내가 말한 그 문맥은 바로 가운데 깊은 물에 용이 들고 나니, 이런 말을 한 것이 바로 그 뜻에 속하죠.

그러니 여자 남자가 따로 없고, 우리 보십시오. 그전에도 항상 얘기했죠? 여자 남자가 따로 없다, 동서가 따로 없다. 우리 한국에서 사는 사람들은 좀더 넓게 보지 못하고 '아이고, 서쪽으로 떨어진다.' 무슨 '동쪽이다.' 하고 산맥을 보는 데도 그렇고, 산소를 쓰는 데도 모두 그렇게 보거든. 동서가 어디 둘이에요? 그러니 우리 참, 좀더 넓게 생각을 해서 끄달리지 않고 모든 것은 자기한테서 나오는 거 자기한테다 맡겨놓고 믿는다면, 지켜본다면, 거기에서 바로 하나하나 오는 대로 체험이 된다면 그건 그 열매를 먹고 돌아가는 거예요. 그럼 이것으로써 더 얘기할 게 있으면 하고….

한마디 물은 데에 대답을 이렇게 길게 한 것은 여러분에게도 같이 설법할 겸 해서 한 거니까, 미안해요. 그렇지만 그렇지 않게 생각하세요. 다리 아플 거예요. 일어나요, 다리 저린데. 또 질문할 분 없습니까? 아주 모두들 도인들이 되셔서, 하하하.

질문자3(남) 불교에 처음으로 입문하는, 요번에 대학에 들어가게 되는 신입생입니다. 종교, 특히 불교에서는 물질세계보다는 이 정신세계를 중시하는 것으로 알고 있습니다. 그러나 많은 과학자들이나 공학자들은 정신세계가 아닌 물질세계에 대해서 공부를 하고 있습니다. 그렇다면 종교라고 하는 입장에서 보았을 때에는 물질에 대해서 공부하는 과학이라고 하는 학문이 무의미한 것이 되겠습니까?

큰스님 아니지. 그것은 정신이 있기 때문에 물질이 있는 거지 정신이 없다면 물질이 없고, 물질이 없다면 정신이 없지. 그건 둘이 아닌 까닭에 연구할 수가 있는 거지. 지금 내가 말하는 것은 이거 한 쪽을, 어느 한 쪽을 버리고 해라 이런 게 아니지. 그러기 때문에 천문학이다 이런 것도 천체망원경으로 본다 하더라도 한계가 있는 거고 심안으로 보는 것은 한계가 없다 이 소리지. 한계가 없는 도리를 알아야 천체, 우주를 한 찰나에 탐험하고도 남음이 있다 이거야.

그러기 때문에 우리는 이 세상에서 이 공부를 해야만이 그 한계를 벗어날 수 있어. 우리 국가도 내 집이나 한가지야. 즉 말하자면 아주 적게 생각한다면 내 몸뚱이나 한가지다 이거야. 그러기 때문에 내 몸뚱이 속에서 내가 났으니 어쩔 수 없이 내 앞의 것부터 처리를 해야 될 거 아냐? 그러기 때문에 아까 내가 시가 아닌 그 구절을 읊은 것도 바로 그 뜻이라. '내 마음의 꽃은 붉게 익었으니 산천초목도 푸르러서 한데 한마음으로서 춤을 추고 노래하니 역사도 달라질 거라'고 말이야. 그랬지? 응. 그런 것이 무슨 뜻이냐? 그 속에는 뜻이 깔려 있어.

우리는 실천하는 거야. 그것이 불가사의한 법이라고 그러지만 여러분한테는 불가사의한 법이 자료로 아주 돼 있어. 오신통이 자료야. 우리 지수화풍이 허무하다고 그러지마는 지수화풍의 바탕으로 자력이나, 전력, 통신력 또 광력이 충만히 거기 재료로 있기 때문에 그런 오신통도 나올 수 있고 연구도 할 수 있고, 천체물리학도 할 수 있고 우리 생활을 과학으로 할 수도 있고. 우리 마음의 도리를 그냥 가지고 사는 것이 과학이야. 그러면 하나 버릴 게 없다는 도리를 알게 돼 있거든.

요새 불교 방송국도 생기고 그랬으니 어린이들도 어른도, 또는 젊은 청년들도 모두 모여서 불교 방송국에서 '합창단들 나오시오.' 하면 한마음선원에서 나갈 수 있는 그러한 여러분이 되기 위해서는 이 마음의 도리를 진실하게 알아야 해요. 합창단이면 그냥 합창단이 아니거든. 그 마음을 같이 들어서, 주인공과 같이 들어서, 같이 돌아가는 걸 주인공이라고 하거든. 배가 없는 것이 주인공이요, 배가 없는 것이 한마음이요, 배가 없는 것이 부처라 이거야.

그러기 때문에 그 마음의 도리로 해서 참 진실하게 그 노래를 한 마디 부를 때 우주 법계가 쩡하고 그냥 두루 같이 그 음파가 돌아갈 수 있다 이 소리지. 그러니 우리는 이 몸뚱이 가지고 한 철 사는 거, 이 몸뚱이 있을 때에 전력을 다해서 이 도리를 배워라 이거지. 이 몸뚱이 떨어진다면은 지금 물질적으로 살던 그 의식이 남아서 몸뚱이 떨어져도 그 의식이 그냥 어디로 들어갈지 몰라, 보질 못하고 듣지 못하니까. 그 의식만 남았어. 그래서 여러분은 소에게나, 아무 데나 들어가서 그 모습을 가지고 나올 때 다시 사람 되기가 극히 어려우니라 이런 말이야.

그러니까 여러분이 전력을 다해서 어린이들도 젊은 학생들도, 이 합창단에 들어서 활동하고 나는 어린이 노래 가사를 우리 스님네들이 지어야 되지 않나, 이렇게 생각을 해. 곡은 다른 선생님들이 하더라도 이렇게 스님네들이 가사를 지어야 한다는 것은 그 가사가 법이 돼서 한데 떨어지지 않게 하기 위해서 스님네들이 지어야 되겠다는 얘기지. 예를 들면 그냥 꽃이 피었네, 꽃이 피었네 이렇게 해서는 아니 되고,

꽃이 피었네.
꽃이 피었네.
내 마음에 꽃이 피었네.
두루두루 꽃이 피었네.
붉게 익는다면,
삼라만상 우주 법계 그리고 우리 생활면에 모두 선도자가 돼서
우리는 뿌리를 이어가고 중용을 이어가면서
앞으로 세세생생에 거룩한 길을 걸으리.

이러한 노래도 짓고 말이야. 그냥 모두 그렇게 해서 어린이가 불렀다 할지라도 이것은 진짜로 세계의 모든 마음을 조절해 돌아갈 수 있는 그런 법계의 아주 진짜 법이 되는 거지, 한마음으로 돼주기 때문에. 열심히들 해봐요, 알았죠? 납득 안 돼요?

그리고 여기 처음 들어온 학생들도 어린이들도, 내 마음의 나가 있기 때문에 상대가 있다 이거예요. 내가 없다면 부처님 법도, 카톨릭교 법도, 기독교 법도 다 없는 거야. 그런데 요새는 타의에서만 꼭 끄달리며 찾으니 이 노릇을 어떻게 해! 기복으로 가서는 절대 나를 발견할 수가 없고 나를 이끌어갈 수가 없다는 사실을 알아야 돼. 나한테 재료를 다 두고도 먹고 싶은 대로 해먹을 수 없다면 그거는 사람, 즉 말

하자면 만물의 영장이라고 할 수 없지. 그렇지?

인간으로 왔던 길에 그냥 갈 수는 없잖아? 그래, 그렇게 하도록 해. 응? 주인공을 믿고 모든 거 내 공부하는 거, 노래하는 거, 모든 내 행동 하나하나 하는 거, 효도하는 거, 충성하는 거, 모든 것은 내 주인공에 있다! 내 주인공을 믿고 내 주인공에다가 맡겨놓고, 급한 일이라도 내 주인공에다 탁 맡겨놓고 '당신밖에 할 수 없어.' 하고선 뛰어라 이거야. 그러면 그것은 그대로 돌아가. 믿지 못하기 때문에 그렇게 돌아가지 않는 거야.

여러분은 가만히 보면요, 자기를 자기가 못 믿어. 상표는 믿어도. 아니, 종교의 이름은 상표야. 상표는 믿어도 또 형상은 믿어도 그런 거는 못 믿겠어요? 위대하다는 걸 보면은 굽신굽신 절을 하고, 거지를 보면은 탁 튀기고 고개를 반짝 들고선 그렇게 하는 그 습관도 좀 놔야 하고 말이야. 우리가 모든 것을 내 몸 아픈 것처럼 생각하고, 내가 전자에 수억겁 광년을 미생물에서부터 거쳐오면서 쫓고 쫓기면서 얼마나 울었고 얼마나 아팠던가? 그리고 그 진화를 시키느라고 내가 나를 어떻게 아프게 했던가? 그러니 그때의 내 모습으로 다시 한 번 생각해볼 수 있는 그런 여유 있는 마음을 가져야 우리는 성숙하게 익을 수 있다 이거지. 그럼 그런 줄 알고요.

또 질문할 분 없습니까? 우리가 질문을 하게 되면은 이런 게 있죠. 요거는 한마디 하고 넘어가야 될 거예요. 여러분이 가정에서 모든 일하는 것을 주인공에 맡겨놓고 믿고, 그렇게 하라고 가르쳤죠. 그거는 비켜놓고라도, 공부하는 데 서로 토론을 하고 질문하고 그럴 때는 여러분과 나와 둘이 아닙니다. 같은 도반이에요. 그러기 때문에 서로 토론을 하는 데서 지혜가 넓어질 수도 있고 바로 통달할 수도 있고, 좀더 넓게 볼 수 있는 그런 지혜가 생기지 않을까 그렇게 생각을 합니다. 어때요, 그렇지 않습니까? 도인 된 거 다 알지만 말입니다. 하하하. 도인이라 할지라도 듣고 나지 않는다면 법이 아니에요. 그래서 우리가 안이

하게 그냥 있으면 그것은 안 된다, 우리는 알면 아는 대로 실천궁행하면서 해나갈 수 있는 그 넓은 마음을 그대로 넓게 가지고 넓게 보고 넓게 행할 줄 알아야 된다는 거죠.

한 철이에요, 우리 이 몸뚱이. 그리고 우리 한 찰나로 지금 살아요. 그러니 '우리 한 찰나의 살림살이가 이만하면 족하지.' 하고. 집이 크면 뭘 하고 좋으면 뭘 하고, 보석이 있으면 뭘 하고…. 아니 그런 거, 난 말입니다. 여러분은 어떻게 생각할지 모르지만 나는요, 죽고 사는 것도 그렇고 보석이 산더미같이 있다 하더라도 그렇고, 왜 그런지 담담해요. '저런 걸 가지고 울고불고 하는구나. 한 철이라고 해서 한 철 다 살지도 못하고 반쪽 살면은 가을에 낙엽 떨어지듯 해서 뒹굴뒹글 바람에 날려서 사대가 다 흩어질 것을 왜들 저럴까?' 하는 생각이 들어가서 안타까울 때가 없지 않아요. 그리고 우리가 죽 한 그릇을 가지고 숟가락을 열 개를 꽂아놓고 먹는다 하더라도 좀더 여유 있게 껄껄 웃을 수 있는 그런 여유를 가지고 있다면 밥이 생각할 때 "흥, 요거 가지고도 너희가 넓게 생각을 하고, 기분 좋게 생각을 하고 참다운 지혜로써 나가니 내가, 밥이 더 와야지." 그러고선 그냥 밥이 술술 들어오거든요. 허허허.

앉아서 천리를 보고, 앉아서 자력으로써 끌어오고, 없는 사람의 것을 끌어오지 말고 있는 사람의 것을 스르르 오게 할 수 있고 아, 또 사람에게만 있는 게 아니라 그 모든 재료가 저런 다른 혹성에도 얼마든지 있지 않습니까? 추워서 사는 생명체들, 더워서 사는 생명체들, 뜨거운 데서도 사는 생명체들, 생명체 없는 데가 없어요. 모두 눈에 보여야만 있는 줄 아는 그런 마음은 버리고 좀더 넓게 써서 모두가 두루 살고 있다는 점을 아셔야 합니다. 보이지 않는 데도 중생들이 꽉 찼다는 걸 아셔야 됩니다. 그리고 부처도 한자리를 하고 있다는 걸 아셔야 되고요. 그럼 오늘 이걸로써 마이크를 놓을까요? 감사합니다.

맡겨놓고 지켜봐라

90년 3월 18일

오늘 셋째 일요일이라는 이름을 가지고 또 여러분과 같이 한자리 하게 되었습니다. 우리 한 도반으로서 오늘은 실천궁행과, 인간의 도리를 다하는 인간 자체가 첫째 되어야 한다는 문제, 이것을 말씀드리고 싶습니다. 우리는 부처가 된다 보살이 된다 법신이 된다 이러기 이전에 인간 자체가 되어야 한다고 생각합니다.

첫째 마음으로 들이고 내는 것을 정(定)으로써 한자리에다 두고 들이고 낸다면 정향(定香)입니다, 그게. 그래서 정향부터 되어야 계향(戒香)도 역시 잘 지킬 수가 있는 거죠. 스님네들만 계향을 지키는 게 아니라, 여러분한테 항상 그렇게 말씀드리죠? 평등한 마음으로써 웃으면서 대해주고, 둘 아닌 그 마음씨로 항상 둘 아니게 나로 보고 내 아픔으로 보고, 모든 것을 내 자식 내 부모 내 형제로 보고 그렇게 풀 한 포기도 남으로 보지 말라고요. 그럼으로써 그 지견이 생기고 해탈이 생기고 해탈지견향(解脫知見香)이 되죠. 사람이 본래 나쁜 사람은 없겠지만 모르는 게 죄가 아니겠습니까? 모든 게 몰라서 죄를 짓고 그 죄의 대가를 받고 인과응보라는 그 엄청난 문제를 천차만별로 받아들이는 게 우리 현실입니다.

여러분한테 항상 얘기하고 넘어가는 말을 오늘은 수박에 비유해 볼까요? 그전에도 내가 한 번 얘기한 예가 있죠. 과거는 현실에 짊어지고 나왔으니 없고 미래는 아직 오지 않았으니까 없다고. 여러분이 만약에 수박 한 덩어리라면 그 수박 속에 씨가 있지 딴 데 있겠습니까? 어저께 수박을 심었더니 오늘의 수박에 그 씨가 도로 들어 있는 걸 모르고 말입니다. 그 수박씨가 싹이 되고 또 그 싹이 수박을 열리게 했기 때문에 수박씨가 그 안에 있는 것입니다. 그래서 이 씨와 넝쿨과 수박, 이게 둘이 아니라는 뜻이죠. 그러면 이렇게 비유해서 말씀드리는 것을 이해를 못 하신다면 인간의 뿌리는 보이지도 않을 겁니다. 나무의 뿌리는 보이나 인간의 뿌리는 볼 수 없는 것이고, 나무가 자신의 뿌리를 못 보듯이 그렇게 못 볼 겁니다. 그런데 우리는 항상 과거의 씨를, 내가 마음내기 이전이 과거 씨인데 그것을 불성이라고 하죠. 그 불성을 바깥에서 찾으려고 애를 쓰니 바깥에서 찾아집니까? 항상 안에 있는 수박씨와 같은 건데.

그러니 절대로 바깥에서 지식이나 학식에 끄달려서는 아니 되고, 한 곳으로 들고 난다는 것을 여러분은 잘 생각하셔야 됩니다. 24시간을 다 참선을 하고 좌선을 하고 앉았어도 그것이 참선이 아니고 좌선이 아닙니다. 지금 빵빵 둘러 돌아가면서 사방이 터지고 이렇게 돌아가는 이치가, 끝없는 진리가 쳇바퀴처럼 돌아가고 있습니다.

항상 말씀해드렸습니다만 주인공에 모든 것을 놓고 거기에서만이 해결해줄 수 있다고 믿고 오직 꺼내는 것도 거기요, 넣는 것도 거기, 들이는 것도 거기고 내는 것도 거기라는 것을 꼭 아셔야만 합니다. 여러분이 없으면 세상은 벌어지지 않았을 것이고 또한 내 몸에 중생들도 없을 것입니다. 혹성이라는 이 자체가 있기 때문에 내가 있고 그것이 바로 화두라는 것도 얘기했습니다. 요거를 먼저 말씀드리는 것은, 항상 뒷받침이 돼 있어야만이 되겠기에 말입니다. 처음 오시는 분들도 계실 테니까요.

지난번에 이랬죠? 그 무슨 인연으로 병이 생겼으며 병은 어떻게 해야 낫느냐고 문수가 유마힐 거사한테 물었듯이 말입니다. 그 뜻에서 벌써 그랬죠? 내 몸속에 있는 모든 중생들이 나아야 내 몸이 낫지 않겠습니까? 이렇게 직감적으로 내 몸으로부터 체험을 하고 실험을 하고 또 지혜가 스스로 우러나와야지 되는 겁니다. 거기에 그런 뜻이 숨어져 있다는 얘기죠. 말로만 듣고 이론으로만 듣지 마시고 그 뒷면의 뜻을 아셔야 됩니다. 이번에는 문수가 이렇게 물었습니다. "이 방이 왜 비었으며 왜 시자가 없습니까?" 그러니까 유마힐은, 여러분이 다 아시리라고 믿어요. 너무 달달달달, 뭐 저는 무지랑이니까 보지 않았으니까 모르겠지만 예전에 이것도 들은 겁니다.

그런데 그렇게 물으니깐 "모든 부처님 국토도 비어 있으며 외도나 마구니가 다 내 시자입니다." 이렇게 대답을 했어요. 그러면 빈 것도 아니고 비지 않은 것도 아닌 그것은 어떠한 연고입니까? 여러분한테 질문 한 번 하겠습니다. 전부 빈 것도 아니고, 비지 않은 것도 아닌 그것은 무엇입니까? 만약에 그렇게 누가 물었다면 여러분은 어떻게 대답을 하시겠습니까? 이건 짚고 넘어가야 할 일이기 때문입니다. 이것이 관문이기도 하고, 물론 말 잘 하는 분들은 또 말도 잘 하시겠지만 또 말이 함이 없이 하시면 됩니다. 말이라는 건 귀신 방귀와 같으니깐요. 말은 하지 않되 하시면서, 종은 쳤는데 종소리만 났지 종 친 사이가 없고, 그 종소리는 우르르 퍼졌는데 퍼진 사이도 없이 퍼졌죠. 그런데 말입니다. 그 뜻을 이렇게 본다면, 그것은 찰나로 돌아가기 때문에 어떤 것이 돌아갈 때에 나라고 할 수 없으니 비었다고 했어요. 항상 여러분한테 말씀드렸었죠?

예를 들어서 "물과 산이 둘이 아닌 까닭에 물은 물대로 있고 산은 산대로 있느니라." 하는 얘기가 있죠? 그 속에는 뜻이 들어 있어요. 뭐냐? 아까 "모든 부처님의 국토는 비었느니라. 비었으며 또는 마구니나 외도가 다 내 시자인 것입니다." 했습니다. 그런데 그 말하고 그 말하고 어디가 똑같으냐 그러겠죠? 빈 것은 찰나로 돌아가니까 비었고, 외도나 마구니가 전부 내 시자라고 한 것은 안팎이 다, 보이는 데나 보이지 않는 거나 다 내 시자인 것입니다, 또 도반이고. 부처도 따로 없고 중생도 따로 없고, 마구니도 따로 없고 외도도 따로 없어요. 언어가 붙지 않지요.

그러기 때문에 '강은 강이요, 물은 물이요, 산은 산이니라.' 한 뜻은, 예를 들어서 컵이면 컵대로 물을 담거나 또 커피를 담거나 뭐 음료수를 담아야 하는 것이기 때문에 컵이 필요하겠죠. 그릇대로니까 컵에 담을 물건은 컵에 담고 접시에 담을 물건은 접시에 담고, 대접에 담을 물건은 대접에 담고 이렇게 해야만이 천차만별로 돼 있는 그릇대로 물건을 요리를 해서 한데 떨어뜨리지 않고 차원에 따라서 담아준다는 뜻입니다. 밥을 한 솥 해서 담아보십시오. 그렇게 안 되죠? 그러기 때문에 산은 산이요, 물은 물이라고 했습니다. 그래서 우리가 이 뜻을 모르면은 이게 자꾸 엇갈려요. 그러니까 우리가 그 뜻을 알아야 되겠다. 이게 하나가 터지면, 즉 물리가 터지면 전체가 거기 붙어 돌아가요. 따로따로 있는 게 하나도 없어요, 아까 수박이 따로 없듯이. 그러니까 물리가 터지면 모두가 한데 붙어 돌아가죠. 싹과 수박과 씨가 따로 없듯이 말입니다.

그래서 산과 물은 둘이 아니나 산은 산대로 있고 물은 물대로 있느니라. 천차만별로 각각 있지만 한데 돌아가고, 한데 돌아가지만 각각 분리가 돼서 네 모습 다르고 내 모습 다르고 네 차원 다르고 내 차원 달라요. 그러기 때문에 부처님의 마음을 보살이라는 이름으로 붙여놓고 자기가 그냥 천백억화신 노릇을 합니다, 그 마음이. 그러기 때문에 동방에는 아촉불이라고 떡억 상표를 붙여놨습니다. 자기 이름입니다, 그게. 석가가 석가대로 그냥 있는 게 아닙니다. 그럼 부처가 아니게요? 만약에 부처가 있다면 부처가 아니죠. 그래서 떡억 아촉불로 붙여놓고 서방정토에는 아미타불로 붙여놓았죠.

여러분 이해가 가십니까? 그 마음 말입니다. 자기에게 자기가 이름을 붙여놓은 겁니다. 해가 뜰 때, 돌아서 동방에서 해가 뜨고 또 서방으로 가고, 서방은 동방이 되고 동방은 서방이 되고, 항상 이렇게 돌아가죠? 그런데 돌아올 때에, 서방에서 올 때는 남방을 통해서 동방으로 통하고, 동방에서 서방으로 갈 때는 북방을 통해서 서방으로 간단 말입니다. 이렇게 돌아가죠. 그러니까 한쪽은 봄 소식이 오고 다른 쪽은 가을로 가죠. 겨울로 간단 말입니다, 겨울잠 자러. 표현을 이렇게 해도 될는지 모르겠습니다. 그래야만이 여러분이 이해가 빠르리라 믿고 이렇게 얘기하는 겁니다. 그러면 이 사바세계엔 뭘로 이름을 붙여놨느냐 하면 관세음으로 붙여놨죠. 또 지천국에는 무엇으로 붙여놨느냐 지장으로 붙여놨고요. 그러니 자기가 이름을 자기 마음으로 붙여놓고 자기가 움죽거리는 겁니다.

그러면 자기가 움죽거리는 것은 어떻게 했느냐? 또 한편에는 문수를 놔놓고 한편에는 보현을 놨습니다. 그럼 이건 누구겠습니까? 아까 수박 얘기했죠? 싹이나 수박이나 씨나 이것이 셋이 따로 있는 게 아니다라는 거요. 부처는 생각 내기 이전이 부처라고 보고요, 생각을 냈다 하면은 그게 바로 문수입니다, 법신! 그럼 생각을 낸 것이 뭐냐? 바깥으로 나온 게 보현이에요. 그래서 들이고 내는 것도 보현이요, 모든 걸 보호해나가면서 화하는 것도 보현이다 이겁니다.

여러분! 여러분이 가만히 있으면 생각 내기 이전이요. 생각을 냈다 하면 법신이요 움죽거렸다 하면 화신이고 보신이에요. 여러분이 넘어졌으면, 어디 다리가 다쳤으면 "아이쿠!" 하고 여러분 손이 가서 털고 얼른 일어나지, 딴사람이 털어주고, 딴사람의 손이 와서 털어주는 건 아니거든요. 그러니깐 바로 보현이 아니겠습니까? 그리고 보신이며, 그리고 자꾸 찰나찰나 화하니까 화신이죠. 그래서 돌아가면서 이름이 여간 많지 않습니다. 야! 이걸 털어주고 남이 엎드러졌어도 일으켜서 털어줄 수 있는 사람이라면 보현이 되고, 또 보이지 않는데도 보호해나가면 보현이 되지마는, 만약에 그렇지 않고 보호해주기 위해서 이리로 저리로 화해서 바뀌질 때에는 화신이죠. 그러니 이름이 수차적으로 바뀌져요. 여러분이 부모를 만날 때는 자식이 되고 자식을 만날 때는 부모가 되고 아내를 만날 때는 남편이 되듯이 말입니다. 그런데 한 사람이 누구를 만날 때, 내 아내를 만날 때 나라고 할 수 있을까? 하는 거죠.

그러니깐 경을 보면은 밑바닥의 백지를 볼 수 있어야만이 경을 올바로 볼 수 있다라는 얘기죠. 그래서 우리가 한 마디 한 마디 경 구절에 있는 것도 그 뜻을 헤아려서 실천궁행을 해야지만이 부처님의 참 불제자라고 할 수 있고, 만물의 영장이라는 사람으로 될 수가 있다 이런 말입니다. 항상 여러분에게 말하죠. 자식한테도 부드럽게 해주라고, 부드러운 말을 해주라고, 평등한 마음으로서 그렇게 하라고 그러죠. 그것이 바로 보살행이니깐요.

그런데 또 한 가지, 문수는 이렇게 말했습니다. "빈 것은 어떠한 것으로 비었다고 합니까?" 하고 물었어요. 여러분에게 그렇게 물었다면 여러분은 무엇이라고 대답하시겠습니까? 어떠한 것으로 비었다고 합니까? 내가 항상 말씀해드렸죠. 말을 배우라는 게 아니라 그 뜻을 배우시라는 얘기죠. 뜻을 아시라는 거죠. 여러분은 이런 말을 해도 그냥 집어먹어야 돼요. 말로 옮기려고 하지 말고 그냥 집어먹어야 되죠. 목마르면 물 먹듯이 말이예요.

"본래 공했기 때문에 비었다고 합니다."라고 대답을 했더래요. 그래서 "본래 공한 것을 어떻게 공이라고 체험을 합니까?" 또 이렇게 물었더래요, 글쎄. 그래 꼬리가 꼬리에 붙어서 돌아간 거죠. "공했다고, 그 분별을 하지 않기 때문에 공한 것을 체험하는 것입니다."라는 얘기죠. "그러면 공은 어디서 구합니까?" 부처님 해탈 속에서 구하죠? 그렇죠? 그런데 이렇게 말했으면 좋겠는데, 공한 것을 어디서 구하느냐니까, "육십이소견, 외도 소견 속에서 구합니다." "그래, 육십이견은 어디서 구합니까?" 그러니까 "부처님 해탈 속에서 구한다." 그랬어요. 돌아가서 참 묘하게 대답했어요. 그게 왜냐하면은 육십이견 속에 소견, 외도 소견 모두를 종합한 겁니다. 지금 이 세상 전체를 한, 그 마음 속에서 구했다는 뜻이죠. 거기서밖엔 구할 수 없는 거죠.

그러니 그러한 뜻을 우리가 삼키면서, 또 삼키고 행하면서 우리는 지혜를 넓혀가야 되는 거죠. 옛날에는 '대나무 귀신 방귀를 먹고 넓혀간다.' 이런 말을 했죠. '자기 싹을 구하려면 대나무 방귀씨를 구해야 하고 그 방귀씨를 싹을 틔어서 기르려면 대나무 귀신 방귀를 더 먹이지도 말고 덜 먹이지도 말고 아구창나지 않게 먹여서 키워야 된다.' 이런 문구가 있습니다. 이것이 아마 낚싯밥인지도 모르죠. 이 도리를 아는 분들은 어디에도 걸리지 않습니다, 지난번도 얘기했듯이 말이에요. 그래서 "육십이견은 어디서 구합니까." 하니깐 부처님 해탈 속에서 구하고 "부처님 해탈은 어디서 구합니까?" "중생들 마음 속에서 구한다."고 그랬어요.

그러면 지난번에도 말씀드린 거와 같이 "내 여러분이 아니었더라면 또 풀 한 포기, 벌레 하나가 아니었더라면 내 어찌 그것을 보고 느끼고 체험했겠습니까? 그러니 모두 벗이요, 모두 도반이요, 모두 스승이요." 하고 말을 했죠. 그쯤 해놓고요. 요거 한마디를 하고 딴 말로 넘어가겠습니다. 여러분이 생활을 하시면서 제일 어려운 게 가난과 병고와 우환 등 여러 가지죠. 자식들을 이끌어가는 데도 그렇고 또 부모가 자식들을 이끌어가려면 움죽거리는 그 생활도 그렇고 자기 몸 끌고 가는 것도 그렇고 참 여러 가지로 괴로움이 한두 건이 아니죠. 거기에 조금이라도 이 도리를 알고 공부한다면, 아주 편안하고 자유스러운 도리 또 생산적인 도리, 개발적인 도리를 공부하신다면 이것은 불가사의한 법으로서 그대로 편안하게, 언어조차도 붙지 않는 편안하고 자유스러운 생활을 해갈 수 있는 거죠.

가만히 보면은요. 사람들이 신경이 날카로워지면 바깥에서 유전성으로 오든, 안에서 인과로 인해서 벌어지든, 영계가 들고 뭐, 안밖으로 그런 게 일어나거든요. 생활을 하다가도 뭐 회사가 망했다든가 또 공부를 하다가도 그냥 지친다든가 하는 문제들은 도무지 내 능력으로는 따라갈 수가 없죠. 이런 급박한 상황에서 일어나는 일들은요. 그리고 생활 속에서 가정환경 때문에 일어나는 문제, 이런 거를 가만히 보면은 여간 많지 않습니다. 그러면 여러분이 어떻게 해야만 그것을 다 물리치고 녹이고 나갈 수 있느냐 하는 겁니다. 그것은 용도에 따라서 오는 대로 거기에 맡겨놓고 거기서밖에는 해결을 못 한다 하고선 거기다 딱! 맡겨놓고 지켜보는 그것이 관하는 겁니다.

그래서 기도가 아니라 관하는 거다 이겁니다. 그런데 말입니다. '지켜보고 관한다' 하면 그럼 어떻게 되느냐? 인과응보가 무너지고 습이 녹아지고, 나를 발견하게 되고 진짜 공부를 하게 된다 이겁니다. 또 한 가지는 바로 입력입니다. 입력! 콤퓨타에 입력하듯이 용도에 따라서 오는 대로 콤퓨타에 입력을 한다. 오는 대로 입력을 해놓으면은 그게 돌아간다. 자동적으로 돌아가게 돼 있는 자동기입니다. 물질적인 것을 떠나서 말입니다.

그러니깐 예를 들어서 이제는 둘이 아니게 내 주인공에, 아들이 아파도 내 주인공에다가 모든 걸 맡겨놓습니다. 그래서 웬만큼 해나가서 완벽하게 이게 선다면 아! 그러면 너는 너고 나는 나고, 아까 뭐랬죠? 산은 산이요 물은 물이라고 그랬죠? 둘이 아닌 까닭에 물은 물대로 있고 산은 산대로 있죠. 둘이 아닌 까닭에 자식은 자식이고 나는 나다 이겁니다.

그래서 상대방의 병을 고쳐주려면은 예를 들자면 특히 정신질환은 더합니다. "네 주인공만이 너를 이끌어 갈 수 있다." 네 주인공만이 너를 이끌어 갈 수 있다 하는데, 거기에 무엇이 붙습니까? 그런데도 여러분이 생각하는 묘한 생각이 있어요. "에이구! 이거는 무슨 어머니 조상이 붙었고 무슨 누구 영계가 죽었는데 여기 붙어서 이러하고." 아, 요런 생각들을 한단 말입니다. 만약에 그렇다 할지라도 그 생각을 떠나야 할 텐데, 놔야 할 텐데 고런 생각들을 하니 이게 떨어집니까? 응? 뭐가 붙었습니까? 물 한 그릇에다 물방울 하나 넣은 거와 같은데, 항상 그렇게 일러드려도 그것을 놓지 못한단 말입니다.

그래서 여북하면 이렇게라도 하는 겁니다. 그래! 딴 영계가 들어왔다 합시다. 그러면 이렇게 부었습니다. (컵의 물을 뚜껑에 조금 부었다가 다시 컵에 부으신 후) 그럼 물 한 그릇이 따로 있습니까? 여러분 마음은 체가 없어요. 그래서 의식이 들어와서 딴 영계가 내 집 주인 노릇을 하더라도 내가 부족한 것도 부족한 거지만 모두 한 그릇에 있어요. 같이 먹고요. 그러니까 이렇게 먹어치운다면 상당히 좋을 것을 그렇게 하질 못해요.

그런데 거기 한데 들어갔으니까 천 명이 들어가도 두 명이 들어가도 한 명이 들어가도 '아이고, 죽은 사람이 이렇게 들어와서 우리 아들이 이렇고 우리 딸이 이렇고 무슨 내가 이렇고 무슨 누구가 이렇고.' 이런 생각일랑은 아예 하지 말라 이겁니다. 그건 왜냐? 여기 물컵에 들어갔으면 벌써 한 그릇이야. 한 물이야. 영에다가 영을 넣으니까 몇이 됩니까? 예? 그냥 영이죠? 허허. 스무 개를 넣으면 또 더 두드러집니까? 그냥 영이죠? 그런데 거기 뭐가 붙었다고 합니까? 참 이상스럽단 말이에요. 그렇게 생각들을 하니 십년이고 몇 년이고 그냥 고통을 받고 애를 쓰는 거예요.

왜 각각 보십니까! 둘이 아닌 도리를 가르치는데 왜 각각 보십니까, 이겁니다. 요거는 내가 꼭 말을 하고 넘어가겠다고 다짐을 한 거거든요, 하도 애를 쓰니까. 그래서 영과 영이 열 개가 한데 합쳤어도 둘이 아닌 까닭에 야! 아무가 들어왔더라도 주인은 주인 아니겠는가! 그러니 주인공이야, 그냥. 당신이 그 마음 속에 들어왔다 하더라도 바로 주인공 아닌가! 그러니 이 몸을 이끌어가는 것은, 정상적으로 이끌어가는 것은 당신밖에 없어. 뜻으로다가 속의 주인공을 이렇게 탁 잡아주는 겁니다. 아셨습니까?

시식을, 제사를, 천도를 수백 번 드리는 것보다 그 한생각이 필요한 겁니다. 아시겠습니까? 땀 흘리고 돈 벌어다가 허탈히 쓰는 법을 버리고 돈 쓰는 법도 배워야 됩니다. 돈 버는 것만 배우지 마시고 쓰는 법도 배워야 합니다. 올바르게 써야지 올바르지 않게 쓰는 것은 귀신 놀음이나 한가지고 도깨비 장난이나 한가지입니다. 여러분이 못사는 것도 여러분의 차원 때문입니다, 모르는 차원. 죄가 있어서 그렇게 고생하는 게 아니라 모르는 차원 때문에. 난, 여러분이 과거에 무슨 죄가 있으니까 뭣이 없다 이런 소리는 안 합니다. 못 들어보셨죠? 이거와 같기 때문입니다.

그래서 거기서 '열 명이 들어갔어도 당신이 바로 주인공 아니겠는가!' 하고 주인공만이 속의 뜻을, 말로 하지 말란 말이에요. 뜻으로서 주인공만이, 당신만이 이 애를 정상적으로 이끌어갈 수 있다는 신념과 믿음 그것을 가지고 그저 만날 적마다 그렇게 해준다면 또 만나지 않을 때도 그렇고 만나서도 그렇고 먼데 있으나 가깝게 있으나 똑같습니다, 마음은 체가 없기 때문에. 그러니까 우주를 달린대도 탐험을 한대도 둘이 아닌 까닭에 마음은 그저 어디도 갈 수 있다는 얘깁니다.

지난번에도 얘기했죠? 산이 높아서 못 넘는 게 아니고 물이 깊어서 못 건너가는 게 아니고, 은산철벽이 두꺼워서 못 뚫는 게 아니라고요. "사방은 툭 터졌느니라."고 말입니다. 그것을 얘기해드렸으니 인제는 모든 마음을 같이 이렇게 들면서 중용을 하세요. 활용이 아니고 중용입니다. 안팎이 다 들리는 그런 활용말입니다. 그것이 중용이에요.

또 한 가지 말씀해드릴 것은, 여러분이 각자 말입니다. 내가 항상 오신통, 오신통 했는데 오신통이라는 것은 이름일 뿐이지, 그게 무슨 대단한 게 아닙니다. 여러분도 다 가지고 계시니깐요. 무슨 없는 것을 발견을 해야 그게 대단한 거지 본래 있는 것인데 여러분이 모르기 때문에 이렇게 다시 그냥 얘기를 하는 겁니다. 여러분이 어떡하면 알아듣기 쉬울까 해서 현실의 물질적인 요소를 가지고 현대 용어로써 얘기를 하는 겁니다.

여러분은 만약에 머리 위에 신통이 다섯 개라면, 줄창 말을 하죠? 숙명통이니 타심통이니 천이통이니 신족통이니 또는 천안통이니, 이 다섯 가지 문제가 여러분한테 재료로 주어져 있다고요. 만약에 그걸 벗어나서 대뇌로 돌아간다면 모두 통신이 된다 하는 걸 레이다망으로 다 한번 비교해봤습니다. 신족통이라는 것은 아까 팩시로 한번 비교해 봤죠? 가고 옴이 없이 가고 오니까요. 또 탐지기 보셨죠? 그것은 타심통에다가 비유할 수 있다고 항상 얘기했죠. 그런데 내가 왜 이런 말을 되풀이하느냐 하면 얘기할 게 있어서 그래요.

그런데 그 콤퓨타와 탐지기, 즉 콤퓨타는 과거를 짊어지고 나온 겁니다. 과거에 살던 것이 모두 입력이 돼가지고 나온 자동 콤퓨타입니다, 지금 여러분 속에. 그게 아니라면 자동적으로 이렇게 발생이 되나요? 악도 선도 속상하는 것도 또 머리가 틔는 것도 전부 거기서 나오는 거니깐요. 사는 대로 입력이 돼 있죠. 자기가 아는 것이 그대로 입력이 되는 거예요. 그러니까 참 묘한 법이죠! 그러니 묘한 법이라고 할 수밖에요.

미생물에서부터 진화되면서 이렇게 억겁을 거쳐서 인간으로 등장을 했으니까 만물의 영장이기도 하죠. 참 그렇습니다. 나는 사람을 볼 때마다 거룩하고 그렇게 즐겁고 소중할 수가 없어요. 왜? 그 육신이 아니었더라면 이 도리를 또 모르거든요. 그리고 여러분도 부부지간이나 자식지간으로 살다가 자식이 하나 죽으면 그렇게 슬프죠. 또 식구가 다 죽고 자기 혼자만 남으면 그렇게 외롭고 그러니까 그렇게 소중할 수가 없는 걸 여러분은 아셔야 됩니다. 그런데 지금 이 말을 하다가 그건 덤으로다가 얘기한 겁니다.

그래서 그 다섯 가지가 여러분한테 다 주어져 있어요. 콤퓨타도 붙어 있고, 보이지 않는 그 자체 내에 갖고 있는 숙명통을 콤퓨타로 비유했으니까 그것도 붙어 있고 남의 마음을 잘 알 수 있는 타심통도 붙어 있고. 또 팩시도 붙어 있고요. 또 요거는 무전통신기도 붙어 있고. 천체 망원경도 붙어 있습니다. 요렇게 조르란히 붙어 있어서 (왼손을 펴서 그 주위를 오른손으로 돌려 보이시며) 요것이 돌아갑니다. 네? 들이고 내는 요것, 통신망은 바로 레이다망이 하고 있죠. 그래서 레이다망은 통신이 오면 대뇌에서 모든 것이 통신이 되듯이 그렇게 하고 있죠. 그래서 요것이 거기에 통신이 되면 다 자기 활동을 할 수 있게끔 콤퓨타에 입력이 들어갑니다. 이건 자동입니다.

여러분은 그거 쉽게 물질적인 콤퓨타로만 생각하시지 말고, 물질적인 콤퓨타도 사람이 입력을 해야 쓸 수 있지 입력을 안 해놓은 거는 못 씁니다. 그런 반면에 인간은 그대로 자동적으로 용도에 따라서 오는 대로 거기다가 입력을 해놓으면은 그대로 그대로 돌아갑니다, 이게. 그런데도 여러분은 그걸 이해를 못 하십니까 하는 거죠. 그러니 여러분이 알아듣기 쉽게 어떻게 말을 해드려야 이것이 증명이 되나 하고 이렇게 저렇게 비유해서 얘기하는 겁니다. 우리가 마음으로 이 자동기계를 굴리려면 따로이 이 오신통이 돌아가는 바깥에서야만이 이걸 굴릴 수가 있는 거죠. 그래 우린 그대로 바깥에 있습니다. 여러분 마음이 나오는 대로 안에서 일어나는 거 바깥에서 오는 거, 이것이 바깥에서 오는 것도 아니고 안에서 일어나는 것도 아닌, 자기가 그대로 한생각을 이렇게 하느냐 저렇게 하느냐에 따라서 콤퓨타에 입력이 되는 겁니다.

내가 잠자코 있는 동안에 생각을 좀 해보세요, 어떤가? 자동적으로 그렇게 돼 있다는 거요. 그래서 심봉이라는 것은 그대로, 누진(漏盡)이 레이다망이라면 레이다망을 받친 심봉은 그 오신통과 레이다망과 같이 전부 굴려도 이거는 움쭉도 안 하고 있는 겁니다. 이거는 (손가락을 하나 들어 보이시고) 하늘을 받쳐, 천지를 받친 바로 평발로써 받친 뭐라고 그럴까, 불기둥이라고 그럴까? 불은 하나지 둘이 아니니까, 물도 하나듯이 말이에요. 물은 흘러가는 것 흘러도는 걸 말하고 불은 움죽거리지 않는 걸 말하는 겁니다. 그래서 끊임없이 진리는 돌고돌아 불기둥은 하늘을 받치고 움쭉도 안 한다. 변화가 없고 그대로 밝아 있다, 그대로 넉넉하고. 그러니 거기에 붙어서 돌아가도 움쭉을 안 해도 항상 이렇게 돌아요. 우리 마음이 넉넉하면 심봉이 돌아가는 것이 녹이 안 슬고 착착 돌아갑니다. 기름이 주어지니까. 넉넉한 마음은 기름을 주는 거와 같다 이겁니다. 심봉에 기름을 주는 거와 같애요. 그리고 넉넉지 못한 사람, 소견으로 마음을 쓰는 사람은 이게 자꾸 돌리질 못하기 때문에 녹이 슬어. 그리고 빽빽해. 잘 돌아가질 않아요. 그와 같은 거죠.

여러분도 기계를 잘 아시죠? 만약에 차를 끌고다니는 데도 바퀴가 영 굴러가지 않아서 그냥 두면은 그 중심인 심봉이 잘 안 굴러가게 되죠. 양면으로 딱! 조여놓고선 이게 그냥 돌아가도 이 중심 심봉은 통 움죽거리지 않고 바깥에 있는 것들만 돌아가죠. 바깥에 붙어 있는 그 다섯 가지의 수레바퀴가, 즉 불바퀴가 돌아가는 거예요. 이것을 물바퀴라고 해도 좋고 불바퀴라고 해도 좋고 보통 그런 수레바퀴라고 해도 좋죠. 그렇게 돌아가는 이 자체, 바로 그것을 바깥에 서서 돌릴 수만 있다면 말이에요. 여러분이 그렇게 돌릴 수 있게끔 해드리려니까 오는 대로 용도에 따라서 거기다 (가슴을 짚어 보이시고) 입력을 시켜라 그런 겁니다. "거기다 놔라." 그러니까 또 놓는 걸 몰라서 도대체 어떻게 놔야 되느냐는 거예요. 왜 그러면 콤퓨타에다가 입력을 시키느냐 이거에요, 응? 나중에 써먹으려고 입력을 번호대로 시켜놓고, 또 모두 입력을 시켜놔야만이 그놈의 게 전부 일사천리로 해나갈 수 있어요. 우리도 지금 하고 있죠, 그렇게 자동적으로요.

그런데 그 기계가 그렇게 비싸다고 합디다. 허허허. 그런데 말입니다. 우리도 비싼 거예요. 그보다 더 비싼 겁니다. 얼마나 소중한 겁니까? 돈으로도 바꿀 수 없는 당신이고 여러분입니다. 남들은 어떨지 몰라도 자기 가정 속에서는 대들보예요. 그리고 자기 2세구요. 그런데 뭐, 얼마나 소중합니까! 그 테두리가. 하다못해 제비 새끼들도 테두리가 있고 둥지가 있는데 사람들이 집이 없어서야 되겠으며 또 집 속에 식구들이 없어서야 되겠습니까? 그렇기 때문에 우리는 소중하다 이겁니다. 모두가 소중하지 않은 게 없어요.

그러니 그렇게 입력을 들어오는 대로 용도대로 잘된 건 감사하게 입력을 해놓고 또 안 되는 거는 '안 되는 것도 거기서 한 거니까 되게 하는 것도 거기서 하는 거 아니야?' '거기서 해봐.' 하고 거기다 입력을 해놓으면 그대로 돌아갑니다. 여러분이 실험하고 체험하면서 당당하게 생활을 할 수 있는 자유인이 되라는 거지 항상 남한테 빌어서 먹는 사람이 되라고 하는 게 아니에요.

내가 조금 답답할 때는요, 음성이 커지고 그러거든요. 아무리 작게 할래도요, 답답할 때는 그렇거든요. 그건 왜냐? 내가 말을 해서 여러분한테 입력만 된다면 그래도 어딘가 언젠가는 그게 나옵니다. 그런데 이 음파가 여러분한테 가가지고 음파가 되돌아오는 수가 많거든요. 그걸 느끼거든요. 그러면 목소리가 커져요. 허허허 참! 그러곤 답답한 겁니다. 사람이 공을 던졌으면 탁 받아서 되던져야 또 탁 받을 텐데, 공을 던져도 그냥그냥 어디 가서 푹 박히고 푹 박히고 이런다면 뭐 어쩔 수가 없는 거 아닙니까?

세상에 마음이 둘입니까? 셋입니까? 하나도 없는 것이 너무도 천차만별로 돌아가면서 마음을 쓰기 때문에 하나도 없다는 거며 공했다는 거며, 움죽거리는 것도 그렇고 생각하는 것도 그렇고 모든 게 다 그래요. 보는 것도 그렇고. 항상 그렇게 말하죠. 그러니 '공했다'라고 예전에 부처님들이 말씀 안 하겠습니까? 그러니 없다는 사람도 있고, 비었다는 사람도 있고, 공했다라고도 하고 여러 가지 이름은 있지만 그것은 하나에 속해, 하나의 뜻에 속해요.

여러분한테 이렇게 자세히 얘기해드려도 참…. 그러면은 그 다섯 가지가 붙어 돌아가는데 레이다망이 제일 위에 붙죠. 누구든지 주장자를 가지면 거기다가 용머리를 갖다가 떠억 붙여서 주장자를 만들죠?

그게 무슨 뜻이냐? 내 주장자 하나로 인해서, 이 주장자를 깊은 물로 비유한다면 용이 들고 나고 들고 나고 춤을 추더라 하는 거죠. 그러니 이 레이다망이 바깥에서 오는 거 안에서 일어나는 거를 전부 보고를 해들이면은 안의 콤퓨타에 입력이 돼가지고 그냥 돌아가는 거예요.

그러니까 여러분이 생각을 잘 해야만이 대뇌로 해서 저 콤퓨타에 입력이 되지 않겠습니까? 좋게 입력을 하시라 이겁니다. 왜냐? 꿈을 꾸고도 이것은 "아이구! 꿈이 언짢아, 언짢으니까 이거 무슨 탈이 또 날 거야. 이거 이거 어떡하면 좋은가?" 아이, 요렇게 생각을 하니 고게 고렇게 입력이 돼가지곤 좋게 안 나오는 거죠. 그러니까 어떻게 생각하면은 참, 웃으면서 입력을 할 텐데도 불구하고, 하늘이 무너진대도 '아이구, 네가 있다면 하늘이 무너진들 어떻고 땅이 무너진들 어떠랴.' 하고 나 이 자체가 죽고 살고 하는 것을 다 버리라는 게 아니라 그냥 놔버려요! 그냥, 생각이 없어요. 지금 금방 죽는대도 생사를 다 놔버려요.

보살은 생사를 버리지 않죠. 그런데 중생들은 생사에 끄달리거든, 좋아하고. 죽고 사는 거 아주 그냥 그거에 얽매이죠. 그러나 마구니나 외도들은 소견을 좋아하지만 보살은 소견에 흔들리질 않아요. 또 죽고 사는 것도 내가 이거 죽지 말아야지! 하면 벌써 버려, 그냥 죽는 것도 좋아 하고. 죽어야지, 죽지 말아야지 하는 거를 둘 다 놓으란 말이에요. 나중에 죽는 한이 있더라도 그까짓 거 한 번 죽지 두 번 죽나요? 그러니까 보살은 버리지 않는다 이거죠. 양면을 다 버리지 않는 거죠. 놔버리니까.

여기에서 또 인과에 대해서 한마디 하겠습니다. 고걸 어떻게 해야 더 자세히 얘기해드리죠? 그것은 입력하는 것만 잘하시면 돼요. '내가 이다음에 죽더라도 아프지 말고 죽게 하는 것도 너밖엔 없다.' 이러면 입력이 돼요. 여러분이 소신껏 맘대로 쓸 수 있는 것인데도 아, 이건 그냥 아주 절벽이야, 절벽! 그러곤 나한테 와서는 "집을 사야 할 텐데 어떻게 했으면 좋겠습니까? 날짜를 어떡했으면 좋고?" 아, 이러고 물을 때는요, '야! 내가 이날까지 이렇하고 있었던 본의가 뭐 있나?' 하는 생각이 나고 눈물이 주루루 흐른단 말입니다. 나를 좀 덜 울리려면은 여러분이 좀더 그 철벽을 뚫으세요, 좀! 아주 그냥 간단하게 그렇게 입력하는 것이라는 걸 지금 얘기해 드렸습니다. 오신통이 무슨 이렇하고, 지난번에 그러다가 가만히 생각을 하니까 안 되겠어요. 그대로 그냥그냥 애길 해드려야지.

지난번에도 얘기했죠? 자력이나 전력이나 통신력이 뒷받침을 하고 있다고, 무한량 뒷받침을 하고 있다고. 그래서 레이저 그, 광력에 대한 그것을 안에서 받아서 레이저 치료를 하고 이런다는 것도 있죠? 그런데 사람이 이 도리를 모르고는 그 자리를 찾아내기도 어렵거니와 속에 있는 것은 속에서 그거를 해야지, 입력을 해서 이놈들을 시켜서 그냥 치료를 해야 되는 거죠. 안에도 지수화풍이 돼있어서 안에도 광력이 있고 전력이 있고 자력이 있지 않습니까, 외부에도 있고. 크고 작은 것도 없어요.

마음은 벽이 없어요. 지금 여기 앉으셨어도 천리를 다녀오라고 해도 다녀올 수 있어요. 아니, 저 딴 혹성에 갔다 오래도 올 수 있어요. 그러군 또 그것만이 아니에요. 천체를 다 보고 오라고 그래도 보고 올 수 있어요. 그러기 때문에, 그런 까닭에 안에서도 레이저의 도구가 있다는 얘기죠. 그러기 때문에 안에서는 안에서 치료를 하고 바깥에서 할 것은 바깥에서 치료하고 그러는 거죠. 그러고 정신분열은 바로 그 지배인이 끌고가게끔, 주인공이 끌고가게끔 자꾸 입력을 넣어주는 거죠. 제 콤퓨타에 입력을 넣어주는 겁니다. 이렇게 자세히 가르쳐드리는데 어떻게 생각하십니까? 그런데 날더러 어떤 분은, 경을 달달 외우신 분들은 부처님의 경 얘기는 안 하고, 똑같이 안 하고 이런 얘기한다고 그러죠. 질서도 없고 체계도 없고 이렇다고 그러죠. 그러나 본래 체계없는 게 진리기 때문에 또 질서정연하게 체계가 돼 있는 겁니다.

그러니 지금 세상 돌아가는 게 이렇게 변천해 돌아가니까 우리는 마음의 인등을 켜고 앞장서야지, 그렇게 하지 않으면은 늦어요. 여러분 깊이 생각하셔야 됩니다. 늦는다는 거를. 빠스 지나간 뒤에 빠스 타려고 아무리 기다리고 섰어도 이미 늦었습니다. 그러니까 오는 대로 용도에 따라서 배가 고프면 밥을 먹고 똥누고 싶으면 똥누고 목마르면 물 먹어라 이겁니다. 그냥 오는 대로 거기 입력만 해넣어라 이거예요. 그러고는 '관(觀)하라!' 이런 거는 지켜봐라 이거거든요. 지켜봐라! 지켜보면은 그것이 바깥으로, 입력됐던 거니까 바깥으로 탁, 탁 팩시에서 나오듯이 탁, 탁 나오거든요. 그런 게 실험과 체험이죠.

그리고 내가 이렇게 말하면 그냥 이것은 아주 쉽게만 생각을 하는데 쉽게 생각하지 말고 지극한 믿음, 그리고 내 몸같이 생각하고, 내 아픔같이 생각하고 말이에요. 또 효도하고, 충성하고, 시간 지키고, 약속 지키고, 술을 과음하지 말고, 너무 과음을 하면 정신을 잃어요. 그러면 남도 나도 좋아지지 않으니까 그건 해로운 일이라.

살생하지 말라! 하는 것도 난 살생하지 말라 하는 게 아니라 내 몸과 같이 생각하고 내 아픔 같이 생각하면은 살생을 그렇게 안 해요. 살생을 하더라도, 예를 들어서 부모나 자식이나 어떤 사람이든지 "아유, 닭을 한 마리 사다 드려야 할 텐데…." 이럴 때 살생이 간접적으로 된다고 합시다. 그럴 때 주인공에다 탁! 맡기세요, 둘 아니게. 그러면 그것이 살생이다 할지라도 그건 살생이 아니에요. 그 몸과 모습만 쳐서 약으로 썼을 뿐이지, 그 의식은 내 주인공에 입력을 해놨기 때문이죠. 내 주인공의 콤퓨타에 내 마음과 둘이 아니라는 입력을 해놨기 때문에 벌써 사람으로 요리가 된 겁니다. 그러기 때문에 그 무명만 쳤을 뿐이지, 무명만 벗겨준 거지 살생을 한 게 아니죠. 그렇다고 해서 무조건 그냥 아무거나 닥치는 대로 죽이고 먹고 그러지 말고요. 상황에 따라서 말입니다. 모든 게 상황에 따라서지 무조건 그럭한다고 해서 다 살생이 아닌 것이 아닙니다. 계획적으로 그렇게 하면은 더 나쁘고요.

옛날에 어느 스님이 지렁이를 수십 마리 끓여다가는, 자기 은사가 그냥 헛헛증이 나가지고는 영 일어나지 못하고 그러시니까, 산에서야 뭐 먹는 게 있습니까? 예전에야 더했죠. 그런데 그 제자 스님이 살생하지 말라! 이러는 것도 무릅쓰고 "내가 살생을 해서 죽으면 죽고 살면 살고 벌레가 되든지 아무 걸로나 만들어도 좋다. 우리 스님을 일어나게 해야겠다." 그러고는 호미를 들고 가서 그냥 진창을 파서 지렁이를 많이 잡아가지고는 그걸 소금을 넣고 깨끗이 씻어가지고 고아서 베보자기에 꽈악 짜서는 매일 두어 대접씩 먹였단 말입니다. 아, 그랬더니만 그냥 살이 뽀얗게 찌고 아, 일어났거든요. 그래 은사스님이 "얘야! 네가 그거 만날 약이라고 주는 그 국물, 참 맛있더라. 그거, 어디서 났니?" 그러거든요. 그래서 "나무인데 저 깊은 산에서 사는 나무에서 나오는 순을 갖다가 고아서 지금 드리는 겁니다." 그러니까 "아휴! 그런 나무도 있었느냐?" 그러시거든요. 그랬는데 그렇게 봉양을 하고 그랬지만 그 지렁이는 전부 그 스님 덕에, 다 지렁이라는 모습을 벗었더래요. 이 얘기를 여러분 어떻게 생각하십니까?

그러고 또 무능한 것이 착하기만 하다고 해서 그게 부처님 법이 아닙니다. 너무 무능한 것도 안 되죠. 그래서 지난번에 내가 괴롭지 않으려고 남을 도와주기도 하고, 내가 괴롭지 않기 위해서 '여러분을 위해서가 아니라, 나는 내가 괴롭지 않기 위해서 그런다.' 이 소리를 했습니다. 그걸 여러분이 어떻게 생각하실지는 모릅니다만, 그렇게 입력을 해놓으면요, 바깥으로 나오는 이유가 어딨느냐? 안의 몸뚱이 속의 그 의식들이요, 전부 하나로 뭉쳐집니다, 마음이. 콤퓨타에 입력이 되면 입력이 되는 대로 따라주는 겁니다. 다, 그냥! 바깥에서도 안에서도.

잘 들으셨죠? 그렇다고 우리가 참선한다고 저녁에 오래 앉았을 필요는 없어요. 그저 일을 무진히 하시고 저녁에 한 30분 동안 앉아서, 여유를 가지고 앉아서 '주인공! 네가 있으니깐 바로 내가 생겼고 내가 생겼으니까 너를 생각하고 너한테다 모든 걸 다 맡기지 않느냐. 그러고 너만이 할 수 있지 않느냐. 너는 수억겁을 이렇게 거치면서 진화돼서 이렇게 창조가 됐으니까 너는 다 알지만 현실의 나는 모르고 있잖아. 내 현재의식은 모르고 있으니 현재의식도 너의 뜻을, 당신의 뜻을 알려다오.' 이름은 임이라고 해도 좋고 너라고 해도 좋고 주인공이라고 해도 좋아요, 하여튼. 그러니까 '주인공의 뜻을 나한테 알려다오. 나한테 실험이 되게끔 알려다오.' 이렇게 해서 어떠한 거든지 놓고 자기가 실험할 수 있는 그런 도전이 필요하겠죠. 저녁마다 꼭 30분씩 관한다! 이렇게 거기 콤퓨타에다 모든 것을 갖다가 입력을 시켜놓곤 자기가 바깥으로 나오는 거를 지켜보는 것이 관하는 겁니다. 기도를 하고 잘되게 해주시오, 못 되게 해주시오, 이런 것이 아닙니다.

옛날에, 어떤 사람이 외아들을 둬가지고 아주 애지중지 길렀습니다. 그런데 아, 장가를 들여놓으니까 얼마 안 가서 부모들 모르게 그냥 땅도 뒷구멍으로 다 팔아가지곤 시골집 뭐 몇 알캥이나 나가겠습니까? 아무리 좋아도. 시골집 하나 남겨놓고 홀딱 가지곤 그냥 둘이 튀었어요. 허허허. 시부모 잔소리도 듣기 싫고 농사 짓는 것도 귀찮고 그러니까 꼬였겠죠. 그래가지곤 둘이 훌쩍 딴 나라로 그 돈을 가지고 갔어요.

갔는데 부모는 어떻게 됐느냐? 부모는 살면서 이때나 들어올까, 저때나 들어올까 하고 기다리면서 그 땅을 다 팔아가지고 집 하나만 남겼어도 부모는 생각이 이랬어요. 처음에는 괘씸하다가 나중에는 보고 싶었다가 나중에는 이것이 어떻게 살고 있나? 이게 돈을 가지고 있어도 그거 몇푼 금방 쓰면은 돈 다 없어지면은 이것들이 어떻게 사나? 죽었나 살았나, 이게 항상 걱정이죠. 돈 가져간 미움은 하나도 없어지고, 이것이 그저 잘 살고 어디가서라도 우리는 안 찾아보더라도 그저 이것들이 속썩지 말고 병들지 말고 그저 굶지 말고 잘 살았으면 하고 항상 기도를 해요. 그러다가 이제는 그 집도 팔아가지고선 그냥 절로 들어갔어요. 절에 들어가서 한 분은 공양주는 힘에 부쳐서 못 하지만은 반찬 만드는 채공 노릇을 했고 하나는 부목, 나무는 해오지 못하나 불 때고 나무 패고 이러는 부목 일을 맡아가지고선 했어요, 부부가.

그렇게 하다가 그만 그 절에서 죽었어요. 죽어서 그 이웃에 다시 태어나서 그 절의 스님이 됐어요. 부부가 다 스님이 돼버렸단 말이에요. 그래서 미끈한 비구승으로 어엿하게 이렇게, 그러니까 두 부부가 다 비구로다 태어나서 이제 절에서 있는데, 어느 날 하루는요. 아, 그 밑에 있는 사제 스님이 나갔다 들어오더니만 하는 얘기가요, 왜 저 땅을 파가지고 지붕하고 그러는 걸 뭐라고 그러죠? 움막이라 그러죠? 길가에 있는 움막을 들여다 보니까, 하나는 푸대를 두르고 있고 하나는 옷은 입었는데 영감 마누라가 다 늙어가면서 아주 병이 심하고 그랬더라는 얘기죠.

그런데 그 얘기를 참 불쌍하더라고 사형 스님한테 했어요. 그래 젊은 스님이 있다 하는 말이, 인제 남편은 사형이 되고 부인은 사제가 됐어요. 그 사형이 있다 하는 소리가 "그러면은 네가 갔다 오너라. 네가 나가서 그 바지저고리를 시주하라고 그래라." 허허허. 아, 글쎄 바지저고리도 바지저고리 나름이지, 글쎄. 이가 서말은 들었을 테고 허허, 그냥 헤진 거는 말도 못 하고, 더러운 것도 말도 못 하는데 아니 그것을 글쎄 시주하라고 그렇게 내보냈단 말입니다. 그 스님은 불쌍한 마음에, 누군지는 모르지만 그랬단 말입니다.

그랬는데 마침 자기 은사스님이 오셨어요. 그래서 그런 사실 얘기를 다 하니까 껄껄 웃으면서 "그래도 그 천륜은 어디 가지 않는구나. 네 자식들이니라, 과거에. 그것이 하나는 며느리고 하나는 네 자식이었던 사람이니라." 그러거든요. 그러니까 기가 막혀서 스님 앞에 푹 엎드러져서 "세상에 이럴 수가 있습니까? 제가 그렇게 과거에도 빌었고 현실에도 빌고 있는데 자식이 그렇게 그렇게 될 수가 있습니까?" 하고 반문을 했단 말입니다. 그러니까 은사스님 말씀이 "부모는 부모대로 자기가 지은 건 자기대로 받고, 이쪽은 이쪽대로지 어디 그게 똑같으냐?" 이겁니다. "아무리 줘도 받지 못하는 것은 그릇에 담기지가 않느니라. 그릇에 욕심과 삼독이 꽉 찼는데 어떻게 네가 주는 그 기도와 베푸는 자비를 받아들일 수가 있느냐?" 하시니까 거기에서 그만 그 형 스님은 인제 동생이 올 때를 기다리고 있어요.

그랬는데 시주를 하라니깐요, 이 옷 한 벌 있는 거를 마저 시주를 해달라느냐고 '아이, 옷 한 벌 있는 거 달라는 스님 난 처음 보겠네.' 이러면서 야단법석이거든요. 하하하. 아니 지금도 그럴 거예요. 나는 그런 소리 듣는데요? 아, 고거 시주하라면 "당장 가난한데 글쎄 이런 걸 시주하래." 요런 소리 하는 사람이 많지요. 가난하니깐 어떤 때는 "야! 만 원도 좋고 오천 원도 좋아. 그러니까 너 성의 닿는 대로 해오란 말이야!" 이럴 때가 있어요. 그거는 누구한테나 다 그러지는 않아요.

그런데 말입니다. 아, 그냥 호통을 치고 시주하라고 하니까, 아 그걸 두르고 말입니다. 하나가 밥 얻으러 나갈 때는 그 옷을 입고 나가고, 하나가 인제 거기 있을 때는 저 뭡니까? 푸대, 푸대를 두르고 쓰고 있고. 아- 이랬는데, 나가서 밥도 못 얻어먹으라고 글쎄 그 옷 한 벌을 있는 걸 마저 달라면 어떡하느냐는 거죠. 지금 밥도 얻어먹으러 나가야 할 텐데 그 옷 없으면은 어떻게 나가느냐는 거죠. 그래도 시주하라고 득달같이 그냥 그 거적문을 들고는 야단을 하니까 할 수 없이 "그러면 잠깐만 기다리라."고. 그러고는 푸대를 반으로 잘라서 새끼로 매어 두르고는 그 옷을 갖다가 "여기 있소!" 그러고 바깥으로 내던지거든요?

스님이 가만히 보니까 그, 말도 못 하는 옷이거든요. 그래서 새끼 오락지에다가 꿰어가지고선 들고 갔어요. 가다 보니깐 그냥 바깥으로 이가 수없이 나오거든요. 그래서 이걸 들고요. 이도 그거 살생이라 그러니깐 죽일 수도 없고. (대중 웃음) 그래서 들고는 갔어요. 가니까 아이, 뭐라고 그러냐 하면 은사스님이요, "얘야! 너 이걸 어떻게 해야 되겠냐?" 하니까 제자가 있다 하는 말이, 그러니깐 그 아버지였던 사람이 하는 소리가 "옷도리는 뜯어서 솜 빼고 깨끗이 빨아서 양잿물 넣고 삶아서 아주 몇 번씩 헹궈서 말갛게 해서는 옷도리는 법당을 닦고, 아랫도리는 저 요사채를 닦아라." 이렇게 사제한테 명을 내렸어요.

그래서 그것을 삶아가지고 그냥 옥사슬같이 빨아가지고는 노냥 둘이서, 그 아버지는 위 법당을, 그러니까 과거 아버지는 법당을 치우고 아랫도리는 어머니가 치우는 겁니다. 그것이 다 헤지도록 매일 아침 저녁으로 그걸 닦으니까 그게 온전합니까? 요만큼 남거든. 요만큼 남아도 그냥 고걸 꼬옥 짜가지고는 항상 고걸로만 닦아요. 닦다가 보니까 나중에는 부실부실하게 해서 요만큼 밖에 안 남거든. 그래 요것을 태워서 말이야. 자기가 가루를 만들어서 물에다 타서 그냥 먹어버렸어, 하나도 안 남기고. 이 정성이란 말도 못 하는 거야. 응. 그러니 과거의 어머니 아버지였을 때도 그랬고, 현재에 태어나서 비구로서 형제가 된, 사형 사제가 된 그 판국에서도 그것을 그렇게 했다 이겁니다.

그럭하고나서 그 두 노친네는 그래 밥도 못 얻어먹으러 가고 있는데 아, 동네에서 말입니다. 저 건너, 지금처럼 이렇게 촘촘히 있지 않죠. 저 건너 동네에서 노인네들이 모여서 바둑을 두고 그러다가 문득 생각이 난 거죠. 거지 생각이 난 거예요. 그 두 부부거지가 요새는 밥을 얻으러 오지 않는다 이거지. 그렇게 생각이 난 거예요. 그러니까 서로 얘기가 벌어진 거죠. "야! 그럼 노인네가 죽었나봐. 밥을 얻으러 오지 않잖아?" 이런 자비스런 마음이 생긴 겁니다. 동네에서 한 번도 그런 자비스런 생각이 안 들어갔는데 아, 그런 생각이 들어가가지고는 그 동네 노인네들과 젊은이들이 그 움막을 간 거예요. 그러니까 그걸 뒤집어 쓰고서는 달달 떨면서 그냥 병이 든 채로 죽어가고 있거든요.

지금 내가 왜 이런 말을 하는지 모르시죠? 허허허. 그래서 동네서 그냥 전부 나서서 어느 집 바깥채에다가 그 두 내외를 들게 하고는 뜨뜻하게 불 때고 깨끗이 목욕시키고 깨끗이 입히고, 그래가지곤 노인네들끼리 봉양을 하고 전부 젊은 사람들이 그렇게 봉양을 하게끔, 자식이 없는 노인네들을 어떻게 이렇게 두느냐 그러면서 잘 봉양을 하거든요. 그래서 잘 먹고, 이제 살도 붙고, 옷도 좋은 것 입고, 목욕도 항상 하고 그러니까는 병도 낫고 그렇게 그냥 잘 살죠. 그 동네 사람들이 집도 살펴주고 또 어느 자식 많은 집에서 항상 돌아가면서 보살피거든요.

이 노인네들이 가만히 생각을 하니까 자기 예전 생각이 나는 겁니다. 자기네가 부모를 버리고 도주한 생각이 나는 겁니다. 그래서 할 수 없이 그 옷 시주한 절에 찾아간 겁니다. 그 두 노인네가 찾아가서 스님네한테 이렇게 말을 했죠. "스님한테 옷 한 벌 있는 거를 입은 거를 벗어서 시주하고부터 이렇게 동네에서 저희를 도와줘서 호강을 하고 있고 잘 먹고 잘 입고 뜨뜻한 데서 잘 지내고 있는데 이러다 보니깐 저희 부모 생각이 납니다." 인제 그때서야, 그때서야 생각한 겁니다. "제가 젊었을 때에 이러이러해서 이렇게 땅을 팔아가지고 도주를 했는데 저희 어머니 아버지가 어떻게 돌아가셨는지 어디서 돌아가셨는지 그것조차도 모르고 이런 불효가 어딨습니까? 제가 그랬기 때문에 인과응보를 받아서 이렇게 고생을 하고 이랬는데 스님네들께서 이 옷 한 벌을 시주하라고 그래서 했더니 이렇게 저희는 전 지금 편안하게 살고 있습니다." 그러거든요.

그러니까 그 은사스님이 얘기를 해요. "자네 아버지 어머니는 여기 계시네." 그러거든요. 그러니깐 "아이구! 그게 무슨 소립니까?" 하고 "제가 이렇게 늙었는데 우리 어머니 아버지가 살아계실 리가 있겠습니까?" 하니까, "언제나 사람은 영원한 걸세." 그러면서 "어머니 아버지의 모습은 없으나 그 어머니 아버지가 다시 환생을 해서 태어난 어머니 아버지가 바로 여기 집이네들 옷 시주 받아온 그 스님네들일세." 그러고서는 이렇게 "그 스님네들 둘이서 하나는 어머니고 하나는 아버질세. 그 두 분이서 과거에도 자네들을 위해서 그렇게 했지만, 지금 현재에도 그거를 시주받아다가 위 닦고 아래 닦고 해서 요만큼 남는 것까지도 태워서 자기네들이 먹었다네. 그러니 부모의 마음은 이렇다네." 하고선 얘기를 하니까, 아, 거기서 그 스님네들한테 그냥 푹 고꾸라져서 그냥 손을 쥐고 벌벌벌벌 떨고 그 자리에서 그냥 가버렸어요, 너무 억장이 무너져서요. 그랬으니 글쎄 그 부모 손에 또 간 거야, 그냥. 그 어루만

지면서 다 씻겨서 또 그렇게 해서는 승천했어요. 지옥으로 보내지 않고 자기가 다 떠안은 거죠. 의식은 자기한테다 넣고 그 무명만 치운 거죠. 그랬으니 자식들은 산 거죠, 또. 그래서 내 하는 소립니다. 자기 마음 편안하기 위해서지 그 자식들을 위해서가 아니다는 얘기예요.

그러고 또 한 가지 말할 게 있습니다. 여기 설법을 들으러 오고 딴 절에 다니시는 분들도 여기 오시는 분들이 더러 있으리라고 믿습니다. 그런다면은 무슨 누구 절에 다니고 안 다니고 어느 절이든지, 이 절이든 저 절이든 카톨릭교든 기독교든 알라신교든 원불교든 이름은 다 알죠. 그것이 상표라는 거. 그리고 부처님 불, 불교라는 거는 영원한 겁니다. 왜냐? 불(佛)은 불성을 말하고, 영원한 변함없는 불성을 말하고, 교(敎)는 말씀이라는 뜻입니다. 여러분이 좋은 말 하죠? 그런 것이 그냥 말씀이에요. 그대로 불교예요. 그러니 풀 이파리 하나도 생명 없는 게 없으니 어찌 불교가 아니겠습니까?

그런데 여기에 한 달에 회비 오천 원씩 내는 거를 내가 얘기를 안 해도 여러분은 다 잘 아실 거예요. 사무실에서 운영을 하고 또 여러분이 또 장가를 들거나 시집을 가거나 아프거나 뭐 이런다면은 보조금으로 나가죠. 그것이 우리가 조금씩이라도, 십시일반으로 밖에 나가서 참, 종을 치고 그러는 데 있으면은 그냥 십만 원도 넣어주고 주머니에 있는 대로 만 원도 넣어주고 이러고 다니는데, 하물며 여기에서 우리 이게 여래의 집이고, 여러분의 집이지 독단히 우리 집만도 아니고 독단히 여러분의 집만도 아닙니다. 우리 모두의 안식처니까. 그러니 개인 거는 하나도 없어요, 모두 여러분 거죠.

그런데 그거라도 누구든지, 있는 집이든지 없는 집이든지 또 아주 없는 집은 안 내도 좋지만 그저 그런 거라도 똑바로 내주시면 좀 좋은 일도 하고 그럴 수도 있는데 그렇지 못하죠? 또 한푼 두푼 우리 스님네들이 모은 것도 다 장학 기금으로 한다고 때에 따라서는 넣기도 하고. 또 때에 따라서는 어느 분이 장학금으로 하자 그래서 이렇게 하고. 또 회비 낸 거 모았다가 이런 것 저런 것도 하고 이러는 거죠. 그렇다면은 이것은 누가 그렇게 해라, 말아라 하지 않아도 열심히 해야 하지 않나 이렇게 봅니다.

또 한 가지는, 여기 다니면서 공부하는 분들은 "자기 주인공 찾으라는데 돈 들 게 뭐 있어?" 이렇게 생각하지 마세요. 과거에 자기가 진 거는 자기가 진 것대로 그건 여지가 없는 겁니다. 그러나 이 공부하는 사람은 그거를 녹이면서 없애면서 정성을 지극히 해서 자기 성의껏 만원이든 얼마든 자기 성의껏 시주를 하면서 또 마음으로 공부하면 이게 빨리 녹아지지 않겠습니까? 이거 내 것만 알고 남의 일은 모른다면은 어떻게 빨리 공부를 하며, 또 학비를 못 내서 학교에 못 가는 사람한테 그거 한푼씩이라도 주겠습니까? 그래서 남들은 장학금을 주네 어쩌네 이렇게 하지만은 우리는 장학금이라기보다는 없는 집 우리 법우님들 또 가정이 어려운 사람, 이런 분들을 뽑아서라도 장학금이라는 이름 아래 그것을 내줘야 되지 않겠나, 이런 생각으로 회비를 내게 한 거죠. 그리고 기계, 그 콤퓨타나 이런 씨스템 하는 것도 전부 지금 여기도 하고 있습니다마는, 몇백만 원 몇천만 원 이렇게 들여서 할 수 있는 이런 것도 다 여러분을 위해서지 뭐 스님네들이 지고를 갑니까? 먹고를 갑니까?

그러니까 여러분도 한마음 한뜻으로서 성의껏 해서 우리가 같이 한 배를 탔으니까 더불어 함께 간다면은 주먹밥 하나라도 같이 먹지 않겠습니까? 이 주먹밥 하나가 온 우주를 먹이고도 남음이 있다는 이 사실을 여러분은 아셔야 합니다. 그러면 오늘 이걸로써 마치겠습니다.

나로부터 일체가 벌어짐을 알라

90년 5월 20일

이 자리에, 정기법회에 이렇게 앉게 된 것이 아주 먼 옛날 같습니다. 지난번에 너무 철새처럼 돌아다니다가 보니까 아주 먼 옛날에 같이 앉았던 것 같은 기분이 드는군요.

여러분한테 말씀드릴 것은 첫째, 지난번에 알라스카로 해서 또 뉴욕으로 해서, 롱 아일랜드로 해서 또 오하이오 주로 해서 또 산호세로 해서, L.A.로 이렇게 돌아왔습니다. 그러는 동안에 너무 다니다보니까 이런 생각이 들더군요. 서울엘 와도 내 둥지가 아니고 전체 어디든 가도 내 둥지가 아니더군요. 그런 반면에 여길 가도 내 둥지, 저길 가도 내 둥지더군요, 또. 그러다보니깐 이 세상 사람들이 전부 한 비눗방울과 같이 그 방울이 한데 모여 떠다니다가 흩어지고, 흩어지다 깨지고, 깨지다 다시 모이는 것이 역력하게 보이는 듯했습니다.

반면에 때에 따라서는 보기가 너무 역겨웁고 가엾고, 그 뼈아프게 가슴에 흐르는 눈물은 한이 없었습니다. 또 한편 우주의 모든 인류가 찰나 생활로서 그렇게 즐거운 거 또 나쁜 거, 빠른 거 또 빠르지 않은 것에 아랑곳없이 찰나찰나 그냥 초를 다투며 돌아가더군요. 그런 걸 볼 때 우리 한국에 계신 여러분은 좀더 여유 있게 이 공부를 자나깨나

하시니 여러분에게 감사함을 느꼈습니다. 참 감사하구나! 모두들 정신력을 길러서 우리 조그마한 국토를 지키고 또 우리는 지구의 주인으로서 지구의 수명을 좀더 연장할 수 있는 그런 능력을 여러분이 다 가졌다고 믿고 있습니다.

그래서 알라스카를 가서 보니까, 이번에도 합창단이 행사가 있어서 거기 가게 됩니다마는, 한국 사람들은 살기 위해서 허덕거리고 물질세계로만 치닫고 있기 때문에 공부하기가 상당히 어려운 거를 느꼈습니다. 그리고 또 한 가지는 오히려 외국 사람들이 무심(無心)으로서 정신적으로 해탈하는 데에 노력을 더 기울이는 것 같은 느낌이 들었습니다. 또 뉴욕에 가니까 뉴욕은 뉴욕대로, 또 롱 아일랜드에 가보니 그곳은 그곳대로 지도법사를 모시고 폭력문제나 또는 마약 중독자들이라든가 이런 미국 사람들에게 그 길을 인도하고 있는데 많이 좋아지고 있고 성과가 좋다는 그런 소식을 듣고 감사했구요. 또 뉴욕의 신도님들이 이 공부를 하려고 너무나들 노력을 하시는 걸 보고 감탄했습니다.

그리고 거기서 오하이오 주에 들렀는데, 그 주립대학에서 한 80명이 이 공부를 하고 있고 석사학위와 박사학위 과정에 있는 분들이 대부분이었습니다. 그 외에는 천주교나 기독교 분들도 있고요. 또 부부들이 살기 때문에 부부가 다 한데 합치니까 아주 자리를 메웠다고 볼 수 있죠. 그런데 그날이 법회날이요 또 부활절이에요. 그래서 거기에서 질문이 "부활절을 어떻게 생각하십니까?" 이러더군요. 그 질문 하나 하나가 너무도 진지했습니다. 그때 대답한 거 한마디만 얘기하죠.

"부활절을 어떻게 생각하십니까? 있다고 생각하십니까? 없다고 생각하십니까?" 그러더군요. 그래서 "사람이 살기 이전부터 생명은 있었으니, 초초마다 부활절이 아니겠느냐."고 그랬죠. "여러분이 생각을 일으키는 대로 부활절이지 딴 데 부활절이 있는 것은 아니다. 부처님 오신 날도 항상 우리가 마음을 일으키는 것이 인등을 켜는 것이고, 바로 부활절이 아니겠느냐. 그리고 부처님 오신 날이 아니겠느냐? 불교라는 것은 어느 종교에 국한되어 있는 것이 아니라 전체가 돌아가는 끝없는 진리를 말한다. 그러기 때문에 불(佛)은 영원한 생명의 근본을 말하고, 교(敎)는 여러분이 좋은 말씀을 하시는 데 있는 것이 아니겠느냐? 그러니 풀 한 포기도 불교 아닌 것이 없다고 생각한다." 이런 말을 했죠. 그러니까 너무나 좋아서 그분들이 박수들을 치고 이랬죠. 그리고 나서는 산호세로 갔습니다.

산호세에서 신도들하고 법회를 보고, 또 샌프란시스코로 가서 강당에 섰습니다. 그곳 법회에는 샌프란시스코의 경찰국장 또 한미 연합회에서도 나왔고 또 샌프란시스코의 그 종교 출판사의 뭡니까? 무슨 국장? 편집국장! 편집국장도 나왔더군요. 너무나들 좋아했습니다. 그래서 거기 식으로 인사하는 것을 지켜보려니까 아, 몸을 붙들고 이리 빰을 맞추고 저리 빰을 맞추고 그러는데 '아휴 참, 인사도 참 가지각색으로 하는구나' 하고 생각했습니다. 허허허. (대중 웃음) 사랑을 한다면 입을 맞추고 표현을 하고 그러는데, 인사한다는 표현이 이렇게 거창할까 하는 생각도 해봤습니다. 그러고 또 거기에서 그 강당을 주선한 분들을 비롯하여 목사 또 천주교의 신부님 또 그 교인들, 불교인들을 막론하고 거기 전부 운집을 했더군요. 신문사의 기자는 물론이고요. 그랬는데 거기에서 좋은 성과를 이루었습니다.

그런데 한마디 생각이 나는 것은, 글쎄 이렇게 질문을 하지 않습니까? 아니, 한국의 스님들은 왜 그렇게 싸움들을 잘하느냐고요. 허허허. (대중 웃음) 그거 질문하는데 가만히 생각하다 보니깐 말입니다. 아니 그쪽에서는 왜 사람까지 죽이느냐고 하려다가, 허허허. (대중 웃음) 그것은 역시 둘로 갈라지는 대답이기 때문에 대답은 안 했습니다. 단, 이렇게 대답했죠. "화산이 왜 폭발하는 줄 아느냐? 돌과 돌이 한데 부딪치면 불이 번쩍 일어나듯이, 만약에 그 양쪽 돌이 부딪치지 않으면 불이 안 일어난다. 그런 반면에 화산이 폭발해서 얼마나 세계적으로 연구자료가 됐고, 또 개발이 됐고, 과학적으로 여러 가지 연구자료가 됐지 않느냐. 연구를 했지 않느냐. 그리고 과학이 발전이 됐지 않느냐.?" 라는 얘기를 하면서 "마음을 일으키지 않는 것은 송장이나 그렇지 어떻게 우리 산 사람들이 마음을 일으키지 않겠느냐. 그것이 발전하는 거다. 우리 한국의 스님들은 서로 부딪치는 데에 번쩍번쩍 불이 나는, 그 불 자체를 연구할 양으로 그렇게 한다. (대중 웃음) 그러니깐 발전의 길이지 그건 싸우는 게 아니다."라고 대답을 했습니다. 그럭하고 보니까 참, 모두들 웃으면서, 그걸 가지고 물고 늘어지려고 했는데 그걸로써 고만 그냥 합류화 돼버리고 말았죠. 서로들 얼굴들을 쳐다보고 웃고 즐기고 손바닥을 치고 야단들 났었습니다.

그래서 거기 그 광경과 모두들 바쁘게 돌아치는 여러 한국 분들을 보고 그럴 때, 그래도 여기가 여유가 있고 살기가 좋구나 하는 느낌을 여러 차례 받았습니다. 참, 자식과 부모 사이, 부부 사이 이런 것이 너무 각박하고 서로 얼굴을 대하고 따뜻한 말 한마디 할 그런 여유도 없는 속에서 그래도 잘 버티고 살아나간다 하는 생각이 들면서 말입니다. 그러니 우리 한국 부인들이나 남편들은 얼마나 여유가 만만할까. 그런 데서도 이 공부를 못 하신다면 정말이지 아마 억울할 것이다라는 생각이 들어요.

여래의 집이 딴 데 있는 게 아니라 여러분 몸이 바로 여래의 집이며, 바로 거기가 부처님 계신 강당이며, 바로 그거를 이리로 옮기고 저리 옮기고, 변소에 가도 자기 집을 자기가 끌고다니는 운전수이기 때문에 너무나 배울 점이 많지 않은가? 또 우리 생활이 마치 찰나찰나 프로펠러가 돌아가듯 그렇게 돌아가는 데, 우리가 거기에 딱 붙어서 물러서지 않아야지, 거기서 무슨 생각을 하다가 떨어지고 이러면은 안 됩니다. 무조건 눈 꽉 감고 그냥 너하고 순응해서 같이 돌아간다는 그런 믿음과 바로 거기다 일임하고 물러서지 않는 믿음, 올바르게 항상 거기다가 입력하는 그 믿음이 필요로 하고 또 중용이 필요하다는 얘깁니다. 거기다 놓고 돌아간다면 바로 중용이 되는 거죠. 그래서 진실하게, 우리가 요 핵심만 말을 하죠. 아니, 얘기를 하다 딴 데로 샜네요.

아까 산호세, 샌프란시스코 얘기 했죠? 거기서 이제 또 L.A.로 갔습니다. L.A.에 갔더니 청년회의 회장이 말하기를 "각 절에서 어떻게 스님이 비구니인데, '큰' 자가 들어가느냐."고 말을 하더랍니다. 그럭하고 목을 조이고 들어오니까, "스님네들 머리 속에 시스템을 다시 해야만 되겠다."고 대답했답니다. 그리고선 '큰' 자를 크게 해서 붙였더군요. '환영' 이라고요. 그래서 거기 가서 있으면서 가만히 낌새를 보니까, 각처의 절에 나가는 청년 불자들이 한데 모인 모임입디다. 모임인데 청년 불자들만 강당을 세우지 못해서 아주 애를 쓰는 눈치였습니다, 제가 보니까 말입니다. 그래서 나한테 무척 기대했답니다. '저 스님이 오시면은 강당 세울 뭐가 생기지 않나.' 하는 기대요. 그것이 유리알처럼 환히 들여다보였습니다. 그래서 저는 그냥 속으로만 웃으면서 '아, 저렇게라도 하려고 하는데 참 감사하구나.' 했습니다.

그래서 가서 하루 있었습니다. 그 이튿날 설법을 해야 하니까요. 하루 있는 동안에, 가는 날 거기 있는데 어느 사람이, "어머니가 지금 생명이 위태합니다." 사진을 가져와서 "이분입니다." 하고 울었습니다. 딸이 울 때에 그것이 남의 자식 같지도 않고, 그것이 참 어떻게 생각하면은 애들을 기르지 못하고 죽는다고 할 때 애들은 어떻게 될까 하는 그런 가엾은 생각이 드는 반면에, 나는 가슴에서 채 오기도 전에 "얘, 울기는 왜 울어? 걱정할 것 하나도 없다, 응. 이끌어주는 내가 있잖어?" 우선에 급하니까 그렇게 해야지요. 공부를 한 사람도 아닌데요. "내가 있잖어. 걱정하지 말아요." 그럭하니깐 그 말에 안유가 됐는지 주소나 사진이나 이름을 대려고 했습니다.

그런데 저는 이렇게 말을 했죠. "부처님 법에는, 부처님의 그 마음 성품은 체가 없어서 오고 감이 없기 때문에 주소도 필요 없고, 사진도 필요 없고, 이름도 필요 없다. 만약에 이 자리에 네가 있고 내가 있다면 부처님의 골수에 그 무진, 무한의 능력으로써 바로 너의 어머니를 건질 수가 있지 않겠느냐." 하고선 웃음도 안 나오는 걸 기생처럼 웃었죠. (대중 웃음) 그래 왜 기생처럼 웃음 안 나오는 걸 웃었느냐 하면은 그 사람을 볼 때 얼굴은 핼쓱하고 너무 참혹했습니다. 어머니가 숨도 못 쉰다는 겁니다. 죽음 직전에 도달했으니깐요. 그때 그런 생각을 했습니다. '야, 무슨 잘못 되고 잘 되고, 업이 있고, 인과가 있고, 뭐 너는 믿고 안 믿고, 모르고 알고 이런 생각을 한다면, 안 되겠구나. 무조건 주지 않는다면 이건 안 되겠구나.' 하는 생각을요. 우리가 무조건 줄 수 있는 마음을 가져야지 그것은 무조건이 아니라면 털어서 먼지 안 나는 데가 어딨습니까? 죄 안 진 사람이 어딨고 말이에요. 죄가 있다면 모르는 게 죄지 무슨 죄가 있겠습니까? 난 그렇게 생각합니다.

그래서 거기서도 무조건, 무조건이다. 무조건이다 라는 그 한생각만 둥글게 가지고선 그냥 한 걸음 한 걸음 걸어나가면서 그날을 지냈습니다. 그러는 동안에 그렇게 오시는 분, 저렇게 오시는 분, 오시는 분들이 차례차례로 많았습니다. 그분들이 내놓고 간 돈과 내놓겠다고 적어놓고 간 돈 이런 것이 저녁나절에 보니깐 모두 한 3만 5천, 6천 불이 되더군요. 그래서 그걸 청년부 회장한테 전했습니다. 이것을 보태서 청년들 강당을 세우는 데 보탬이 됐으면 한다고요.

다 털고선 나오니깐 일 불도 남지 않더군요. 그래서 할 수 없이 저기 (대중 가운데 한 사람을 가리키시며) 저 사람 L.A.서 삽니다, 지금 저 사람더러 "나 용돈 좀 줄 수 없나?" 이러니까 "있습니다." 그러고 2,400불을 주더군요. 2,000불만 달라는데 400불을 더 보태서 줬습니다. 그래서 사진기사가 왔는데요. 거기는 여기처럼 그렇질 않아서 사진기사가 아, 하나도 생기는 게 없어요. 그리고 이리로 저리로 뛰어야만 되는 그런 이치가 너무도 애처로와서 그냥 누가 오란 말도 안 했는데 왔지만, 누가 달란 소리 없어도 용돈 쓰라고 줬죠. 참 바빠서 집안 식구들 다 보기도 어렵지만 오늘은 일찌감치 저녁에 먹을 걸 좀 사가지고 들어가서 식구들이 같이 오순도순 얘기도 하면서 음식을 좀 해먹으라고요. 그리고 500불을 주었습니다.

그리고 나니깐 마음이 아주 개운하더군요. 그러면서 내 이렇게 말을 했죠. "나는 내가 괴롭지 않기 위해서 여러분한테 주기도 하고 그러지마는 내가 준 거는 하나도 없다. 나 괴롭지 않게 하기 위해서 하는 거니까. 주고 받고 이럴 것도 없고, 여러분이 나를 준 사이도 없고 내가 여러분을 준 사이도 없으니 그 도리를 알라고요." 이러면서 그 이튿날 법회를 하러, 아니 그날 저녁인가 봅니다. 모르겠습니다. 잘 잊어버리니까요.

그래서 법회를 하러 가니깐요. 아이, 청년부의 청년들이요, 그 덩치들도 크고 그런 사람들이 어떻게 했느냐 하면은, 여기 한국처럼 거기는 플랜카드를 어디다가 걸어놓을 데가 없거든요. 그러니까 자기네들이 이어서 이어서 서가지고 그걸 쭉 붙인 겁니다. 아, 들어가다보니까 이 배에다가 전부 해서 목에다 걸고 떡 그냥 섰습디다. 배에다가 간판을 모두 붙이고요. 허허허. 그러니 얼마나 우습습니까? 누가 하래서 그런 건 아니지만 참으로 우리가 이 세상에 나왔으면 그냥 갈 수는 없다고 하면서 이 공부를 필수적으로 알아야 하지 않나 하고 그렇게 생각한다고 하면서 아주 그 알 양으로들 노력을 많이 했습니다.

그래서 거기 강당엘 들어가니까, 아이 이게 웬일입니까. 글쎄 우리가 번역한 반야심경을 하지 않습니까? 모두들 그거를 외우고 있었습니다. 그래서 참, 아주 대단히 감개무량했어요. 반야심경에는 팔만대장경과 끝없는 진리가 포함돼서 들어 있는데 아, 그것을 읽고 있지 않습니까. 사무사유(四無四有)의 그 돌아가는 불바퀴가 그대로 거기에 구성되어 있다는 사실을 알 양으로 아주 그거를 천천히 읽으면서 그렇게 하고 있더군요. 얼마나 감개무량하고 기뻤는지 모릅니다. 그래서 거기에서 질문도 받고, 저는 뭔 질문을 받고 뭔 대답을 했는지도 모르면서 끝났습니다. 지금 아마득합니다, 아주.

그렇게 끝이 나고 거기 L.A.에서 안양으로 바로 오다보니까 아,

여기 한국에 도착했는데 글쎄 그 생각이 왜 납니까? '아유, 한국을 가도 내 둥지라고 할 수 없는 그런 둥지겠지. 여기 가나 저기 가나. 그 둥지도 역시 마찬가지지.' 하면서 그래도 한국의 둥지로 오니까, 아주 날아다니다시피 하고 그렇게 급하게 다니던 내가 가슴에선 아주 안도의 숨을 쉬는 그런 게 완연히 나타났습니다. 내 둥지, 네 둥지 없다고 하면서도 여기서 난 게 내 고향이지 딴 데 있나.' 하면서 참, 그렇게 생각을 하고 내렸습니다.

그러니 우리가 지금 핵심적인 문제! 수박 얘기를 지난번에도 했죠. 수박 가장자리가 퍼렇고 허옇고, 속이 빨건 거를 말할 게 아니라, 핵심적인 그 안에 있는 것을 심어서 싹이 나게 해서 우리 스스로 자기 열매를 맺게 하고, 자기 나무에서 그 열매가 무르익게 하고 무르익으면 그 맛이 만 가지 맛이 나게 하고, 그 만 가지 맛이 나면은 거기에서 그 씨의 그 밥이 아닐까요? 그러니 자기가 실험하고 자기가 체험해서 맛을 알아야 하지 않나 생각합니다. 우리가 항상 하는 말이지마는 다시 한 번 거론할까 합니다. 문제는, 핵심이 거기 있으니깐요.

항상 말했죠. 오신통 그것은 여러분의 시스템이 돼 있는 그런 기구와 같다고요. 영원한, 끝간 데 없는, 자유스럽게 돌릴 수 있는 기구라고요. 그러기 때문에 전자에 부르던 오신통이라는 이름은 한문을 잘 아는 분들이나 어른들이나 알지 지금 애들은 모릅니다. 남녀노소 할 것 없이 다 알아듣게 하기 위해서 이름을 지금 현대 용어로 붙인 겁니다. 즉 말하자면 누진통(漏盡通)은 레이다망으로 쳤고 또 숙명통(宿命通)은 그 자기가 (가슴을 짚어 보이시며) 지켜보는 그 둥우리의 콤퓨타로 쳤습니다. 가장자리에 이렇게 그 네 군데로 줄을 이어서 붙어 있는 것은 천이통(天耳通), 즉 말하자면은 무전통신기죠. 또 사진기는 천안통(天眼通)입니다. 천체망원경으로 비유했죠. 그거는 스스로 사진이 찍히고 스스로서 볼 수 있고, 스스로서 보는 것도 천차만별로 볼 수 있는 겁니다.

또 타심통(他心通)이라는 것은 탐지기인데 천차만별로 생각을, 마음을 조절하고 마음을 낼 수 있고, 또 마음내는 거를 볼 수 있는 거죠. 이 모두가 탐지기 하나면은 그 여러 가지 과목이 거기에서 다 나갈 수 있는 그런 탐지기죠. 그리고 신족통(神足通)이라는 것은 팩시로 이름을 붙였다면 그것이 오고 감이 없이 턱턱 나옵니다. 지금 지원에도 다들 그걸 놨습니다. 그래서 거기서 탁 넣기만 하면 여기로 뚝 떨어집니다. 그러면서도 오고 감이 없이 그렇게 오고 가는데, 그거는 우리가 물질로서 그렇게 빠르게 연구를 한 겁니다.

그런데 이 다섯 가지는 체가 없기 때문에 마음으로부터 같이 돌아갑니다. 그리고 이 모든 건 근본적으로 자기 한마음 주인공에 그 시스템이 돼 있고 또 그것은 영원한 것입니다. 영원하고 광대무변하기도 하지마는 그것은 무한의 능력을 가지고 있죠. 이걸 새삼스럽게 다시 한 번 정립을 해서 들을 수 있는 그런 계기가 됐으면 좋겠습니다. 그래서 즉 말하자면 레이다망이 위에, 머리에 탁 있으면 이 중심, 기둥이 있다면, 그 아래로는 바로 그 기둥을 싸고 있는 콤퓨타가 붙어 있고 그 기둥을 싸고 있는 데에 또 붙어 있는 팩시 또 그 천체 무전통신기인 탐지기가 붙어 있고, 망원경이 붙어 있고 이렇게 해서 그것이 같이 돌아가죠, 이 심봉, 기둥은 돌아가지 않지만 말이에요. 그건 능력만 가지고 있는 겁니다. 그래서 이렇게 돌아가는데 돌아가는 것이 어째서 그렇게 돌아갈 수 있느냐 이런 겁니다. 그것은 사대(四大), 즉 지수화풍이 받치고 있기 때문입니다. 지수화풍이 있기 때문이죠.

이 세상에는 모두가 지수화풍 아닌 게 없고, 여러분도 지수화풍으로써 사대가 뭉쳐진 거죠. 그럼으로써 거기 광력이나 전력·자력·통신력이 이차적으로 대두되고 있죠. 그게 있기 때문에 누진통까지 여섯 가지의 시스템이 돼 있는 겁니다. 우리가 마음 내면은, 즉 말하자면은 지배인이 말을 하면 직원들이 다 돌려서 재료를 자동적으로 내놓듯, 그렇게 그 시스템이 돼 있다 이겁니다, 자동적으로 말입니다.

그래서 그렇게 하는 반면에, 현실에서 이렇게 찰나찰나 닥치는 고통과 고난과 그 괴로움, 병고, 액난, 그 애고(哀苦) 등의 문제들은 어디서 그렇게 나오느냐는 얘깁니다. 한편 숙명통(宿命通)이라는 콤퓨타는 과거에 살던 일생뿐만 아니라, 전체에 살던 자기가 한 것대로 인과가 바로 거기 입력이 돼 있는 겁니다, 인으로 인해서 과가 말이에요. 그러면 여러분의 몸속에 인과로 뭉쳐진 그 생명들과 의식들이 바로 그 콤퓨타에 다 들어 있죠. 그리고 또 우리가 하고 지낸 것이 다 거기 들어 있고요. 그러기 때문에 현실에 자꾸자꾸 나옵니다.

'난 부처님을 믿으러 다니는데 하나도 해결이 안 되더라.' 이런 생각은 좀더 삼가야 되지 않나 하는 생각을 합니다. 그래서 지금 자꾸자꾸 자기한테서 나오는 그 모든 고를 모르더라도 무조건 거기에 다시 일임하고 놓는 것이 바로 입력입니다. 되입력을 한다면 앞서의 인과나 유전성, 영계성 또는 세균성, 업보가 전부 무너지고 말아버리죠. 없어지죠. 입력을 되하니까 말이에요. 그러니깐 그릇은 항상 넣어도 넣어도 비고, 넣어도 비고 이렇게 되니까, 자기를 밝게 얼른 발견할 수가 있는 겁니다. 그릇이 꽉 차서 못 발견하던 것을 그냥 얼른 발견을 할 수가 있는 거죠.

그러니 여러분이 이것저것 거죽에서 여러 가지 헤아릴 수 없이 나오고, 타심통에서도 마음난다는 것이 수많은 생각으로 나오는 것을 어떻게 다 탓을 하리까? 어떻게 배울 수 있으리까? 그러니 무조건 나오는 것은 다섯 가지고 여섯 가지고 간에, 오온의 진리가 전체 자기로 인해서 생긴 거고, 또 상대가 생긴 거니 무조건 안팎에서 일어나는 것을 거기에다가 놓을 수밖에 없다.

그건 또 왜냐? 허공 이 우주 전체가 인간의 근본 마음에 직결이 돼 있고, 세상살이 돌아가는 이 자체는 내 근본에 가설이 돼 있다 이 소립니다. 그러니 우주 삼천대천세계가 삼세가 그냥 하나로 뚫려 있다 이겁니다. 뚫려 있으니 벽도 없고 봇장도 없고, 뚫려 있으니 걸리지 마시고 돌아가는 데 모든 것을 거기에 놓고 일임하고 또 거기서밖엔 해결을 못 하고, 거기에 감사하십시오. 이런다면은 정말 우리가 노래하듯 일체제불의 마음은 내 한마음이 되고, 일체 법은 내 한생활의 법이 되고 모두가 그렇지 않습니까? 일체 몸은 내 한몸이요, 그것이 따로따로 있는 것이 아닙니다. 따로따로 있지 않기에 바로 컵은 컵이고, 접시는 접시고 그렇습니다. 그리고 접시에는 접시에 물건을 담게 돼 있는, 천차만별로 그릇이 돼 있죠.

여러분의 마음도 천차만별로 그릇이 돼 있고, 차원이 천차만별로 돼 있습니다. 그래서 그 모든 문제들은 둘이 아닌 도리를 알아야만이 그 까닭을 알 수 있기 때문에, 또 계단 없는 계단이 있기 때문에 지금 그것부터 자꾸 여러분한테다 지적을 하는 겁니다. 둘이 아닌 도리만 안다면 그대로 지혜가 넓어지고, 부처님 뼈를 얻었으면 그대로 골수를 얻을 수 있는 그러한 그 끝없는 길로 사무(四無)·사유(四有)를 한데 거머쥐고 그대로 자유인으로서 자유스럽게 안팎을 지배하면서, 다스릴 수 있는 마음의 능력을 갖게 되는 거죠. 그리고 우리 국가도 지키고 내 생활 내 가정 내 부모의 조상들, 또 내가 뿌려놓은 씨들을 다 거둘 수 있는 그런 마음 가운데의 능력을 누구나가 그대로 인정을 하게 되죠. 여러분이 아마 더 잘 아실 겁니다.

그러니 여러분은 오늘 이 핵심적인 문제를 잘 아셔야 할 겁니다. 이것이 나중에는 우주의 그 모든 것도 여러분한테 해당되는 겁니다. 또 우리가 살다가 세계적으로 나가는 그런 문제들도 있지만은 지혜가 넓어지면은 그때는 모두가 내 벗이요, 내 거 아닌 게 없고 내 자리 아닌 게 없고, 내 아픔 아닌 게 없기 때문에 내가 남도 거둘 수 있고 나도 거둘 수 있습니다. 내가 기(氣)가 약하면 약한 대로 스스로서 기가 약하다는 걸 느끼면 벌써 거기 입력이 되는 겁니다. 입력이 돼서 그냥 불바퀴가 돌아가면서 모두 통신이 되고 전달이 되니까 그냥 기가 저절로 알맞게 나한테 들어오는 겁니다. 약, 액체도 다 알맞게 들어오고요. 왜냐? 여러분의 속에 들은 그 의식 자체들이 전부 지배인에 의해서 한마음으로 돌아가기 때문이고, 또 동물이나 식물이나 전부 한 도반이기 때문에 이 몸체에서 액즙을 내서 이렇게 사대(四大)로 모든 게 분배되듯이, 이렇게 저절로 자동적으로 들어와서 내 몸을 건강하게 하는 운전수가 배당을 합니다.

그러니까 여러분이 지혜를 가지고 가죽을 얻고 살을 얻고, 그 뼈를 얻고, 또 골수를 얻어서 여러분이 스스로 느끼고 자기가 실험하고 체험해야만이 그 진미를 알지 남의 말만 듣고는 그 진미를 도대체 모릅니다. 느끼질 못합니다. 그러면 그게 겉돌아서 한데로 떨어지게 마련이죠. 그러니 자기가 진실하게 그 핵심적인 문제만 풀어제끼면 안에서부터 그 안의 바깥을 알고, 바깥을 알면은 바깥 세상을 알고, 세상을 알면 자기는 그 독 안에서 벗어나고, 벗어나면 독을 굴리면서 마음대로 자유자재할 수 있는 부처님의 골수를 얻을 수 있다 이 소립니다. 그래서 항상 부처님의 마음은 둘이 아니라고 생각되고, 중생의 마음도 또한 둘이 아니라고 생각합니다.

어떤 때 여러분이 지나가다가 똥에 거위가 있고 또 지렁이가 있으면 피해 가시죠? 어느 땐가 그런 일도 있었습니다. 시골 농촌에서 아, 비는 부실부실 오는데 옥수수를 먹고 똥을 눈 것이 여기도 눠놓고 저기도 눠놓았어요. 부모가 농사를 지으니까 밭을 매러 나가면 애들이 그냥 그저 먹는 대로 싸놓는 겁니다. 그러면 그게 비를 맞으니까, 흐치흐치한 데다 거위도 그냥 여기저기 꿈틀거리고, 또 꿈틀거리다가 그냥 죽은 것도 있고 그렇더군요. 그래서 가만히 그 집을 들어가다가 마당에 있는 그 똥무더기를 세어보니깐요, 열한 무더기였어요. (대중 웃음) 예. 그게 사남매가 눠놓은 똥입니다. 그런데 사남매가 전부 조그만 해요. 글쎄 젖먹이는 젖먹이대로 큰 애가 업고 있고요. 그 다음 애가 두 돌 지냈고요. 그런 거 같애요. 한 서너 살 먹었고 너덧 살 먹었고, 큰 애라는 게 그저 한 여덟 살이나 아홉 살이나 그쯤 됐을 것 같애요.

그런데 어떻게 당년에 그렇게 낳아놓으셨는지 모르겠습니다마는, 그때 사남매의 사는 거를 봤고 사남매가 누어놓은 똥을 봤습니다마는 내가 나무에 기대서 비를 맞아가면서 그 똥을 얼마나 지켜봤는지 모릅니다. 왜 지켜봤느냐? 그 아시죠? 아마 느끼실 거예요. '아하, 내 뱃속이든, 네 뱃속이든 다 저런 것이 운행을 안 해준다면 지금 내가 이렇게 걸어다닐 수도 없는데 저걸 더럽다고 하나. 저런 모습이 있는가 하면 기다랗게 넙적하게 된 모습도 있고, 네모진 모습이 있고 둥근 모습이 있고, 진드기 같이 생긴 모습이 있고 천차만별로 돼 있는 그 모습들이 지금 내 뱃속에도 있겠다. 그러니 그거를 더럽다고 못 들어가?' 했죠.

그래서 새새 틈틈이 딛고선 들어가니까, 아, 문전에 질그릇에다 가요, 질동이 깨진 데다가 오줌을 잔뜩 눠놓고는 그거를 치우질 않아가지곤 냄새가 그냥 진동을 했죠. 그래서 또 오줌통을 보기 시작했습니다. 오줌통을 보기 시작하니까 그 오줌냄새를 맡다가 오줌냄새가 배어가지고 그 썩은 냄새도 안 나요, 이제 그때는. 그걸 잊어버렸어요. 그것을 어떻게 생각을 했느냐 하면, 지금 나도 오줌통을 가지고 있고, 오줌통이다 하면은 벌써 그 콩팥이 걸러주는 사이에 오줌통도 거기 끼어서 달려 있지 않은가 이렇게 봅니다. 그런다면은 거기에 방광이다, 콩팥이다 하는 것이 걸러주는 무수한 줄이 거기 매달려 있죠. 그 줄이 서너 개, 너덧 개만 망가지면 피를 걸러야만 하는 문제가 나오죠. 그런데 그 운행을 해주는데 말입니다. 세 가지 종류의 모습들이 의식적으로 그걸 다 운행을 해줘야 됩니다. 즉 말하자면은 그건 콩팥 공장의 직원입니다.

그런데 모두 위에서 정맥, 동맥이 올랐다 내렸다 하면서 심장이니 간장이니 모두를 동원해서 움죽거리면서 우리가 음식 먹는 거를 즙을 내서 또 사방으로 보내고선 직장으로 내려보내는 그 작업들을 하는데 아주 대단했습니다. 여러분도 여러분의 속을 좀더 보실 수 있다면 그렇게 대단한 공장 구경도 좀 하시고요. 하하하. 그 정말 직장으로 내려보내는 그 작업과 콩팥에서 걸러주는 작업, 그 모든 것을 그리로 집중되게 해서 액즙을 갖다가 분배하는 공장. 이런 공장들을 모두 구경들을 하셨다면 거기는 벌써 똥통도 있고 또 뭐 그 찌끄러기를 내보내는 데는 썩은 냄새가 나거든요. 그러니 내가 지금 썩은 냄새가 나는 이 공장에 있으면서 바깥에 있는 방구리에 담긴 그 썩은 냄새가 나는 오줌을 가지고 그렇게 뭐 피할 거는 없죠. 그래 내가 들고다니면서 왜 냄새가 난다고 피하나. 이러면서 그거를 지켜보기도 했습니다.

비는 부슬부슬 오는데 여러 가지 생각을 하면서 그 생각을 깊이 하다보니까 네 시간을 거기서 섰었나 봐요. 나는 몰랐는데 나중에 알았죠. 그래 그 주인이 와서 똥을 다 삽으로 치우고, 또 옥수수를 삶아줘서 참 하나를 맛있게 먹고 거기를 떠났습니다. 밤이 늦었는데 어떻게 가시려느냐고 해서 "저는 밤과 낮을 가리지 않는 도리를 알기 위해서 지금 이렇게 가기 때문에 밤과 낮을 가리지 않습니다. 낮에는 보고 밤에는 못 본다면 어떻게 밤낮을 가리지 않는 도리를 알겠습니까?" 하고 거기를 지나쳤죠.

그리고 본인 자신이 그거를 느끼지 않고 체험을 못 해본다면 어떻게 알겠습니까? 여러분하고 아마 대하지도 못했을 겁니다. 왜? 진실이 아니고 실험을 안 해보고, 체험을 안 해봤다면 어떻게 엄숙하고도 아주 성스러운 부처님이 가르쳐주신 그 뜻을 안다고 하겠습니까? 그리고 모든 건 부처님의 뜻이 따로 있는 게 아니라 우리가 배우고 지혜를 넓히고 또 사무(四無)를 알고, 사유(四有)를 안다면 지금 법륜마크가 돌아가듯이 그렇게 불바퀴가 유무가 따로 없이 돌아가는 이치를 아마 증득할 겁니다.

오늘 이것으로써 제가 말씀드릴 거는 끝내고, 여기 지금 심원회(心圓會)에서 신행담을 적어왔습니다. 그런데 여러분한테 이번에 신행담을 전부 써 보라 한 것은 첫째는 여지껏 내가 여러분을 이끌어온 점검을 좀 하고 싶고, 두번째는 여러분이 공부한 신행담이 여러분에게 좀더 도움이 돼서 물러서지 않도록, '아, 저런 분도 하는데 나도 해야지.' 하는 그런 물러서지 않는 마음, 톡톡한 마음이 생기게 하기 위함이고, 셋째는 그걸로 인해서 여러분이 살 수 있고, 그리고 건져질 수 있고, 그리고 자기가 자기를 건질 수 있는 능력을 기르기 위함이고 또 찰나찰나의 생활을 자기 능력대로 자유스럽게 할 수 있는 그 도리를 알게 하기 위함입니다. 그러고 나도 참, 여지껏 가다보니까 '아, 저 사람이 부처님의 뼈다귀를 얻었나? 살을 얻었나? 가죽을 얻었나? 골수를 얻은 사람도 있을까?' 하는 그런 것도 느끼면서 또 여러분에게 그런 도리를 좀더 들려드리는 것이 좋을 것 같애서요. 그러면 스님네들이 신행담을 여러분한테 들려드리고 다음에는 여러분이 질문을 하시는 걸 받겠습니다.

(신행담1) 1985년 가을 어느 날 『단(丹)』에 이어서 『도(道)』라는 책을 호기심 가득한 마음으로 읽었습니다. 정말 이런 도인이 한국에 계시는 것일까? 주소를 확인하여 그해 12월 9일 안양에 있는 한마음선원을 찾았습니다. 그분이 계시기는 하지만 오늘은 출타를 하셨다고 했습니다. 다음 날 오리라는 마음으로 선원을 나와서 버스를 탔습니다. 어찌된 일인지 뭉클, 무엇인가 가슴에 치솟는 감동이랄까 그런 것을 느끼면서 바로 내가 관세음보살이라는 것입니다. 그렇게도 열심히 찾던, 그때는 제가 매일 관음주력을 했습니다. 관음, 관세음보살님이 바로 나라니….

그 후 등교하는 마음으로 매일 선원에 가서 스님의 설법을 들었습니다. 들을 때는 이해가 가는 듯했지만 일어서는 순간 한 마디의 말씀도 머리에 남지 않았고, 옮길 수는 더더욱 없었습니다. 그러나 무작정 좋았고, 또 무작정 스님의 가르침대로 안과 밖의 모든 경계를 공한 자리에 놓았습니다. 얼마 후의 일이지만 어느 날 갑자기 나는 커다란 독 속에 갇혀 있는 나를 보았습니다. 다행히도 뚜껑이 열렸고 그곳으로 둥그런 무색의 허공을 보았습니다. '허공이!' 하고 느끼는 순간 내 가슴을 비롯하여 전부가 허공임을 보았습니다. 이때부터 나는 나라는 실체가 공했음을 알고 그 공한 자리에 일체를 놓는 작업을 계속하여 수학공식에 영 곱하기 무엇을 해도, 영을 대입시켜 공한 자리에 무엇을 던져도 영이 된다는 것을 알고 믿고 던지는 작업을 계속 했습니다. 공한 자리에 놓는 방법을 익히느라 노력했고 옳게 익히는가 점검 또 점검하면서 노력했습니다.

그렇게 하기 3-4일 신열이 나더니 40도가 넘는 고열로 변하여 이불을 몇 장씩 덮고 누워도 추위를 감당하기 어려웠습니다. 그때에 어디선가 '심주어법' '심주어상' 이라고 알려왔습니다. 말소리가 들리는 것도, 글자가 보이는 것도 아닌데 그냥 알게 되었습니다. 그때부터 심주(心主) 즉 주인공이 '법' 이고 '상' 이라 했는데 '법'은 무엇이고, '상'은 무엇인가? 골똘히 생각을 했고 공한 자리에 대고 알기를 원했습니다.

2개월쯤 지난 어느 날 깊은 밤중 '상'이 무엇인가를 알게 되었습니다. 수억겁을 통한 생활 속에서 안과 밖의 모든 경계에 부딪혀 지나는 동안에 앙금처럼 가라앉은 찌꺼기가 바로 '업'이고 '상'이라는 것이었습니다. 다시 말해 갖가지 생활의 습성과 그를 통한 갖가지 감정, 즐거웠던 마음, 슬펐던 마음, 괴로웠던 마음, 고마웠던 마음, 미웠던 마음 그리고 사랑하고 억울하고 미안했던 마음, 선한 일을 하고자 했던 마음, 악한 마음 등등의 찌꺼기가 남아 앙금처럼 저 밑바닥에 가라앉아 있던 것이었습니다. 이로 인하여 개개인의 개성, 천차만별의 인간상이, 갖가지 생명체의 유형이 생긴다는 것입니다. 그러면 법이란 또 무엇인가? 모든 것이 끊어진 상태. 생각이 일어나기 이전 바로 공한 자리를 말한다고 했습니다.

그 후 어느 날, 같이 다니는 어느 학생에게, 전 그때 왠지 그 학생이 주인공을 믿지 못하는 듯 답답한 마음이 들었습니다. "너는 심주라는 말이 잘 믿어지지 않니? 법당에서 한 3일 철야정진을 해보면 어떨까?" 하고 말했습니다. 그리고 몇 발자국 걷다보니 그 말이 바로 나 자신에게 한 말임을 알았습니다. 그래서 나는 철야정진을 하려고 시간을 골랐습니다. 그때 마음 가운데에서 '그곳만 법당이냐, 이 육신 이대로가 법당인 것을….' 하고 이 육신이 법당임을 알게 했습니다. 그때부터 나는 이 법당을 아니 가는 곳 없이 끌고 다니면서 자나 깨나, 앉으나 서나, 변소엘 가나 절에를 가나 항상 마음을 관하면서 정진을 했습니다.

어느 날은 부처님께 올리려고 무엇인가를 사 왔습니다. 그런데 까맣게 잊고 먼저 먹어버렸습니다. 그리고는 먼저 먹었으니 법당에는 못 올리겠다고 한탄을 하는데 홀연히 '너가 먹었어도 부처님께 공양한 것이니라.' 하는 것이었습니다. 그 후 음력 7월이 가까운 어느 날 공양미를 좀 시주하고 싶었습니다. '초하룻날 할까, 아니 회향날인 초삼일날이 좋겠지. 아니야, 아들 생일인 11일이 좋을 거야. 아니야, 온 우주법계의 고혼들이 모두 천도되는 백중날이 좋겠다.'며 더욱 뜻깊게 쓰고자 날을 고르고 있는데 '초하루, 보름이 따로 있나. 생각난 그 날이 바로 초하루, 보름인 것을.' 하는 거였습니다. 이로써 부처님 나신 3천년 전이 바로 오늘임을 알게 되었습니다.

이런 방식으로 보이는 것도 들리는 것도 아니면서 그냥 의심이 났으면 스스로 가슴으로 해답을 얻곤 했습니다. 이처럼 수많은 경험을 통하여 자신의 마음을 관하고, 알고 놓고 또 관하고 채찍질하고, 또 알고 놓고 이렇게 하기 만 4년 여, 이제는 스님의 법문 한마디 한마디의 뜻을 가슴으로 알아들을 수 있는 것 같습니다. 감히 알 수 있다고는 말할 수 없지만 예와 이제가 다르지 않고 안과 밖이 다르지 않으며 생과 사가, 물질과 마음이, 조상과 내가 둘이 아니며 스님께서 옷을 입으셨으면 내가 입은 것이고, 공양을 하셨다면 나 또한 한 것이고, 네 부모 내 부모, 네 자식 내 자식, 너 나가 따로 없으며 온 우주법계가 그대로 나라는 것.

이 육신 이대로가 에너지이며 빛이고 사무(四無)와 사유(四有)가 한데 합쳐져 자동적으로 돌고 있는 불바퀴 바로 그것이며, 우주법계 또한 나와 한가지로 둘이 아니게 하나로 돌고 있는 커다란 불바퀴 바로 그것이라는 것을 알게 되었습니다. 온 우주법계의 근본은 바로 불(佛)이니 부처란 곧 생각나기 이전 허공과 같으나 자동적으로 돌아가는 힘과 능력이 있는, 있다고 이름지은 것이요, 생각을 냈다면 법신이요, 움직였다면 화신이라는 말씀 또한 알 것 같습니다.

온 우주법계의 모든 생명체는 알 수 없는 이 불의 능력으로 생성되고 생활하고 또 소멸하고 진화한다고 생각이 들면서 기독교이니 카톨릭교이니 회교니 불교니 하는 종교들은 모두 자기라는 이 실체가 참이 아니고 공했음을 체득, 착이 없는 삶을 내가 아닌 전체로서 살 줄 아는 생을 살기 위한 정진의 방법론이 아닐까 하고 생각됩니다. 스님의 가르침을 따라 공부 아닌 공부를 하다보니 진리는 가장 가까운 곳에 항상 나와 더불어 같이 함을 알게 되었으며 아는 것만이 아닌 진실한 삶을 통해 법계(法界)를 이롭게 굴려가도록 능력을 기르고 활용하는데 더욱 연구 노력해야 되겠다는 생각이 들었습니다.

이 육신이 공했거늘 알았다고 할 것 또한 없겠으나 마음공부를 하고자 애쓰시는 분들께 빙산의 일각이지만 두서없는 몇 마디의 이 말이 도움이 된다면, 그리고 내가 써야 다른 분들의 경험담 또한 대할 수 있겠기에 더욱더 공부하고픈 마음을 적습니다. 이렇게 말로는 못 다할 법을 펴주신 큰스님의 은혜, 이 몸이 가루가 된다 해도 못 갚을 이 은혜, 감응 눈물로써 이 글을 썼습니다. 다시 한 번 대행 큰스님께 오체투지 삼배를 올립니다. 온 우주법계가 다 함께 오체투지 삼배를 올렸고 또 다 함께 받았음을 감사합니다.

(신행담2) 저는 13살 난 아들과 9살 난 딸을 둔 36세의 주부입니다. 그리 길지 않은 세월을 살아오면서 보통 사람들이 겪어보지 못한 고통

과 아픔을 혼자 감수하며 큰 시련 속에서 헤어나지 못했습니다. 그러나 한마음선원과 인연을 맺은 지 사년이 된 지금 저는 천금보다 더 귀하고 소중한 자신을 얻었습니다. 이 모두 한 중생이라도 더 구제하시고자 자비를 베푸시는 큰스님의 은덕이라 생각하며 두 손 모아 합장 삼배 드립니다. 그리고 저의 귀중한 자신을 찾을 수 있도록 여기까지 지도해 주신 심원회 회장님께 감사드리며 실력 없는 난필이지만 진실됨을 갖고 지난 체험을 몇 자 적어볼까 합니다.

1984년 2월이었습니다. 건강이 좋질 않아서 병원을 여러 군데를 다니게 되었습니다. 진찰과 치료를 계속 받으면서도 확실한 병명을 알지 못해 고전하다가 병만 더 악화되는 고통이 시작되었습니다. 그러다가 마지막으로 찾아간 병원에서 정확한 병명을 알았습니다. '융모상피암' 이라는 진단이 내려졌습니다. 임신호르몬이 생성되어 암세포가 피속을 타고 다니면서 기하급수적으로 퍼져 다른 암보다 치료하기가 매우 곤란하며, 우리 나라 여성들에게는 아주 드문 무서운 병입니다. 저는 자궁을 들어내는 수술을 받고도 몇 달을 입원한 뒤 항암치료를 받아야 했습니다. 저와 남편은 수술만 하면 되는 줄 알았으나 그렇게 간단하지 않았습니다. 2년간이나 항암제와 싸웠으니까요. 항암제의 부작용으로 인해 받은 고통은 말로나 글로써는 다 표현할 수 없을 정도로 힘들고 견디기 어려웠습니다.

그때 당시 7살 난 아들은 심원회 회장님이 맡아주셨고 돌을 갓 지난 딸아이는 시골 고모집에 맡기는 등 저 하나로 인해 온 가족이 헤어져야 했습니다. 의료보험 혜택이 없는 직업을 가진 남편은 가정형편도 어려운 상태에서 엄청나게 불어나는 입원비를 감당할 수가 없어 치료를 중단한 적도 여러 번이었고, 아주 긴박한 상황이었을 때는 문방구에서 파는 어음으로 대신 병원비를 치른 일도 있었습니다. 담당의사 선생님께서는 가망이 없으니 남편에게 환자가 편한 마음을 갖도록 해주라며 퇴원을 권유했다 하더군요. 후에 안 일이지만 주위 사람들이 남편에게 산 사람이나 자식들과 살아갈 수 있도록 그만 포기하라고 했답니다.

그러나 아랑곳하지 않고 남편은 저를 살릴 수 있는 곳이라면 어디든지 데려가 살리겠다며 의술로 못 고친다면 할 수 없지만 돈이 없어서 아내의 병을 고쳐주지 못하고 죽인다면 남자가 살아서 무슨 일을 하겠느냐며 도둑질이라도 해서 꼭 살려주겠다고 저에게 약속했습니다. 저는 그 당시 절에는 가끔 다녔지만 신심이 두터울 정도는 아니었습니다. 어린 오남매를 두고 일찍 돌아가신 친정 어머님이 저를 도와주실 거라는 생각에 매일 마음 속으로 엄마와 대화를 했지요. 저 어린 동생들과 제 자식들을 보살필 수 있도록 도와달라고요. 내가 죽는다면 저 어린 것들은 누굴 의지하며 살겠냐고 살려달라고 몸부림쳤습니다.

최후의 항암제를 투여해야 되는데 부작용을 못 이기거나 약이 듣지 않으면 절망이니 가족회의를 열어 결정하라는 의사 선생님의 말씀에 저는 제 정신이 아니었습니다. 힘을 달라고 제 아이들 이름을 불러가며 고통을 이겨야 했습니다. 그 후 병세가 호전되었고 저는 퇴원하게 되었습니다. 보증금 50만 원에 7만원짜리 단칸방이라도 아이들과 함께 살 수 있다는 게 저는 한없이 행복했습니다.

그러나 86년 11월에 병이 다시 재발되었습니다. 정말 다시는 그 고통의 늪으로 가기가 싫었고 닥쳐오는 죽음에 대한 공포로 그만 미쳐버릴 지경이었습니다. 남편과 아이들이 나가고 나면 하루 종일 소리 죽여 울었습니다. 몸부림쳐 울었습니다. 그러나 죽음의 문턱은 바로 앞에 있는데 무슨 소용이었겠습니까. 다시 시작해보자고 남편은 간곡히 말했지만 우리에겐 돈 한푼도 없어 불가능한 일이었습니다. 그러던 중 심원회 회장님이 법력이 높으신 큰스님이 한마음선원에 계시니 스님께 매달려보자고 하셨습니다. 저는 지푸라기라도 잡는 심정으로 큰스님을 친견하였습니다.

"병원에 입원할까요. 그냥 선원에만 올까요." 하고 여쭈다가 큰스님께 야단맞았습니다. 큰스님께서는 "나는 길을 인도해줄 뿐이다. 운전수는 너니까 네가 알아서 해라."고 하셨습니다. 처음에는 그게 무슨 뜻인 줄 몰랐습니다. 그러나 그 뜻을 나중에야 알았습니다. 광대무변한 온 우주와 더불어 내가 함께 한다는 것을 알았습니다. 이론적으로는 불교에 대해서 하나도 모르는 채 그저 매일 기쁜 마음으로 선원에 다녔습니다. 그 고통스런 병이 완치된다는데 무슨 일인들 못하겠습니까. 높은 경지의 보살님들께 귀동냥도 하면서 열심히 다녔고 심원회 회장님 가르침대로 마음 속에다 전부 놓고 관하고 계속 반복했습니다.

스님 말씀 가운데 번뜩 가슴에 스치는 것이 있었습니다. "아, 내 병은 나로 인해 생겼고 내가 고쳐야 하는 거구나." 하는 순간 뜨거운 눈물이 봇물 터지듯 쏟아졌습니다. 얼마나 울었는지 모릅니다. 그 눈물의 양만큼 내 마음의 응어리도 병에 대한 그간의 고통도 많이 녹아내린 듯했습니다. 그날부터 저는 열심히 제 주인공과 대화를 하기 시작했습니다. "나를 고쳐주지 않겠니? 나는 지금 살아야 해. 사람으로 태어나서 최소한 못할 짓은 안 해야지. 어린 자식들과 동생들은 다 거두어 주어야 할 것 아니겠어? 나를 이 고통에서 벗어나게 도와주십시오. 주인공!"

가슴으로부터 열화 같은 울림이 터져나왔습니다. 매달릴 곳은 내 자신뿐이며, 내 주인공만이 나를 살릴 수 있다는 것을 저는 믿기 시작했습니다. 매일 기쁜 마음으로 선원에 나왔습니다. 불치의 병이 낫는다면 무슨 짓인들 못 하겠습니까. 선원에는 수행기간도 오래 되시고 공부도 많이 하신 보살님들이 많이 계셔서 그분들 말씀을 귀동냥하면서 마음 속에 모든 것을 놓고 관하는 것이 계속 되었습니다. 그러는 가운데 때로는 외롭고 지치고 회의를 느낄 때도 있었습니다. 왜냐하면 나보다 더 위대한 그 어떤 절대적인 신에게 의지하면 더 편하지 않을까 하는 생각 때문이었습니다. 이 모든 것이 나로 인해 생산이 된다, 나밖에 해결사가 없다니 한없이 외로운 길이었습니다.

그러던 어느 날, 한순간 내 마음 속이 텔레비전에 나오는 광활한 우주가 별자리들만 있고 그냥 뻥 뚫린 허공이 돼버렸습니다. 참 신기하고 이상했죠. 왜 내 마음 속에 우주가 보일까요. 무슨 생각이든 놓으면 우주 속으로 들어가 온데간데 없었습니다. 회장님께서 마음자리를 본 것이니 계속 그곳에다 놓으라고 하셨습니다.

그러는 사이 병과 죽음에 대한 공포도 어느 새 놔버려 없어졌습니다. 이 모든 것이 다 내 모습이라고 생각하니 기쁨의 눈물인지 속죄의 눈물인지 법당 안에서 한없이 울었습니다. 배움도 없고 크게 가진 것도 없어도 항상 마음이 든든하고 누구 앞에서도 당당하고 부러운 것 없이 그저 오늘도 놓고 갑니다. 이제는 조그마하지만 23평짜리 내 집도 갖게 되었고 우리 가족 모두 건강합니다. 내 주위 모든 분들에게 항상 감사드립니다. 오만과 아집으로 습을 못 버리는 중생들에게 오늘도 자비를 베푸시며 가르치시는 큰스님께 합장 삼배 드리오며 우리 모두 한마음 공부하여 성불합시다.

사회자 두 분의 신행담을 들으시고 공감이 되신다거나 의문 나는 점이 있으면 지금 질문해주시기 바랍니다.

큰스님 우리가 신행회를 자유 조직으로서 조직한 것도 여러 해가 됐습니다마는, 지금 그대로 신행회를 조직 안 하고 있는 분들이 있어서 오늘 그 신행회를 조직하면서, 여러분이 열심히 그렇게 서로 토론을 해가면서 회장님한테 물어서 아니 되면은 또 딴 회장한테 물어보기도 하고 이렇게 해서 공부를 열심히 할 수 있는 도반들이 됐으면 합니다. 그러면 여러 가지로 빠를 겁니다. 또 그 신행회에서도 어려운 문제가 있으면 서로 도와가면서 살 수 있는 아마 그런 기반이 될 것입니다. 그리고 오늘 질문하실 분이 있으면 질문하십시오. 질문한다고 해서 걸림이 있다고 생각을 하는 것도, 공했다는 생각도 공했으니깐요.

질문자1(남) 제가 질문 드리겠습니다. 아까 스님께서 말씀하신, 큰스님께서 말씀하신 수화지풍에 대해서 제가 질문 드릴까 하는데요. 저는 부산서 처음 왔는데 지금 도를 공부하든, 무엇을 공부하든 간에 장소가 필요 없다 하셨습니다. 그런데 지금 현상태에서 도시를 보면은 전신에 아스팔트로 다 칠해버리고 건물은 시멘트 콘크리트를 해가지고 한없이 높이 해놓고, 인제 그 속에서 사니까 공기 유통도 잘 안 되고, 화(火)에 대해서도 햇빛이 잘 들어오지도 아니 하고, 그 다음에 공기 풍(風), 이 바람은 나쁜 공기가 들어와가지고 숨통이 막힐 것 같고, 그 다음에 물이 1ppm에 수은이 일억분의 일이 들었다는데, 구포 같은 데 사상 같은 데 보면 300ppm, 400ppm이라고 합니다. 그 다음에 지(地)에 대해서도 문제가 있는데요. 그 장소에 대해서 탁하고 가는 인 때문에 그 과가 생긴 건 당연한 건데 그 인과에 대해서 말입니다. 마약도 그렇거든요. 그만 순식간에 할 때는 굉장히 기분이 좋지마는 나중에 망치는 결과가 되는데 아무리 도시 한복판에서 그렇게 해가지고는 근기 있게 버틸 능력이 없기 때문에 그 근기를 어떻게 하면 기를 수 있는지 방법을 여쭙고 싶습니다.

큰스님 길기도 하네요. 허허허. (대중 웃음) 한 토막 한 토막 그냥 우리는 그대로 한 토막 생활을 하고 있죠. 그런데 그렇게 길면은 무엇이라고 대답하겠습니까? 또 그렇게 길게 했어도 의미가 지금 그 끄트머리의 한마디만 해도 될 것을 말입니다. 응, 그러기 때문에 아까 얘기한 바와 마찬가지로 여러분의 마음 속에서 스스로서 능력을 길러서 내 마음대로 자유자재할 수 있는 그런 능력을 기르라는 거죠. 그런 물질적 현상은 모두가 지수화풍으로 돌아가요. 그러니까 물이 올라갔다가 다시 내리듯이 또는 바다로 모이듯이. 그러니까 여러분의 마음은 마음 쓰기에 달렸어요. 지금 막 프로펠라가 돌아간다면 아는 척을 하고 알고 있는 거를 분별하지 말고 그냥 무조건 진리에, 끝없이 돌아가는 그 프로펠라에 그냥 매달려서 같이 돌아가다 보면은 시간과 공간도 없이 돌아가는 그 프로펠러와 둘이 아니게 됩니다.

그럴 때에 느끼는 그 황홀한 뜻은 정말, 아까도 얘기했지만 그때는 어떠한 것이든지 와라. 어떠한 것이 와도 겁이 나질 않고, 당당하고 참, 죽음도 두렵지 않은 그런 당당함이 생길 때 벌써 자유자재할 수 있는 거죠. 그러니까 지금 하신 분들도 그만큼 자기 나름대로 4년 동안 공부해가면서 그렇게 느꼈고 체험했기 때문에 자기 마음대로 할 수 있는 그런 능력이 생긴 거죠. 그러니깐 자기가 자기 병도 그렇게 고칠 수 있겠고, 또 그것뿐입니까, 어디? 무에서 유로 나오는 것, 우리 생활이 그냥 과학적인 문제입니다.

그런데 여러분은 무슨 공해가 오고 그래서 못 산다는 둥, 뭐가 이유가 많고, 걸고 늘어지는 게 많으니 어떻게 물이 아주 끊어지지 않고 돌아가는 그 물바퀴를, 또 불바퀴를 그 프로펠라 돌아가듯 그렇게 빨리 돌아가는 대로 순응해서 쫓아가겠습니까? 그렇게 지금 그것 쫓아가기도 바쁜데 뭐이 그렇게 이유가 많습니까? 요거 한 철, 우리 나그네로 이 몸을 가지고 있는 요 동안에 지금 그거 쫓아가기도 바빠 죽겠는데 뭐이 그렇게 말이 많습니까? 그러니까 무조건 믿고 그렇게 하실 수만 있다면, 남의 걱정, 내 걱정 뭐 이유, 뭐 이런 거 다 여러분 자체가 해결을 합니다. 걱정 없이요.

또 누구 안 계십니까? 질문을 해도 함이 없이 하는 것이니까 그거에도 걸리지 마시고, 질문을 했어도 질문을 한 사이가 없고 들어도 들은 사이가 없이 들었듯이 그렇게 하세요.

질문자2(남) 저는 남보다 겁이 많습니다. 그런데 겁이 많은 사람들도 자기를 죽이는 일이 쉽습니까?

큰스님 그럼요. 겁이 많아도, 그 겁 많게 생각이 되는 것도 공했거든요. 그러기 때문에 겁이 많아도 무서운 사이도 없는 거예요, 자기가 공했기 때문에 말이죠. 그 생각한 거 자체도 공해버렸거든요. 공부한

스님네들도 공부하기 이전에는 무서워서 변소에도 못 갔다는 얘길 들었는데요. 그런 걱정은 하지 마시고 모든 걸 거기다, 아까 얘기했듯이 자기 콤퓨타에 입력된 것이 그 나오는 거, 무서운 점, 모든 여러 가지 살림살이들을 다 자기 나오는 데다가 되맡겨놓고 다시 입력을 하세요. 그러면 앞서 입력됐던 게 없어지면서 아주 새 삶의 보람을 느끼게 될 거예요.

질문자3(여) 저는 여기 한마음선원을 알게 된 건 얼마 되지 않았는데요. 마음공부하는 거를 『도(道)』에서 조금 읽어봤어요, 책을요. 그런데 마음을 항상 놓으라고 그런 가르침을 읽고요. 마음을 한번 놔보자 하는 공부를 좀 해봤는데, 마음을 놓고 있어보니까 두려움이 먼저 앞서더라구요. 바로 저 사람의 아픔이 나의 아픔이었는데, 그거를 바로 직감을 했을 때에 뭔가 무서움이 자꾸 몸으로 와닿는 걸 느꼈거든요. 그랬을 때 이게 나에 대한 업이 너무 많지 않을까? 그러한 두려운 게 너무 많이 와요. 또 어떻게 공부를 해야 될지 그걸 잘 모르겠더라고요. 제 업이 너무 많은 겁니까?

큰스님 이거 봐요. 업이 많은 것도 붙을 자리가 없다는 것은, 여러분이 사는 거 모두 또 여러분의 몸 자체가 전부 고정됨이 없이 공해버렸어요. 그러기 때문에 진짜 그 어려움이 생겼을 때는 그런 두려움과 또 타의에서 상대성에서 오는 것과 모든 것을 거기에 다 맡겨놓으라는 것입니다, 아까 얘기했죠. 거기 과거에 입력이 돼 있기 때문에 인연이 벌어지고 괴로움이 벌어지니까 거기에다 맡겨놔야, 거기다가 입력을 시켜야 자동적으로 거기서 생산이 돼서 바깥으로 나오거든요. 그 뜻을 모르기 때문에 오히려 더 빨리 거기다 놨으면 자동적으로 굴러서 다 여기 먹게끔 나올 텐데도 불구하고 거기다가 놓지를 않고, 거기다 넣지를 않아요. 그리고 자기네들 생각대로 소견대로 그냥 방방 뛰고 뭐 죽겠다 살겠다 하고 괜히 그러는 거거든요. 아, 진짜로 믿는다면 거기다 맡겨놓고, 거기서 하게끔 만들어야죠. 그렇게 지켜보고, 나오기를 지켜보고 하면서 말입니다. 그게 관하는 거니깐요.

여러분이 병이 있거나 어떤 어려움이 있는 분들도 나와서 한번 그 어려움을 말씀하세요, 간단하게 말이에요. 그러면 그것은 무조건 받아들이겠습니다. 어떤 용도에 따라 어려움이 있어도 여기 일부러 찾아와서 하기 보다도, 모든 사람이 보는 여기서 내가 한마디 했는데, 요다음에 당신이 자기가 체험해보고 와서 또 그 대답을 할 수가 있지 않겠습니까? 이거는 우리가 생각을 하고 바깥으로 실천에 옮겨지지 않는다면 부처님 법이 아니고 진리가 아니에요.

그래서 여러분이 그냥 속에만 넣고 있기 때문에, 이 길을 인도한 길잡이가 여러분이 얼마나 공부를 했는지 좀 점검도 해보고 싶고요. 그리고 여러분이 간단간단하게 이렇게 써오신 것이, 이제 책으로 엮어지게끔 돼 있습니다. 이것이 또 미국에까지 갈 겁니다, 영어로다가요. 그래서 그 외롭고 고독하고, 자식과 또 부모 사이에 갈등과 모든 폭력과 마약 중독자가 되는 그런 문제가 없어지도록 하기 위해서는 우리가 이러한 마음의 씨를, 불씨를 던져주지 않는다면 어떻게 건져지겠습니까? 모든 게 당신네들 자식이라고 생각할 때 어떻습니까? 그러니 여러분이 지금 이렇게 와서 병이 들었다거나 또 어떠한 문제든지, 어떤 어려움이든지 "나는 이렇습니다." 하고 한마디 얘기하고 가도 좋습니다, 질문이기 이전에 말입니다.

질문자4(여) 스님, 저는 다름이 아니고요. 이 허리하고 환두하고요, 항상 아무리 해도 안 낫고 아파서 왔습니다.

큰스님 보살님 마음의 지배인이 속에 있는 지금 의식 자체의 생명들 마음하고 한꺼번에 한마음이 된다면 그건 저절로 나을 겁니다. 아, 자기 담아가지고 다니는 그릇을 깨지게 놔둘 리가 없죠, 알리게 되고. 통신이 다 된다면 말이에요. 그래서 주인공밖에는 내 허리 낫게 할 수 없다 하고 주인공에 맡기라는 겁니다. "당신을 담아가지고 다니는 당신의 집을 당신이 고쳐야지." 하고선 그렇게 맡겨놓는다면 아마 보살님도 신기하실 거예요. 그러니 여러분도 신기함을 체험하게끔 그렇게 하십시오.

질문자5(여) 큰스님, 저의 남편이 직장에 다니는데 해소 천식으로 숨이 가쁘고 걸음 걷는 데 많이 곤란을 받거든요. 그것 좀 낫게 해주십시오.

큰스님 그것도요. 그것도 지금 말씀드린 거와 똑같습니다. 그러나 요런 게 있죠. 제 3자가 그럴 때는 내 주인공과 그 주인공이 둘이 아닌 까닭에, 내 주인공에다 해도 그 주인공에 불이 들어올 것이고 연락이 될 것이다. 그 주인공에다가 그냥 집어줘도 내 주인공하고 둘이 아니기 때문에 불이 들어올 수 있다라는 그런 믿음을 가지세요. 그리고 남편한테 그렇게 하라고 일러주십시오. 그런다면 바로 온 가족이 다 능력으로써 자기 가정을 지키고 또 사회도 지킬 뿐만 아니라 내 자식들도 뿌리를 튼튼하게 인도해줄 것이고, 내 가정을 아마 화목하게 이끌어가실 겁니다. 건강하게 말입니다.

질문자6(여) 스님, 전 뇌종양을 3년째 지금 앓고 있는데, 그 동안 병원 약도 써보고 이랬지만 마음가짐이 중요하다고 전 생각합니다. 그래 아까 보살님의 이야길 들었는데, 아픈 마음이 허하기 때문에 때로는 간절한 마음도 있고 이렇습니다. 다만 지금까지 부처님, 불심의 마음으로 병원 수술을 하는 과정에서 천수경을 외우면서 여태까지 버텼습니다. 그런데 어떤 강한 마음으로 앞으로 살아가야 되는지 한 말씀 해주셨으면 좋겠습니다.

큰스님 여기 나온 지 얼마나 되십니까?

질문자6(여) 얼마 안 됩니다. 한 달도 안 됐습니다.

큰스님 그렇죠?

질문자6(여) 예.

큰스님 한 달도 안 됐든 1년이 됐든 그런 건 상관이 없습니다. 지금 그렇게 뇌종양이라고 그러는데, 사람은 사람대로 이 모든 뇌, 뇌공장이 있지 않습니까? 뇌공장이 있는데 이게 대뇌를 통해서 모든 것을 즉, 숙명통 콤퓨타에서 나오는 대로, 그 업보라고도 볼 수 있고, 유전성이라고도 볼 수 있습니다. 그러니 모든 것을 자기 주인공에다가 맡겨놓고 거기서밖에는 낫게 할 수 없다는 그 믿음을 가지실 때, 그 종양은 점점점점 줄어듭니다. 그래서 껍데기가 남아서 딱 붙는다면 그것은 일주일도 안 돼서 해결이 날 수도 있습니다.

이번에 샌프란시스코에 갔을 때에 산호세에 '로이'라는 분을 고문으로 정해놨습니다. 그분이 잡지 출판사 전체를 이끌어가고 있는 분인데요, 저한테 돈 1,000불을 주면서 그분 아드님이 종양인지는 잘 모르지마는 내일 수술을 하러 간다고 그랬습니다. 그런데 그 어떻게 될지 모른다고 그래서 내가 이랬습니다. 종양이 작은 것, 큰 것 두 개가 있는데 그것을 그냥 말리면은 그런 도리로써 말리면은 간단하게 그거는 수술을 하더라도 간단하게 할 수 있어서 사흘 만이면 퇴원할 수 있다고 그랬어요. 그랬더니 가서 보니까 정말 그랬답니다. 그래 수술을 해보니까 그렇게 스님이 말씀하신 대로 그대로이고 또 그렇게 적게 됐기 때문에, 그거를 간단히 처리를 하고 그냥 사흘 만에 퇴원을 해서 나왔답니다.

그러니까 여러분도 그렇게 남의 손을 빌린다 하더라도 병원에서 30%, 40%를 병원 의사님들이 하신다면, 나머지 60%를 충당해야 하는 것은 바로 여러분을 끌고다니는 운전수가 다 해야 합니다. 그러기 때문에 그 70%나 60%를 충당하려면 그만큼 자기 주인공을 자기가 믿어야지 믿지 못하면 누가 믿습니까? 어디를 믿습니까? 허공을 믿습니까, 이름을 믿습니까, 형상을 믿습니까? 진정으로 여러분이 계시기 때문에 여기도 오셨고, 여러분이 계시기 때문에 상대도 있고, 세상도 있고 벌어진 거 아니겠습니까. 그러니 여러분부터 그 능력을 가질 수 있는 재료가 다 있다는 것입니다.

그래서 천차만별로 공장을 가지고 있는 공장장을 지배할 수 있다면, 전체의 어떠한 것이라도 다 해결할 수 있는 것입니다. 그전에 그런 점도 있었죠. 목이 목암이 돼서 움죽거리질 못했는데 그거 한마디 듣고 매달려가지고서 세포가 막 움죽거리게 만들고, 다시금 되살아나서 지금은 아이 낳고 잘 살고 있지 않습니까? 그러니 그쯤 아시고 마음 단단히 잡숫고요, 편안하게 가지십시오. 그리고 바깥으로 관세음보살, 나를 잘 해달라고 그렇게 끄달린다면 진짜 당신 마음 속의 한마음 관세음보살은 당신을 돌볼 수가 없습니다.

질문자7(여) 저의 어머니께서 10여 년을 당뇨병이 합병증이 와가지고 팔다리도 못 움직이시고 속옷이며 머리까지 다 남의 손을 빌려서 머리도 감아줘야 되고 그럴 정도였었는데 어떻게 물리치료를 해서 조금 움직이시는데, 한두 달에 한 번씩 영양제를 서너 병씩 맞으셔야지 일어나서 다니시는데요. 여기를 제가 부산에서 수도 없이 전화를 걸었어요. 한마음선원에 한 번만 가시라고요. 그래도 잘 안 오시고, 제가 어저께 밤에 부산에서 여기까지 와갖고 엄마를 모시고 오려고 했는데도 엄만 안 오시고 저의 할머니만 오셨어요.

큰스님 그래서요, 부처님께서도 "인연 없는 중생은 어찌 할 수 없느니라." 했습니다. 우리가 앞에서 아이들이 울면은 우는 아이부터 먼저 안게 되지 울지 않는 아이를 안게 되는 게 아닙니다. 그러기 때문에 자기 자신이 받아들일 수 있는 그 마음, 믿음이 있어야지, 내가 어떡하든지 해야겠다는 그 발심이 없다면 아니 되는 거죠. 그러니 여러분이 발심을 해서 열심히 공부하시도록 하세요. 그리고 집이, 딸이라고 했죠? 그런데 딸도 열심히 공부해서 어머니도 건질 수 있는 그런 노력을 하세요. 지금 이 자리에서 말씀드리니까, 아무리 저거하다 하더라도 마음과 마음은 둘이 아닌 까닭에 돌봐질 겁니다. 그러니 열심히 공부를 안 하면은 낫다가도 그 믿음의 충전이 다 없어지면은 자기가 받아들이는 양이 없기 때문에 힘듭니다.

질문자8(여) 스님, 저는 초저녁에 자고 새벽녘이 되면 머리가 굉장히 아픕니다. 그리고 일어나서는 안절부절 이러는데 선원에 다니시는 분들이 한마음 주인공께 다 맡기고 관하고 그렇게 하면 그 자리에서 난 거니까 낫게 해준다고 그래서 그런 식으로 하고 자꾸 참고 견디거든요. 그런데 너무 아플 때는 고통이 심해가지고 견디기 어렵습니다.

큰스님 그건 아까도 또 얘기했지만 그렇게 하십시오. 열심히 그렇게 하시면은 골이 10년이 아팠던 분들도 또 그냥 낫게 되는 것입니다. 구로동에 한 분이 계십니다. 그분이 아마 들으면은 웃을 겁니다마는 말이에요. 그분이 옛날에요. 목이 이렇게 돌아가서 안 돌아왔어요. 그랬는데 삼배를 남자분인데 얼마나 공손히 하는지 말입니다. 제 마음이 참 감개무량했습니다. '나 같은 사람한테도 이렇게 절을 공손히 하나?' 저 사람은 나한테 한다고 생각하거든요. 나는 생각을 할 때 나한테 하는 게 아니라 자기 주인공한테 그렇게 공손히 한다고 생각을 해줬거든요. 그랬더니 버스 타고 가다보니까 고개가 홱 돌아왔더랍니다. 하하하. 난 그런 소리가 지금도 잊혀지지 않습니다. 그게 거짓이 아닙니다. 그런 것이 한두 건이 아닙니다. 숨겨져 있죠. 그러니까 그 골 아픈 것도 이 자리에서도 나을 수 있어요. 당신 한생각만 잘 하면요. 예. 그럼 오늘 법회는 끝을 내고, 아니 그럼 이분 한 분만 이왕 오셨으니…. (대중 웃음) 공부하는 데에 질문을 하시랬는데, (삼배를 올리는 질문자에게) 한 번만 하시고 하세요.

질문자9(여) 부산에서 왔습니다. 우리 녀석이 대학교 4학년 졸업

무렵에 아파가지고 지금 29살인데, 오만 절에 다니면서 부처님 기도해도 별 성과가 없고 병명은 '정신성 홍반성 낭창'이라고 합니다. 그러다가 작년 가을에 부산서 한마음선원에 열심히 다니는 보살님이 계셔서 우리 아이를 보는 순간 한마음선원에 가서 큰스님께 공부하면 나을 수 있다고 가자 해서 그 얘기를 듣더니만, 절에는 가자 해도 잘 안 갔는데 밤에 자다가 일어나더니마는 "어머니, 그 보살님 아시는 데, 한마음선원에 갈랍니다." 그랬습니다. 그래 가가지고 스님을 뵈었는데…, 오늘 여기 또 왔습니다. 스님을 뵙는 순간에 얼굴이 화끈하게 뭔가 닿는 것 같은 그런 느낌이 들더랍니다.

큰스님께서 "무즙을 해먹어라." 그렇게 말씀하셔서 무즙을 100일을 해먹었습니다. 그래도 지금까지 아무 효과가 없고, 병원에서는 곧 죽겠다고 그렇게 말씀을 합니다, 스님. 그래서 애가 너무나도 아깝고, 너무 착실해서 보내기는 너무 아까와서 제가 찾아왔습니다. 그래서 큰스님, 천도식을 한 번 했으면 하는 심정입니다.

큰스님 천도식을 하신다고 말씀하셨는데 천도식을 하기 이전에 여러분의 마음이 그 도리를 잘 아셔야만 합니다. 거기 부산이면은 부산의 총무나 회장님이나 그런 분들한테 잘 여쭤보시고 토론을 해보십시오. 그러면은 확고부동하게 얘기를 해드릴 겁니다. 그러니까 천도를 하기 이전에, 돈을 버리기 이전에, 또 음식을 차려놓고 하기 이전에 내 마음으로서 이 우주의 떡을 먹을 수 있다면 그 얼마나 좋습니까? 우주의 떡은 다 먹이고도 남음이 있으니 내 자식뿐이겠습니까? 알았습니다. 가보십시오.

시간이 많이 경과된 것 같습니다. 그러니 여기서 말씀드릴 것이 있으면 내려가서 우리 총무스님한테 말씀드리고요. 이날까지 여러분을 이끌어가지고 오는 도중에 또 외국이나 여기뿐만 아니라 이번에 L.A. 가서도 모든 그 어려움들을 자기네들이 생각 한 번 잘 해서 다 타개가 됐습니다. 그러니 여러분은 이렇게 오래 다니면서도 남들을 위해서 또 좀 한 번 던져보시는 마음과 체험해보시는 마음, 그런 보살행을 한 번 해보십시오. 감사합니다.

자유스러운 삶을 살자

90년 7월 15일

여러분과 같이 한자리를 했던 것이 두어 달 된 것 같습니다. 그러나 마음은 항상 한마음으로서, 일체제불과 중생이 따로 없이 한마음을 내주셔서 저는 부처님의 심부름꾼으로서, 또 여러분을 이끌어주는 길잡이로서 이렇게 미국에 잘 다녀왔습니다. 감사드립니다. 여러분이 아니었더라면 제가 어떻게 이 길을 걷겠습니까? 일체 만물만생이 아니었더라면 내가 아마 이 뜻을 이루지 못했을 겁니다. 그러니 여러분에게 너무나 감사하게 생각하면서 하루도 빼놓지 않고 여러분에 대한 감사함과, 풀 한 포기도 버리지 않는 고마움을 가지고 삽니다.

미국에 갔던 일을 상세히는 얘기 못 하지만 아무튼 여러분이 한마음을 내주셔서 그렇게 잘 다녀왔습니다. 한마음이라는 그 뜻은 열반으로 들어가는 길이며, 자유인이 되는 길이며, 해탈을 말합니다. 그러기 때문에 이 한국이나 미국이나 물질세계로 치닫는 이 시점에서 앞으로는 역시 정신계로 앞장서야 되지 않나 하는 생각도 해봅니다. 물론 한국에도 이렇게 위대한 여러분이 계시지만 미국에도, 미국 불자들도 정신계로 들어서는 분들이 많습니다. 그런 요청도 많고요. 그러니까 우리가 지금 기복으로써 목탁이나 치고 염불이나 하고 이론으로 얘기나 하고 그래서 될 일이 아닌 것 같습니다. 이번에 가서 절실히 더 느꼈습니다. 그렇게 해서는 발을 붙일 수가 없겠더군요.

그러니 거기 가서 느낀 것은 한마음으로 여러분이 공부를 잘하시기 때문에 제가 거기도 여러분 덕분에 간 것 같습니다. 나도 어리둥절하게 뭐가 뭔지 모르고 그냥 오라니깐 갔고, 가서 또 그렇게 해주니깐 그냥 그렇게 하고, 또 가라니깐 왔습니다. 허허, 저는요. 뭐가 뭔지 모르는 것을 이렇게 길을 걸었고 또 여러분한테 뭐가 뭔지 모르는 것을 이렇게 이끌어가고 있고, 뭐가 뭔지 모르게 이렇게 살고 있습니다. 그런데 오늘은 여러분이 아주 잘 아시는 얘기를 한번 덧붙여볼까 합니다.

여러분이 너무 잘 아시는 사대(四大)에 대해서 말입니다. 색(色)은 사대라고 하고, 수상행식(受想行識)은 바로 정신 내용이라고 합니다. 그런데 그 정신 내용과, 수상행식 그 자체가 사대하고 같이 합쳐지니까 몸과 마음을 말합니다. 그 몸과 마음은 어디에 또 상대가 있느냐는 얘기죠. 눈이나 귀나 코나 혀나 몸이나 의식 자체, 여섯 가지가 거기에 대두되는 거죠. 요거를 말씀해놓고 내가 얘기할 게 있습니다. 거기서 대두되는 것이 뭐냐 하면 색성향미촉법(色聲香味觸法)이 대두가 됩니다. 그 다음에 뭐가 또 대두가 되느냐 하면 즉 말하자면 육식(六識)이라고 하는 것은 결국은 시각적이나 청각적이나 후각·미각·촉각 의식 자체 여섯 가지가 대두가 됩니다.

그런데 이것을 말로만, 이론적으로만 나누어서 생각하지 마시고 한번 제 얘길 들어보시렵니까. 그게 네 가지입니다. 네 가지로 표현할 수 있습니다, 네 가지 따로 있는 게 아니라. 그렇다면 우리가 개수가 없는 개수를 한번…, 숫자 없는 숫자요. '하나' 하면 '몸'과, '몸' 그러면 '하나' 이렇게 합니다. 하나라고 치면 육근(六根), '둘' 이럽니다. 내용적으로는 사대(四大)의 그 물질과 사람의 마음이니깐요. 하나, 둘 하면 이 하나는 과거로 벌써 돌아갔습니다. 예? 하나 하는 게 벌써 이 몸과 마음은 벌써 과거로 돌아가서 즉 말하자면 절대적인 요소가 되는 거죠,

이 육근의. 안 그럴까요? 대답을 해주셔야 좀 편리하죠. (대중 웃음)

그래서 '둘'할 때 육근으로 와서, 벌써 이 하나는 여기 포함이 되니까 하나는 없어지고 이게 하나가 (오른손 엄지와 검지손가락을 차례로 잡아 보이시고) 되는 겁니다. 예? 아시겠습니까? 둘 하는 게 둘이 아니라 하나가 되는 겁니다. 상대성이 절대성으로 들어오니깐 말입니다. 그래서 이게 도로 하나가 됩니다. 그래서 육진(六塵)이라고도 하고 육경(六境)이라고도 합니다만 육진으로 다시 들면은 그냥 셋이 됩니다. 그런데 둘이 또 없어집니다. 둘이라는 언어가 없어지면서 셋으로 갑니다. 셋으로 가는데 이 셋은 또 하나입니다. 여러분이 이 도리를 아셔야 납득이 돼서 결정적으로 들어갈 수 있기 때문입니다. 그래서 이것도 하납니다. 육식(六識), 육식으로써 이것을 다시금 혼합을 한다면 십팔계가 되면서 이것도 하나입니다.

그래서 이게 한데 합쳐서 십팔계라고 했는데 십팔계는 무엇을 가지고 그러느냐 이런 겁니다. 십(十)은 언제나 여여하게 돌아가는 그대로를 말하는 겁니다. 팔(八)은 사무사유(四無四有)를 한데 합친 것을 말하죠. 여러분이 다 마음이 있죠. 여러분이 있으니까 있는 거지요. 불성이라는 그 자체가, 불(佛)이라는 자체가. 그것은 항상 움죽거리지 않기 때문에 십팔(十八)하면 벌써 십구(十九)가 되는 겁니다. 하나가 언제나 거기 우뚝 서는 거죠. 그래서 사무사유가 즉 말하자면 한데 합쳐서 팔로서 팔법륜(八法輪)으로서 (양 손 주먹을 바깥쪽으로 굴려 보이시며) 그냥 돌아갑니다. 그게 우리 생활입니다. 십은 진리라고 하면 우리가 응용하는 이 중용은 바로 팔이죠. 이걸 그냥 납득할 수 있게 해드리고 싶어서 그냥 내 의견대로 말씀드리는 겁니다.

그러면 이것을 완전히 벗어난다면 바로 벗어나는 그 자체가, 하나 없는 하나가 그냥 한마음입니다, 한마음. 하나라는 것도 세울 게 없기 때문에 그냥 한마음입니다. 대략 짐작하시겠습니까? 그래서 요걸 비유하건대 만약에 몸과 마음이 솥이라면 바로 거기에는 쌀도 있고 물도 있고 불도 있습니다. 요 네 가지를 또 한번 표현해보죠. 그런데 쌀을 씻어서 솥에 넣습니다. 물을 붓습니다. 불을 올립니다. 그러면 요것이 밥이 되게 됩니다. 그러면 우리가 밥을 먹게 되죠? 그죠? 그래서 그 육식(六識)의 깊은 속에까지도 우리가 들어가서 굴러나와야 밥을 먹을 수가 있다 이겁니다. 우리가 아무리 씻어넣고 이거니 저거니 하고 이론으로 따져도 스위치를 꽂아서 밥을 다 익히지 않는다면 우리 입에 들어가지 않습니다. 그와 같습니다.

그래서 묵조선이니 간화선이니 하는 것도 그게 둘이 아니건만 불 질러서 밥을 하는 과정과 딱 먹는 거와 혼합이 돼서 하나기 때문에 이것 저것 따지지 말자 이겁니다, 싸우지 말고. 과정을 다해서 솥에 넣고 스위치 딱 누르면은 밥이 되는 그런 거하고 또 갖다 씻어넣는 과정하고 뭐이 다릅니까, 예? 그러니까 지금 밥을 해서 먹는다, 불이다, 그런다면 우리가 솥에 그냥 하나 갖다 넣으니깐 또 하나 줄어들고, 하나 갖다 넣으니까 또 하나 줄어들고 다 넣고는 불 꽂으니깐 다 먹는다. 이것을 지금 배우는 겁니다. 스위치 꽂아서 밥 해서 그냥 먹는 걸 배우는 겁니다. 그 과정은 여러분이 더 잘 알고 계시지 않습니까? 그러기 때문에 그 과정을 얘기하고자 하는 것이 아니라, 안 하고자 하는 것도 아니라 모든 분들이 다 알고 있는 사실이기 때문에 거기다 그냥 넣었으면, 한 솥 넣었으면 그냥 불 꽂아서 해먹는 거를 우리가 배우자. 우린 시기가 있고 바쁘다. 우리 몸뚱이가 살아 있을 때에 이 뜻을 모른다면 천년 만년 가도 이 윤회에서 벗어날 수는 없는 겁니다. 고(苦)에서 벗어날 수가 없는 겁니다. 그러기 때문입니다. 배가 고파도 밥을 먹을 수가 없습니다. 그와 같습니다.

그런 거와 같이 우리가 하나 넣어도 하나요, 하나를 또 넣어도 하나요, 그래서 한 솥을 밥을 해놓고 먹어도 그 하나마저도 없더라. 모두 나눠서 먹으니까 말입니다. 그 하나 마저도 없더라. 그리고 또 갖다 넣은 것도 여러 가지 재료가 같이 들어갔는데 어떻게 불만이, 불만이 나라고 할 수 있겠느냐 이런 뜻입니다. 그러기 때문에 '불이 나다' 할 수가 없이 그것이 바로 한마음이요, 그 한마음마저도 집착을 하지 마라. 이거 될 때에 너라고 할 수도 없고, 쌀이 될 때 너라고 할 수도 없고, 불이 될 때 너라고 할 수도 없고, 솥이 될 때 너라고 할 수도 없다. 그러니까 한마음의 찰나 생활이 그대로 역력히, 돌아가고 있으니 여러분이 그대로 자유스럽게 해나갈 수 있는 그런 능력을 기르시라 이런 겁니다.

또 우리가 생각을 해보십시다. 계향(戒香)·정향(定香)·혜향(慧香)·해탈향(解脫香)·해탈지견향(解脫知見香) 했습니다. 그러면 계향, 정향 할 때에 벌써 이건 하나 없어집니다, 자꾸. 절대적으로 들어오기 때문입니다. 그래서 절대적 절대적 하다보니까 상대성 원리가 원형으로 모이면서 하나가 탁 일어서는 거죠. 그러니 이것을 비유해서 얘기하니까 참작해서 잘 들으시고요. 나를 무기력하고 무질서하게 얘기한다고 그러진 마시고요. 어떡합니까. 세상 사는 게 부처님 법이요, 그것이 진리니깐요. 그리고 부처님이 그렇게 가르쳐주셨으니까요. 우리가 알아듣기 쉬워야지 알아듣지 못한다면 열 마디 백 마디 해야 그건 쓸데없는 소리 아니겠습니까? 그러니까 그렇게 해서 해탈향까지 가서 해탈지견향, 즉 말하자면 소견으로 쓰지 않고 그때는 지혜로서의 지견으로 쓰게 된다 이겁니다. 깊은 속에서 굴러서 나와서 하나로 뭉쳐돌아가니까. 그래서 해탈지견향 했던 겁니다.

그렇게 되면은 계율을 지키려고 안 해도 그게 포함된 그런 능력의 중용이기 때문에 계(戒)를 안 지킨다 지킨다도 없이 질서 정연하게 해나갈 수 있는 겁니다. 우리 유의 법에서만이 질서정연하게 해나가는 게 아니라 무의 법에서나 유의 법에서나 일체 사생(四生)의 그 뜻을, 생각이 없는 중생이나 생각이 있는 중생을 다 포함해서 리드해나갈 수 있고 또, 바로 나로 될 수 있고 그로 될 수 있어서 자유권을 그대로 상실하지 않고 자재한다 이 소립니다. 그것이 열반이라고 하는 겁니다.

그렇다면 하나가 하나가 아니라 셋이 하나고, 셋이 하나인데 또 하나가 셋이 되고, 또 하나가 아홉이 되고 아홉이 셋이 되고 이러한 요소가 바로 시간과 공간을 초월해서 그냥 한번 당겨서 극치적으로, 즉 절대성으로 놔두었다가 상대성으로 옮겨놓고, 옮겨놨다가 또 절대성으로 오고 상대성으로 가고 이렇게 자유권을 자유자재할 수 있을 때에 비로소 인간이라고 하는 거고 자유자재하는 자유인이라고 하는 겁니다.

이번에 미국에 가서 토론을 할 때도 이런 걸 느꼈습니다. 지금 내 몸뚱이 속에 수많은 중생들이 들어 있는데 이 중생들이 누구냐 하면 자기입니다. 그렇게 숫자가 많다고 그래서 숫자가 많은 게 아니라, 숫자가 많으면서도 의식은 하나이기 때문입니다. 바로 숫자 없는 숫자죠. 그래서 그 하나마저도 없다고 하는 그 도리를 부처님께서 가르친 겁니다. 그렇다면 만약에 이 도리를 모른다면 내 중심이 없는 것이고 내 주인을 모른다면 이 껍데기가 빈 집이 되는 겁니다.

그래서 예전에 임제(臨濟)스님이나 큰스님들이 '네 주장자가 있다면 내가 네게 주장자를 줄 것이로되, 네 주장자가 없다면 네 주장자를 뺏을 것이니라.' 그건 무슨 소리냐 하면 자기가 뺏는다는 문제를 덧붙인 게 아니라 방편으로 그거를 가르치느라고 했습니다. 왜? 모든 생명들이 즉 말하자면 거기에 주인이 없다면 모두 세균성이나 영계성, 유전성, 업보성이 무조건하고 거기 들어가서 그냥 막 뒤집어놓습니다. 웃게끔 만들어주기도 하고 울게끔 만들어주기도 하고, 성나게 하기도 하고 모든 일을 그르치게 만들기도 하고, 아프게 만들기도 하고…. 여러가지 과거에서부터 자기가 지은 대로 나온 거니까 어쩔 수가 없는 거죠. 숙명통(宿命通)이라는 게 바로 모든 것이 입력된 콤퓨타거든요. 콤퓨타에 입력된 대로 나오기 때문에 여러분이 안 받을래야 안 받을 수가 없는 거죠. 그러기 때문에 그거를 팔자니 운명이니 하고 울고 야단법석들을 하는데 거기에서 벗어날 수 없는 것이 바로 그런 까닭입니다.

그런데 거기에서 나온 거를 거기다 맡겨놓으면 앞에 것이 다 무너질 텐데 왜 거기다 맡겨놓지 않느냐 이겁니다. 이 고깃덩어리가 '나'가 아니라 바로 마음과 그 기관이 작용을 해서, 안에까지 들어가서 과거에 살던 그 의식까지도 다 하나로 뭉쳐져서 그냥 자동적으로, 거기다가 맡겨놓으면 그냥 자동적으로 앞에 거는 없어집니다. 넣으면 넣는 대로 없어지고 또 넣으면 또 앞에 것이 없어지고 이러기 때문에 항상 그릇이 비어 있는 까닭이죠. 내가 지금 무슨 얘길 하다가 이리로 또 달아나갔죠? 그래서, 생각났습니다, 이제.

그래서 집이 비면 들어와서 그렇게 하는데 이거를 어떻게 감당해나가렵니까? 그래서 부처님께서는 '너를 먼저 알고나면 둘이 아닌 도리를 아느니라. 둘이 아닌 도리를 알면은 너 하나마저도 없을 때 비로소 이 속에 있는 그 의식 자체가 전부 천백억화신으로 화하느니라.' 내 마음이 그렇다면은 이 의식 자체들이 전부 아는 겁니다. 내 의식이 그렇다면은, 내가 그런 마음을 쓴다면 그런 마음대로 이 속에서 다 같이 따라주고, 내 마음이 좋은 마음으로 쓴다면 좋은 대로 따라줍니다. 여러분이 다 그렇습니다. 그러기 때문에 내 마음이 좋으면 남한테 말하는 것도 부드럽고 좋고, 내 마음이 신경질이 나고 언짢으면 남한테 괜히 신경질을 내게 되고 말도 올바로 나가지 않습니다. 부드럽지가 않아요. 그러니까 나로부터 먼저, 내가 있기 때문에 우주 천하가 있고 모든 게 있는 겁니다. 부처님 불(佛)자라는 것도 생겼고 말입니다.

그러니까 나로부터 그렇게 내 주인을 (가슴을 짚어 보이시며) 완성해야만이 내가 주인을 가지고 있기 때문에 이 집이 아주 튼튼하고 광이 나는 겁니다. 그러기 때문에 삼십이상(三十二相)이 구족하다는 얘기죠. 그래서 이것이 구족함으로써 행하고 나가는 것이 모든 전부 중용으로서 부드럽고 아주 평등하고 그리고 모든 걸 안아서 응해줄 수 있는 그런 아량과 지혜 즉 해탈지견(解脫知見)으로서 그렇게 쓸 수 있다 이겁니다. 그런데 우리가 좀더 넓게 생각을 한다면, 사회도 반쪽만 가지고 운영하려니까 힘들죠. 즉 말하자면은 육근(六根)을 가지고 그냥 하려니까 안 되니까 육근으로 들어오는 그 모든 것을 놓으세요. 맡겨놓으셔야 되는데 바깥에서 들어오는 경계를 여기 (가슴을 짚어 보이시며) 들여보낼 사이도 없이 바깥으로 그냥그냥 모두 내놓는다면 그게 마(魔)가 되는 거죠. 말 한 마디가 꼬리에 꼬리를 붙이고 말입니다. 일하는 게 전부 새끼 꼬이듯 꼬이고 말입니다. 하나서부터 열까지 보이지 않는 구석에서 그렇게 나가니까 보이는 구석이 전부 걸리는 겁니다.

그것을 안으로 놓으랬는데 바깥으로 그냥 전부 그러니까 어떻게 육식(六識) 자체로 들어서 그 모든 것을 십팔계에 해탈로 들어갈 수 있는, 열반으로 들어가는 그런 게 되겠습니까? 그러니 그렇게 우리가 공부를 하지 않으면 안 되는 이치가 있죠. 그래서 나부터 알아서 내 주인이 완벽하다면 전자의 조사들도 네가 크게 쓸 때는 내 주장자로 한데 모아주고, 작게 쓸 때는 네 주장자로 그냥 쓰고 이렇게 말씀하신 겁니다. 아주 더 크게 쓸 것 같으면 우주와 인간 근본의 마음과 직결이 돼 있고 이 세상의 모든 살림살이는 가설이 돼 있는 겁니다. 그래서 위도 하나, 아래의 모든 가설이 돼 있는 것도 근본은 하나입니다, 여기. 위로도 하나 아래로도 하나, 그러니 이게 중도(中道)입니다. 중심, 중도. 중심은 우리가 보통 말하는 거지만 '중도' 이런다면은 다 포함된 겁니다.

가만히 생각을 해보시는 게 좋을 것 같습니다. 내 집이 비면 '지구 집'도 빈 겁니다. 어떻습니까? 이해가 안 갑니까? 갑니까? 내 집이 비었어요. 그러면 지구 집도 빈 겁니다. 지구라는 것이 뭡니까? 우리는 지금 한 버스를 타고 순례를 하고 있습니다. 그러면 이 속에 있는 중생들은 우리가 지금 어디로 돌아다니는지 모르고 우리들은 지금 지구가 어디로 돌아다니는지 모르고 있습니다. 아시겠습니까?

그런데 만약에 이 속에 들은 모든 중생들이 화(化)해서 천백억화신이 된다면 털구멍을 통해서, 눈구멍 귓구멍 콧구멍을, 입구멍을 통해서 다 들고 나면서 모든 것을 정확하게 마음에서 두뇌로 올라가서 대뇌로 해서, 사대로 통신이 되게끔 합니다. 이 대뇌라는 건 누진통이라고 그럽니다. 그러면 누진통은 지금 시체말로 용어를 붙인다면 레이다망이라고 해도 됩니다. 거기서 들어오고 나가는 걸 다 점검을 합니다. 점검을 해서 좋은 데로 방향을 다 이렇게 자동적으로 세워줍니다. 그러니까 모든 것을 들고 나면서 우주로도 통하고 아래 세간에도 통하고 하니까 그래서 이건 삼라만상입니다. 우주 삼라만상을 한마음에 한주먹에 쥐고 자유스럽게 자재한다. 이런 것을 열반이라고도 하고 '아뇩다라삼먁삼보리' 라고도 하고 해탈이라고도 하고 이름은 많겠지요.

그러나 집주인이 첫째에 문제입니다. 내 몸을 지탱하려면 내 집주인이 레이다망을 통해서 영계성이나 또는 윤회성이나 또는 업보성이나 유전성이나, 그 영계로 인한 문제들 인과로 인해서 납득할 수 없으리만큼 오는 그 문제들 그런 것을 다 자동적으로 대처해야 합니다. 들일 건 들이고 버릴 건 버리고 이렇게 말입니다. 우리가 버릴 건 쓰레기통에 버리고 먹을 건 먹고 이러듯이, 그렇게 하는 요소가 여러분한테 주어져 있는데, 우리가 지금 물질로써 서로 싸우면서 미생물에서부터 수억겁 광년을 거쳐오면서 쫓기고 쫓기면서 이렇게 진화가 돼서 인간까지 올라왔는데 인간이 되어서도 또 쫓기고 쫓는 형국입니다. 지금 또 싸웁니다. 뭐 칼로 찔러 죽이는 것만 죽이는 게 아니라 지금도 싸우고 있지 않습니까? 보이는 데서도 싸우고, 안 보이는 데서도 싸우고 안 보이는 데서 싸우니까 보이는 데로 나오는 거죠.

그런데 싸우다가 그냥 죽게 되는 일이 있다는 게 뭐냐? 우리가 그냥 빈 껍데기로다가 마치 탈렌트처럼 영화하다가 막 내리면 그만이듯이 그런 이치를 알기만 하면 안 된다 이겁니다. 정작 내 집에 들어와서 연구하고 참 열심히 진실하게 해서 그 영화를 할 수 있는 탈렌트가 돼야만이 그건 진실하게 방편으로서도 삶다웁게 살 수 있다. 모두가 그렇게 해나가지 않아서 지금 물질화로 치닫는 시대에 우리가 빈껍데기만 남았다 한다면, 우주세계에서 또 이 혹성들 세계에서 의식들이 싸울 때는 어떻게 그걸 감당할 수 있겠느냐는 문제입니다. 우리가 이 공부를 하면 정말이지 부처님의 그 도리와 같이 일체제불이 한 찰나에 들어서 좋은 위치의 주장자를 주신다고 하는 게 바로, 아주 비밀스런 법문을 설하시고선 금방 나투신다 하는 뜻이나 똑같습니다. 그런다면 한데 뭉쳐서 쓸 일이면 뭉쳐서 쓰고, 둘로 쓰려면 둘로 쓰고 셋으로 쓰려면 셋으로 쓰는 그 무기가 무엇인가? 한마음입니다.

그래서 우리가 다른 혹성과 더불어 가령, 지난번에도 그렇게 얘기했습니다만 우리가 120볼트의 전기라면 220볼트가 와서 만약에 같이 접한다면 어떻게 되시겠습니까? 잡혀먹히죠? 인정 사정도 없어요, 그거는. 여러분은 그냥 안이하게만 살지 마시고 지금 내가 어떻게 해서 땅바닥을 이렇게 딛고 다니나 한 번 연구해보세요. 자력이나 광력 또는 전력, 통신력 이것이 여러분한테 재료로 다 주어져 있는 거는 이 사대(四大)가 바로 지수화풍이기 때문입니다. 그러기 때문에 여기에서도 자력이 있고 우리도 자력이 있기 때문에 붙는 겁니다.

공기가 왜 있는 줄 아십니까? 생명체가 없다면 공기가 없을 겁니다. 내가 무슨 얘길 하려고 이렇게 하는지는 모르죠. 또 여러분한테 이렇게 해서 될는지 그것도 모르면서 그냥 덮어놓고 하는 거죠, 뭐. 내가 생각하는 대로, 내가 지금 하고 가는 것대로. 여러분이 이것을 잘 생각해서 참 연구하고 실험하고 체험한다면 아마도 이익한 것뿐이지 해로운 건 하나도 없을 겁니다. 슬기롭게 자유자재할 겁니다.

그래서 이 우주 자체가 그렇게 혹성이나, 별성이 개별적으로도 그렇고 뭐 우리가 수로 셀 수 없으리만큼 돼 있는 건 사실입니다마는 그거 하나하나가 아니라 전체 뭉쳐가지고도 나갈 수 있는 거는 전체 버렸기 때문에 전체 얻을 수 있다는 사실입니다. 이걸 아셔야 합니다. 전체 버려야 전체 얻을 수 있기 때문에 그때는 항복을 스스로서 받았다는 얘깁니다. 전체 얻을 수 있어야 그냥 하나로 쓰고 둘로 쓰고 마음대로 쓸 수 있는 겁니다.

그러기 때문에 예를 들어서 태양이 지구를 집어먹는다 하더라도 그 복사 체제의 의식 자체가 전부 내가 된다면 어떻겠습니까? 내가 된다면 통신도 잘 해줄 것이고, 그 부패되는 것도 막을 것이고, 줄어드는 것도 막을 것이고, 잡혀먹히는 것도 서로 상응해서 둘이 아니니까, '나'니까 내가 그대로 생존할 거 아닙니까? 지난번에도 얘기했지만 핼리혜성이 와서 우리 지구를 갖다 친다 할 때 그 핼리혜성이 바로 내가 된다면 내가 부딪치지 않게 저리로 끌어다놓고 올 거 아닙니까? 안 그렇습니까? 한 마디 한 마디 그냥 납득하시게끔 이렇게 방편으로 지금 쓰는데요, 잘 들으세요. 그리고 잘 해보세요. 듣는 것만 가지고 되는 게 아닙니다, 이거는.

여러분 앞에 있는 이 부처님의 형상이 여러분의 형상입니다. 부처님의 마음이 여러분의 마음이요, 부처님의, 그 불성 자체도 바로 여러분과 똑같습니다. 그런데 왜 부처님이라고 했을까? 그분이 그렇게 통달을 하셨기 때문에, 여러분을 가르치기 위해서 방편으로 모습을 해놓은 겁니다. 그런데 자꾸 그 모습에 끄달리거나 고깃덩어리를 따른다면 그건 공부를 한다기에는 너무 무색할 정도고 그건 여러분이 부처님 공부를 하시는 게 아닙니다. 이론을 잘 알고 아는 게 많아서, 학식이 많고 지식이 많아서 되는 게 아닙니다.

그러니 앞으로는, 예전에 기독교와 카톨릭교에서 뭐라 그랬느냐 하면은 불로 심판을 한다고 그랬죠. 나 어려서도 그런 소리 들었습니다. 그런데 그걸 가만히 생각을 해보니까 자기가 자기하고 심판이지. 하하하, 그게 거기서 말한 것처럼 그런 심판이 아닙디다, 응. 여러분이 잘 생각하세요. 또 그런 심판이 온다 하더라도 여러분의 마음에 달려 있는 거지, 남의 소리를 듣고 이리 쓸리고 저리 쓸리고 '아이구, 내일 죽네. 내일 죽는다는데 인생이 이런 거지 뭐.' 그러면서 다 팔아먹고 쓰고 술 먹고 온통 나가서 사치 다 하고 이렇게 하라는 게 아닙니다. 지금 금방 죽는다 하더라도 미래의 씨를 위해서 미래의 자기를 위해서…. 아니, 자기가 죽고 없어지는 겁니까? 낙엽이 떨어졌을 뿐이지 봄이 오면 다시 잎이 피는데요.

그리고 또 한 가지는 수박을 놓고 보세요. 수박이 여러분이라고 본다면 수박씨가 그 속에 들어 있습니다. 과거의 수박씨는 수박으로 됐습니다. 그 수박 속에 들은 수박씨는 미래에 또 먹을 겁니다. 여러분이 가만히 생각을 해보면 다른 교(敎)에서도 떡 하나 가지고 일체 사생(四生)을 다 먹이고도 되남았다고 그랬는데 부처님께서 밥 한 그릇을 가지고 유의 생명들이나 무의 생명들을 다 먹이고도 되남았느니라, 이런 말하고 뭐가 다릅니까? 그런데 그것이 바로 수박씨를 봄이 오면 심어서 먹고요, 일년 내내 먹이고 수박이 열려서 또 내년에 먹이고 또 후년에 먹이고 이러니까 내년이다 작년이다 미래다 지금 현재다 이런 말할 게 없죠, 그대로. 그러니 여러분은 수박이 돼가지고 수박 안의 수박씨를 진짜로 믿어야지, 그래야 미래로도 참 광대무변하게 공덕이 되지 만약에 내 씨 찾으려고 바깥으로 돌아다닌다면은, 벌써 이미 수박으로 됐는데 뭐가 있습니까? 바깥에. 어유, 내가 목소리가 너무 큰가 봅니다. 죄송해요. (대중 웃음) 말 하다보면 어떻게 그렇게 되네요.

그런데 우리가 이것을 잘 알아서, 아까 얘기했죠. 우주 천지의 근본은 인간의 마음의 근본에 직결돼 있고 세상의 근본은 전부 인간의 마음에 가설이 돼 있다 이런 거요. 그러니 여러분이 아무리 작지만 여러분이 이 세상에 나왔기 때문에 상대도 있고 부처도 있고 종교도 있고 모두 있는 거지, 사랑도 있고 말입니다. 미움도 있고 그런 거지 아니, 여러분이 없는데 뭐가 있겠습니까? 그러니 여러분부터 믿고 참 맡겨놓고 거기서 실험을 하고 체험하고 그래야지 어디서 합니까?

그런데 옛날 부처님 당시에 유마힐거사, 그 일승 대장부하고 부처님하고 동시에 그때 시절에 한마음으로서 자꾸자꾸 해가면서 유발 제자나 또는 입산 제자나 다 똑같이 가르쳤단 말입니다. 그것을 방편으로뿐만 아니라, 진실하지만 방편이라고 말할 수밖에 없는 것이 그렇게 유발 제자와 입산 제자를 똑같이 가르치게 된 것은 부처님과 유마힐거사가 마음이 한마음으로 동시에 그냥, 오는 사이도 없고 가는 사이도 없이 그렇게 자꾸자꾸 한마음으로 돌아가니까 몸은 각각이고 이름은 각각이지만 마음은 한자리, 한마음, 그것이 바로 한 주장자가 됐던 거죠.

그러기 때문에 서로 약속을 한 것처럼 우정 병을 나게 해가지고서 오게 했던 것도 바로 그런 공부시키는 까닭이죠. 그래서 부처님께서 병문안을 가라고 사리불한테 말을 했다죠. 그러니까 사리불은 뭐라고 그러느냐 하면은요, 유마힐거사가 그렇게 얘기했대요. "삼계(三界)에 몸과 뜻을 나타내지 않는 것이 좌선이니라. 두번째 멸진정(滅盡定)에서 일어나지 않고 온갖 행동을 하는 것이 좌선이니라. 마음이 안에도 바깥에도 머무르지 않는 것이 좌선이니라. 외도(外道) 사견(邪見)에도 걸림이 없이 삼십칠도품(三十七道品)을 닦는 것이 좌선이니라. 망상을 끊지 않고 열반에 들어가는 것이 좌선이니 이렇게 좌선을 하는 이라야만이 부처님이 인가를 하실 것이요." 하고 말을 했답니다. 여러분 듣는 순간 어떻습니까? 그것은 다 읽어보셨겠죠? 그런 소리도 들으셨겠죠?

그런데 아까 얘기한 거와 마찬가지로 그거를 듣거나 보고 어떻게 생각을 하셨습니까? 지금 제가 이끌어드리고 또는 여러분과 더불어 같이 이렇게 도반으로서 해나가는 것이 틀리다고 생각을 합니까? 그때 당시에 그렇게 했던 거와 지금을 비교하면 '나타내지 않는다'는 뜻 그 자체는, 몸을 나타내지 않는다, 즉 '무조건 놔라.' 이러는 격이죠. 여러분한테 무조건 당신 수박씨는 당신 수박 안에 있으니 무조건 그 수박씨에다 놔라. 거기 그냥 본래 붙어 있는 거다. 그래서 그냥 무조건 놔라 하는 건 그것이 나를 세우지 않고 무조건 공했으니까 놔라 하니까 나타내지 않는 거죠. 그렇게 해서만이 좌선이다.

'멸진정(滅盡定)에서 아주 일어나지 않으면서 온갖 행을 다 하는 것이 좌선이니라.' 이런 것도 보세요. 행선이 그대로 좌선 아닙니까? 여러분이 거기에다가 딱 놓고 움쭉하지 않으면서도 행을 다 해나간다면 그냥 좌선인 것입니다. 진짜 좌선인 것입니다. 그리고 '마음이 안에서도 바깥에서도 머무르지 않는다.' 이건 공했으니까, 찰나찰나. 내가 항상 말씀해드리죠. 보는 것도 고정되지 않고 듣는 것도 고정되지 않고, 사는 것이 전체가 고정되지 않고 먹는 것도 고정되지 않는다. 그것이 고정되지 않으니까 그대로 안에도 바깥에도 머무르지 않는 것이 좌선이다, 이런 겁니다.

또 우리가 외도, 사견 하는데 벌써 모두가 잘못됐다 잘됐다 하는 그 층하를 두는 그런 거를 외도라 합니다. 그런다면은 이것은 이 전체의 사무(四無)·사유(四有)를 말하는데 그것을 한데 합쳐서 걸림이 없어야 된다. 모든 걸 머무르지 않고 가야 된다. 이런 것이 숙달된다면은 거기에서 아예 그냥 걸리지 않죠. 그래서 거기에 걸림이 없이 즉 말하자면 삼십칠도품(三十七道品)을 닦아야만이 좌선이다. 진짜 그럭하지 않으면 좌선이 안 된다 이런 거죠.

그러면 삼십칠도품은 뭐냐? 삼십(三十)하면 과거심·현재심·미래심 전체가 한데 합쳐진 걸 말합니다. 그래서 삼(三) 해놓고 십(十)으로 돌아갑니다. 십으로 왔습니다. 삼은 십으로 한데 합쳐졌습니다, 아까처럼. 그게 시공이 없는, 바로 숫자 없는 숫자라고 볼 수 있겠죠. 그래서 십으로 돌아왔으니까 칠품(七品) 이것은 몸 가짐가짐과 모든 계율이라든가 사는 거 전체를 한데 합친 겁니다. 그래서 칠각(七覺)을 이루면은 거기 보배가 가득 차 있고, 팔법륜(八法輪)을 그냥 굴리면은 구정토(九淨土)가 되고 이렇듯이, 그래서 칠각을 닦기 위해서 그렇게 그 칠품을 닦는 모든 게 좌선이니라. 나는 학술적으로 읽어서 여러분한테 고대로 얘기해줄 수 없지만 그 뜻은 다 똑같으니깐 그렇게 잘 생각하세요. 아마 알아듣긴 더 쉬울 거예요.

그러고는 '망상을 끊지 않고 열반으로 그냥 들어가는 것이 좌선이니라.' 이런 거 말입니다. 우리가 망상을 끊으려고 애를 쓰고 '아이구, 번뇌 망상을 끊어야 내가 부처님 법을 배울 텐데 이게 그냥 줄줄이 줄줄이 붙어 돌아가니 이거를 어떡하면 좋은가? 죽어야 이 망상을 끊지 에이, 살아가지고는 도저히 끊을 수가 없고 이걸 다 끊는다면 우린 어떻게 살어.' 이러는 겁니다. 그러나 그게 아닙니다. 여러분이 그냥 지금 놓고 가는 겁니다, 찰나기 때문에. 고정된 게 하나도 없고 묶어진 게 하나도 없기 때문에, 마음은 체가 없기 때문에 하나도 묶어진 게 없습니다. 나쁜 거든 좋은 거든 놓고 가는 겁니다, 그냥. 그러니까 그걸 끊으려고 애를 쓰지 않는 사람이라야만이 오직 좌선이다 이겁니다. 그래서 열반 길로 들어간다. 즉 해탈 길로 들어간다 이 소리죠. 그러니 그렇게 좌선하는 사람이라야만이 부처님이 인가를 하실 것이다 하는 말을 했대요.

그런 거와 마찬가지로 우리가 지금 여기에서 이렇게 배우고 나가는 것도 있지만은 아까도 얘기했듯이 즉 말하자면 그 '몸과 뜻을 나타내지 않는 것이 좌선이다.' 하는 것도, 바로 '멸진정(滅盡定)에서 일어나지 않고 온갖 행을 다 하는 것이 좌선이다.' 이렇게 했을 때는 벌써 그게 하나입니다. 하나, 둘 했을 때 하나는 벌써 이리로 돌아왔기 때문에 하나입니다. 또 '마음이 안에도 밖에도 머무르지 않는 거다.' 할 때에 이것은 셋인데 벌써 하나입니다, 이게. 그래서 다섯도 하나입니다. 그러니까 망상을 끊지 않고 열반으로 그냥 들어가는 길이다, 그것이 좌선이니라. 그것이 좌선이기 때문에 이렇게 좌선을 하는 사람이라야만이 부처님의 인가를 받을 수 있다는 그러한 말 자체는 바로 끊지 않고 자유자재할 수 있는, 찰나 생활을 그냥 자재하는 것이 그대로, 그대로 아닙니까? 그대로 인가죠. 그러기 때문에 그대로 부처님의 인가입니다.

그러니까 다섯 가지 중에 맨 끄트머리 하나에 그냥 귀착이 되는 거죠. 절대성으로요. 거기에서 자기는 인제 귀착이 되고 이게 절대적으로 내 것이 됐으니까 내거라는 것이 없이 쓰는 겁니다, 전부. 내거라는 것이 없는 줄 알았으니까. 전부 내거라는 것을 알게 돼서 다시금 내거라는 것이 없이 여러분한테 다 쓰는 거죠. 왜? 전부 나이기 때문이죠. 전부 내 자리, 나, 내 아픔, 전부 나 아닌 게 없으니 그때는 내가 나를 위해서 쓰는 거죠. 그러니 얼마나 자유스럽고 삶의 보람을 느끼겠습니까?

이렇게 말씀해드리는 것도 여러분한테 경서(經書)를 통해서 차근차근히 질서정연하게 말씀해드린다면 좋겠는데 난 그렇게 못 하거든요. 그러나 여러분은 그렇게 하지 않아도 질서정연하게 해나갈 수 있고 계율(戒律)을 지킨다는 말 없이도 한 발짝도 헛되게 떼놓지 않으며, 한 말도 한데 떨어뜨리지 않고, 한 생각도 평등한 마음 아닌 게 없는 그러한 행을 하는 것이 인간의 도리라고 보면서 부처님의 가르침을 그대로 따르는 불자라고 생각합니다. 그럼 우리가 오래간만에 이렇게 만났으니 질문할 사람은 또 질문하세요. 어떠한 질문인지는 모르겠습니다만 여러분이 느끼는 대로요.

질문자1(여) 불성(佛性)은, 주인공이자 참나라고 했습니다. 그런데 범부들은 왜 불성을 볼 수 없는지요? 참나를 찾고 또 찾고 참, 간절하게 보고 싶고 찾고 싶고 알고 싶고 그 마음이 참 간절합니다.

큰스님 지금도 여지껏 얘기했지만은요, 찾는 게 아니라 발견하는 겁니다.

질문자1(여) 나타나지 않으니까 어떡하면 참….

큰스님 그래서 여기서 이끌어드리는 대로 그대로 행해보시고 그대로 행하시면서 관하시면, 지켜보신다면 그대로 실험도 하시고 체험도 하실 겁니다. 그러니 여러분에게 다 갖추어져 있습니다. 사대는 바로 지수화풍이기 때문에 아까도 얘기했듯이 광력이나 전력·자력·통신력이 충만하게 그 재료가 있고 또는 오신통(五神通)이라는 것이 있기 때문에, 그 숙명통 자체가 바로 과거를 짊어지고 나온 요소이기 때문에 거기에다가 모든 걸 놓는다면 자동적으로 그 앞의 것이 무너진다고요. 그러니까 그렇게 해나가셔야지 내가 급하다 찾아야겠다, 뭘 찾습니까? 자기한테 본래 주어져 있는 거를. 그러니까 발견하십시오.

질문자1(여) 감사합니다.

질문자2(남) 큰스님, 부산지원에서 왔습니다. 큰스님께서 지금까지 저희들에게 설법하신 한 마흔 개 가까운 테이프를 오늘 총괄해서 제가 가지고 온 하나의 공테이프에 총 복습을 하는 그런 시간이 된 거 같습니다. 아까 스님께서 미국에 다녀오셔서 서양 사람들이 우리 동양의 정신문명을 알고 싶어 하고 정신문명의 필요성을 느끼고 간구한다는 말씀을 하셨습니다. 부처님께서도 이런 걸 염려하셨는지 최초의 설법에서 법에 귀의하고 사람에 귀의하지 말라고 그랬습니다. 그건 이를테면 법귀의 자귀의가 되겠죠. 법등명 자등명 하는 그런 게 되겠습니다. 그런데 지금 저희들이 살아가는 데 염려하는 것은 분명히 물질문명보다는 정신문명이 앞서야 되겠고 앞으로 우리 동양권에서 반드시 정신문명이 앞서서 서양의 물질문명을 지배하리라고 이 미천한 중생도 그렇게 자신 있게 말을 하고 싶습니다. 큰스님 말씀대로요.

그래서 정신문명이 물질문명을 지배할 수 있을 정도로 우리 불자들이 많이 행을 해야 되겠는데요. 이를테면은 자기 정신순화와 이 순한 마음의 기지를 우리 부처님의 법으로 의지하면은 더 이상 바랄 것이 없겠습니다마는 '사람에 의지하지 말아라.' 하는 말은 제가 볼 적에는 기복으로써 뭐 여타한 종교에서는 그 어떤 대상물로 교주에 의지해 가지고 밖으로 해서 뭘 찾는 이런 걸 참 많이 느끼고 있습니다. 그래서 우리 불자들이 정진하면서 생활하는 선 과정에서 이를테면 우리 고유의 다도로써 정신을 찾는다든지 한 가족에서 부모님들을 모시면서 거기에서 우리 잃어갔던 옛 정신문명을 찾을 수 있는 그런 방향으로 큰스님께 깊이 있는 설법을 많이 듣고 싶습니다. 정신세계에서 우리 국민성이 앞설 수 있는 큰스님의 좋은 말씀을 많이 들려줄 수 있었으면 하는 마음에서 떨리는 마음으로 이렇게 한 말씀 올립니다.

큰스님 예, 지금도 그렇게 이끌어가고 있고 또 지금 말씀해드린 건 그렇게 믿지 말라고 그랬지 따르지 말라고는 안 그랬습니다. 늘 우리가 한식구 중에도 모두 같이 조화를 이루고 한마음 한뜻이 돼서 화목하게 지낼 수 있는 그 사랑과 지혜를 가지고 살아나간다면, 바깥에 있는 경계들을 안에다 몰아서 자기의 모든 걸 다 이렇게 지혜롭게 쓸 수 있는 그런 자비성이 생길 겁니다. 그리고 자기도 빨리 발견할 겁니다. 그렇지만은 우리가 또 소견으로서 '아이구, 고깃덩어리는 믿지 말랬는데 뭐.' 이러고선 딱 끊어버리는 그런 경향이 많습니다. 그러나 끊어버리라는 게 아닙니다. 거기에 착을 두지 마라 이거죠.

그러니까 지금 말씀하신 거와 마찬가지로 우리가 정신계로 발전이 된다면, 그냥 예전에는 몸이 뛰어다녀서 했습니다. 칼, 창을 들고 말입니다. 지금은 대포가 생기고 그랬지만 지금은 그런 시대가 아니라 가만히 앉아서 지휘를 하는 그런 한 주먹이 필요합니다. 이건 표현입니다. 그러니까 지금은 몸이 뛰어다니고 그래서 되는 일이 아니고 곳곳마다 나 없는 데가 없어야만이 될 수 있다라는 얘깁니다. 이 세상천지 어디고 내가 없는 데가 없이 내가 있어야만이 리드해 나갈 수 있고 이끌어나갈 수 있고 다스릴 수가 있는 그러한 법규가 될 수 있다는 얘깁니다. 그러면 또.

(삼배를 올리는 질문자에게) 절 세 번 하다가 해 다 집니다. (대중 웃음) 내가 만날 그러죠. 내가 절 받으려고 하는 게 아니라 여러분 마음이 여러분의 그 한마음에, 개별적인 마음이 한마음에다가 귀의하는 겁니다, 지금. 절 하는 것은 나한테 하는 게 아닙니다. 말씀하세요.

질문자3(남) 저는 오늘 스님을 처음 대합니다. 오늘 처음 대하지만은 오래 전부터 대한 듯한 그런 친근감을 느끼고 있습니다. 그것은 제가 스님에 관한 서적들을 읽어보면서 스님이 말씀하신 그 사상들이나 생각들을 조금 생각해본 그런 이유 때문인 것 같습니다. 거기에서 제가 한 가지 느끼고 여쭈어볼 것은 스님께서는 참자기를 발견하라고 말씀하십니다. 그러고 그 참자기는 거짓 자기를 죽이고 내세우지 않는 데서 참자기가 발견된다고 말씀하십니다. 그런데 제가 또 알기로는 불교에서는 무아(無我)를 가르치고 있는 걸로 알고 있습니다. 무아라는 것은 결국 거기서 자기가 없다는 것을 말하는 것 같은데 거짓 자기가 없다는 이야긴지 안 그러면 참자기도 없다는 이야긴지 안 그러면 둘 다 없다는 이야긴지 참자기는 무엇이며, 결국 무아는 뭘 말하는 건지 그걸 말씀해주시기 바랍니다.

큰스님 그러죠. 하하하. (대중 웃음) 없다는 것은 아까도 '공(空)했다' 그랬습니다. 지금 선생님께서는 보는 걸 고정되게 보고 사십니까? 듣는 걸 고정되게 한 소리만 듣고 사십니까? 하나도, 생활하시면서 하나도 거기에 고정되게 있는 게 없습니다. 모두가 공해서 그냥 그저 쉴 사이 없이 공해서 돌아가고 있습니다. 그런데 무엇을 세울 게 있겠습니까? 그러니 그 세울 게 없는 그 자체가 바로 다 없습니다. 다 없고 지금 마이크를 쥐고서 자기가 지금 말하는 그 장본인, 그겁니다. 순간 지금 말했습니다. 어떻습니까? 누가 말했습니까?

물론 세울 게 없기 때문에 예전에 스님네들은 무무역무(無無亦無)라고 그런 말도 했습니다. 없고 없고 또 없다고 그랬는데 없는 것은 없는 것대로 지금도 모두 없습니다. 이거 뭐 눈도 깜짝거리고 이것도 생각하고 저것도 생각하니 뭐 어떤 거 생각할 때 나라고 할 수 없으니 없는 거죠, 모두. 그러니 자유권은 자기가 가지고 있으면서도 자기가 중생이라는 겁니다. 자기 소견이 중생이라 그러고, 자기 소견이 나는 그렇게 못 한다 그러고, 자기 소견이 나쁘다 그러고, 그래서 그렇지 본래 나쁜 것도 없고 좋은 것도 없고 자기가 할 따름입니다. 지금 빨리 부지런히 가셔서 색경을 보시고 한 팔 들어보십시오. 거기 그림자가 어떻게 보이나. 그래서 자기부터 알아야 둘이 아닌 도리를 알게 되고 둘이 아닌 도리를 알아야 둘이 아니게 나투는 도리를 알 수 있을 겁니다.

그러기 때문에 그거부터 알아라 이런 소리입니다. 인생은 어디서 와서 지금 어디로 가고 있고 내가 지금 무엇을 하고 있나? 불(佛)은 어디 있다는 건가? "불이 어떤 겁니까?" 하니까 해골쪽을 딱 던져주거든. "이놈아, 이거야." 그러고 주니까 아무리 몇날 며칠을 몇 달을 아니 한 이삼년 지나니까 아, 해골이 말을 하더랍니다. "야, 이놈아! 너 나처럼 눈도 빼버리고 귀도 빼버리고 코도 없애버리고 혀도 없고 네 몸뚱이도 없고 다 없어야지, 임마! 그래야 너 어떤 걸 알 거다, 임마!" 그러더라는 겁니다. 아, 그래서 그 해골을 붙잡고 "야, 임마!" 그러고 그거 가지고 몇 날 며칠 싸우다가 홀연히 알게 됐더랍니다. 그런 거와 마찬가지로 여러분 지금 의식만 빼면 송장인데 그 해골과 뭐이 다르겠습니까? 그러니 여러분은 그대로 지금 육근(六根)의 작용으로써 우리가 육진(六塵)의 모든 것을 놓고 간다면 바로 육식(六識)도 거기 포함해서 둘이 아니게 절대적으로 자기 참자기를 발견할 겁니다. 과거의 자기와 현실의 자기가 상봉할 겁니다, '짝' (손뼉을 한 번 치시며) 이렇게!

질문자4(여) 그동안 스님께 꼭 질문을 하고 싶었던 게 여러 개 있었는데 그 중에 하나만 하겠습니다. 제가 4월달인가 스님께 설법 시간에 대답해 주십사 하고서 질문을 편지로 올렸는데 스님께 도착하지 않았는지 거기에 대한 답변은 들을 수가 없었습니다.

큰스님 그걸 답변 하라는 거요? (대중 웃음)

질문자4(여) 아뇨, 도달이 안 됐다고 생각을 하고요. 제가요, 오늘 다시 질문을 올리려고요.

큰스님 그럼요.

질문자4(여) 제가 스님 설법을 듣고서 그것을 다른 사람들에게 옮긴다면은 그것은 제 수준과 제 이해도 제 능력에 맞추어 갖고 또다시 왜곡될 수밖에 없을 것입니다. 그런데 저는 이것이 전체 불교에서도 마찬가지 과정이었다고 생각을 합니다. 더군다나 석가 입멸 후에 불교 경전이 바로 만들어진 것도 아니고 그것이 구전으로 내려오다가 경전으로 만들어지기 시작했다고 하는데, 더군다나 지배자 계층인 왕의 주도에 의해서 무사계급인 왕의 주도에 의해서, 그것이 만들어졌다고 하는데 그 글로 직접, 그것이 지금까지 우리한테 내려오는 과정까지 과연 석가의 말씀이 근본적인 것에 있어서 어느 정도까지 진실되게 내려오는지 저는 알 수가 없습니다. 여기서 제가….

큰스님 그래, 그거를 알 양으로.

질문자4(여) 아뇨, 그런데 현실에 있어서 제일 큰 문제로 여기는 것은 불교에서의 여성 문제라고 생각합니다. 흔히 요즘 사람들은 자기의 잘못된 견해를 내세우면서 그것의 정당한 근거로 불경의 내용을 듭니다, 여성을 차별시하는 그 내용들을. 저는 이렇듯 불교가 잘못되게 흘러온 과정이 있었다면 이것을 빨리 바로잡아야 된다고 생각을 하였습니다. 그리고 요즘 불교가 학문적으로만 치우친다고 말을 합니다. 하지만 저는 결코 그렇게 생각하지 않습니다. 학문적으로도 캄캄합니다. 학문적으로나마 제대로 이루어졌다면 그것은 그러한 잘못된 과정은 명명백백히 밝혀졌다고 생각을 하거든요. 그래서 저는 이제부터 제대로 시작을 해야 된다고 생각을 합니다, 학문적으로라도. 그렇지만 지금 보기에는 여전히 캄캄합니다.

그래서 저는 이러한 적극적인 역할을 대행 큰스님 같은 분께서 해주셔야 되지 않나 하는 생각을 합니다. 대행 큰스님의 설법을 듣거나 책을 읽노라면 저는 부처의 경지가 있다면은 이분은 그 경지를 이룬 분이구나 하는 생각이 스쳐지나갈 때도 있습니다. 하지만 저는 더욱 적극적으로 스님께서 역할을 해주시기 바랍니다. 새 술은 새 부대에 담아야 한다는 말이 있듯이 저는 불교가 왜곡되는 과정이 있었다면 이걸 빨리 바로잡는 적극적인 역할을 대행 큰스님께서 해주시기를 바라고 있습니다. 여기에 대해서 답변을 듣고 싶습니다. 많은 질문이 있지만 제일 하고 싶은 질문입니다.

큰스님 여러분이 과거에 살던 것을 짊어지고 이 자리에 지금 앉았듯이 부처님 법은 삼천년 전에 있는 게 아니라 부처님 법은 지금 이 자리에 있는 것입니다. 아까 하나, 둘 할 때 둘로 온다고 그랬죠. 그것도 하나라고요. 그래서 부처님 법은 과거의 삼천년 전이라 할지라도 지금 현실입니다. 현실까지 가르치셨습니다. 그리고 미래라 할지라도 미래가 없고 현실입니다. 그러니까 항상 영원한 겁니다. 그러니까 부처님 역대 그 모든 편집한 것이 잘못되게 왜곡됐다 할지라도 그것은 정성을 다해서 한 거기 때문에 크다 작다 그걸 탓을 한다면 참나를 발견할 수가 없습니다. 여러분은 그거를 탓하기 이전에 나부터 알아야 그것을 고칠 겁니다, 아마.

그러나 학술적으로 모두 여러분이 경을 잘 아시고 그렇지만 팔만대장경의 이러한 것은 이렇게 고쳐도 좋다, 시대가 변천하는 대로 계율을 고쳐도 되고 이렇게 해도 된다는 그 말씀이 뚜렷이 있습니다. 그러나 우리가 백지를 모르고는 쓸 수가 없습니다. 백지를 모르고는 고칠 수도 없을 뿐만 아니라 여러분이 종이 없이 글씨 써보셨습니까. 먼저 나부터 알아야 된다 하는 것은 먼저 백지부터 들어야 된다 이 소립니다. 백지부터 들어야 쓸 수가 있다는 소립니다. 그래서 모든 사람들이 너부터 알아라 이런 소리입니다. 너부터 들어라 이 소리죠.

그러면 글씨를 쓰려면 먼저 종이하고 연필하고 들어야 돼. 그건 뭐냐? 백지는 진리를 뜻하고, 무아(無我)에 들어 있는 그 진리를 말하고 무아, 아(我)에서 일어나는 건 연필입니다. 이건 즉 말하자면 중심입니다. 이거를 어떻게 하겠다는 그 중심 말입니다. 이거 아니면 쓸 수가 없습니다. 이게 결부되지 않는다면 쓸 수가 없어요. 그러니까 항상 내가 말하지만 만약에 본인 말하듯이 내가 이걸 고치겠다 하는 사람이라면 고치지 못합니다. 아시겠습니까? 당신네들이 다 잘못됐으니까 내가 이걸 고치겠다, 내가 잘 아니까. 이런다면은 그걸 고칠 수가 없거니와 부처님 불제자도 아닙니다. 그러니 그거를 고친다 안 고친다를 떠나서 스스로서 봄이 오면 스스로서 얼음이 녹고 꽃이 필 수 있지 않을까요? 어때요?

질문자4(여) 예, 저도 그렇게 생각하는데요.

큰스님 예.

질문자4(여) 제가 불교를 대하면서 항상 마음 속에 간직하고 있던 질문이었는데 스님의 설법을 듣거나 책을 읽으면 제가 하고자 하는 질문들이 다 하찮게 느껴집니다. 제가 하찮게 느껴졌어요. 질문할 의욕조차 없어졌는데 지금 우리를 둘러싸고 있는 현실에서는 그것의 영향을 분명히 받거든요. 저는 불교를 처음에 책으로 봤을 때 제가 이러한 책을 접할 수 있는 게 참으로 고마운 일이구나 하는 거를 생각하면서 읽은 사람입니다. 하지마는 그 모든 사람한테도 해당된다고 생각하지만 또 거기에 어떤 역사의 찌꺼기가 꼈다면은 그것이 현재의 모든 사람까지 어리석게 만드는 역할 또한 하고 있다고 저는 생각했기 때문에 스님께 이렇게 질문을 해보았습니다.

큰스님 댁이 백지만 얻어, 그러면 연필은 내가 줄 테니까. (대중 웃음) 어때? 참 장한 질문이었어, 그렇지.

질문자4(여) 제가 여기 올라오면서 소란을 피웠어요. 제가 질문 시간에 올라간다고 하는데 못 올라가게 하더군요. 그래가지고 소란을 피워서 죄송합니다.

큰스님 괜찮어, 아니, 그럴 수도 있지. 그 소란이 아니라면, 싸움이 아니라면 애들 싸우면서 자라는데 뭐, 자기들도 모두 싸우고들 있데? 자라느라고. 허허허, 어때! 아니 자기가 스스로 커가려고 스스로 모두 들 자리는 생각도 안 하고, 허허허, 어느 자리든지 막론하고 급하니까 싸우던데 뭐, 크려고. 걱정될 게 뭐 있어. 그러니까 올라왔잖어. (대중 웃음) 그러니까 우리는 나쁘다 싸우는 거다 이런 게 없어야 한다, 이럴 수만도 없지. 모두 싸우고 가는 길에서 우리가 납득을 하고 지혜를 얻고 또 자라고 이러는 거니까.

그러니까 그냥 저놈 나쁜 놈, 죽일 놈, 자식들도 잘못하면 "죽일 놈 저놈 내가 어쩌다 저런 걸 낳아가지고 이렇게 괴로움을 당하느냐!" 고 이러지 말고 '그것이 다 내 탓이로다. 내 탓이로다. 너도 나와 두 뿌리가 아닌 이상 그것이 바로 내 탓이로다.' 이러고서는 거기다 맡겨놓고 평등한 마음으로 부드러운 말씨로 잘 안아준다면 아주 훌륭한 자식이 될 겁니다. 그러나 "요놈의 새끼야, 네가 원수 같다." 뭐 어쩌다 이래 보세요. 점점 빗나가서 정말이지 원수가 될 겁니다.

그와 마찬가지로 지혜와 그 모두를 얻기 위해서 모두, 지금 정부에서도 국회도 아랑곳없이 막 싸우던데요. 그 참 요새 많이 커지고 있던 걸요. (대중 웃음) 그리고 뭐 어른이고 애고 간에 요새는 어휴, 아는 게 얼마나 많은지요. 뭐 어른 애를 막론해놓고 아는 거 모르는 거 할 거 없이 전부 들고 일어나요. 그런데 그것을 하나의 바람이라고 볼 수 있겠죠. 그러니까 바람을 재우는 것도, 그 의기양양하게 싸우는 거를 내버려두고 지켜보고만 있는 것이 부모들의 마음일 겁니다. 그건 왜? 저렇게 싸우고 맞고 터지고 그러다가 보면은 자연적 자기 스스로 그 인간의 도리를 알게 되고 그 사회를 알게 되고 또는 자기가 지금 무엇을 하고 가는지를 알게 되고 이러기 때문에, 앞으로는 또 모르겠습니다마는 옛날에는 그렇게 싸우고 그러지도 못했기 때문에 아마도 역사를 그렇게 가져온 것 같습니다. 무의미하게 말입니다, 응! 맹꽁이처럼.

그러니까 잘 배워서 또 잘 터득을 해서 정신력으로 발전을 해서 앞으로는 역사를 잘 이끌어가려고 그러는지도 모르죠. 그러니까 역사를 잘 이끌어가려고 하는 과정이라고 생각하시고 그저 마음으로 모든 걸 맡기고, 그런 것들도 전부, 부처님이 계시다면 이 마음 한마음으로서 스스로 돌아가게끔 당신만이 할 수 있다는 걸 맹세코 거기다 맡겨놓고 말로는 남을 욕하지 말고, 남이 나쁘게 한다고 욕하지 말고 그렇게 하세요. 그래야만이 우리가 좋은 역사를 가져올 수 있습니다. 또 질문할 거 없습니까?

사회자 질문하시고 싶은 분들이 많이 계시리라고 생각합니다. 그런데 시간 때문에 다음 기회로 미루고 오늘은 이만 질문을 마칠까 합니다.

큰스님 저 분, 한 분만 올라오시라고 그래. (대중 웃음) 아, 나와 앉았는데 하고 싶은 건 해야지! 얼마나 좋습니까? 웃을 수 있고, 우리가 한자리에서.

질문자5(남) 저는 저 나름대로 단학이라든가 이런 데에 관심을 가지고 있었습니다. 그래서 많은 방황을 하던 중에 제가 종교를 믿으려고 하기보다 종교를 알아보고자 했던 그 마음이 더 강했던 것 같습니다. 그런데 그 모든 분들을 만났을 때 저는 그분들이 아니다라는 것을 느꼈습니다. 뭔가가 저한테 미심쩍은 것이 많았었습니다. 한데, 오늘은 큰스님을 두번째 제가 친견하는 것 같습니다. 그런데 책을 통해서 아니면 비디오를 통해서 큰스님을 이렇게 친견하고 있는 동안은 제가 아주 왜소하게 보이고 그때 그 순간은 정말로 저의 아버지 어머니 이상으로 하나의 뜨거운 눈물이 흘러나오는 걸 느꼈습니다.

제 나름대로 느끼는 이 세상의 어떤 흐름을 볼 때 옳고 그름이 정말로 제대로 서 있지를 않은 것 같습니다. 물론 제 자신의 중심이 서 있지 않습니다. 스님의 어떤 설법이 이해는 되나 제 자신이 정착되지 못해서 제것이 되지 못합니다. 그것이 제것이 되어야만이 제 스스로 우러나서 제가 옳고 그름을 판단하는데 그 옳고 그름을 제가 판단할 수 없는 것은 제가 중심이 서지 못했기 때문입니다. 그래서 큰스님의 설법을 들으면서 저는 제 나름대로 말을 배우고 있고 생각을 배우고 있다고 그런 생각밖에는 들지 못하고요. 제가 주인공한테 맡기면서 해봤을 때 그것이 과연 진짜 주인공인가도 그것도 모르면서 또 그렇게 해보기도 합니다. 그리고 저는 불경이라든가 이런 쪽에 대해 잘은 모릅니다마는 불경도 하나의 끄달림이 될 수 있다는 그런 의미로 스님한테 얘기 드리면서 인연에 대한 의미를 스님께 질문을 드리고 싶습니다. 이상입니다.

큰스님 이 종교라는 건 첫째, '불교' 이런다면은 어떠한 국한된 불교인 줄 아세요, 모두. 그런데 불교라는 건 그게 아닙니다. 불(佛)이라는 것은 영원한 생명의 근본을 말하고 교(敎)라는 것은 지금 좋은 말을 하는 그 자체가 바로 교입니다. 그러기 때문에 카톨릭교나 기독교나 불교나 이런 거를 통털어서 말하는 거지. 그러고 또 그뿐입니까? 보이는 세상과 보이지 않는 세상까지도 합한 말입니다, 불교가. 그런데 거기 어떻게 국한된 어떠한 개별적인 용어가 들어갈 수가 있겠습니까? 그건 그렇고, 지금 뭐라고 그랬죠, 또? 인연에 따라서도 그렇고?

질문자5(남) 예, 그걸 저는 인연에 따라서 제가 갈 수도 있고 안 갈 수도 있다. 그런데 저는 그 인연도 불교의 하나의, 제가 불경의 말을 빌린 어떤….

큰스님 간단 간단하게 조금씩 말을 해야 내가 대답을 해주지. (대중 웃음)

질문자5(남) 그냥 인연에 대한 의미를 스님한테 얘기를 듣고 싶습니다.

큰스님 인연은 뭐 인연이라는 것, 아까 얘기했죠. 눈으로 본다면 귀로도 듣죠. 간단하게 우리 얘기합시다. 귀와 눈과 인연이거든, 허허허, 어때요? 코도 인연이죠. 그래서 우리가 이 한 그릇 안에, 즉 말하자면 버스 안에 타고 있는 것도 인연이요. 그게 돌아가니까 십이처로 십이인연으로 돌아가지 않습니까? 우리 지금 십이인연(十二因緣)으로 돌아가는 것도 말로다가 그렇게 했을 뿐이지. 왜? 십이인연만 되고 십이처(十二處)로만 돌아가는 것도 아닌데, 그 용어가 어디 붙을 자리가 있습니까? 그건 사람 살아나가는 법칙 속에서 편집해서 만들어놓은 겁니다. 우리는 비행기 프로펠러, 이 표현을 내가 잘하죠. 프로펠러처럼 막 돌아가는데 어디 거기 십이처가 붙을 자리가 있고, 어디 십이인연이 붙을 자리가 있고, 인연이 붙을 자리가 어디 있습니까?

그러기 때문에 여러분은 죽는다고 그러는데 나는 죽는 게 아니라 가을잎 떨어지는 거와 같다 이러는 겁니다. 가을잎 떨어진다고 해서 나무 뿌리가 죽고 나무가 죽습니까? 그렇지 않습니다. 우리가 나무를 볼 때는 뿌리가 보이지마는 그 나무가 자기 나무를 볼 때는 자기 뿌리를 못 봅니다. 우리 인간도 그럽니다. 우리 인간 뿌리는 체가 없는 거기 때문에 보질 못합니다. 그러나 자기 뿌리는 지금 자기가 가지고 있으니까 지금 말을 하고 지금 그러고 앉았지 않습니까. 자기 뿌리가 없다면 어떻게 그렇게 앉았을 수가 있어요? 응? 자기 마음내는 게 없다면 어떻게 그렇게 또 말을 할 수가 있구요.

그러니 불법승, 삼보(三寶)가 자기한테 있지 딴 데 있는 겁니까, 어디? 남이 잘못한다 잘한다 하기 이전에 자기부터 알라 이겁니다. 지금 소용돌이 속으로 자꾸 돌아가면서 이것 보고 저것 끄달리고 그러면 거기 순응을 못해서 따라갈 수가 없죠. 그러니까 걸릴 수밖에 없는 거죠. 여러분이 살림살이하는 것도 다 그렇게 걸려서 고통스러운 겁니다. 여북하면 내가 그럽니까? 하늘이 무너지고 땅이 꺼진다 하더라도 눈도 깜짝하지 말아라. '너 자체가 공해서 없는데 땅이 꺼지고 하늘이 무너진다고 거기 개입될 게 뭐 있겠느냐?' 하는 것만 안다면 그대로 영원하다 이겁니다. 여러분이 그 영원한 뜻을 모르실는지 아실는지 모르겠습니다마는 그거를 빨리 아셔야 합니다. 여러분은 그래도 갸륵하십니다.

여러분이 전부 법신(法身) 화신(化身) 보신(報身) 약사(藥師), 뭐 여기 전부들 계십니다. 그게 딴 데 계신 게 아니라 한생각에서 보현(普賢)도 있고 문수(文殊)도 있는 겁니다. 한생각에서 지장(地藏)도 있고 관세음(觀世音)도 있는 겁니다. 응? 이 한생각이라는 거. 그래서 과거의 한생각에 다 계셨었는데 지금 한생각에도, 그것이 삼천년 전의 한생각이 지금 한생각이고 지금 한생각이 미래의 한생각이자 지금 한생각입니다. 그러니 숙명통은 바로 과거를 알고 미래를 알고 그러는 그 내용이죠. 그러니까 그 내용 속에 자기가 산 대로, 과거에 짊어진 대로 가지고 나왔는데 거기다가 다시 입력을 한다면은 앞서의 것이 무너지고 없어지지 않느냐 이 소립니다. 여북하면 이름도 모르는 콤퓨타까지 대동했습니까? (대중 웃음) 그리고 그것을 그렇게 자동적으로 할 수 있게끔 해주는 네 가지 요소가 탐지기지, 무전통신기지, 팩시지 아, 그게 다 붙어돌아가지 않남?

그러니까 나는 이렇게 생각합니다. 내가 이날까지 잘하니깐 내가 이렇게 하겠다 이래본 예도 없고, 내가 못 하니까 그냥 에이, 이거 못 해서 어떡하나 이렇게 한탄을 해본 예도 없습니다. 모르면 모르는 대로 알면 아는 대로 누가 나쁘다 좋다 하거나 말거나 그건 나하고 상관이 없어요. 못난 대로 사는데, 진실하게 사는데 누가 뭐랍니까? 그러거나 말거나지. 그러니까 그냥 제가 느끼는 대로, 아는 대로, 체험한 대로, 실험한 대로 그대로 얘기해 드리는 겁니다. 부처님 법은 딴 데 있는 게 아닙니다. 바로 여러분의 백지 속에 연필을 드십시오. 그러면 쓸 수 있을 겁니다. 감사합니다.

일체가 다 한마음의 나툼

90년 8월 19일

항상 여러분과 같이 공생(共生)·공용(共用)·공체(共體)·공식화(共食化)하고 있고 한자리를 하고 있지만 그 한자리를 하고 있는 까닭에, 여러분은 여러분이고 나는 나로서 서로 헤어졌다가 만나고 만나고 헤어지고, 오늘도 한 장소에서 또 이렇게 만난 것을 너무나 기쁘게 생각합니다.

그런데 우리는 지금 무엇을 하려고 이렇게 분잡하게 다니고 있는지 잘 아십니까? 지금은 세계적으로나 만방에 다 도제양성(道弟養成)이 시급한 시대라고 봅니다. 타력신앙으로써 기복으로만 맹종하고 항상 그렇게 나아가기만 하는 사람이라면 광대무변한 인간의 도리 또는 법신(法身)의 도리, 부처될 도리로서 해나갈 수 있는 자격을 상실했다고 봅니다. 우리가 더할 수 없는 고등동물로서 만물의 영장으로서 해나갈 수 있는 것은 바로 자기 자신을 돌아볼 수 있는 사람인 것입니다. 그래서 자기를 볼 수 있어야만이 이 세계를 볼 수 있고, 세계를 조절할 수 있고, 또 세계를 이끌어나갈 수 있는 그런 여러분이 되기 때문에 우리는 조화를 이루고 평화롭게 살 수 있는 것입니다. 어떠한 체제에서도 살아나갈 수 있게끔 리드해가면서 세계를 조절해 나간다면 지금 공산

주의니 중도니 왈가왈부한다고 하더라도 앞으로는 평화롭게 정상적인 체제를 가지고 나갈 수 있는, 그런 세계가 될 수 있다라고 생각합니다.

여러분이 이 세상에 나와서 여러 가지로 발전하고 과학도 발전하고 공업도 발전하고 또 의학도 발전했지만, 여러 가지 문화 문명을 다 꽃피웠다고 볼 수 있겠지마는, 또 그런 반면에 뭐든 오염되게 할 수 있는 그런 여건도 여러분에게 달려 있는 겁니다. 그러므로 사람의 마음이나 여러 생물이 오염으로 인해 그냥 스러져가야만 하는 그런 차원에서 그친다면 인간다운 도리를 못하는 우리를 어디 인간이라고 볼 수 있겠습니까? 우리가 인간으로 태어나서 비록 한 철을 지내다가 가지만 그 시기에 얼만큼 인간답게 살아나가는가 하는 것은 생각해 볼 점이지요.

그래서 항상 제가 말하듯이, 이거는 아주 고고한 말이 아니라 무식하지만 순박한 얘기로서 한마디 표현을 하겠습니다. 여러분이 다시 한 번 생각해볼 수 있는 여건을 가지셨으면 합니다. 작년 씨를 심어서 올해 추수를 해 들이듯이 여러분이 다 수박이라면 작년 씨로써 수박이 된 거지 작년 씨가 없이 어떻게 수박이 됐겠습니까? 여러분은 작년 씨로 인해서 수박이 된 것입니다. 그러니 누구한테나 물어보십시오. 작년 씨를 바깥에서 찾을 수 있겠나? 바로 씨와 살과 껍질이 다 한데 합쳤습니다. 혼합이 돼서 수박이 된 겁니다. 그래서 그 안에 씨가 있지 딴데 씨가 있는 게 아닙니다.

그래서 인간이든, 저런 식물이나 또는 흙이나 바람이나 불이나 또는 공기의 생명도 다 이 씨로 인해서 나온 것이죠. 근본 원소가 있다는 뜻입니다, 그게. 그러면 우리가 원소를 발견하자 할 때는, 수박은 자기 안에 들은 씨로 인해서 생겨났고 그 수박을 일체 중생에게 다 먹이고도 그 씨가 되남아서 그 씨를 또 심고 또 먹이고 또 심고 또 먹이고 하니, 줄지도 않고 늘지도 않는다는 걸 먼저 알아야만 합니다.

사람이 생겨난 것만큼 먹고 살 수 있다, 적으면 적은 대로 먹고 살 수 있고 많으면 많은 대로 먹고 살 수 있다, 그래서 '분지복은 자기가 가지고 나온다.' 이런 말이 있죠.

그렇듯이 우리는 그 씨를 무조건 의심을 하고 나가기 이전에, 의정을 만들어준다 이러기 이전에 무조건 자기 수박 속에 씨가 있다는 거를 미리 믿고 들어가야 한다 이거죠. 거기에 의정을 낼 때는 스스로 의정이 나는 거하고 만들어서 의정을 내는 거하고는 천지 차이로 다릅니다. 여러분은 그 차이가 얼마나 어마어마한지 모를 겁니다, 아마.

그러면 그 수박의 모든 것, 이리 굴리고 저리 굴리고 하더라도 그 수박에 의해서 나고 드는 모든 것이 다 그 안에 있으니까, 거기에서 다 내고 들이고 하는 거니까 하면서 거기에다 놓고 가는 게 첫째로 중요합니다. 그것은 바로 우리가 침착하게 무심(無心)으로써 수박 씨를 싹 틔우는 겁니다. 그래서 무심도(無心道)로서 그 수박이 싹이 나가지고 길러져서 거기서 수박이 열려. 열려가지고 그 수박이 무르익어서, 여러분한테 그저 내주어도 줄지 않고, 또 넣어도 두드러지지 않는 그러한 능력이 자라나게 되죠. 아마도 거기에서 다시 태어난다면 '청정(淸淨) 자재천궁(自在天宮)'이라고 할 수 있겠죠.

여러분이 만약에 그러한 도리를 지금 이렇게 알고 또 거기다 놓고 갈 때, 지난번에도 얘기했지만 점수(漸修)나 돈오(頓悟)가 따로 있는 게 아니죠. 또 내 씨가 진짜 있다고 믿고 거기 놓고 돌아갈 때, 스스로서 둘이 아닌 도리가 나오고 거기서 유(有)와 무(無)의 세계가, 이 세상이 우주가 그냥 벌어지기 때문에 그때서야 의정이, 대의정이 나는 겁니다. 그때 의정이 적든 크든 다 나는 거지, 내가 우정 의정을 내서 의심하는 것은 그거는 빈 맷돌에 물건 넣지 않고 그냥 돌리는 거나 마찬가집니다. 그러니 그 차이가 얼마나 많겠습니까?

참으로 이 도리를 알아서 마음과 마음이 서로 우주 법계에 두루할 때에 저런 화성에도 그렇고 딴 혹성에도 다 생명은 있지만, 생명이 남의 눈에 보이게끔 할 수도 있고, 보이지 않게 할 수도 있는 그런 자재 요건이 여러분한테 주어져 있다 이겁니다. 또 그뿐이 아니죠. 지금 이 세계가 서로 왈가왈부하고 싸움을 하고 그러는데 그걸 조절하고 조절치 않고, 떼어놨다 붙였다 붙였다 떼어놨다 이렇게 할 수 있는 그런 자력이 우리에게 없다면은 그것을 리드할 수 없는 문제가 생기죠.

언젠가 제가 그런 말을 했죠. 이 세계는 여러분의 마음에 달렸다고 말입니다. 이 세계는 여러분의 주먹 가운데에 딱 들어 있다 이겁니다. 옛날에 어느 사람이 "불법은 어느 것이 불법입니까?" 하니까 하늘 한 번 가리키고, 땅을 한 번 가리키고, 주먹을 한 번 쥐어서 보이고, 땅을 쾅 쳤단 말입니다. 이것은 모든 것을 한데 합쳐서 유의 세계, 무의 세계, 천지를, 삼라대천세계를 한데 합쳐서, 딱! (주먹으로 법상을 치시며) 한 군데 찍은 겁니다. 여기밖에는 없다 하고요. 여기에서 바로 들이고 내고 작용을 하는 거라는 얘기죠. 그 작용이 중용이며, 중용이 바로 이 세계 평화를 만들 수 있는, 불국토를 만들 수 있는, 조절할 수 있는 그런 능력자라야만이 그렇게 할 수 있다라는 얘기죠. 남의 흉내를 내서가 아니라 말입니다.

이런 말을 한번 할까요. 여러분도 다 잘 아시리라고 믿습니다. 그러나 우리가 그대로 편집을 해서 책 낸 걸 그냥 보고 한다면은 그건 의의가 없습니다. 당나라 때에, 거기 유학을 갔던 자장율사(慈藏律師)가 당나라에서 길을 가다가 좀 쉬고 가야겠다 하는 생각이 나서 턱 땅에 앉아서 주섬주섬 책을 꺼내서 보고 있는데 어느 스님이 길을 지나다가 하는 소리가 "별놈의 중 다 보겠네. 백지를 볼 줄 알아야 붓대를 굴릴 수 있고, 붓대를 굴릴 수 있어야 중생을 제도하지 않나." 하면서 "입으로만 쪼다가 몸 떨어지면 말도 떨어질 것을 말이야, 참 별놈의 중 다 보겠네." 하고 가거든요.

그러니 거기서 쇼크를 받아가지고 말입니다. "야! 이놈의 것" 그냥 책을 탁 접어서 넣고는 말이야, "별 이상한 사람 다 보겠네!" 이러면서 생각을 하다 보니까, 별놈은 자기지 그 스님이 아니더라는 얘기죠. 그래서 "별놈은 여기 있군." 그리고선 그냥 탁 놓고는, 그 종남산이라는 기슭에 문수사리상이 있었답니다. 그래서 속상한 나머지 속을 가라앉히고서 그 문수보살상 앞에 가서, 천일을 작정하고선 관(觀)했더랍니다.

얼마를 지나서, 뭐 천일을 생각했지만 천일이라는 생각도 없이 관하다가 문득 이런 생각이 나더랍니다. '야! 문수가 나고 내가 문수지, 문수가 따로 있나.' 이런 생각이 문득 들어가는 순간 옆에서 어느 노승이 말입니다, 지팡이 짚고 왔던 걸로 "탁! 탁!" 치더랍니다. 아, 그래서 보니까 "네가 나고 내가 너라면 나한테 내가 내 주장자를 전하노라." 하더랍니다. 자기가 자기 주장자를 자기한테 전하노라 하는 겁니다. 그러더니 그 지팡이로다가 자기 머리를 탕 치더랍니다. 그러는데 그냥 소리가 요란하더랍니다. 그래 그 소리가 요란해서 쳐다보니까 아, 거기서 사리가 나오더랍니다. 그래서 사리를 받아들더니 하는 소리가 "이거는 석존의 그 사리요." 자기가 간직하고 있었던 사리다 이겁니다. 그리고 또 "가사(袈裟) 한 벌은 부처님께서 입으시던 것이다. 이 유물은 바로 부처님께서 간직하시고 계시던 거니 너희 나라에 가서 절을 짓고 탑을 세우고 잘 간직하라." 하고선 주더랍니다.

참 아주 기쁘고 춤도 추고 싶은데 얼떨결에 공손히 받아서 놓고는 이마가 땅에 닿도록 그냥 절을 털퍽 하다보니까 아, 절을 하고 일어나 이렇게 고개를 쳐들어서 보니까 온데간데가 없거든요. 그래도 절 하던 거니까 삼배를 마치고서 그걸 공손히 들고, 문수보살상을 몇 바퀴 돌다가 보니까, 지팡이로 머리 때렸던 자리가 그냥 흠집이 나서 펑 뚫렸거든요. 그 머리 상처난 부위를 보니까 똑같더란 얘기죠. 그래 혼잣말로 '허허, 문수보살이 화(化)해서, 화신으로서 이걸 전달해주셨구나.' 하는 생각이 드는 순간 마음이 아주 당당해지고 그렇게 떳떳해질 수가 없더랍니다. 그래서 그걸 들고서 신라로 와서 참, 월정사나 통도사나 마곡사나 저런 절을 짓고서 거기다 사리를 모셨답니다.

내가 이렇게 하는 소리를 끝까지 잘 들어보세요. 그래서 사리를 모시고 도제양성을 하기 위해서 참, 자장율사가 마곡사에서 설법을 한다 하니까 사람들이 골짜기마다 꽉 찼단 말이야, 그냥 모두 모여들어서 말입니다. 그러니 거기에서 삼 '마(麻)'자를 쓰고 골짜기 '곡(谷)'자를 써서 마곡사라고 이름을 지었답니다. 그런데 이름 지은 게 문제가 아니죠. 그 후에 고려 문종 때에 부처님의 불법, 즉 불교를 탄압하기 시작을 하는 운동이 생겼답니다. 그래가지고 마곡사의 스님들을 다 끌어가고 또 절을 부수고 이러니까 거기는 도둑 소굴이 돼버리고 말았죠. 그 소굴에서는 참, 도둑들이 수십 명이 아니라 때로는 수백 명에 가깝게 많았답니다. 그래서 나라에서 뽑아 내보내는 관리마다 해를 입었고 그리고 그 도둑들을 어떻게 다 잡을 수가 없었답니다.

그랬는데 그 후, 그러니까 고려 명종 2년에 보조국사(普照國師)라는 분이 왕명을 받고, 그 도둑들을 내보내기 위해서 인연이 됐답니다. 그래 거기 와서 좋도록 말을 하니 좋도록 말을 하는 걸 듣습니까? 보조국사를 외려 해치려고 애를 쓰죠. 그러니깐 보조국사가 어떻게 생각을 했느냐 하면 '아, 이젠 군졸들을 몰고 와서 할 수밖엔 없구나!' 하고서 보조국사는 바로 왕벌이 됐죠. 왕벌 속으로 들어갔단 말입니다. 왕벌 속으로 들어가서 모든 군졸들을 수십만 명을 모아놓고 창을 비껴차라고 했습니다. 창 말입니다. 허허허. 그래서 창을 비껴차고 왕벌 속으로 들어갔으니, 보조국사는 군졸들이 수만 명이다 할지라도 다 인솔할 수가 있지 않겠습니까? 그래서 그 군졸들을 즉, 벌 군졸들을 전부 이끌고 그 도둑떼들한테 가서는 그 비껴찬 창으로다가 그저 사정없이 그냥 찔렀죠. 찔러서 도둑들을 항복을 받았답니다.

보조국사는 항복을 받고 말입니다. "그러면 너희들이 내가 말 하는 데로 가거라." 하니까 "저는 불법이, 부처님 법이 그렇게 광대무변하고 그렇게 묘한 줄 정말이지 몰랐습니다. 저희들도 불자가 되겠습니다." 하고서 거기서 항복을 한 겁니다. 그래서 그 많은 도적들을 다 착한 불자로 만들어 놓으셨는데 말입니다. 그게 문제가 아니라 왕벌 속으로 들어가서 그렇게 하고 도로 다 군졸들을 갖다놓고는 그 왕벌 속에서 다시 나와서 보조국사한테로 들어가도 두드러짐이 없었다 이겁니다. 보조국사한테서 보조국사가 나와서 그렇게 군졸들을 데리고 그렇게 해도, 그렇게 일처리를 했어도, 거기서 꺼냈어도 준 사이가 없고, 도로 가 보조국사한테로 들어갔어도 두드러진 사이가 없었다 이겁니다.

그것을 나라에서 듣고서 200석의 쌀을 내렸습니다. 그래서 보조국사는 그 200석을 받아가지고 부서진 절을 고치고, 제자들을 양성하기 위해 무척 애쓰고 있던 중, 어느 스님이 와서 묻기를 이렇게 물었답니다. "앞서의 석존의 사리가 문수 두상에 들어 있는 까닭은 무엇이며, 나왔다는 그 까닭은 무엇이냐?" 이겁니다. 그 다음에 두번째로는, "가사(袈裟) 유물을 보관했다더니 보관하지 않는 까닭은 무엇이냐?" 하고 물었으며, 세번째 "왜 보조국사는 저 왕벌로 들어갔다가 나와서, 보조국사 안으로 들어갔다 하는 까닭은 무엇이냐?"고 물었답니다. 그때에 만약에 여러분이 그 자리에 있었더라면, 여러분이 보조국사라면 어떻게 대답을 했을는지, 그 세 가지를 말입니다. 왜 석존의 사리가 문수 두상에서 나왔으며, 왜 가사 유물을 그렇게 잘 보존하라고 그랬는데 보존한 사이가 없는 까닭은 무어며, 또 보조국사가 왕벌 속에 들어갔다가 자기한테 다시 들어갔다는 거는 무슨 까닭이냐? 하고 물은 것입니다. 그러니 그것을 무엇이라고 대답하겠습니까?

꼬리가 꼬릴 물고 꼬리가 꼬릴 물고, 얼마나 그걸로 인해서 수많은 선지식들이 또, 선(禪)을 공부한다는 사람들이 묻고 대답하고 묻고 대답하고, 이렇게 부수고 온통 야단들을 쳤는지, 그때 시절에는 한창이었답니다. 여러분이 만약에 그 대답을 어떻게 해야 옳을지, 만약에 보조국사라면 말입니다. 우리가 시급한 것은, 도제양성에 시급한 것은 스님네들이 일차고, 이차는 여러분입니다. 스님네들이나 여러분이나 다 이 공부를 해서 누구든 위 아래를 한 주먹에 쥐고 베풀 수 있는, 들이고 낼 수 있는, 조절할 수 있는 그런 분들이 돼야만이 우리는 평화보다도 조화를 이룰 수가 있다 이겁니다.

보조국사 안 계십니까? 허허허. 이 선도리(禪道理)라는 것은 생각을 요모조모 해서 대답을 하려면 이건 천리 만리 떨어집니다. 요것 생각하고 저것 생각하고 맞춰서 하려고 그러면, 이건 맞춰서 하는 도리가 아닙니다. 그대로 갖다 들이대면 맞아지는 것이 선도리입니다. 뭐 이거는 요것조것 찾아서 맞춰서, 이렇게 하는 거는 우리 일상생활의 보이는 세계에서, 유의 법에서만 있는 거지 무심 속에서는 맞추고 자시고 할 것도 없어요. 허공에 뼈다귀를 세워놓으면 세워놓은 대로 세운 거고, 허공에는 아무것도 없어요. 그냥 빼면 빼는 거고, 했다 하면 하는 거고, 그렸다 하면 그리는 거고, 대답을 했다 하면 하는 거지, 뭐 요 생각 조 생각 이렇게… 그래서 이거를 (가슴을 두드리시고) 발견을 해야 당당해지고, 어느 거든지 갖다가 들이댈 수 있고 이런 겁니다.

그래서 보조국사는 말입니다. 거기에서 앞에 이렇게 앉았는 그 스님을 들고 있던 막대기로 어떻게 후려갈겼는지 "아이고!" 했습니다. "아이고!" 하고도, 그이도 참 가르치느라고 방편으로 했는지는 모르겠습니다마는 번쩍 쳐다보니까, 아프단 소리 "어이구!" 해놓고는 번쩍 쳐다보니까 아이, 보조국사가 말입니다. 휙! 돌아서가는데 이 가사와 장삼이 착! 날리거든. 그거를 보고선 무르팍을 탁! 쳤습니다. 그거를 보고 말입니다. "야, 자재천궁(自在天宮)이 어딨나 했더니 여기 있구나! 사리고 가사 유물이고, 들어가고 나가고 한 것이 다 이게 바로 무(無)로구나!" 그 무인 까닭에 바로 있는 거거든요.

그거는 아까 얘기했죠. 요거를 생각하고, 요렇게 (물컵을 옮겼다가 다시 제자리에 놓으시고) 하는 것이 아니라 내가 한 번 생각을 일으키는 것이 그냥 모든 일에, 일체 만법에 헛되게 하는 일이 아니라는 얘기죠. 그대로 법이다. 그러니 무슨 '한다 안 한다' 언어가 거기 붙을 리가 없죠. 그냥 쏜살같이 한 번 생각 일으키면 그대로 법인데 어떻게 무슨 '한다 안 한다'가 거기, 언어가 붙겠습니까. 그러니깐 거기서 무릎을 탁! 치면서 "야! 이것이 다 무(無)로구나!" "야! 진기하구나, 자재천궁의(自在天宮) 그 묘법! 그 묘법이란 참 이렇게, 이렇게 광대무변할 수가 있나!" 하면서 아무 소리 없이 그냥 아파도 아무 소리 없이 그냥 이마가 닿도록 삼배를 하고 말입니다. "자재천궁의 부처님은 여기 이렇게 앉아 계십니다." 하고선 그냥 절을 하고는 그냥 껄껄거리고, 하늘을 쳐다보고 손을 벌리고선 껄껄거리고 나가거든요. 그러니 보조국사는 가만히 앉았다가 빙그레 웃고는 "참, 한 놈이 열 놈이고, 열 놈이 한 놈이 되듯이 만사형통이로군." 하고선 그냥 그렇게 멋지게 양성을 했답니다.

그 책에 써놓은 걸로 봐서는 그런 얘기가 없었습니다마는 제자들을 기르려니깐 예전에 어떤 한 큰스님이 계실 당시에 그런 얘길 했습니다. 그것이 가만히 보니까 그 큰스님이 그렇게 만든 것입니다. 책에 써있는 거를 그대로 하질 않고 자기가 그렇게 만들었습니다. 만들어도 만든 게 아니라 그냥 법이야. 그러면 그 책에 써놓은 걸로 봐서는 전부 누가 되게 해놨어요. 보조국사가 뭐를 들고 주문을 외우고 이게 있을 수가 있어요? 이렇게 누가 되게 할 수가 있느냐고요. 그러니까 보이지 않는 세계의 그 멋을 모르기 때문에 그렇게 해놓는 거거든요. 볼 수가 없고 들을 수가 없거든요. 그러니까 편집할 때 그렇게 할 수밖에 없죠, 주문을 외웠다고 할 수밖에요. 그렇게 누가 되게 해요! 큰 선사들을 말입니다.

선사들이 만 명이다 할지라도 전의 석존하고 둘이 아닌 까닭에 그 사리를 그렇게 했던 거죠. 그리고 여러분이 가사 장삼을 두른 거와 몸을, 유물을 가지고 있는 거죠. 허허허. 그럼 유물과 가사는 누가 모시고 있나? 자기 각자가 다 모시고 있는 걸. 보관하고 있잖아요, 지금 모두. 그러니 그 사리는 네가 나고 내가 너라면, 나한테 내가 주장자를 전하노라 하고선 자기 머리를 때려서 사리를 빼서 주었다 이거예요. 그러면서 석존께서 “석존의 사리인데, 내가 간직하고 있다가 너에게 전하노라.” 하고선 주었다니 말이야, 그 가르침이란 것이 뭐, 말도 못 하죠. 그러니 자장율사는 율사지마는 바로 선사와 율사를 겸해서 선사도 아니고 율사도 아니었죠, 그때.

왜 그런 말을 하느냐 하면 부처기 때문입니다. 선사도 아니고 율사도 아니다 이겁니다. 아닌 까닭에 뭐냐? 부처도 되고 때에 따라서는, 부처라는 것은 만 가지 법을 다 할 수 있어야, 어떤 거 할 때 나라고 할 수 없는 것이 부처거든요. 그냥 부처니까. 그래서 어떤 사람은 어떤 스님이 그 말대답 한 거를 “그걸 뭘 그렇게 때리고 자시고 할 것도 없고, 그냥 몰아서 한데 전골을 만들어서 한 순갈씩 퍼주면 될 거를 뭘 그러냐고, 그 맛을 알면은 되는 거고 맛을 모르면 할 수 없는 거고 그렇지 뭘 그러냐.”고 그러기도 했답니다. 그래서 “용탕의 전골은 아무나 하는 것이 아니요. 개구리탕의 전골은 그저 나를 깨달아서 둘만 아니면 그냥 하는 것이 개구리탕이다.” 이 소립니다.

이것이 나를 깨달아서, 아까도 얘기했지만 나를 깨달았다고 깨달았단 말 하지 말고 비유하자면 벽돌을 얻어서 탑을 쌓는다고 할 때, 쌓는다는 말을 하지 말고 쌓아라 이거야. 다 쌓으면은 봉오라지 착 올라갈 때 그게 이름해서 돈오(頓悟)라고 한다 이거지. 어떤 사람이든지 이 세상에 태어나서 어린애가 자라서 학생이 되고, 학생이 또 공부를 해가지고 사회인이 되듯이, 사회인이 될 수 있어야 어른이지 사회인이 되지 않고야 어떻게 어른이 될 수 있겠나. 그와 마찬가지로 부모를 믿고 자식이 자란다면 그대로 믿고 가면 그냥 자랄 것을, 스스로 사회인이 될 것을, 그냥 자기가 조금만 알아도 내가 어른 다 됐다고 하는 거와 똑같은 얘기입니다. 그냥 초등학교 중학교 요렇게만 나오고선 내가 다 배웠다고 할 수도 없는 거고, 대학원을 나와도 지금 다 배웠다고 할 수가 없는데, 어찌 다 배웠다고 할 수가 있나, 어른이 다 됐다고 할 수가 없는 거거든요. 그러기 때문에 점수(漸修)다 돈오다 하는 것이 둘이 아니다. 둘이 아닌 까닭에 그 언어도 붙지 않는 자리다 이겁니다. 공(空)도 공했으니까 말이에요. 그대로 내가 목마르면 물 마시고, 그대로 생각을 일으켰으면 그대로죠. 급할 때는 정말 자루 없는 도끼로 그냥 기둥 없는 기둥을 깎아세워서 하늘을 받칠 수 있는 불기둥이 돼야 될 수 있겠다 하는 소리죠.

어떤 사람은 지난번에 이런 말을 하더군요. "야! 오염 물질이나 모든 것이 이렇게 확고부동하게 되질 않고 사람들이 모두 잘못만 저지르고 싸움이나 일으키고 이러니 이걸 어떡하느냐."고, 정치 해나가는 것도 뭐 어떻고 어떻고 그런단 말입니다. 그래서 나는 그랬죠. 내 생각에 속으로, 잠자코 있으면서 하는 소립니다. '야, 모두가 한생각에 중용을 할 수 있는 것이 이 도리거늘, 일체제불과 일체 중생이 다 한마음에 뭉쳐서 한생각을 낸다면 다 해결날 수 있을 것인데, 왜 타의의 딴사람들을 원망하고 그러나.' 정치하는 사람 원망해봤자 그게 그거예요.

왜냐하면 여러분도 한 가정에서 아버지 노릇을 해보시죠. 조금 잘 돌아가면 아버지가 수월하고 또 그 자식들도 부인도 일가 친척들도 다 "아휴, 저이는 근면하고 아주 착실하게 잘산다."고 하고, 그게 망해가지고 잘 안 될 때, 그럼 속상해서 술이라도 한잔 마시고 그러면은 "저건 저러니까, 저렇게 됐다." 이러죠. 부모는 안타까워 하겠지만 자식들이나 일가 친척들이나 부부지간에도 그거는 금이 가고 말아요. 당신은 뭘 잘했다고 술만 먹고 그러냐 이러죠. 이 속을 (가슴을 짚어 보이시고) 알아주지 않죠. 그러니까 그럭할 게 아니라 더 따뜻하게 다시 한 번 마음을 일으켜 세워줄 수 있는 그런 산하대지의 어머니가 된다면, 그리고 자녀들을 키우는 바로 태양의 아버지가 된다면, 또는 다 키워서 거름도 잘 먹일 수 있고 태양인 아버지도 잘 이끌어갈 수 있는 그런 두 부부가 돼야만이, 서로가 서로를 사랑할 수 있는 그런 진짜 사랑이 나오는 것입니다. 그리고 자식한테도 그런 영향을 주고요.

여러분 가정에서 하는 일이 얼마나 많습니까? 가정에서 하는 일은 표시도 나지 않으면서 야, 밥해야지, 먹어야지, 빨래해야지, 치워야지 또 딴사람이 오면 뭐 어쩌고 어쩌고 하다보면 이 엉덩이가 무겁고 다리가 무겁도록 그렇게 하루 종일 하다가 남편이 들어와요. 그러면 또 받아줘야 하는 이치가 있죠. 그리고 심부름해줘야 하죠. 그럴 때에 그 말 한마디가 약이에요. 아주 "여보! 당신 오늘 하루 종일 나가셔서 얼마나 수고가 많으셨소? 더운데, 추운데." 이렇게 하면 되겠죠? 또 들어와서는 "여보! 나만이 그런 게 아니라 당신은 집에서 표시도 나지 않는 그 수고를 얼마나 많이 했소, 몸이 피곤하지?" 이렇게만 한마디 하면 그 아팠던 게 그냥 언제 그랬더냐? 내가 뭐 언제 엉덩이가 아팠나 뭐? (대중 웃음) 이렇게 없어지는 겁니다. 피곤했던 것이 다 없어지는 겁니다.

자식들한테도 악하게 말을 하지 말고 부드럽게 말을 해서, 모든 건 주인공에 맡겨놓고 그저 부드럽게 말해주고, 그저 널리 내다볼 수 있는 평화로운 그 평등한 마음, 우리 스님이나 스님 아닌 사람이나 다 마찬가지입니다. 도둑은 도둑대로 꼬리표 붙여서 생전 도둑하라고 붙여놓은 건 아니거든요. 또 나쁜 사람도 술만 먹는 사람도 평생을 술만 먹으라고 그렇게 붙여놓은 건 아니거든요. 저 사람이 술을 먹게 된 동기, 뿌리를 캐봐야 하지 않나 하는 생각도 해보죠. 그렇게 해볼 수 있는 그 마음을 어머니들이 가지시고 뾰죽뾰죽한 입으로 뾰죽뾰죽하게 말을 하지 말고, 둥근 입으로 둥글게 말을 해서 그 자리가 얼마나 편안하고 소중한지 알게끔 해주는 것이 우리 어머니의 도리요, 아버지의 도리라는 것을 아셔야 됩니다.

불법이 따로 있는 게 아니라 우리들 살림살이 빼놓고, 우리들 빼놓고, 자식들 기르는 것 빼고, 사회를 빼놓고 무슨 불법이 있습니까! 그래서 만 가지 천 가지 번뇌 망상이 다, 육십이견(六十二見)이 다 공(空)한 까닭에 색(色)이 공이라고 그랬습니다. 이 세상이 실상이고요. 망상을 끊어야 한다, 끊어야 한다 하는데 망상, 그 만 가지 망상이 다

오는 대로 그게 뭘 뜻하는 줄 아십니까? 자기의 불심을 키워주는 바로 보리예요, 보리! 불심을 키워줄 수 있는 보리! 그러니까 그 망상이 망상이 아니다 이거야. 그 망상이 없으면 이 생각 저 생각이 없으면 목석이게요? 목석이 무슨 부처를 이룹니까? 무슨 인간입니까? 그러니 그 망상도 소중하죠. 아주 묘하죠.

그러니 망상을 끊으라는 게 아니라 소중하게 주인공에 놔라 이겁니다. 한데 뭉쳐 녹이는 것이 그것이 바로 여러분의 대자비와 대승경지이며 그것을 이루어서 이 산하대지를 그냥 훌떡 집어삼킬 수 있다 이겁니다. 부처가 보이더라도 집어삼키고 넘어가고, 마구니가 보이더라도 집어삼키고 넘어가라 이겁니다. 그렇다고 해서 어떤 사람은 저 부처도 아니다 하니까, 그저 부처를 아무런 방편도 없이 막 때려부수고 그랬거든요. 그러니까 자기 몸뚱이가 맞아서 죽더라 이거예요. 그거를 내 몸과 같이 생각하고 내 마음과 같이 생각하고 내 생명과 같이 생각한다면 아, 그거를 홀딱 여기에 (가슴을 짚어 보이시며) 갖다넣고는 그 물질만 없앴으면 아무 일이 없을 텐데 그렇단 말이야.

여러분이 위패를 해놓고 영가를 청하고 그러죠? 건덕지가 없으면 영가가 어디 붙을 자리가 없어서 못 하니까 위패를 만들어놓는 거거든요. 우리 인간도 이 모습이 없으면 나 자신의 자성신(自性神)도 없어요. 왜냐하면 여러분이 보지 못하는 거죠. 있다 할지라도 보질 못하는 거죠. 또 한 가지는 여러분이 이렇게 바쁜 세상에 제사를 지내더라도 맏며느리나 맏아들은 일년이면 열 번을 지내고, 열 몇 번을 지내는 때도 있다고 합니다. 그러면은 그거를 그렇게 하질 않고 일년에 많든지 적든지 세 번씩만 종합해서, 모든 조상들을 한데 합쳐서 세 번씩만 지내드리면서 무슨 때면은 또 무슨 때대로 지내드리고. 그거는 뭐 백중 때나 또는 정월 때 이런 거는 그냥 우리가 평상시에 하는 거고요. 제사 많은 집들은 백중이나 정월은 빼놓고 세 번으로 그냥 만들어놓고 찹쌀떡으로 세 둥치만 해놓고 과일 세 가지, 나물 세 가지면 오히려 만점이에요.

그런데 그것도 좀더 느끼는 바가 있는 분들은 나물 세 가지 해놓을 것도 없고 과일 세 가지 해놓을 것도 없어요. 떡 세 켜면 물 또는 향, 초면은 그것으로 만족해요. 아주 깨달은 분들은 그것도 저것도 없어도 돼요. 그건 왜냐? 내 마음 속에 촛불이 있고 향이 있고 떡이 있으니까 말입니다. 이 세상을 다 먹이고도 되남는 떡이 있으니 그 뭐 떡을 새삼스럽게 갖다가 놓고 보일 건 뭐 있겠습니까? 내 마음이 그렇게 평등하고 온 누리를 다 싸안을 수 있으리만큼 크다면, 그 조상들의 영령들도 다 문을 열어놨으니까 거기에 들어서 둘이 아닌데 어찌 모르겠습니까? 온 세상 게 내 자리고, 온 세상 게 내 거지 뭐가 따로 있겠습니까? 그런데 따로 뭘 차립니까. 그만큼 익었으면 그렇다 이 소립니다.

그러니 너무 살기에 바쁜 세상에서 열몇 번씩 이렇게 한다면 그 자식들한테도 고통을 주는 거고 그러니 많은 집들은 일년에 세 번으로 아주 매기단을 해서 그렇게 할 때는 찹쌀로만이 떡 세 켜, 조그마하면 조그만 대로 좋고, 크면 큰 대로, 잘 살면 큰 걸로 하고 또 돈이 없고 못살면 그저 한 조각이라도 하되, 한 조각을 셋으로 나누어서 놓으면 또 되고요. 그러니까 그렇게 해서라도 과일 세 가지 나물 세 가지를 한데 합쳐서 놓으시고, 이렇게 해서 간단하게 해놓으셨다가 식구가 잡숫고, 또 떡은 냉장고에 넣었다가 그거 한 봉지 한 봉지 꺼내서 녹여서 후라이판에다가 해가지고, 허허허, 남편이나 자식들이 좀 헛헛할 때는 고것 노릇노릇하게 구워서 갖다가 주면 그것이 바로 조상들 2세가 바로 그 조상이거든요. 그래서 대신 먹어주는 거는 2세가 먹어주고, 냄새를 맡고 정성 들이고 하는 거는 다 2세가 들이는 까닭에 2세가 대신 먹는 거거든요. 그 정성의 마음은 바로 조상들이, 부처들이 다 한마음으로 받아들일 수 있는 그런 방편을 제시하는 거지요. 그러니 마음의 인등을 켜세요. 날마다 말입니다.

우리가 살아나가는 데 선이라는 게 따로 없습니다. 나라는 조건을 세우지 않고, 주인공에다가만 맡겨놓고 한다면 삼계(三界)에 나타나지 않게 하는 참선입니다. 또는 내가 주인공에다 맡겨놓고 아주 진정코 아까 수박씨 얘기 했죠. 수박씨는 내 안에 수박씨가 있다 하고 믿고 거기다가 다 맡겨놓고, 들어오고 나가는 모든 걸 다 맡겨놓고 내 탓으로 돌리면서 온갖 생활을 다 하는 것이 바로 참 좌선이다 이거죠. 앞 뒤 없는 피리처럼 대피리처럼 안이나 바깥이나 다 그냥 그 어디에고. 머무르지 않는다, 찰나찰나 (원을 그리시며) 돌아간다, 그러니깐 어떻게 돌아갈 때 나라고 할 수 없는 것이 바로 부처니까, 앞 뒤에서 안에서나 바깥에서나 머무르지 말라. 걸리지 말라, 이 소립니다. 머무르지 않는 것이 참 좌선이다 이겁니다. 번뇌 망상을 피하지 말고 녹여라. 용광로에 넣듯이 거기 놓는다면 바로 그것이 열반으로 들어가는 지름길이다.

우리가 모든 것을 이렇게만 할 수 있다면, 여러분이 다 부처니만큼 법을 행하는 여러분이 되기 때문에 문수가 될 수 있고, 또는 움죽거릴 수 있는 여러분이기 때문에 보현이 될 수 있는 거죠. 그러니 보현·문수·부처가 따로 없이 여러분이 그대로 부처요 그대로 문수요 그대로 바로 보현이 될 수 있는 거죠. 또 그뿐인가요? 아플 때는 약사가 돼주고, 또 가난할 때는 관세음이 돼주고, 또는 명이 짧을 때는 칠성이 돼주고, 좋은 데로 가지 못해서 애쓸 때는 지장이 돼주고, 이렇게 만 가지 법을 다 가지고 있고 만 가지 이름을 다 가지고 있는 것이 바로 부처예요.

그러니 여러분도 앞으로 열심히 해나가시면서, 또 이런 게 있죠. 어떤 사람은요, 조금만 안 좋으면 벌써 병원으로 가요. 그래가지고 온통 속을 다 뒤져보고 그러고는 거기서 얘기하는 대로 다 쏠리거든요. 자기 중심은 인제 잊어버리는 겁니다. 자기는 그냥 껍데기만 살아요. 알맹이가 있어야 되는데요. 알맹이가 있어서 바깥에서 벌어지는 일과 안에서 자기 알맹이가 생각하는 거하고 맞들어가서 100%를 가지고 살아야 사람의 구실을 한다 이겁니다. 그러니까 자기 뿌리는 어디 가고,

남의 얘기만 듣고 갈대처럼 흔들리다간 뿌리가 솟아서 그냥 죽어버리거든요. 그러니까 여러분이 잘 생각하셔야 하고 30%는 병원에서 고칠 수 있고 약을 쓸 수 있지만 70%는 내가 완벽하게 거기에 (가슴을 짚어 보이시며) 맡겨놓고 '내가 충당하지 않으면 안된다'는 그런 생각을 가지시고 나가야 몸도 건강하고 속에 있는 그 부하들도 공장들도 잘 되는 거죠. 그래야 능률을 내고 그러죠.

지금 우리의 능률을 모두 꺼내지 못하고 있거든요. 우리 나라에 말입니다. 모두 그냥 싸움들을 하고 그러기 때문에, 마음들이 모두 단합이 되지 못하기 때문에 그런 경향이 있죠. 그래서 이렇게 하는 사람이나 저렇게 하는 사람이나 똑같죠. 그렇게 하지 않도록 좀 미리미리 했으면 좋겠는데 그렇게 해놓질 못했기 때문에 모두가 서로 싸우고 크고 있는 거죠. 크나 작으나 말입니다. 그런 거와 마찬가지로 우리도 남만 나무라기 이전에 자기가 그것을 다 해결하고 충당하고 나가야 됩니다.

우리들 이 몸속에, 오장육부 안에 공장이 얼마나 많습니까? 그래서 공장을 제대로 이끌어나가지 못한다면 재정이 모자라게 되고 재정이 모자라는 게 벌써 이 몸이 쇠약해진다는 얘깁니다. 공장이 부진하면 몸이 벌써 쇠약해지죠. 그런 거와 같다 이겁니다. 그러니까 재정이 부족하게 되고 그 공장이 능률을 내지 못하고 이러는 것은, 여러분의 마음이 한마음으로 이끌어주지 못하기 때문입니다. 그래서 한마음으로 이끌어주기 위해서는 첫째는, 모든 걸 거기에 놓는다. 둘째는, 위가 아프다고 그러면 위 공장을 리드해 나가야죠. 공장 직원들을 말입니다. 공장 직원들을 한마음으로 거기다 맡겨놓으면 거기 위 공장에서는 "야! 사장님이 말이야, 우리도 글쎄 같은 사장이라는 거야, 그러니 우리가 그냥 있을 수는 없잖아! 그대로 갈 수는 없지, 아무렴 사장님과 더불어 우리가 둘이 아닌데." 하고선 그때에 능률을 많이 내는 겁니다.

이건 네 거고 내 거고 이렇게 한다면 말도 안 되죠. 촌충이 한 마리도 나 아닌 게 없어요. 내 뱃속을 들여다보세요. 모습을 진드기로도 가지고 있고, 빈대 같은 것도 가지고 있고, 죄 가지고 있는 게 자기지 뭐 딴사람입니까? 그런데 바깥에서 본다면 그게 더럽고 징그럽고 야단법석이죠. 내 오장육부에 다 공장 직원으로다가 쓰면서도요. 그것이 바로 직원이 아니라 자기거든요. 인과로 인해서 뭉쳐진 거니까요. 그러니까 그런 모습으로 하고 있는 것도 바로 자기란 말입니다. 어쩔 수 없이 이 몸뚱이를 이끌고 가려니까, 자기가 그 모습으로 하고 있어야만 하니까 그런 거죠. 그러니까 모습 모습이 화(化)해서 돌아가는 이 일체 만법이 다 부처님 모습 아닌 게 없고, 부처님 마음 아닌 게 없고, 부처님 도량 아닌 게 없고, 부처님 아닌 게 하나도 없습니다.

여러분 질문 없습니까? 질문이 없다 하더라도 괜찮고 질문을 했다 하더라도 괜찮습니다. 함이 없이 하는 것이니까요. 여러분이 말을 해놓고도 그 말한 것이 이렇게 (물컵을 들으시고), 물질처럼 그냥 이렇게 뭐 물질이 생기는 게 아니지 않습니까? 그러나 말 한 마디 잘못 하면은 그걸 속이느라고 백 번 천 번을 속여야 한다는 말이 있습니다. 우린 진실하고 성실하고 다감하고, 진짜 사랑을 알면서 도반으로서 같이 열심히 공부해나가기를 진정코 바라는 겁니다. 그래야 우리 나라와 세계와 전 우주와 더불어 한마음으로 조화를 이루게 되어서 우리 나라가 재정이 부족해서 애를 쓰고 대책을 세우듯이, 그 모든 것을 허공에서도, 다른 데서도, 자력이나 광력을 이끌어서 전력을 그대로 쓸 수 있는 그런 방안을 세울 수 있는 것입니다.

우리가 지구 안에서 재료가 모자란다고 그냥 죽을 겁니까? 한마음이 무심으로써 무심도(無心道)의 중용은 어디서든지 끌어서 어디서든지 충당하게끔 돼 있습니다. 남들은 겁이 나서 뭐 이렇게 해야 이렇게 되지, 저렇게 해야 저렇게 되지 하지만 그런 건 다 필요 없습니다. 돈만 있으면 다 물건 사듯이, 내가 있으니깐 돈도 있는 거고 그렇듯이, 우리가 마음 공부를 해서 한 주먹에 쥔다면은 그때 가서는 참 자유자재할 수 있는 여건을, 그 열쇠를 여러분이 가질 것입니다. 그리고 인가를 받을 것입니다. 부처님의 인가를 말입니다. 오늘은 이걸로써 그럼 마치겠습니다. 열심히 행해 보십시다.

자비의 대권

90년 9월 16일

여러분은 우리가 지금 부처님 법을 믿으러 다니기 때문에 여기 이 절에 왔다고 하실는지도 모르죠. 그러나 우리 한 생각, 한 행동, 한 발자국을 다 따져본다면 하나도 진리에 관한 건이 아닌 것이 없습니다. 그러니 우리는 진리에서 벗어나서는 살 수가 없고 두번째는 몸에서 벗어나지 못하고, 세번째는 의식에서 벗어나지 못하는 그 사실을 잘 알아야 된다고 봅니다.

여러분이 여기 가나 저기 가나 다 한도량인 것입니다. '한'이라면 전체를 말합니다. 예전에도 내가 말했지만 전 우주의 근본이 인간의 마음의 근본에 직결돼 있다고요. 이 세상에 죽은 세상 산 세상이 다 가설이 되어 있어서 그 의식 자체가 전부 근본에 가설이 돼 있고요. 그래서 모두 공생(共生)·공용(共用)·공체(共體)·공식화(共食化) 하고 돌아가고 있다고요. 그러기 때문에 지수화풍을 바탕으로 두어서 광력·자력·통신력·전력이 우리에게 충만히 주어져 있죠. 그러니까 그것을 두고 말해서 이게 하늘을 받치고 땅을 딛고 그대로 이게 원을, 전체를 같이 굴리는 걸 말합니다. 그래서 백지를 알아야 붓대를 굴릴 수 있고, 붓대를 굴릴 수 있어야만이 중생을 제도한다 이런 뜻입니다.

그래서 이 땅을 한 발로 디뎠다고 하는 것은 평발을 말하는 겁니다. 전체 도량을 디딘 거죠. 전체를 받치고요. 전체를 굴리고요. 그래서 불바퀴는 그대로 영원한 걸 말하고 물바퀴는 지혜를 말하고 법바퀴는, 즉 말하자면 철퇴로 내리는 거, 즉 말하자면 대권(大權)을 말합니다. 부처님의 대권이라는 것은 여러분이 생각하는 거와 같이 그렇게 허명무실한 게 아닙니다. 자비의 대권은 그렇게 무서운 것도 아니고 안 무서운 것도 아닙니다. 하지만 그건 절대입니다. 그래서 우리가 좀더 주의해야 할 상황, 이런 것을 오늘은 좀 얘기하려고 합니다.

우리 인간에게 수많은 생명들의 의식이 주어져 있다고 그랬죠. 여러분이 아시다시피 여러분의 몸 바깥에도 자력으로써 밀어내는 게 있고 밀어당기는 게 있습니다. 그것은 우리 몸에만 있는 게 아니라 지구에도 있고 어떤 혹성에도 있습니다. 즉 말하자면은 나고 들고, 든번 난번 교차해가면서 방어하는 게 있단 얘깁니다. 그걸 세 가지 요건이라고 그러는데요, 이 몸으로 비유하겠습니다, 사실이니까.

그래서 밀고 당기고 밀어내고 하는 것이 있는가 하면, 바로 든번 난번 이렇게 방어를 해서 지키는 게 있다 이겁니다. 지키는 건 뭐냐하면, 레이다망에서 들이느냐 내느냐의 그 지키는 관리인이라고 볼 수 있겠죠. 그러면 거기에서 만약에 상황이 달라졌다고 판단했을 때, 이 레이다망에 (머리를 짚어 보이시고) 즉 누진통(漏盡通)에 직결이 되는데 우리가 무슨 상황이 벌어지면 벨을 눌러서 온통 집안 식구들을 다 모으듯이 그렇게 해서 이 안에 있는 의식 자체가 전부 쏟아져 나가게 돼 있습니다, 방어하기 위해서. 그러면 그걸 뭐라고 그러느냐? 바깥에서 들어오는 거 안에서 나가는 거, 이걸 상황에 따라 대치를 하기 위해서, 방어를 하기 위해서, 서로 순환을 하기 위해서 나가는 걸 뭐라고 하느냐? 그것을 이 세상에서는 '오로라'라고 이름 짓고 있다는 얘깁니다.

그러나 우리가 생각할 땐 모습 없는 의식 자체란 말입니다. 그러면 모습없는 의식 자체가 한생각에 만 개가 되느냐? 천 개가 되느냐?

하나가 되느냐? 하나도 없어지느냐? 이거는 바로 작용에 따라서 그렇게 생기고 일어나고 줄고, 일어나고 주는 거다 이겁니다. 그럼 바깥의 생명들은 없느냐? 그게 아닙니다. 바깥의 생명들이 일어나게 되는 것도 안에서 일어나서 나가고 바깥에서 일어나 들어오고 하는 그 과정이 있고, 안에서 일어나가서 그냥 대치를 하는 게 있고 여러 가지 조건이 있죠, 상황에 따라서. 우리가 지금 살아나가면서 남을 만나는데 상황에 따라서 싸움도 할 수 있고, 상황에 따라서 좋게 화해도 할 수 있고, 돈을 받고 그냥 치우는 것도 있고, 서로 좋게 해서 술을 마실 수도 있고, 이러한 문제를 비유하는 겁니다.

그러면 그 주권은, 대권은 누가 가졌느냐? 여러분에 직결돼 있는 근본에 따라서, 마음에 따라서 금방 할 수 있는 그런 문제가 여러분의 믿는 마음에 따라서 있습니다. 여러분은 여러분을 믿지 못해요. 왜 믿지 못하는지 난 알 수가 없어요. 믿는다고 하면서도 여러분은 믿지 못하거든요. 자기가 자기를 믿지 못하고, 자기가 지금 행을 하는 거를 모르고, 자기가 지금 어떻게 돼서 말을 하는지 어떻게 돼서 한 발 한 발 떼고 있는지 그걸 모른단 말입니다. 그게 어디서 나오는지 말입니다. 그게 다 어디서 나옵니까?

여러분이 있기 때문에 여러분을, 즉 말하자면 화두라고 하죠? 여러분이 이렇게 보이는 게 있기 때문에 바로 여러분으로 인해서 주인공도 있는 것이요, 상대도 있는 것이요, 세상도 있는 것이요, 모두 이름들도 있는 게 아니겠습니까? 그런데 여러분이 아까 얘기했듯이 나를 발견하고 의식에서 벗어나면 되는 줄 알지만 의식에서 벗어나도 자기 몸에서 벗어나야 합니다. 그래서 어떠한 게 닥쳐오든지 그거는 상관을 하지 말아야죠. 자기 지혜를 넓혀주기 위해서 다각적으로 다가오는 자기 공부 재료를 막고 '나는 이런 거 싫다.' 이러는 거거든요. 여러분이 어떠한 문제가 다가오더라도 하나하나 놓고 가면서 어떠한 거든지 용도에 따라서 그냥 놓고 가거라, 그냥 놓고 가라. 그 근본에다 놓으면 다 된다. 더 위로 올라가서 내가 더 알려고 하지도 말고, 더 내려가서 모르지도 마라. 오직 거기 근본에 직결되어 있는 그 자체에만 놓는다면 그대로 한생각에서 가정의 12대 종손까지도 모두 건질 수도 있다.

한생각에서, 무슨 돈을 들여서 많이 차려놓고 하는 것보다도 한생각에서 하는 게 제일 빠르다, 빠르다 이렇게 가르쳐도 여러분은 그렇게도 모르고 그저 남한테 기대고 말입니다, 응? 모두 여러 사람들이 연세를 잡숫고 나이가 들고 그러면 남한테다 의존하는 마음도 생깁니다만 의존하는 마음이 더욱더 없어야 한다는 얘깁니다. 의존하는 생각이 있다면은 모든 게 비틀어지고 모든 게 속상하고 내가 해달라는 대로 되지 않으면 '아이고, 불신하는구나!' 이렇게 생각을 하게 되고, 나는 나대로 더 비참하게 되고 나는 나대로 더 힘이 줄어들고 병이 들고 이렇게 되는 겁니다. 그러니 한생각에 따라서 일어날 수도 있고 누울 수도 있는 거고, 병이 들 수도 있고 병이 나을 수도 있는 겁니다. 가만히 보면은 절대적으로 아주 죽을 병이 들었을 때, 더욱더 그것은 자기가 일어나야 한다는 사실을 알아야 합니다. 나는 수만 번 쓰러졌다 일어나고 쓰러졌다 일어나고, 난 경험을 스승 삼아서 오로지 이날까지 살아왔습니다. 이날까지 내가 손을 이렇게 한데 모으고 나를 살려달라고 애원한 때가 한 번도 없습니다. 그건 내 양심입니다. 양심을 맹세하고 이런 말을 하는 겁니다.

여러분, 사람은 한 번 죽지 두 번 죽는 게 아닙니다. 그리고 여러분이 지금 노래를 부르면서 그렇게 애원하고 여러 식구를 등에 업고서 걸음을 걷는데 무겁다고 아우성을 칩니다. 이거를 들을 때마다 가슴이 뭉클하면서 여러분이 다 자기 자신의 자성을 알고, 의식에서 벗어나고 몸에서 벗어나고 진리 속에서, 끄달리지 않아야 여러분은 태평성대를 이룰 수 있고 세계를 거둘 수 있고 평화를 가져올 수가 있는 그런 삶에 대한 보람을 느낄 텐데, 하는 생각이 듭니다.

"부처님!" 하면은 벌써 이거는 공생(共生)으로 돌아가는 겁니다.

여러분은 개별적인 여러분의 주인공이라고 생각하실지 모르지만 '주인공' 하면은 포괄적인 주인공이지 어째서 개별적인 주인공입니까? 하나 얘기할까요? 작게는 여러분의 속에 들은 의식이 전부 한마음으로 합쳐진 모임의 장소 한생각일 것이고, 두번째 죽은 세상 산 세상이나 천체 한마음의 근본이 한데 합쳐지는 포괄적인 주인공이죠. 첫째도 포괄적이요 둘째도 포괄적이요 셋째도 삼천대천세계가 한데 포괄적이다 이겁니다. 이렇게 해서 한데 돌아가는데 지금 마음에서 그렇게 돌아가는 동시에 여러분이 '내가 물이 없다.' 이랬을 때는 포괄적인 데서 개별적으로 탁 나오는 겁니다. 그래서 목마른 것을 입을 축일래도 포괄적으로 돌아가야만이 목을 축일 수가 있으니 이것이 공덕이다 이겁니다.

지금 내가 경고한다고 한 거는 말을 하다 보니까 지금 생각이 얼른 안 나서 그럽니다마는 음! 여러분이 지금 주인공을 믿고 이렇게 찾고 그러는데, 찾는 게 아니라 '자기한테 본래 있으니 발견하라.' 이런 소립니다. 그런데 거기에 뭐가 모순이 있느냐 하면, 여러분은 주인공을 머리로 굴리려고 한다 이겁니다. 내가 이번에 철저히 여러분의 마음을 검증했습니다. 여러분이 머리로 굴리는 경향이 즉 30% 20%는 되더라 이겁니다. 머리는 쉬게끔 내버려두고 마음으로써 뜻을 가져라, 이겁니다. 믿음의 뜻! 뜻으로 내고 들이고 하는 거지 머리로 굴린다면 머리가 고장이 나요. 머리로 굴리는 게 아니라 믿는 것도 마음이요 굴리는 것도 마음이요 들이고 내는 것도 마음이요. 응? 마음에다 하면은 절대로 고장이 나질 않어. 머리로 굴리니까 머리로 산발이 돼서 바깥으로 내닫고 머리가 도는 사람도 있고 별사람 다 많은 거 아니냐 이거야, 딴 짓들을 하고.

옛날에도 내가 얘기했지만 "주인공이 나가라고 그래서 나간다, 들어오라고 그래서 들어온다." 요런 소릴 하는 거야. 그래 주인공이 나가란다고 나가고 들어오란다고 들어오느냐 이거야, 상황을 봐야지. 지켜보는 놈은 누구냐 이거야. 한 발 딛고 받치고 굴리는 놈은 누구냐 이거야, 굴리는 놈. 이것이 내가 해서 누(累)가 될 일이냐, 누가 안 될 일이냐? 이것을 해서 내가 이익할 거냐, 이익치 않을 거냐? 이것을 해서 남이 보기 좋은 거냐 보기 나쁜 거냐? 왜? 이런 거를 지켜보는 여러분이 있건만 무조건 주인공이 하란다고 나가서, 바깥에 가서 춤을 추란다고 춤을 추시겠습니까? '저 바깥에 나가서 춤을 춰라.' 주인공에서 그런다고 하면은 '허허! 내가 어떻게 하나 보려고 테스트 해보는구나. 참! 감사하구나.' 좀 이렇게 다시 굴려서 되놓을 줄은 왜 모르느냐 이소립니다. 그렇다면 여기 와서 공부할 필요가 뭐 있어. 노예가 돼서 그냥 살지. 이렇게 노예짓을 하나 저렇게 노예짓을 하나 마찬가지인데. 이 두 가지가 지금 얼마나 중요한지 아십니까? '머리로 굴리지 말라, 모든 건 마음에서 나오는 거 마음에다 놔라.' 하는 거. 마음에서 나온다고 그대로 하는 건 노예생활로 접어드는 길이다.

예를 들어서 내가 '여러분 가정에 가지 말고 다 스님이 되십시오.' 그런다면 여러분 다 스님이 되시겠습니까? 그러면 이렇게 말할 거예요, 여러분이 너무나 약으셔서. "몸은 비록 이렇게 속세에 있으나 마음이야 스님과 저와 다를 바가 있겠습니까?" 하고 말입니다. 허허허. 아주 틀림없이 고렇게 말을 할 분들이 많이 계세요.

여러분이 값싸게 생각하는 그 마음이 얼마나 중대한 실패를 가져올 수도 있는지 모릅니다. 항상 내가 든든하더라도 한 번 더 딛고 한 번 더 흔들어보는 그런 조심이 있어야 된다 이겁니다. 항상 믿는 마음이, 물러서지 않는 마음이 한시도 떠나서는 안 된다는 얘기죠, 자나깨나. 그렇다고 해서 자나깨나 손을 한데 모으고 자다가도 일어나서 그 몸짓 발짓 하는 거, 난 싫단 말이야. 왜? 귀신인가? 아주 진득하고 무겁고 이 세상을 다 들어서 놓는 것처럼 무겁게 한마음 뜻으로다 놓는다면, 이 세상이 흔들려도 여러분의 마음 그 자리는 흔들리지 않을 거예요.

제가 두 가지 얘기한 거 꼭 명심하셔야 돼요. 머리로 굴리지 않는다. 모든 건 마음으로 믿고 마음으로 오고 가고 하는 것을 마음에다 놓는다. 믿고 물러서지 않는다. 그건 개별적인 자기가 아니라 포괄적인 자기다. 근본이다. 이런 거 말입니다.

벌써 상식으로 생각을 해도 알겠지만 이 몸에 들은 의식 자체들이, 모습 자체들이 생명 자체들이 내가 모든 것을 '나와 너와 둘이 아니다', 그러곤 한마음으로 이렇게 해준다면, 한 회사에서 회장이나 사장이나 공장장이나 전부 우리는 한 도반으로서 한식구다, 그러니깐 '이렇게 벌어서 우리 같이 먹고 같이 살자.' 이런다면 아, 누가 뭐랍니까? 누가 싸워요? 그러면 내 몸 안에 들은 의식들이 파워를 일으키지 않는단 말입니다. 파워를 일으켰다가도 그렇게 다 갖다가 한마음으로 놓는다면 거기에서 '어, 난 죽을 수 없어.' 이럽니다. 왜? 자기가 자기 죽일 순 없거든, 자기니까. 곧바로 자기니까. 그렇게 수효가 많은 이름을 가졌는데도 전부 자기야. 그런데 자기가 자기를 죽입니까? 대답해 보세요. 자기가 자기 죽일 마음이 있는 사람이 있는가 없는가?

어떤 때는 그냥 얼굴을 시커멓게 해가지고 오시는 분들도 여러분 보죠. '에이, 저건 마음 한 번 돌리면 저 속에서 전부 의식들이 그냥 한마음이 돼주어서 파워 일으켰던 것 다 원활하게 만들고 또 세포가 부패됐던 것이 모두 원활하게 되면 저 얼굴이 그냥 뽀얗게 하얗게 될 텐데.' 허허, 이렇게 아쉬운 생각이 든단 말입니다. 여러분이 나고 상대가 있는 거지 여러분이 나지 않고 무슨 부처가 필요 있고 무슨 이 세상이 필요 있고, 상대가 필요 있고, 사랑이 있으며 의리가 있고 도의가 있겠습니까?

날더러 어떤 사람은 부처님 법을 역설(力說)하지 않고 자기 말하고 싶은 대로 한다고 그럽니다. 그러나 나 하고 싶은 대로 하는 것이 진짜지 남이 해놓은 거 그거 읽어가지고 여러분한테 말해드려야만 속이 시원하겠습니까? 또 그렇게 말한다고 싫다고 그런다면 그만이지 아니, 내가 뭐 골이 비었습니까? (대중 웃음) 싫다 그러면 그만이지. (손수건을 건네 드리자) 침 나오면 어때? 그거 뭐 말하다 그럴 수도 있고 저럴 수도 있고, 사람이 살다보면 이럴 수도 있고 저럴 수도 있는데 말하자면 그 정신을, 마음을 어떻게 해가지고 가느냐에 달려 있어요. 나도 여러분과 같은 몸뚱이를 가지고 있고 눈코 달린 것도 같고 똑같습니다. 그러나 부처님은 어땠으며 여러분의 마음은 어땠습니까? 그 마음 차이입니다.

오늘 내가 또 한 가지 말해볼까요. 아까 얘기했죠. '오로라'라는 의식과 안에서 일어나는 것 바깥에서 일어나는 것, 바깥에서 바로 자력으로서 밀어내고 당기고 하는 그것과 또 방어를 하는 그런 세 가지 요건이 있다 이랬죠. 그러면 그 방어를 하는 거는 두뇌에서 모든 걸, 안에서 일어나는 거 바깥에서 일어나서 들어오는 거를 연방 제시한다고 그럴까요? 통신한다 그럴까요? 그러면 안에서 일어나서 막기도 하고 그러는데, 이거 여러분한테 내가 얘기하는 것은 믿거나 말거나 할 수 없습니다. 그럼 할 수 없지 어떡합니까?

가정에서 살아나가는 것도 영계의 문제라든가, 세균의 문제라든가, 유전의 문제라든가, 업보의 문제라든가 이런 문제도 이것과 대동소이하다 이겁니다, 작아서 그렇지. 여러분이 치이느냐, 여러분이 승리하느냐의 문제가 그대로 이렇게 지금 진행되고 돌아가고 있죠. 그러니까 상대성이 없으면은 진리라고 이름도 안 붙었을는지도 모르죠. 상대성이 있기 때문에 그걸 용도에 따라서 항상 너하고 나하고 나눌 때가 있다면 또 같이 할 때가 있고, 유능하게 지혜 있게 굴려야 될 텐데 그거를 아차, 수습을 못 하면 그 지경이 일어나는 거죠. 여러분 고걸 잘 생각을 하셔서, 그렇다고 해서 절대로 잘못되는 일은 없습니다. 왜? 나 보세요. 내가 그렇게 됐다면 얼마나 잘못됐을는지도 모릅니다. 나는 그렇게 하다가 가면 가고 말면 말지 하는, 아예 그냥 다 버렸기 때문에 이만이라도 하지 만약에 버리지 않았다면 되게 걸렸을 거 아닙니까?

그러니까 또 우리가 어떠한 일이 있어서 고난이 한, 일초에 그냥 막 나한테 다가왔다고 합시다. 그거를 아주 무겁게 놓고 기다리시고 지켜보셔야지 만약에 그걸 지켜보지도 않고 그냥 방방 뛴다면 아주 어지러운 일이 그대로 벌어집니다. 거기다 놓고 그냥, 모든 것을 거기 맡겨놓고 있으면은 스스로서 그냥 굴려져서 스스로 평화스러운 게 옵니다, 가정에도 모든 게.

그런데 주인공을 좀 발견했다고 하는 분들이 어떤 땐 더 터무니없이 야단 법석들을 하는 경우가 있어요. 그거는 오히려 더 못됐어요. 오히려 거기서 시킨다고 시키는 대로 말입니다. 이건 발작을 일으키는 거야, 응? 자기가 어떡하나 볼 양으로 그러는 거를 거기 속아가지곤 자꾸 일어나니까 그거는 안 하니만도 못하고, 옆의 사람들 고통만 주게 되고 자기가 고통스럽고 외려 명주 올이 전부 묶여 돌아가게끔 만든단 말입니다. 보이지 않는 데서 묶이면 보이지 않는 데서 풀어야 할 텐데, 보이지 않는 데서 오히려 묶어놓는 형상이 된다 이겁니다.

이 부처님의 마음, 마음자리 골수를 보려면은 여러분의 골수를 알아야 부처님의 골수도 알 수 있습니다. 그러듯이 여러분이 그 마음의 도리를 모른다면 어떻게 부처님께서 일산(日傘) 오백 개를 한데 합쳐서 삼천대천세계에 굴려서, 요리를 만들어서 보여준 뜻을 알겠습니까? 그러니까 자성신(自性神) 즉 말하자면 자기 자신! 자기 자신 안이 궁이거든요 한데 합쳐서 돌아가는 궁. 그 궁, 등(燈) 밝은 그 마음들을 밝은 거기에다가 한데 그냥 합쳐서 탁 주장자를 보여주니깐 확 밝아지면서 대천세계가 그대로 잘 보이더라 이거죠. 여러분이 좀더 그렇게만 가실 수 있다면 스스로 그 궁 안의 밝은 등을 그대로 볼 수 있고, 바깥이나 안이나 다 볼 수 있다. 머리로 보려고 하지 말고 마음으로 보게 된다.

야! 봐도 도가 아니에요. 이거 보기만 한다고, 뭐 되는 줄 아세요? 보기만 해도 안 되고 갖다가 놨다가, 들었다가 이래도 안 되고 또 이거 있다는 거 소리만 들어도 안 돼요. 도가 아니에요. 단지 이거를 (컵받침을 가리키시며) 마음대로 들고 왔다 갔다 할 줄도 알고, 볼 줄도 알고 들을 줄도 알고, 그 속을 말이에요. 이게 지금 어디서 왔나? 이거를 알아야 하고, 또 이것이 지금 무슨 생각을 하고 있나? 이것도 알아야 하고, 그리고선 요게 요렇구나 하고선 요걸 갖다 주기도 하고, 요걸 갖다 먹기도 하고 이래야 도예요. 예? 하하. 이 과정이 말입니다. 그렇다고 어려운 게 아니라 여러분이 벌써 이렇게 만물의 영장으로 태어나셨기 때문에 부처를 이룰 수 있고, 그 마음을 낼 수 있는 대권을 가졌다 이겁니다. 대권이라 하면은 여러분이 마음대로 자유자재할 수 있는 그런 자유를 가졌다. 그러니 그 대권을 얻어라 이겁니다.

오늘 내가 또 한 가지 말씀 드릴 게 있는데 잊어버렸어요. 생각을 했다 금방 잊어버렸다고요. 그러니 잊어버린 걸 찾으러 갈 수도 없고요. 아무튼 여러분이 처음에 주인공에 놓는 공부, 무조건 믿고 놓고 물러서지 않는 거, 두번째 아프든지 어떠한 일이 생겼어도 거기서밖에는 해결 못 한다고 거기다 맡겨놓는 거, 한 발짝도 우리가 그냥 떼어가는 게 없어요. 생각 하나도 그냥 하는 게 없어요. 진리에서 벗어나지 않았고 그 의식에서 벗어나지 않았으니깐요.

그러니깐 거기다가 그렇게 맡겨서 할 수 있도록 이렇게 하되, 자기가 발견이 됐다 하면은 둘이 아닌 도리를 알기 위해서도 또 거기다가 맡겨놓고, 역시 거기서 하라는 대로 하지 말고, 하라는 대로만 해서 좋을 일은 하고 하라는 대로 해서 나쁠 일은 하지 말라 이거야, 좋지 않을 일은. '아하! 이거 그러면 거기서 왜 그런 거를 시키나. 아! 나의 사람 됨됨이를 제대로 만들기 위해서 테스트해 보는구나!' 하고선 참 감사하게 생각하면서 싱긋이 웃을 정도로 그렇게 좋아야죠, 맡기고. 응? 거기에 속아서 그냥 그걸 듣고는 남의 호박 따랜다고 호박 따고, 호박잎 따랜다고 호박잎 따고, 도둑질 하랜다고 도둑질 하고, 온통 나가랜다고 나가고 들어오랜다고 들어오고, 이게 무슨 야단입니까?

그러기 때문에 이끌어주는 스승이 필요하다 이겁니다. 자기가 걸어보지 않고 자기가 가보지 않은 길은 갈 수가 없기 때문입니다. 그래서 꼭 이 공부하는 사람은 바로 이끌어주는 길잡이가 필요하다, 이런 겁니다. 그리고 또 말로만 이렇게 하는 게 아닙니다. 여러분한테 그렇게 해놓고 여러분이 그렇게 진실하게 이대로 하신다면 나도 거기 대동소이하게 따라주는 겁니다. 도둑놈이란 게 뭐 망 보는 놈은 도둑놈 아닙니까? 그러니까 서로 여러분이나 말을 이렇게 해드리는 나나 다 도둑놈이 되듯이, 그렇게 말을 해주었으니깐 나도 책임이 있는 거 아닙니까?

그러니까 여러분 하나하나가 전부 이거는 잘못되면 안 되니까. 또 이거는 잘못될 리가 없어요. 왜? 여기 (가슴을 짚어 보이시고) 마음에다 맡기기 때문에 잘못될 리가 없어요. 잘못된 사람도 횡설수설하는 거를 여기서 나오는구나 하고 맡겨놓으면 그 정신 병자들이 다 나아요. 본인들이 그렇게 못 해서 더디지, 그냥 잠깐 그렇게 그랬던 사람은 그냥 금방 괜찮아지죠. 그러니 제 아무리 이 세상에서 잘났다고 날뛰고 아무리 권세가 좋고 돈이 많고 그렇다 하더라도, 정말 극치적으로 들어가서 본다면 새 발의 피죠. 아무것도 아니에요.

내가요, 그런 말 하면 창피하기 때문에 숨길 것 같지만 난 숨기지 않습니다. 그냥 욕을 하든 말든 할 수 없는 거죠. 내가 이번에 이틀인가, 사흘을 그냥 수분이 다 빠지고선 껍데기만 빙글빙글 도는 거예요. 안에 있는 의식들이 다 나가가지고선 채 수습을 못한 거예요. 아예 그냥 그렇게 되는 상태인데, 그 상태에서도 나는 절대로 그걸 뭐 망각하거나 그런 게 없지 않습니까? 그러니까 딱 받치고 서 있는 거야. 그대로 서 있죠. 이걸 굴리지를 못해 그렇지.

그러니까 뭐냐 하면 이런 생각이 들어요. 세상에 모두가 죽어도 죽은 게 없고 살아도 산 게 없구나! 지금 새삼스럽게 그런 걸 아는 건 아니지만 여러분한테 그런 얘기를 하는 겁니다. '죽어도 죽은 게 없고 살아도 산 게 없구나! 한 발짝도 에누리가 없고 한생각도 에누리가 없구나!' 그런 데다가 또 여러분이 그렇게 살고 권세와 돈만 생각하고 희희낙락 '이것만 하면 족하지 이까짓 것 뭐 필요해.' 이렇게 하는 사람들에 한해서 '참 너무나 그 사람네들이 안됐구나. 사람이 아무리 그래도 죽을 때 가서는 가지고 가는 것도 아니고, 전부 네가 좋아서, 네가 나 좋아서 따라다녔지 내가 너 좋아서 따라다니지 않았지 않아.' 하고 돈은 달아나가지 않습니까? 자기 가족들도 전부 그렇죠, 뭐. 그런데 인간이 돼가지고 이 도리를 못 느끼고 알지 못한다면 얼마나 쓸쓸하고 얼마나 외롭고 얼마나 고독하냐 이거죠.

그래서 여러분이 돈 있는 거는 그저 자식들이 담벼락을 지고 돌아서서 울지 않도록만 이끌어주면서, 이 마음의 뿌리를 도와주면서, 재산을 많이 주지 않아도 될 때는 조금 덜어서 우리가 이런 데 지원이라도 설립하고 또 이런 데 강당이라도 크게 하고, 이렇게 해서 좀더 여러 사람들한테 전달해서 이런 도리를 좀 알고나 죽게 했으면 좋겠다 하는 생각이 드시는 분들은 좀더 생각을 깊이 해볼 수 있는 데까지 해봐야죠. 그렇다고 해서 자식들이 그냥 배고파서 울게끔 놔두고 그렇게 하라는 게 아니고요. 그게 바로 누구 자식입니까? 바로 우리들 자식이 아닙니까? 그리고 우리들 부모고 말입니다. 여러분의 가정이 내 가정이니까.

그리고 한마디만 하겠습니다. 이제는 앞으로 나한테 얘기는 할 수 있을지언정 들을 생각은 하지 말고 얘기만 하시고 가실 요량 하십시오. 우리 스님네들한테도 다 그렇습니다. 우리는 답변은 안 합니다. 왜냐? 멋대로 생각한다면 멋대로 생각하는 대로니까. 생각을 잘 하시라 이겁니다. 생각하시는 대로 따라드리렵니다. 또 한 가지 그렇게 한다면 너무 가혹한 것 같애서요. 여러분이 생각을 잘못하시더라도 급한 상황은 얘기만 하시면 그대로 상황을 돌리겠습니다마는, 될 수 있으면 급하면 급한 대로 주인공에 다 놓고, 여기 들어오셔서 예배 올리실 때에 전체 둥글려서, 즉 말하자면 공덕의 공양을 올리는 거지 우리가 개별적인 어떤 공양을 올리는 게 아닙니다.

그러니까 생활의 상황을 용도에 따라서 이렇게 굴리고 돌아가고, 잘 완화시킬 건 완화를 시키고 급한 건 급한 대로, 여기 와서 기도 드릴 시간이 없으면 없는 대로 용도에 따라서 그냥 재깍재깍 해나가야죠. 안 그래요?

그리고 또 급하면 "스님, 이런 이런 일이 있습니다." 그러곤 그냥 턱 끊어요. '너 들었으니까 알아서 해라.' 하고, 허허허. (대중웃음) 아니, 정말이에요.

그냥 얘기만 하고 가는 사람은요, 야! 그 사람 그렇게 알고 가는데, 믿고 가는데 어떡할 겁니까? 제 놈이. 그러니까 그게 외려 여러분한테는 낫지 말을 시키려고 애쓰고 목탁을 두들겨줄 때를 바라고 이럭한다면 외려 그 일은 잡쳐버려요, 더뎌서. 아니 한 시간 내에 할 일을 갖다가, 1초에 할 일을 그냥 내일로 미루고 모레로 미루고 하는 거나 똑같아요. 그러니 그 일은 망쳐지고 말아요. 그러니까 말을 했다 하걸랑 그냥 자기만 따닥따닥 해버리고 딱 끝내요. 응. 그렇게 하면 벌써 입력이 돼 돌아가니깐요. 자꾸 말을 시키려고 그러니까 나도 급박해지고 여러분도 믿지 못하는 게 되고, 여러분이 믿는다면 말을 다닥다닥 해놓고 입력해놓고 그냥 가버리면 되지, 아! 그 뭐라고 그렇게 그러냐 말입니다. 저 부처님이 (등뒤의 부처님을 가리키시고) 대답해줍디까? 응? 여러분이 그냥 자유자재껏 말을 하고 온통 원을 다 세우고서 가도 잘 했다 못 했다 이런 거 없지 않습니까?

그러니 산 부처의 일이라는 것이, 죽은 부처의 일이라는 것이 두 가지가 따로 있는 게 아니라, 산 부처 죽은 부처 둘이 아니에요. 그러니까 그쯤 아시고 여기 무슨 껍데기만 있느니 알맹이가 있느니 하지 마시고, 알맹이가 따로 있고 껍데기가 따로 있는 게 어디 있어요? 그리고 또 한 가지, 껍데기만 있는 줄 아는 신도님은 자기가 껍데기로 돼 있기 때문에 껍데기로 보이는 겁니다. 응? 부처가 부처로 보인다면 자기도 부처일 것이고, 껍데기로 보일 것이면 자기도 껍데기입니다. 그러니 절대로 껍데기 알맹이 이것을 둘로 보지 마시라 이겁니다, 절대로. 그래도 그 솥 안의 그 팥죽이고, 그 팥죽 안에서 펄펄 끓는 그 방울이

솟구쳐 문수보살이 나오고 보현보살이 나오는데, 어디라고 감히 그게 껍데기 소리가 나오고 알맹이 소리가 나오겠습니까? 여러분 조심해서 생각하시고, 지혜롭게 생각하시고, 지혜롭게 행동하신다면 이 세상에 무엇과도 바꿀 수가 없이 행복하실 겁니다. 이 세상을 다 주고도 바꿀 수 없습니다, 이 도리는.

그리고 한 사람이라도 구제를 하십시오. 신행회의 회장님뿐만 아니라 신도 전부가 하나 하나를 이끌어서 이 도리를 가르쳐주십시오. 안 오면 안 오는 대로 가르치고 오면 오는 대로 가르치고, 그냥. 자식들도요, 자식들한테 가르치는 것 좀 좋습니까? "얘, 네 마음 안에 엄마 아빠의 마음도 부처님의 마음도 다 한데 합쳐 있기 때문에 주인공이라고 한단다. 그러니까 '감사하게 먹었습니다.(합장하시며)' 하는 것도 주인공에 하면은 아빠 엄마한테 감사하다는 거나 마찬가지다." 하고 이렇게 가르쳐주면, 급하면 생각나는 겁니다, 급하면.

어느 학생이 엄마한테 그 소리를 가끔 들었대요. 그런데 어느 친구가, 나쁜 친구가 따로 있겠습니까마는 학교를 안 나오고 있던 친구가 나타나가지고는 "너, 아무 데 가자." 그러는데 안 가니까 그냥 주먹으로 여기 볼때기를 질르더래요. 그 순간에 그냥 그 생각이 퍼뜩 들더라는 거예요, 급하니까. 그 생각을 하니까 "아휴! 이거 (주먹을 쥐어 보이시고) 이거!" 쥐고만 흔들고는 세 놈이 그냥 가더니만 "에이, 너한테다 내가 손을 대느니 그만둬야지." 그러면서 가더라는 겁니다. 만약에 그렇지 않았다면 어떻게 됐을까요?

이것이 참, 여러분이 믿거나 말거나 이렇게 생각하는 거지마는 여러분은 우연이라고 그러겠죠. 우연히는 없습니다. 절대입니다, 이거는. 여러분이 사는 한, 여러분이 살고 있는 한 여러분이 하고, 여러분이 길을 걷고, 여러분이 행하고, 여러분이 파괴를 하고, 여러분이 조화를 이루고 이렇게 하는 것이지 누가 해주고 그러는 게 아닙니다. 지금 우리 몸뚱이를 파괴하고 이러는 것도 여러분입니다. 지구도 인간들이 다 주인으로 살면서 파괴하는 겁니다. 그러니까 파괴를 하기 이전에 우리는 이 몸도 보호해가면서, 이 생명이 얼마나 귀중한 겁니까? 못났든 잘났든 이 세상에 나온 게 말입니다. 그리고 또 이 지구가 생긴 것도 얼마나 귀중한 겁니까? 그러니까 우리가 어떠한 마음으로라도 그렇게 해나가면 마음들이 스스로 포용력이 생기고, 조화를 이루어서 파괴될 것도 안 되고 과학자들이 연구하는 거 우리들한테 일러주면 우리는 또 마음으로 카바하고 가고, 아! 얼마나 좋습니까, 네? 과학자들은 연구하면서 또 천문학을 보면서 이런 걸 해가면서 자꾸 일러주지 않습니까? 그런 대로 우리는 그거 카바해나갈 수 있는 그런 여건을 세운다면 이렇게 하찮은 몸뚱이도 수명이 길어질 겁니다, 아마. 어떻습니까?

고(苦)를 녹이는 도리

90년 10월 21일

우리가 대의적으로 따져볼 때는 항상 한마음 도리로서 돌아가지만 또 너 나가 있듯이, 여러분한테 항상 말씀해드리죠. 여기 오늘 처음 오신 분도 있고 듣지 못했던 분들도 있고, 그래서 여러분이 납득할 만한 기초적인 문제, 자기 자신을 먼저 믿고 알아야 한다는 그 사실, 항상 말씀해드리지만 그래도 오늘 잠깐 또 얘기하겠습니다.

여러분이 다 아시는 바와 마찬가지로 부처님께서는 제일 처음에 사성제(四聖諦)를 설했습니다. 고집멸도(苦集滅道), 사제법(四諦法)은 여러분 다 잘 아시리라고 믿습니다. 그런데 자기가 물리가 터지고 지혜를 얻고자 하는 분, 자기가 자기를 먼저 발견해야만이 자기 가정이나 사회나, 국가적으로나 세계적으로나, 우주적으로나 모든 것을 다 카바하고 자기가 자유자재권을 얻는다고 그렇게 생각하시고 가시는 분들은 똑바로 들으셔야 합니다. 항상 말씀드리듯이 인과로 인해서 뭉쳐진 여러분 속에 들은 의식들, 모습, 생명 그것이 바로 여러분입니다. 그런데 그것이 고(苦)덩어리라는 얘깁니다. 우리가 벌써 이 세상에 태어났으면 고라는 얘깁니다. 우리 인간뿐만 아니라 짐승들도, 하다 못해 지렁이도 어떠한 생명들도 다 고입니다. 쫓고 쫓기면서, 울면서 쓰라림을 당하면서, 짓밟히면서 일어서면서 이렇게 걸어가지 않으면 안 되는 그런 여러분입니다.

그런데 왜 내가 사성제(四聖諦)에 대해서 이렇게 말씀드리느냐 하면은, 첫째 고(苦)에 대해서 말씀드리기 위해서입니다. 고를 어떻게 해야만이 멸(滅)하게끔 할 수 있고 또는 착(着)이 없게 할 수 있느냐는 얘깁니다. 도(道)에 이르기까지 어떻게 해야만이 그 고 하나를 없애느냐는 문제입니다. 그래서 여러분한테 그 고를 없애는 도리를 일러드린 겁니다. 고만 없애면 집(集)도 없어지고, 멸도 없어지고, 도라는 언어도 없어진다라는 얘기죠. 그러면 여러분을 어떻게 인도했느냐는 얘깁니다.

여러분한테 누구나가 다 오신통(五神通)이 있다, 바로 그 오신통 가운데 숙명통(宿命通)이 콤퓨타다, 과거에 입력된 것이 거기에서 다 현실에 나오는 것이니까 거기에다 되입력을 한다면, 앞서에 입력됐던 인과, 유전 또는 영계, 세균 업보가 녹는다고 말씀드렸습니다. 그렇게 과거에 입력된 게 지금 현재에 나오는 거니까 운명 팔자 타령하지 말고 거기에다 놔라 이랬습니다. 거기에다 입력을 다시 시키는 반면에 앞서의 입력됐던 것이 없어지니까 모두 무너집니다. 지옥고도 무너지고 그 업보에, 그 유전에, 영계에 끄달리는 모든 것이 다 무너집니다. 무너지는 반면에 뭐가 없어지느냐 하면 착이 없어집니다. 그러면 한군데다 놓고 들고 나고 이렇게 하는데 몇 가지가 없어집니까? 그러니 이론으로 달달달달 외울 생각을 하지 말고 백 번을 외우는 것보다도 한 번 실천하는 그러한 정신을 가지고 우리가 공부해야 되지 않나, 이런 생각을 합니다.

만약에 여러분이 날더러 모든 것을 체계 있게, 일관성 있게 설법을 해달란다면, 그건 죽은 설법과 같습니다. 체계가 없으면서도 체계가 역력하게 있는 그런 것이 바로 진리입니다. 우리가 고, 고라는 것은 보이지 않는 과거에서 나오는 거든 보이는 데서 나오는 거든 둘이 아니게 나오는 그 자체는 본래 공(空)이다 이겁니다. 부처님께서는 "공(空)과 색(色)이 둘이 아니니라." 하셨는데 왜 그랬을까요? 왜 둘이 아니라고 했을까요? 그 참 중요한 말씀이었습니다. 색으로 보이는 여러분 마음이나, 보는 거나, 듣는 거나, 말하는 거나 모두가 가고 오는 것도 고정됨이 없습니다. 고정된 게 없으니 색과 공이 어떻게 둘이겠습니까? 그래서 이 그 하나만 없앤다면 여러분은 밝은 심안의 심지에 불을 당길 수가 있다 이 소립니다.

여러분이 생각하는 거와 같이 그렇게 '고니까, 그것은 내가 면할 수가 없지, 나는 중생이니까.' 이렇게 자기를 포기하고 자기를 무시하고 자기를 믿지 않는 거는 진짜 부모한테서 자기는 물러서서 다른 부모 찾으려고 애를 쓰는 거나 마찬가지죠.

여러분한테 제가 인도하는 길은 '주인공에서 나오는 거니까'라고 하는 겁니다. 그건 오신통을 비유한 팩시나 천체 무전통신기나 또는 탐지기나 망원경이나 숙명통 콤퓨타나 레이다망에서 지금 오고 가는 걸 다 책정하듯이 그렇게 모두 하고 있는 누진통(漏盡通)까지, 전체 시스템이 돌아가는 그거를 몽땅 한데 합쳐서 거기서 나온 거니까 거기다가 맡겨놓고, 잘못 된 거는 거기서 다시금 잘 되게 할 수도 있고, 잘 된 거는 감사하게 거기 놓고 가라고 했습니다. 이것이 바로 일체 자기라는 게 없이, 공해서 자기라는 건 없습니다. 그거를 몽땅 거기다 놓고 작업을 한다면 잘 되는 것도 거기, 못 되는 것도 거기, 그렇게 모든 것을 놓고 간다면 바로 그게 고를 녹이는 작업입니다.

고를 녹이다보니깐 착도 없어져 '야! 그거 뭐 그것이 누구 탓이냐? 내 탓이지.' 그것이 바로 좌선이고, 마음이 편안해야 좌선이지 어찌 몸이 편안하게 앉았다고 해서 좌선이 될 수 있겠느냐 하고 생각을 하면서 모든 것을 놓을 때, 모든 착도 다 없어지고 욕심도 다 없어지고. 할 말만 하고 묵묵히 걸어가는 그 발 한 걸음 한 걸음이 그렇게 법전에서 떨어지지 않죠. 그러니까 이 세상을 다 딛고 가는 거나 똑같은 거죠,

평발이죠. 말 한 마디, 무겁게 평등하게 부드럽게 해주는 그 말 한 마디가 온 천하에 법계에 두루 하니 그게 법에서 떨어지지 않는 거죠. 한데로 떨어지지 않는다 이겁니다.

그런데 그렇게 가르치는 사람도 많겠지만, 지금 절에서 승려들도 그렇게 가르치고 강원에서도 가르치고 그러지만, 그전에도 얘기했듯이 백지부터 갖다놔야, 책 종이부터 갖다놔야 연필을 들 수 있다 이 소리입니다. 여러분의 바탕이 그렇게 주어져 있기 때문이라고 항상 말씀드렸죠. 여러분의 바탕이 지수화풍의 바탕이기 때문에 여러분한테 그 재료, 광력·전력·자력·통신력이 충만하게 재료로 갖추어져 있으니, 그 오신통은 바로 법바퀴를 굴려서, 불바퀴도 되고, 물바퀴도 되니 그거를 굴려서 자유스런 자유인이 되라 이 소리죠. 처음 오시는 분도 있고 그래서 이런 말을 항상 되풀이하게 됩니다.

그러니 여러분이 반야심경이든지 뭐든지 달달달달 외우는 것만이 능사가 아닙니다. 금강경에도 "아뇩다라삼먁삼보리의 그 법(法)도 없느니라. 그 법 안에 그 뜻도 없느니라." 이랬을 때는 그 뜻을 아시겠습니까? 아무리 금강경을 달달달달 외운다고 그래도 그 안에 그것도 없느니라 한 뜻을 아시겠습니까? 보살은 이름해서 보살이니라. 그런데 내가 건졌다, 내가 건질 수 있다, 내가 건지겠다, 나다, 이렇게 하는 그런 사람들은 보살 될 자격이, 이름해서 보살이라는 그 이름 들을 자격도 없다고 그랬습니다. 입으로만 달달달달 외워서 강의를 해주는 것도 이름해서 보살이라는 그 자체의 이름조차도 가질 수가 없다고 그랬습니다. 그래서 나는 사성제에서 제일 첫머리의 고만 없앤다면, 여러분은 그대로 저절로 도라는 언어도 붙지 않는 그 도를, 그대로 자유스럽게 대권을 얻을 수 있지 않겠느냐는 얘깁니다.

지금 세상에 80까지 산다 하더라도 이 몸을 가지고 도저히…, 그러면 또 이 몸을 벗고서 공부를 할래도 또 그 타령이 그 타령이야. 도루묵이야. 그러니 몸이 떨어지기 전에 이 뜻을 알고 가야 될 것 아니냐는 얘깁니다. 그래서 요다음에 나와도 뚜껑만 열면 나오게끔요. 어떠십니까? 트릿하게 공부하시겠습니까? 누가 대신 먹어줄 수 없는데요. 이 공부는 틀림없이 대신 먹어줄 수도 없고, 죽을 때에 같이 가줄 수도 없고, 똥눠줄 수도 없듯이 대신 해줄 수가 없습니다. 그러니까 여러분이 항상 영원히 같이 둘이 아닌 도리를 아셔야 되겠기에, 사성제의 첫머리의 고덩어리를 녹이는 그 작업만 해라 이런 겁니다, 토막 토막 한 토막씩. 이제 이건 이쯤 해두고요.

옛날에 무착대사(無着大師)가, 저 치악산에 있을 때, 그것도 얘기 들었습니다마는, 뭐 꿩 치(雉)자를 써서 치악산이니 이렇게 말들을 하더군요. 거기로 절터를 보려고 갔다가 꿩이 알을 낳고 있는데 큰 구렁이가 알을 먹으려고 나무 위로 올라가니깐 그냥 활로 쏴서 떨어뜨려 죽였거든요. 알은 살렸으나 그 구렁이는 죽였죠. 그런데 저녁 나절이 됐는데 무착대사가 하룻밤 드새겠다고 하니까, 하얗게 소복한 여자가, 나와서 하는 소리가 "들어 오십시오." 하더랍니다. 그래 들어가니까 밥상을 차려왔는데 젓가락 한 짝만 놨더랍니다.

그래서 무착스님은 물그릇 국그릇에다가 탁 손을 넣어가지곤 밥을 갖다가 그냥 먹었다 이겁니다. 그러니까 그 여자가 있다 하는 소리가 "당신이 내 낭군을 죽였어. 그러니까 당신에게 원수를 갚으려고 이랬는데… 정히 그렇다면…." 했습니다. 그 젓가락 한 짝 놓은 거하고 손으로 집어 먹은 거하고 어떠한 문제가 있어서 그렇게 '정히 그렇다면' 했을까요. "정히 그렇다면, 내가 당신을 감고 있는 동안에 종이 울린다면은 내가 당신을 풀어주고 내가 죽겠으니 나까지 마저 거두어주시고, 만약에 이 종이 울리지 않는다면 당신에게 원수를 갚겠다." 했습니다. 그런데 그 묘한 것이 말입니다. 젓가락 한 짝만 놨는데 그분은 '왜 젓가락 한 짝을 갖다놨느냐, 왜 숟가락은 안 놨느냐, 숟가락 좀 주십시오.' 이게 없이 아무 소리 없이 물을 탁 축여서 그걸 집어 자셨다 이겁니다.

그래서 먹고 나니, 아! 그냥 구렁이로 변해가지고 자기를 탁 감거든요. 그래 감고 있으니까 아침 새벽에 종이 세 번이 울리더랍니다. 울리니깐 풀어주면서 하는 소리가 "나까지 마저 거두어주소서." 하고선 그냥 풀어주면서 아예 가버렸어요. 그 순간에 구렁이는 몸이 가버렸단 말입니다. 그랬는데 나중에 보니까 꿩이 말입니다. 날아갔다가 와서 "떵!" 치고선 또 날아갔다 와서 "떵!" 치고 그러느라고 코가 아주 뭉그러져서 죽었단 말입니다, 그 자리에서. 꿩하고 구렁이하고 모두 세 개를 갖다 한 구덩이에다가 막 묻으려고 하니까 웬 스님이 가면서 하는 소리가 이렇게 말을 하더랍니다. "부처님의 자비로서 알을 살리느라 그랬다지만 어떻게 생명 셋을 다 죽여서 그렇게 하는 것이 자비일 수 있겠습니까?" 했습니다. 그러니까 무착스님은 그 대답을 이렇게 했습니다. "서천의 돌이 동쪽에 꽃이 피었네." 하고요. 그 소릴 듣던 스님은 "아하! 이 요리 맛이 이렇게, 탕 맛이 이렇게 좋은 줄은 난 미처 몰랐네." 하면서 껄껄 웃고 돌아서서 가거든요. 멋진 거 아닐까요? 젓가락 한 짝 놨는데도 손을 담궈서 먹었고, 셋을 다 한데 합쳐서 했는데 "그거 알 살리겠다고 세 생명을 다 죽이고 자비가 될 수 있겠느냐?"고 하니까 "서천의 돌이 동쪽에 꽃이 피네." 하는 소리를 하니까 그쪽 사람 또 멋져요. "탕 맛이 이렇게 좋을 줄이야 누가 알았겠나." 하면서 무릎을 치고 껄껄 웃고 돌아서서 가더라 이겁니다.

내가 나를 발견하지 않고는 이런 도리를 몰라요. 그럼으로써 여러분이 책을, 팔만대장경을 외로 꿰고 바로 꿴다 할지라도, 법설을 아무리 잘한다 하더라도 충전이 되지 않을 뿐만 아니라 그 광력과 전력, 통신력이 충만하게, 구르질 못하기 때문에, 굴리질 못하기 때문에 이익이 하나도 없어. 말 떨어지면 입 떨어지고 입 떨어지면 몸도 떨어지고 아무것도 없어. 공덕이 안 돼. 달마대사가 말씀하셨듯이 공덕이 될 수가 없어. 남을 이익하게 할 수도 없거니와 자기 자체도 이익하게 할 수가 없다 이거죠.

내가 만약에 실험을 하지 않고 체험을 하지 않고 이런 말을 한다면, 이 말도 모두가 허사고 아마 그냥 땅에 떨어질 것입니다. 그러니 그러한 토막의 이치지만은 아주 성성하고, 그렇게 광대무변할 수가 없고, 그렇게 청정(淸淨) 자재천궁(自在天宮), 그 자재의 대권을 가진 사람들이 이렇게 멋질 수가 없어요. 이렇게 멋지게 자유스럽게 살고 갈 수 있는 영원한 이 길을 여러분이 등한시한다면, 그건 정말 안될 말입니다. 이렇게 이끌어주는 사람이 장마다 나는 것은 아닙니다. 눈을 뜬 사람이 끌고갈 때는 둘이 다 빠지지 않지만 눈을 감은 사람이 눈을 감은 사람을 끌고갈 때는 둘이 다 빠지게 돼 있습니다. 그거는 우리 지금만 그런 소리 하는 게 아니라, 역대의 조사들이 다 그런 말씀을 하신 겁니다. 그리고 이 사회의 이치도 그렇습니다. 둘이 아닙니다.

인과에 대해서 또 한 토막의 얘기를 하죠. 춘천에서 있었던 얘깁니다. 어느 분이 참 극난히 돈을 벌어서 잘 돼가지고 집을 짓게 되어서 집터를 보러 다녔습니다. 집터를 보니까 참 좋은 데가 있어서 터를 닦는데 아, 구덩이 구덩이 그냥 몇 구덩이가 전부 뱀 소굴이더랍니다. 그래 뱀을 어떻게 할 수가 없으니까, 그냥 그 구덩이에다 기름을 끼얹고 불살라버렸습니다, 구덩이마다. 그래 그럭하고 다 치우고선 집을 거기다 지었습니다.

짓고 났는데 아들이 성장해서 장가를 들어서 애를 낳았습니다. 그런데 애가 병이 들었습니다. 또 자기 아들도 병이 들고 손주도 병이 들었습니다. 그냥 몸이 붓고 배가 부르고 점점점 커지는 겁니다. 그래서 뭐 아들들이 어디 취직을 할래도 그런 문제 때문에 됩니까? 또 자신은 진급도 되질 않는다는 겁니다. 그런데 애가 딱 죽게 되는데 그냥 뱀 새끼들이 꾸역꾸역 그 몸에서 나오는 겁니다. 그렇게 죽으니까 또 갖다가 기름을 끼얹고 그거 화장을 시켰지 어떡합니까? 너무 징그러우니까.

화장을 시키고 났는데 아버지가 또 돌아가시더랍니다. 어머니 아버지가 그저 하루 이틀 사이로 그냥 돌아가시더랍니다. 그래서 어머니하고 아버지하고는 자기 산에다가 묻었습니다. 그럭하고는 한 이삼 년 갔는데 아, 이 산소에 가보면 구멍이 송송송송 뚫렸더랍니다. 그래 구멍이 송송송 뚫리고 어느 때는 집 마당에도, 울타리에도 뱀이 척 걸쳐 있기도 하고 떨어지기도 하고 이러더랍니다.

그래서 어디 도인이라는 스님을 만날까 해서 아무리 찾아도 도인 스님이 없었습니다. 그래서 그런 스님 좀 만나게 해달라고 얼마나 정성을 들였던지 그 해 일년을 그렇게 그냥 꼭 물을 떠놓고 향을 피워놓고 정성을 들였더니 아, 삿갓 쓴 허름하게 입은 스님이 지나가더랍니다. 그 스님을 붙들고 그 사실 얘기를 다 하니까 그러냐고 그러면서 "그 산소에도 있고 지금 집터에도 뱀 소굴이 그렇게 있어서 아버지 어머니의 뼈 마디마디까지도 전부 뱀이 돼버렸어. 그러니 내가 시키는 대로 하려느냐?" 이랬답니다. "아이! 그러면 안 듣겠습니까?" 하니까 그 스님이 군데군데 망을 치라고 그러더랍니다. 저 왜 병아리 가두는 그런 거 있죠? 그런 걸 망을 쳐놓고 그 안에다가, 예전에는 겨가 많지 않습니까? 집집마다 겨가 있으니까, 겻불을 피워놓고, 하얀 죽을 그 큰 함지박에다가 이 집터에도 세 그릇, 저 산소에도 세 그릇 갖다놓고는 그저 내가 시키는 대로 그렇게만 해놓는다면 당신을 살리겠노라고.

그래서 그렇게 해놓고서 있었는데 그 스님이 그냥 가만히 앉아서 있는데 그 산소 구멍 뚫린 데로요, 그냥 수없이 뱀들이 나오더랍니다. 집에서는 그 기둥 밑에서 수없이 나오더랍니다. 수없이 나와가지고는 그 죽을 잔뜩 먹고는 그냥 다 죽는 겁니다, 거기서. 다 죽었어요. 죽어가면서 기어서 그리로 다 들어가니까 거기에서 그냥 타서 그 껍데기는 없어지더랍니다. 그러니까 그 스님이 아버지의 영혼을 건졌다고 하시면서, 그러고나니 그 집 안에 그런 일이 하나도 없어졌답니다. 그래서 그 동네가 전부 불자가 되고 그 식구는 전부 승려로서 입산을 하게 됐더랍니다. 그런 얘기 한 토막이 있습니다.

여러분 이 인과라는 것이, 그래서 첫째 살생을 하지 말라 그랬는데 항상 여러분한테 "묘한 도리가 있다." 이런 말을 했죠. 부모를 위해서 토끼 한 마리를 잡아야 할 텐데 어떡하면 살생이 되지 않나를 얘기해 드렸습니다. 일부러 생명을 죽이라는 게 아닙니다. 그러나 이렇게 급할 때는 그 토끼도 내 몸이요. 토끼의 생명도 내 생명이요, 토끼의 그 마음도 내 마음이니, 바로 그 토끼를 죽이는 순간 죽인 게 아니라 자비라 이겁니다. 토끼는 바로 나로 인도 환생이 됐단 말입니다. 들어가도 들어가도, 토끼를 만 마리를 죽였다 하더라도, 그것은 사람으로서 인도 환생이 됐기 때문에 탕 요리를 한 거죠. 탕 요리예요. 그렇다면은 그것은 약으로도 쓸 수 있지만 그것은 요리도 된 거죠. 영혼을 요리해서 그 껍데기를 벗겨주고, 토끼라는 껍데기를 벗겨주고서 인도 환생을 시킨 거죠. 한순간에 말입니다. 그래서 들여놔도 들여놔도 그것이 두드러지지 않고 그거를 몽땅 내서 천도를 시켜도 내간 사이가 없다 이거죠. 줄지 않는다 이거죠. 이 도리가 바로 거기에, 여러분이 깨우치는 도리에 거기도 있다 이겁니다. 그러니까 일체 만법이 전부, 행이 전부 도 아닌 게 없고 그러기 때문에 그 참 광대무변한 도리다, 이런 문제죠.

그래서 이러한 한 토막의 인과에 대한 이야기, 여러분이 그런 것도 옛날 전설의 고향으로만 생각하지 마시고 현실에 그렇다는 것을 아셔야 할 것입니다. 여러분이 항상 인간으로만 사시는 게 아니라, 지금 공부 열심히 하셔야만이 아마 그런 데에 떨어지지 않을 겁니다. 그런데 떨어지지 않으려고 해야 이 도를 또 이루게 되는 것이죠. 뭐 그렇다고 해서 '내가 부처가 돼야지!' 하지도 말고 '내가 지옥에 떨어지면 어떡하나!' 그러지도 말고 '죽으면 어쩌나!' 하지도 말고 '살아야 하겠다.' 하지도 말고 몽땅 그대로 여여하게 그냥 자기를 믿고 놓고 여기서 해결하라 이거죠. 자기 자신이 없다면 세상도 없고 자기 자신이 없다면 상대도 없고 자기가 나왔으니까, 나쁜 거 좋은 게 내 앞에 닥치니까 모든 게 내 탓이다 이거야. 좋은 것도 내 탓, 언짢은 것도 내 탓이다 이거야. 누구의 원망이나 그런 것도 하지 말고. 모든 게 그렇게 나간다면 이자에 이자가 붙어서, 이자까지 붙어서 여러분한테 공덕이 될 겁니다.

또 한 토막 할까요. 한 토막하고 말죠. 이거는 예전에 어느 큰 스님의 얘깁니다. 어느 수좌가 와서 그 스님께 이렇게 물었답니다. "돈오(頓悟)와 점수(漸修)가 둘이죠?" 그러니까 "그렇지, 둘이지." 그랬대요. 허허허. 그런데 어느 스님이 와서 또 "돈오와 점수는 둘이 아니죠?" 하니까 "그렇지, 둘이 아니지." 그러더라는 겁니다. 그러면서 그 스님더러 뭐라고 그러느냐 하면 "자네 둘이 아닌 줄 어떻게 알았나?" 그러면서 하는 소리가 "둘이 아닌 까닭은 무엇인가?" 이러고 묻더라는 겁니다. 그 스님이 뭐라고 대답을 했을까요?

여러분한테 만약에 둘이 아닌 까닭은 무엇이냐고 물었다면 어떻게 대답하시겠습니까? 좀 대답해보십시오. 둘이 아닌 까닭이 무엇입니까? 그러니깐 그 스님이 있다 하는 소리가 이러더랍니다. "만 가지 물이 젖는 까닭입니다." 하더랍니다. 만 가지 물에 젖는 까닭! 그러니까 큰스님이 또 묻기를 "젖는 것도 없는 까닭은 무엇인가?" 하고 또 묻더랍니다. 하하하. 어떻게 됐겠습니까? 그러니깐 아무 대답도 못 하고는 삼배를 올리고 그냥 가더랍니다.

여러분은 만약에 '그 젖는 것마저도 없는 까닭은 무엇인가?' 이랬을 때 뭐라고 대답하시겠습니까? 그러니 돈오·점수를 가지고 왈가왈부할 게 전혀 없다 이 소리죠. 내가 그거는 간단히 뒤집으면 될 것이지만 여러분한테 그걸 말해주면 속이 다 드러나게요. 하하. 여러분이 밥을 먹고 배가 불러야 되니까요. 대신 내가 먹어 줄 수는 없습니다. 그렇게 멋진 말씀을 하시고 또 한 번은 대답을 멋지게 해버렸어요. 그런데 그만 또 '그것마저도 없는 까닭은 무엇인가?' 하는 바람에 그만, 거기에서 그만 헉! 한 거죠.

또 언젠가 한 번은 그거는 나도 직접 본 얘깁니다만, 목사인지 신부인지 하여튼 와서 물었습니다. "우리는 하나님이 될 수 없습니다."

이겁니다. 하니까 그 큰스님은 "하나님이 왜 될 수 없겠나?" 하시면서, "우리는 모두가 부처 아닌 게 없네." 하면서 "자네가 요만큼 알면 나도 요만큼 알고 자네가 이만큼 알면 나도 이만큼 아네." 아! 이렇게 목청을 높여서 말이야, 자네가 요만큼 알면 나도 요만큼 알고 자네가 이만큼 알면 나도 이만큼 아네. 아, 이러고서 "이만큼 아네." 아 이러시는 거예요. 그러니 얼마나 우스워요. 그냥 곱게 그냥 그러시는 것도 아니에요. "자네가 요만큼 알면 나도 요만큼 알고 자네가 이만큼 알면 나도 이만큼 아네." 아, 이런단 말입니다. 아, 그러고는 "여보게, 그 차나 먹고 가게." 아, 이러거든요.

그때 차를 갖다가 저 뭡니까? 그 나무 이름도 이제 잊어버려서. 그냥 베어다가 쪼개가지고 끓이는 겁니다. 그래 그걸 한 차관씩 이렇게 끓여서 누구든지 오는 사람마다 먹는데, 나는 그때 불청객처럼 그저 거기 가서 그 스님을 할아버지처럼 그냥 보고 그저 몰래 얻어먹고 이렇게 하는 거지와 같은 사람이었죠. 그런데 그 누룽지 한 덩어리가 이 우주를 덮고도 남아, 너무 커. 그리고 그 누룽지 하나가 이 세상 부처와 중생이 둘이 아니게 다 먹고도 남아, 그 누룽지 하나가. 그러니 그걸 말로 어떻게 다 하리까?

그러니 그렇게 말씀 멋진 것도 참 더 할 말 없지 않어? 그러곤 "차나 한 잔 먹고 가게." 허허허. "자네가 귀신 짓을 하면 자네가 귀신이고 자네가 귀신 노릇을 안 하면 귀신은 없어." 아, 이러곤 그냥 들어가거든요. 그러니 그 사람은 물끄러미 눈을 멀뚱멀뚱 뜨고 한참 아무 말도 못 하고 그냥, "자네가 이만큼 크면 나도 이만큼 커!" 하는 소리에 그냥 눈이 멀건이, 거기 한 십오분 동안 앉았더니 그때에야 정신을 차려서 가는 거야. 허허허. 정신이 아주 그냥 없어져버렸어. 그걸 보고 나는 너무나 우스워서 그냥 웃고 누룽지 한 덩어리 얻어먹곤 조금 먹고선 또 싸들고 말이야, 그리곤 나는 나대로 갔지만 말이야. 그렇게 멋진 양반들, 얼마나 멋져!

그런데 지금들은 왜 그런지 그저 싸움을 못해서 으르렁 으르렁 으르렁 해. 그 싸움이야 하나도 싸움할 것도 없고 네가 옳으니 내가 옳으니 할 것도 없어. 만 가지가 다 젖는 것에 있고 젖는 거마저도 없는 까닭이 뭐냐고 했는데 아니, 뭘 왈가왈부야? 응? 만약에 큰 것, 작은 것이 둘이라면 어떻게 이 시대가 지금 진리로써 무한하게 영원히 이렇게 돌아가고 있느냐 이거야. 시간과 공간을 초월해서. 단군 할아버지도 우리의 조상이며 우리 한민족의 어버이시다 이거야. 그분도 둘이 아니야, 부처도 둘이 아니고, 우리 조상들 아버지도 둘이 아니야. 왜냐? 마음이 지혜로우냐 아니냐, 넓으냐 작으냐 이것뿐이지 부모가 자식을 생각하는 마음은 부처님의 그 자비와 똑같애. 그래서 둘이 아니라니까. 자식을 살리기 위해서 자기 목숨까지도 버렸어. 버릴 수도 있어, 부모는. 자식은 못 버려도. 그러기 때문에 둘이 아니다 이거지.

그래서 단군 할아버지는 팔십일자를 두고 제일 처음과 끝을 보면 우리 염주알, 시발점과 종점이 어디냐 할 때 어딥니까? 시발점 종점이 어딥니까? 따로 있습니까? 따로 없습니까? 예? 거기서 차를 타기도 하지만 거기서 내리기도 한다 이거야. 그래서 염주알 돌릴 때 몇 번 돌리고 나면 제자리로 도로 돌아와. 어떻게 이게 둘입니까? 그러니까 부처님께서도 팔십종호(八十種好)했고, 단군 조상도 팔십일자를 남기셨어. 처음에 일시무시일(一始無始一) 나중에 일종무종일(一終無終一)! 어때요? 얼마나 맛있는 소립니까? 세상의 생명들이 이렇게 헤아릴 수도 없이, 보이지 않는 생명 보이는 생명이 이렇게 헤아릴 수도 없는데 무종일(無終一)이 아닐까요? 시간도 공간도 초월해서 돌아가고, 고정됨이 없이 색(色)과 공(空)이 둘이 아니게 돌아가는데 일시무시(一始無始)가 아닐까요?

그런데 이 모두가 어떻게 체계 있게, 체계 있는 거는 여러분이 살다보면 그냥 아주 계율(戒律) 없이도 계율을 잘 지키고 시간도 잘 지키고, 그건 여러분 마음에 달려 있지 않아요? 시간을 잘 지키고 사회적인 상식과 도의·의리·사랑 아, 이런 것도 여러분이 다 충만히 재료를 가지고 있기 때문에 그냥 하고 가시지 않습니까? 그런데 우리가 달달달달 입으로 외우는 것만 하고, 머리로 굴리는 그러한 작업만 하다가 보면 몸들도 나빠지고 병들고, 몸 떨어지면 아무것도 없는데도 불구하고, 몸 떨어지면 머리로 신경 쓰고 머리로 외우고 말로 그냥 달달달달 외우던 게 다 떨어질 텐데 어떡하시렵니까?

여러분 잘 생각하셔서 몸뚱이가 보지 않았어도 "아이고, 나는 오늘 큰스님." 그건 여러분이 부르시는 큰스님입니다. 내가 커서 큰 게 아니라, 여기 스님네들이 많고 그러니까 이름을 어떻게 붙일 수가 없거든요. 그러니까 늙은이를 큰스님이라고 그러고, 조금 젊은이를 총무스님이라고 그러고, 시자스님들이라고 그러는 거거든요. 여러분도 아버지라고 그러고 아들이라고 그러죠? 큰 아들 작은 아들 뭐 이렇게.

그런 거와 같이 시간과 공간을 초월해서 우리는 그냥 정돈해서 살자, 부지런히 뛰자 이런 건데. 그 보세요. 지난번에도 하나 하니까 일시무시일(一始無始一) 하는 것도 그 격이죠. 하나 하니까 하나 해도 하나요, 천 해도 하나야. 둘 해도 하나고, 셋 해도 하나고, 하나 해도 하나고. 너무 많으니깐 또 한 그릇 이러다가 나중에는 너무 많으니까 하나도 없다, '무(無)' 이래버렸거든. 그러니 그 무심(無心) 속의, 바로 그 무심 속의 심지에다가 불을 당겨라 이겁니다, 불을 당겨. 자가발전소야, 여기가(가슴을 짚어 보이시며). 아무리 천둥번개를 하고 비가 막 쏟아져도 꺼지지 않는 자가발전소.

여러분 처음에는 용광로에 넣었다가 작업을 하고 나니까, 나중에 두번째는 자가발전소가 되고, 나중에는 넣어도 넣어도 정말이지 두드러지지 않고 꺼내도 꺼내도 줄지 않는 그런 자유자재의 대권을, 그대로 법자를 마음대로 굴려도 한데 떨어지지 않게 그렇게 불바퀴를 타고 다니면서 법바퀴를 굴리고 말입니다. 물바퀴를 굴리고 용이 돼서 들어왔다 나갔다 해도 수많은 고기들을 다 먹이고도 남음이 있으니까, 들락날락하고 꽃이 피고 새 우는데, 앞뒤 없는 펑 뚫린 피리를 불어가면서 얼마나 좋습니까? 여러분, 그 뜻을 잘 아셔야 합니다.

그러니 그저 이 경이라는 것은 여러분이 이거를 (양 손으로 가슴을 짚어 보이시고) 감지하고 난 뒤에 그 뜻을 알기 위해서, 그분들은 어떻게 해놓으셨나 하고 뜻을 보니까 모든 것이 지금 현상의 진리와 아주 그냥, 보이지 않는 세계와 보이는 세계가 돌아가는 것이 그대로 역력하게 있어. 여러분이 지금 그걸 모르고서 아무리 읽어보세요. 뜻을 모르는 그 글은 아무리 읽어도 소용 없어. 난 소신껏 사는 사람이에요. 누가 뭐래도 거기에 관여 안 해요. 모른다 해도 관여 안 하고 안다 해도 관여 안 하고 또는 비구니 뭐 어쩌고 해도 그건 나하고는 상관없는 거니깐요. 아무 상관이 없이 나는 싱긋이 웃을 수 있는 그런 그 인간 됨됨이가 문제지, 뭐 높고 무슨 장하고 큰스님이고 그게 문제가 아니에요.

어떤 때는 지나가다가도 눈을 꿈벅꿈벅하고 소가 도살장에 끌려가는 겁니다. 그 눈이 얼마나 부리부리하고 눈물이 글썽글썽한 눈에서 눈썹은 길게 이렇게 덮히고 말입니다. 어떤 거든지 눈을 보면 그렇게 선할 수가 없어요. 그렇게 선하고 그럴 수가 없어요. 연쇄적으로 짐승은 사람들의 손에 죽고 살고 이렇게 하죠.

그래서 '야!' 하고선 속으로 소리를 질렀더니, 소가 '난 가!' 하거든. 그 소 속에 들어가서 소가 되어본다면은 기가 막힌 겁니다. 여러분도 지금 금방 돌아가시게 된 분들의 그 속에 들어가보면 그 분의 살던 그것 다 버리고 가는 그 마음이 말입니다. 그 마음이 다 버리고 아주 깨끗한 마음으로 있을 때 좋았고요. 어떤 분은 "아이구, 저거를 두고 죽으면 어쩌나!" 하고 그렇게 가지 못할 분 마음 속에 들어가 보면요, 아주 어지러워요. 그러니 그 소 속에 들어가도요, 소는 아무 기탄이 없습디다. 그런데 착이 있어. 무슨 착이냐? 소로 살던 습이 있단 말입니다. 그 습을 없애주려면 내가 소가 돼야 돼.

그래서 옛날에도 어느 보살이 돼지 속에 들어갔었거든. 아, 그런데 돼지 속에 들어가서 오래도록 있으니까, "아이구! 돼지물 들어, 빨리 나와." 이랬거든요. 아주 간단하게 이렇게 말하죠. 보살이 돼지 속에 들어가서 오래 있으니까 "빨리 나와, 그 돼지 습이 물들 테니까." 그랬다는 셈으로, 우리는 순간순간 남의 속에 들어갈 수 있고 내가 될 수 있고 네가 될 수 있어야 그것이 나툼입니다. 그게 자유인이에요. 그런데 여러분은 남의 속에 들어갈 수도 없고, 내 속을 감지할 수도 없다면, 죽은 세상 산 세상을 어떻게 카바해나가면서 나를 건지고 남을 건집니까? 그래서 소가 둘이 아니어서 참 눈을 꿈벅꿈벅하고 하니까, 내 눈에도 눈물이 글썽 그 눈에도 눈물이 글썽. 빙긋이 서로 웃고 헤어질 때는 바로 그 몸은 고통이 없이 내 몸이기 때문에, 내 몸 내 주인공이 사는 것이기 때문에 주인공 죽는 법은 없어.

그러니 여러분이 자기 주인공을 소중하게 생각하고, 자기 자성신(自性神)입니다. 소중하게 생각하고 삼심(三心)이 일심(一心)이니까, 부처 또 문수·보현이 바로 일심이자 삼심입니다. 왜냐? 일심이 나오기 이전에 부처고, 생각을 냈다 하면은 벌써 그거는 법입니다. 몸이 움죽거렸다 하면 활용입니다. 그러기 때문에 모든 그 삼심이 일심이지 삼심이 따로 있는 게 아닙니다. 모습은 셋이나 마음은 일심입니다. 그래서 삼심이 여여하게 할 수 있기 때문에 일심조차도, 어떠한 마음을 낼 때 나라고 할 수 없으니 일심 자체도 없느니라, 했던 거죠. 그러면 이걸로써 마치고요.

오늘 말씀드릴 것이 또 한 가지 있습니다. 조계종이 주최를 해서 연등 행사를 합니다. 그런데 그 연등 행사를 하는데 우습게 생각을 하지 마십시오. 그거는 물에다가 연등을 띄우는 겁니다. 그렇다면 그것은 여러분이 잘 생각하셔야 됩니다. 인등과 연등이 어떻게 둘이겠느냐 이겁니다. 이 마음 심(心), 즉 말하자면 심지에다 불을 당기면은 바로 인등이자 연등입니다. 연등에다 불을 붙이니까 인등이 되죠. 그래서 그 인등에다, 우리가 이를테면 미생물에서부터 나올 때 모두가 우리 고향입니다. 물도 고향이고 불도 고향이고 바람도 고향이고 전부 고향이기 때문에, 우리가 물 없어도 못 살고 불 없어도 못 살고 말입니다. 흙 없어도 못 살고, 공기 없어도 못 사는 게 우리 인간입니다. 인간뿐이 아니죠. 생명들은 다 그럴 겁니다.

그러니까 그러한 문제를 가지고 우리가 참, 앞산 뒷산이 어우러져서 남한산성이 있듯이, 또는 북한산성 있듯이 말입니다. 북한산 남한산 어우러져서 꽃이 피고 새 울고 또 나비가 날아들고 어우러져서 서로가 합쳐진다면 얼마나 좋겠습니까? 그래서 우리는 남북통일도 기원할 겸 또 우리 마음 한생각 불을 붙여서 참 우리 한 있는 민족이 한이 없이 앞으로 좀더 계발하고 지혜 있게 우리가 문화 문명을 꽃피울 수 있는 그런 데 역점을 두는 것이 우리 산 부처들 아닐까요? 하는 겁니다. 그러니까 잘 생각하셔서 연등 행사 잘들 한마음으로 이루어지길 바랍니다.

여러분이 신행담도 자주 좀 해주시면 저도 그걸 가지고 검증을 하면서 좀더 여러분을 생각해드릴 수 있는 그런 여건을 갖게끔 해주십시오. 이것도 서로 공부하는 것이니까요. 이 공부가 아무 저것도 없이 하면은 상당히 외롭고 심심할 테니깐요. 해도 함이 없이, 써도 쓴다는 생각 없이 쓰십시오. 자기가 없는데 쓴다는 생각이 어딨으며 쓰는 게 어딨습니까. 그러나 우리가 이것저것 없는 그 가운데 주먹 하나 불끈 쥐고 내리칠 수 있는 그런 멋쟁이가 될 수 있도록 말입니다. 노력해봅시다.

맡겨놔라

90년 11월 18일

여러분이 이렇게 한데 모여 앉았다가도 일어서면 다 뿔뿔이 헤어집니다. 헤어졌다 또 모이고 모였다 헤어지고 하는 것은 여러분이 잘 아시는 바와 같이 진리가 그러합니다. 그런 거와 같이 예전에 강태공은 곧은 낚시를 넣고 앉았으면서 영계를 다스릴 때에 명령을 해서 다스렸다 합니다. 노자(老子)는 영계를 다스릴 때에 영원한 나의 친구로서 나와 둘 아니게 다스렸다 합니다. 또 제갈공명은 촛불을 켜고 영계를 다스렸다 합니다. 여러분이 생각할 때 어떤 분이 다스린 것이 정이라고 생각합니까? 대답들 안 하시렵니까?

모든 사람들이 생각할 때 이게 옳다 저게 옳다 하는 사람이 있다면 그것은 이 세상의 물리를 다 파악 못 하고 물리가 다 터지지 못한 사람이 그러는 겁니다. 옳다 그르다가 없이 내가 그대로 여여하게 닥치는 대로 생활을 한다면 그처럼 그대로가 없을 텐데 말입니다. 또 모르고서 그대로 한다면 아무리 해봤자 걸립니다. 내면의 나와 외부의 내가 그렇게 둘이 아니게 할 수 있는 내 내면의 세계를 완전히 파악하고서야 그 모든 것을, 외부의 모든 것을 가늠할 수가 있는 겁니다.

그런 거와 마찬가지로 '야, 명령해서 쓰는 게 옳으냐, 영원한 친구로서 나와 둘이 아니게 쓰는 게 옳으냐, 촛불을 켜놓고 쓰는 게 옳으냐?' 했을 때 제갈공명은 촛불을 켜놓고 썼기 때문에, 촛불이 꺼지고 또 켜지고 이게 있기 때문에 그 몸이 조금 더 있다가 갈 것을 그렇게 자유스럽게 못 했다, 이런 뜻이 있죠. 그래서 물질로써는 절대로 거기에 눈을 뜨지 말라 하는 거죠. 물론 나의 내면 세계의 그 모두를 알고서야, 파악하고서야 이해가 가고 또 가늠하고 또 깨닫고 이러면서 결국은 이거는 이거고 저거는 저거고, 닥치는 대로 해결할 수 있는 자기의 그 뿌리 말입니다. 노자는 그래서 이렇게 말했답니다. "곧은 낚시를 넣고 아무리 있어봐라. 네가 명령해서 한다면 말하자면 군사를 모을 때에 분산되기가 쉽고 또 자기 것이 아니기 때문에, 자기 일이 아니기 때문에 때로는 해이해 질 수도 있다. 그러니 백천만의 군사를 거느릴 수가 없다." 이런 말을 했답니다. 그러니 노자는 부처님의 뜻을 그만큼 그래도 둘이 아니게 생활을 했던 모양입니다. 나도 잘 모릅니다마는 그런 말씀을 했다는 유래가 있기 때문에 내가 오늘 여기서 이런 말을 한 겁니다.

내가 항상 여러분한테 이런 말을 하고 있습니다. 우리가 보이는 걸로 표현을 한다면 여러분이 깨 한 알갱이를 심는다면 얼마나 나옵니까? 많이 나오죠? 그런데 그거는 한계가 있습니다. 왜 한계가 있느냐? 시간을 두어야 하고 또는 때를 기다려야 하는 것이 한계입니다. 그러나 마음의 의식이란 것은 찰나찰나 바뀌어서 화할 수가 있으니 한 찰나에 한생각이, 그 한생각이 수천 수만이 될 수도 있고, 하나도 없을 수도 있고, 하나일 수도 있습니다. 그러기 때문에 시간과 공간이 초월돼서 닥치는 대로 자기가 중용을 할 수 있다는 뜻입니다. 중용을 한다는 것은 자기 불바퀴를 마음대로 굴릴 수 있고, 법바퀴를 마음대로 굴릴 수 있고 즉 물바퀴를 마음대로 굴릴 수가 있다 이겁니다.

그것은 왜냐하면은 여러분 몸속에 적게 잡아도 십일 억이라고 하는 의식이 있다면, 예를 들어서 얘깁니다. 숫자를 어떻게 따지리까마는, 십일 억이 넘지만 십일 억이라고 대충 잡는다면 만약에 그 십일 억 중에 하나가, 그 의식이 깨알처럼 시간을 두고 기다려야 하는 그런 게 없이 수만 개가 됐다가 아니, 억겁에 이 세상 대천세계를 꽉 덮고도 남는다면 어떻게 하시겠습니까? 그 하나가 말입니다. 그러면 십일 억 중에 말입니다. 그 많은 것이 다 벌떼 일어나듯 한생각이 그렇게 많이 일어날 수도 있고 줄어들 수도 있다 이런 문제입니다.

그러니까 병고도 하나가 일어났다 하면은 수십 개가 일어나고, 만약에 막는 놈은 적고 일어나는 놈은, 해하게 하는 놈은 많아진다면 그 집은 쓰러지는 겁니다. 좀먹는 겁니다. 그와 같이 우리가 만약에 내 마음이, 지키는 마음이, 지켜보는 마음이 만약에 빨갛게 생각을 했다 하면은 이건 전체가 빨개집니다. 노랗게 생각을 했다 하면 전체가 노래지는 것이고, 악으로 나오는 걸 자기가 다스리지 못한다 할 때는 전체 악이 되는 겁니다.

그러니 여러분의 내면세계의 그 살림살이들을 이끌어나갈 수 있는 그런 여러분이 돼야만이 바깥의 외부의 살림살이도 이끌어나갈 수 있는 그런 능력이 생긴다 이겁니다. 여러분 몸속에 과거에 살던 그 자체가 쓰지도 않고, 보지도 않고, 묶어놓지도 않았는데 인연에 따라서 저절로, 자연적으로 입력이 돼서 여러분이 짊어지고 나왔다 이 소립니다. 그러니까 부처님께서 사성제(四聖諦)를 설할 때 고(苦)라는 문제가 제일 첫번에 나왔던 겁니다. 여러분의 그 마음은 악으로 가게끔 이끌 수도 있고, 선으로 가게끔 이끌 수도 있습니다. 고정됨이 없이 쉴 사이 없이 돌아가는 그 마음이 어떤 거든지 바로 이끌어나갈 수 있고, 지켜볼 수 있고, 체험할 수 있고, 실험할 수 있고 모든 것을 이끌어갈 수 있는 지배인과 같습니다. 그래서 본래자성불이라고 합니다.

본래자성불에서, 본래자성불은 움죽거리지 않으면서도 그 힘을 가하니, 마치 맷돌처럼 물건만 넣으면 저절로 갈아져 나오고 맷돌이 이탈을 안 하고 잘 돌아가는 거와 같다 이겁니다. 이걸 비유해서 얘기입니다. 여러분도 그 맷돌과 같으니깐요. 심봉을 꽂지 않는 맷돌은 이탈을 하게 되고 잘 물건이 갈려 나오질 않아서 사는 데 복잡하고 배고프고 춥고, 이런 문제들이 나오면서 한 가정이 파괴 직전에도 갈 수 있고 또는 화목치도 못하고 이 세상의 모든 것을 넓게 보지도 못하며 또 그렇게 좁아서 자기 살기도 극히 어렵다, 하는 것입니다.

부처님이 아무리 좋은 말씀을 해놓으셨어도 지금 시대의 여러분이 알아듣지 못하고 감지를 못 한다면 좋은 말인들 무슨 소용이 있겠습니까? 아무리 좋은 음식이라도 여러분이 먹어보지 못하고, 맛을 모른다면은 그 무슨 소용 있겠습니까? 그와 같이 우리가 부처님 공부를 하는 이 마당에서 꼭이 부처님 공부다 하기 이전에, 부처님이 나오시기 이전에도 진리는 있었으니까요, 다만 부처님께서는 이 진리를 먼저 탐구해서 먼저 깨달아서 평생을 두고 실오라기 하나 걸치지 않으면서 우리들한테 전달을 했으니까요.

그러니 여러분이 열쇠고리라면, 거기 주렁주렁 달린 그 열쇠를 불성이라 한다면 여러분 속에는 십일 억의 불성이 있다, 이 소립니다. 그 불성이 하나냐 둘이냐, 둘도 아니요 하나도 아니요, 늘이면 백천 개로 몇만 개로 될 수도 있고 또 줄이면 하나도 없습니다. 너무 많아서 이거를 내 마음이라고 할 수도 없고, 이거를 내 불성이라고도 할 수 없고, 이거를 내 공안이라고 할 수도 없고 그러니 바로 공했다 한 겁니다.

여러분은 "아휴! 참 세월은 무상해!" 이렇게 말씀들 잘 하시죠? 무상하다고요. 무상한 것은 허무가 아닌데 어떻게 생각하십니까? 무상을? 무슨 뜻입니까, 그게? 항상 고정됨이 없이 우리는 찰나찰나 돌아가기 때문에, 나라는 존재가 어떤 거 할 때 내가, 나라는 게 없기 때문에 모든 것에서 나라는 것을 쑥 그냥 던지고 빼버린다면, 악도 없고 선도 없고 자동적으로 자기가 올바르게 계도하고 올바르게 선정도 베풀고 올바르게 물리가 터져서 여러분과 둘이 아닌 도리를 그대로 여여하게 해나갈 것입니다. 역시 이 물질이라는 거는 그저 없어졌다 생겼다가,

부서지고 또 썩어지고 부러지고 깨지고 온통 이 야단들입니다. 그러면서 이렇게 돌아가니 무상, 무상입니다. 무상!

이 세상에 모든 물질은 그렇게 되어 있기 때문에 무상이라고 한 것이지 사람들이 살아나가는 게 허무해서 한탄하는 소리가 아닙니다. 그러니 이렇게 말할 수 있겠죠. 우주 삼라대천세계(森羅大千世界)의 근본은 인간의 마음의 근본이요, 이 세상의 일체 만 가지 생활의 근본은 인간의 마음에 가설이 돼 있다. 그러니 저 태양은 그 만물만생을 소생시키는가 하면 또는 산하대지는 만물만생을 길러낸다. 천지가 둘이 아니죠. 어머니 아버지가 둘이 아니듯, 애들을 기르는 데는.

깊은 물 돌고 돌아
수증되어 오르고 내리면서
만물만생과 더불어
산천초목도 두루 적신다.

저 둥근 달은
바로 우리의 마음을
청정하게 밝게 비추어주니
스스로 여여하고
스스로 그대로 실상인 것을!

옛날에 이런 점이 있죠. 아까 여러분 몸속에 있는 그 자체 인연으로 인해서 그렇게 많은 의식들이 들어 있으면서 악으로 나오고 선으로 나오는 거, 그거를 여러분 마음이 다스리면서 모든 것을 거기에 맡겨놓고, 잘 되는 거는 감사하게 놓고 안 되는 것도 '거기서 나오는 거니 되게 하는 것도 거기서 할 수 있다.' 하고 거기 맡겨놓을 수 있어야 되고 정진이 돼야 됩니다. 무슨 화두를 갖는다 어쩐다 이렇게 한다면 여러분 껍데기에 또 껍데기를 씌우는 거나 한가지니까, 지금 이 밝은 세상에는 문화문명이 꽃피고 이렇게 발전이 됐을 때는 어렵습니다. 그러니 그저 직접 나를 화두로 알고 들어가시는 게 좋을 것 같습니다.

옛날에 어느 스님이 말입니다. 아주 위기에 처해 있을 때 얘깁니다. 어떤 사람이 공부를 하다가 비유해서 말하자면 나무 꼭대기 천야만야한 데로 올라가서 나뭇잎을 입에다 물고선 대롱대롱 매달려서 있었더랍니다. 그런데 어느 스님이 와서 길을 물었답니다. 그러니 말을 하자니 입을 열면 땅바닥으로 그 천야만야한 데로 떨어져서 죽을 거고, 입을 안 떼자니 참 이거 미안하고 배신하는 거 같아서 이건 안 뗄 수도 없고 그렇게 위기에 처해 있었는데, 여러분이라면 어떻게 하겠습니까? 입을 떼시겠습니까? 그렇지 않으면 입을 안 떼고 거기 대롱대롱 매달려 있겠습니까? 그건 무슨 까닭입니까? 옛날에는 선지식들이 이렇게 낚시를 던져서 채찍질을 많이 하신 것 같습니다. 어떻습니까? 여러분 어떻게 생각하십니까? 어떻게 해야 해결이 나겠습니까? 여러분은 아예 묵비권이군요. 허허허. 아주 모두 도인들인가 봅니다. 그런데 내가 괜히 이렇게 말하지 뭡니까. 하하하. 하여튼 좋습니다.

예전에 경허스님은 말입니다. 첫째, 사계절을 무조건 실오라기 하나 걸치지 않고 벌거벗고 사셨다는데 그것은 무슨 까닭입니까? 둘째, 경허스님은 수염이 나지 않았대요. 그건 또 무슨 까닭입니까? 세번째, 경허스님은 상투를 틀어서 동곳을 꽂았대요. 그건 또 무슨 까닭입니까? 없습니까? 함이 없이 한다면 말도 한 사이가 없고 방귀 뀌는 거와 같을 텐데…. 항의가 없습니까? 역시 도인들이셔. 허허허.

아무리 도인들이라도 그 이치를 알고 몰라야지, 이치를 모르고 모른다면 그냥 모르는 거죠.

높은 산 누리에 하얀 눈 덮이고
가지마다 배꽃 피어 만발했는데

골짝마다 칡 뿌리는 넝쿨지어 뻗어나가고
서리 위에 칡꽃 피어 만발하였으니
그윽한 향내는 두루 하는구나.
경허선사 앞뒤 없는 대피리 소리
온 누리를 덮고 굴리니
중생들의 마음 속에 들고 나며 나투셨노라.

후렴으로 여러분에게 항상 했던 소리지만 또 한마디 할까요. 끝났으면 그만두었으면 좋겠는데 조금 시간이 있으니깐요. 여러분! 여러분한테 내가 항상 말씀드렸죠. 여러분은 지수화풍이라고, 지수화풍이 돼서 지수화풍을 먹고 산다고요. 그래서 이 뱃속에 있는 모든 그 생명들이 자기 생명이지 딴 생명들이 아냐. 자기는 뭉쳐놓고 그렇게 많은 생명들이 자기라고. 나만 불성이 있는 게 아니라 그 속에 있는 생명들도 불성이 있어요. 그 불성은 몇 개나 될까요? 헤아릴 수 없겠죠. 아마 대충 헤아린다면 그 불성이 십일 억이나 그쯤 되겠죠. 그러면 그것이 한데 모이면 모이는 대로 불성이 하나요, 또는 흩어지면 불성이 너무 많아서 어떤 게 불성이라고 할 수 없으니 바로 부처라고 했고 그것은 '무(無)' 했던 것이죠. 그런데 그것은 어디로부터 좇아나왔나 이겁니다.

여러분이 지금 짊어지고 있습니다. 지난번에도 얘기했지만 그거를 짊어지고 나온 인연에 따라서 입력이 돼 있는 것을 숙명통이라고 합니다. 그러면 지금 시체말로 콤퓨타라고 해도 됩니다, 과거를 짊어지고 나온 그것을. 그러면 어머니 아버지한테서 몸을 빌어서 났는데 어째서 그렇게 짊어지고 나왔느냐고 하시겠죠. 영원한 생명의 근본은 바로 어머니 아버지의 뼈와 살을 빌어서 몸뚱이 하나를 받았지만, 자기가 한 일은 자기가 짊어지고 나오는 거니까요. 그래서 그 콤퓨타 안에 입력이 돼 있던 거니까 걸머지고 나와가지고서 입력이 돼 있는 게 솔솔 지금 현재 나오는 거거든.

그러니 입력이 돼 있는 그 자체가 십일 억가량이나 되는 그 의식에서 뭐는 없겠습니까? 여러분이 몰라서 죄를 짓고 알아도 죄를 짓고, 아상이 있어서 죄를 짓고, 무기력해서 죄를 짓고, 욕심이 많아서 죄를 짓고 불순해서 죄를 짓고 그저 평등하게 생각지 못해서 죄를 짓고 올바르게 행하지 못해서 죄를 짓고, 그 죄 지은 거는 이루 말할 수 없어. 그런 의식들이 차원에 따라서 전부 깡통은 깡통대로 모이듯이 그냥, 금은 금방에 모이죠? 저절로 자연적으로. 그러니 콤퓨타에 입력이 됐다고 볼 수밖에. 전부 입력이 돼 있다 이거야. 그러니 팔자 운명을 어디 가서 한탄을 하겠나? 자기 탓이지. 모든 게 잘했든 못했든 자기 탓이라. 그래서 악과 선도 놔라. 그걸 놓지 않는다면 악으로 간다면 선이 따르고 선으로 간다면 악이 따르니 악과 선도 놔라. 또 입력이 돼서 나오는 데다 다시 입력을 한다면 앞서의 입력한 게 없어진다. 입력이 됐던 것이 다 없어지면 홀연히 자기는 밝아질 거다, 이런 겁니다.

거기에서는 또 뒤따르는 게 뭡니까? 여러분 몸 하나 구조가 모두 볼 수도 있고 들을 수도 있고, 가고 올 수도 있고 행할 수도 있고, 모든 게 생각할 수도 있고 그런 거를 갖추어가지고 있지 않습니까? 외부에 그렇게 갖추어 가지고 있기 때문에 내면에도 그렇게 있는 것입니다. 그러니 그 모든 것을 거기서 나오는 대로 거기다가 맡겨놓고, 악한 마음이 나오면 "야, 그러면 안 되잖아, 이 친구야!" 하고 거기다 돌려놓죠. 허허, 영원한 친구거든. 과거 부(父)와 현재 자(子)는 둘이 아니라 영원한 친구거든. 자기와 자기가 어떻게 둘일 수 있겠습니까? 어떻게 심봉과 맷돌이 둘일 수 있겠습니까? 물건을 넣고 갈아내는 것도 둘이 아니거늘 어찌 둘이겠습니까?

그러기 때문에 모두 거기다 맡겨놓고, 안 되는 게 있다 하더라도 '되게 할 수 있는 건 너밖에 없어, 안 되게 한 것도 너니까.' 하고 맡겨놓고, 또 남으로 인해서 망했다 할지라도 그거는 그 사람으로 인해서 나를 채찍질해주는 거지, 나는 경험을 얻고 그랬으니 그 많은 돈을 버렸어도 아깝지 않다 하고 내 탓으로 돌리고 놔라 이겁니다. 모든 게 남의 탓은 하나도 없어요. 여러분이 만날 남을 원망하고 남을 증오하고 너 때문에 나는 살고 너 때문에 죽고, 뭐 이런 게 있어요. 사랑도 값비싼 사랑을 해야지 값싼 사랑을 해서는 사랑이 아니에요. 그건 망상이요 착이요 욕심입니다.

여러분 생각해보세요. 모든 것을 거기에 놓고 간다면, 내 탓으로만 돌리고 나만 없다면 고정된 게 하나나 있나? 그러니 무엇을 보고 무엇을 할 때에 내가 봤다고 하겠습니까? 그래서 공했어요. 내가 없어요. 그래 그놈들이 지금 속에서 살고 있는 게 바로 내가 움죽거리는 거예요. 내가 마음 돌리는 대로 화해서 돌아가거든요. 그래서 지난번에도 얘기했지만 보현도 부처요 문수도 부처다. 왜? 한마음 속에서 나오니까. 한마음을 내지 않는다면 부처고 마음을 냈다 하면 문수고 움죽거렸다 하면 보현이니, 어찌 그것이 둘이냐 셋이냐 이렇게 따지겠느냐. 여러분도 바로 여러분이 생각 안 할 때는 부처고 여러분이 생각을 했을 때는 법입니다. 또 여러분이 움죽거렸을 때는 바로 활용이에요. 그러니 부처는 먼 데 있는 게 아니라 여러분 마음 속에 가깝게 있으니 여러분이 수박이라면 수박씨를 바깥에서 찾지 말고 안에서 찾으세요. 미래에 그 수박씨를 심어서 중생들을 다 먹이고도 그 씨는 되남을 테니까요.

그 수시로 바뀌어 나오는 거, 그래서 타심통(他心通)이니 또는 신족통(神足通)이니 또는 천이통(天耳通)이니 천안통(天眼通)이니 하는 그 자체가 바로 그 숙명통 자체를 안고 돌아가는 겁니다, 같이. 그러니 하나하나 손가락 하나 뗄 수 없듯이, 우리 눈 한 짝 뗄 수가 없듯이 그렇게 조(組)가 돼서 돌아가는 거죠. 그런데 말입니다. 그 돌아가는 바퀴 속에서는 바퀴를 굴릴 수가 없다는 거죠. 그래서 항상 거기다 맡겨놓고 자기는 그냥 거기서 벗어나면 어떻게 되느냐? 그거는 지금 누진(漏盡)이라고 그러는데 레이다망이나 똑같애요. 오는 거, 들어가는 거, 나가는 거 다 체계적으로 딱딱 해나가니까 거기서도 안으로, 내면으로도 콤퓨타로 들어가고 야, 외부에서도 모든 것이 조절이 잘 돼나가니까 인간의 대기권이나 지구의 대기권이나 살림살이의 대기권이 모두 적절하게 자유스럽게 돌아간다. 대기권의 작용이 말입니다. 한 조가 되어서 그렇게 돌아간다면 이 세상을 한 주먹에다 넣고도 남음이 있는 거고 굴리고도 남음이 있고.

여러분은 바깥에서 신이 있어서 나를 도와주는 줄 아시는데 역대의 그 선사들이 역대의 부처님들이 아니, 지금도 경허스님 얘기 했지만, 달마대사든 어느 누구든 막론해놓고 삼천년 전의 부처님과 그분들이 둘이 아니다 이거야. 우리가 금반지가 있었는데 시대에 따라서, 변천하는 유행을 따라서 그 반지를 다시금 해놓은 거나 마찬가지야. 모습은 다르나 금은 금대로 똑같다 이거야. 그러니 삼천년 전의 그 부처님 따로 보고 지금 선지식들 따로 보고 여러분 따로 보고 이렇게 하지 말고 좀더 시야를 넓혀서 모두 둘로 보지 말아야 한다는 겁니다. 아까 얘기했죠. 삼천대천세계, '삼천(三千)' 하면, '삼(三)' 해놓으면 과거·현재·미래 모든 것을 묶어서 하는 거고 '천(千)' 그러면 하나로 또 묶인단 말이야. '대천(大千)' 하면 또 하나로 묶여, 그대로 하나야. 그 하나는 바로 하나가 아니라 전체 두루 하는 것을 하나라 한다. 그러니까 하나도 없다. 이렇게 나오는 거죠.

아까 얘기했듯이 찰나찰나 우리가 들고 나는 이 의식 자체, 마음 자체를 자기 마음이 다스리고, 조화를 이루고, 화목하게 평등하게 부드럽게 이렇게 해 버릇을 하신다면, 오늘부터라도 마음 속의 그 생명들은 모습이, 벌써 마음들이 달라져. 여러분 마음이 회색이라면 회색으로 바꿔지는 거야. 그래서 모습이 삼십이상(三十二相)이 구족하면, 마음이 또 삼십이상이 구족해서 그대로 응신(應身)으로서 받아들인다. 받아들여도 두드러지지 않고 이 허공에 다 써도 줄지 않는다.

이렇게 광대무변한 법이 우리들의 마음에 직결이 돼 있는데도 이건 졸장부처럼 항상 바깥에서 빌어. 여자든 남자든 말이야, 만날 빌어. 우리 아들 잘되게, 나 몸 안 아프게, 뭐 우리 누구 누구 누구 뭐 명 길게 해주고, 뭐 해주고. 뭘 해줘? 해주긴. 누가 해준대? 허공에서 해주나? 이름이 해주나? 형상이 해주나? 그 형상도 저 뒤에 계신 분도, 저 분은 이 세상에 '나'라는 게 없기 때문에 부처지 '나'라는 게 있다면 저렇게 (부처님을 가리키시며) 부처로 해놓지도 않았어. 여러분의 형상이요, 여러분의 마음이요, 여러분의 생명이니 둘로 보지 말라 이거죠. 그런다면 아마도 6. 25 사변이 났을 때 그렇게 업고 가지도 않으면서 업고 다닌 거예요, 둘이 아니니까. 그런데 그 사람네들을 그때 보니까 전부 그냥 업고 가지도 않고 자기 혼자만 달아나가. 진짜 부처가 여러분 마음 가운데, 마음 가운데 전부 있다 하니까 누구나가 세 살 먹은 어린 애까지도 모르는 사람 없어. 그러나 백 살이 먹어도 행하기는 어려워.

여러분이 행하는 데 목적이 있는 거지 아는 데 목적이 있는 게 아닙니다. 혜(慧)도 정(定)이요, 계(戒)도 정(定)이다 이거야. 시간과 공간이 없이 돌아가는 이 정. 혜도 그 속에 있고 계도 그 속에 있는데, 계·정·혜가 따로 있는 게 아니지 않냐. 그렇게 정에 든다면 우리가 잘못을 저질러서 계를 지키지 못할 일도 없고, 또 지혜로이 평등한 마음으로써 남을 이익하게 해줄 수 있고, 나와 더불어 같이 이익할 수 있는 그런 지혜가 나올 텐데도, 요걸 따로따로 보고 계를 지키려고 애를 쓰고 정으로 들어가려고 애를 쓰고 지혜를 내려고 애를 쓰니까 그게 나오나?

여러분이 지금 병고에 휘달리죠? 또 우환에 휘달리죠. 가난에 휘달리죠. 이렇게 우환이라면 전체 용도가 아마 수도 없을 거예요. 그런데 거기에 끄달리는 원인이 바로 그런 데서 오는 거죠. 여러분이 그저 살 양으로 애를 쓰는 것도 욕심이거든. 모든 것을 거기다 맡기고 관리만 해. 돈이 많더라도 관리만 해. 자기가 관리인이지 자기가 주인이야? 물론 다 배우고 나면 주인도 없고 나그네도 없고 시자도 없겠지마는 배울 때는 주인을 딱 잡고, 바로 자기네 가정에 아무리 좋은 게 있다 하더라도 자기 주인 것이지 내게 아니라 나는 관리를 한다. 회사를 경영한대도 주인이 하는 거고 나는 심부름 한다. 우리는 열심히 뛰고 생각하는 것이 그대로 참선이요, 내 마음이 그렇게 놔서 편안하다면 그것이 좌선이거든.

지금 세상에, 이렇게 빠른 세상에, 이렇게 자꾸 발전이 되는 이 세상에, 공업이나 의학이나 천체물리학이나 과학이나 모두 발전이 자꾸자꾸 돼 나가는 이 시점에서 여러분은 선방에 가서 틀어앉고 선(禪)을 한다고 틀어앉아서 몸뚱이를 딱딱 묶어놓고 있는데, 묶어놓는 마음도 자기 마음이란 얘기죠. 몸뚱이를 묶어놓고, 마음을 묶어놓고 그러고서는 한 발도 떼지 못하게 만들어놓고 있거든. 보세요. 지금도 당장 보라고요. 아까도 과거니깐 과거생에 살던 여러분의 집을 지금 가보세요. 안 보이십니까? 신발장이 어디 놓여 있고, 간장이 어딨고, 초장이 어딨고 그런 것까지도 다 알죠? 그 얼마나 묘한 일입니까? 그걸 홀연히 다 밝게 하시려면은, 아까 얘기한 대로 화두를 쥔다 생각 말고, 놓는다 생각도 말고, 좌선을 한다 생각도 말고, 좌선을 안 한다, 빨리 해야겠다 이런 생각도 마시고 우리 일상 생활 하는 것이 그대로 바로 내 주인이 하는 거라고 생각하세요.

그러니 아프게 들어오는 것도 주인만이 낫게 할 수 있어. 주인이 하라는 대로가 아니라 내가 하는 것이 그대로 주인의 심부름이야. 내고 들이고 하는 것이 다 주인으로 인해서 나간다면 여러분이 병고에 휘달릴 것도 별로 없지 않나. 왜? 30%는 병원에 가서 할 수 있는 거라면 하고, 70%는 자기가 거기에다 충당해서 나간다면, 걱정할 게 뭐 있어. 내가 죽을 때 되면 죽겠지. 안 그래요? 옷 벗을 때 되면 벗겠지. 그렇게 자기 마음대로니깐 고통을 그렇게 안 받고도 갈 수 있지 않느냐. 공부하는 데 실험할 때는 거기에서 별게 별게 다 나와서 어떠한 뭐가 닥쳐도, 거기다 되놓는, 되입력하는 그 자세로써 나간다면 여러분은 얼마 안 있어서 내면에서 올바로 볼 거다. 올바로 보게 되면은 나중에는 둘이 아닌 공부를 하기 위해서 진짜 그때서부터 공부라. 그때는 대의정이 나고, 의정도 스스로 의정이 나야지 만들어서 의정을 낸다면 그게 의정인가?

나는 예전에 그때는 아무거나 먹고 그런 때니까, 풀을 뜯어먹고 입이 써서 힘들곤 했는데 말이야. 소나무도 위에 난 가지를 똑똑 딸 수가 있나, 내 목 따는 거 같애서. 밑에 나온 그냥 조그만 가지에게 '나 좀 도와줘!' 그러고 따가지고선 그걸 먹다보니깐 떫고 시어서 그냥 입이 하나가 잔뜩 된 거라. 아, 그래 물을 찾아서 이렇게 가다보니까 옹당물이 있는데, 거기 그 맑으니까 내 얼굴도 비치고 그런데 바가지도 없고 그래서 손으로 이렇게 뜨려니까 아, 난데없이 내 스승이 말이야, 내면의 내 스승이 뭐라고 그러는지 알아? '야! 네 얼굴이 아니라 네 삼촌 얼굴이다.' 이러거든. 허허허. 그래서 "삼촌?" 그러고 이렇게 보니까 보는 순간에 또 금방 화해서 '아이구, 얘! 네 아버지 얼굴인데.' 이러고. 또 '아이구, 네 자식 얼굴이야. 아니, 네 며느리 얼굴인데.' 이러고 아이, 이렇게 돌아가는 거라. 그때는 그 소리에 그냥 멍멍해진 거야.

물을 먹으려고 그러다가 물을 먹는 것도 잊어버린 채, 입이 시고 딱 그냥 한 입 된 게 그게 어디로 갔는지 그것도 잊은 채 그냥 멍멍히 생각을 하다가, 아무 생각도 없이 있다가 아휴, 아무리 생각을 해도 모르겠어, 도대체. 그렇게 그냥 빠르게 돌아간다는 게 그게 있을 수가 없잖아. "아이구, 아빠 당신 알아서 해!" 그러곤 그냥 탁 놓고는 또 어디쯤 가다 보니까 '만사만생이 다 그냥 있는 게 없고, 산천초목의 천차만별 그 초목들도 그냥 그대로 있는 게 없다.' 이거야. 거기에서 그때 그게 생각 난 거야. "아이쿠! (손뼉을 한 번 치시며) 이렇구나." 그래서 나는 내가 나한테 배운 거지마는 내가 없더라고. 내가 없어. 나도 없고 아빠도 없고. 왜 없느냐? 이렇게 따지니까 또 이런 생각이 나. 아하! 예전에 말이야. 야, 이렇게 묘지가 (법상 위에 있는 두 개의 물컵을 가리키시면서) 있는데 "이 묘지는 애비의 묘지고 이거는 자식의 묘진데 이 자식이 이리로 오면 애비가 되고, 요 애비가 자식한테로 가면 자식이 된다." 이거야. 아, 그 생각이 문득 나는 거야.

아, 그러니 체가 없는 마음이 쉴 사이 없이 화해서 바뀌면서 돌아가기 때문에 여러분이 미국에서 "스님, 나 이렇게 이렇게 애를 잃어버렸는데 지금 죽겠습니다. 어떡합니까?" 하고 울고 야단들을 할 때 "알았어요." 할 수 있는 그 대답이 나오지 만약에 그렇지 않다면 "어떡하면 좋아." "왜 그렇게 한만히 됐어. 뭐 어쨌어."하며 서로 뛸 거야. 그러나 말이 필요 없거든. 여러분도 나하고 둘이 아니게 심부름꾼이자 부처자, 바로 법신이자 바로 화신이자, 바로 지신이자 용신이자, 관세음보살이자 지장이자, 칠성이자 독성이자 아, 부처이자 모두가 아니 되는 게 없어. 이렇게만 해놔도 여러분 좀 감응이 됩니까?

그러니 실질적으로 이거를 하나하나 체험을 하십시오. 하나하나 탑을 쌓아올라가는 게 점수(漸修)라 하면, 다 쌓고 봉오라지 탁 올려놓는 게 돈오(頓悟)야. 그러니 점수와 돈오는 둘이 아니다 이거야. 그러니 언어가 붙지 않는 자리다. 돈오다 점수다 이 언어가 붙지 않는다 이거지.

여러분이 그저 모든 걸 지켜보고 관하라 이랬죠? 응, 그러니 "뭐 지킬 게 있느냐?" 이러지. "지키는 놈은 어떤 거냐?" 이래요, 또. 그러는데 그대로 자기가 거기서밖에는 해결할 수 없다 그러고 거기 맡겨놓으면, 맡기는 놈도 그놈이요, 지키는 놈도 그놈이다 이거야. 지켜봐라 이거야. 그러면 거기에서 또 감응이 되고 실험이 된다 이거야. 그러면 체험을 거기서 하게 되고, 또 어떻게 닥쳐오면 갖다놓고 또 하다보면 체험이 되고 또 체험이 되고 그게 바로 하나하나 쌓아서 탑 올리는 거나 마찬가지다 이거야. 그렇게 하다보면 물리가 터지고, 그렇게 하다보면 홀연히 자기를 자기가 알게 되고, 그럭하다 보면 둘 아닌 도리를 알게 되고, 그렇게 하다보면 바로 둘 아니게 나투는 도리를 알게 된다 이거죠.

내가 아까도 얘기했지만 경허스님이 사계절을 무시하고 발가벗고 실오라기 하나 안 걸치고 사신 그 까닭이 무엇이냐? 다른 남자들은 다 수염이 나고 그런데 그 스님은 왜 수염이 안 났느냐? 그 까닭은 또 무어냐? 다른 사람은 스님이면 머리는 깎고 다니는데 그 스님은 왜 상투를 틀어서 동곳을 꽂았느냐? 그 무슨 까닭이냐?

그럼, 오늘 이걸로써 마치겠습니다. 오늘 제가 말씀 드린 거는 뭐 누구를 위해서 하는 게 아니에요, 여기가 여러분의 도량이니까요. 내 집도 아니고 네 집도 아닙니다, 이거는. 그냥 여래의 집입니다. 여러분의 집입니다. 그런데 여기에 지금 누가 와보면은 "아이구, 이 도량은 어떻게 이상스럽게 절 같지가 않아." 그래서 여기다가 땅을 사서 강당도 좁고 그러니까 건물을 지으려고 그럽니다. 마음으로 많이 협조해주시기 바랍니다.

부처도 중생도 둘이 아닌 도리

91년 1월 20일

여러분께서 한마음을 내주셔서 외국에 잘 다녀왔습니다. 인사가 늦었습니다. 처음에 산호세로 해서 L.A. 가서 L.A.에서 개원식을 끝냈습니다. 거기서 하버드 대학 교수님들과 박사님들과, 진흥청에 인연이 있는 분들과 토론이 잘 됐습니다. 너무들 기뻐하시더군요. 거기 다녀서 뉴욕으로 해서 롱 아일랜드로 갔는데 롱 아일랜드에는 미국 학자들이 태권도도 하고 마음공부도 합니다. 그래서 난폭한 사람들과 또는 요새 그 뭐라고 그러죠? 마약 중독자들? 또 마음이 방황하는 사람들을 많이 이끌어줘서 아주 고맙게 생각하고 있어요. 한 백육십 명 됩니다. 공부하는 사람들이 말이에요. 이번에 소식을 들으니깐 거기 지원 지도법사는 대통령한테 감사패를 받았다고 하더군요. 그렇게 이끌어줘서 고맙다고요.

또 거기 다녀서 오하이오 주 주립대학을 갔습니다. 거기에서는 기독교니 카톨릭교니 또 통일교니 불교니 하는 각 종교의 지도자들과 더불어 학생들과 박사 과정, 석사 과정에 있는 분들과 서로 많이 토론했습니다. 그래서 거기에서도 또 이런 말을 했죠. 불교는 둘이 아니다라고요. 불(佛)은 영원한 생명의 근본이요, 살아가면서 배우고 말하는 것은 교(敎)니까 불교 아닌 사람이 어딨겠느냐고 말을 했죠. 시인하더군요. 케네디 대통령 묘지에도 영원한 그 불이 그렇게 표현으로 상징하고 있더라고 얘기도 했고요.

거기 다녀와서 다시 뉴욕으로 와서 또 행사를 마치고 알라스카로 갔습니다. 알라스카에 가서 교수들하고 또 면담을 하고요. 그러고 여기 이렇게 잘 왔습니다. 이러한 법을 서로 주고받는 데는 콤퓨타로 해서 서로 주고받는 게 좋겠다고 미국에 모두 한데 모여서 등록을 하자는 얘기까지 나왔습니다. 아마 다음에 가면은 그게 설립이 될 것 같습니다. 대충 대충 이렇게 말합니다. 그리고 여러분한테 감사함을 말씀드리고요.

새해가 오자마자 이라크 · 페만 사건이 벌어지고, 뭐 예견했던 바이지마는 그렇게 속성과로 일어날 줄 몰랐습니다. 몰랐다면 말이 안 되지마는 아무튼 사람들이 많이 놀랐을 겁니다. 예전에도 여러분한테 얘기한 적이 있죠. 여러분이 여러분 스스로 완성을 해야만이 외부의 모든 것들을 다 한마음으로 할 수 있는데 한마음은 빛보다 더 빠르다고요. 빠르게 오고 가는 것만이 문제는 아니지만, 지금 시대는 보는 것도 콤퓨타나 미사일이나 또는 인공위성을 띄워서 두루 하면서 보는 그 견해가 얼마나 많이 발전이 됐는지, 그 먼 거리를 눈앞에 보고 있는 시대입니다. 그런데 우리 이 마음이라는 것은 체가 없어서 정말이지 천체를 탐험할 수 있는 그런 마음의 여건이 여러분한테 주어져 있다는 거죠.

그러니까 우리가 새해에는 더욱더 분발해서 앞으로 자녀들을 키우고 가정을 이끌어나가는 것도 그렇고 또 병고 액난에 휘달리는 것도 그렇고 예전에도 말했지만 세균성이나 영계성 또는 유전성 업보성, 인과성 이런 것을 다 여러분이 처리하고 넘어갈 수 있는 능력을 길러야 된다고 봅니다.

오늘 처음 오신 분들도 있고 하니까 간단하게 몇 마디 하고 넘어가야 될 것 같습니다. 여러분 각자 여러분이 안 계시다면 지금 이 세상도 벌어지지 않았죠. 그렇습니까? 안 그렇습니까?

대중 그렇습니다.

큰스님 예. 그래서 부처님께서 "너부터 완성해야 내 골수도 알 수 있을 뿐만 아니라 이 세상이 돌아가는 게 팔만대장경이니 이 세상을 다 깨달을 수 있느니라." 하고 말씀하셨습니다. 그렇듯이 우리가 모든 점에 있어서 통달하지 않는다면은 벗어날 수가 없고 벗어날 수 없다면 우린 죽어서도 지금 현재의식 그 그릇대로 남는 것입니다. 사람으로만 그대로 있는 게 아닙니다. 세상 만물이 허무가 아니라 무상(無常)이라고 했듯이, 이 세상에 태어나면 부숴지고 변해지고 죽고, 천차만별로 변화돼 가고 이럽니다. 그것은 허무가 아니라 무상이겠죠.

한마디 언급할 것은 그전에도 얘기했지만 천체 우주의 근본은 인간의 마음의 근본에 직결돼 있다는 사실입니다. 이 세상의 모든 돌아가는 이치가 인간 마음의 근본에 가설이 됐다는 사실을 아셔야 됩니다. 우리 몸이 혹성이라면 우리 몸속에 있는 그 생명체들은 바로 별성과 같은 거죠. 그러니 이런 것을 한번 생각해보십시오. "색(色)은 공(空)하고, 공한 것은 색이니라." 이렇게 말씀하신 그 뜻을 아십니까? 항상 여러분한테 말씀해드렸고, 부처도 없고 중생도 없는 까닭은 무엇인지도 수차로 말씀드렸습니다. 여름도 없고 겨울도 없는 까닭은 뭐냐고 또 묻고 그랬죠. 이것이 무슨 까닭이냐? 중생도 없고 부처도 없는 까닭 말입니다. 공했기 때문이죠.

여러분이 생각하시는 거와 마찬가지로, 부처님의 마음으로서, 동방에는 아촉으로 이름을 지어놓고 서방에는 아미타로 지어놓고, 사바세계는 관세음으로 지어놓고 지천국에는 지장으로 지어놨단 말입니다, 이름을. 부처님의 마음입니다, 그게. 그러나 그뿐이 아니라 천백억화신의 이름이 다 부처님의 마음일지언댄 어찌 여러분이 그 말만 듣고 이 이름에다가 빌고 저 이름에다가 빌고 그렇게 합니까? 그러다 보니 여러분의 참 마음은 발견하지 못하고, 질질질질 끌려가면서도 자기를 완성 못 하고 항상 헤매고 있는 이런 실정이죠.

그뿐입니까? 지금 보십시오. 전 세계를 볼 때 지금 이라크 문제도 욕심이 과해서 일어난 일입니다. 부처님이 나신 고장에도 그런 욕심으로 인해서 벌어지는 일들을 어떻게, 한 번 두 번이나 봐줬지 세 번은 봐줄 수 없다는 말씀을 하신 거와 같이 말입니다. 그러니 우리 자신이 착이 있으면 욕심이 붙고 욕심이 붙으면 일을 저지르는 거죠. 너무 과한 욕심은 부리지 마십시오. 자녀들을 키우는 데도 여러분이 모범이 돼야 하고 또 사랑할 줄 아는 그런 능력을 키워야 됩니다. 우리가 이 도리를 모른다면은 자녀들은 자녀들대로 빗나가고 그게 뭉치면은 사회적으로 국가적으로 큰일이 벌어지게 되어 있습니다.

미국엘 가니까 어머니는 아침에 나가고 아버지는 저녁에 나가고 그러니, 애들 얼굴은 이틀에 한 번 보고 사흘에도 한 번 보고 이런 집들이 허다합디다. 그러니까 애들이 방황하게 되고, 사랑에 굶주리고 고독한 그 마음에서 따뜻한 둥지를 찾아가느라고 나쁘게들 되는 사건들이 한두 건이 아닙니다. 그래서 이렇게 말했습니다. 이런 거를, 이렇게 말하는 것을 잘 들으시고 한국에서도 그렇게 하셔야 됩니다. 마음은 똑같으니까요. 아침에 나가는 엄마는 반찬을 해서 냉장고에 넣어놓고 냉장고에다가 "너를 사랑해. 우리 식구가 이렇게 행복하게 살고 너희들을 키우기 위해서 이렇게 엄마는 일하러 나간다. 여기 이렇게 넣어놨으니까 꺼내먹어라. 사랑해." 하고서 고 쪽지에다가 써서 냉장고 거기다 붙여놓고 뽀뽀라도 하나 해서 거기 붙여놓고, 허허허, 이럭하고서 나가면 아이들이 이탈되지 않는다는 얘기죠.

사랑이라는 것은 몸으로써 몸소 붙잡아주고 말해주고 이래서 사랑이 아니라, 이어지지 않으면서도 전달되는 마음입니다. 사랑의 손길이란 그렇게 전달되지 않으면서 이어가는 그 마음이죠. 거기에 자녀들과 남편을 비롯한 가족 모두가 서로 화목하게 이루어나가고 또는 이탈되지 않는 방법이 있죠. 아무리 나쁜 일을 하고 공부를 안 한다 하더라도 말로 해서 되는 일이 아니고 욕을 해서 되는 일도 아닙니다. 전력은 이 전구나 저 전구나 똑같듯이 우리의 마음들도 똑같이 아들이라는 그 가설, 또는 어머니 아버지라는 걸 알기 때문에 가설이 된 거죠. 전력은 다 똑같습니다.

그러니까 자기 한마음으로서 모든 것을 주인공에 맡기고 거기서밖에는 화목하게 할 수 없다, 거기서밖에는 병고를 낫게 할 수 없다, 거기서밖에는 액난을 물리칠 수 없다, 유전을 물리칠 수 없다고 믿고 모든 일체를 다 구멍 없는 구멍에 맡겨놓고 작업을 하실 수 있다면, 그것이 화목을 가져오고 사랑을 가져오고, 이탈을 안 가져오고, 공부 안 하는 애들도 공부를 잘 하게 되고, 정신력이 아주 투철해지고, 모든 물리가 터지고 이렇게 해서 여러분의 가정을 이끌어나갈 수 있을 겁니다. 그러면 자연히 행복이 오는 거죠. 요거 우선적으로 이렇게 말씀해 놓고요.

또 아까 얘기했죠. 여러분이 아니라면 모두가 없다고요. 여러분의 몸이 있기 때문에 그 몸속의 공장이 많이 있죠. 그 공장을 이끌어나가는 한마음의 지배인한테다 맡기고 놓는 작업을 한다면 그게 한마음으로 돌아져서 어떠한 파업이 일어난 회사도 정돈이 되고 또 능률이 생기고 가동이 된다 이 소리죠. 그래서 병고액난을 제거할 수 있다 이런 겁니다.

그리고 아까 말씀드린 것처럼 부처님의 이름으로 그렇게 많은 보살의 이름이 있는 걸 볼 때, 부처님께서는 천백억화신으로 나투면서 삼십이응신으로서 받아들일 수 있는 부처님이시다 이런 거죠, 보살들도 그랬고. 그 보살이 삼십이응신으로 받아들이고 또 천백억화신으로 나투시는 그 뜻이 무엇이냐? 그것을 표현하려면 여러분 중 어떤 한 분을 예로 들면 이해하기가 쉽겠군요. 처음에 어느 부모에게 자식으로서 됐겠죠. 손주로도 되고요, 이름이. 손주도 되고 아들도 되고 사위도 되고 또는 형님도 되고 아버지도 되고 이게 여러 가지로 이름이 많으시죠. 만약에 그분이 부처님이시라면, 부처님이 앉아서 볼 때 각기 다른 그 이름에다가 주욱 놓고 빌고, 잘되게 해달라고 빌 때, 그 부처님은 어떻게 생각하실까요? '저런 멍청이들, 저런…, 이름에다가 놓고 비는구나.' 이러실 겁니다.

또 한 가지는 그 이름에다가 놓고 비는 것도 비는 거지만 말입니다. 어떤 것이, 부처님이 어떠한 이름으로 되실 때에 부처님이라고 할 수 있겠습니까? 그래서 "부처님이라는 것은 없는 것이 부처님이다." 이런 말입니다. 여러분이 금방 남편이 됐다가 금방 아들로 되고, 나툰다는 뜻이 그런 겁니다. 화해서 돌아가는 거를 나툰다고 그러죠. 한 찰나 찰나 나투신다. 나툰다는 그 뜻을 다시 한 번 보세요. 지금은 남편으로 있는데 애가 들어와서 "아버지!" 그러니까 금방 생각도 말도 행도 그냥 아버지로 하는 거예요. 아들로 됐을 때는 아들로서의 행동을 하고 말을 하고 그럽니다. 이해가 가십니까?

그래서 "부처님 그 마음이란 천차만별로 찰나찰나 나투시기 때문에 한마디도 안 하셨다." 이런 말도 있죠. 그런데 안 한 것도 없고 한 것도 없고, 지금까지 안 한 것도 없고 한 것도 없는데 그럼 언어가 왜 붙느냐? 사실은 어떤 언어도 붙을 것이 없습니다. 지금도 그대로 설하고 계십니다. 지금 이 세상 돌아가는 이 자체가 바로 팔만대장경이 아니겠습니까? 부처님 말씀하신 것도 그 뜻이고요.

그러니 '부처도 없고 중생도 없다.' 한 뜻은 바로 그렇게 나툼이 있기 때문입니다. 여러분이 아버지가 될 때에 '나'라고 하겠습니까? 남편이 됐을 때 '나'라고 하겠습니까? 아주 생생히 그것도 금방금방 나투면서 남편이 됐다가 아들이 됐다가 또 아버지가 됐다가 이러는데 말입니다. 부처님의 이름이 바로 관세음보살이고 지장보살이니 부처님의 마음으로 지어놓은 그 이름이 그렇게 많다는 얘기죠. 그러나 이름을 또 안 지어놓을 수도 없습니다. 서로가 공생(共生)·공용(共用)·공체(共體)·공식화(共食化) 하고 돌아가고 있으니깐요. 그래서 달마대사도 구렁이 속에 들어가서 구렁이를 저기다 끌어다 놓고서 와서 보니까 자기 몸이, 집이 없어졌더라는 얘기를 했는데, 그 집도 도둑놈의 집이 아니라, 그 도둑놈의 집이나 달마대사가 잊어버렸다는 집도 결국 달마대사죠.

지난번에 '사랑과 영혼'이라는 그 영화가 나와서 신도들이 봤다고 "스님, 좀 가서 봅시다."고 그래요. 그래 가봤습니다. 그런데 첫째 대목에 말입니다. 첫째 대목, 둘째 대목, 셋째 대목, 넷째 대목까지 이제 좀 말씀해드리죠. 첫째 대목에 보면 현재 살던 의식이 죽고 나서도 살아있는 줄 알아요. 즉 말하자면 관습 때문에, 관념의 습 때문에 죽어서도 죽은 줄 모르는 것이 지금 여러분도 그렇게 살고 있어요.

우주의 근본도 그렇지마는 이 법계(法界)의 소용돌이는 양쪽 구멍이 막힘이 없이 불바퀴가 돌아가고 있습니다. 그렇게 불바퀴가 돌아가고 물바퀴가 돌아가는데 여러분이 관습 때문에 벗어나지 못해서 항상 괴롭다고 그러는 겁니다. 왜냐하면은 뜨거워서 타죽겠다, 물에 빠져 죽겠다, 높은 산이 있으면 아이구, 저길 넘어갈 수 없겠구나, 하는 이런 관습 때문이죠. 그래서 넘어가지도 못하고 건너가지도 못하고 또 그 구멍을 통과를 못 하고 이러는 겁니다.

가만히 생각해보세요. 지금 과학적으로 나타남이 얼마나 많이 있나? 그런데 그것보다도 우리는 자동적으로 한생각에 모든 중용을 할 수 있다는 그 사실을 깊이 생각하셔야 될 겁니다. 그런데 관습 때문에 그렇게 하지 못하고 괜히 창살 없는 창살 속에서 헤매고 있는 거죠. 그리곤 노예처럼 이끌려가는 거예요. 바람이 이리로 불면 이리로 쓰러지고, 저렇게 불면 저렇게 쓰러지고, 중심을 세우지 못하니까. 예를 들어서 맷돌에 심봉이 꿰어지지 않았으니 맷돌이 이탈될 수밖에요. 물건을 넣어도 갈려져 나오지 않고 정상적으로 돌아가지가 않죠.

지금 사람들이 모두 그렇게 하고 있지 않습니까? 정상적으로 사는 사람들 같은데 물질적으로만 끄달리면서 자기 중심을 세우지 않기 때문에 항상 자기가 하는 일이 땅에 떨어지는 거죠. 그런 거와 같이 이 마음 자체, 하나의 근본에 의해서 그게 원자다 이런다면은 거기서 입자가 나가고 나투면서 화해서 분자로서 화하죠. 천백억화신이다 이런다면 벌써, 이 몸속에 있는 의식들을 십억 아니, 오십억이라도 되죠. 한 의식의 한생각이 돌아가면은 그렇게 많아지니까. 마음은 체가 없습니다.

여러분은 지금 불바퀴 속에 들고 나고 하는데도 그 관습 때문에 타죽을까봐 거길 못 들어가는 거죠. 여러분이 지금 죽어서 영혼이 나와서 어디를 간다 하더라도 타죽을까봐 못 가는 겁니다. 물에 빠져죽을까봐 못 들어갑니다. 체가 없기 때문에 그냥 한생각이면 갈 거를 그렇게 빠져죽을까봐 무서워하는 의식이, 지금 세상에 살아 있는 의식이 그대로 있기 때문에 못 가는 거죠.

그렇듯이 아까 그 영화에서처럼 살아 있을 때의 산 의식으로 사람을 때리니 때려집니까? 붙잡으니 붙잡아집니까? 응? 남이 문을 열어야만 들어갈 줄 알지 그냥 들어갈 줄은 모르는 거예요. 벽도 없고 봇장도 없고, 땅 속도 깊이도 아무것도 없다고 해도 그 의식이 그렇게 관습이 돼 있기 때문에 못 들어가는 겁니다. 그래서 못 들어가죠, 잡아도 잡히지 않죠, 때려도 때려지지 않죠, 뭐를 던져도 던져지지 않죠. 그러니 나쁘게 하는 사람을 어떻게 이끌어주겠습니까? 누굴 건져줄래도 어떻게 건질 수가 없는 거예요. 고런 거, 고런 거 한 점을 보십시오 이겁니다.

우리가 여기서 지금 마음공부를 하시는데 "마음은 체가 없습니다. 한생각이 빛보다 더 빠릅니다. 한생각이 전파를 통해서 전 우주를 탐험할 수 있습니다." 이래도 여러분은 그게 뭔 소린지 도대체 납득을 못 하는 겁니다. 지금 영화 얘기하는 겁니다. 그래서 체가 없는 마음인 줄 알면은 그냥 문도 통과하고 벽도 통과 통과할 텐데 말이죠. 그리고 강도 내가 한생각이면 건너가지, 내 한생각이 무심(無心)인데 어찌 강이 있겠습니까? 강이 없는데 배가 어디 있겠습니까? 또 건널 게 어디 있으며 '건넌다 안 건넌다'가 어디 있겠습니까? 그러게 천당도 지옥도 문지방 너머라고 안 그럽니까? 가깝고 멀고가 없다는 얘기죠, 한생각 차이는.

그래서 그 한생각의 차이를 딴 영혼한테 알아가지고서는 이제 그 때는 마음을 모아서 하니까 되거든요. 그거는 알았는데 말입니다, 나툼을 모르는 거예요. 자기가 혼자서 얼마나 바쁘게 돌아다녔습니까? 예? 사랑하는 아내를 살리기 위해서 얼마만큼 돌아다녔습니까? 그러면 자기 한생각이 열 개의 자기를 만들어서 한다면은 좋았을 것을, 나툼을 모르기 때문에…. 이것도 나로 만들고 저것도 나로 만들고, 그랬으면 될 것을 나툼을 몰랐던 거죠. 만약 나툴 줄 알았더라면 자기 아내 건지는 데 그렇게 어려움이 없었을 텐데 하는 그런 생각입니다.

또 나툼은 나툼대로 못 했는데 또 그 윗단계, 나툴 줄은 안다고 하더라도 바로 나로 화할 줄을 몰라. 이걸로 화해야 이 무기가, 즉 말하자면 간장은 종지에다 담아야 되죠? 사발에 담는 사람 없죠? 그렇듯이 그 용도에 따라서 내가 화해야 되거든. 용도에 따라 그릇이 돼주어야 한다 이 말이지. 그런데 용도에 따라서 그릇이 돼줄 줄 모르는 겁니다. 이게 열반계의 길이라고 볼 수 있죠. 그러니까 용도에 따라서 응해줄 수가 없다. 삼십이응신으로서 나투어서 응해줄 수 없다 이 소리죠. 얼른 쉽게 말해서.

그러면 그렇게 해주지 못하는 그 단계에서 우리가 볼 때, 지금 지구나 인간이 살아나가는 것도, 지구를 보기 이전에 우리 몸부터 볼 때 몸속에 들은 그 많은 입자가 한생각으로 돌아간다면 세균성이나 영계성, 또는 유전성도 그렇고 다 대처할 수 있기 때문에 여러분이 바로 보현보살이면서 화신이라는 얘기죠. 생각하는 건 바로 법신이면서 문수고요. 생각을 안 하고 가만히 있으면 변하지도 않고 더하고 덜함도 없는 근본 심봉이라는 그 불성은 그냥 부처고요. 그러기 때문에 여러분은 여기 놓고 저기 놓고 바깥에서 찾지 말고 내 마음 안에서 작업을 해라 이런 거죠.

그래서 그러한 대목을 볼 때 여러분이 가만히 생각해 보세요. 지금 이 세계에는 욕심이 많아서 싸움이 생기고 서로 쫓기고 쫓으면서 지금 난리 아닌 난리를 치고 가는 겁니다. 몸으로 찔러 죽여서 싸움이 아니라 지금 우리 나라도 그렇고 딴 나라도 그렇고 물질과 물질이 붙는 싸움이 아니라 정신적인 알력으로서 지금도 여전히 계속해서 싸우고 가지 않습니까? 먹고 먹히면서 말입니다. 이거를 어떻게 탈피하면서 대처하면서 충당하면서 나갈 수 있겠느냐? 바로 이 마음 도리, 이 도리를 알아야 되겠다는 얘기죠. 인간 자체의 자기부터 완성해야만이 모든 이치를 알고 일체제불의 골수를 안다 이 소리죠.

항상 되풀이하지마는 지금 내가 얘기한 이 자체는 너무나 어마어마한 뜻입니다. 무슨 뜻이냐? 즉 원자에서 한생각을 해서 수많은 입자가 나갈 때, 그 입자가 화해서 분자로 될 때, 우리 대기권의 모든 문제를 대처해주고 들이고 내고 하죠. 그렇게 하는 그 자체가 바로 레이다망이라고 해도 과언이 아닙니다. 오신통이라고 하는 것도 지금 여러분이 실천하고 있지 않습니까? 전파를 통해서 모든 걸 알게 되는데, 보십시오. 전파를 통해서만이 아니지 않습니까? 우리네 콤퓨타가 바로 그 숙명통(宿命通)이 된다고 볼 수 있죠. 그러니까 천이통(天耳通)·신족통(神足通)·숙명통·천안통(天眼通) 또는 타심통(他心通) 이 자체가 모두를 한데 합쳐서 불바퀴라고 표현을 하죠. 불바퀴라면 지금 이 불바퀴 속에서 벗어나야 불바퀴를 굴리죠? 그런 거와 같이 지금 그렇게 하고들 있지 않습니까? 그러나 하고는 있지만 한계가 있습니다. 입력을 해야 되고, 멀고 가까운 거리가 있고 그렇지만 우리의 마음의 거리는 한계가 없다는 얘깁니다. 저 쥐구멍 속에도 들어갈 수 있고, 땅 속에도 들어갈 수 있고, 물 속에도 들어갈 수 있고, 허공이든 어디든 차이가 없고 거리가 없고 무한량이란 말입니다.

우리가 이런 공부를 많이 한다면 세계 평화가 올 수 있지 않겠습니까 하는 소립니다. 전부 바깥에서, 지금도 거기 싸우는 나라 어딥니까, 거기 대통령이 말하는 데도 "우리는 알라신이 이기게 한다." 그러고는 "저렇게 악인들은 다 떨어진다." 즉 죽는다 이거죠. 조그마한 쿠웨이트가 기름으로 인해서 돈을 많이 가졌다고 해서, 삼분의 일을 주겠다고 하는데도 그것도 적다고 그냥 뺏아버린 거 아닙니까? 그렇게 욕심이 많은데 어떻게 부처님인들 도와주시겠습니까? 그렇다면 그게 '페만'이 아니라 '패망'이죠. 마음 한생각에 이렇게 고달프게 살게 만들어 놓고, 이끌어주는 대변자가 세상에 그렇게 어리석을 수가 없어. 그렇게 말할 때 저건 종교적인 설법도 아니고 세상에 그럴 수가 없어. '저런 생각을 가지고 어떻게 이끌어가나? 그러니까 칠년이나 싸웠지.' 이런 생각이 듭디다. 하여튼 어떻게 됐든지 그러는 동안에 그 나라 국민들은 얼마나 고생을 하겠습니까? 어머니 아버지 잘못 만나면 자녀들이 고생이 되듯이.

그래서 나는 여기에서 말하는 게 그겁니다. 누구의 탓을 하지 마시라고요. 자녀들은 부모의 탓을 하지 말고 부모는 자식의 탓을 하지 말고 또 자기네 이웃을 탓하지 말고 자기부터 돌아다보라고요. 자기가 이 세상에 났으니까 자기 탓이지 왜 남의 탓입니까? 지금 여기 앉아계신 분들이 만약에 바닷물이라면 나도 바닷물이 될 것이고, 여러분이 만약 종지라면 나도 종지가 될 겁니다.

그리고 자기가 자기를 못 믿어서 한생각을 해도 "에이, 그게 될까?" 이러는데 관습에 젖어가지고 자기를 자기가 못 믿는 겁니다. 못 믿기 때문에 실험을 못 하고 체험을 못 하는 거죠. 우리는 그대로 여여하면서 그대로 실상이면서 실행입니다. 그런데 여러분의 그 관습 때문에 그만 망가지는 거죠. 관습으로 인해서 착이 붙고 욕심이 붙어서 모든 일을 그르치고 자기가 자기를 밝게 못 보는 겁니다.

여러분 생각해보세요. 그전에도 많이 얘기 했습니다마는 오늘 처음 보는 분들이 많아서 이런 얘기를 또 되풀이합니다. 여러분이 지수화풍이라고 허무하게 생각 마시고 고귀하게 생각하셔야 됩니다. 지수화풍은 지수화풍을 먹고 살고, 지수화풍이 되기 때문에 광력이나 전력이나 자력 통신력을 충만히 나한테 갖추어져 있어서 내 마음대로 쓸 수 있는 여건이 주어져 있는 겁니다. 그러기 때문에 오신통의 불바퀴를 마음대로 굴려서, 체 없는 내 마음이 내 마음을 마음대로 굴릴 수 있는 그런 여건이 있는 것이 지금 과학적으로도 나와 있죠. 하지만 그것은 한계가 있는 것이고 부처님이 가르치신 뜻은 한계가 없죠. 부처님만 가르친 것이 아니라 이 진리가 그러하죠.

질문하실 거 없습니까? 혼자만 얘기하게 하지 마시고요. 오늘 처음 보는 분들도 많은데요. 내가 이렇게 말을 할 때 받아들인다면, 여러분이 받아들여서 먹을 수 있다면 음파가 튕겨서 다시 돌아오지 않습니다. 오늘은 음파가 돌아오진 않습니다. 참 여러분이 갸륵합니다. 모른다 안다를 떠나서 받아들이는 그 마음 말입니다. 그러니 여러분이 바다가 된다면 더러운 거 깨끗한 거, 파도다 물이다 이런 이유가 붙지 않고, 폭포수가 내려가면은 그냥 모여서 바다가 되는데 더러운 물, 핏물, 고름물 한데 합쳐서 그냥 이런 거 저런 거 이름해서 그것도 젖는 것뿐이겠죠. 이것이 옳다 저것이 옳다 벌써 붙으면은 그것은 벌써 거기에 걸린 사람들이니깐요. 그래서 옛날에도 선지식들께서 그렇게 말씀하셨죠. 사구(死句)를 따지는 사람들은 장님이 코끼리 만지면서 허둥지둥하는 사람들이고 활구(活句)를, 이름해서 그것도 아는 사람들은 코끼리를 타고 피리를 가진 자라고요. 그렇게 되면 불 수도 있겠죠?

그러니 우리가 지금 이게 옳으냐 저게 옳으냐 하기 이전에 중생도 없고 부처도 없다 할 때 그럼 누가 있겠습니까? 불 반짝하는 그 찰나밖엔 없습니다. 조금 아까 얘기한 것도 벌써 과거로 돌아가고요. 그냥 영원한 오늘이에요, 오늘. 그런데 오늘이라는 그 자체도 없다는 얘깁니다. 아까 얘기했죠. 나툰다. 화해서 나툰다. 공해서 나툰다. 이러니까 한생각이, 금방 이런 생각이 돌아갔다 금방 저 생각이 돌아가고 그러는데 그거를 망상이라고 그러거든요? "망상은 끊어야 된다." 이러거든. 아니 산 사람이 그게 끊어집니까? 끊어서 끊는 게 아니죠. 콤퓨타에 즉 말하자면 숙명통 콤퓨타에다가 입력을 해서, 과거에 입력된 것이 지금 현실에 자꾸 나오는 걸 거기다 다시 입력을 해서 놓는 작업을 한다면 그래도 망상은 망상대로, 아니 망상이 아니라 마음이 어떠한 마음으로 나오든지 간에 거기에 관여할 게 없죠. 그걸로 인해서 부처를 이루는 거니까요. 그런 생각이 없다면 목석이게요. 목석이면 어떻게 부처를 이룹니까? 목석일 뿐이지.

그러니까 망상이라는 관습도 두지 마시라 이거죠. 즉 말하자면 좌선이나 입선이나 또는 묵조선이나 간화선이나 와선이나 행선이나 이런 것이 모두가 둘이 아니라 그대로 그냥 이름해서 참선입니다. 여러분이 변소에 가서 똥을 누는데 여러분이 각자 변소에 가니까 거기 부처가 있는 거지, 여러분이 왔으니까 법당에 부처가 있는 거지 여러분이 없는데 뭐가 있습니까? 아까도 얘기했죠?

그렇다고 해서 예의를 지키지 말라는 것이 아닙니다. 예의를 지키고 계율을 지키고 다 하되 그 모든 것을 어떤 놈이 하느냐는 얘깁니다. 자유인이라는 것은 그렇게 자기를 자기가 다스릴 줄 알고, 인간으로서 만물의 영장인 줄 알고, 그렇다면 행을 그대로 하는 자라야만이 바로 만물의 영장이라는 소리를 듣고 자유인이라는 소리를 듣죠. 이름해서 부처라 하는 그 한마디를 듣기가 얼마나 어렵습니까? 남이 부처, 보살 이런다고 해서 그게 다가 아니죠.

첫째 사람이 돼야 하고, 둘째 가정에서도 잘 다스려야 하고 셋째 자기 마음을 자기가 다스려야 합니다. 그럼으로써 행을 잘 할 수가 있고 올바로 갈 수가 있고 진실하게 갈 수가 있고, 얼토당토 않은 욕심을 부리지 않을 것입니다. 그리고 자녀들도 보느니 그것만 보고 듣느니 그것만 듣는데 어찌 이탈하겠습니까? 여러분이 고독하게 만들고 배고프게 만드니까 그렇게 되는 거죠. 부모의 책임이 없다고도 볼 수 없죠. 학교에다가 맡겨놓으면 다 되는 줄 알고요. 바로 2세, 자긴데요. 자기입니다. 더 발전을 해서 내 2세는 더 올바르게 진실하게 똑바로 다스려나갈 수 있는 자기를 길러주는 부모들이 돼야 되지 않겠습니까?

세계적으로 어느 종교를 떠나서, 이 불교라는 거는 어디 한 귀퉁이에 국한되어 있는 게 불교가 아닙니다. 영원한 생명의 근본이 불(佛)이요, 살아가면서 말을 해야 되고 행을 해야 되니까 그게 교(敎)입니다. 바로 우리 생활이에요. 그런데 여러분이 지금 사는 것만 아시지 그저 눈 깜짝할 사이에 변하고, 눈 깜짝할 사이에 망가지고 부숴지고 죽고 이러는 거는 모르시죠? 아니, 생각을 하면서도 행을 못 하시는 거죠? 그런 줄 번연히 알면서도. 그러니 그러한 불바퀴 속을 뛰어넘질 못해서 이승 저승을 왕래를 못 하니 여러분이 살아생전에 열반의 맛을 알아야지, 만약에 그 맛을 모른다면은 죽어서도 그 차원밖에 안돼요. 지게꾼 하던 사람은 지게꾼으로만 살게 돼 있고, 어느 회사의 종업원이라면 종업원, 기술자라면 기술자, 정치인이라면 정치인, 과학자라면 과학자, 자기 분야에 따라서 용도에 따라서 자기가 그걸 가지고 사는 거예요. 그러니 여러분이 지금 살아생전에 그 도리를 모르면 안 되죠.

모든 천체가 한마음에서 즉 말하자면 사랑도, 자비도 과학도 물리학도 천체물리학도 아니, 천문학도 지리학도 의학도 모든 게 이 한 보배, 한 가운데서 다 부풀려 나오는 거죠. 그래서 그렇게 말하더군요. L.A. 개원식에서 하바드 박사가 "스님은 그 한군데서 그렇게 나툰다고 말씀을 하셨는데 스님으로 인해서 내가 연구를 더 깊이 하게 됐습니다."고요. 그러나 그뿐이 아닙니다. 알라스카에는 박사가 한 댓분 되는데요. 그 박사들은요, 심리학이니 의학이니 아무튼 여러 분야에서 참 열심히 연구하는 사람들인데요, 자기 전공 분야에서 모두 마음으로 하니까 된다 안 된다를 떠나서 그렇게 많은 사람을 건질 수 있다라는 게 참 감사하다는 겁니다.

그런 사람들은 빨리빨리 납득이 가는데 왜, 여기 사람들은, 허허허, 그러냐 이거죠. 요만한 거 하나라도 철두철명하게 지켜나가고 배우려고 애를 쓰고는 사람이, 외국 사람이 더 많더군요. 여기는 공부는 하지 않고 오히려 비웃는 사람들이 더 많아서 걱정이죠. "네가 알면 얼마나 알길래, 참 흉내 꽤 잘 내는구나!" 이러고. 그런데 내 생각에는 자기를 좀 돌아다봤으면 좋겠는데, 자기는 보지 않고 남을 원망하고, 남을 메스껍게 생각하고 남을 깔보는 마음, 아상, 아만 그런 것이 많으니 바로 자기를 죽이는 요인이 될 수 있죠.

우린 풀 한 포기도 업신여길 수가 없죠. 여러분 뱃속의 그 촌충이 바로 하나의 증명이 된 셈입니다. 미생물에서부터 이 인간까지 왔다는 증명을 해준 겁니다. 오장육부의 그 생명들이 천차만별로 있는 자체를 보십시오. 그게 운행을 해줘야만이 여러분이 움죽거릴 수가 있고 살 수가 있는 거죠. 그런 데다 지수화풍이 아니라면 또 살 수도 없죠. 그 지수화풍이 아니라면 과학자들이 지금 연구를 할 수도 없고 전파가 오고 가지도 않습니다. 생명을 유지할 수도 없고 땅바닥에 발을 디딜 수가 없습니다. 공기도 없습니다. 모든 게 두절되고 말죠.

그러니 우리가 이 공부를 열심히 해서 옛날에 가져온 그 비극적인 역사 이런 거를 말끔히 씻어버리고 좀 새로이 새 맛이 나는 역사를 가져올 수 있게끔 해야 합니다. 그러니 한생각을 함부로 내지 마세요. 개인적으로 어떤 원한이 있더라도 일일이 요렇게 찍어서는 열쇠를 받지 못합니다. 모든 것은 포괄적으로 생각해서 세계적으로 너무 높은 거는 낮추고 너무 낮은 것은 올리고 하는 그 마음, 한마음의 도리에 지혜로운 폭넓은 마음, 그런 큰 그릇의 마음을 낼 수 있는 그 뜻을 갖는다면은 그대로 진행이 될 겁니다. 그럼 세계 평화가 올 수 있지 않겠습니까? 남북 통일도 될 수 있고요. 마음을 다루는 일이라는 것이 아까 얘기했듯이 마음을 다루면 몸도 다룰 수가 있거든요. 세계를 움죽거리게 하는 것은 한마음이란 말입니다.

여러분이 앉아서 테레비를 보면서 세계적으로 일어나는 일을 듣고 보고, 또 인공위성을 띄워서 두루 하고, 전파를 통해서 다 듣고 이러면서도 그걸 파악을 못 하십니까? 여러분이 이 도리를 배워서 자꾸 자꾸 지금부터라도 그냥 놓는 작업을 하신다면 그 뜻을 자기가 체험을 하게 되는 거거든, 하나하나. 괜히 돈오점수(頓悟漸修)가 옳으냐 돈오돈수(頓悟頓修)가 옳으냐 이러고 휘휘 거기에 휘감기지 마시고요. 이것도 아니고 저것도 아니니까요. 핏물에도 젖습니다. 똥물에도 젖고요, 젖는 거는. 맑은 물에도 젖죠. 그냥 젖을 뿐이에요.

여러분이 여러분을 다스려나가면서 가정과 모든 데서 화목을 깨트리지 마시고 그저 자녀들을 기르더라도 그렇게 해나가신다면 '아휴, 내가 어머니 아버지 말을 왜 이렇게 안 들었을꼬.' 하고 후회를 하면서 아마 착한 2세들이 될 겁니다. 이런 속담도 있죠. 안에서 새는 바가지 나가서도 샌다고요. 그것처럼 질질질질 물이 새니깐 남들을 모두 얼리고 빙판을 만들고 그러니 전부 미끄러져서 부상을 당하고 다치지 않습니까. 우리가 한 집 한 집, 한 사람 한 사람이 "직결이 돼 있고 가설이 돼 있다더라. 그러기 때문에 이 사바세계는 관세음보살이라고 이름을 지어놓으셨구나. 우리들이 관해 보고 우리들이 관해 듣고, 우리들이 이 세상에서 살고 있지 않느냐. 그리고 말을 하고 있지 않느냐. 이것이 관세음보살이라는 그 이름 아니냐. 우리들을 떠나서 관세음보살이 어딨으며 지장이 어딨겠느냐?" 이렇게만 생각하세요.

법당에 오더라도 부처님 몸과 내 몸이 둘이 아니요, 부처님 마음과 내 마음이 둘이 아니요, 그 생명과 내 생명이 둘이 아니요, 풀 한 포기의 생명도 둘이 아니라는 걸 우리는 알아야 합니다. 나무와 나무가 남들이 보지 못하는 그 마음들을 서로 이어서 열매를 맺는 거 보시지 않습니까? 사랑을 해서 말입니다. 저 건너편의 나무 한 그루가 이쪽 건너편의 나무 한 그루와 사랑을 해가지고 열매를 맺는 거 아시죠? 이것이 바로 전파 아닌 전파죠. 마음을 이어가는 전파인데, 지금 남편이고 애들이고 그렇게 속을 썩여도 '허허, 주인공은 전력이 둘이 아니니까 불 들어오는 거는 전력만 있으면 다 들어오겠지.' 하고 맡겨 보세요. 너

하고 나하고, 아들이다 자식이다, 이렇게 모두 알고 있는 것이 가설이 아니냐. 그럼, 네 주인공과 내 주인공이 둘이 아닌데 둘이 아니게 그저 당신밖에는, 둘이 아닌 주인공밖에는 해결 못 하겠구나 하고 맡겨놓는 작업을 할 때 벌써 다들 전파가 되거든요. 불이 들어오게 돼 있다고요. 인등이 켜지게 돼 있거든.

내 마음이 스스로 밝아지니 스스로 자기가 자길 다스리게 되죠. 이 세상을 나쁘게 보는 것도 자기가 나쁘니까 나쁘게만 보거든. 그러니 나쁘게 보지 않고 '아하! 이런 거로구나!' 하고 자기가 스스로 좋게 돌리면 좋게 돌아가게 되죠. 그럼으로써 가정에도 화목이 오고 서로 사랑을 하게 되고, 나가서도 남들을 사랑하게 되고 남들 보는 눈이 달라지죠. 여러분의 마음이 천국이면 모두가 천국으로 보이지만 여러분이 모두 악으로써 병이 들면은 모든 게 악으로만 보이고 도둑놈으로만 보이거든요. 그래서 나는 이렇게 합니다. 도둑놈이면 어떻고 도둑놈 아니면 어떠랴? 나 걸음 걷는 거, 다스려가면서 올바로 진실하게만 꾸준히 걸어갈 뿐이지. 그렇게 생각하면은 스스로 만났던 사람, 인연 됐던 사람이 스스로 언젠가는 착해지고 언젠가는 그런 걸음을 다 떼어버리거든요. 더디고 이르고 그뿐이지.

오늘은 어떻게 돼서 순서도 없고 이거 하다가 저거 하다가 이렇게 됐습니다. 여러분도 이 생각 하다가 저 생각 하듯이 말입니다. 어떤 사람은 날더러 체계 없이 만날 그런다고 그래요. 그런데 우리가 살림살이 하면서 보십시오. 체계 있게 살림살이를 하나? 체계 있게 만나나? 그저 그냥 애가 와서 "아버지, 오셨어요?" 하면 "그래!" 그러고선 말도 행도 그렇게 나가고, 어머니가 부르시면 금방 "예, 어머니." 하고선 아들로서의 말과 행동이 나오듯이, 연방 찰나찰나 바뀌면서 돌아가기 때문에 사실은 질서가 없는 속에서 질서있게 살아갑니다.

말을 할 때는 전선이 '딱' 붙어서 하나가 되고, 말을 하고나서 '딱' 나투면서 떨어질 때는 너는 너고 나는 나거든, 이 도리가. 그러기 때문에, 둘이 아닌 까닭에 너는 너고 나는 나고 찰나찰나 둘이 아니요, 찰나찰나 너는 너고 나는 나니라. 그래서 '그 진리는 끝없이 이어가는 길이니라.' 한 것이죠.

만날 했던 소리 하는데도 이렇게 찾아주시니, 그저 '저 못난 스님도 나 못난 거려니.' 하고 찾아주시는 것 같애요. 그러니까 그저 못난 사람들끼리 못났든 잘났든, 잘생겼든 못생겼든, 거지든 부자든 그거를 떠나서 우린 마음공부하는 사람들이니 모두 한마음으로 뭉쳐서 공부해 봅시다. 또 내부적으로 한마음으로 틀어놓지 않으면 돌아갈 수 없습니다, 이탈이 되죠. 이 몸속에 있는 것도 아주 간단하게 쳐서 십오억이라고 한다면 벌써 오십억이 되고, 오십억이 된다면 그 속에 또 속이 있고 그러니까 헤아릴 수 없죠. 그 여러 의식들을 한생각에 전부 이끌어서 바로 내 한마음이 돼준다면 몸 건강한 거야 뭐 이를 데가 있겠습니까? 가는 날까지는 틀림없이 건강하게 살 테죠. 가는 날까진요. 이 몸이 헤지면 또 다른 걸로 바꿔서 쓸 수 있거든요.

어느 선사께서 어느 하인으로 사는 사람의 시주를 받고서 너무 감탄해서, 그만 그 이튿날에 몸을 바꿔줬죠. 신라 때 불국사를 지은 김대성이 처럼요. 그래서 금방 몸을 갈아서 정승의 아들로 태어나게 해가지고 관직에서 불쌍한 사람들을 많이 건져주게 했더래요. 그런 거와 같이 우리가 지금 요 몸을 가지고 얼마나 지탱하겠습니까? 몸 가졌을 때 이 도리를 다 배워야지 이 몸이 없으면 공부도 못해요. 아까 영화 얘기한 것처럼 그 짝이 나죠. 살아 생전에 나투고 응해주고 그렇게 벗어나서 불바퀴를 굴릴 수 있어야 바로 그게 이름해서 열반이지, 그러고 자유인인 것이지 아, 살아서 그걸 못 벗어나는데 죽어서 어떻게 벗어납니까. 응?

그러니 언제나 자기 자신을 떠나서 맹종하지 마세요. 부처가 있더라도 그저 자기 몸과 같이만 생각하세요. 내 아픔같이 생각하고 불쌍한 사람 보면 내 불쌍한 것 같이만 생각하면 돼요. 그러고 올라가지도 말고 내려가지도 말고 나 같이만, 못났든 잘났든 나 같이만. 그렇게 모두 둘로 보지만 않으신다면 모든 게 자비로써 이 세상을 살아가고 실천하고 행하실 겁니다. 길을 걸어가다가 소 한 마리 토끼 한 마리를 본다 하더라도, 죽는 걸 본다 하더라도 길 오다 가다 한생각에 그냥, 보는 순간이지 그거 뭐 생각할 것도 없어요, 그럴 시간도 없다고. 보는 순간이지. 그러니까 찰나지. 그러니까 무슨 저걸 살려야지, 어떡하나 건져줘야지 그런 거 생각할 사이도 없다고요, 자동적이기 때문에.

여러분로 인해서 나도 배우는 게 많습니다. 여러분이 아니었더라면은 내가 어찌 그 도리를 알았겠습니까? 나는 저 산천초목, 풀 한 포기, 물이 흘러가는 걸 봐도 '하! 너희들이 아니었더라면 내가 어찌 이 도리를 알았을까? 너희들이 다 스승이고 돌 하나 스승 아닌 게 없구나! 천칠백 공안이라고 예전에 선지식들이 그렇게 말씀하셨지마는 천칠백 공안 아닌 게 하나도 없구나. 화두 아닌 게 하나도 없고.' 이런 생각이 듭니다. 여러분은 내가 몸이 세상에 태어난 게 화두라는 걸 아시고, 내가 나온 게 수박이라면 그냥 무조건 잘라서 잡숴보세요. 아셨죠! 그러면 그 씨를 또 심어서 모든 중생들을 먹이고도 되남을 테니깐요.

그럼 오늘 부처도 중생도 둘 아닌 도리라는 그 까닭은 바로 거기에 있구나 하는 걸 한번 생각해보시고요. 지금 이라크 문제들을 가지고도 더 퍼지지 않게 더이상 다치지 않게 이렇게 마음을 내주시는 것이 우리의 국민된 도리요 세계적인 인간의 도리요 한마음의 도리일 것입니다. 감사합니다.

머무르지 않는 데서 생각하는 도리

91년 4월 21일

오래간만에 여러분과 같이 한자리를 했습니다. 여러분 덕분에 외국이라는 데를 한시도 쉬지 않고 비행기를 십여 번을 갈아타면서 돌았습니다. 그것이 다 여러분의 염원에 의해서 한마음으로 해주셨기 때문에 내가 이렇게 잘 다녀왔지 않은가 하는 감사한 생각을 합니다. 여러분뿐만 아니라 일체제불은 한마음에서 이루어지는 거니깐요. 만 명이든 수십만 명이든 전부 각(覺)을 이루었다 하더라도 한 도량의 한 부처니까요. 진리가 하나지 둘은 아니니까요. 그런 의미에서 여러분한테 감사드립니다.

수많은 중생들이 더불어 사는 내 몸이 혹성이듯 우리가 살고 있는 지구도 바로 우리의 집이자 혹성입니다. 이 만법의 기틀과 기본을 모른다면, 우리는 마음을 낼 수가 없어서, 항상 보지 못하고 듣지 못하고 생각도 해보지 못해서, 집도 망가지고 또 저 혹성의 집도 망가질 수 있는 그런 계기가 있을 수도 있죠. 우리 몸이 망가지듯 말입니다. 내 몸뚱이 속의 중생들이 한마음으로 뭉쳐주지 않는다면 내 몸인들 견뎌 나겠습니까? 사는 날까지는 건강하게 살다가 옷을 벗고 싶을 때 벗어야죠. 그러나 옷은 벗지만 그 마음의 근본은 영원하죠.

우리가 미래에서 본다면 현재가 과거인 것입니다. 또는 우리가 과거라고 하는 것은 바로 미래이자 과거입니다. 그래서 과거와 현재와 미래는 둘이 아니게 돌아가고 있습니다. 그렇게 현실 자체가 공(空)해서 고정됨이 없이 돌아가기 때문에 여러분은 바로 나라고 할 수 없는 그런 위치에서 공부들을 하셔야 되겠죠. 이것을 기본적으로 아셔야 합니다. 그리고 시급한 문제입니다.

어디를 막론해놓고 지금은 인공위성으로 인해서 전파가 두루하고 세계를 누비고 있습니다. 그러나 우리 마음은 그보다 더 빨리, 빛보다 더 빨리 전파를 통하고 있습니다. 그래서 우리가 생각하는 대로, 살고 있는 대로 이것이 우주 법계에 두루 입력이 된다는 것입니다. 우리는 여기에 몸뚱이가 이렇게 있지만 또 정신세계에서 살고 있다는 것을 아셔야 합니다. 우리가 그 정신세계에 중점을 두지 않는다면 도저히 정신세계의 나를 맛보지 못합니다. 나와 같이 있으면서도 같이 있지 않고, 같이 있지 않으면서도 같이 있는 것입니다. 그러기 때문에 이 도리가 심오하고 그 뜻이 너무나 엄청나다고 말하는데 여러분은 엄청나다는 걸 실감을 못 하고 있습니다.

사람이 살면서 질질 끌려다녀야만 하는 노예가 돼야 되겠습니까? 정신세계의 노예가 된다면 우리는 현실세계에서 자유스럽게 살 수가 없습니다. 여러분은 그걸 모르시고 "나는 죄를 짓지 않았는데, 나는 잘못한 게 별로 없는데 왜 이렇게 고가 닥칠까?" 하면서 근심과 걱정과 병고와 괴로움을 당하고 있습니다. 그것이 어디에서 오는가를 안다면 내가 어디에서 온 것도 알 것이고, 내가 지금 뭐를 하고 있는 것도 알 것이고, 그것을 어떻게 대처해야 된다는 도리도 알 것입니다. 그래서 부처님께서는 49년을 설하시며 그 뜻을, 마음의 도리를 가르쳐 오셨습니다. 지금까지도 말입니다.

그런데 우리는 마음을 저버리고 항상 이론으로만 '마음, 그거.' 하는데 그렇게 이해만 해서 마음을 증득하는 건 아닙니다. 이해만 해가지고 "내가 알았다." "나는 그만하면 됐어. 네가 알면 얼마나 알어." 이런 그 자기의 아만과 아집을 버리지 못한다면 우리는 어떻게 물 속에 뛰어들어서 물 깊이를 알며 어떻게 땅 속에 들어가서 햇빛이 들어오는 걸 알겠습니까? 그리고 허공에 불바퀴가 돌아가는 거를 어찌 걸리지 않고 앞뒤 없는 불바퀴를 넘나들겠습니까?

우리는 마음을 밝혀서 정신세계로 치달아야 하는 지금 이 시대가 너무 바쁜 시대라고 봅니다. 그러기 때문에 나는 이렇게 옷을 입고 있는데 이 옷을 입은 것도 머리 깎은 것도 여러분 잘 생각해보십시오. 허망한 게 아니라 무상(無常)하다고 해서, 길고 짧은 게 두루 무상하다고 해서 무명초(無明草)라고 이거를 깎아버린 겁니다. 이것은 여러분한테 표현이고 또 공부하는 데 방편이자 현실입니다. 여러분이 그 도리를 알아서 우리가 사는 것이 그대로 실상임을 깨닫는다면 그보다 좋은 일이 어디 있겠습니까. 미래의 세계도 여기에서 생각하고, 보고 듣고 생각하는 그 도리가 전부 법계에 정보가 돼서 정신세계의 미래도 개척을 해 나가면서 현실에서도 개척을 주장할 수 있는 그런 도리가 됩니다. 우리의 이 몸뚱이만 내가 아닙니다. 이 몸뚱이 속에는 또 얼마나 많은 중생이 살고 있습니까. 그 중생 속에서 부처가 있음으로써 그 부처는 원자라고 한다면 바로 그 원자 속에 또 입자가 헤아릴 수도 없이 많습니다.

여러분이 내 마음 속에 있는 그 중생들을 다스릴 수 있는 진짜 공부를 해나가실 수 있다면 미래의 정신세계도 다스릴 수 있게 됩니다. 높고 낮은 게 없이 모두가 벗이고 모두가 한마음 아닌 게 없기 때문에 다스릴 수 있다 이 소리입니다. 내가 우뚝하게 잘나서가 아니라 모든 마음과 마음이 말입니다. 이어지는 마음 말입니다.

예전에 부처님께서 말씀하신 그 뜻을 한마디 여러분한테 묻겠습니다. 전에 부처님께서 말씀하시기를 "머무르는 데서 생각하지 말고 머무르지 않는 데서 생각하는 도리는 무엇인고?" 하고 물었습니다. 여러분한테 그렇게 물었다면 어떻게 생각하시겠습니까? (잠시 말씀을 멈추시고) 대답할 수 있겠습니까? 그런데 그것이 부처님 당시의 말씀이기 때문에 머무른다는 표현으로 바꾸었습니다. 내가 그것을 바꾸어서 말한 거는 바로 고정됨이 없으니, 그대로 우리가 여여하게 놓고 가는 거니 걸림 없어라 하는 소리나 똑같죠.

우리가 살아나가는 게 누가 살아나가는 겁니까? 여러분 몸뚱이가 살아나가는 게 아니라 바로 정신이 여러분 몸뚱이를 지배하고 있습니다. 그럼으로써 안의 의식들을 지배할 때에 비로소 우리는 불성의 기둥, 불기둥과 더불어 영혼이라는 것을 생각을 하는 것입니다. 이 영혼이 생각을 해서 바로 여러분을 지배하고 있으니 지배하는 동시에 그 마음과 의식들을 전부 한꺼번에 둥글려서 한마음이라고 한 것입니다.

그러니 우리가 이뭣고 화두를 갖는 것보다도, 이게 뭐꼬 하고 십 년이 간들 무슨 소용이 있겠습니까? 여러분이 나셨으니까 상대가 있고 상대가 있기에 여러분이 있는 거죠. 또 서로가 필요로 하는 겁니다. 생명도 둘이 아니요, 마음 씀씀이도 둘이 아니요, 몸도 모습도 모두가 둘이 아닌 까닭에 이 도리를 한마음으로써 뭉쳐서 안다면 바로 여러분을 발견할 것입니다. 그리고 이차적으로는 바로 그게 둘이 아닌 까닭에 '너'가 뚜렷하게 있고 '나'가 뚜렷하게 있는 거를 알게 됩니다.

그래서 그 도리에 걸림이 없다면 누가 뭐래도, 누가 잘못했다 잘했다, 너는 못 쓴다 쓴다, 너는 이쁘다 미웁다, 지위가 높다 낮다 하더라도 여여하게 마음 씀씀이를 쓰는 거죠. 이런 공부하는 데는 모든 것에 걸리지 않고 남을 원망하지 않고 탐내지 않고 아집을 갖지 않고, 항상 겸손하면서 뜻보시와 법보시, 부드러운 말보시를 해서 뜻으로나 말로나 마음으로나 모두가 자비하고 인의롭고 폭이 넓게 이렇게 살아나갔으면 좋겠습니다. 우리들의 삶이 그렇게 됐으면 하는 간절한 소망입니다.

아까도 얘기했지만 머무르는 데에 생각을 내지 말라 이 뜻이 뭡니까? 모든 것을 '이쁘다 밉다, 너는 잘못했으니깐.' 그렇게 고정되게 보고 있습니다. 그럴 때에 그게 머무르는 것입니다. 예를 들어서 사람은 강도질을 하다가도 회개를 하면은 참 착해질 수가 있는 것입니다. 환경에 의해서 어떠한 문제가 일어났다 어떠한 잘못을 했다 하더라도 한생각 돌린다면 그 사람은 착하게 되는 것입니다. 착한 사람도 어떠한 경우에는 나빠질 수도 있습니다. 그래서 착하다 또는 착하지 않다 이런 것을 염두에 두지 말라. 이런 것을 머무른다 하는 겁니다. 그런 거를 염두에 두면은 바로 머무르는 것이 되고 걸린다 이 소리죠.

인생이라는 것은 한 철 캠핑을 왔다가 나고 막을 거두고 가는 건데 우리가 원점으로 돌아가면은 오늘 이 세상, 지금 사는 이게 과거가 됩니다. 미래의 정신세계로 가서, 즉 말하자면 세 갈래가 주어집니다. 하나는 악, 하나는 그저 중심을 지킬 수 있는 사람, 하나는 각(覺)을 이룬 사람, 이렇게 해서 단계가, 그러니까 모든 게 이름을 옥황상제라 하고 모두 깨달은 사람들은 전부 한자리 한마음 한 발 딛는다는 뜻이죠. 그러니 여러분은 과거가 따로 있다고 생각하지 마시고 미래가 따로 있다고 생각하지 마세요. 미래의 정신세계는 지금 우리가 가지고 있는 겁니다. 그래서 자꾸 계발하라고 하는 것도 바로 그런 이유에서죠. 여러분이 공부를 해서 잘만 생각을 해주신다면 우리는 세계를 둘 아니게 다스릴 수도 있죠. 우리는 자유스럽게 내가 될 수 있고 나툴 수 있으니까요. 모두가 나 아님이 없는 도리를 알아야 나 아님이 없는 도리의 그 활용(活用)을, 중용을 할 수 있는 그런 능력이 생기지, 둘이 아닌 도리를 모르고 부처님 말씀처럼 여기에 머무르고 저기에 머무르다가는 내 갈 길을 가지 못하고 더디며 정신세계의 맛을 못 보며 항상 끄달리면서 아마 노예생활에서 벗어나지 못할 겁니다.

여기서 오늘은 질문을 받으려 합니다. 여러분 중에서 질문을 하시면 자상하게 여러분과 같이 할 것입니다. (삼배를 올리는 질문자를 향하여) 인제 삼정례(三頂禮)를 일정례(一頂禮)로 하십시오. 우리는 몸을 수련시키는 게 아니라 정신을 수련하는 겁니다.

질문자1(남) 삼처전심(三處傳心)에 대해서 큰스님의 가르침을 받고자 질문을 드리겠습니다. 『선종선감』에 이르기를 선(禪)은 불심(佛心)이라 했고 교(敎)는 불화(佛話)라 했습니다. 부처님께서 일찍이 가섭존자(迦葉尊者)에게 세 곳에서 전심한 것을 삼처전심(三處傳心)이라 하는데 첫째, 염화미소(拈華微笑) 둘째, 다자탑 전분반좌(多子塔 前分半座) 셋째는, 곽시쌍부(槨示雙趺)가 있습니다. 한마음 도리에 비추어 큰스님의 가르침을 듣고자 합니다.

큰스님 첫째, 염화미소라고 하는 것은 네 마음과 내 마음이 둘이 아닌 까닭에 법을 전하신 겁니다. 그 법이 둘이 아닌 까닭이죠. 둘째, 석존이 가섭에게 반자리를 내 준 것은 바로 한도량에 한자리다 이겁니다. 반자리를 내 주신 것도 한자리다 이거야. 한자리면서도, 거기 붙어 돌아가는 것은 한자리면서도 네가 있고 내가 있구나 하는 그 도리에서 이 세상만사가 다 거기 붙어 돌아갑니다. 세번째, 석존께서 관 속에서 두 발을 내보이신 뜻은 바로 한땅에 한발이다 이 소립니다. 그 뜻으로 생각한다면 깨달은 사람들에게만 그렇게 되는 게 아니라 여러분도 중생이나 부처가 한마음임을 돌려 깨달으면 이 도리를 알 것입니다.

여러분한테 그것을 가르치려고 방편으로 보여주신 겁니다. 실지로 가르쳐주신 겁니다. 그러니 여러분은 조금도 각자 자기를 의심하지 말고 자기의 영원한 생명의 근본, 그 불성을 믿어라 이겁니다. 자연스럽게 믿어야지 거기다가 뭘 물어보고 자시고 하는 사람도 있을 텐데, 나는 그런 걸 원치 않습니다.

예를 들어서 자기가 진실로 믿는다면 하늘이 깨져서 무너진다 하더라도 여여하게, 내일 죽는다고 하더라도 오늘까지 여여하게 아마 일하러 나갈 겁니다. 요새 외국에 가니깐 이런 소리가 많이 들렸습니다. 지금 지구가 망가질 일이 생기고 뭐, 생명이 다 위태할 일이 생기고 2000년대는 무슨 뭐가 어떻다고 그러던가요? 나 듣고도 잊어버렸죠. 여러분 말씀해보세요. 뭐 종말이 온다고요? 그런데 그것은 여러분이 노예로 사니깐 종말이라고 하는 겁니다. 여러분이 이 도리를 모르고 산다면 종말이지만, 여러분이 이 도리를 안다면 둘이 아닌 까닭에 종말이 있을 수가 없습니다. 하다못해 물이 있다 하더라도 흙만 있다 하더라도 종말은 아닙니다. 그것도 생각이 없는 게 아니고 생명 없는 게 아니고, 그것도 불성이 있기 때문입니다. 물 존재가 생명이 없고 불 존재가 생명이 없다면 우리 생명들을 어떻게 이끌어가고 있겠습니까?

지수화풍으로 된 이 몸뚱이가 허무한 것이 아닙니다. 흩어졌으면 우리 인간이 보이지 않겠지만 이게 한데 뭉쳤으니깐 사람이라고 이름을 붙인 것입니다. 그러고 부처라고 존중한 겁니다. 그런데 그 부처라고 존칭하는 여러분이 지금 지수화풍을 갈래갈래 갈라놓고 먹습니다. 그러고 생명을 유지합니다. 그러니 어떻게 한치라도 불성이 없다고 하며 부처님 법이 아니라고 할 수 있겠습니까? 그러니 아까 질문하신 것 가운데 이 세상만사 살림살이가 다 나옵니다. 석존께서 다자탑(多子塔)의 반쪽을 내줘서 같이 앉은 자리라는 그 뜻이 말입니다. '이어지지 않음이 없이 이어지는 까닭에 네가 있고 내가 있느니라, 이 세상만사가 다 그러하니라.' 하는 그 뜻을 우리가 알아야 됩니다.

그런데 참, 외국에서도 이 천주교나 기독교나 또는 티벳불교, 통일교, 원불교 이런 데 말입니다. 우리 그 교재, 항상 다달이 나오는 법문 회보가 그리로 다 갑니다. 그것을 안 보내면 오히려 가지러 옵니다. 설법할 때 그걸 위주해서 하고 거기서 빼서 또 교재를 만든답니다. 이런 소리를 듣는 순간 급하구나, 이 경전이 급한 거보다도 이거를 한데 모아서 엮는 게 아주 급하구나 하는 생각을 했습니다. 그러고 또 한 가지는 세계적으로 청소년협회가 있는데 거기에서도 자료가 없다고 자료를 청해왔습니다.

여러분과 더불어 같이 공부하는 동시에 한마음이 되니까 좋아지는 결과가 나오고 있습니다. 여러분이 한마음으로 뭉쳐줘서 늘 감사하죠. 여러분이 가정에서 그 도리를 모르면 내 몸도 이끌어갈 수 없고 가정도 이끌어갈 수 없죠. 사회도 이끌어갈 수도 없고, 그러고 국가도 이끌어갈 수 없습니다. 국가를 이끌어 가려면 세계를 알아야 되고, 세계가 내 손 안에 들어야만이 국가를 일으켜나갈 수 있는 것입니다. 모두가 너 나 할 거 없이 둘이 아닌 도리를 알아야 내 가정을 지켜 나갈 수 있고요. 다른 질문 없겠습니까?

질문자2(남) 저희들이 공부하는 과정에서 큰스님으로부터 수없이 많은 가르침을 받아왔습니다. 그래서 우리는 과거의 업에 의해서 오늘의 내가 있고 이생에서 심은 습에 의해서 미래가 있는 것이라고 알고 있습니다. 그러나 우둔한 저희들은 아직도 마치 짙은 안개에 가려져 있는 것과 같습니다. 이 업이란 무엇이며 우리의 불자들은 어떻게 해야 올바른 진화를 할 수 있는지, 영(靈)과 불성(佛性)과는 어떻게 다른지를 다시 한 번 소상하게 가르쳐주시기 바랍니다.

큰스님 영(靈)이라는 것과 불성(佛性)하고는 다릅니다. 영이라는 건 보이지 않는 그 모습을 말하는 것이고, 모습 없는 그 마음을 말하는 것이지 불성은 아닙니다. 혼(魂)이라는 것도 '영'을 '혼'이라고 합니다. '영혼(靈魂)' 이렇게 하죠. 그러나 그 영혼이라는 것은 바로 여러분이 생각하는 그릇에 따라서 좌우됩니다. 그래서 그 그릇에 따라서 작은 그릇이면 작은 그릇의 영혼일 것이고 크면 큰 대로의 영혼일 것입니다. 불성은 그대로 있으면서도 갖가지로 다르게 마음을 내는 것, 즉 이렇게 생각하고 저렇게 생각하는 데 비유해 보면 되겠습니다. 우리가 지금 살아나가는데 이런 생각 저런 생각, 좋은 생각 나쁜 생각, 이렇게 하는 것을 이름 붙여서 영혼이라고 하죠. 그 영혼 하나가 만사를 잘못되게 할 수도 있고 잘되게 할 수도 있죠. 영혼이 불성은 아닙니다. 우리가 그렇게 잘못되고 잘되는 거를 이끌어가는 그 자체가 돌고 돈다는 뜻이죠. 그래서 영혼이라고 그러죠.

그런데 이 불성이라는 자체는 여러분이 생각하는 것처럼 그렇게 잘못돼 나가는 게 아니라, 지금 우주에 불바퀴가 돌아가는 것처럼 불성에 이끌려서 우리도 같이 돌아가는 겁니다. 돌아가면서도 꿈쩍도 않는 것입니다. 돌아가면서도 돌아감이 없는, 더하고 덜함도 없는 그것입니다. 부처님은 내 마음의 그릇이, 그릇 없는 그릇이 있어야 한 찰나에 드셔서 묘법의 설법을 하시고 한 찰나에 나신다 이런 게 있죠.

아까도 얘기했지만 과거가 미래고 미래가 과거고 미래에서 볼 때는 현실이 과거인 것입니다. 그런데 그 과거에서 다시 올 때는 현실입니다. 그러면 어떻게 됩니까? 그쪽에서 볼 땐 여기가 과거고 여기서 볼 때는 그게 미래입니다. 우리가 정신세계의 차원을 삼차원으로 볼 때, 영혼이 잘못된 일들을 했을 때에 자기 그릇대로 노는 것입니다. 생명은 다 똑같습니다마는 생각이 모자라서 그렇게 달라지는 것입니다. 달라지는 반면에 악도 있고 선도 있다 이겁니다.

그러니까 예를 들어서 옥황상제가 지배인이라면 그 지배인을 망가뜨리기 위해서, 즉 악이 선을 망가뜨리기 위해서 지배자가 될 양으로 그 정신세계에서도 싸움 아닌 싸움이 벌어질 수도 있는 겁니다. 그러면 어디가 문제가 되느냐. 지금 현실이 문제가 되는 겁니다. 예를 들어보겠습니다. 옛날에 젊은 부부가 살았는데 이 부부가 참 좋은 아들을 달라고, 이 세상을 더럽히지 않고 깨끗하게 다 자비하게 사랑하면서 이끌어주는 그런 아들을 달라고 그랬습니다. 그랬는데 정말 그렇게 빌고 나서 아들이 생겼습니다. 부처님께서 그렇게 좋은 아들을 주셨습니다. 그랬는데 아들을 낳자 마자 아버지가 죽었습니다. 그래서 어머니가 혼자서 아들을 기르다가 얼마 안돼서 어머니마저 죽어버렸습니다.

그 엄마는 정말이지 부처님한테 진심으로써, 항상 마음의 인등을 켜면서 염원하다가 그대로 앉아서 죽고 말았습니다. 죽어서 턱 가보니까 너는 지금 낳은 아들을 또다시 가서 낳아야 된다고 그랬습니다. 그렇지 않으면 악이 성해서 이 세상이 모두 혼란이 와. 그러니까 너는 빨리 나가거라 그래서 또 여자로 태어났습니다. 그 명을 받고 여자로 태어났는데 그 아들은 벌써 죽어서 미래의 세계로 갔습니다. 그래 미래의 세계에 가서 보니까 애당초에 부처님의 뜻을 받아서 각(覺)을 이룬 사람이라, 생시에도 그렇게 마음에 의해서 보고 듣고 하는 대로 미래의 세계로 전파를 보내고, 그러는 한편 미래의 세계에서도 그 사람이 있으면서 지배를 했단 말입니다.

그랬는데 계속해서 그렇게 나가야 할 텐데, 이 악에서 볼 때는 그 여자를 꼭 죽여야만 옥황상제가 또 지배를 하지 않게 될 수 있다라는 생각에서 과거로 돌아왔습니다. 그 여자를 죽이려고. 그 여자를 택해서만이 그 영혼을 낳을 수 있고 배를 빌려야 하니까, 그래서 여자를 죽이려고 무진 애를 쓰는데 선에서 그거를 알고선 또 이쪽으로 구하러 보냈습니다. 미래의 세계에서, 즉 말하자면 정신세계에서 이 여자를 보호하고 살려야 된다는 뜻을 청했습니다. 내가 지금 급하니 당신의 그 전자의 아들의 뜻을 바로 이리로 보내라고 했습니다. 그래서는 자기가 대신 그 여자를 통했습니다. 그래서 아들을 또 낳아가지고 그 아들이 이제 이 세상을 간파했습니다. 보면서 들으면서 또 이 (머리를 짚어 보이시며) 누진(漏盡)으로서 결정을 내면서 이 세상을 두루 살피고 또 연방 그렇게 살피는 동시에 한 찰나에 과거와 미래를 드나드시니 여기 가만히 앉아서 지배를 했다 이 소립니다.

그것이 부처님 세계의 한자리의 도리, 아주 차원 높은 도리의 뜻입니다. 그러니까 악은 선을 아무리 죽이려고 해도 선의 주인공은 죽일 수가 없습니다. 만약에 그렇게 된다면 이 세상은 살기가 어지럽게 됩니다. 어지러운 세상이 되니 이 몸뚱이 혹성이 많이 죽게 되고 살기가 극난해지죠. 불안을 조성하고 방황을 조성하고 또 싸움을 조성하고 그러면 세상 만사가 어지러워서 지구도 그렇고 모두 소멸되는 그런 작전이죠. 악이 지배를 하려고 하니까.

부처님께서는 그렇게 말씀을 하시지 않았지만 그거를 풀어서 지금 얘기를 하는 겁니다. 다시 말하면 너희는 각자 너부터 알아야만이 이 세상을 알고 이 세상을 알아야만이 네가 그렇게 지배를 할 수 있다 이 말이죠. 여기 앉아서도 그렇게 할 수 있는 것은 모두 미래의 세계와 과거의 정신세계와 같이 한자리를 하고 돌아가니까, 너 나가 없이 같이 한마음으로 뭉쳐서 돌아가니까 그렇게 할 수 있는 거다 이거죠. 그러니까 악을 전부 선으로도 만들 수 있는 것이죠. 모든 걸 용광로에 다 넣으면은 새 쇠가 아주 다양하게 나가듯이 말입니다. 부처님께서는 악도 선도 그렇게 다 넣으라 하신 반면에 그 중에도 '인연이 없는 중생은 어찌 할 수 없느니라.' 하신 것은 자기가 마음을 잘못 내서 저절로 독사 소굴에 태어나는 걸 말씀하신 거죠. 그래서 지옥이 따로 있는 게 아니라 지옥도 이 자리에 있고 천당도 이 자리에 있고, 편안하게 자유 세상을 보내는 것도 이 자리에 있고, 부처도 이 자리에 있고 중생도 이 자리에 있다는 것입니다.

부처님께서 "과거는 지나갔으니까 없고 미래는 아직 오지 않았으니까 없고 현재도 공했으니까 없다." 한 그 뜻을 가르쳐야만이 미래와 과거와 모든 것을 한데 합쳐서 세상을 똑바로 이끌어가기 위한 방편이자 실천이죠. 여러분에게 얘기했으니까 이제부터 마음내고 실천하는 것은 여러분 몫이니 마음대로 생각하십시오.

질문자3(남) 저는 그 동안에 스님 설법도 듣고 비디오 테이프를 통해서 가르침도 받아가지고 실험도 해봤고 체험도 좀 해봤습니다. 그래서 항시 몸도 마음도 행복하게 살았습니다. 다만 제가 바라고 싶은 것은 아직 주인공을 깨닫지 못했습니다. 그런데 작년 10월 어느 땐가 절에 오니까 마침 그때 큰스님께서 매일 일이 끝나면 저녁에 30분씩 주인공을 관하라고 말씀하셨습니다. 그래서 그렇게 해봤는데 직장생활을 하다보니 가끔씩 술을 마십니다. 술 마시면 부처님 얼굴도 안 보여요. 그래서 그날 못 하면 그 이튿날 출근할 적에 차 속에서라도 꼭 하긴 합니다. 그런데 제가 실천이 부족해서 아직도 못 깨닫는 걸로 저는 알고 있습니다. 이에 대한 가르침을 받고자 나왔습니다.

큰스님 술을 마신 사람은 누굽니까? 술을 마신 사람도 선생님이고 또는 그렇게 주인공을 관하는 것도 선생님입니다. 나는 주인공을 이렇게 관하라고 합니다. "주인공, 네가 있으니까 네가 있다는 증명도 네가 할 수 있다."라고 말입니다. 네가 이 세상에 나오지 않았으면 이 세상에 너도 없고 내 모습도 없을 것이다. 네가 있기 때문에 내 모습이 있으니 네가 있다는 것을 네가 증명을 해야지. 그럼으로써 부(父)와 자(子)가 있다는 것을 증명하는 건 애비가 증명을 하지 자식은 증명할 수 없다라는 그런 말입니다.

그러니깐 거기다가 관할 때 단 10분이라도 좋고, '내가 일은 할 게 많고 바쁜데' 그렇게 하지 마시고 내가 좀 여유가 있을 때 그냥 자연스럽게 뭐 어느 시간을 정해놓지도 마시고 그렇게 하십시오. 그러니까 어떤 사람은 108배를 한다 뭘 한다 염을 한다 그러는데 그게 다 부질없는 짓입니다. 부처님께서 "망상을 끊지 않고 그대로 참선하라." 이렇게 하셨습니다. 그러니까 '망상을 끊지 않고' 하는 것은 망상에 걸리지 마시라 이런 뜻이죠. 그러니깐 그렇게 열심히들 해보십시다.

질문자4(남) 스님이시여, 정말 이 자리에 모인 저희들, 정말 참 만나기 힘드신 선지식을 모시고 법문을 항상 해주셔서 대단히 감사합니다. 부처님 당시에도 모르면 제자들이 두 번 세 번 열 번 질문하는 것을 경을 통해서 읽은 적이 있습니다. 항상 마음의 법을, 한마음의 법을 설법해주셨습니다마는 다시 한 번 이 자리를 빌어서 간절히 질문하오니 관대하신 설법을 부탁 올리겠습니다.

과거나 현재나 불교라 하면은 부처님의 가르침을 그저 경을 통하여 또는 참선을 통하여 깨닫는 줄 알고 오늘날도 명산 대찰들을 찾아 방황하고 있습니다. 그러나 우리 큰스님께서 바로 우리 가슴에 와닿고 바로 깨치는 공부, 즉 한마음의 도리를 가르쳐주셔서 국내는 물론이고 현재 구미(歐美)지역에까지 일대 선풍이 일고 있습니다. 앞으로 멀지 않아 구미뿐만 아니라 큰스님의 높으신 뜻은 지구상의 모든 나라에 한마음법이 번져나가리라고 믿습니다. 차제에 새로 오신 신도님들도 많고 아직도 한마음의 법이 얼마나 훌륭한 법인가를 분명히 모르는 분들이 많습니다. 한 번 다시 명확하게 분명하게 한마음의 법에 대하여 말씀해주시면 감사하겠습니다.

큰스님 부처님께서 영산회상에서 꽃을 들고 계시니 가섭이 혼자 그 뜻을 알고 미소를 지었죠. 그걸 전하고선 그 만좌중 속으로 내려가셨습니다. 그럴 때 왜 그렇게 그 만좌중 속에, 그 만민이 있는 속으로 들어가셨겠습니까, 꽃을 들고? 우리는 모두가 이어짐이 없이 이어진다고 봅니다. 여러분 몸뚱이로 지금 사회에 나가 사시지만 회사에도 회장이 없으면 직원이 없고 직원이 없으면 회장이 없습니다. 전부 상대성으로써 삽니다. 먹고 삽니다. 먹고 살기 위해서 윗사람 말을 들어야 하고 아랫사람들을 지도해야 하고 이렇게 해서 한마음으로 돌아갑니다. 이 세상도 그런가 하면은, 염화미소의 그 뜻이 무엇인가? 부처 속에서 중생이 나왔고 중생 속에서 부처가 나왔으니 이건 모두가 한마음이야! 응.

지금 미국에서는 이렇게 말합니다. 부처님께서는 이미 삼천년 전에 그 불바퀴가 우주에 돌아간다고, 삼천대천세계에 그 불바퀴가 돌아간다고 하셨는데, 지금 미국에서는 그걸 블랙홀이라고 과학자들이 말합니다. 세상에 미리미리 그렇게 일러주셨건만 지금까지도 그거를 해득을 하지 못해서 참 모두들 야단들입니다마는, 크게 보지 마세요. 여러분이 천차만별의 생활을 하는 것을 누가 하고 있습니까, 이겁니다. 여러분이 하나하나 수만 가지 일을 하고, 수만 마디를 하고, 수만 마디를 듣고, 수만 가지를 보고, 고정됨이 없이 그냥 먹고 살고 듣고 하는 그 마음이 바로 한마음입니다. 그 한마음이 뭉쳐졌기 때문에 그게 불바퀴입니다. 이게 (가슴을 짚어 보이시며) 법바퀴예요, 네? 그래 불바퀴는 앞뒤 없는 불바퀴를 들락날락할 수 있어야만이 된다 하셨습니다. 그래서 법바퀴는 생각을 내는 바퀴요, 불바퀴는 생각을 낼 것도 없이 더하고 덜함도 없는 자린데 법바퀴가 그대로 거기에 응용하는 것입니다.

예를 들어서 전력은 크고 작은 게 없으나 큰 회사에서는 크게 끌어쓰고 작은 회사에서는 작게 끌어쓰고 일반 집에서는 또 그대로 끌어쓰고 그렇게 하지 않습니까? 그러니 끌어쓰는 그 자체를 바로 법바퀴라고 하고 한마음이라고 합니다. 이해가 안 갑니까? 그러니 누가 그거를 하고 누가 쓰고 그럽니까? 바로 여러분이죠. 부처님께서 이렇게 말씀하셨습니다. "너희들 속에 인과로 인해서 뭉쳐진 중생들이 많으니 그 의식들이 얼마나 많겠느냐?" "수미산처럼 많습니다." 하니까 "그래, 어쩐 일로 수미산같이 그렇게 많으냐?" 하니까 "수미산이라는 것은 많다 하는 건 이름일 뿐이지 그것은 너무나 헤아릴 수가 없이 크고 많다는 뜻입니다." 이렇게 했다는 것입니다.

나는 여러분처럼 잘 배우진 못했습니다. 무지렁이같애도 부처님이 해놓으신 말씀을 보면은 벌써 이것이 탁 뛰어 올라와서 이치가 다 나오기 때문에 책장 한 장만 들쳐봐도 벌써 그 책 한 권의 뜻이 다 나옵니다. 그래서 예전에 한암스님도, 경허스님도 그러셨답니다. 책을 보다가 이거 가지고는 도저히 건질 수 없다 해서 책을 덮어 놓고 마음으로 들어가셨다는 겁니다. 실질적으로 실천으로 마음의 수련을 쌓으신 겁니다. 그래서 수련을 쌓아가지고 보니까 부처님 말씀이 하나도 버릴 게 없더라 이 소립니다. 그러면 내가 수련을 쌓지 않고 어떻게 부처님의 말씀 하나도 버릴 게 없다는 그 사실을 알겠습니까?

항상 애기했죠. 부처님께서 왜 해골바가지 모인 데다가 큰 절을 했을까? 그것도 한번 생각해보셔야죠. 사생자부이신 어버이신데 어떻게 하치못한 그 해골바가지에다가 절을 하시느냐 이거죠. 제자들이 볼 때는 그게 못마땅했죠. 허나 부처님께선 "너희들이 알지 못하는 게 있느니라. 저 뼈다귀는 바로 과거면서도 미래에, 미래면서도 현실에, 우리 부모가 될 수도 있고 자식이 될 수도 있고, 할머니도 될 수 있고 할아버지도 될 수 있고, 아버지도 될 수 있고 형제도 될 수 있느니라. 그러니 저 뼈다귀가 누구 뼈다귀인 줄 아느냐. 우리 부모의 뼈다귀일 수도 있고 다 그렇다." 하고선 얘기를 하니까 그 제자들이 그때서야 "정말 이렇게 심오한 줄은 몰랐습니다. 이렇게 광대하고 심오한 줄을, 부모가 둘이 아니고 자식이 둘이 아니고 형제가 둘이 아님을 몰랐습니다." 하고 그냥 울었다는 겁니다.

지난번에도 얘기했죠. 저 미생물에서부터 거쳐올 때에 무척이나 쫓기고 쫓고 이러다가 진화돼서 사람이 처음 나니깐, 모두 보니깐 나무, 물, 뭐 전부 정원이라고 합시다. 다 생겼는데 자기는 맨 나중에 나와보니까 상대자가 하나도 없더라는 얘깁니다. 그래서 그걸로 해서 불도 알아지고, 망치도 알아지고, 뭐 칼도 알아지고, 점차적으로 그렇게 알아졌죠. 그래도 우리 나라는 단군이라는 분이 출현하셔서 농사 짓는 법이라든가 또는 인간이 살아나가는 도리, 충성, 효도 등 인간이 살아나가는 데 필요한 거를 전부 가르쳐주셨단 말입니다. 단군께서 천부경 여든한자(字) 팔십일자를 남기고 가신 후에 부처님이 나셔서 또 그 팔십종호(八十種好)를 가르치셨단 말입니다.

그러니 생각할 때 우리 조상 아님이 하나도 없고 우리 형제 아님이 하나도 없습니다. 여러분은 남이 잘못되고, 아주 저건 못쓰는 사람이야 이럴 때도 '아, 저것이 몰랐을 때의 내 모습, 수억겁을 거쳐오면서 나는 저거보다도 더 했을는지도 모른다.' 그러고 또 자비스런 마음으로써 '아, 저것이 모를 때 내 모습이지.' 하고 생각한다면 하나도 미울 게 없이 되는 것입니다. 그게 머무르지 않는 법입니다. 머무르지 않는 데서 생각을 내랬지 머무르는 데서 생각을 낸다면은 바깥으로 끄달려서 그 바깥 세상의, 유(有)의 세상의 노예가 되고, 반면에 또 바깥의 거를 하나라도 무시하고 돌아간다면은 그거는 또 무(無)의 세계의 노예가 되는 거죠. 그러니 우리가 참 차근차근히 우리의 영원한 친구, 바로 자기 자연의 불성(佛性), 그 자체를 애비라고 친다면 애비가 있다는 것을 애비가 증명을 하는 거지 자기가 무슨 사량으로 있다 없다를 논의하느냐 이겁니다. 진짜로 믿는다면 자기가 어디서 나오는 줄 알게 되겠죠. 자기 애비를 찾으면, 발견하면 말입니다. 그럼.

지금 제가 볼 때는 아르헨티나 사람들도 공부하겠다고 하는데 곧 아르헨티나에도 지원이 생길 겁니다. 집을 보러 다니면서 준비를 하고 있습니다. 또 어딥니까, 콜로라도인가. 거긴 세계 사람들이 전부 공부하러 모이는 데입니다. 또 뉴욕입니다. 로스앤젤레스 산호세 또 오하이오주, 시카고, 앵커리지 이것만 해도 벌써 아홉 군데가 됩니다. 이거를 한 번 돌려면 어떻게 됩니까? 워낙 먼 거리라 지원에서 지원으로 오고 가는 데만도 하루씩 걸리니 제대로 볼 일 보고 다니려면 몇날 며칠이 걸려야 될 거를, 바쁘니깐 그냥 밤에도 차 타고 움직이고 그렇게 진행했는데, 그래도 그렇게 바쁘게 돌아쳐도 한 달 며칠이 걸렸습니다, 40일.

그러는 도중에 여러분이 참 보고 싶었습니다. 왜냐하면 거기선 처음 시작해서 공부를 열심히 하려고 아주 발버둥이 치고 야단들이지만, 그래도 여기에서 제일 먼저 여러분하고 친밀했기 때문에 그런지 보고 싶어서 그 참 눈에 아롱거리고 말입니다. 그러나 우리가 아롱거린다고 해서 착을 두지 말고 아른거리면 '아, 보고 싶구나.' 그러고 '응, 둘이 아닌데.' 하고 '둘이 아닌데.' 생각도 없이 그냥 그저 자기로 돌립니다. 그러나 참, 이렇게 오래 나갔다 오면요, 둘 아니면서도 땅도 한 땅이고 도량도 한 도량이면서도 너 나가 있어서 그렇게 사랑할 수 있고 보고 싶기도 하고 그런 예가 있습니다. 그게 보고 싶다 해서 또 걸리지 마시고, 보고 싶으면 보고 싶은 거고, 허허허. 또 가고 싶으면 가고 싶은 거고 이렇게 그냥 슬슬슬슬 그냥 넘어가라 이거죠.

기름을 치지 않는다면은 기계가 빡빡해서 돌아가지 않습니다. 그러니까 기름을 항상 넉넉히 치면서 항상 손질을 하면서 저절로 굴러가게, 자동적으로 생각만 했다 하면 그냥 돌아가게끔 만들어 놓으신다면 머무르지 않는 데서 생각을 여여하게 할 수 있고 이 세상이 그대로 실상임을 아실 겁니다. 고만해도 되겠습니까? 예. 그러고 우리가 여러 군데를 다니다보니까, 비행기 안에서 여러 시간 오면서 신행회장을 많이 배출해야겠구나 라는 생각을 했습니다. 신행회장을 배출함으로써, 그러고도 또 이 도리를 마음에다가 그저 모르든 알든 모든 걸 맡기고 거기서밖에 해결할 수밖에 없다고 그냥 거기다가 죽으나 사나 맡기고 가는 사람이라야만이 그 회장을 할 수가 있겠죠. 만약에 생동생동한 사람을 회장을 시키면 그 회원들이 다 생동생동해질 테니까. (대중 웃음) 하하하.

그래서 학승으로 은사를 맞이한 사람은 꼭 학승이 되거든요. 부전승으로 오신 인연은 꼭 부전승 제자가 된다고요. 정말이에요. 화가승으로서 제자를 둔 사람은 꼭 화가로 나섭니다. 난 그거를 뼈저리게 느낀 것이 많이 있습니다. 같이 있던 사람들이 그렇게 헤어져서 그렇게 됐으니까. 그랬고, 나는 또 떠돌았으니까 그대로 그냥 됐고요.

그러니깐 그게 무시할 게 하나도 없어요. 그래서 신행회장을 많이 배출해서 마음공부 하는 사람을 많이 배출해야겠다는 생각이 들었습니다. 다른 종교를 가만히 볼 때, 왜 그렇게 다양하게 늘어났나. 그러고 그 신도들이 전부 벌어먹고 살게 돼 있는가. 이것도 검토해 봤습니다. 지금 우리가 신행회장을 뽑아서 삼십 명 단위로 이렇게 맡겨져야 되지 않나 이렇게 봅니다. 또 삼십 명이든 사십 명이든 좋습니다미는, 그 중에 이 도리를 몰라서 갈구하는 사람들을 자꾸 뽑고 또 단위를 넓히고 이렇게 해나가야 되지 않나 하는 생각을 하면서 두번째는, 남자들은 남자들대로 형제법회를 따로 만들어서 첫째 일요일이나 한 달에 한 번씩이라도 한데 합쳐서 뭉쳐야 되겠다고 생각했습니다. 뭉쳐서 거기서도 신행회장을 뽑아서 삼십 명 단위로 나누어서 공부해가면 식구가 적다면은 서로 토론하기도 쉽고 아주 좋죠, 다양하고.

그러고 없는 사람을 도와서 서로 협력할 수도 있고 하는 거는 신행회장들이 모여서 같이 상의해서 하도록 이렇게 하면서, 또 아주 가난해서 학자금도 못 내는 사람들은 학자금도 우리가 거둬서 내줄 수 있는 그런 마음이면 좀 따뜻한 세상이 되지 않을까…, 우리가 캠핑을 와서 한자리에서 얼마동안 살다가 헤어질 것을 서로서로 도와가면서 살아야 하지 않나 이런 생각을 합니다. 그렇게 하면서 남자들은 남자들대로 형제법우님들 모인 장소에 전부 같이 모여서 회의도 하고 토론도 하면서, 그리고 제가 여러분을 이끌어갈 때는 반드시 같이 모이게끔 하시고요.

청년들도 첫째 일요일에 모일 때도 한쪽에, 저 방이 적으면 여기서라도 같이 한쪽에 청년법우님들도 같이 할 수 있게끔 하면서 이끌어나가야 되지 않나 생각합니다. 그러고 또 우리가 서로 미루지 말고 될 수 있으면은 어린 국민학생부터 중·고등학생들까지 좀 신경을 써서 우리가 잘 해나가야 청소년 애들도 이렇게 같이 모일 수 있는 계기가 되지 않나 생각합니다. 지금 그런 마음의 씨를 뿌리는, 그리고 씨를 뿌려서 싹을 내서 실과를 거둘 수 있는 그런 교재가 필요하다 합니다. 그래서 지금 미국 사람들을 위해 '영원의 나'를 갖다가 교재를 준비 중에 있습니다. 그걸 교재로 해서 주되 그거를 가르치는 사람을 또 우리가 가르쳐야 하니깐요.

우리가 그렇게 해서 지금 서독에도 그렇고 거론이 되고 있습니다. 그러니 모든 이 불자들은 열심히 공부하셔서 어디를 나서도 손색이 없도록 이렇게 한다면 정말이지 여러분이 미래의 세계에 우주의 그 법의 능력을 그대로 발휘할 수 있게 되는 거죠. 그러니 '능력이 있다.' 이런 아집을 버리시고, 그대로 해 나간다면 우주정거장도 허가를 내서 세울 거 아닙니까. 무허가로 지었기 때문에 자꾸 무너지거든요! 예? 아, 웃을 게 아닙니다. 허허허.

한 나라에 대통령이 되는 것도 다 그 속에서 부처님이, 그 보살이 참, 법을 전달해서 그렇게 되죠. 또 정치 지도자들도 이 공부를 열심히 한다면 그렇게 될 수도 있겠죠. 부진하면은 '아, 내가 좀더 공부를 해야겠어.' 하면은 벌써 그 사람이 내가 되는 거니깐요. 그래서 여러분은 아무리 거지 같고 아무리 가난하고 아무리 없고 못났어도 대통령도 될 수 있다 이런 겁니다.

아, 잠시 대통령 돼보면 되는 거지, 그게 뭐 그렇게 좋은 겁니까? 귀찮을 텐데 안 그럽니까? 하고 싶으면 대통령도 돼보기도 하고 미래 세계의 지배인도 돼보기도 하고 그렇게 할 수 있는 여건이 여러분한테 주어져있다 이겁니다. 이렇게 쉽게 말을 해서 안됐지만 이게 '아뇩다라삼먁삼보리'의 도리입니다. 그것도 이름해서요, 허허허. 그러니까 이것이 반야심경에도 속해 있고 금강경에도 속해 있고 화엄경에도 속해 있습니다.

그러니까 여러분이 살아나가는 생활 속에서 실상을 찾고 발견하려면 나를 먼저, 미래 세계의 그 법계의 법을 여기에 (가슴을 짚어 보이시고) 전달이 되도록 해야 될 거 아닙니까. 요새 전화도 뭘 끼워 놓으면 사람이 없을 때 전화가 와도 다 녹음이 된다고 합디다. 그러고 팩시도 그냥 갖다 넣기만 하면 상대쪽에 전달돼. 팩시뿐이 아냐. 그거보다 더 위대한 거는 지금 전파를 위성을 통해서 쓴다 이 소립니다. 그러니 얼마나 좋습니까. 누구한테 간섭도 안 받고, 누구한테 이래라 저래라 할 필요도 없고 귀찮지 않고…. 가만히 앉아서 얼마나 자유스럽게 지배할 수 있습니까. 응? 억울하면 공부하세요, 모두. (대중 웃음)

못살고 가난하고 못나고 이런 거 억울하면 공부하셔야 됩니다. 내가 못나서 뭐 이렇고 저렇고 하지 마시고요, 못난 것도 한 찰나고 잘난 것도 한 찰나니까 그런 걸 다 그저 묵살시키시고 이 도리를 배우는 데 전념을 다하세요. 여기 앉아서 계신 분들은 지금 도시락 싸가지고 캠핑왔다고 생각하시고요. 허허허.

언젠가는 이런 일이 있었더래요. 미래의 세계에 들어가는데 이 주장자에 사탕같이 꿴 그거를 하나씩 다 들었더라는 거예요. 다 들고선 들어가야만이 한자리를 할 수 있다 이런 겁니다. 여러분이 기를 쓰고 증득하려고 애를 쓰지 않아도, 그렇게 애를 쓰면 오히려 모자라게 됩니다. 그러니 애를 쓰지도 말고 애를 안 쓰지도 말고, 그냥 생활하는 데서 여여하게 돼가는 대로 "이것이 바로 내 한마음, 이 한마음 의식, 한마음으로 주인공, (손가락을 하나 세워 보이시고) 주장자 이것이 자성본래불(自性本來佛)이니까 그대로 그냥 이렇게 해나가고 있지 않나, 이끌어주고 있지 않나. 그런데 내가 뭐 걱정이야, 보배가 나한테 있는데." 이럭하고선 부드럽게 편안하게 그냥 웃으면서 사세요.

내일 죽는다고 하더라도 오늘까지는 사과를 심어야 한다는 말이 있죠? 이따가 요 시간 지나면 내가 저 아래 나가서 죽는다 하더라도 나는 그런 거 겁내고 살아본 예가 한 번도 없어요. 이따가 죽는다 하더라도 내 할 일은 꼭 해야 되니까요. 뭘 그걸 두려웁게 생각합니까. 아무것도 없어요! 나 하나 버리면 아무것도 두려울 게 없어요. 여러분이 "내가, 내가 살아, 내가…." 이러니깐 그냥 두려웁고 모두가 그렇지, 내가 한다는 게 붙지 않으면 두려울 게 없어요.

예전에 깜깜한 그믐밤에 글쎄 그 도깨비가 왔다 갔다 하는 그 춘천 골짜기 물 내려가는 쪽으로 거길 가라는 겁니다. 그래서 "에이그, 내가 어차피 죽으려고 그랬는데 그깟놈의 거 뭐 그게 두려워? 다 와라. 뭐가 있다면 다 와라." 그랬더니 가다가 보니깐 글쎄 큰 나무 한 그루가 있는데 거기에도 목신이 있는 겁니다. 아, 인사를 깍듯하게 하지 않습니까? 아이고 참 벗이 돼서 좋아서 말입니다. 나도 그 밑에 앉아서 혼자 싱그레 웃고 혼자 중얼거렸으니, 누가 봤더라면 "저 사람 미쳤군." 그랬을 거란 말입니다. (대중 웃음) "아주 미친 사람 같은데 어떻게 산중에 올라왔을까?" 그랬을 겁니다.

지금도 그런 소리를 들으면요, 참 그렇게 좋을 수가 없어요. 그 밤에 산비둘기 울음소리, 부엉이 울음소리, 능생이 울음소리, 새소리!

얼마나 좋았는지 친구가 됐죠. 그러니까 지금도 어디 가다가 그런 소리를 들으면 야, 그러고 그냥 싱긋이 웃고 그렇게 좋을 수가 없죠. 그게 다 친구들이고 벗이었어요. 도반이고요.

그러니까 여러분도 꽃 한 송이를 보고도 같이 말할 수 있는, 그 뜻을 전달하고 마음을 전달할 수 있는 그런 도리를 알기 위해서, 그러고 또 미래의 세계에 그 지배인들을 도와줄 수 있는 그런 한마음 부처가 되기 위해 지금도 공부하는 거예요. 여러분이 지배인이죠. 그리고 지배인이 한자리 한마음으로 하기 때문에 부처는 하나다 라고 하는 건 부처가 없기 때문에 부처라는 그 용어를 붙여 놓은 거죠. 그러기 때문에 부처가 이거 할 때에 부처라고 할 수도 없고, 저거 할 때 부처라고 할 수도 없고 그래서 부처가 없는 게 부처다 이겁니다.

그러니까 그저 나는 (합장하시며) 이따가 죽든 내일 죽든 그런 건 상관없으니 나 하는 대로 내버려두시길 바랍니다. 그냥 나 하는 대로요, 죽든 살든. 그거를 배우세요. 내가 죽든 살든 이따가 죽든 이따가 엎드러지든 그건 상관없습니다. 나는 내가 있다면 가루가 되더라도 한다고 그랬는데 내가 없으니까 가루도 될 게 없습디다. 음. 그러니 걱정 마시고 여러분이 집에서나 나가서나 일하시면서나 항상 평상시가 그냥 참선이며 마음 편안하고 넉넉하면은 좌선입니다. 꼭 그렇게 하십시오. 감사합니다.

(대중 속에서 "스님 건강하십시오!"라고 말을 함.) 자기도요! 허허허. (대중 웃음, 박수) 어떨 땐 날더러 건강하라고 하고 가거든요? 보편적으로 그런 분들이 여러분이 있죠. 그럴 땐 "에이, 너나 건강하게 좀 가져가거라." 하하하. (대중 웃음) 그러면서요 "에이, 네가 건강하게 살면 내가 편안할 텐데 오히려 날더러 그러고 가니 저거를 어떡하면은 좋지?" 그러고 어떤 사람은요, 날더러 또 "성불하십시오." 그러고 간다구요. 하하하. (대중 웃음) 이게 뭐 이름인 줄 알아요, 이름.

그러니 얼마나 기가 막힙니까? 그 소리 들을 때마다요, 기가 막혀요. 또 한 가지 있어요. 절을 하죠. 그러면 나한테 절하는 건 줄 알아요. 벼이삭도 익어야 자기가 자기한테 고개를 숙이는 것인데 글쎄 나더러 하는 건 줄 알죠. 내가 오히려 대신해서 그저 보이는 걸로 이렇게 앉아준 것만 해도 감사히 생각해야죠. 나는 그냥 죽어나는 거죠. 그 절 받는 게 뭐 그렇게 좋아서, 절 받는 게 내가 받는 게 아니면서 받기 때문에 그래도 그만이나 하죠. 내가 받는다고 생각하면 거기 앉았지도 못합니다. 왜냐? 그거 그것 다리가 아파서 앉았겠습니까?

전에는 하루 종일 밤이나 낮이나 이랬었는데, 너무 무리하게 굴었죠. 지금은 오히려 지원이 많이 생겨서 자꾸 나가기 때문에 자리를 비우는데, 가면 뭘 합니까? 거기 가서도 앉아 있어야 되는데. 허허. 한 분이 오시나 두 분이 오시나 내가 자리를 비우지 않는 것은 여러분과 나와 그 아픔을 같이 아파하기 때문입니다. 아프든 안 아프든 둘이 아닌 까닭에 그 자리를 비워놔두면은, 급해서 애처로운 그 마음을 가지고 올 때에 없으면 어쩌나 해서 내가 그 자리를 비우지 않는 겁니다. 요새는 하루하루 그렇게 하다가 한 달에 두어 번이라도 좀 쉬어야 되겠다 이런 생각이 납니다. 그러고 여러분도 건강하시고 나와 더불어 한마음으로서 건강하십시오. (합장하심)

마음으로부터의 하심(下心)

91년 6월 16일

여러분을 만나뵌 지 몇 달 된 것 같습니다. 12일 만에 왔는데도 이번에는 상당히 오래된 것 같은 기분이 듭니다. 우리가 왜 이런 공부를 해야 하는지 그전부터 말씀드렸지만 여러분이 이런 공부를 함으로써 첫째는 이 세상을 바로잡아 세계평화를 이룰 수 있고, 또 내 나라를 잘 다스릴 수 있고, 내 가정을 잘 다스릴 수 있고, 내 마음을 내가 다스릴 수 있어서 모두 자유스럽게 끄달리지 않고 살 수 있기 때문입니다.

두번째는 여러분이 사대(四大)로 흩어져서 없어진다 하더라도 요다음에 뚜껑만 열면은 승(僧)으로서 이 세상을 감당하리만큼, 아마도 검지도 않고 희지도 않은 모습을 하면서 행도 중용을 하면서…, 아마도 저 깊은 바다가 훌러도는 그 자체가 바로 부처님의 설법이 아닐까 생각합니다. 들고 남이 없이 용을 하는 것은 바로 법신(法身) 문수(文殊)의 설(說)이 아닐까 생각합니다. 우리가 푸르른 저 청정한 산과 들, 꽃이 피고 새가 우는 이러한 모든 것들은 우리 승가(僧家)의 설이 아닌가 이렇게 봅니다. 그것이 모두 둘이냐 하면 둘이 아닙니다. 둘이 아닌 까닭에 푸르름은 절로 푸르르고, 꽃 핀 거는 꽃 핀 것이고, 물 흐르는 것은 물 흐르는 것입니다.

지금 공부하는 분들이 아집과 아상을 가지고 '내가 이만하면 이런 위치에서 이런 학위를 땄고 하나도 아쉬움이 없는 대업을 하고 있고, 내 가정이 돈이 없어서 질질 매지도 않는데 내가 뭐 배울 게 있나!' 이러지마는 잠시 잠깐입니다. 그런 걸로 인해서 자기 마음을 자기가 다스리지 못하고 자기가 고개를 숙이지 못한다면 바로 쭉정이를 낳는 벼이삭과 같습니다. 먹을 것이 없습니다. 실천을 옮길 수가 없고, 모든 것은 사람이 돼가지고 사람 노릇을 못하는 격이나 마찬가지인 것이죠.

처음 오신 분들을 위해서 한마디 하겠는데, 여러분은 항상 과거나 현재나 미래나, 지금도 역시 과거를 현재에 가져왔고 미래는 현재에 가져왔으니 여러분이 지금 짊어지고 가고 오고, 죽고 살고, 먹고 똥누고 일하고, 앉고 서고 자고 하는 것이 전부 참선이라고 그전부터 얘기했습니다. 그게 뭐냐? 왜 참선이 되느냐? 여러분 한 사람이 여러 역할을 하고 있습니다. 일체 만법이라 하면은 일체 만행을 그대로 하고 있습니다. 마음으로 생각해서 결정 지으면서 그 행을 하면서 들이고 내는 것이 어떤 놈이 그렇게 하고 있습니까? 답답한 것도 답답하지 않은 것도 전부 그 한 사람 한 사람이 다 각자가 하고 있습니다. 그런데 답답한 사람도 답답한 마음도 그 마음에서 나오는 거, 답답하지 않은 마음도 그 마음에서 나오는 거, 또는 즐겁게 생각하는 것도 그 마음에서 나오는 것입니다. 내가 항상 그러죠, 일체 만법이 다 마음에서 나온다고요. 여러분의 마음에서 조작을 하고 여러분의 마음에서 도깨비 장난을 하고 여러분 마음에서 법신이 되고 보살이 되고 이러는 것입니다.

내가 가끔 열두 시에 내려와서 여러분을 접할 때 어떤 땐 답답할 때가 많습니다마는 내가 만약에 그것이 내 모습이라고 생각을 안 했더라면 내가 답답할 일도 하나도 없죠. 그러나 여러분이 바로 내 고통이요, 내 몸이요, 내 모습이니 말이야. 그런데 여러분은 도대체 믿음이 상실되고 내 마음 속의 그 믿음이 여지없이 흩어지고 있으니…. 여러분 생각해보세요. 과거로부터 현재까지 여러분을 여러분 자체 내에서 끌고나온 것입니다. 그런데 여러분은 그걸 모르고 물질세계의 50%만 보고선 항상 바람에 날림과 같이 노예가 돼서 이리저리 끌리는 것입니다. 자기 자신이 이 세상에 나왔다면 자기 자신이 자기를 이끌어가야 하는데도 불구하고, 남의 말에 속고 또는 남의 행을 보고선 거기에 쏠리고 이리 쏠리고 저리 쏠리다 보니까 자기를 끌고다니는 자기 주처의 참자기를 만나지 못하는 것입니다. 발견하지 못하는 것이죠.

나는 예전에 이렇게 했었죠. "이 세상을 다 줘도 바꿀 수 없는 당신이시여! 당신은 그렇게 말할 수 없이 자비하신데 당신은 어디 계십니까?" 했습니다. 스무살 안쪽이죠. 그런데 그때 "색경을 봐라! 거기에 있느니라." 색경을 아무리 들여다봐도 못생긴 내 얼굴만 보이지 도대체 보이지 않았습니다. 그건 왜냐하면은 부(父)와 자(子)가 상봉을 하고도, 내가 경(經)을 봤습니까? 설법을 들었습니까? 그랬으니 그걸 모를 수밖에. 그렇게 자비하고 그렇게 같이 하면서도 볼 수 없었으니 그 모습이 그리웠던 겁니다. "당신의 모습은, 얼마나 그렇게 자비한데 당신은 모습이 없고 모습을 안 보이십니까?" 흠, 그렇게 어리석었어요. "색경을 봐라. 네가 손을 쳐들면 거기서도 손을 쳐들고, 네가 찌푸리면 거기서도 찌푸리고, 네가 울면 거기서도 눈물을 흘리느니라, 네가 마음이 괴롭고 언짢으면 그러고 고독하면 바로 나도 역시 마찬가지니라. 네 그릇이 크다면 나도 클 것이고, 네 그릇이 작다면 나도 작을 것이다. 니가 울면 나도 같이 따라 우는 것이고 내가 울면 네가 같이 따라 우는 것이니 따로 있다고 생각하지 말라." 그 소리를 듣고서 하염없이 울면서 하루를 지내고 이틀을 지내도 몸이 고달프다는 생각도 없었고, 못먹었다는 생각도 없었고, 괴롭다는 생각도 없고, 나 홀로라고 생각을 한 예도 없습니다.

여기 이렇게 앉았어도, 여러분과 같이 내가 높이 여기 앉았다고 해서 높이 앉은 게 아닙니다. 여러분 마음 가운데에 같이 하고 있습니다. 여러분은 모습만 보지 마십시오. 부처님께서 저렇게 위에 높이 있다고 해서 높이 계신 게 아니고 여러분이 생활하는 그 속에, 여러분 마음 속에 같이 항상 자비를 베푸시면서 찰나찰나 들고 나십니다. 여러분이 원하시는 대로 말입니다. 부처님께서는 삼라만상의 그 여러 중생들, 이 세상의 보이는 중생, 이 세상의 보이지 않는 중생들을 다 거두십니다. 그런데 여러분은 그대로 미꾸라지처럼 말입니다. 요리 빼끗 조리 빼끗, 그렇게 받아들이지를 않습니다. 너무 물질에 젖고 너무 말 수단에 젖고, 너무 배워서 아는 게 많아서 젖고, 습에 젖어서 그렇게 벗어나질 못하고 떳떳하게 설 수가 없는 그런 이치가 아주 많이 보입니다.

무조건 죽지 않는다면 죽은 세상을 어떻게 맛볼 것입니까? 만약에 우리가 죽는다면 아주 죽는다면, 반쯤 죽는 게 아니라 아주 죽는다면 생산이 될 것입니다. 아주 죽는다면 다시 태어날 것이고 아주 죽지 못한다면 고생을 길게 하고 길게 아마 고에서 벗어나지 못할 겁니다. 여러분 생각해보십시오. 이판(理判)이다 사판(事判)이다 하는 것은 우리가 둘이 아닌 까닭에 죽는 것도 사는 것도 이판 사판 아니겠습니까? 이래도 죽을 것이고 저래도 죽을 것인데 살면 얼마나 더 살 양으로 그렇게 애를 써야 하죠? 몸으로 죽으라는 소리는 아닙니다. 마음이 죽는다면 몸도 항상 고개가 숙여지고 고운 마음씨를 가지고 부드러운 말을 해줄 수 있고, 남들을 이익하게 해줄 수 있고, 일체 만법에 걸림이 없이 갈 수 있는 자유인이 됐을 겁니다.

여러분은 이 말을 한다고 생각지 마세요. 나는 내가 하는 일이 없습니다. 여러분은 어떻게 생각하면 '저이가 알면은 얼마나 알아.' 하겠지만 그건 여러분의 생각이지 내 생각이 아닙니다. 내가 관여할 필요가 없죠. '저 스님은 비구니인데 뭐.' 이렇게 해도 그것은 그 사람의 생각의 차원이지 나하고는 관계가 없는 거죠. 풀 한 포기도 불교가 아닌 게 없고 도 아닌 게 없으리만큼 돼 있는데도 불구하고, 천차만별의 그 모든 생명들이, 바람과 물과 흙과 불과 산천초목의 나무 한 잎사귀도 불교 아닌 게 없거늘 어찌 사람이 돼서 비구닌데 모자라고 비구닌데 잘하고 이렇게 할 것입니까? 하다못해 돌 하나 굴러가는 걸 봐도 또는 발부리를 채여서 발이 짜개져도 이것이 가르침이라고 생각하는 그런 사람들이라면 바로 증득(證得)할 것입니다.

돌도 생명이 있어서 돌아가고 지금 이 법상도 생명이 있어서 돌아가고 있습니다. 법상이라는 이름을 누가 지어 놨을까요? 그러니 하나하나가 생명이 있어서 하나하나가 이심전심으로 돌아가고 조화를 이루고 돌아가는데, 우리는 무엇을 어떻게 해야만이 그 부처님의 가르침의 뜻에 따라 어김없이 끄달리지 않고 자유인이 될 수 있는 그런 경지가 될 수 있을까요.

내가 항상 여러분 앞에 이렇게 항상 하는 말이 우습지도 않고 딱딱하기만 하겠죠. 그러나 딱딱한 것은 바로 약이 될 것입니다. 여러분한테 재미있게 웃기기나 하고 과거 얘기나 하고 그런다면 여러분이 얼마나 실망하실는지, 여러분은 웃고 즐기고 그러시겠지만 여러분 속의 여러분은 아마 실망하실 겁니다.

그래서 아까도 얘기했지만 여러분은 눈 뜨고 눈 감고, 일어나고 앉고 서고, 생활하는 일체 만법을 바로 여러분이 하신다는 것을 아셔야 됩니다. "바로 내 주인공이 이렇게 하고 있지. 그 주인공이 무엇인고?" 하고 "그 하는 놈이 무엇인고?" 하기 이전에 그놈이 하고 있다는 것으로 넘어가야 되겠죠. 지금 이 밝은 세상에 "그놈이 뭐꼬?" "모두를 이렇게 들이고 내고 있는 놈이 무엇일꼬?" 하기 이전에 "바로 그놈이 하는 것이구나." 하고 뛰어넘어야 되겠죠. 삼학년까지 공부를 잘 하다가 너무 잘 하니깐 사학년을 뛰어넘어서 공부를 해도 능히 하더랍니다. 그와 같이 지금은 우리가 생전에 이 오고 감이 없이 오고 감을 알고, 들은 사이 없이 듣는 걸 알고, 말하는 사이 없이 말하는 걸 알고, 책을 보되 보지 않는 걸 알고, 책이 나를 보지 않는 거를 알고, 모든 거 저 구름이 스스로서 오고 가는 걸 알고, 인간이 스스로서 생하고 멸하는 걸 알고, 이 모든 망상이 전부 망상이 아니라 네놈이 한다 하는 거를 모두 증득해야 할 것입니다.

여러분은 지금 이렇게 해서, 아까도 얘기했지만, 요다음에 모습을 바꿔가지고 나올 때는 여지없이 중이 돼서, 중이라는 건 무엇인 줄 아십니까? 바로 중은 계(戒)·정(定)·혜(慧) 이러는데 계도 정에 들고, 혜도 정에 들어서 올바른 사람이 된다는 뜻입니다. 여러분은 그렇게 중이 돼서 이 소임을 맡든 저 소임을 맡든 수천 수만을 이끌어갈 수 있는 그런 대장부로서 이 세상을 주름잡을 때 비로소 우리 국가의 역사는 거대하게 그려질 것입니다. 중이라는 것은 머리만 깎고 옷만 입었다고 해서 중이 되는 게 아닌 것입니다.

그래서 여러분뿐만 아니라 저 산천초목도 쳐다보고 이 가슴 속에 흘리는 눈물이 저 한 방울의 피와 같이 바다를 모두 메꿀 수 있는 한 방울이 돼야 한다고 생각합니다. 아마도 여러분의 마음 속에 내 마음과 또는 일체제불의 마음이, 일체 조사의 마음이, 천백억화신(千百億化身)의 마음이 다 한마음으로서 접근이 된다면 이끌어가지 못할 게 없죠. 바로 여러분 마음 하나만이라도 접근이 돼야만이 그 모두가 접근이 되는 것이고 아주 여여하게 행을 할 수 있는 겁니다. 그것이 바로 내 마음을 알아주실 수도 있고 일체제불 마음도 알아주실 수가 있고, 역대조사들의 마음도 알아주실 수가 있는가 하면 천백억화신의 마음도 알아주실 수가 있고, 이 산천초목도 변하지 않는 게 없으니 이 모든 마음들을, 바람의 마음도 알아주실 수가 있는 것입니다. 풀 한 포기의 마음도 알아주실 수가 있고요.

본래 나쁜 것은 없습니다. 본래 물도 나쁜 것도 없이 사람의 마음도 나쁜 것이 없습니다. 그러나 살아가면서 독이 들고 살아가면서 선인의 일을 하고 그러죠. 팔자 운명도 없습니다. 여러분이 마음으로 지어서 팔자를 만들고 운명을 만드는 것입니다.

여러분, 제가 이번에 미국에 갔다 오면서도 그랬습니다. "애야!" 옆에 앉아있는 우리 스님더러 그랬습니다. "저기 프로펠러가 돌아가는 게 보이느냐?" 하고 물었습니다. "안 보입니다." "그래 안 보이긴 하나 돌아가는 건 알지?" 그러니까 안다고 그러더군요. 그래요. 그 돌아가는 데는 보이지는 않지만 분명 돌아가고 있죠. 우리가 지금 그런 식이죠. 보이지는 않지만 돌아간다는 건 알고 있을 겁니다, 모두. 그런데 그 돌아가는 불바퀴, 여러분의 불바퀴에 어떠한 요건의 문제도 어떠한 용도에 따라서 어떠한 게 닥친다 하더라도 거기에 맡겨놓으면은 그냥 녹아버립니다. 그냥 장난삼아 맡기는 게 아닙니다. 지금 저 과학자들은 아주 여자도 불문에 붙이고 연구하고 있습니다. 평생을 혼자 산다 합디다, 그 연구하느라고.

그렇듯이, 보세요! 모든 것은 보이지는 않으나 어떠한 용도에 따라서 거기다가 진실하게 '너만이 이것을 녹일 수가 있다.' 고 진실히 믿는다면, 믿는 마음이 물러서지 않는 반면에 올바른 생각을 하고 올바른 행을 하고 그런다면 두려울 게 없죠. 또 남을 이익하게 하기 위해서, 즉 말하자면은 정의로써 아주 진실하게 말을 하되 남이 언짢다 하면은 거짓으로 해서라도 이 사람이 이익하다면 거짓을 하는 것은 거짓이 아닙니다. 이것이 바로 융통성 있는 지혜라고 보는 것이죠. 모든 게, 사람 사는 것이 가슴이 넓어야 하고 마음이 넓어야 합니다, 못생겼든 잘생겼든 말입니다.

그래서 그 모든 것이 거기에 닿기만 하면, 그 프로펠러에 닿기만 하면, 그게 불바퀴라고 한다면, 닿기만 하면 그냥그냥 갈아져버리고 부서져버리고 녹아버리고 타버리고 이렇게 하는 반면에 참 여러분이 홀연히 나타날 것입니다.

그런데 나타난 분에 한해서는 또 '내가 이만하면은 깨달았지.' 하시는데 천만의 말씀입니다. 내가 나를 발견했다고 해서 깨달은 것은 절대 아닙니다. 망상을 갖지 마십시오, 내가 깨달았다고, 나를 발견했다면 겨우 땅 속에서 씨가 나와서 겨우 싹이 한들한들 하면서 나오는 격입니다. 그것이 다 길러져서 이 세상에 모두 이심전심으로 둘이 아니게 조화를 이루고 돌아갈 때 그때에 바로 둘이 아닌 도리를 알게 됩니다.

그래도 깨달았다고 말은 못 합니다. 열매가 맺어서 온 누리를 두루 하면서 씨가 앉아서 무르익었을 때, 그 씨를 심어서 세세생생에 끝간 데 없이 먹일 수가 있는 그런 실과가 돼야 하고, 남들이 그 익은 실과를 갖다 먹기도 하고 주기도 하고 이렇게 하면서도 영원히 그 실과 하나는 없어지지 않는다는 그 점, 바로 이름해서 구경경지(究竟境地)에 이르러서 과거삼(過去三)·현재삼(現在三)·미래삼(未來三)이 통달해서 인간이 제대로 돼야만이 자유인이 된다는 그런 뜻입니다.

여러분 중에는 지금 여기 다니신 지 여러 해가 되는 분들도 많고 새로 오신 분들도 많고 그런데 제가 한마디 질문할까요? 어떻습니까? 여러분이 나한테 질문을 하시겠습니까? 여지껏 공부한 게 공부를 어떻게 해야만이 잘 해나가는 건지 여러분 대답해보십시오.

신도1(여) 그냥요.

큰스님 나와서 말해요.

신도1(여) 스님들도 계시고 많은 보살님도 계신데 나이 어린 제가 나와서 떨리기가 한이 없습니다. 공부는 어떻게 하는 게 아니라 그냥 합니다.

큰스님 그냥?

신도1(여) 예, 그냥.

큰스님 어, 그래.

신도1(여) 맞았습니까?

큰스님 맞긴 뭘 맞어? (대중 웃음)

신도1(여) 맞는 것도 놓는 것도 그냥입니다. 그냥입니다.

큰스님 그냥… 그래, 그냥 그냥이야.

신도1(여) 예.

큰스님 그냥 해도 안 되고 그냥 그냥이야. 그대로 해봐!

신도1(여) 감사합니다, 스님. 하해와 같습니다.

큰스님 그대로 잘 해나가.

신도1(여) 하해와 같습니다.

큰스님 또 질문할 사람 없습니까? 우리가 공부해 나가는 데 어떻게 해야 잘 해나가는 겁니까? 다 사람은 차원에 따라서 생각이 다를 테니깐요.

신도2(여) 저는 스님 앞에 말씀드리기가 너무 외람되는가 싶습니다. 그런데 고만 봐도 못 본 체 들어도 못 들은 체 그저….

큰스님 허허허. (고개를 좌우로 흔드심.)

신도2(여) 그저….

큰스님 허허허. 하여튼 이제 그만치 해도 알겠으니깐 가보세요. 또 누구 없습니까?

질문자1(남) 저는 질문을 하고 싶어서 나왔습니다.

큰스님 그렇게 하십시오. 전 공부를 어떻게 하는 것이 잘 하는 거냐고 물었습니다.

질문자1(남) 예, 바로 그건데. 어떤 목적을 두고 공부를 해야 되는 건지…. 조금 전에 보살님이 그냥 한다고 그랬는데….

큰스님 그거는 댁에서 모르는 일입니다.

질문자1(남) 예, 그걸 좀 묻고 싶습니다.

큰스님 그거는 물어서 되는 일이 아닙니다. 그러니 댁한테 지금 하고 싶은 공부를, 어떻게 마음의 공부를 해야 잘 하는 건지 그걸 물었습니다, 지금.

질문자1(남) 그런데 마음의 공부, 저는 여기 들어온 지가 얼마 안 됐기 때문에 여러분한테 물어봤는데 아직까지 제 가슴에 닿는 것이 없기 때문에 그래서 거기에 대해서 더 설명을 듣고 싶어서….

큰스님 그러면 열심히 모든 것을 내 앞에 닥치는 대로, 아까 얘기했죠. 불바퀴에 맡겨놓으면은 부서지고 타고 시신도 없어진다고요. 그러니깐 과거의 업보라든가 유전성이라든가, 영계성이라든가 인과성이라든가 그런 게 무조건 바로 타버린다고요. 녹아 없어진다고요. 그러니 열심히 하십시오.

질문자1(남) 불바퀴라는 것이 마음을 뜻하는 겁니까? 아직 그것도 잘 모르겠습니다.

큰스님 그건 스스로서 열심히 공부하십시오.

질문자1(남) 예. 감사합니다.

큰스님 한 걸음 한 걸음, 국민학교 학생이 대학교를 가려면 안 되니까 열심히 하시면은 알게 되겠죠. 우선에 모든 것은 자기 한마음 주인공을 믿고 거기에 들고 나는 모든 것은 거기라고 믿고 거기에 맡기고 사십시오.

어떻게 해야 공부를, 마음의 공부를 잘 하는 건지 아시는 분 있으면 말씀하십시오. (잠시 말씀을 멈추시고) 없습니까? 허허허. 그래요. 항상 하는 말입니다, 어떻게 해야 공부를 잘 하느냐고. 그런데 여러분은요, 여러분이 있는 줄 알기 때문에 잘 안 되는 것입니다. 여러분이 공(空)해서 아니, 누누이 얘기했습니다. 여러분은 지금 내가 내가 아니라고요. 아버지가 됐다가 남편이 됐다가, 형님이 됐다가 아들이 됐다가 사위가 됐다가 온통, 그러고 또 그것뿐입니까? 이거 했다가 저거 했다가, 이 맘 가졌다가 저 맘 가졌다가 그러니 어떤 거 할 때 여러분이라고 할 수 없으니 공해서 여러분은 공한, 한 물건입니다. 그 물건이 너무도 많이 하기 때문에 그게 어떤 놈이겠습니까? 다, 한 놈이지. 한 놈이란다고 또 절 욕하지 마십시오. 하다보니깐 그렇게 됩니다. 그 한 사람이 모든 일을 하는데, 그러니 이것부터 알아야 하나로 돌아가는 걸 알죠. 네? 여러분이 모두 하나로 돌아가는 거 무(無)와 유(有), 이 세상 만사가 하나로 돌아가는 거부터 알아야, 그거부터 알아야 그 하나마저도 없는 도리를 알게 되는 것입니다.

그러니 여러분이 그저 누구 말마따나 모아모아 닥치는 대로 이놈이 (가슴을 짚어 보이시며) 하는 거니까 이놈이 해결할 수 있고, 이놈이 하는 거니까 이놈이 성사를 시킬 수도 있고, 이놈이 하는 거니까 이놈이 우울한 것도 우울치 않게 할 수도 있고, 즐겁게도 할 수 있고, 아주 비관을 사게도 할 수 있는 이놈이 바로 그놈입니다. 그러니 우리가 열심히 이 공부를 해서 뭐, 누구 주는 게 아니니까, 여러분이 이 공부를 열심히 해서 나라와 국민 아니, 세계 모든 중생들과 더불어 보이지 않는 반의 중생들, 그런 사람들을 다 건질 수 있는 그런 마음의 실천을, 궁행을 할 수 있는 여러분이 돼야만이 나도 좋고 싱긋이 웃을 수 있고, 여러분도 좋고 싱긋이 웃을 수 있는 것입니다. 그러한 도리를 통달한 분이 한 번 웃는데, 이 우주법계가 다 웃는다고 그랬습니다.

그러니 여러분도 나한테 질문할 게 없습니까? 만약에 이 대답을 한 번 하면 내 상을 주죠, 또. 우리 스님네들은 말고요. 과거가 현실이고 현실이 과거라면 어떤 게 옳겠습니까? (부축을 받으면서 나오고 있는 여신도를 보시며) 상 받으려고 애를 쓰네. 허허허. (대중 웃음)

신도3(여) 스님, 저는 대구 사는데요. 스님, 그 질문하신 그것은 현재 아닙니까? 현재. 그런데 스님 제 말을 잘 못 알아들으시겠죠. 제가 사고가 났습니다, 교통사고. 87년 7월 15일날, 교통사고 났거든요. 그래서 제 말이 그렇습니다. 스님, 이해하세요. 스님이 질문하신 그 대답은 현재 아닙니까?

큰스님 현실이라고?

신도3(여) 네.

큰스님 (고개를 좌우로 흔들어 보이시고) 그렇게, 그렇게 물질세계에서 우리가 상상해서 지금 현재 돌아가는 걸 보고 말하는 건 아는 게 아닐세.

그전에는 땅 속에 씨를 뿌려서 자라게 했고 싹이 나오도록 10년, 20년, 30년 이렇게 해나왔는데, 인제는 좀더 거름도 줘야겠고 좀 북도 돋아줘야겠고, 이러니까 하나하나가 인제 이렇게 나오기 시작을 하는데 여러분이 그릇이 커져야 나도 그릇이 커질 거 아닙니까? 여러분이 작으면 나도 작을 수밖에 없는 게 사실이죠. 만약에 건방지게, 요만한 (물컵을 들어 보이시고) 그릇에다가 한 드럼통을 붓는다 해봤던들 무슨 소용이 있겠습니까? 그러니 여러분이 요 종지라면 나도 종지일 수밖에.

공부들 열심히 해서, 지금 현재의 가정을 열심히 이끌어가고, 조화를 이루고 화목을 도모해서, 항상 마음을 부드럽게 가지고 부드럽게 말해줄 수 있고, 모든 잘못이 있다 하더라도 내 탓으로 돌리고 남을 원망하지 말고, 앞으로 젊은 사람들도 그렇게만 해나갈 수 있다면 큰 대지를 얻을 수가 있어요. 그 반면에 모든 산천초목을 다 근본으로 마음에 두고 양식삼아 정말이지 여러분은 대성공을 할 수 있는 그런 여러분이 될 것입니다. 그러니 젊은 분들이라고 해서, 이 속에서 이런 게 나온다고 해서 '아하, 이거 이렇게 나오는 거는 내 주인공이 이렇게 나오게 하는 거니까.' 굳이 이런 말을 안 해도 아시겠죠.

예전에 어느 스님이 팥죽을 쑤다가 팥죽이 부글부글 끓으니까 그거를 주걱으로다가 "요놈도 문수! 요놈도 문수! 요놈도 문수!" 그러고 주걱으로 쳤답니다. 그랬듯이 여러분은 이 속에 지금 악업 선업이 잔뜩 끓고 있습니다. 그런데 방울 지어서 악업 선업이 속에서 들입다 나오는 거는 어떤 사람 어떤 솥에서 방울방울 지어서 나오는 것입니까? 여러분 팥죽 솥에서 팥죽이 끓는 소리죠. 그러니 그것도 그 사람이 한 거고 그것도 그 사람이 한 거고, 그 팥죽 하나하나 방울방울 올라오는 거 이런 거 치미는 거, 보고 듣고 비위 상하는 거, 나라를 원망하고 또 시대를 원망하고, 내 가정을 원망하고 부모를 원망하고 온통 친구를 원망하고, 이렇게 하다보면 이것은 바로 넝마밖에 될 수가 없는 것입니다, 갈갈이 찢어진 넝마.

그러니 모든 것을 거기다가 맡겨놓고 '네놈이 이끌고가는 거니까, 내가 속에서 불화가 일어나도 바로 네놈이 가라앉힐 수 있는 것이니까.' 하고 거기에 맡겨놓을 때 비로소 행복감이 젖어드는 것입니다. 그러고 큰 인물이 돼서 나중에는 수천 수만을 이끌고간다 하더라도 한 명, 자기 발로, 즉 말하자면 이런 거 있죠. 수천 명을 끌고간다 하더라도 하나도 걸림 없이 끌고갈 수 있다. 돈벌레가 다리가 그렇게 많아도 하나도 거침없이 끌고갈 수 있다 이런 소리나 똑같습니다. 그게 내 발이니까. 내 마음이요 내 발이요, 바로 내 마음내는 것이니 그대로 둥글게 모가 안 나고 여여하게 그 돈벌레가 다리가 그렇게 많아도 그 어디 걸리지 않고 가듯이….

이 마음이라는 건 바로 실체가 아니어서 큰가 하면은 작고, 작은가 하면 큽니다. 여러분 사계절도 사계절 나름입니다. 보세요, 가을이 돼서 장마가 크게 드는 때도 있고 적게 드는 때도 있고, 사람이 많이 피해 보는 때도 있고 적게 피해를 보는 때도 있습니다. 이게 고정되지 않습니다. 그러니 가을도 가을 나름이요, 봄도 봄 나름이요, 겨울도 겨울 나름이다 이겁니다. 여름도 여름 나름이고. 그러니 여러분이 마음먹기에 달렸다. 여러분이 마음으로 지어서 업보를 만들고 유전을 만들고 인과를 만들고, 그저 이 세균도 업신여기고 저런 지렁이도 업신여기고. 여러분 뱃속에는 지렁이도 있고 전부 있습니다. 여러분 뱃속에 없는 게 없이 모습도 아주 다양하게 가지고 있으나, 그놈들이 소임을 맡아가지고 운행을 해주기 때문에 여러분은 지금 아주 떳떳하게 이렇게 사랑하고 뭐 하고 뭐 하고 이러고 살고 있습니다. 그래도 업신여기겠습니까? 여러분이 저 벌레를 보면 아주 징그럽다고 하죠. 나도 그랬습니다. 지금도 모습은 그렇겠죠. 그러나 마음이야 어찌 둘이겠습니까?

그러고 또 이런 게 있죠. 마음이 착하고 어질고 참 욕심 없는 사람이 돈을 왕창 벌었을 땐 남하고 같이 나눠 쓰지만, 마음이 강하고 아주 욕심 많고 그냥 못된 사람이 돈을 왕창 벌면 그거는 허튼 데다 쓰는 겁니다. 나쁜 짓만 하죠. 그러듯이 우리 인간만 그런 게 아니라 저 짐승들도 모두 그렇죠. 그래서 독 있는 풀이 이슬을 맞으면 그 이슬은 아주 참 감로수와 같은 물인데 그 독풀이 빨아들이면 독이 돼버리고 말아요. 그런데 약풀이 마시면 약이 된다 이거야, 사람을 살리는. 응? 이러니 누구 탓입니까, 이게 다? 다 여러분 탓이지. 이 모두가 여러분이 사람 업신여기지 말고 항상 가정에서도 배신을 당했다 하더라도 아들이 공부를 잘 못한다 하더라도 어떠한 일이 있다 하더라도 내탓으로 돌리라는 얘깁니다.

지금 여기 선원에는 정신이 좀 잘못된 이러한 분들도 많고 백혈병이니 또는 골수암이니 또는 무슨 암이니 속앓이니, 뭐 별 병이 다, 병원에서 못 고치는 병들을 다 가지고 여기 재료로 삼아서 옵니다. 그러나 그게 재료지 여기에 의사가 있어서 병 고쳐주는 게 아닙니다. 여러분이 그것을 재료로 삼아서 거기서 나온 거니까 거기다가 맡기고 거기서 해결해야지 누가 해결을 합니까? 몸속에도 중생들이 소임을 맡아가지고 다 하고 있는데 모든 자기입니다, 자기. 음? 여러분 몸속에 있는 그 하나하나의 세균이 여러분이 아니고 딴 분입니까? 그러니까 각각 다 소임을 맡아가지고 하는데 거기서 파업을 일으켜서 잘못한 거라면 거기서 가라앉히고 거기서 낫게 해야죠. 안 그럴까요? 그래서 70% 정도는 우리가 감당해야 하지 않나 이렇게 봅니다.

그전부터 말을 하지만 여러분, 잘 생각하십시오. 우리가 몸이 피곤하고 병이 들면은 인간이 허무하고 정말이지 살 맛이 안 나고 죽고만 싶고 허망하기만 하고 그렇습니다. 그러나 이 공부를 하는 사람들은 허망한 게 아닙니다. 이 세상만사가 무상(無常)한 것을 알면서 도리어 이가 앙다물어지면서 나는 이 도리를 알아야겠다는 그 각오가 뚜렷하게 섭니다, 오히려. 언젠가는 아파서, 언젠가는 사대(四大)가 흩어져서 허망한 게 아니라 원점으로 돌아갈 때 한데 모였다가, 구름이 한데 모였다가 흩어져서 딴 구름하고 또 다시 모이듯이, 인간도 사대로 흩어져서 바람으로 물로 불로 흙으로, 이렇게 흩어져서 원점으로 도로 돌아갔다가 다시 부모의 뼈와 살을 받아서 몸을 받되 그것이 한데 모여서 거기 가서 다시 또 태어나서 인간으로 성장이 되니깐요.

인간뿐만 아니라 마음을 잘못 썼다 하면 소로도 태어나고, 독사로도 태어날 수 있고, 개로도 태어날 수 있고, 만약에 마음을 잘 썼다면 사람으로 태어나되 장관으로도 태어날 수 있고 대통령으로도 태어날 수 있고, 이 세상을 다 누빌 수 있는 그런 통달한 성인이, 성자가 태어날 수도 있습니다. 이거 정말 여러분의 마음에 달린 겁니다. 그러니 그 마음 마음, 그 마음이 천차만별의 이 모든 살림살이들을 들고 내는데 그놈이 하는 거로구나 하고 믿고 거기에 맡겨놓고 좀더 한 걸음 뛰어넘을 수 있는, 도량을 뛰어넘을 수 있는 그러한 여분을 가지고 지혜를 가지고 좀더 이끌어보십시오. 그럼 오늘 질문도 안 하시고 그러니까 난 오늘 이것으로써 마치겠습니다.

늙으면 이 몸뚱이는 쇠약해지죠. 저 나무도 늙어서 고목이 되면은 껍데기가 흐치흐치해지고 진물이 나고 그래요. 사실은 제가 채공도 해보고 공양주도 해보고 또는 불목도 해보고 여러 가지를 했습니다. 안 해본 것 없이 그렇게 어려서부터 했죠. 물지게를 안 졌나, 물지게 지는 건 그냥 한 번 이렇게 지는 게 아닙니다. 일전을 가지고 가면 오푼에 한 통씩이니까 그 일전을 가지고 가면은 한 지게죠. 한 지게를 받기 위해서 줄을 서서 그걸 받아서 지고 와야만 했습니다. 지금처럼 샤쓰가 있고 신발이 올바른 게 있었다면은 고생도 덜했을 텐데, 그런 거를 사서 떨고 섰다가 그거를 지고 오면은 지고 오는 대로 엎질러지면 그 귀한 물을 엎질렀다 이거죠. 신발은 반짝짜리 '게다'를 끌어야 하고 이러한 문제들이 너무 내 인생을, 그렇게 채찍들이 가차없이 들어왔습니다.

그럴 때 나는 무슨 생각을 한 줄 아십니까? 하나도 누구 원망을 안 했습니다. 단 "엄마!" 이렇게 부를 거를, 이 속으로 "아빠!" 그러고는 아빠 한마디 목이 메어서 불러놓고는 우는 거죠, 뭐. 어쩌겠습니까? 그 나이에. 아홉 살부터 말입니다. 세상을 그렇게 하다보니까 불쌍한 사람도 나 같은 사람도 어떡하면, 어떡하면 있는 사람 거를 훔쳐다가, 허허허, 그 고생하는 사람한테 몰래 밤중에 갖다가 주었으면 얼마나 좋을까? 굶고 부황이 났을 때 이거를 훔쳐다 주어서 거기다가 갖다가 놓으면, 그거를 아침에 보면은 얼마나 좋아할까? 이런 생각에서 밤잠을 이루지 못한 채 엉뚱한 생각에 밤을 허옇게 샜습니다. 그러다 보니까 정말 하고자 하는 일이 밀고 나가면 안 되는 일이 없다는 거를 나는 아주 자신만만하게 생각했습니다. 사실은 그랬으니깐요.

이 무심(無心) 도리라는 것이 전체…, 이게 고만둔다고 하고 또 자꾸 말을 해서 안됐습니다만… 아니, 그거를 보이지 않는데, 내 몸이 보이질 않아야 가지고 가지 않느냐 이겁니다. 내 몸이 보이는데 붙잡히지 그게 붙잡히지 않겠습니까? 그래서 붙잡히지 않는 그런 도리를 아주 밤이면 밤새도록 잠을 안 자고는, 그냥 드러누울 수가 없습니다. 너무 눈물이 흐르고, 세상이 각박하다보니까는 먹을 것이 제대로 있습니까? 입을 것이 제대로 있습니까? 신을 것이 제대로 있습니까? 그런 데다가 부모 밑에서 사는 사람들은 좀 낫겠지만 나야 이리저리 떠도는 신세가 그렇게 되겠습니까? 그렇지만은 나는 거지가 아니라 돈 몇 푼 주는 것도 받지 않았죠. 그저 다만 얻어먹은 거는 간장물밖엔 없었습니다. 가다가 쓰러져도 그대로 인생이 한 번 죽는 거, 죽으면 죽는 대로 살면 사는 대로 그냥 걸어갔을 뿐이죠. 나한테 닥치는 거 마다할 수도 없는 거고.

그러니까 어느 날 그러더군요. 내 눈앞에 보이는 것이, 조그마한 초립동이가 아니, 조그마한 동자가 행전을 상그렇게 매고 키 하나를 들고선 허공에 나섰습니다. 허허허, 그것이 은사가 키 하나를 들려서 내보낸 거죠. 그거를 영 스무살이 되도록 몰랐다가 그게 의문이 났습니다. '키 하나를 줘서 내보내다니 그게 참, 그게 뭔가?' 하고 말입니다.

그런데 벼는 찧어놨으나 까부르질 않아서, 닦아라 이 소리지. 벼는 다 절구질을 해서 찧어놨으나 아이, 까불러야 될 거 아닙니까? 이 까부르질 못하는 거야. 그러니까 키 하나 줘서 내보냈을 수밖에, 음! 그 어린게 키 하나를 들고 사막 같은, 엊그저께 그 콜로라도에 갔을 때의 그 끝도 없는 사막과 같았어요. 끝도 없어, 하여튼. 황야야, 그냥. 그 황야를 그때에 보는 그 심정이야. 키 하나를 들고 어린 동자가 키 하나를 들고 나섰다 이거야. 갈 데 못 갈 데 뭐, 증명해놓은 무슨, 아니, 그 주막이 있습니까? 이 진리라는 건 주막도 번지수도 없는 겁니다. 끝도 기약도 없는 것입니다. 그러니까 어디 갈 자리를 마련해놓고 가는 게 아니라 무조건 키 하나 들고 그냥 나섰죠.

그 키는 누가 줬느냐고요? 허허허. 은사죠. 내 은사. 내 은사는 내 가슴에 있겠죠. 그렇게 해서 그것을, '저 키를 집어라.' 그 남이 내버린 키야. 이거를 하나 집고 그걸 몰랐단 말이야, 글쎄. '그 키를 집어라.' 집었지. '이걸 가지고 가자.' 가라 이거야. 그걸 들고서 가다가보면은 또 바닥이 차면 그걸 깔고 앉고 그랬지 뭐, 모르니깐. 허허허. 나 참 재미있게 살았다고. 얼마나 인생을 재밌게 살았는지…. 여러분은 그런 맛을 못 볼 거야, 아마. 못 봤을 거야. 음. 그 어디 가서 앉았으면, 돌에 앉았으면 그것 깔고 앉았고, 풀에 앉아도 때에 따라서는 그것 깔고 앉고. 아, 그러다가 보니까 어느 날 그것이 홀연히, 그 키가 그 키가 아니라, 키가 아니라 키야. 그러니 얼마나 감사하고 얼마나 "당신은 정말 이 세상을 줘도 바꿀 수가 없는 당신이요, 당신을 보고 싶소." 하고서 하니까 "야, 색경을 봐라." 그래. 허허허, 그랬던 거라고.

그러니까 우리가 공부를 하다가 그렇게 한 것도 이것이 무슨 뭐 경을 보고 설법을 듣고 뭐, 절집에 왕래를 자주 하고 이랬어야 알지. 그래서 어느 큰스님을 찾아가서 점검을 자꾸 했던 거지. 내가 그렇게 발부터 들어서지 않았더라면 여러분도 모두 발부터 들어서지 않아. 이건 그냥 결사적으로 발부터 들어서야지 둘이 아닌 까닭에 너는 너고 나는 나기 때문에 발부터 들어서야 된다 이 소리야. 그냥 너는 너. '대행스님은 저기 그냥 계시니까 난 여기 있으니깐' 이러하고, 제주도에서도 그렇게 지내고 있거든, 응?

그런데 모두가 둘이 아닌 까닭에 따로따로, 모습은 따로따로 돼 있는 거야. 저 봐. (천정의 전등을 각각 가리키시고) 셋이 다 따로따로 있잖아? 그렇지만 전력이 똑같은데 어찌 따로따로 있는 거냐 이거지. 전력이 없다면 저거 빈 전구밖에 없는데 무슨 소용이 있겠어, 척척 떼 버리겠지. 마음대로들 이건 자유니까, 공부를 하고 못 하고는 자유야. 그러니까 먼저 들어오고 나중 들어오고 그게 없습니다. 이 선맥을 이어받는 데는 나중 들어오고 먼저 들어오고가 없다는 것을 아시고 공부 열심히들 하십시오.

평발의 도리

91년 7월 21일

여러분 앞에 내가 잘 안다 모른다를 떠나서 항상 한도반으로서 말씀 드려온 바와 마찬가지로 우리 인간이 태어나기에 얼마나 쫓고 쫓기며 왔겠습니까. 마음이 진화되니까 몸도 바뀌어지고 이렇게 돼서 인간까지 왔다는 사실을 여러분 앞에 항상 말씀드렸습니다. 그러고 수없이 비디오 테잎이나 카세트 테잎에 아마 그 말이 실려있으며 또는 회보에도 실려있을 겁니다. 그러나 우리가 지금 말하고 금방 딴 말을 할 때 벌써 한마디 한 거는 과거로 돌아가고 없는 것입니다. 그래서 경귀에 매달리고 글자풀이에 매달린다면 이 공부는 천부당만부당하게 돌아가고 말아버리죠.

그런데 우리가 이 세상에 인간으로서 태어나서 중세계의 쫓고 쫓기는 이 세상을 벗어나지 못해서, 억겁을 통하고 또는 끝간 데 없이 그 차원따라 이리 끌리고 저리 끌리고 끼리끼리 모여서 끌려다니고, 정신세계의 노예요 물질세계의 노예로서 헤어나지 못하는 이런 사람이 돼서는 절대로 안 된다는 점입니다.

우리가 물질세계에만 끄달려 거기서 헤어나지 못하고, 정작 마음의 눈이 없다면 자기가 보고 듣는 그대로 움직이게 돼 있습니다. 그러니까 거죽만 보지 속은 못 보고 항상 그렇게 사는 거죠. 그러면 우리 생활하는 데도 하나도 이익이 없게 되죠. 여러분은 인간의 바른쪽 왼쪽 두뇌는 우리가 물질세계로써 율동하는 것과 모든 거를 거기다 넣을 수 있는 내 마음을 조화롭게 하고 중도로써 중용할 수 있음을 아셔야 합니다. 물론 여기 의학박사들도 많겠지만은, 구조가 그렇게 돼 있다는 사실을 아셔야 됩니다.

그래서 우리는 들이고 내는 거기서 점검을 해서 들이고 내는 것을 바로 중심, 중도(中道), '주인공(主人空)'이라고 하는 것입니다. 여러분이 그것을 모른다면 그대로 물질에 끄달리고 정신에 끄달리고, 내 인과에 끄달리며 살 것입니다. 지난번에도 얘기해드렸지만 기초가 든든치 못하면 집을 짓다가도 무너지는 수가 있고 금이 가는 수도 있습니다. 그와 마찬가지로 여러분의 마음이 기초가 튼튼해야 된다는 사실을 아셔야 합니다. 그러기 때문에 항상 여러분 마음 속에 아니, 육신 속에 그 많은 인과 업으로 인해서 악업 선업이 뭉쳐서 수도 없이 들고 나는 것, 좋은 거는 잠시 잠깐이고 언짢은 것, 화내게 하는 것, 즐겁게 하는 것, 강도질하는 것, 도둑질하는 것, 술 먹고 아수라장을 만드는 것, 모든 이 일체가 다, 그러한 생각이 나게 하는 그놈들이 어딨느냐는 얘깁니다. 여러분 그 몸속에 다 의식들로 돼 있죠.

이것을 자세히 말하자면 정자와 난자가 한데 합쳐서, 수만 개가 헤아릴 수 없이 모였다가 흩어지면서 하나가 뽑히는 것이 부모에게 육을 받는 것입니다. 그런데 영혼이 자기가 과거에 살던 그 악업 선업을 짊어진 채 바로 거기에 부합이 되는 거죠. 그래서 삼합이 한데 합쳐져서 삼신(三神)이라고 하는 것입니다. 왜 내가 이 말을 또 하고 또 하느냐? 이것을 아셔야 하기 때문입니다. 그렇게 뭉쳐진 그 자체, 악업 선업이 지금 현실로 모이고, 그래서 여러분 그 몸에 짊어지고 있다는 사실을 말입니다. 그런데 그 의식이 여러분에게 강요하고 또 여러분이 강요당해서 악업 선업에 휘말린다면 어떻게 되겠습니까?

그런데 그 의식들은 좋고 나쁘고 좋은 일이고 언짢은 일이고 모릅니다. 그러나 여러분은 인간이기 때문에, 나쁘고 좋고를 너무나 잘 아는 마음이 있기 때문에 그 마음이 바로 중심을 지키면서 다스리는 겁니다. 들이는 것도 다스려서 들이고 내는 것도 다스려서 낸다 이겁니다. 이것이 바로 우리 마음을 통해서 두뇌에 그렇게 통신이 되게 돼 있습니다. 깊이 잠재해있는 그러한 도심이라고 할까, 또 중간에 있는 도심으로 들게 하는 마음, 그러고 또 물질적으로 들이는 그것을 거기다 맡겨야만이 그렇게 되지 그거를 모르고 그냥 자기가 자기라고 시각적이나 감각적으로다가 그냥그냥 한다면, 어떻게 우리가 오늘이고 내일 일이고 자동적으로 대처를 해나가겠습니까? 생각이 없이도 자동적으로 콤퓨타에서 그렇게 나오게끔 자동적으로 말입니다. 그래야 여러분이 내가 갖고 있는 중심에, 중도(中道)에, 중용에 그러고 분수를 지키는 그 마음이 바로 여러분을 리드할 수 있는 그 마음이 돼서 홀연히 밝아진다 이겁니다.

그뿐만 아니라, 거기에서 수없이 나오는 그것을 다스리는 마음이 누가 되지 않고 모든 점에서 그 중용으로서 이렇게 활용을 할 수 있는 여러분이라면, 조금도 어긋남이 없을 겁니다. 그래서 왼쪽 뇌, 바른쪽 뇌 이 중심적인 그 표현도 그렇게 두뇌에 돼 있습니다. 그래서 옆으로 양 가장이로 통신망이 그렇게 돼 있죠. 수없이 귀밑으로 말입니다. 그러니 모든 게 우리 마음 속에서 두뇌로 올라가면 두뇌에서 전부 사대(四大)로 통신을 해서 그렇게 다스려나간다는 얘깁니다.

여러분이 그것을 믿지 못한다면 여러분은 사람 구실을 못 합니다. 불제자가 못 되는 거죠. 우리가 불제자라면 자기의 영원한 생명의 근본이 불(佛)이라는 걸 알아야 하고, 우리가 말하고 사는 것이 교(敎)라는 것도 알아야 합니다. 그래서 불교라고 합니다. 풀 한 포기만 살아있어도 불교는 살아있는 것이라고 말씀드렸지요. 수없이 말씀드렸죠. 그러나 말씀은 그렇게 많이 듣고도 들은 사이가 없으면서도 들은 건

들은 것이지 않습니까?

전쟁터에 나가면은 이등은 없다, 일등이라야 한다고 말하듯이 우리 마음공부하는 것도 이등이 없습니다. 무조건입니다. 그래서 일등을 했을 때는 부처님도, 일체제불도, 일체 중생도 정말 진드기 하나 버리지 않고 모든 것을 내가 섭류해서 내 한마음으로서 둘이 아닌 도리를 알아야만이, 그때에 바로 그대로, 부처님은 부처님이요 중생은 중생이요 풀은 풀이요 물은 물이요 산은 산이다 이렇게 말이 나올 수 있다는 얘깁니다. 하나도 빼놓지 않고 모두 거기 놓지 않는다면 여러분이 하나도 얻을 바가 없고, 그 얻는 것조차도 일등으로 이겨서 나조차도 없다는 사실을 알아야만이 모든 일체가 다 한마음으로 구성되고 한마음으로 조화를 이루게 되는 겁니다.

우리가 때에 따라선 한마음을 쓰고, 때에 따라선 뭐 두 마음으로도 쓸 수 있고, 세 마음으로도 쓸 수 있고, 이런 원인이 과학적으로 지금 원자에서 입자로, 입자에서 분자로 화해서 지구도 지키고 인간도 지킨다는 사실로 나와있지 않습니까? 여러분이 이 몸속에 있는 의식들을 그렇게 간추려 나간다면, 예를 들어서 들이는 거를 거기다 모든 걸 맡기고 거기서 주장하는 겁니다, 주인공에서.

'한마음' 하는 거는 여러분 몸속에 그 헤아릴 수 없는 악업 선업이 업이 돼가지고, 그 속에서 유전성이라든가 영계성이라든가 세균성이라든가 업보성이나 인과성이 모두 거기에서 나오는 것입니다. 팔자운명이 바로 그런 데서 벌어지고 있죠. 그것이 바로 한마음이라는 거를 말하는 겁니다. 내 내면의 세계부터 알아야 바깥세계를 알지 내 내면의 세계를 모르고야 어찌 바깥세계를 알겠습니까? 그럼으로써 내 마음에 있는 이 중생들을 다 알고 나면 한마음으로 너와 나가 둘이 아니라는 걸 알게 되죠.

생각해보십시오. 위장・척수・척추・콩팥・심장・간장・식도・소장・대장 등 하나하나의 세포들이 모두가 집을 짓고 소임을 맡아가지고 운행을 하는데 말입니다. 악은 악으로만 나갑니다. 선은 돈을 주고 악으로 하래도 안 합니다. 그런데 여러분 마음 속에, 몸속에 악이 많고 선이 적으면은 악의적인 문제가 수없이 나옵니다. 자꾸 안 되게 하고 자꾸 남을 증오하게 하고 모든 게 이렇게 나오기 때문에, 그것이 바로 악이다라는 얘깁니다. 남을 때려 죽이고 남을 해롭게만 해서 악이 아닙니다. 남을 둘로 보지 않아야 되는데 둘로 보고 항상 남을 원망하고 '내가 이 세상에 나오지 않았다면 어떻게 상대가 생겼으며 세상이 벌어졌을까?' 하고 내 탓으로 돌려야 하는데도 불구하고, 그렇게 남의 탓으로 돌리고 이런다면은 이 공부에는 여간 지장이 많지 않습니다.

그러기 때문에 모든 것을 거기다 맡겨놓는다면, 눈 밝아져서 마음 안의 눈과 육안으로 보는 눈이 겸해서 생활을 할 수가 있는 거죠. 들이고 낼 수가 있는 거죠. 그래서 거기서 보고 점검을 해서 안으로 들입니다. 안으로 들여야만이 모두 통신이 되고 또 안으로 들이는 그 마음이 한마음으로 돌아간다면은 전부 보살로 화한다 이 소립니다. 악업 선업이 둘이 아니라 모든 게 하나로 돌아가니, 모든 것이 그 끝간 데 없는 진리지마는 그것이 하나도 남김없이 천백억화신이 되죠. 모든 사람들이 응해달라는 대로 약사로도 응해주시고, 관세음으로도 응해 주시고, 지장으로도 응해 주시고, 천만 가지 만만 가지를 다 모습을 바꿔 가면서 찰나에 응해주시니 그것이 바로 천백억화신이 아니고 무엇이겠습니까?

여러분이 속가에서 산다고 하지만 스님들도 속가에서 사는 것보다 나을 게 없는 사람이 있는가 하면, 속가에 있는 사람들도 유마힐거사처럼 그렇게 부처님과 동등하게 제자들을 가르치고 중생을 제도한 분도 있습니다. 자기 안에부터 제도를 해야지 바깥에 끄달리면서 제도하려고 한다면 그것은 어불성설이죠. 항상 이 마음이 충족되고 내가 완전히 그 이치를 알아야, 즉 말하자면은 그 순서도 의학적이기도 하고 천문학적이기도 하고, 지리학적이기도 하고 과학적이기도 하고, 천체물리학적이기도 하고 철학적일 수도 있는 것입니다. 모든 일체가 다 그 한마음 속에서 구성되는 거니깐요.

그러니 우리 마음 자체가 어떻게 해야만이 안에서 일어나는 마음을 잘 이끌어갈 수 있는가. 자기가 자기를 이끌어갈 수 있고, 다스리는 그 마음이 중심에서 양면을 이끌고갈 수 있느냐. 안에서 벌어지는 마음이 팥죽 솥에 팥죽 방울이라면 방울이 일어나는 대로 "이것도 문수! 이것도 문수!" 했단 말입니다. 그게 법이란 말입니다.

여러분 몸 안에서, 대장이나 소장에서 만약 어느 한군데서만 파업을 일으킨대도 여러분은 죽습니다. 그러니까 한 귀퉁이 어디고 소중하지 않은 게 없죠. 다 한마음으로 돌아가야만이 몸도 건강하고 마음도 건강하고 지혜로와져서 부자 부럽지않게 마음이 넓어질 수 있죠. 이렇게 마음이 부자라면은 이 세상을 살아나가는 것도 정말 대장부의 살림살이요 또는 어디고 가난치가 않다 이겁니다. 그것이 당당한 것이요, 그것이 부자가 돼서 부자가 아니라 내가 쓰려면은, 내가 필요한 거면 어디서든지 들어오게 돼 있어요. 그 묘한 도리를 여러분이 모른다면은 만날 가난하기에 바쁘죠. 그뿐만 아니죠. 가난뿐이 아니라 재난이 들어와도 그것을 막지 못하고 또는 병고가 들어와도 어떻게 할 수가 없죠.

여러분은 바깥에 있는 지렁이를 볼 때 보기 싫고 징그럽고 그렇겠지만, 여러분 속에는 똥통도 들어 있고 구더기도 있고, 또는 진드기도 있고, 거위도 있고, 촌충도 있고 벼룩 같은 것도 있고 여러 가지로 이건 헤아릴 수가 없이 많이 들어 있습니다. 두서없는 말이지마는 잘 참작해서 들으십시오. 이렇게 많이 가지고 있는 반면에, 왜 그렇게 내 몸에 들어 있고 왜 그것이 곧 바로 나였던가? 이런 거를 한번 생각해 보십시오.

이 지구가 생긴 이래로 역사를 볼 때에도, 미생물의 시대가 있었고, 곤충의 시대가 있었고, 또 그 뒤에는 공룡의 시대도 있었습니다. 우리 사람이 나기 전에 그렇게 미리미리들 그렇게 진화돼서 올라오기 위한 그 수련이, 그렇게 수많은 모습을 바꿔가면서 시대를 거쳐서 이렇게 인간까지 온 것이 그게 바로 정신 수행입니다. 자연적으로 지수화풍이 바탕이 되어서 그걸로 인해서 그렇게 모두 잡아먹고 잡아먹히고 쫓고 쫓기면서, 마음이 그렇게 해서 진화돼가지고 모습을 바꾸고 바꾸고 한 게 인간까지 올라왔다 합니다. 누가 그것을 말해주어서가 아니라 우리가 어디서 왔는지 어디로 가는지 이것을 파악할 수 있는 지금 현재의 나, 참나의 속에 다 들어있다는 얘깁니다. 그러니 그렇게 해서 인간까지 무수한 그 길을 걸어서 여기까지 왔는데, 그것은 끝없는 길입니다.

그럼 인간이 되어가지고도 또 짐승으로 돼야 되겠습니까? 또는 독사가 돼야 되겠습니까? 여러분이 행동하고 말하고, 남의 탓을 하고 원망하고 죽이고 살리고 온통 부서지게 하고 남을 해롭게만 하는 그런 마음을 갖는다면은 틀림없이 미래에 올 것을 여러분이 더 잘 아실 것 아닙니까? 과거에 한 일은 현실에 너무나 더 잘 아시고요. 여러분이 살아나가는 그 동기를 항상 지켜본다면 아마 과거에 어떻게 살았는지 다 아실 겁니다. 그런데 그것이 다 지금 여러분 몸속에 악업 선업으로 뭉쳐있다가 콤퓨타에서 나오는 것처럼 그대로 입력이 되어서 나오는 것입니다. 그러니 거기에 속지 마시고, 누가 되는 일은 하지 마시고, 누가 아니 되는 거는 하시고, 들이는 것도 바로 여기다 (가슴을 짚어 보이시고) 하고 맡겨서 들이고, 내는 것도 여기다 맡겨서 낼 수 있다면 지금 레이다망에서 들이고 내면서 책정해서 다 이렇게 하듯이 그렇게 아주 자동적으로 돼 있습니다, 인간에게는. 그리고 재료가 모두 여러분한테 주어져 있습니다. 항상 말했죠, 광력이나 전력 자력 통신력이 그 지수화풍을 바탕으로 삼아서 돼 있다구요.

그런데 우리가 생각을 해보십시오. 우리가 지금 물질세계의 의식으로서 산다면 물질세계의 노예고, 그것은 끝간 데 없는 길을 고통스럽게 걸어야만 합니다. 그래서 살아있으면서 죽지 않는다면 열반이 아닙니다. 살아서 이 도리를 알고 죽어야 열반이지, 만약에 살아서 이 도리를 모르고 죽는다면 그건 그냥 그대로, 그 고통 속에서 죽는다 산다도 없이 끝없는 길을 걸어야만 하는 그런 고통입니다. 여러분이 깨우치고 본다면 모든 것이 마음은 체가 없어서 악으로 나가도 수없이 나가고, 선으로 나가도 수없이 나갑니다. 어느 쪽으로 나가느냐가 문제죠. 야! 이게 또 묘한 도리가 있지 않습니까? 그 속에서 내 마음이, 다스리는 마음이 없다면, 바로 거기서 맘대로 '내가 저걸 꼭 훔쳐와야겠다, 그래서 남이야 살건 말건 나는 살아야겠다.' 하는 마음이 들게 되고 여기서는 (가슴을 짚어 보이시고) 그것이 나쁘고 좋고를 모르기 때문에 다 따라줍니다. 그 마음이 서면은 악도 그만큼 있고 또는 선도 그만큼 있습니다. 선이 더 많으냐 악이 더 많으냐 이게 문제죠.

그래서 여러분은 똑같이 인간으로서 살지만 같은 시대에 살면서도 즐거웁게 선으로 사는 사람이 있는가 하면, 악으로 괴롭게 사는 사람이 있죠. 만약에 같은 물을 마셔도 독사가 먹는다면 그건 독이 될 것이고 약초가 먹는다면 약초가 돼서 인간을 살립니다. 칼도 칼 나름입니다. 의사는 칼을 들어서 사람을 살리지마는 강도는 칼을 들어서 사람을 죽입니다. 이 모두가 상대성 원리입니다. 부처도 중생도 풀 한 포기도 다 내 소유로서 모든 것이 하나로 돌아갈 수 있는 그러한 소유가 돼야만이, 그때 가서는 나 하나도 없다는 사실이 오고, 바로 그때에 부처님이 뚜렷하고 중생이 뚜렷하고, 하는 일이 이건 이거고 저건 저거고, 너는 너고 나는 나고, 이렇게 뚜렷하게 나오고 하나도 버릴 게 없다는 사실이 나오는 것입니다.

내가 만약에 여러분한테 듣고 글귀로만이 이렇게 얘기를 한다면, 이 말 자체가 모두 한데로 떨어질 것입니다. 나는 거짓을 안 합니다. 한 마디라도 내가 실험하고 체험하지 않고 하는 얘기는 없습니다. 알고 본다면 한마디도 한 게 없고, 한마디도 한 게 없는가 하면 한생각 한 것도 없고 한 행동 한 것도 없습니다. 이것을 여러분이 잘 터득을 해야 합니다.

지금 그렇습니다. 이 실생활 속에서 바로 도가 있는 거지 실생활 빼놓고 도가 있는 게 아닙니다. 그러면 안으로 정신세계의 노예가 되는 건 어떤 거냐? 나를 조금 발견했을 때에 거기에서 '나는 아무개다.' 하고 나와서 이렇게 이렇게 시키는 걸 그대로 듣는다면 그건 정신 노예죠. 또 처음에 이렇게 믿고 거기다 놓고 갈 때 물질을 보고 남의 소리를 듣고 이렇게 해서 내 중심을 세우지 못하고 산다면 그거는 바로 물질세계의 노예란 말입니다.

지난번에도 얘기했지만 이런 게 있죠. 기독교나 가톨릭교나 불교나, '아제아제 바라아제 바라승아제' 하죠? 저 언덕을 넘어서야만이, 그 언덕을 넘어서 만납시다, 또는 요단강을 건너서 만납시다. 이러죠? 저편 언덕 뒤에는 항상 밝음이 있고 항상 그 생수가 있으니 그걸 없다고는 못 하죠. 끝없는 밝음이 있기 때문에 컴컴하다 밝다 이런 언어도 붙지 않는 자리가 있노라고 말할 수 있겠죠.

그래서 여러분은 이 물질세계에 끄달리다 보니까 어떻게 되느냐. 세 마디로 규정을 짓겠습니다. 하나는 만약에 큰 독사가 여기에 있다고 합시다. 또 거위가 지렁이로 변해서 이만하게 (양 팔을 벌려 보이시고) 돼가지고 곤충이나 세균이 전부 나와서 그냥 널비하게 있다고 합시다. 또 저기 들어가면 머릴 풀어 산발한 귀신들이 있다 합시다. 그렇다면은 의식적으로 벌써 어이쿠! 하겠죠? 거기 들어가겠습니까? 내 마음이 체가 없다는 사실을 모르고, 독사한테 물리면 죽는다, 안기면 맞아죽는다, 또는 귀신한테 말려죽는다 그럴 겁니다. 모두 징그럽게만 보이고 똥통의 구더기는 그냥 여지없이 크게 보이고, 내 이 사대(四大)가 다 흩어져서 원점으로 돌아가도 내가 배우지 못한 영혼이라면 그냥 거길 못 건너가, 일차적으로.

일차적으로 건너가지 못하지, 그럼 이차적은 뭐냐? 기독교 가톨릭교에서는 '요단강 건너가 만나리.' 했습니다. 불교에서는 '강을 건너 저 언덕에서 우리 같이 한자리를 하고 만납시다.' 했습니다. 그랬는데 이게 물질세계의 의식이 꽉 차 있기 때문에 이 도리를 모르면 자기가 그냥 몸이 있는 줄 알아요. 그래서 배가 오기를 기다리니 오백생을 기다린다 할지라도 배가 옵니까? 내 의식이 저 강에 들어가면 물이 깊어서 빠져죽는다라고 알기 때문에, 도저히 배가 오지 않으면 건너갈 수가 없는 것입니다. 한생각 끄떡하면은 찰나에 갈 것을 그렇게 기다리고 있는 겁니다. 그러니 그게 두번째입니다.

세번째 넘어갈 때, 지금 이 과학적으로 본다면 블랙홀이라고 한다지만, 부처님께서는 불바퀴라고 했습니다. 그 불바퀴가 세번째 단계의 통로입니다. 그런데 그 통로를 넘지 못하는 것은 의식적으로 벌써 중생들은 거기를 넘어갈 때 타죽을까봐 뜨거워서 못 들어갑니다. 벌써 내가 물질세계에서의 그 의식이 꽉 차있기 때문에, 내가 몸이 있는 줄 알기 때문에 못 들어갑니다. '나 아닌 나'는 없습니다. 그래서 그게 통로인데도 뜨거워서 죽을 이유도 없고 뜨거울 이유도 없고, 간다 온다 할 까닭도 없고, 어딜 들어간다 하더라도 들어가는 사이가 없고, 나온다 하더라도 나오는 사이가 없건만, 그대로 여여하게 뚫리고 그대로 여여하건만 몸이 있다는 인식을 가지고 있기 때문에 못 들어간다는 얘깁니다.

그것은 첫번에 벌써 내 이 몸속에 있는 그 의식들이 전부 모습을 그렇게 해가지고 보이니 그 길을 못 간다는 얘기죠. 그게 딴 데서 와서 보이는 게 아닙니다. 이 몸뚱이가 사대로 흩어지니까 내 몸속에서 그 영혼들이 말입니다. 그 의식들이 그냥 쫙 앞을 가리고 그림자처럼 따라다니는 그러한 것이 딱 보일 때 중심을 잡고서 '허, 너와 나와 둘이 아닌데.' 하고서 딱 한생각을 넘기면 그냥 다 보살로 화하고 부처로 화할 텐데, 이건 한생각을 못 하기 때문에 그냥 넘질 못하죠. 재차 말하지만 빠져죽을까 봐 넘지 못하고, 배를 기다리고 있는가 하면, 타죽을까 봐 그 불바퀴 속을 못 들어간다 이거야. 그러니 그 도리밖에 없거든. 우리의 이 마음, 내 마음 빼놓고는 부처를 이룰 수가 없고 내 마음 빼놓고는 도저히 앞뒤 뚫린 용문을 열 수가 없어. 본래는 여여하고 열려 있는데 자기 생각이 딱 닫아놓고 있으니까.

그러고 하나서부터 열까지 나는 나고 너는 너고, 미운 걸 보면 그렇게 미웁고, 잘못하는 걸 보면 그렇게 보기 싫고, 또 부부지간도 그렇고 자식지간도 그렇고 일일이 그거를 미워해, 잘못하는 걸 보면. 그러나 이쁜 일을 조금 할 때는 좋아서 그냥 발발발발 하지, 누가 좋은 말을 해주면 좋고, 속이야 어떻게 됐든지 좋은 말을 야불야불 해주면 아주 좋아하고, 진실로써 '너는 이렇다.' 지적을 해주면 그게 듣기 싫어서 왈칵 화가 나고, '너 두고 보자.' 이러고. 이러는 마음이 자기를 깎아먹게 돼요. 이 세상은 내가 없으면 아무것도 없어요. 내가 있으니깐 모두 내 탓으로 돌리라는 거죠. 그래야만이 내가 공해서 없다는 사실을 알게 될 테니까요.

불(佛)은 뭐냐? 불바퀴는 왜 불바퀴라고 그랬느냐? 그냥 생명만 있는 게 아니라 그 생명이 바로 영원하기 때문에 불바퀴라고 했습니다. 불이라고 한 것은 여러분의 생명의 근본, 즉 말하자면 영원한 생명의 근본, 그걸 불이라고 했다 이거야. 본래 자성불은 있는 건데, 자기 자성불에서 모든 거를, 나고 드는 것이 전부 그 능력으로 나오는 건데도 불구하고 자기 자성불은 믿지 않고 저기 계신 딴 부처님을 믿고선 "부처님 날 좀 잘 되게 해주시오…." 하는데 그건 기복이지 공덕이 아니야. 공덕이라는 건 무엇 때문에 공덕인가. 한마음으로 돌아가야 공덕이 아닌가? 나 아님이 없으니까 내가 하지 않는 일이 없고, 내 아픔 아닌 것이 없고 내 몸 아닌 것이 없는데 어찌 그게 공덕이 안 되겠나? 일체제불과 일체 보살, 역대 조사가, 역대 중생이 진드기 하나 버리지 않고 전부 한마음으로 돌아가는 것을.

그래서 그 한마음마저 없다는 사실은 한마음이 고정되게 있는 게 아니기 때문이죠. 부처님께서 한마음을 내실 때에 보살로서 화해서, 법신으로 화하시고 그래서 남이 응해달라는 대로 응해주시는 그 한마음이 돼주시는 그 마음 말입니다. 그러니 만약에 큰 호랑이가, 큰 소가, 큰 코끼리가 또는 독사라는 이름을 가졌어도, 어떤 사람이 백정 노릇을 했다 할지라도 그 마음이 아! 부처님한테 귀의해서 내 마음 가운데 항상 넣고 끊어지지 않는 그 마음이면 그대로 한마음이죠. 그러니 여러분이 일을 할 적에나 똥을 눌 때나 잠을 잘 때나 일어설 때나 앉을 때나, 바로 내 부처가 내 마음 속에 있는 한마음의 그 주인공이라고 생각할 때, 뭐든지 거기다 놓고 갈 때, 모든 걸 놓고 아주 잔잔하게 한데 한생각을 일으키면 그게 법이 된다 이 소리지. 그렇게 하면은 일체제불이 일체 보살이, 일체 조사가 다 그냥 한마음으로 들어서, 한 찰나에 드셔서 그 묘법을 가르쳐주시고 한 찰나에 나신다 이거야.

이 묘한 도리를, 이 무심도법(無心道法)을 여러분이 그렇게 갑자기, 도심으로써 열심히 하지도 않는데 어떻게 터득하실 수 있겠습니까? 그러고 아는 것은 아마 나보다도 여러분이 더 잘 아시리라고 믿습니다. 알기만 하면 뭘 합니까? 행하는 게 문제죠. 백 가지 천 가지를 안다 하더라도 한 가지 행을 못한다면, 그건 한 가지 행하는 것만도 못합니다.

항상 여러분한테 말씀을 해드렸죠. 지수화풍을 바탕으로 해서 광력·전력·자력·통신력이 있어서 오신통이라는 것도 거기에 귀결돼 있다고요. 우리가 과거에 살던 그 모두를 숙명통이라고 한다면 오신통은 자동 콤퓨타입니다. 자동 콤퓨타! 거기에서 또 더불어 같이 돌아가는 것이 바로 심안의 눈입니다. 그래서 그 도리를 잘 알아야 천안통이 생기는데 바로 천체망원경이 거기에 해당됩니다만 물질로 된 거는 심안의 눈으로 보는 걸 따라갈 수가 없는 겁니다. 그러고 천이통이라는 것은 지금 말로 무전 통신력인데 한생각에 우주 삼라만상 대천세계를 두루 통신을 하고 가는데 어떻게 감히 물질의 무전통신기가 거길 따라가겠습니까? 인공위성을 띄우고 전파를 통해서 세계를 두루 한다 하더라도 그건 따라갈 수가 없는 겁니다.

그러나 그뿐입니까? 타심통이라 하면은 남의 속을 다 아는 것을 말합니다. 그러면 남의 마음만 알고 고것만 가지고 '도'냐? 아니죠. 우리가 풀 한 포기, 진드기 하나의 마음도 알아야만 되겠죠. 그래서 서로 한마음으로 돌아갈 수 있고 서로 면담을 할 수 있는 그러한 계기가 된다면 그 얼마나 즐겁고 이 세상이 낙원이겠습니까? 그런데 그거를 비유해서 탐지기라 할 수도 있죠. 인간의 마음이 들어가서 물질로 나오긴 했지만 아니, 내 타심통을 어떻게 따라가겠습니까? 그러고 신족통하면 지금의 팩시밀리로 비유해도 되죠. 내 마음이 화(化)해서 원자에서 입자로 화하고 입자에서 분자로 화해서, 안팎을 제도하고 지키고 보호하면서 보신, 법신, 화신이 전부 보호하면서, 불성 자체가 전부 모여서 불바퀴로 돌아가는 거기에 더불어 같이 돌아가는 데 물질인 팩시밀리가 아무리 좋다 한들 그러한 역할을 어찌 따라가겠습니까?

이 세상 돌아가는 이치가 바로 팔만대장경의 바로 증거입니다. 그때 시절에는 그때 시절대로 용어가 달랐고, 지금 시절에는 지금 시절대로 용어가 다릅니다, 뜻은 다 같지마는. 사는 도리도 같습니다마는 그 이름, 용어가 자꾸자꾸 다르게 변하고 돌아가고 있습니다. 그럼 우리 가르치는 사람도 배우는 사람도 역시 그 용어를 모르는데, 자꾸 옛날에 부처님이 하신 용어를 가지고 가르친다면은 그걸 알아듣지 못하는데 어떻게, 그게 금덩어리 보석이라 할지언정 그거를 어떻게 받아들이겠습니까? 그러니 이 마음 자체가 부처님의 뜻을 저버려서가 아니라 진짜로 부처님의 뜻을, 골수를 알아서 한마음으로 내 마음 속에 지닌다면은 구태여….

또 한 가지, 백팔염주를 목에 걸고 다닌다 이럴 때 백팔염주라는 것도 이름입니다. 백팔번뇌 망상이라고 했습니다마는 우리가 그 번뇌 망상이 아니라면 무얼 가지고 공부하겠습니까. 백팔(百八)이라는 건 뭐냐? 백(百)은 무(無)입니다, 무! 팔(八)은 사무(四無)·사유(四有) 한데 합쳐서 무의 세계 유의 세계가 같이 돌아간다는 뜻입니다. 같이 돌아가면서 그 생각생각에 꼬리가 꼬리를 물고 돌아가는 그것을 망상이라고 합니다. 번뇌 망상이라고 하죠.

일어나는 그 마음이 우리를 부처로 만들 수 있고 법신으로 만들 수 있는 과정이라고 한다면 그거는 망상이 아니라 나를 수련시키는 채찍이라고 해도 됩니다. 그것이 나오면 "허허," 웃고 "하! 거기서 나온 거니까, 그놈이 그놈이로구나. 거기서 나온 거니까 거기서 너희들 해결해라." 하고 거기다 놓으면 되지, 거기에 끄달릴 필요가 없어. 여러분은 사람 된 그 마음, 좋고 나쁘고 나쁘고 좋고 이런 거를 아는 다스리는 마음이 그거하고 무슨 상관이 있습니까?

둘이 아닌 도리만 알면, 모두가 어떤 것이 속에서 나오더라도 '아하! 이것은 나를 둥글게 다스리기 위해서 정으로 치는구나! 이건 또 나를 다스리기 위해서 내 마음이 이심전심으로 돌아가서 저 사람의 마음으로 들어가 나를 치는구나! 참 감사하구나.' 하고 감사하게 거기 맡길 수 있을 겁니다. 그렇다면 남의 탓도 안 되고 증오도 없고 배신도 없고 미움도 없고 얼굴에서 웃음이 띠면서 감사함을 느끼고 얼마나 좋습니까? 자기의 주인공은 '착하고 착하구나! 너는 네가 나온 도를 알고 네가 행하는 도를 알고 네가 말하는 그 법을 아는구나.' 하고 이 우주 삼라대천세계에 그 마음들이 한마음으로 구성돼서 여러분 마음 속에 들고 나면서 여러분을 키울 수 있는 그런 자리가 되죠. 요것 버리고 조것 버리고 다 버린다면 뭐 남는 게 있어서 하나도 빠짐없이 그거를 정복하겠습니까? 더럽다고 버리고 미웁다고 버리고, 또 즐겁다고 들이고 이런다면은 하나도 없이 가질 수가 없지 않습니까? 그래서 하나도 빠짐없이 다 귀결돼서 넣고 보니까 나중에 그것을 하나도 버릴 게 없어서 다 나 아님이 없더라 할 때까지 우리가 공부해야 합니다.

요새 대구나 저 마산, 울산, 부산 할 것 없이 전부, 그래도 각 지원마다 신도님들이 몇십 명씩은 다 맛을 보고 가는데, 어느 때는 가서 그 맛본 것을 내가 점검을 한 번 하겠습니다마는, 닥쳐오는 모든 괴로움, 병고 또는 가난, 영계성, 유전성, 세균성 등 모든 것을 병으로 알지 말고 재료로 삼아서 거기 놓고 실험을 하면은 그게 체험이 돼요. 하나하나 체험이 되면 그때에 그 맛을 알고 들어간다면은 홀연히 내가 밝아지고, 홀연히 밝아지면 '아하! 이게 모두가 독불장군이 없구나. 회사에도 직원이 있으니 사장이 있고 사장이 있으니 직원이 있구나!' 하고 웃어지죠. 허허허.

바로 이것이 우리가 보는 대로 느껴지고 보는 대로 알아지고, 보는 대로 생각이 나면은 그냥 제도가 되는 것이고, 부모의 조상이 따로 있고 또는 부처님의 조상이 따로 있는 게 아니라 모두가 성도 한 성이요 바로 본도 하나라는 것이죠. 알고 보면은 부처님이 해골바가지에 큰 절을 하신 원인도 자기의 제자들을 가르치기 위해서였죠. 하나로 돌아가는 이치, 즉 윤회가 돼서 돌아가기 때문에, 모두가 내 부모 아님이 없고 내 자식 아님이 없고 내 형제 아님이 없는 도리를 가르치셨죠. 수억겁부터 이렇게 걸어오면서 돌아가면서, 구름이 모였다가 흩어지고 또 모이고 흩어지고 이렇게 반복되는 세월을 걸어왔다는 거를 그렇게 가르쳐주신 겁니다, 손수!

그렇건만도 부처님께서는 한 번도 행해본 예도 없고 한 번도 말해본 예도 없고, 한 번도 생각해본 예도 없다는 사실입니다. 왜 그랬을까요? 부처님께서는 말없이 그렇게 수없는 나날을 가르치셨습니다. 꽃을 한 송이 들어서 가르치셨고, 꽃을 들고 대중으로 들어가셔서 가르치셨고, 또는 다자탑(多子塔)의 한자리에서 반자리를 내놔줘서 가르치셨고, 관(棺)에서 두 발을 내놓으셔서 또 평발을 가르치셨다 이겁니다. 그 평발의 도리는 어떠한 것입니까? 발이 납작해서요? 발이 이렇게 뭉툭하게 평지가 돼서 평발이라고 한 건 아닐 테죠? 지구는 물론이고 우주 삼천대천세계도 별성도 모두 다 딛지 않은 데가 없습니다. 진드기 발 하나 이 땅에 딛지 않은 게 없어. 풀포기 하나도 지렁이 하나도, 이 땅을 딛지 않은 게 없으니 그 발을 하나도 빼놓지 않은 게 평발이다 이 소립니다.

뜻으로 알아야지 말귀만 듣고서는 그걸 반복해서 달달 외운다면, 그것은 허탕가는 길이죠. 나는 경전도 배우지 못했고 보지도 못했습니다마는, 나는 그러기 때문에 어느 한 큰스님한테 점검을 하러 수없이 다녔습니다. 지식이 많고 학식이 높고 위대하고 부자고 이래서만이 이 공부하는 거는 아닙니다. 누구나가 다 할 수 있는 겁니다. 그러니까 이 자리에서는 높고 낮고, 가난하고 부자고 이런 것도 바로 평등한 것입니다. 늙고 젊고도 없고 여자 남자도 없는데 여자 빼놓고 남자만 제일이라고, 비구만 제일이라고 해서 비구니를 우습게 안다면, 자기 나온 곳을 모를 거고 그러면 한 번 더 자궁 속을 들어갔다 나와야 알겠지요. 산하대지는 어머니의 젖줄과 같고 저 태양계는 아버지와 같아서, 하나도 빼놓지 않고 원기를 주고 기를 넣어주고 공기를 주어서 생명을 살리고 이렇게 하지 않습니까?

그래서 그 네 가지에 다 우리는 감사함을 느낄 줄 알아야 된다 이겁니다. 네 가지 중에 한 가지만 빠져도 이렇게 이거 (컵을 왼손으로 옮겨 드시며) 하나를 못 합니다. 사람이 없어도 안 되고, 불이 없어도 안 되고, 물이 없어도 안 되고, 흙이 없어도 안 되고, 바람이 없어도 안 되죠. 불·물·바람·흙·사람, 이것도 우주개공을 바로 이 한 그릇에 담아가지고 있다는 사실을 여러분은 잘 아셔야 할 겁니다.

어느 벌레 하나라도 나올 자격이 있으니까 나온 거지 자격없이 나온 건 없습니다. 여러분, 우리 생각엔 그 조끄마한 것이 딱정벌레니 뭐니 그런 벌레들을 보면 '저런 거 없어도 될 텐데…' 하겠지만, 그런 걸 여러분 몸속에도 가지고 있습니다. 그런 것이 있기 때문에 이 진리가 끝간 데 없이 지탱을 하는 겁니다. 그것이 진화되면서 자꾸자꾸, 별성도 자꾸 옷을 벗고 새옷을 입습니다. 이렇게 우리는 상대성 원리가 아닌 것이 없는 거를 배웁니다. 부처님께서는 상대성 원리를 하나로 해서 그 하나도 없다는 사실을 알라고 가르치셨습니다. 그래야 대장부 살림살이 이만하면 족하다고 할 수 있는 자유인이 되는 것입니다. 어느 누구라도, 누구라도 자유인이 될 수 있는 자격을 가지셨습니다.

내가 재차 말하지만 여러분 속에 있는 의식은 나쁘고 좋고 그런 거를 모릅니다. 그러기 때문에 두서없이 나옵니다. 그 의식에서는 망하든지 흥하든지, 좋게 보이든지 나쁘게 보이든지, 밉게 보이든지 뭐 이런 걸 모르고 두서없이 나오게 하는데, 다스리는 것은 나쁜 일을 하고 좋은 일을 하는 거를 알고 있는 인간의 마음이 다스려야 한다 이겁니다. 다스려서 그 중생들을 제도해야 한다. 그래서 바로 상구보리 하화중생이니라. 위로는 한마음을 갖고 아래로는 내 이 중생들을 제도하라. 내 중생을 제도하지 못하면 천백억화신이 화(化)하지 못해서, 털구멍을 통해서 나고 들면서 중생을 제도 못 하니까 그건 보살이 아니다 이거야. 아무리 '보살이다, 이름을 크게 가지고 있다, 부처의 이름을 크게 가지고 있다, 내가 공부를 이렇게 했으니깐 큰 도사다, 내가 이렇게 가지고 있으니까 큰스님이다.' 이거 전부 다 오산입니다. 그건 이름일 뿐입니다.

예전에 저 원주에 있을 때, 어느 동네에서 개가 아프고 소가 아프고 젖소가 아프고 뭐, 별소리가 다 옵니다. '돼지를 기르는데 그 돼지가 아파서 죽는다면, 우리는 살림을 다 망쳐버리고 애들을 기를 수가 없습니다.' 그럴 때, 만약에 내가 재주가 있어서가 아니라, 부처님이 그때 그 소리를 들었더라면 보살로 화해서 돼지 속으로 들어갔을 겁니다. 전부 돼지 속으로 들어가서 돼지가 되었을 때 부처라고 하겠습니까? 허허허. 사람 속에 들어갔을 때 부처라고 하겠습니까? 독사를 건지기 위해서 독사 속에 들어갔을 때 독사를 보고 부처라고 하겠습니까? 그러니까 개구리 하나 진드기 하나 안 돼보시는 게 없는 그 마음 자체의 그 무한량, 광대무변한 이 법을 어찌 말로 다하리까? 한 말씀 하신 겁니다.

그러니 내가 잘났다 네가 잘났다 이걸 떠나서, 모두 여러분은 기복으로 가지마세요. 바깥으로 찾아서는 안됩니다. 아무리 위대하다, 할지라도 바깥으로 찾는다면 부처님께서 '너는 내 고깃덩어리만 아는구나! 내 가죽만 아는구나! 내 뼈다귀만 아는구나! 내 골수를 모르는구나!' 하고선 눈을 감으실 겁니다, 아마. 모두 알아야 '저 형상은 내 형상이요, 저 몸은 내 몸이요', 이렇게 되는 거고 내 마음 내 생명과 둘이 아닌 게 되죠. 우리 법당에도 부처님을 모셨지만 다 알고 난 뒤에 부처님이 진짜 부처님으로 보일 수 있는 그때까지, 부처님으로 보이는 그 부처가 나하고 둘이 아니라는 그것까지 아셔야 합니다. 여러분은 남의 탓을 하지 마시고, 또 여기가 강당이 좁아서 비를 맞고 눈을 맞고 만약에 저 바깥에 한 시간, 두 시간을 섰다 할지라도 구도하는 자세로서 임한다면 아마 그렇게 원망은 안 할 겁니다. 남이 다 해놓은 거 자기가 먹기도 하지만 반면에 자기가 해서 또 남을 대접도 할 수 있는 그런 마음 자세를 가져야만이 되겠으니깐요.

여러분한테 내가 돈을 받고 내가 잘 살기 위해서, 잘 입기 위해서 이럭하는 건 아닙니다. 여러분이 해다주는 옷을 이렇게 입어서 이 대가를 반드시…. 여러분이 내 스승이자 바로 여러분이 부처며 법신이며 화신입니다.

저 산중에, 껌껌할 때나 또는 밝았을 때나 문패도 번지수도 없는 그 끝없는 길을 한번 걸어보자고 했을 때, 바로 돌부리를 차서 이 발톱이 빠졌을 때, 그때도 나는 감사하게 생각한 것이 그 돌도, 바로 돌부리를 차게 한 것도 바로 내 스승인 것을 알았기 때문입니다. '한자리인 것을 모르고 어딜 그렇게 돌아다니느냐.'는 거죠. 돌이 그러고 말을 하더군요. 허허허. 돌이 발톱을 빼놓고 하는 소리가요, '네 발이 그렇게 좋은 자리를 찾아다니는 그 발이라면, 한발은 못 돼. 그러니 발톱이 빠져도 싸지! 아니, 이 도량 전체가 한도량이건만 도량을 어디 가서 또 찾아?' 아, 그 돌이 나한테 그러고 반박을 하지 않습니까?

그래서 '허허, 이 돌이 바로 돌부처구나! 요만한 거 하나, 돌부처 아닌 게 없으니 그 돌부처 속에서 희한한 밝음이 나오고 돌부처 속에서 그 생수가 수없이 나오니 말이야. 끊어지지 않고 나오니 그것들을 먹고 악하면 악한 대로 독이 되고, 선하면 선한 대로 사람을 살리는 약물이 되니 그것 참 희한하구나!' 아, 그랬다고요. 그러니 어디 부처가 따로 있으며 어디라고 정해놓은 데에만 부처가 있습니까? 저 나무 한 그루 선 것도 부처입니다. 이제 그만 말할까요? 그만 말하고 여러분의 질문 한마디 들을까요? 내가 질문을 할까요?

질문자1(여) 좀 깨닫게 해주십시오.

큰스님 예?

질문자1(여) 좀 깨닫게 해주십시오. (대중 웃음)

큰스님 허허. 깨닫게 해달라고요? 좋지요. (대중 웃음) 깨닫게 해주는 건 좋은데, 모두가 스승 아닌 게 없으니 스승 찾아서 돌아다닐 생각하지 마세요. 내가 만약에 여러분 대신 밥을 먹어준다면 여러분 배도 불렀으면 좋겠는데, 아, 여러분은 굶어죽게 생겼어, 내가 다 먹으면. 그러니 밥을 해다가 여러분한테 상을 차려서 드리긴 하나, 먹는 건 여러분이 먹어야 배가 부를 것 아닙니까? 내가 어떻게 여러분의 도를 깨우쳐줍니까? 허허허.

그래, 질문 한마디 했죠? 여러분에게 내 이 말 한마디 할까요? "쥐가 고양이를 쫓습니까? 고양이가 쥐를 쫓는 겁니까?" 한마디 대답해보시렵니까? (잠시 기다리시다) 뭐라고 혼자만 중얼중얼 하십니까? (대중 웃음) 아, 되나 못 되나 대답들 좀 해보세요! 모두 도인들이 되어서 그냥 전부 그냥 부처들이 다 되었군요. 사실은 알고 보면 한마디도 할 게 없거든요.

질문자2(여) 스님 말씀 듣고 세 번 왔으나 못 만나뵈었습니다. 오늘 처음으로….

큰스님 실컷 보세요. (대중 웃음) 실컷 봐도요, 거죽만 보시지 마시고요. 이 고깃덩어린 아무리 봐도 흩어지면 송장이야. 그러니깐 보실려면 아주 진짜로 잘 보세요. 그래, 기껏 그 대답이에요? (대중 웃음) 그러니 '쥐가 고양이를 쫓고 고양이가 쥐를 쫓느냐?' 여러분이 잘 생각해보시면 아실 겁니다.

이 세상에는 누가 가르쳐줘서 아는 것도 아닙니다. 행복도 누가 갖다주는 것도 아니고 뺏아가는 것도 아닙니다. 우리가 자식을 기르고 부모를 모시고 살아나가는데, 부모가 돌아가셨다 하더라도 몸만 흩어졌다뿐이지 다시 태어나는데, 잘못해서 다른 모습으로 태어나게끔 하지 마세요. 여러분은 그저 한생각을 잘 하면은 위로는 부모의 묵은 빚도 갚을 수 있습니다. 아래로는 햇빛을 줄 수도 있고요. 그러니 뿌리를 찾아서 내 뿌리도 없다는 그 도리를 여러분은 꼭 증득해야 됩니다.

여러분한테 내가 한마디 물어봤을 때 여러분이 만약에 요런 (물컵을 들어 보이시고) 종지라면 나도 종지지 어떡합니까? 사람이 손을 폈다가 오그릴 줄 알고 오그렸다가 펼 줄을 알아야, 이것이 불제자요 바로 사람인 것입니다. 우리 인간이 살아나가는 데도 숨을 들이쉬고 내쉬고 이러는 것도, 어느 한쪽만 끊어져도 우리는 송장이 되는 것입니다.

그러기 때문에 사람 콧구멍은 내려뚫리고, 소 콧구멍은 치켜뚫려가지고선 바람 비 흙 먼지가 전부 날려서 꽉 막혀버렸대요. 사람은 비나 바람으로 인해서 먼지가 끼면은 그냥 탁 막힐 테니까 이걸 아래로 뚫어놨거든요. 그런데 소 콧구멍은 치켜뚫려가지곤 바람, 먼지, 비 그런게 들어가서 콱 막혀버렸다거든요. 그러니 왜 그렇게 소 콧구멍은 치켜뚫렸는지, 왜 사람의 콧구멍은 내려뚫렸는지, 그 이치를 여러분은 잘…, 또 거기에 매달려서 온통 그것만 붙잡고 걸리지 마시고요. 내 마음은 체가 없어서 걸릴 것도 없고 걸리지 않을 것도 없어요. 앞뒤 없는 그 피리 소리, 이 온 우주 삼천대천세계에 두루 하면서 요리를 한답니다. 그럼 이걸로써 마치겠습니다.

내가 못나서 남들처럼 뭐 주먹을 불끈 내밀고 뭐, 주장자를 들고 이러지 않습니다. 지금 만약에 주장자를 들고서 그렇게 때려봐요. 들어오면 때리고 나가면 때려봐요. 허허허. 지금은 정신으로 들어와도 때리고 나가도 때리고 정신력으로 주장자를 쥐어야지, 만약에 보이는 데서 그럭한다면 "왜 때리기만 해. 왜 들어오면 때리고 나가면 때려?' 이러고 그냥 죄 가버리니까, 불씨를 심을 수가 있어야죠.

질문자3(여) 포항에서 여기까지 스님 뵈려고….

큰스님 포항하고 여기하고 뭐가 다른 게 있습니까? 포항이나 부산이나 마산이나, 미국이나 서울이나 또 안양 바닥이나 멀고 가까운 게 없어요. 그거는 여러분 마음에 달려있고 여러분이 이 공부를 하려면 거리가 뭘 그렇게 대단합니까, 그게? 감사합니다, 하여튼. 이렇게 같이 도반으로서 한자리를 해주셔서 참 감사합니다.

영원한 생명의 근원을 찾아서

91년 8월 18일

여러분 저와 더불어 이 여름 나느라고 노고가 많으시겠습니다. 그러나 우리 마음공부하는 사람들에 한해서는 더웁고 추운 것을 놓으라고 부처님께선 항상 말씀하셨습니다. 그뿐이 아니라 높고 낮고, 크고 작고, 여자 남자, 동서남북 모두가 둘이 아니라고요. 우리가 이 공부 해 나가는 데는 여러 가지로 이끌어가는 사람들에 달려 있기도 하지만 따라오는 여러분의 마음에 달려 있기도 합니다. 물론 모두가 천차만별로 다릅니다.

우리가 살아나가는 걸 가만히 생각해 보면은 요즘 더 병고가 많으신 거 같고, 요사이는 병원에서도 고치지 못하는 게 많은가 하면, 차라리 사고가 나서 다리가 부러졌다거나 어디가 깨졌다거나 이러한 문제라면은 병원엘 아주 재껵 가야하겠지만 여러분이 조심해야 할 것은 병원에 가지 않아도 될 일을 가서 오히려 긁어 부스럼을 만들어놓는 일이죠. 아마 한두 건이 아닐 겁니다. 그래서 '병원에 아무리 가서 해 봤던들 어차피 죽을 거라면 구태여 몇 달 더 살면 뭘 하고 덜 살면 뭘 하나.' 하는 그 믿음으로써 자기 자신을, 자기 마음의 주인을, 투철히 믿고 거기에 맡겨놓는 데에 묘법이 있다고 봅니다.

그전에도 말씀드렸지만 살아나가는 데도 고통이 많은데, 병고에 휘달리고 또는 자녀들을 키우는 데 휘달리고 또는 먹고 살기 위해서 휘달리고 사람 살 길이 참, 얼마나 천차만별로 고가 많은지 모르겠습니다. 또 이름이 위대하고 돈이 많다고 해서 고가 없다는 말은 하지 마십시오. 그렇게 된다면 더욱더 큰 괴로움이 있는 집들이 허다 많습니다. 그러니 우리가 돈이 있고 없고를 떠나서 내 아집과 아상과 또는 욕심과 착 이런 거를 다 버리신다면, 그러고도 거기다가 놓고 거기에 맡겨서 모든 사람의 마음이 밝게 한마음의 등이 켜지게끔 한다면은, 자녀들도 이탈을 안 할 것이요, 지금 젊은 사람들이 내놓는 그 새싹들도 역시 뿌리가 튼튼하고 싱싱하게 자라날 것입니다.

마음 마음, 이 마음이라는 것이 얼마나 중요한지 모릅니다. 이 마음이 말입니다. 여러분이 마음 한생각 내서 악으로 가느냐 또는 마음 한생각 잘 해서 영생을 하느냐는 문제입니다. 지난번에도 애기했지만 여러분의 속에 들어 있는 그 입력된 사실과, 입력된 그 자리에 도청이 돼 있다는 그 사실과, 팔자 운명이라는 것은 그렇게 돼 있기 때문에 한 발짝도 벗어날 수 없다는 그 점을 여러분한테 아마 수차적으로 말씀드렸을 것입니다.

그래서 그걸 가지고 운명이니 팔자니 이렇게 말을 하는데, 여러분이 저질러놓고 "아이, 그건 운명이야. 죽는 것도 운명!" 이러죠. 그러나 그 운명이라는, 팔자라는 그 말이 말입니다. 어처구니 없이 여러분이 저질러놓고 당하는 것을 그냥 위안이라도 할 양으로 '그게 운명이야!' 하는 거지, 그 운명이라는 이름이 사람들한테 다 붙어있답니까? 누가 뺏아가는 것도 아니고 누가 갖다주는 것도 아닌데다가 우리의 마음으로써 구성해서 자유스럽게 살 수 있고 멋진 생활을 할 수 있는 그런 여러분인데 말입니다. 지난번에도 애기했죠. 지수화풍이 바탕으로 돼 있어서 광력이나 전력 · 자력 · 통신력이 바로 재료로 갖춰져 있고, 여러분이 능히 오신통(五神通)을 굴릴 수 있는 재료가 그렇게 돼 있다고요. 그거는 미리 말해서 여러분이 다 아시리라고 믿고요.

우리가 이 공부하는 것은 여러분이 지금 요 내 몸 안에서 이탈을 하고 또 내 가정에서 참 점프해서 나갈 수 있는, 그 감옥 아닌 감옥 속에서 벗어날 수 있는 그 마음이 중요하다는 것이지요. 물론 중요하다고 생각하고 지금 배우시지만, 이 마음 하나가 우주를 조절하고 이 세상을 조절하고 평화 문제 또는 남북통일 문제와 수많은 청소년들 문제를 조절하고, 정치하는 사람들과 과학자들을 조절해서 모든 사람들에게 이익하게, 마음의 등불을 켜준다면 우리는 모두를 건질 수 있는 그런 이치도 될 것입니다. 또 우리 조그마한 나라에도 아주 새 빛으로서 역력하게 역사를 이끌 수 있는 그 능력이 여러분 앞에 아마도 주어질 것입니다.

그럴 뿐만 아니라 여러분이 한 입 걸러 두 입 건너, 한생각에 바로, 여러분 한생각이 우주 법계에 직결돼 있다는 사실을 여러분은 아마 모르실 겁니다. 여러분이 아시는 것은 딴사람이 아무도 몰라도 우주간 법계에서는 다 알고 있습니다. 하다못해 풀 한 포기도 알고 있다는 사실을 여러분은 모르고 계십니다. 물론 아시는 분도 계시겠지만요.

우리가 지금 가만히 생각해보면은, 요즈음 인구가 너무 많이 팽창됨으로써 생기는 병들, 우리 마음들이 산란함으로써 그 혼백(魂魄), 즉 영(靈)이라고 한다면 보이지 않는 세균과 그 영계성이 너무도 많이 꽉 찼다고나 볼까요? 그럼으로써 알지 못하는 병 증세들이 많이 나타나고 있는 것 같습니다. 여러분의 집이 빈 까닭에 그저 빈집을 왔다 갔다, 들어갔다 나갔다 해도 모르는 상태이기 때문입니다. 그런데 이렇게 나간다면은, 우리 나라가 어떻게 되며 우리 가정이 어떻게 되며 앞으로 자라나는 새싹들은 어떻게 되며 우리 지구는 또 어떻게 될 것입니까? 여러분이 주인이 있어서 조절할 수 있는, 모든 것을 대처할 수 있는 능력을 갖추신다면, 여러분의 한생각에 우주 법계를 울릴 수도 있고 웃길 수도 있을 텐데 말입니다.

이걸 보통 우리 마음의 공부라고 가볍게 생각하지 마십시오. 내가 이런 말 한마디 할 때에 여러분이 미쳤다고 하거나 또는 옛날에 소크라테스나 달마대사 같은 사람들, 약사발을 안겨서 죽일 정도로 지금 그렇지는 않기 때문에 한마디 하겠는데, 우리가 이 공부가 중요하다는 그 점, 우리가 이 마음공부를 하는데 중요한 점은 우리 지구라는 혹성도 혹성이지만 이 세상의 모든 걸 조절해나가는 일, 세계평화도 바로 우리의 마음의 조절이라는 사실입니다.

지구의 수명도 우리의 마음에 달려있고, 당장 부딪치는 자원 문제 즉 말하자면 인구가 팽창됨으로써 우리 지구의 자원 문제도 해결할 수 있는 그런 능력이 여러분한테 달렸다고 봅니다. 그러나 그뿐입니까? 바로 인구 이 자체의 팽창도 여러분의 마음의 조절에 달려있다고 봅니다. 우주간 법계에서 모두 한마음으로써 직결되어 있기 때문에 그것을 우주간 법계라고 합니다.

그러면 불(佛)이라는 것은 무엇인가? 불이라는 것은 아주 그대로 영원히 변함 없이 흘러도는 이런 불덩어리에 비유할 수 있습니다. 영원한 그 자기의 자전할 수 있는 그 능력을 가진 불성(佛性), 그 불성이 바로 그러한 능력으로 충만하기에 우리 마음들이 자전하고 생각하면 그것이 바로 법계의 법바퀴가 되는 것이죠. 여러분 몸 안에서 벗어나서 법바퀴를, 우주 전체 법계를 두루 굴릴 수 있다면 여러분은 정말 이 세상을 창조하고도 남음이 있는, 과학자들이 할 수 없는, 그러나 여러분이 다 할 수 있는 그런 능력자들이 되실 겁니다. 물론 과학자도 무시할 수는 없겠죠.

그것은 부처님 당시에 말씀해놓으신 거나 지금 우리가 하고 가는 거나 증명해줄 수 있는 여건은 됩니다. 그러면 우리가 이 공부를 해서 무엇에 쓸 것인가? 여러분이 가정을 이루고 사회를 이루고 또는 나라를 이뤄서 정치도 하시고 이 모두를 하고 가시는데, 나한테 주어진 여건이 있어야만이 용기가 나고 또는 내가 할 수 있는 마음의 여건이 충만하게 드는 겁니다. 아무것도 할 일이 없다고 생각할 때에는 아예 그냥 여건이 주어지지 않죠. 그러고 힘도 빠집니다. 그런 거와 같이 우리가 지금 마음공부를 해서 무엇에 쓸 것인가?

첫째는 나로부터 상구보리(上求菩提) 하화중생(下化衆生)의 실천을 즉 내 몸속에 있는 그 의식, 마음들을 한마음으로 뭉쳐서 요리할 것. 둘째, 그 요리를 한다면 바깥으로 남을 이익하게 전부 조절할 것. 셋째, 우리가 그 마음이 충만하다면 어떠한 것이든지, 이 세상에 나타나는 모든 여건들이 모두가 내가 돼서, 즉 가고 옴이 없이 나툼으로써 바로 내가 되어서 그것을 내가 조절할 수 있는 여건이 되기 때문에 세계평화도 가져올 수 있는 것입니다. 그러한 여건과 더불어 이 우주의 근본이 마음이라고 그랬는데 마음공부를 하게 되면 우주도 조절할 수가 있죠. 우리 지구에만 생명이 살고 있다는 거는 거짓말입니다.

여러분이 열심히 이 마음공부하는 것은 우주 삼천대천세계를 꿰뚫어보고 조절하기 위해서라고 해도 과언이 아니죠. 꿰뚫어본다 해도 부처님께선 그걸 도가 아니라고 그랬거든요. 왜냐하면 보기만 하면 뭘 합니까? 내가 실질적으로 행하지 못하는데. 내가 집어먹을 수 있고 내가 조절할 수 있어야만이 그것이 도지, 어찌 보기만 하는데 도라고 하겠느냐는 얘깁니다. 가고 올 수 있어도 도가 아니니라. 또는 남의 속을 빤히 안다 하더라도 그것은 안다고 말할 건덕지도 못 되느니라. 즉 과거에 어디서 왔는지 그것을 안다 하더라도 그것은 안다고 말할 수 있는 건덕지가 못 된다는 얘기죠.

그래서 우리는 그대로 묵묵히 걸어가면서 한 발 한 발 실천을 하는 데에 게으름이 없어야 합니다. 그야말로 물러서지 않는 마음으로써, 아집을 갖지 않는 마음으로써, 또 관습을 갖지 않음으로써, 우린 통털어 내놓고 실오라기 하나 걸치지 않는 그런 마음으로 실천을 해야죠, 첫째. 그것이 역시 내가 아님이 없는, 내 발 아님이 없는 평발이라는 그 사실을 여러분이 들어서도 아시겠죠. 발이 밋밋하고 평등해서 평발이 아니라 이 세상에 어느 벌레의 발 하나라도 내 발 아님이 없기 때문에 평발이라고 했겠죠.

여러분은 '이 마음공부를 해서 어디 써먹을 것인가?' 또는 '그 마음공부가 도대체 무엇인가?' 이렇게 생각하실지도 모르고, '아이구, 그저 왔다 갔다 하다가 병이나 나으면 고만이지.' 이런 정도로만 공부를 하신다면, 병 자체도 못 고치거니와 여러분 몸뚱이 속에 있는 중생들도 제도 못 할 것입니다. 그전에도 얘기했지만 과학이다 뭐다 하지마는 원자에서 그렇게 입자가 많아서 분자로 화(化)해서 수없이 대기권을 지키고 나가는 그 소임을 다하고 있다는 거 여러분은 잘 아실 겁니다.

모르시더라도 잘 생각해두십시오. 모르는 게 약이라고 하지만, 어떤 때는 모르는 게 약이지만 그건 설 알아서 그렇습니다. 진짜 안다면 아는 것이 약이지 어째 모르는 것이 약이겠습니까? 때에 따라서는 알아도 모르는 척하는 게 약이겠죠. 알고 모르는 척하는 것은 좋습니다. 그러나 모르고 모르는 것은 자기가 모르기 때문에 팔자 운명을 자초하는 것이죠. 죄가 있다면 모르는 게 죄지, 죄는 없습니다. 붙을 자리도 없고 운명도 팔자도 붙을 자리 없습니다. 이거 엉터리로 주워모아서 막말을 한다고 해서 여러분이 체계를 세우지 않고 마음에 두지 않는다면 안 됩니다.

그래서 마음공부라는 것이 이렇게 값비싼 건 줄 몰랐다 하는 생각을 가져보십시오. 마음공부라는 것은 우리 마음이 물리가 터져서 우주간 법계와 더불어 개미 한 마리도 따로 없이 돌아간다면 그야말로 어마어마한 것입니다. 여러분은 이 마음이 얼마나 기묘하고 보배인지 잘 모르실 겁니다. 지금 보십시오. 별성이 얼마나 많은가. 헤아릴 수 없지 않습니까? 우리 인구는 참, 나라마다 조절할 수 있고 '몇이냐? 몇 억이냐?' 이렇게 말할 수 있겠지만, 지금 별성이나 혹성이 얼마나 많은지는 헤아릴 수도 없을 것입니다. 그런데 지금 우리 관내에 있는 혹성만 하더라도 지금 아홉 개니 열 개니 이렇게 따로 태양을 끼고 돌아간다고 합니다.

그런데 지금 지구에만 이렇게 생명이 살고 움죽거린다는 건 아닙니다. 여러분 잘 아셔야 됩니다. 내가 6·25때 나이 젊었을 때 얘깁니다. 6·25때 접시비행기를 봤습니다. 그때는 여기서도 봤다 저기서도 봤다 야단들이었습니다. 여기서 저기 내려다보이는, 저 아래 내려다보이는 데까지 앉은 걸 봤습니다. 여자로 보이는데 여자 하나를 듬뿍 안더니만 그리로 태우고선, 그 양쪽에 모두 고슴도치 같은 것도 있습디다. 얼마 크지도 않은 것이 밑으로다가 철컥 뭐가 내려오니까 그냥 그리로 머리만 이렇게 수그리니까 그냥 올라가고 있어요. 그런 거를 똑똑히 저 아래 틈에서 봤거든요.

그래도 나는 그때는 그 생각을 못 하고, '아휴! 지금 싸움이 벌어졌으니 저런 비행기도 있구나!' 이렇게 생각했죠. 그때는 영 몰랐습니다. 그러곤 그냥 가깝게 얕이 떠서 그냥, 반딱반딱하면서 자유자재하는데 '야! 저런 비행기가 있으니 우리가 질 수밖에!' 이렇게 생각했죠. 그런데 그게 아니란 말입니다. 그 후에 생각을 해보니까. 그러니 여러분, 우리 지구에만 사람이 산다고는 절대 못 합니다. 그러고 뜨거워서 생명이 없고 차서 생명이 없고 그런 것은 아닙니다.

또 한 가지 얘기는 우리가 마음공부를 해서 어디다 쓸 것이냐 하시지마는 우리 불종(佛種)을, 참 '선의 불종' 이 자체는 이 '악의 불종'의 무리를 없애기 위함이요, 또는 '악의 불종'을 없앰으로써 우리 각 금성이나 저, 토성 같은 데도 생명의 존재가 살 수 있게, 움죽거릴 수 있다는 사실입니다. 여러분은 그렇게 중요시 안 하는데 이 마음이라는 것이 그렇게, 인간의 마음이라는 것은 넓히면 크고 좁히면 작고, 고무줄 인생이라고 하죠, 그래서. 이 고무줄 같은 마음을 좀더 우리가 계발해서, 정신계로 발전을 해서 계발을 한다면, 우리가 지금 그러한 문제들도 잘 해결할 수 있을 텐데 이 '악의 종'에, '선의 종'이 딱 거기에 입력이 된다면, 그것이 스스로서 착해지고 그 모습을 아주 밝게, 자력과 광력이 여러분에게 충만할 것이라는 얘깁니다. 믿어지지 않으시죠? 믿어지지 않아도 앞으로 믿어지게끔 될 겁니다. 아마도 이것이 증명되려면 한 백년 거리는 두어야죠.

그러나 그 작업이 뭐가 문제냐 하면 악종, 잠들어 있는 악종을 우리가 바로 선종으로 깨닫게 해줘야만이 그것을, 말하자면 모든 얼은 조건이나 뜨거운 조건을 해소할 수 있는 것입니다. 과학적으로는 이것이 증명도 안 되거니와 그러나 이건 엄청난 문제라고 봅니다. 이건 자동적인 끝간 데 없는 진리 속에서 우리가 회합을 하고 모두의 마음이 같이 동조하고 같이 이룩해야 한다는 문제를 실천해야 하기 때문이죠. 우리가 이런 공부를 많이 해야 첫째 마음과 마음이 통해서 절대로 죽지 않습니다. 나쁘게 될 일이 없죠.

그때에 접시비행기를 볼 때, 그때는 몰랐는데 그후에 생각을 하니까 '아- 저런 사람은, 저런 비행기를 움죽거리는 사람들은 너무 에너지가 많아서 우리들이 범접을 못 하게끔 돼 있다.' 이런 생각도 들었습니다. 우리는 지금 인구가 많아지는 반면에 자원이 부족해지고 능력이 손상되고, 정신을 뺏기고 이러는 수가 많습니다. 혼을 뺏기는 수도 많고요. 여러분의 집에 만약에 집주인이 없다면 여러분은 다른 세계에 혼을 악으로 뺏길 수도 있죠. 선은 뺏아가고 뺏아오고 하는 것은 없이 여러분에게 성능을 더 넣어주려고 애를 쓰지만은, 악으로써 넣어주는 것은 바로 여러분의 혼을 뺏기 때문입니다. 악으로써 존재한다면 이 세계는 어떻게 되며 지구는 어떻게 되겠습니까? 그러고 또 태양은 어떻게 되겠습니까? 또 태양이 끼고 돌 수 있는 그 별성들은, 그 생명들은 어떡하겠습니까? 우리의 생명과 똑같습니다. 수명이 길고 짧을 뿐이지.

그러니 여러분의 그 마음 존재라는 것이 얼마나 귀중하고 소중한지 모릅니다. 그러니 자신의 그 한마음 주인공을 절대로 무시해서는 안 됩니다. 그러면 지금 현실에 병고를 앓고 있는 사람마저도 해롭습니다. 가난한 사람도 해롭고, 어떠한 요건에 대해서든가 용도에 따라서 거기에 모든 게 달려있으니깐요. 여러분 마음이 그렇게 귀중하다는 거죠.

서산대사는 왜 날아가는 새를 떨어뜨렸겠습니까? 괜히 새를 죽이려고 그랬겠습니까? 아니죠. 공부시키느라고 학인들을 위해서 떨어뜨리기도 하고 계란도 거꾸로 쌓기도 하고 그랬겠죠. 그러나 지금 시대는 또 다릅니다. 우리는 보이는 데 계란을 쌓고, 보이는 데 떨어뜨리는 게 문제가 아니라 한생각에 지금 우주를 한꺼번에 보고 돌아가야 하는 그런 시대가 오는 것입니다.

한쪽만 봐서도 아니 되죠. 우주복을 입고 지금 화성에도 가고, 달에도 가고, 많은 과학자들이 선동을 해서 그렇게 가곤 했습니다. 인공위성을 띄워서 그렇게 모든 것을 다 쓰고 다녔지마는, 그것은 우리들의 마음이 없다면 아무것도 없습니다. 그게 전부 마음에서 나온 겁니다. 그런가 하면 그것이 바로 보이지 않는 데 50%를 모르기 때문에, 보이지 않는 데 마음들하고 접근이 되지 않기 때문에 발견이 되지 않는 것이죠. 또 한쪽에만 가 봐서 아는 것이 아닙니다. 우리 지구에도 만약에 저 북극이나 남극에 침투했다고 봅시다. 사람이 살아있다고, 산다고, 생명들이 살 수 있다고 생각하겠습니까? 우리 지구 안에도 모르는 일이 너무 많습니다. 북극을 따라서 해안을 좇아서 섬이나 이런 데는 우리가 모르는 그런 문제들도 아주 많이 있습니다.

여러분이 공부를 한다면서 요가를 한다 또 나는 명상을 한다, 또 단전을 한다 이러지만은 그것은 여러분의 몸 떨어지면 다 떨어지는데 뭐가 끝간 데 없이 남겠습니까? 내가 끝간 데 없는 도리를 체득한 뒤에야 요가는 요가대로, 좌선은 좌선대로, 명상은 명상대로 내가 섰으려면 섰고 앉았으려면 앉았는 거지 그게 무슨 이름이 주어졌고 이름이 박혀 있습니까? 이 몸이라는 건 사대(四大)로 흩어지면 그뿐이지만, 이 마음이라는 것은 그렇게 영원한 것입니다.

후일에 내가 만약에 아니, 나 말고라도 말입니다. 역대 조사들이 사대가 흩어졌다고 해서 없는 것이 아닙니다. 부처님 역시도 그렇고요.

요 우물 안에서만 보지 마시고 바다로 나갑시다. 바다에 얼마나 생명들이 많은가? 바다에 파도가 치는 것도 '물 밑에, 태양열이 들어가지 않는 깊은 데 있는 생명들을 건지기 위해서 파도가 치고 소용돌이를 친다.' 이런 거 한번 생각해보셨습니까? '얼음이 언다.' 하는 것도 더운 김과 찬 김을 조절하기 위해서 우리의 생명을 살리기 위한 바로 도전이다, 그리고 작업이다. 이런다면 그 얼음 하나도, 파도 하나도 버릴 게 없는 거죠.

차차로 여러분이 이 공부를 소중히 알고 열심히 하신다면 과학자들이 해결 못 하는 것도 여러분 스스로서 해결하게, 아마 그 마음이 응해주실 겁니다. 가고 옴이 없이 말입니다. 하는 사이 없이 하고, 보는 사이 없이 보고, 듣는 사이 없이 듣고, 자유자재권을 한 손에 쥐고 중용을 할 수 있는 여러분이 되실 겁니다.

옛날 얘기 하나 할까요. 여러분이 다 아시는 겁니다. 아주 너무 잘 아시는 겁니다. 선사들에게 있었던 얘기니깐요. 그런데 여러분이 아시기는 다 아시는데 행이 없다면 그건 아나마나 아닙니까? 행이 문제지 말이 문제고 아는 게 문제가 아닙니다.

어느 때에 이렇게, 아마 중국에서는 공부를 하는데 학인들이 너무 많았던 모양입니다. 그래서 동당이니 서당이니 하고 만들어놓고 공부를 했는데, 어느 날은 남전(南泉)스님이 왁자지끌해서 내다보니까 아, 동당 고양이다 서당 고양이다 하고 싸움이 붙어가지곤 온통 학인들이 야단법석이 났거든요. 그래서 남전스님이 가만히 보다가 하도 괴이하고 그 공부하는 것들이 정말 너무 기가 막혔죠.

그래서 보다 못해 고양이를 가서 덥석 집었습니다. 덥석 집어들고서 "너희들이 한마디 한다면 이게 두 동강 나지 않을 것이고, 한마디도 대답을 못 한다면 두 동강이가 날 것이니라." 이렇게 말을 했거든요. 그랬는데 그냥 쥐 죽은 듯이 한마디도 대답을 못 했답니다. 이걸 어떡합니까? 남전스님은 약속은 해놓고 그거를 행하지 않으면 뭔 꼴이 됩니까? 그래서 삽시간에 그냥 두 동강이를 냈죠. 그랬는데 외출했던 조주(趙州)스님이 저녁에 들어오니까 남전스님이 낮에 있었던 얘기를 했습니다. 그러니 조주스님은 또 아무 소리 없이 그냥 신발 한 짝만 머리 위에다 얹고는 획 나가버렸습니다. 그러니 어떻게 됐겠습니까?

그런데 요컨대 이런 게 있습니다. 고양이를 죽인 것이 옳겠습니까, 살려둬야 옳겠습니까? 하는 것이 첫째 관문이요. 그럼 그 얘기를 했는데 왜 신발 한 짝을 머리 위에 이고선 획 나가버렸느냐는 그게 둘째 관문이요. 셋째는 이 세상 사람들은 다 '살생하지 마라, 살생하지 마라.' 하고 아주 첫귀절에 그랬는데 어떻게 해서 남전스님은 고양이를 삽시간에 그냥 살생을 해버렸느냐? 그것은 무슨 까닭이냐? 라는 관문입니다. 여러분은 어떻게 생각하십니까? 첫째, 둘째, 셋째 말입니다. 말은 함이 없이 대답해야 하는 문제가 있어야 하겠고, 흉내를 내서는 절대 안 되고, 내 마음에서 그냥 우러져 나온다면은 함이 없이 하고 작용으로써 대답을 할 수도 있는 것이고, 그런데 모르고서 남이, 전자에 종사들이 그렇게 대답을 했다고 해서 덩달아 따라서 그것을 했다면, 그거는 큰 업보가 될 것입니다.

그러기 때문에 그 남이 모르는데 하나 훔쳤다고 해서 뭐 알겠느냐 이러겠지만, 이거는 콤퓨타에 입력이 그냥 되는 겁니다. 여러분이 아시는 거 그냥 되는 겁니다. 그러기 때문에 도청이 되고, 한 발짝도 벗어날 수가 없고, 입력이 돼서 그냥 고대로 나오는 거죠. 판사가 어딨습니까? 자기 속에 판사를 가지고 있는데요. 모든 일체가 다 한마음으로 돌아가니, 부처와 중생이 둘이 아니게 공생(共生)으로 돌아가고 공용(共用)으로 돌아가고 공체(共體)로 돌아가고 공식(共食)하고 돌아가는데 뭐가 어디 딴 데 있겠습니까? 아는 걸로만 알아서 아니 됩니다.

우리가 마음이라는 참 보배로운 이 마음을 어떻게 써야만이 우리 나라의 청소년 문제나 정신병자들 문제나 이런 것들을 어떻게 해소시킬 수 있을까? 이 공부 아니면은 해소시킬 수가 없습니다. 의사가 천분이 오셔도 그건 해결 못 합니다. 과거도 현실이고, 어저께도 과거니깐요. 남을 우습게 알고, 남의 생명을 우습게 알고 죽이거나, 죽여서 그저 내 살 궁리만 하고 남을 해롭게 하는 마음을 내고, 이러한 문제들을 갖는다면 내 앞에 닥친 것을, 닥쳐오는 것을 어떻게 막습니까? 그래서 이 공부를 하라고 한 거고, 거기서 물러서지 말고 두려워하지 말라고 했습니다. 왜 두려워하지 말래느냐? 이거는 컴컴하기만 해도, 컴컴해서 저 산 속에만 들어가도 벌벌벌벌 떠는데 아니, 한 번 죽지 두 번 죽습니까? 이판사판이지, 그깟놈의 거. 이렇게 사나 저렇게 사나 한 번 살다 가기는 마찬가지인데 뭐이 그렇게 두려운 게 있겠습니까?

나는 그전에 그랬죠. 어려서 그 참 많은 세월을 부모를 떠나서 살았습니다. 일제 시대의 일입니다, 딴 집에서 일을 하다가 어느 날 집을 가니까 건빵을 갖다가 우거지를 좀 썰어놓고선 물은 흥덩그러하게 붓고는 솥에다 끓이는 걸 봤습니다. 그런데 그거를 한 그릇씩 끓여도 내 몫이 올 것 같지 않았습니다. 그러니 만약에 내가 먹는다면 어머니는 굶게끔 되어 있어요. 어머니밖에는 굶을 사람이 없거든, 속으로 생각하기를. 그래서 '나는 저기서 먹고 지금 바삐 들어가야 한다.'고 하면서 되돌아 갔어요. 그 집에서는 배불리 먹고 산다고…. 가다가 고만 하루 종일 굶고 온지라, 너무 배가 고프니깐 길에서 쓰러졌죠. 쓰러지다 보니까 어느 사람이 날 부축을 해서 그 움막집으로, 정말 부엌에는 거적을 해놓은 그런 집으로 가더니만 물에다 간장을 타서 한 사발을 주더군요. 그거를 먹고선 정신을 차렸습니다. 그래서 이런 생각을 하죠. 자기가 경험 안 해보면 모릅니다, 그 아픔과 그 모두를.

여러분 지금은 먹을 게 많아서 버리기도 하고 그러죠? 허허허. 먹을 게 많으니까 상하는 것도 있고요. 맛없는 것도 많겠죠. 그때엔 정말 무우청 하나를 생으로 씹어 먹어도 맛있었으니깐요. 사람의 입이라는 건 그렇게 이를 데 없이 간사한 게 참 기가 막힌 일이 많습니다. '먹고 살기만 하면 됐지, 뭐이 그렇게 맛을 찾느냐?' 하는 생각도 어떤 때는 듭니다. 그런 생각만 하면 가슴 속에서 눈물이 이렇게 머금어 올라옵니다. 사람은 누구나가 다 자기 재량대로 살겠지만, 그렇게 못나떨어져서 그렇게 못나게 살았죠. 그러나 못났다고 해서 남의 거 훔치거나 더 먹으려고 하진 않았어요. 그런 사람들이 나와 같이 불쌍하기 때문에, 항상 어떡하면 남의 눈에 띄지 않게 도울 수 있을까 하는 생각뿐이었죠.

옛날에 중국에서 길을 떠나 인도로 공부하러 갈 때 소금 한 웅큼을 허리에다 차야만 갔답니다. 그런데 그렇게 소금 한 웅큼씩 차고 가도 삼십 명이 가면 한 명 남을까 말까 했답니다. 그게 이해가 됩니다. 그때는 그 말을 듣고 너무도 울었습니다. 전자의 종사(宗師)들이, 전자의 그 스님네들이 얼마나 고생을 했던가? 그 스님네들이 얼마나 가엾게도 그렇게 쓰러져갔을까 하는 생각에서 엉엉 울기도 많이 울었습니다.

그런데 하루는 이런 문제가 생겼죠. 요런 옹달샘에 너무 배가 고파서 그때도, 배가 고픈 건 왜 그렇게 모두 많았는지 모릅니다. 우리 시대에는 그렇게 됐었습니다. 이해해주세요. 그 물을 떠먹으려고 이렇게 들여다보니까, 내 모습으로 보이는 게 아니라 어떤 마구니, 그냥 보잘것 없는 게 비쳤습니다. 내 마음은 그렇지 않은데 내 모습이 그랬던 모양입니다.

'이 모습이 왜 이렇게 험한가?' 하고선 생각을 하는 찰나에 말입니다. '그 또한 부처니라.' 이런단 말입니다. '그 또한 부처니라. 부처는 부처님으로다가 조성이 돼서 잘 꾸며놓은 그 부처가 부처가 아니고 그 속에 진짜 부처가 또 있느니라. 그러니 부처는 중생을 건지기 위해서 마구니 소굴도 들어가고, 오간지옥도 들어가고, 남의 집 며느리로도 되고, 남의 집 남편으로도 되고, 동생으로도 되고, 아들로도 되고, 개구리도 되고, 짐승도 되고, 돼지도 되고, 개도 되느니라. 그러니 어떤 것이 될 때 부처라고 하겠느냐? 그렇게 소중한 것이 바로 이 세상에 둘도 없고, 둘도 없는 그것이 바로 그 보배이니라.' 이렇게 말씀을 듣고서 나는 거기에서 참 여러분이 지금 아리송하듯이 '야! 어떻게 그렇게 이게 됐다 저게 됐다, 이것이 됐다 저것이 됐다 할 수 있는가.' 하는 생각에 빠져들었습니다. 물 먹는 것도 잊어버리곤 그냥 거기 앉아서 빠져들었죠. 그랬던 일도 있었습니다.

그러니 여러분이 지금 세 가지의 관문 그 자체가 바로 여러분이 공부할 수 있는 그런 계기를 만드는데 예전의 선종들도 아마 그렇게 해서 익었나 안 익었나 두들겨봤는데 한 사람도 익은 게 없더라는 얘기였죠.

바다 깊은 물
얼은 것도 파도도 관계 없이
도도히 흘러도니
청산의 푸른 잎 낙엽졌다 말없이
돌부처 도리천에 연꽃 머리 위에 얹어
끝간 데 없이 걸어 도누나.
검은 구름 활짝 밝아지니
그 모두가 밝고 밝았노라.

이렇게 말할 수 있겠죠. (오른손 주먹으로 법상을 세 번 치심)

그러나 이렇게 말해도 모르시죠. 그것은 여러분이 스스로 이것이 (가슴을 짚어 보이시고) 돼야 될 것입니다. 이것은 말일 뿐입니다. 진짜는 그냥 우리가 목마르면 마실 수 있고, 눕고 싶으면 눕고, 이 세상의 모든 것을 잘 소화시킬 수 있어야 똥을 잘 눈다고 봅니다. 그러니까 '똥누고 싶으면 똥누고' 이 소리가 바로 이 세상의 모든 것을 다 걸림없이 소화시키는 거를 뜻합니다. 그럼, 오늘 이걸로써 마치겠습니다.

마음의 교차로

91년 9월 15일

여러분과 같이 이렇게 항상 공용(共用)하고 공체(共體)로서 돌아가건만 한 달 전이 아주 먼 것 같습니다. 오늘 이 자리에 같이 앉아 있는 이 인연으로 인해서 여러분이 여러분의 마음을 비워서 그 에너지의 광력을 이루셨으면 합니다. 우리가 항상 혹성이 다르고, 태양이 다르고, 별성이 다르고, 사람이 다르다고 생각하시는 분들이 많으리라고 생각합니다. 그러나 우리 인간과 태양계와 동시에 같다는 점, 우리가 마음공부를 해서 그 도리를 아신다면 일초도 틀리지 않는다는 점을 아셔야 합니다. 그래서 간단히나마 그 틀리지 않는 법을 말씀해드릴까 합니다.

우리 인간이 어려서 태어나면은 아무것도 모르는 게 아니라, 속에 있는 참자기는 늙으나 젊으나 마찬가지로 알고 있습니다. 하지만 현실의 자기가 모르니까 몸은 커지고 중년기에 이르러서 그 대책을 강구하죠. 그런 거와 같이 억만년 전이나 지금이나 질량은 똑같습니다. 그건 과거에 몸이 비대했든 적었든 불성(佛性)은 다 똑같다는 뜻입니다.

그래서 이 태양의 몸도 수만 배로 비대해진 동시에 중심이 가벼워서 타지도 않고, 차디찬 가스덩어리의 중심 중력으로 인해서 바깥에 있는 모든 것이 점점 내부로 뭉쳐 점차 작게 됨과 동시에 천칠백만(千

七百萬) 도나 올라가 모두 원자로 바꿨다가, 즉 말하자면 원자로 바뀌어 나누어졌다가 오천만(五千萬) 도에 오르게 되면 원자핵은 전자로 분해가 되는데, 원자핵이 고온으로 되어 고온 속에서 작용을 함으로써 결합이 되고 가벼운 원자핵에서 무거운 원자핵으로 바꾸어진다는 뜻이죠. 즉 말하자면 전자와 전자가 융합이 돼서 한데 합쳐서 작용이 되면 두 분자는 바로 제 질량이 없어지고 에너지 덩어리가 되어서 광자를 이룬다는 뜻입니다. 이 뜻을 가만히 볼 때, 나는 용어를 잘 모릅니다마는 용어가 틀렸다면 잘 이해해서 들으십시오.

아까 얘기한 거와 마찬가지로 사람도 역시 몸이 비대해서 커지면 중력을 이루고 중심이 가벼워집니다. 그러나 마음은 타지 못합니다. 타지는 않으나 없는 것은 아닙니다. 그래서 찬 가스덩어리 그 중심에서 중력으로 인해서 바깥쪽이 점차 작아진다는 것은 어떻게 생각하면 모든 바깥에 있는 그 자체를 안으로 뭉치는 작용을 합니다. 또 아까 천칠백만 도가 오른다고 한 것은, 내는 작용에 의해서 나누어지는, 즉 활궁법(活宮法)에 의해서, 여러분이 한마음 가지고 한 가지를 하는 게 아니라 여러 가지 하시죠. 한마음 속에서 아마 헤아릴 수 없이 여러 가지를 할 것입니다. 그런 거와 같이 천칠백만(千七百萬) 도가 올라 모두 원자로 나누어진다, 이것은 바깥으로 내는 작용입니다. 바깥으로 내는 작용에, 거기에다 나누어진 데다가 또 오천만(五千萬) 도가 오르면 전자로 분해가 됩니다.

이것은 예를 들어서 용광로에다가 헌 쇠를 다 넣었더니 새 걸로다가 생산이 돼서 나온 거나 마찬가지죠. 그렇게 해서 분해가 되니까 원자핵은 평등화되는 겁니다, 고온이 되고. 평등화가 돼서 평등한 그 자체 속에서 작용을 하니까, 이 모든 양면이 다 질량이 없어지고, 즉 말하자면 서산대사(西山大師)가 문지방을 짚고서 "내가 나가겠느냐? 들어가겠느냐?" 했던 것처럼 질량은 다 없어지고 자기가 나가고 싶으면 나가고, 들어오고 싶으면 들어온다 하는 것도 용도에 따라서 나가겠죠? 그러니까 모두가 상대성 원리라고도 볼 수 있죠.

그러나 그 상대성이 합쳐서 융합이 돼서 반작용을 할 때에 비로소 그 에너지만 나온다는 얘기죠. 그 에너지가 나오게 되니까 광자를 이룬다. 우리가 크게 물리가 터졌다 이런 거나 마찬가지입니다. 그러니깐 다시 말해서 전자 전자 이렇게 말하면 양자죠. 전자와 전자가 한데 합쳐지면 양자가 되죠. 그 양자가 융합이 돼서 바로 반응작용을 할 때에 두 입자의 질량은 다 없어지고 에너지 덩어리가 광자를 이룬다 이런 겁니다. 지금 용어로 그렇게들 말들을 하니까 그렇게 말을 하는 거죠.

그와 같이 인간도 역시 들이고 내는 모든 것을 자기로 인해서 들이고 내는 거지 딴사람으로 인해서 들이고 내는 게 아닙니다. 그러면 우리가 숨을 내쉬고 들이쉬고 하는 작용도 우리가 살기 위해서 그러는 거 아닙니까? 그 작용이 없다면 송장이죠. 그럼으로써 그 작용에 따라서 이 활동도 바로 그 작용을 하는 겁니다. 여러 가지 고정됨이 없이 들이고 내는 거, 고정된 것이 하나도 없어요, 들이고 내는 데. 이게 됐다 저게 됐다, 몸은 똑같은데 아버지가 됐다가 아들이 됐다가, 형이 됐다가 동생이 됐다가, 사위가 됐다가 남편이 됐다 이렇게 분주하게 돌아가죠. 이렇게 돼서 돌아가는 반면에 '일체는 모두가 공(空)했다.' 그런 얘기가 나온 겁니다. 색(色)이 공이요 공이 색이니라. 둘이 다 따로따로 있는 게 아니니라.

그렇게 돌아가다보니까 네가 잘못하고 네가 잘하고, 아까 전자와 전자가 양면이 반응작용을 한다고 그랬죠. 사람도 그렇게 놓고 맡기고, 작용을 한다면 그게 바로 함이 없이 하는 것이 됩니다. 매사 거를 다 놓으라니까 '그렇게 놓으면은 난 어떻게 삽니까?' 이러거든요. 사는 거나 죽는 거나, 하는 거나 보는 거나, 말하는 거나 행동하는 거, 일일이 작용하는 것이 전부 하나에서 나오는 겁니다. 그런데 그 하나에서 나오는 작용이 둘에서 나오는 게 아니라 나 하나에서부터 나오기 때문에 내가 이 세상에 있으니까, 생겨났으니까 나부터 알아야 된다. 믿음도 나부터 믿어야 된다. 나부터 발견해야 된다. 발견했으면 그 작용이 바로 나한테서 나오는 거다. 그 작용이 나한테서 나온다면은 일체가 다 내 주인공한테서 나오는 거다라고 하는 것이죠.

이 몸뚱이는 주인의 시자일 뿐이다, 종일 뿐이다. 그렇다면 나한테 상관이 뭐 있겠습니까? 종이 주인의 말을 잘 듣고, 주인의 의사에 따라서 하는 것이 그대로 법 아닙니까? 주인의 생각이 따로 있고 여러분의 생각이 따로 있다고 하지 마십시오. 이사를 갈 텐데 어디 가서 뭘 봐야 되고 이러는 게 없이, 내가 있는 게 그냥 법이니까 내가 생각하는 것도 그냥 법입니다. 그래서 내가 가는 날을 내가 정하는 거지 누가 정해주는 게 아닙니다. 그거 한마디로서 표현을 하는 겁니다, 모든 것에. 그래서 모든 사물을 자세히 보고 내가 건너뛸 수 있나 없나 그것부터 보고 건너뛰는 것입니다. 그게 법입니다, 그냥.

그래서 그 모든 것이 나의 작용 속에서 나오는 거니까, 숨을 내쉬느냐 들이쉬느냐 하는 교차로에서 우리가 모든 일을 정한다 이겁니다. 그 교차로가 바로 중심이자 중력이자 중용입니다. 모든 일을 하고, 전후사 일체 만법의 균형을 잡아서 일하는 거는 여러분의 중심입니다. 그런데 모두 바깥에서 찾고 바깥에서 빌고 바깥에서 잘 되게 해달라고 비는 그러한 습이 덕지덕지 붙어서, 관습이 붙어 돌아갔으니까 그 관습에 의해서 이거는 자기 생각에서 이게 틀렸다는 둥 이렇게 하면 안 된다는 둥 말이 많습니다. 이건 자기 생각이지 원래 큰 이 우주의 섭리가 그렇게 된 것은 아닙니다. 자기 생각에서 자기를 빠뜨리기도 하고 자기를 꺼내기도 하는 이러한 묘법이 바로 자기한테 있다는 얘깁니다.

겉으로 터져나오는 그런 작용에 의해서 우리네가 작용하는 거나 그 태양이 작용하는 거나 똑같습니다. 둘이 아니에요. 이 도리를 알고 보면 내가 태양이 됐다가 태양이 내가 됐다가 이렇게 할 수도 있는 에너지 광력이 그렇게 충만하다는 얘깁니다. 충만하니까 모든 것이 돌아가죠. 지금 별성의 관계도 이 별성이 전부 한마음으로서 돌아가면서 재생을 하려면 다시 굴려야 되기 때문에, 수명은 짧고 길고가 있지마는 수명에 따라서 껍데기를 벗고 또 재생을 하려면 원자가, 즉 말하자면 광자가 있어야만 되거든요. 발전소를 만들어놔야 우리가 그 전력을 꺼내쓰듯이, 별성들 은하계에서는 그 광자를 해놔야 바로 에너지를 꺼내쓸 수 있죠. 그러기 때문에 재생하는 데는 반드시 그 광자에서 재생이 되는 거죠. 그러고 재생이 되기 전에 활동할 때는 그 에너지가 바로 광자로 이름이 되죠. 한데 합쳐진단 말입니다.

여기서 전력을 쓰지 않을 때는 그 발전소에 그냥 함축이 되지만 여기서 끌어쓸 때는 모든 게 달라집니다. 쓰는 데에 따라서, 용도에 따라서 달라지죠. 그렇듯이 그러한 어마어마한 광자를 해놓았고 그래서 이 마음들이 광자를 한데 모아서 쓰는 거죠. 그런데 우리 인간이 먼저 생기고 발전소를 만들어놨죠? 발전소가 먼저 생긴 게 아니죠? 인간이 다 생기고 난 뒤에 '이거 발전소를 해야 우리가 전력을 끌어쓰겠다.' 해서 발전소를 했었는데, 그것이 네 가지가 한데 합쳐지지 않으면 전력을 끌어올 수가 없어요. 발전소를 만들 수가 없죠.

그와 같이 우리 인간의 재생이나 별성의 재생이나 똑같다는 얘깁니다. 수명이 짧고 길 뿐입니다. 수명이 길다고 해서 영원하다, 짧다고 해서 영원치 않다 이런 건 아닙니다. 모두가 영원한 것입니다. 그 이유는 바로 껍데기만 벗어지고 그 영원한 에너지는 그냥 있기 때문입니다. 그 에너지에서 한데 모아서 또 그 껍데기를 조성해서 다시 나오는 거죠. 그래서 (손가락을 하나 세워 보이시면서) 불바퀴가 있으면 법바퀴가 있습니다. 불바퀴, 법바퀴, 지혜바퀴! 이것이 한데 합쳐진 결론에서 바로 생산이 얻어지는 거죠. 그러니까 만약에 몸이 쇠퇴해지면 작용을 해서 껍데기를 벗고 새 생활을 할 수 있는 것처럼, 그 별성도 새 생활을 하려면 에너지가 폭발이 되죠.

그럼으로써 이 껍데기라 하는 것도, 아마도 우리들한테도 미치게 돼 있죠. 지구에만이 아닙니다. 우리가 똥누면은 거름이 돼서 다시 우리가 먹듯이, 그 껍데기가 떨어지면은 껍데기 떨어지는 대로 우리 눈에 보이지 않게 거름이 되는 거죠. 거름이 돼서 다시금 그것이 세 가지가 다시 모여서 에너지가 광자가 들어간다면 바로 그게 네 가지가 한데 합쳐지는 거죠. 이렇게 해서 몸을 가지고 나온다. 그런 거름이 아니라면, 지금 우리 인간들에게도 그러한 물리가 잘 터지지 못할 겁니다.

은연중에 우리는 공기 아니면 생명을 유지할 수 없듯이, 바람에 의해서 또 한 층 물이 올라가서 구름이 돼서 다시 비가 내리고 하는 것도 거기에 모든 점이 다 섞입니다. 섞여서 나오는데 또 한 가지 참 묘한 점이 있는 것은, 동서남북 사방이 이렇게 있다면 고 사이사이로 그 물에서 사는 영식이, 영혼들이 올라가면은, 물론 공부하는 영혼들입니다. 특별히 그것은 인간으로 화할 때 고 사이를 통해서 물이 올라가서 구름이 돼서 구름의 씨앗이 돼가지고 그 동쪽 서쪽 사이, 남쪽 사이, 북쪽 사이 요 사이로만 올라와서 인간에게 접합니다. 그거는 누구도 모릅니다.

그래서 물에서 진화되는 여건은 그렇게 해서 인간으로 화하게 되죠. 그래서 물의 성질이 있기 때문에 물에서 사는 것도 있고, 불의 성질은 불의 성질이기 때문에 전체 불성을 가졌고, 영원한 불성이 주어졌죠. 바람은 바람의 성질이 있기 때문에 날아다니는 짐승들이 있고요. 흙에서 사는 거는 흙의 성질이 있기 때문에 흙에서 사는 짐승들이 있고요. 이 모두가 이렇게 돼서 우리가 자기의 성질의 것을 하나도 죽이는 법이 없이 살리는 일들을 하고 있어요. 조그마한 일 하나도 자기를 이익하게 작용을 하지 남을 이익하게 작용을 안 한다 이겁니다.

그런데 부처님께서는 '남을 위해서 일을 하면 내가 위해진다. 공을 치면은 반드시 튀어온다.' 이런 원리를 말씀하셨습니다. 그래서 안에서 나오는 거, 이 바깥에서 들어오는 거, 시각적으로 들어오고 감각적으로 들어오고 이러는 거, 들리고 보이는 거를 그냥 내쏘지 말고 그냥 말하지 말고 그냥 행동하지 말고 그냥 판단하지 말고, 안으로 놓고 굴려서 내놓고 활용하고 작용해라. 너무 성급하게 가면은 안의 도리는 모르고 바깥의 물질에 끄달려서만이 해나가는 게 되기 때문에 절대로 실패다.

그러니까 안으로 모든 것을 놓고 맡기면서 작용은 그대로 해라. 이것이 바로 중심 중용입니다. 중심 중용을 하지 않고 여러분은 항상 그저 들리는 대로 예를 들어 누가 아주 몹쓸 욕을 했다면은 그냥 쏜살같이 나갑니다. "그놈이, 그년이 (대중 웃음) 왜 나를 못 잡아먹어서 그래? 왜 그런대?" 그러고는 악의적으로 말이 나가면서 뱉어버리죠. 그러나 알고 본다면 내가 있기 때문에 상대가 있었지 내가 없다면은 상대가 있을 리가 없죠. 그러니까 내 탓이죠.

또 넓게 생각을 한다면 수억겁 전년으로부터 진화될 때 곤충으로 인해서 오기도 하고, 시대시대를 쫓아서 참 많은 시대를 극복하면서 쫓고 쫓기면서, 먹고 먹히면서 이렇게 살아온 결과가 인간까지 진화돼서 올라왔단 말입니다. 때에 따라서는 구름이 모였다 흩어지고 또 모였다 또 흩어지고 하듯이, 사람도 부모가 됐다가 자식이 되는 것도 엇갈려가면서 그렇게 돌아왔단 얘기입니다. 수없이 그렇게 돌아왔다 이겁니다. 그러니 이럴 때 내 부모라고 하겠습니까, 저럴 때 내 부모라고 하겠습니까? 넓고 크게 전체를 본다면 하나도 내 부모 아닌 게 없고 하나도 내 자식 아닌 게 없습니다. 좁게 본다면 내 가정 내 식구 내 남편 내 자식 요렇지마는, 그것은 한 철 나와서 우리가 같이 인연을 맺어서 놀다 갈 뿐입니다. 놀다 헤어지고, 헤어졌다 또 만나서 노는 구름처럼 말입니다. 그렇게 해서 인간은 고무줄 인생이라고 하기도 합니다.

그런데 아등바등 천년 만년 살 줄 알고, 한 철 났다가 가는 것을 그렇게 아귀 다툼을 하고 원수처럼 싸우고 이쁜 것 미운 것 찾으면서 온통 야단법석들을 하죠, 배신들을 하면서. 그리고 고운 말도 나가지 않으면서 악성적인 말들을 뱉아버리곤 하죠. 그게 인과응보가 된다면 얼마나 무서운 인과응보가 되는지 모릅니다. 사람이 기가 오르면은 아까도 얘기했지만 오천만 도에 오르게 되면은 그냥 확 바뀌지면서 전자로 분해가 된다는 얘깁니다.

그러듯이 인간도 폭발이 되면 아무 말이나 막 뱉게 마련입니다. 뭐 있는 거 없는 거 그냥 막 뱉아버리죠. 그러면 그것이 악이 되는 거죠. 악! 아주 몸에서 전력을 다해서 뭉쳐진 액이 나가는 거나 마찬가지죠. 선도 그렇게 모아서 딱 하면은 아주 똑바로 팔이 쏙 빠져지고요. 악도 그렇게 분기를 올려서 딱 하나로 뭉쳐서 뱉는다면은 악으로 돌아가는 거죠. 이렇게 해서 여러분이 스스로 악을 만들어서 고통을 받습니다. 알고 만드는 것은 알고 받게 마련이고, 모르고 뱉은 일은 모르게 받게 마련입니다.

그러니 어떤 때는 딱한 일들이 한두 건이 아닙니다. 머리가 시원치 않아서 온 분들, 내가 좋게 말합니다, 이렇게. 허허허. 또 병고에 휘달려서 오는 분들, 가난해서 오는 분들, 부부 사이가 원만치 못해서 오는 분들, 자식이 나가서 안 들어오고 공부 안 하고 그래서 오는 분들, 그러나 그뿐이 아닙니다. 세세히 어떻게 다 말을 하겠습니까마는 그것이 여러분의 마음으로부터 온 것입니다. 그래서 과거에 지은, 그 뱉은 인과응보로서 나온 것은 어쩨 볼 수 없고 독안에 들어도 못 면한다는 결론이 되죠. 그래서 팔자 운명이 거기에 붙는다는 소리입니다.

지금 여러분이 이 공부를 하시면서 '이런 거는 이렇게 되는데 또 이런 거는 이렇게 안 된다.' 이런 분들이 많이 있습니다. 안 되는 것은 과거로부터 여러분이 지은 것입니다. 현재에 짓는 것은 현재에 그렇게 갖다가 넣으니까 모든 것이 없어지는 반면에 다시 돌아오기 때문에 빠르지마는, 과거로부터 지은 것은 더딥니다. 그러니 지금 현실에 닥치는 거를 가만히 볼 때 과거에 내가 어떻게 살았는가를 알 수 있을 겁니다. 현실에 사는 것은 미래에 다가올 것을 아마 미리 마련하고 있는 것 같습니다.

그런데 옛날에 이런 점이 있죠. 어느 스님이 만행을 하신다고 돌아다니시다가 아마 쓰러지신 모양입니다. 쓰러져서 세상 모르고서 자는데 어떤 노인이 그 스님을 모시고 갔습니다. 모시고 가서 우선에 먹지 못하고 그랬으니까 간장물을 타다가 스님한테 권했습니다. 스님은 너무 지쳐 있었는데 그 간장물 반 그릇을 얻어 먹이고 나니까 정신이 났습니다. 그리고 그날 저녁에 죽을 쒀서 또 드리고 그리고나서 인제는 괜찮아졌습니다.

그런데 밤중쯤 되니까 어디서 울부짖는 소리가 들렸습니다. 그랬는데 그 이튿날 새벽이 되니까 그 노인이 들어와서 스님 앞에 무릎을 꿇고 앉아 하는 소리가 "스님! 업보가 얼마나 무섭기에, 업보를 얼마나 지었기에 이렇게 이 업보가 많습니까?" 하니 그 스님은 어리둥절하며 "그 밑도 끝도 없이 무슨 업보 얘길 하고 그러시요? 이렇게 괜찮게 사는데…." "그런 게 아니라 어저께 밤에 무슨 소리 안 들으셨습니까?" "들렸습니다." "그러면 좀 봐주십시오."

그래서 곳간에 가보니까 곳간에 두 남녀가 묶여 있더랍니다. 묶여 있는데 그 노인이 하는 말이 "먹으려고 해서 먹이면은 그냥 그 핏물 같은 거를 쏟고 먹은 걸 왈칵 다 게워내고, 끌러주면 끌러주는 대로 죽인다고 날뛰고, 온통 뭐 견디질 못하게 하니 저렇게 묶어놓지 않으면 안 되겠어서 묶어놨습니다, 동네가 또 야단스럽고 그래서. 얼마나 죄를 지었으면 이렇습니까?" 하고 묻거든요. 스님이 가만히 생각을 하니까 참 딱했죠. 말을 할래니 말을 할 수도 없고 그래서, "그저 업보로 생각하시고…." 그럭하고선 무슨 말도 잇지 못하고 돌아나오니까 다리자락을 꽉 붙들고는 말씀 좀 해달라고 아주 청원을 하거든요.

그래서 그 스님께서는 이렇게 말씀했대요. 저 딸은 과거에 당신 며느리였고 저 아들은 당신 과거의 아들이었다. 그런데 아들 부부가 당신네들을 못살게 해서 내쫓고, 부처님 전에 가서 시주만 해도 "왜 거기 갖다 돈을 버리느냐?" 하고 쌀 한 됫박 가져가면 쌀 한 됫박 도로 뺏어오고 이렇게 하는 부부였다. 마침내 당신네 부부가 먹는 양식도 아까워서 내쫓아버렸다. 그래서 부부가 내쫓기면서 하는 소리가, 당신네들이 그때 과거에 말한 것이 "너희들이 그렇게 한다면은 그 업보를 어떻게 받으려고 그러느냐? 그 업보를 받을 때 내가 꼭 지켜보리라." 했느니라. "그렇게 했으니 당신이 끝끝내 지켜봐야 되지 않겠소?" 하더랍니다. 허허허. 그러니 그 지켜보는 그 업보나 당하는 업보나 뭐이 틀리겠습니까? 그러니깐 말들 조심하시라 이겁니다.

이 말 한마디가 말입니다. 속으론 아무 감정없이 가르치는 방편으로 인해서 말하는 거하고, 속에서 그냥 응어리가 돼가지고 한마디 뱉는 거하고는 천지차이입니다. 당장 그것은 업보가 되는 거죠. 그러니 식구 중에 한 사람이 잘못되면 그 식구는 편안하겠습니까? 살아생전에도 가만히 보세요. 자식이 나가서 잘못되면은 아이구, 그러한 괴로움이 어딨겠습니까? 그런데도 어떠한 일이 생길 때나 안 들어오거나 또 어떻게 잘못 일을 저질렀다거나 그런다면 "요놈의 새끼, 나가서 깡통을 차거라." 허허허, "요놈의 새끼야! 배울 때도 시기가 있는 건데 배우지도 않고, 너는 기껏해야 그저 노동이나 서고 이래야 좋겠지. 너는 꼭 그렇게밖에는 못 될 거다." 이렇게. 이게 분노가 일어난 데서 그렇게 한다면 십중팔구는 아마 그렇게 될 겁니다.

그러니 이거는 생활과학이지 절대로 거짓이 아닙니다. 조금도 틀림없는 과학인 것입니다. 그리고 에누리가 없는 철저한 법입니다. 내 자식이다, 내 남편이니까, 내 아내니까 이렇게 하고서 소유물로 생각하지 마십시오. 모두 자기가 해나갈 수 있는 자기를 가지고 나온 사람들입니다. 그러니깐 서로 신뢰하고, 서로 사랑은 못 할지언정 서로다가 맡겨놓고 어떠한 잘못이 있더라도 내 탓으로 돌리고, 어떤 걸 잘못해도 못났을 때 잘못했을 때의 내 모습으로 보고, 아버지가 자식을 볼 때에 미약한 점을 발견하는데 그거는 자기가 어려서 그 나이 때의 생각을 한번 해보면 그렇지 않을 겁니다. 자기 생각으로 즉 말하자면 철난 마음으로써 그것을 대하니까 맞나요? 핀트가 안 맞죠. 그러니깐 자기 모자랐을 때 자기로 봐라 이겁니다. 그러면 하나도 분노가 없을 겁니다. 그러고 그 사람은 그 사람대로의 자기 소유를 자기가 가지고 나온 사람입니다. 자식이다 해서 부모의 소유가 아닙니다.

그러니까 부모가 자식이 싫다는 거를 강요하거나 그러지 마시고, 자식이 부모 뜻과 반대로 나가는 거, 부모가 보기에 이렇게 나가면 안 되는데 이런 판단이 서면 이런 것도 잘 돌려서 잘 되게끔 해줘야죠. 이 부처님 법이라는 게 잘 돌려서 잘 살게끔 해주는 것이 부처님 원력 아닙니까? 그런데 이렇게 나가는 건 옳고, 저렇게 나가는 거는 틀리다고만 생각을 한다면 그건 모가 나죠. 그건 부처님이 가르쳐주신 법이 아닙니다. 그래서 잘못 나간다 하더라도, '어! 내가 잘못 나간다고 생각하는 건 내 생각이지 그게 아니다.' 주인공에다 맡겨서 잘 돌아가게 만들어주는 것이 바로 자비입니다. 이거를 하나하나 이것이 옳다 그르다 밉다 곱다 해서 판단을 자꾸 한다면, 남편도 아내 일에 잘한다 못한다 판단을 하고 아내도 남편 일에 잘한다 못한다 해서 판단을 한다면 이거는 진짜 잘못 나가는 겁니다. 모두가 잘못 나가는 겁니다.

그러고 내 갈 길이 지금 바쁘고, 나한테 내 용도에 따라서 닥치는 대로 지금 놓고 맡기고 가는 것도 바쁜데 남의 일까지 걱정을 해요? 남의 참견까지 하죠. 남이 한 거, 남이 말하는 거 듣고 온통 참견을 하는 겁니다. 남이 나를 죽인다 하더라도 '어! 그거야 네가 죽인다고 하는 거지만 나하고는 상관이 없다.' 하고 놔버려야 할 텐데, 모두 이거를 끄집어내가지곤 꼬리가 꼬리를 물고 돌아가면서 미워하고 자식들도 다 팽개치고 이혼하려고 그러고, 또 그렇지 않으면 이거는 그르니까는 어쩌고…, 이런 예가 많습니다.

여러분이 자녀들을 시집을 보낸다거나 장가를 보내는데, 자기네들끼린 맞는데 부모가 맞지 않는다고 그래서 강요하는 게 있어요. "내가 여지껏 너를 어떻게 길렀는데 내가 보니깐 이게 기울어지고 맞지 않는데 어떻게 그렇게 할 수 있느냐? 너 이렇게 한다면 내 자식이 아니다." 요럽니다. 허허. 자식이라고 이름은 지어놨지만 자식이 아닌 것입니다. 모두가 이 세상에 태어나서 몸을 빌려서 태어나고 그랬지만 그게 몸 빌려주고 빌려받고 하는 것은 그렇게 자동적으로 끝간 데 없는 진리이기 때문에 그렇게 이어가는 거지, 그것은 각자의 소유물이 아니죠. 모두가 그렇게 해서 머리가 커지면은 그저 태양의 아버지가 되고 산하대지의 어머니가 되고 그래서 양면을 다 키워줄 뿐이지, 키워서 또 그 대에 가면 또 그렇게 키워줄 뿐이고 또 그 대에 가서 또 그렇게 키워줄 뿐이지 아니, 종시 내 자식이 어딨고 종시 내 부모가 어딨고, 종시 내 형제가 어딨습니까? 이렇게 생각한다면 얕은 물에서 노는 고기들은 좀더 바깥으로 넓게 나가서 바다를 생각지 못하는 거죠.

그러니까 부처님이 가르쳐주신 그 법은 생동력 있고, 바로 반작용을 한데 모아서 작용을 하는 그런 마음의 도리를 배워서 그 에너지를 광대하게 쓰라는 그러한 이치였지, '죽어서 천당에 가거라, 죽어서 승천하거라.' 이러고 가르치신 게 아닙니다. 살아서 이 도리를 모르는 사람이 죽는다고 어떻게 그걸 알겠습니까? 그러기 때문에 살아서 그 도리를 모른다면은 물질에 그냥 관습에 의해서 아주 이 창살 없는 감옥을 벗어나지 못할 텐데, 죽었던들 무슨 소용이겠습니까? 사대(四大)가 흩어져서 원점으로 돌아가나 그 마음은 그대로 내 몸이 있는 줄 알고 그대로 살아있는 줄 알아요, 의식이.

그러니까 이 몸에 있는 인과로 인해서 악업 선업 진 몸속에 있는 이 고(苦)덩어리가 내 사대가 무너지면 내 그림자처럼 쫓아다니는 겁니다. 그림자처럼 확대가 돼서 일어나니까 한 발짝도 딛고 나갈 수가 없는 겁니다. 그러니까 뱅뱅뱅뱅 돌죠. 그런데다가 그 의식은 다 내가 있는 줄 알기 때문에 그거는 여차해서 벗어났다 하더라도, 내 모습이 있는 줄 알고, 내가 있는 줄 알고 나라는 걸 놓지 못해서 나라는 데 항상 끄달리고 있습니다. 그러기 때문에 강을 건너가려고 하는데도 강에 빠져죽을까봐, 배 올 때를 기다리고 영혼들이 줄을 서 있는 겁니다. 그러니 내 모습이 없는 줄만 알았더라면 한생각 끄떡하면은 건너갈 것을, 물에 빠져죽을까봐 못 건너가고 있는 영혼들이 그렇게 많습니다. 그럼으로써 천도가 생긴 거고 시주가 생긴 거고 이런 겁니다. 그러나 그뿐입니까? 어떻게 또 물은 건너갔다고 합시다. 지금 이 우주 전체의 그 불바퀴 소용돌이가 있듯이, 전체 소용돌이가 있단 말입니다. 그 전체의 소용돌이를 넘어서야만이 영원한 밝음을 얻을 텐데, 뜨거워서 타죽을까봐 못 들어가는 겁니다.

그러니 살아생전에 이 도리를 모르면 첫째 내 몸속에 있는 고덩어리가 그림자처럼 헤아릴 수 없는 모습으로 해가지고 나타나고 자기의 그 환상으로도 나타난단 말이야, 사람으로. 그러니 그 환상이 나타나면 귀신으로 보일 거고, 또 온통 그냥 인연에 따라서 나타날 거고, 사람의 인연 따라서 모습이 나타나고, 모든 억겁을 거쳐오면서 그 짐승들의 인연에 따라서 나타날 거고, 또 곤충의 인연에 따라서 나타날 거고, 그 쌓이고 쌓였던 고 덩어리가 그냥 한꺼번에 그림자처럼 나타나니까, 그거 일단계를 넘어서지 못하면 안 된다. 그러기 때문에 이 고 덩어리 여기에서 나오는 대로 거기다 다시 되놓는다면, 자꾸 나오는 데다가 입력을 다시 해넣는다면, 앞서의 입력이 없어진다 이런 소립니다. 그러니까 모든 것을 거기다 놓지 않는다면 그런 맛도 모르고, 이 모든 게 무너져서 참 현실에 좋은 생각으로 입력을 한 것이 바깥으로 나오게끔 하는 그런 도리를 체험을 못 한다 이 말입니다.

이단계는, 내가 나라는 아집을 벗어버려라. 나라는 게 있다면 강물도 건너가지 못하고, 요단강을 건너지도 못하고, 아제아제 바라아제 그 강도 건너가지 못한다. 또 불바퀴를 넘어선다 하는 것은 내가 깨우쳤다고 하더라도 깨우쳤다는 말을 하지 말라. 깨우쳤다는 말만 하지 않는 게 아니라 깨우쳤다는 생각조차 하지 말아라. 내가 있었다는 생각, 내가 했다는 생각, 내가 말했다는 생각, 내가 가르쳤다는 생각, 이런 생각을 아예 놔라. 그럼으로써 응당 불바퀴가 불바퀴가 아니라 바로 자기

에너지다 이겁니다.

그러니까 일단계 이단계 삼단계를 넘어설 때엔 바로, 일단계 이단계 이렇게 얘기했다고 '일단계는…, 이단계는…' 하지 마시고요, 허허허. 평소에 사시면서 어떤 것도 내 소유물로 생각하지 마시고, 모든 것을 그저 어떠한 일이 있더라도 내 마음 속에 맡겨놓고 '한마음!' 이러면 모든 고(苦)의 의식들이 전부 한데 합쳐지는 그런 뭉침입니다, '한마음!' 하면은. 여러 사람한테 자꾸 부탁을 해야 할 텐데, 그 부탁이 한두 건이라야 부탁을 하죠. 그러니깐 아예 동시에 (양손으로 깍지를 껴 보이시고) 묶어버리는 겁니다, 한마음! 동시에 묶어버린 동시에 그 한마음으로서 중심을 세우는 것이 바로 주인공입니다.

그래서 '한마음 주인공'만이 해결을 할 수 있고, 잘 되는 거는 감사하게 생각하고, 안 되는 것은 안 되는 것도 거기서 나왔으니까 되는 것도 거기서 될 수 있다라는 믿음을 가지세요. 왜 안되는 것도 금방 거기서는 한순간에 될 수 있나? 이런 걸 생각해보시면, 속도가 빠르거든요. 시공이 없는 그 속도는 아주 빠르거든요. 그래서 이 마음으로 놓고 거기 맡기면은 안 되었던 것도 순간에 되돌아오는 것이 속도가 빠르기 때문입니다. 마음은 빛보다 더 빠르니까요. 감응이 옵니까? 아리송합니까? 어리둥절합니까?

나는 힘들여서 말을 안 하지도 않고 하지도 않았습니다. 그런데 말입니다. 아무리 자식들이 그렇게 반대로 나간다 하더라도 반대로 나가는 것이 반대로 나가는 게 아니라 그 생각에서는 그게 옳다고 믿고 그렇게 나가는 거니까, 그 생각에 따라주는 것이 바로 자비이자 부모인 것입니다. '요렇게 나가니까 넌 안 될 거다.' 이렇게 생각을 한다면 그거는 너무나 가혹한, 부모 될 자격도 없는 겁니다. 죽는다 산다도 떠나버리십시오. 그렇게 되면 모두가 한 에너지가 되고, 한 주인공이 되고, 한마음이 돼서 한 전력에서 스위치만 올리면 불이 동시에 들어오듯이 그렇게 하나로 가설이 돼 있는 것이죠. 내가 편안하자면 자식도 편안해야 될 거 아닙니까? 자식이 편안하게 돼야 나도 편안하죠. 자식을 편안하게 하기 위해서가 아니고, 자식을 잘 되게 하기 위해서가 아니고, 나 잘되려고, 나 편안하려고 그러는 겁니다, 냉정하게 판단한다면.

그러니까 부모가 볼 때는 잘못되게 나가는 것 같지만 그럴 때도 '아! 그것도 순간순간 바뀌어지는 일이니까 그것도 예측 못 하는 일이지. 고정된 게 하나도 없으니까 잘 될 수도 있다.' 그러고 마음을 넣어주는 겁니다. 마음을 따라주는 겁니다. 그럼으로써 모든 일이 화합되고 또는 이 세상 천지가 조화를 이루고 공생(共生)·공용(共用)·공체(共體)·공식화(共食化) 하고 돌아가듯이, 우리 한 가정도 한 사회도 한 국가도 이렇게 돌아간다면 전 세계에 평화를 가져올 겁니다. 평화를 가져오려면 울그락불그락하는 작용 없이는 가져올 수가 없기 때문에 지금 울그락불그락하는 것 같습니다. 허허허.

그러니 모든 작용은 어떠한 물질이든 무정물이든 작든지 크든지 모두가 절대적으로 돌아가는 건 똑같습니다. 그러니 바깥으로 빌고 요기서 빌고 저기서 빌고, 요기다 놓고 빌고 저기다 놓고 빌어서 잘 되겠다는 생각은 아예 하지 마십시오. 모든 거는 여러분의 마음 속에 있으니까요. 한마음 하면 일체제불의 마음도 한마음이요, 일체 생명의 마음도 한마음입니다. 즉 말하자면 인과응보도 유전성도 영계성도 인과로 인해서 모인 인연들도 다 풀리는 것입니다. 한마음으로 돌아가는 것입니다.

옛날에 아주 유명한 강도가 있었는데요. 그 강도가 어느 집엘 들어갔대요. 그런데 안에서 얘기 하는 걸 가만히 들어보니까 아니, 내일 아침에 밥거리가 없고 애들 학교 보낼 여비가 없다 그러더래요, 그렇게 좋은 집인데. 그래서 하도 기가 막혀서 그 집의 다락으로 들어가 보니까 하나도 가져갈 게 없더라는 얘기죠. 그러고 놓인 물건도 뭐 돈 될 게 없더라는 얘기죠. 그런데 다락에서 얘기 소리를 또 들어보니까 "아휴, 이 집이 팔릴 때까지는 살라고 그랬는데 이것도 팔리면은 우린 어디로 가느냐?" 하고 어머니가 애들더러 말하더랍니다. 그리고 "내일 아침 끼니거리도 없으니 어쩌면 좋으냐? 아버지가 저렇게 아파서 오늘 하루도 일을 헛탕쳤으니 어떡하면 좋으냐?" 하면서 넋두리를 하고 있거든요. 강도가 가만히 생각을 하니깐 기가 막히단 말입니다. 그냥 갈 수가 없어. 그래서 딴 데서 훔친 거를, 허허허, 그냥 다락문을 조금 열고 "에이, 먹어라." (대중 웃음) 그러고 그냥, 그냥! 하하하. 그리로 화닥닥 넣어주고는 갔어요. 그랬는데 그 사람은 무슨 영문인 줄 모르고 아, 돈보따리가 다락에서 나오니까, 아파서 누웠던 사람이 이게 무슨 일인가, 도깨비 같기도 하고 그러니깐 놀라서 문을 활짝 열고 나가보니까, 유리창을 깨뜨리고 벌써 나갔더랍니다.

그래서 그 사람은 그 강도를 생각할 때에 강도이기 이전에 자기한텐 은인이다 이거야. 전세라도 얻을 수 있게 되고 그러니까 아, 이건 다른 사람은 강도라고 그러지만 나한테는 은인이다 이거야. 그러니까 강도도 강도 짓만 하는 게 아니라 때에 따라서는 좋은 일도 하니 모든 사람이 다 좋은 일을 하다가도 나쁜 일을 할 수가 있고, 나쁜 일을 하다가도 좋은 일을 할 수도 있는 거예요. 그러기 때문에 밉다 곱다를 떠나서, 또는 잘한다 못한다를 떠나서 또는 자식이 잘못한다 잘한다를 떠나서, 또 자식을 장가들이고 시집보내는데 억지로 부모 뜻대로 강요해가지고 자식들의 마음을 버려놔가지고 그르치게 만들거나 또 죽게 만들거나 병들게 만들거나 이런 법이 없도록 여러분께서 극히 조심하셔야 할 겁니다. 그럼 이걸로써 오늘 마치겠습니다.